Ewald Friedrich von Hertzberg

Landbuch des Churfürstenthums und der Mark Brandenburg,

welches Kayser Carl IV. König von Böhmen und Marggraf zu Brandenburg, im Jahr 1375. anfertigen lassen

Ewald Friedrich von Hertzberg

Landbuch des Churfürstenthums und der Mark Brandenburg,
welches Kayser Carl IV. König von Böhmen und Marggraf zu Brandenburg, im Jahr 1375. anfertigen lassen

ISBN/EAN: 9783743629943

Hergestellt in Europa, USA, Kanada, Australien, Japan

Cover: Foto ©ninafisch / pixelio.de

Weitere Bücher finden Sie auf **www.hansebooks.com**

Landbuch

des

Churfürstenthums und der Mark Brandenburg,

welches

Kayser Carl IV. König von Böhmen und Marggraf zu Brandenburg,

im Jahr 1375. anfertigen lassen;

wie auch

das Register des Landschosses einiger Creise der Churmark

vom Jahr 1451.

Aus den in den Brandenburgischen Landes-Archiven befindlichen Originalien

herausgegeben, und mit Anmerkungen erläutert.

Berlin und Leipzig 1781.

Bey George Jacob Decker, Königl. Hof-Buchdrucker.

Vorrede.

In dem Churfürstlich-Brandenburgischen Haupt-Archive zu Berlin, befindet sich ein alter Codex, oder ein auf starkes Pappier in Folio geschriebenes Buch vom 14ten Jahrhundert, welches man hier gemeiniglich Kaysers Carl *IV.* Landbuch nennet, weil dieser Kayser, nachdem er im Jahr 1373. die Mark Brandenburg auf die in der Historie bekannte Art, von Otten, Marggrafen zu Brandenburg und Herzogen von Bayern, an sich gebracht, in den Jahren 1375-77. eine genaue und nach damaliger Art finanzmäßige Beschreibung der Mark Brandenburg aufnehmen, anfertigen, und in dieses Buch eintragen lassen. 1) Es enthält

* 2

1) Aus der Historie ist bekannt, daß K. Carl 4. König von Böhmen, aus dem Luxemburgischen Hause, das Herzogthum Schlesien, die Marggrafschaft Lausitz und die ganze Mark Brandenburg nicht sowohl durch die Waffen, als durch allerhand Kauf- Tausch- und andere Verträge und Umschläge, mit der Krone Böhmen vereiniget. Man kann ihm den Ruhm nicht absprechen, daß er ein kluger und thätiger Fürst gewesen daß er seine Länder und Macht nicht allein sehr vergrößert, sondern auch dieselbe in Ansehung der Staatskunst, der Policey, der Finanzen und Justiz sehr verbessert, und große Entwürfe zum Theil erdacht, zum Theil ausgeführet, wovon man nähere und ausführlichere Nachrichten in der auf eine sehr pragmatische Art von dem Hrn. Pelzel zu Prag im vorigen Jahre herausgegebenen Geschichte dieses Kaysers findet, und dergleichen auch in Ansehung der Mark Brandenburg in der bald zu erwartenden Geschichte der Wissenschaften in der Mark Brandenburg von dem gelehrten Hofrath und Königl. Leibarzte, Herrn Möhsen, finden wird. Dieses Carolinische Landbuch giebt einen neuen Beweis und Beytrag von den Bemühungen des Kaysers, die Finanzen oder Landesherrlichen Einkünfte eines Churfürsten von Brandenburg wieder zusammen- und in einen guten Stand zu bringen. Er soll ein großes Belieben an der Mark Brandenburg getragen, ein neues Schloß zu Tangermünde angeleget, und besonders den Vorsatz gehabt haben, die Schiffahrt aus Böhmen und der Mark auf der Elbe recht in Flor und Schwung zu bringen. Dahin zielet auch vielleicht sein kleines Siegel, welches ich in der Historie der Brandenburgischen Siegel in des Hrn. Gerke Codice Dipl. Brand. T. 3. S. 14. Tab. 3. n. 7. bekannt gemacht, und darin der Kayser auf einem Schiffe mit dem Böhmischen Löwen und dem Brandenburgischen Adler vorgestellet wird. K. Carl 4. hat nach den bekannten Urkunden von 1374. die Mark Brandenburg dem Königreich Böhmen einverleibet, nachdem er sie für 100,000 Goldgulden von dem Bayerischen Prinzen, Marggraf Otto, gekauft; aber mit eben dem Rechte als er beydes gethan, hat auch sein Sohn, K. Sigismund, die von ihm nach des Vaters Tode so sehr geschwächte und zertrennte Mark Brandenburg für 400,000. Goldgulden oder Dukaten, und also für einen den Einkauf vierfach übersteigenden Preiß, mit Bewilligung der Churfürsten und des Reichs, an Friedrich von Zollern, Burggrafen zu Nürnberg, den ersten Churfürsten von Brandenburg des jetzt regierenden Hauses, im Jahr 1415 verkauft, (S. unten S. 16.) und nur sich, seinem Bruder und beyder männlichen Nachkommen das Einlösungsrecht vorbehalten, welches mit ihm und seinem Bruder Wenzel, da beyde ohne männliche Erben verstorben, erloschen ist.

hält selbiges ein sehr genaues Verzeichniß aller Städte, Schlösser, Vesten, und der meisten Dörfer, die damals in der Mark Brandenburg, und den verschiedenen Theilen derselben, der Altmark, der Prigniz, der Mittelmark, der Ukermark und der Neuen- oder damals sogenannten Ueber-Oderischen Mark (Marchia Transoderana) gewesen.[1]

Gleich zu Anfang des Landbuchs sind die damals in der Mark gewöhnlichen verschiedenen Münzsorten, die Maaßen, und selbst die Preise des Korns und anderer Dinge angegeben, bestimmt und untereinander verglichen.[2] Hierauf folget ein Verzeichniß der Orbede, als der beständigen jährlichen Landesabgabe der Städte, und der Landsteuer, als der ausserordentlichen, welche Marggraf Otto im Jahr 1370. und K. Carl 4. als Marggraf zu Brandenburg, im J. 1377. von jeder Stadt der Mark gehoben;[3] hiernächst eine generale Berechnung von den Hebungen aus den Städten an Orbeden, Zöllen, Mühlen, Fischereyen und Waldungen.[4] An einem andern Orte[5] ist eine jede Stadt noch besonders und noch genauer darin beschrieben, was der Marggraf oder Churfürst an Orbeden, Zoll- und Mühlen-Gefällen, imgleichen an Gerichten und Patronatsrechten darin gehabt. Ausser und neben den Städten, sind noch umständlicher beschrieben[6] die Schlösser und Vesten, welche der Marggraf theils bey gedachten Städten, theils ausser denselben gehabt, nebst den Dörfern und derselben Hebungen und Diensten, welche er diesen Vesten zu derselben Unterhalt angewiesen. Mitten unter diesen Beschreibungen befindet sich ein generales, zwar nicht vollständiges, aber doch sehr merkwürdiges Verzeichniß von allen damaligen Einkünften des Churfürsten von Brandenburg.[7] Nach den Städten und

1) Es fehlen in diesem Buche, von der Mittelmark die Dörfer der Graffschaft Ruppin und des Lebusischen Creyses. Von der Altmark stehen darin nur die Dörfer des Salzwedelschen, Tangermündischen und Arendseischen Creises oder Landreuterey (Equitatura terræ) wie man die Creise damals nennete. Die Dörfer von den übrigen Altmärkischen Creisen fehlen fast gänzlich, aber nicht die Städte. Von der Priegniz stehen auch die Städte darin, aber nur einige wenige Dörfer. Die Städte der Neumark (selbst des jetzigen Netzdistricts, welchen die Pohlen nach 1375. von der Mark abgerissen, den aber Se. Königl. Maj. bekanntermaßen im Jahr 1772. wieder herbeygebracht) stehen alle in diesem Landbuche, hingegen fehlen darin alle Dörfer der Neumark. Es ist zu bedauern, daß so wichtige Stücke in dem Landbuche fehlen. Man kann von den Ursachen der Auslassung wohl verschiedenes muthmaßen, aber nichts mit Gewißheit bestimmen; vielleicht ist man nicht so weit damit gekommen; vielleicht sind auch die Exemplaria des Landbuchs durch die Länge der Zeit unvollständig geworden. Diejenigen, welche das Landbuch zusammengeschrieben, mögen auch mit Vorsatz dasjenige ausgelassen haben, was damals von der Mark durch die benachbarten Herzoge von Mecklenburg und Pommern in der Priegnitz und Ukermark abgerissen seyn mochte, oder was nicht unmittelbar den Marggräfen zugehörte und contribuirte, als die Herrschaft Ruppin, und dasjenige, was die Bischöfe von Lebus, Havelberg und Camin besaßen. Die Besitzungen des Bischofs von Brandenburg aber stehen darin. S. S. 39.

2) S. den folgenden Abdruck des Landbuchs S. 1. bis 7. 3) S. die Seiten 8 bis 15. 4) S. die Seiten 17. bis 20. 5) S die S. 21. bis 36. 6) S. die S. 21. bis 30. 7) S. die S. 16.

und Schlössern folget eine allgemeine gleichfalls sehr merkwürdige Nachricht, von der damaligen Gerichtsverfassung der Mark; von der Gerichtsbarkeit in den Städten; von den Beleihungen und den aus allen diesen Artikeln fliessenden Landesherrlichen Einkünften; [1] ferner, von den Präbenden und geistlichen Stiftern, die der Marggraf zu vergeben gehabt; und endlich von den Männs- und Weiber Klöstern, wie auch von den Gütern der Bischöfe und des Johanniterordens. [2] Hierauf findet sich [3] eine nicht weniger interessante geographische Beschreibung der Mark Brandenburg, aus welcher man ihre damalige Gränzen, Abtheilungen, Städte und Schlösser genau ersehen, und zugleich daraus erkennen kann, daß dieses alles mit den heutigen Umständen gröstentheils übereinstimmet, ausser daß man Pommern mit zu der Mark, vermuthlich als ein Lehn derselben, gerechnet, wie auch einige Gränzstädte, die nachher davon gekommen, als Schnakenburg, Luchow, Gartow und Dömitz. Auf dieses alles folgt eine Art von Protokoll, nach welchem die Besitzer und Einwohner der Dörfer über den Zustand derselben befraget worden, [4] und endlich das Hauptstück, nemlich die Beschreibung eines jeden Dorfs nach den Creisen, [5] worin mit einer Genauigkeit, die fast die heutige übertrift, angezeiget und verzeichnet ist, wer jedes Dorf als Guthsherr besessen; wer die Gerichtsbarkeit, Dienste, Korn- und Geldpächte darin gehabt; wie viel Bauern, Cossäten und Hufen darin gewesen; was jede Hufe an Landbede (Precaria) oder Contribution, an Korn und Geldpächten und Zehnten theils dem Landesherrn, theils dem Guthsherrn, entrichten müssen; imgleichen, welche Adeliche Vasallen die Lehnspferde dem Landesherrn, und welche Schultzen sie den Edelleuten stellen müssen. Die meisten alten Adelichen Familien der Mark, besonders die von Schulenburg, v. Alvensleben, v. Jagow, v. Bißmark, v. Lüderitz, v. Arnim, v. Bredow, v. Rochow, v. der Hagen, v. Berg, v. Wedell, v. Pful, v. der Gröben, v. Hake, v. Beer, v. der Lieppen, v. Strechow, v. Itzenplitz, v. Knobloch, v. Arnstedt, v. Aschersleben, v. Barleben, v. Barfuß, v. Buch, v. Börstel, v. Crummensee, v. Eikstede, v. Grevenitz, v. Holzendorf, v. Ilow, v. Jeetz, v. Ranneberg, v. Knesebek, v. Linstede, v. Lochow, v. Oppen, v. Quast, v. Plothow, v. Putlitz, v. Ribbek, v. Schlieben, v. Schlabrendorff, v. Sparre, v. Sydow, v. Schenk, v. Waldow, v. Wilmersdorf, und so viele andere, welche alle zu nennen in einer Vorrede zu weitläuftig seyn würde, finden hier ihre Vorfahren, und selbst die Dörfer, die sie noch jetzt besitzen, und deren Namen mit den jetzigen gröstentheils übereinstimmen. In den Dörfern trift man eine, wo nicht ganz, doch einigermaßen mit der jetzigen, gleiche Anzahl der Hufen, und selbst auch einige Gleichheit oder Aehnlichkeit der Abgaben an; wie denn die Städte noch jetzo die Orbede bezahlen, und der jetzige Hufen- und Giebelschoß, oder die Contribution von der alten Landbede (Precaria) oder vielmehr von der Landsteuer ihren Ursprung hat, und an derselben Stelle getreten. [6]

1) S. die S. 37. 38. 2) S. die S. 39. 3) S. die S. 40-43. 4) S. S. 44. 45. 5) S. S. 49 bis 300. 6) S. S. 301.

Wenn man also dieses mit Recht also genannte Landbuch nach der vorhin kürzlich angeführten Uebersicht betrachtet, so ist es ein allgemeines Catastrum, oder Landregister der Marggrafschaft Brandenburg aus dem 14ten Jahrhundert; eine wahre Statistik dieses Landes, und ein so vollständiges, und nützliches Denkmal aus dem mittlern Zeitalter, als meines Wissens kein anderes Land in Teutschland, und vielleicht nicht in ganz Europa, von einer so entfernten Zeit aufweisen mag. Man kann daraus fast die ganze damalige Landes- und Regierungsverfassung der Mark Brandenburg ersehen und abnehmen, und man könnte mit Zusammenhaltung der Urkundensammlungen, eine Art von Staatsrecht und Statistik, besonders der inneren Landesverfassung der verschiedenen Provinzen von Niederteutschland in dem Mittel-Alter daraus abziehen.

Nach allen diesen Betrachtungen habe ich geglaubt, nicht allein den Liebhabern der Geschichte und der Alterthümer des Vaterlandes, sondern auch besonders dem Märkischen Adel, und vielen jetzigen Besitzern der Güter, einen Gefallen und angenehmen Dienst dadurch zu leisten, daß ich dieses ehrwürdige Ueberbleibsel des Alterthums, welches bisher in den Archiven vergraben, und nur wenigen bekannt gewesen, durch den Druck allgemein bekannt mache und an des Tages Licht bringe. Wenn einer oder anderer befürchten wollte, daß prozeßsüchtige oder einfältige Leute aus diesem alten Landbuche Gelegenheit nehmen möchten, alte Forderungen, Widersprüche, und sogar Prozesse herzuleiten, so halte ich diese Besorgniß nicht für gegründet, indem kein Richter auf ein altes vor 400 Jahren geschriebenes Buch, seit welcher Zeit sich alle Verfassungen und Rechte so vielfältig geändert, erkennen kann und wird. Dieses Landbuch kann also blos zu Erweiterung der Geschichts- und Alterthümerkunde dienen; nur in solchen Fällen, wo der jetzige Besitzstand eines Rechts mit demjenigen, der im Carol. Landbuch verzeichnet ist, übereinstimmet, würde solches zur Bestätigung desselben dienen, und den alten Ursprung und die Fortdauer eines solchen Rechtes, meiner Meinung nach, desto sicherer beweisen. r)

Da das Carolinische Landbuch in dem alten Mönchslatein und in der Ortographie des 14ten Jahrhunderts geschrieben ist, so habe ich, um die Authenticität oder Zuverläßigkeit dieses Buchs desto mehr zu bestätigen, dasselbe ganz, so wie es in den Originalien oder Ur- und Handschriften gefunden, genau und mit aller Treue abschreiben und abdrucken lassen, worin der gelehrte und geschickte Königl. Kriegsrath und Geheime Archivarius, Herr Schlüter, mir sehr nützliche Dienste geleistet. Man hat also in der Ortographie nichts geändert, auch keine Punkte, noch

r) Zum Beyspiel hievon kann dienen, wenn S. 32. des Landbuches gesagt wird, daß das Dorf Britz mit einigen andern einen halben Winspel Weydehaber an das Churfürstliche Schloß Copenick für die Hütung auf der Copenikschen Heyde geben müsse, und dieses Hütungsrecht des Dorfes Britz sowohl, als der Weydehaber nach Copenick noch jetzo bestehet, so würde diese Stelle des Landbuchs einen guten Beweis des alten von 400 Jahren her bestehenden Besitzstandes obgedachten Hütungsrechts und Weydehabers geben.

noch Commata, die nicht im Original gewesen, hinzugesetzt, sondern solche Unterscheidungszeichen durch eine weitere Entfernung der Worte und Perioden zu ersetzen gesucht. Ich habe auch das lateinische Original nicht in das Teutsche übersetzen mögen, weil solches dadurch an der Zuverläßigkeit viel verloren haben würde, die meisten Leser auch wohl so viel Latein verstehen werden, und diejenigen, die es nicht verstehen, sich dasjenige, was sie angehet, übersetzen lassen können. [1]

Die dunklen oder merkwürdigen Stellen des Landbuchs, aus welchen nützliche Folgen gezogen werden können, habe ich durch teutsche Anmerkungen, die unter dem Text, oder im Anhange stehen, zu erklären und anzuwenden gesucht. Meine Zeit, Umstände und Amtsbeschäftigung, auch selbst meine Gesundheit, haben mir nicht erlaubt, darin so weitläuftig und ausführlich zu seyn, und alles dasjenige auszuführen, was man wohl erwarten möchte. Nun das ganze Werk einmal im Druck heraus ist, können andere, die mehrere Zeit, Muße und Gelegenheit haben, darüber arbeiten, commentiren, und noch mehr nützliches daraus ziehen. Kenner der Märkischen Geschichte, Verfassungen und Alterthümer, werden das fehlende leicht von selbst einsehen und ersetzen. Ich habe vor allen Dingen nöthig erachtet, die Namen der Dörfer, welche zum Theil damals etwas anders gelautet, nach der jetzigen Benennung wieder kenntlich und zugleich auch die jetzigen Besitzer eines jeden Gutes bekannt zu machen.

Es würde unbillig und undankbar seyn, die Namen derjenigen zu verschweigen, die mir darunter hülfliche Hand geleistet, und die Nachrichten von jedem Creise mitgetheilet. In Ansehung des Teltowschen Creises ist es geschehen durch den Landrath dieses Creises, Herrn v. der Liepen, und den Creisrendanten, Herrn Hofrath Oesfeld; bey dem Zauchischen Creise, von dem Herrn Landrath von Schierstädt; bey dem Havellande und den Ländern Glien und Rhinow, von dem Churmärkischen Oberconsistorial-Präsidenten, Herrn von der Hagen; bey dem Ober- und Nieder-Barnimschen Creyse, von dem Herrn Geheimen Rath und Land-Rath des Nieder-Barnimschen Creises, Freyherrn von der Schulenburg; bey der Ukermark, von dem Herrn Geheimen Rath und Ukermärkischen Landvogt von Berg, von dem Herrn Landrath von Hake, und von dem Herrn Geheimen Rath von Arnim auf Boitzenburg; bey der Altmark, von dem Salzwedelschen Ober-Ziesemeister, Herrn Hoppe, von dem berühmten Märkischen Geschichtsschreiber und Urkundensammler, Herrn Gerke, wie auch von Sr. Excellenz, dem Königl. Geheimen Staats-Krieges- und dirigirenden Minister, Freyherrn von der Schulenburg, dessen Familie, so wie zu K. Carl IV. Zeiten, also noch jetzo, einen so großen Theil der Güter in der Altmark besitzet. In Ansehung des kleinen Stücks der Priegnitz, welches in diesem Landbuche stehet, hat mir der Herr Feldprediger Siebmann, die darunter befindlichen guten Nachrichten mitgetheilet. Ausser den Nachrichten von den einzelnen Dörfern und Creysen, habe ich

1) Ich muß hier anführen, daß ich drey Originalia und Handschriften des Carol. Landbuchs zu meinem Gebrauch gehabt. Die erste findet sich in dem Berlinischen Hauptarchiv und ist im ganzen genommen, die vollständigste; die zweyte habe ich in dem Märkischen Lehns-Archiv zu Berlin gefunden, in welchem einige Stücke der erstern Handschrift fehlen, hergegen stehet darin ein mehreres von den Münzen und Maasßen, nemlich die Seiten 3. bis 7. des Abdrucks, welche in dem Exemplar des Hauptarchivs fehlen. Eine dritte Handschrift habe ich aus einem Altmärkischen Archiv bekommen, welche am deutlichsten geschrieben, aber sonst die unvollständigste ist, indem viele und große Stücke der beyden ersten Handschriften, besonders die ganze Ukermark, darin fehlen. Es wäre überflüßig, die Verschiedenheit dieser Handschriften hier auszuführen. Ich habe sie alle drey zusammengehalten, und aus der Vergleichung und Verbindung derselben, den gegenwärtigen Abdruck des Landbuchs so vollständig, als möglich, gemacht. Alle drey Handschriften sind an vielen Orten fehlerhaft abgeschrieben; die Abschreiber derselben müssen nicht viel Latein, auch nicht viel von der Landesverfassung verstanden haben; einer scheint ein Franke, der andere ein Niedersachse gewesen zu seyn, indem der eine beständig Dorff, der andere Dorp, schreibet.

ich vorgedachtem Hrn. Gerke einige der wichtigsten allgemeinen Anmerkungen, und dem Hrn. Ober-Ziesemeister Hoppe die vornehmsten, welche die Münze betreffen, zu verdanken. Diesen würdigen Männern, die alle ihr Vaterland so wohl kennen, muß ich in meinem und aller derjenigen Namen, welchen diese Bekanntmachung angenehm ist, für ihre rühmliche Bemühungen hierdurch öffentlichen Dank abstatten.

Da ich die Nachrichten aus den Provinzen und Creisen nicht immer zu rechter Zeit und vor dem Abdruck eines jeden Theils des Landbuchs erhalten, so habe ich eine jede Anmerkung nicht immer unter den Text bringen können, und es sind daraus einige Irrthümer entstanden, welche sowohl zu verbessern, als auch die zu spät eingekommenen Nachrichten nachzuholen, ich von der S. 357. bis 362. einen Anhang von Zusätzen zu den Anmerkungen und Erläuterungen gemacht. In eben diesem Anhange habe ich auch die von mir bemerkten Druckfehler zu verbessern, und verschiedene Stellen der Handschrift, die bey dem öfters unterbrochenen und verhinderten Abdruck übersehen und ausgelassen worden, auszufüllen und zu ergänzen gesucht.

Am Ende des ganzen Werks habe ich drey Register, eines von den Städten und Dörfern, das zweite von den adelichen Familien, und das dritte von einigen merkwürdigen Sachen, die in beyden Büchern vorkommen, hinzugefügt. Ich habe nicht die Zeit gehabt, sie vollständig zu machen, sie werden aber doch einigen Lesern zu einiger Erleichterung dienen.

Da ich ferner in der hiesigen Königl. Bibliothek ein sehr merkwürdiges Register des Märkischen Landschosses, so wie es Churfürst Friedrich II. im J. 1451. aufnehmen lassen, gefunden; so habe ich solches diesem Abdruck des Carolinischen Landbuchs von der S. 302. bis 356. hinzufügen und beydrucken lassen. Ich habe solches um so viel lieber gethan, und um so nützlicher gehalten, als diese beyde Landregister in der Hauptsache übereinstimmen, und das letztere zur Erläuterung und Fortsetzung des erstern dienet; nur ist zu bedauern, daß das Schoßregister von 1451. nur auf den Teltowschen, Ober- und Niederbarnimschen, Zauchischen, Havelländischen und Glienschen Creis, und zwar nur auf die Dörfer dieser Creise gehet, aber von der Alten-Ucker- und Neuen-Mark, auch Priegnitz, nichts enthält.

Wenn man diese beyden Landesregister und Catastra von 1375. und 1451. mit den neuern Catastris, besonders dem von 1624. zusammenhielte und vergliche, so würde dadurch die Landesverfassung der Mark Brandenburg bis auf die neuern Zeiten sehr aufgekläret und in einen gewissen, oft noch jetzo zu der Geschäftsverwaltung dienlichen Zusammenhang gebracht werden können. Dergleichen zu leisten erlauben mir weder meine Zeit, noch mein Beruf, und es ist auch meine Absicht nicht dahin gegangen, sondern ich beanüge mich, wo alte Urkunden und Denkmäler, welche zu obgedachtem nicht unerheblichem Endzweck dienen können, durch den Druck bekannt zu machen. Ich habe mich dessen unterzogen, weil ich, vermöge meiner Oberaufsicht über die Landesarchive, diese Handschriften zu meiner Disposition gehabt, welche sowohl als die bequeme Gelegenheit zum Abdruck, anderen, die sonst vielleicht ein mehreres dabey hätten leisten können, gefehlet. Hiernächst habe ich es auch aus der Ursache gethan, weil ich niemanden gefunden, der sich dieser mühsamen und undankbaren Beschäftigung unterziehen wollen. Meinen Namen setze ich aber unter dieser Vorrede und zu dem Abdruck der darauf folgenden beyden Landesregister, nicht, daß ich glaubte, dabey etwas besonders geleistet zu haben, oder einigen Ruhm zu verdienen, sondern blos, damit dadurch die Authenticität und Zuverläßigkeit der mehrgedachten beyden Landesregister bestätiget werde und desto mehrern Glauben finde.

Berlin, den 20. April 1781.

E. F. von Herzberg.

Kayser Carl des Vierten
Landbuch der Marck Brandenburg. 1)

Vna Marca Argenti Brandenburgensis valet octo grossos & vnam sexagenam grossorum 2)
Igitur quantum ad quemlibet numerum addere oportet hic potest videri

Ad I Marcam	— — — — —	VIII grossos
X Marcas	— — — —	LXXX grossos
XX	— — — —	II Sexagenas XL grossos
XXX Marce faciunt	— XXX Sexag grossor vltra	IV Sexagenas grossorum
XL	— — XL —	V Sexagenas XX grossos
L	— — L —	VI Sexagenas XL grossos
LX	— LX —	VIII Sexagenas grossorum
LXX	— XXX —	IX Sexagenas XX grossos
LXXX	— LXXX —	X Sexagenas XL grossos
XC	— — XC —	XII Sexagenas grossorum
C Marce	— C —	XIII Sexagenas XX grossos
Mille marce faciunt	— XI^{c}	XXXIII Sexagenas XX grossos
II Millia	— — XXII^{c}	LXVI Sexagenas XL grossos
III Millia	— III^{millia} & IV^{c} —	Sexagenas

Igitur super quolibet mille addantur C XXXIII. Sexagene & XX grossi 3)

Valor

Anmerckungen.

1) Da dieses Buch keinen Titul oder Ueberschrift in den Originalien hat, so hat man nöthig gefunden oben stehenden Titul voranzusetzen, um es in der Folge von dem Schoßbuche zu unterscheiden.

In den beyden Original-Handschriften dieses Buchs, ist der Anfang nicht einerley und die Haupt-Artickel stehen weder in einer gleichen, noch in einer guten Ordnung. Um also nicht eine Sache zweymahl abzudrucken und um sie desto verständlicher zu machen, hat man die ersten Artickel nicht nach der Ordnung, wie sie in einem oder dem andern Original stehen, sondern nach der natürlichen Folge, wie sie sich einander erklären, abdrucken lassen, nemlich zuerst das Verzeichniß der Müntzen und Maassen, hernach das von der Orbede und Land-Steuer und folgends nach der Ordnung der Handschriften selbst, die Artickel von den Landesherrl. Einkünften, den Schlössern, Städten und Dörfern.

2) Die Groschen, welche zur Nachahmung der zu Tours geschlagenenen Gros Tournois zu Ende des 13ten Jahrhunderts aufkamen, wurden in Böhmen und in den benachbarten Landen anfangs so geschlagen, daß ein Schock oder 60. Groschen gerade auf eine feine Mark Silbers giengen, hernach zu 64. um eine gerade Rechnung mit 4. Gulden zu haben, zuweilen zu 74. 78 zu Zeit dieses Landbuchs aber im Jahr 1375 wurden, wie hier deutlich stehet, 68. Groschen auf eine Mark gerechnet. Siehe Gründliche Nachricht vom Münzwesen. Helmstädt 1741. S. 89. Gründliche Nachricht von den Groschen. Wittenberg 1728. S. 19. Voigt von den böhmischen Münzen. B. 3. S. 15.

3) Diese an sich überflüßige Rechnung stehet dergestalt in beyden Originalien des Landbuchs. In dem Altmärckischen findet sich überdem noch eine gantze Seite von der gewöhnlichen leichteren Rechnung der Marken gegen die Schocke, wovon man zu mehrerer Erläuterung hier nur einige Artickel hersetzen will.

LXXX Marce faciunt	— —	XC Sexagenas		XL grossos
XC	— — —	CII	—	—
C	— — —	CXIII	—	XX
Mille	— — XI^{c}	XXXIII	—	XX
X Millia marcarum	— XI^{m} CCC	XXVIII	—	XX gr.

Um überflüßige Weitläuftigkeit zu vermeiden, hat man hier so wohl als oben nur die zehende Zahl abgedruckt und die dazwischen stehenden, die ein jeder leicht selbst nachrechnen kann, weggelassen.

In dem gantzen Landbuche sind alle Zahlen Römisch, die man auch im Abdruck beybehalten; indessen ist merckwürdig, daß in der Altmärckischen Handschrift ein ordentliches ein mahl eins von derselben alten Hand mit sogenannten arabischen Zahlen eingeklebet ist.

Valor florenorum.

Qum XVII grossi pro 1 floreno commutantur tunc V^m. sexagenarum grossorum faciunt XVII^m. VI^c & XL florenos Qum XVI grossi pro 1 floreno Qum vero vnus florenus pro XV grossis tunc viginti millia florenorum faciunt V^m. sexagenarum grossorum

Qum vna marca argenti Brand. facit IIII florenos tunc C marce faciunt IIII^c. florenos & M. marce IIII^m. flor. si vero ½ [1] quentin minus tunc est scire quod de qualibet defalcantur duo quentin hoc est ½ Lot Igitur de C marcis L Lot que faciunt III marcas & II Lot De mille marcis XXXI marcas & I fertonem [2] De

1) In den Handschriften dieses Buchs findet man die halbe einfache Zahl, oder das jetzo gebräuchliche ½ jederzeit durch die Figur ꝭ oder in dem Altmärkischen Exemplar durch ein Rheinisches I mit einem Querstrich, oder die Figur ½ angedeutet, welches hier für die Leser ein für allemal bemerket wird. Solches hat auch schon beobachtet Herr Gercke in den vermischten Abhandlungen I. Th. S. 123.

2) Das alte Münzwesen der teutschen Staaten, besonders der Marck Brandenburg, ist noch in der größten Ungewißheit und Dunkelheit vergraben. Der so fleißige als gelehrte Herr Gercken hat solches in vielen Anmerckungen zu seinem Brandenburgischen Codice diplomatico, und seinen übrigen Urkunden-Sammlungen, vornehmlich aber in einer besondern Abhandlung von der ehemaligen Stendalischen Münze, [a] die eigentlich von dem geschickten und der Brandenburgischen Alterthümer sehr kundigen Salzwedelschen Ziesemeister, Hr. Hoppe, herrühren, von dem auch in dem Anhange dieses Werks S. 357 sich noch einige Anmerkungen über dieses alte Münzwesen finden, vorzüglich in einiges Licht gesetzt. Seine Sätze bestätigen sich durch die oben stehende Stelle des Carolinischen Landbuchs, welche die vollständigste und zuverläßigste Nachricht enthält, die man aus dem mittlern Zeitalter von dem Verhältniß der damals in der Marck Brandenburg gangbaren Müntzen findet. Solcher zufolge rechnete man zu Zeiten K. Carl 4. auf eine Marck Brandenburgschen Silbers, welche in den meisten Contrakten und Urkunden dieser Zeit vorkommt, die der Stendalischen Münze gleich, und nicht sowohl eine besondere Münze der Stadt Brandenburg, als die allgemeine Landes-Münze war, [b] Ein Schock und Acht, oder 68. Groschen. Die Floren oder Gold-Gulden, als die damalige Gold-Müntze wurden bald zu 15. bald zu 16. zuweilen auch gegen 17. Groschen eingewechselt, und man rechnete auf eine Marck Brandenburgschen Silbers 4. Floren, zuweilen aber auch ein halb Quentin weniger. Diese Nachricht des Landbuchs erläutert nun bloß die damalige äusserliche Wehrung der Marken Silbers, Groschen und Goldgulden und ihr Verhältniß gegen einander. Desto schwerer aber ist es den innerlichen Werth dieser Münzen und besonders ihr Verhältniß gegen die heutige zu bestimmen. Herr Hoppe hat in der eben erwehnten Abhandlung darunter vieles geleistet, wovon man das wesentlichste hier anführen will, damit die Leser dieses Landbuchs die in demselben von den Einkünften und Münzen vorkommende viele Stellen, desto besser verstehen mögen. Die Mark Silbers, welche von je her der allgemeinste Maaßstab der Müntzen gewesen, ist von den ältesten Zeiten her in 16 Loth getheilt, und anfänglich ganz fein, nemlich ohne Zusatz, gepräget und zugewogen worden. Dahero man in vielen Urkunden den Ausdruck findet, so viel Marken Brandenburgischen Silbers und Gewichtes oder an Witte und Wichte, [c] Nach und nach aber haben die Marggrafen, welchen das Münzrecht ursprünglich zugestanden, ihren Münz-Meistern oder auch den Städten oder einzelnen Personen, welchen sie die Münzen öfters verpachtet, einen starken Zusatz von Kupfer erlaubet, theils um die Unkosten zu bestreiten, theils um einigen Vortheil davon zu ziehen. So verglichen sich die Städte Brandenburg und Berlin im Jahr 1322. und M. Ludwig I. verordnete im J. 1334. [d], daß die Marck Silbers 29 Schillinge und 4 Pfennige wiegen und witt oder fein seyn sollte, bis auf 1½ Loth, als den Zusatz, das ist 14½löthig. Im J. 1360 setzte M. Ludwig der Römer fest, daß der Rath zu Stendal die Brandenburgische Marck zu 29 Schill. und 4 Pf. am Gewichte und zu dreylöthigen Wirdungen, d. i. mit einem Zusatz von ¼ oder 12löthig ausmünzen sollte. [e] Anstatt sie zu bessern, wie der Marggraf zugleich befahl, vereinigten die Altmärkischen Landstände, die im J. 1369. die Müntze an

a) Sie stehet im ersten Theile seiner vermischten Abhandlungen aus dem Lehns- und teutschen Rechte, p. 86.

b) Siehe die angeführte Abhandlung p. 88. 89. Verordnung M. Ludwig des Römers an den Münzmeister zu Stendal vom J. 1360. in Gerckens Diplom. vet. Marchiae T. I. p. 132.

c) S. Urkunde von 1348. in Gerckens Fragment. March. P. VI. p. 86.

d) S. Gercken vermischte Abhandlungen p. 112. und 121. und desselben Cod. Dipl. Brand. T. 2. p. 536.

e) In Gerckens Diplomataria vet. Marchiae T. I. p. 132.

De grossis quid faciunt in argentum

Dimidius grossus & quadrans denariorum Berlynens faciunt	—	½ Quentinum
I grossus & ½ denarius	— — —	I Quentin
II grossi & I denarius	— — —	II Quentin
III grossi II½ denarius	— — —	III Quentin
IIII grossi II denarii	— — —	IIII Quentin
V grossi II½ denarii	— — —	V Quentin
VI grossi III denarii	— — —	VI Quentin
VII grossi III½ denarii	— — —	VII Quentin
VIII grossi IIII denarii	— — —	VIII Quentin
IX grossi	— — — —	½ Fertonem
Ecce jam predicti IIII denarii faciunt ½ grossum igitur IX grossi faciunt VIII Quentin id est		½ Fertonem
XII½ grossi faciunt ½ fertonem & IIII Quentin id est	—	III Lottones
XVII grossi faciunt	— — —	I Fertonem
Ecce illi VIII denarii faciunt I grossum [1] igitur XVII grossi faciunt III Lot & IIII quentin id est	—	I Fertonem
XXXIIII	— —	½ Marcam
LI	— — — — —	III Fertones
LX	— — — — —	III½ Fertones
LXVIII	— —	I Marcam

De

sich gekauft, sich dahin, daß 2 Pfunde Pfennige oder 40 Schillinge, auf die Marck-Wehrung geben sollten, a) da denn nach dem Verhältniß 46 bis 48 Schill. auf die gewogene Marck gegangen seyn werden. Wenn es zu Carl 4. Zeiten, wie fast nicht zu zweifeln ist, dabey und bey 12löthigen Silber geblieben, oder gar, wie viele Umstände und Nachrichten bewähren, die Marck Silbers nur 10löthig geworden; so würde nach der Ausrechnung des Hrn. Hoppe, b) die gewogene Marck 9 Thlr. nach dem Leipziger Münzfuß von 1690. der heutiges Tages der bekannteste und gemeinste ist, das Loth Silber fein zu 18 Gr. gerechnet, die Marck-Wehrung aber, die ohne auf das Gewichte zu sehen, aus einer bestimmten geringeren Anzahl von Schillingen, Groschen, Pfenningen und andern kleinen Münz-Sorten, als 40 Schillingen oder 68 Groschen, wofür man die Marck im gemeinen Leben nehmen muste, bestanden, ohngefähr 7 Thaler 12 Groschen solchen Münzfußes, höchstens 8. Thl. betragen. Hr. Hoppe sucht diese Ausrechnung auch dadurch zu bestätigen, daß da nach dem Landbuch, 4 Floren oder Gold-Gulden auf eine Marck Br. Silbers gerechnet worden, die Böhmische und Rheinische Gold-Gulden aber, den Ungarischen Gold-Gulden oder heutigen Ducaten gleich gewesen, und diese auf 2½ Loth feines Silbers, zu der Zeit zu schätzen, so würde die Stendalische oder Brandenburgische Marck, ohngefähr 10 Loth feines Silbers ausgemacht haben, folglich 7 Thlr. 12 Gr. Leipziger Geldes betragen. Diese Rechnung mag in Ansehung der Marck-Wehrung richtig seyn, um so mehr, da selbst nach dem Landbuche 1 Floren bald 17, bald 16 oder 15 Groschen gegolten und bey dem Verkauf der Neumarck im Jahr 1402. 1 Schock Groschen mit 3 Ungarischen Gold-Gulden verglichen wurde, c) ohne Zweifel, weil die Groschen noch schlechter geworden waren. Wenn nun 4 Floren oder Goldgulden zu Carl 4. Zeiten mit einer gewogenen 12löthigen Marck Silbers, die 9 Thaler nach dem Leipz. Münzfuß macht, verglichen werden, so ist 1 damaliger Goldgulden gleich mit 2 Thlr. 6 Gr. solchen Geldes Da die Goldgulden Marken, Schocke und Groschen, die hier im Landbuche vorkommen, von den Königen in Böhmen als Marggrafen von Brandenburg geschlagen worden, und also mit den damaligen böhmischen Münzen ziemlich übereingestimmt haben werden, so findet man davon gute Nachrichten in A. Voigts Beschreibung der böhmischen Münzen, 3ten Bande. Prag 1774.

1) In Zeiten der Anhaltischen und Bäyerischen Marggrafen von Brandenburg wurden die Marcken Silbers in kleineren Münz-Sorten nach Schillingen und Pfenningen berechnet. Da aber die Marck Brandenburg an die Böhmischen Prinzen kam, so brachten diese dahin auch die schon lange vorher in Böhmen ge-

a) S. Beckmanns Beschreib. der M. Brand. P. V. L. I. C. 8 p. 41.

b) In den vermischten Abhandlungen 1 Th. p. 114. c) Gercke Cod. Dipl. Brandeb. T. V. p. 447. 449.

De Sexagenis grossorum [1]

I Sexagena grossorum facit	—	—	—			IIIł	fertones	ł	quent
II Sexagene grossorum faciunt	—	—	—			VII	—	I	—
X	—	—	— —	VIII	Marcas	III	—	V	—
XX	—	—	—	XVIIIł	—	I	—	Ił	—
XXX	—	—	—	XXVI	—	IIIł	Lot	ł	—
XL	—	—	—	XXXV	—	I	fertones	III	—
L	—	—	—	XLIIII	—	—		VIIł	—
LX	—	—	—	LII	—	IIIł	—	V	—
LXX	—	—	—	LXI	—	III	—	I	—
LXXX	—	—	—	LXX	—	II	—	VI	—
XC	—	—	—	LXXIX	—	Ił	—	IIł	—
C	—	—	—	LXXXVIII	—	ł	—	VIIł	—
Mille	—	—	VIII^c.	LXXII	—	I	—	Ił Lot	
X Millia	—	—	VIII^m. VIII^c.	XXIII	—			VII Lot.	

Berlinensis Marca [2]

I Marca	—	—		—	LVI	grossos.
II Marce	—	—	I	Sexagenam	LII	—
X	—	—	—	IX	—	XX	—
XX	—	—	—	XVIII	—	XL	—
XXX	—	—	—	XXVIII	—	—	

Dena-

bräuchliche Groschen, welche nachhero an die 2 Jahrhunderte die gangbarste Münz-Sorte in der Marck, obgleich mit sehr verschiedenem Gehalte geblieben. Aus der oben stehenden Berechnung und den Worten: de grossis quid faciunt in argentum, kann man nicht gewiß schliessen, daß diese Mark oder Groschen von feinem Silber gewesen. Man kann nichts weiter daraus folgern, als daß 68 Gr. auf eine Mark Brand. Silbers gerechnet worden, daß man die Marck in *Fertones*, Virdunge oder ¼ Marken zu 17. Gr. in Quentchens oder ¼ Marken und in Lothe vertheilet, und wie viel die Groschen an Silber in diesem Gewichte halten müssen. Da aber die Feine des Silbers nicht dabey stehet, und ein Kupferzusatz mehr als gewiß ist, so kann man nach dieser Stelle das Verhältniß der damaligen Böhmischen und Märckischen Groschen und der Schocke gegen die jetzige Münze nicht bestimmen, sondern es trift hier wieder ein, was davon bereits oben S. 2. in der Note 2. bemerket und ausgerechnet worden. Wenn es aber richtig ist daß K. Carl 4. und seine nächste Nachfolger die Groschen zu 10 Loth fein auf die Mark ausprägen lassen, [a] und man für wahr annehmen kann, daß die damahlige Marck-Wehrung mit 7 Rthlr. 12 Gr. oder 180 Gr. jetziger Münze gleich ist, so würde ein damaliger Groschen mit $2\frac{2}{3}$ Gr. oder 2 Gr. 8 Pf. und 1 Schock Groschen mit 6 Rthlr. 15 Gr. heutiger Münze nach dem Leipziger Münzfuß übereintreffen. (S. die Zusätze unten S. 357. 358. 359.) Nach dieser ohngefährlichen Berechnung kann man also die Summen der Schocke und Groschen, die in dem Carolinischen Landbuche so oft vorkommen, beurtheilen.

1) So wie vorher die Groschen nach dem Gewichte der Mark, die 68 Gr. enthielt, so werden hier die Schocke die 60. Gr. machen, nach dem Markgewicht berechnet. Es ist bekannt, daß Schock und *Sexagena*, oder 60. einerley ist. Voigt B. 3. S. 38.

2) Es erhellet aus dieser Stelle, daß die Berlinische Marck Silbers um 12 Gr. geringer gewesen als die Brandenburgische, welches sich auch in der Folge, (S. 5.) bey den Schillingen und Pfennigen zeiget. Daß aber die Marck Brandenburg. und Stendalischen Silbers von einerley Gehalt gewesen, ist bereits oben [b] erwiesen worden. Ueberhaupt ist aber noch zu bemerken, daß so wenig die Marken als die 2 Pfunde, die 4 Virdunge oder 16 Lothe in die man die Marken eintheilte, würckliche, sondern nur ideale oder Zähl-Münzen waren. Die würcklichen silberne Münzen waren vornehmlich die Groschen, und die Pfennige, deren 12 einen Schilling ausmacheten. [c] Diese Verschiedenheit der damaligen Münzen an Marken, Pfunden, Schillingen, Groschen und Pfennigen, die auch nach den Zeiten und Münz-Städten noch mehr verschieden waren, macht die richtige Berechnung derselben sehr schwer und fast unmöglich.

a) *Dubravius* in hist. Boh. S. 174. Gründliche Nachricht vom Münzwesen S. 91. 92.
b) S. 2. die ate Note lit. b.
c) S. Gerckens vermischte Abhandlungen 1 Th. besonders S. 12. 13.

Denarii Stendalienses

Quando VII Denarii soluuntur 1 gr	— Denarii faciunt	I Sol groß [1]
XXXV Sol den	— — — —	I Sexagenam groß
IIII Talenta	— — —	II Sexag gr
V Talenta & V solidi	— —	III Sexag gr
VII Talenta	— — —	IV Sexag gr [2]

Denarii Berlinenses.

IIII Denarii Berlin	— — faciunt	III Brandeburgenses
XVI	— — — —	I Solid Brandeb [3]
XXVI Solidi VIII Den Berlin	— —	I Talentum Brand
LIII Solidi IIII. Den Berlin	— —	II Talenta Brand
IV Talenta Den Berlin	— —	III Talenta Brand
V Talenta VI Solidi VIII Den	— —	IIII Talenta Brand
VI Talenta XIII Solidi IV Den	—	V Talenta Brand
VIII Talenta	— — —	VI Talenta Brand

Vin-

1) Diese Stelle ist unvollständig, da in dem Original etwas abgerissen ist. Indessen besaget sie doch deutlich genug, daß 7 Stendalische oder Brandenburgische Pfennige auf 1 Groschen gerechnet worden. Solches bestätiget sich auch durch das Verhältniß, da gleich nachhero 35 Schillinge, die 12 Pf. enthalten, auf ein Schock Groschen gerechnet werden, und auf der vorigen Seite der Unterscheid der Brandenburgischen Marck gegen die Berlinische in 68 Groschen gegen 56 gesetzet wird, wodurch ebenfalls 1 Gr. zu 7 Pf. Brand. Silbers herauskommt. Wenn man 7. Stendal. Pf. auf 1 Gr. rechnet, so kommen 68$\frac{4}{7}$ Gr. auf die Mark von 40. Schillingen, welches die Uebereinstimmung der Stend. und Brandenb. Mark abermals bestätiget

2) Diese ganze Stelle ist sehr dienlich, um den Werth der darinn benannten Brandenburgischen Münz-Sorten, die in der Folge dieses Landbuchs und in vielen alten Urkunden so oft vorkommen, als der Talentorum (Pfunde), Solidorum (Schillinge) und Denariorum (Pfennige) zu erklären und zu bestimmen. Ein Talentum oder Pfund, war anfänglich einer Marck Silbers gleich; im 13. und 14ten Jahrhunderte aber wurden schon zwey Pfunde auf eine Marck gerechnet, nach der Hallischen Münz-Verordnung von 1276 [a] und dem Vertrage M. Ludewigs mit der Stadt Stendal vom Jahr 1352. [b] Damit stimmet auch überein, wenn hier 7 Talenta auf 4 Schock Gr.gerechnet werden; denn da 4$\frac{1}{2}$ Schock Gr. 4 Marck Silbers betragen, so machen 8 Talenta eben so viel, und also 2 Talente oder Pfunde 1 Marck aus. Eben so verhält es sich mit den Solidis. Herr Gercke hat gezeiget; [c], daß ursprünglich 20, hernach 28, um 1360 aber und nachhero fast beständig 40 Schillinge auf eine Mark Brandenburgischen Silbers gerechnet worden. Da nun hier in dem Landbuch 35 Schillinge auf 1 Schock Groschen gerechnet werden, und 1 Schock 8 Gr. eine Marck ausmacht; so werden 40 Schillinge auf eine solche Marck und 20 auf 1 Pfund eintreffen. Alle diese Sätze werden durch eine bald nachhero folgende Stelle des Landbuchs (S. 7.) noch mehr bestätiget, indem es daselbst heißt: Vnum Talentum *vel* 20 solidi Den. Br. faciunt unum frustum. Wenn man nun den Werth dieser alten Münz-Sorten, mit dem Werth der heutigen vergleichen will; so würde nach der Ausrechnung des Hrn. Hoppe, [d], zu Zeiten des Car. Landbuchs die damals gewöhnliche 12löthige gewogene Mark auf 9 Rthlr. 8 Gr. die Mark-Wehrung zu 40 Schillingen oder zu 68 Gr. aber, als die im Handel und Wandel die gebräuchlichste war, etwas über 7 Rthlr. 12 Gr. 1 Schilling *solidus* zu 4 Gr. 6 Pf. und 1 Pfennig zu 4$\frac{1}{2}$ Pfennige nach dem Leipziger Münzfuß anzuschlagen seyn, nach Pr. Courant aber der Schilling zu 5. Gr. 3. Pf. und der Pfennig zu 5$\frac{1}{4}$ Pfennig.

3) Aus dieser Stelle erhellet, daß die Berlinischen Schillinge und Pfennige, um einen vierten Theil geringer gewesen, als eben diese Münz-Sorten Brandenburgischen Silbers, und aus derselben bestätiget sich auch von neuem, daß 2 Pfunde auf eine Marck und 12 Pfennige auf 1 Schilling

a) In Ludwigs teutschen Münzwesen p. 267.
b) S. Gercke Diplomatar. veteris Marchiae T. I. p. 117.
c) In den vermischten Abhandlungen im 1sten Theil S. 101. d) Eben daselbst S. 31

Vincones [1]

Quando XVIII Vincones		pro	—	I grosso
Tunc XI grossi faciunt		—	—	I Marcam & VI denarios
XXIII	—	—	—	II Marcas & I solidos denar
XXXII	—	—	—	III — & XVIII denarios
LXIIII	—	—	—	VI — —

Ex his patet quod

I Sexagena grossorum	facit	V Marcas & X solidos denar
II Sexagene grossorum	faciunt	XI — IIII solidos denar
XVIII Sexag gr	— —	C — XX solidos denar
L Marce & III denarii vinconum	faciunt	VIII Sexagenas & LIIIƚ grossos
C — & VI den	— —	XVII — XLVII grossos
Mille	— — —	CLXXVII & XLVII grossos

Nota quod

I Marca argenti Brandeb	facit	VI Marcas vinc & VI sol den vinc
II Marce — —	faciunt	XII — XII sol den vinc
X Marce — —		LXIII — XII sol den vinc

De Blado [2]

Quando vnus modius pro	II grossis computatur tunc vnus chorus facit	XLVIII grossos [3]
Qum vnus modius pro	Iƚ grosſ tunc vnus chorus —	XXXVI grossos
Qum vnus modius soluit	XV denarios berlyn tunc I chorus facit	XLV grossos
Qum vnus modius soluit	XIIII denarios tunc vnus chorus —	XLII grossos
Qum vnus modius soluit	XIII denarios tunc vnus chorus —	XXXIX grossos
Qum vnus modius pro	XIX denariis tunc vnus chorus —	LVII grossos
Qum — —	XVII — — — —	LI grossos
Qum vnus modius soluit	I grossum tunc IIƚ chori —	I Sexagen gr

De

Brandenburgischen Silbers, damals gegangen. Denn wenn 4 Pf. Berlin. 3 Pf. Brandenb. ausgemacht, und 16 Pf. Berlin. 1 Brandenb. Schilling, so muß dieser aus 12 Pf. Brand. bestanden haben.

1) Die Zincken-Augen, auch Ockel-Pfennige, ingleichen *Nummi Slavicales* genannt, eine vor Alters in der Marck, Mecklenburg und Pommern als den ehemaligen slavischen Landen gebräuchliche Münze, waren eine Art gantz leichter silbernen Pfennige, die ihren Namen von denen darin mit dem Stempel geschlagenen runden Figuren oder Nullen, als den Augen dieses Vogels ähnlich, haben sollen. Man hat den Werth und Gehalt derselben bishero nicht recht gewust, und Lentz [a] hat solchen nicht richtig angegeben. Aus der oben stehenden Stelle des Landbuchs aber ist nunmehro gewiß, daß 18 Zincken-Augen auf 1 Groschen, 5 Marck 10 Pfennige Zincken-Augen auf 1 Schock Groschen, und 6 Marck 6 Schillinge Zincken-Augen auf 1 Mark Brandenb. Silbers gerechnet worden, folglich diese 6 Marck 6 Schillinge Zincken-Augen mit 7 Thlr. 12 Gr. 1 Mark Finkenaugen mit 1 Thlr. 6. Gr. und 1 Pfennig Z. mit 2 Pfennigen heutigen Geldes übereinkommen. Diese kleine Münze wurde oft verändert und verdienet nicht mehr Erläuterung, da sie ganz abgekommen.

2) *Bladum*, Französisch *Blé*, ist die allgemeine Benennung aller Getreyde-Arten, und stimmt mit dem teutschen Korn überein. S. *Du Fresne Glossarium medii aevi* unter dem Worte *Bladum*. In dieser Stelle des Landbuchs ist vermuthlich die Rede vom Roggen.

3) *Modius* ist bekanntermaassen 1 Scheffel und *Chorus* 1 Wispel. S. *du Fresne* Glossarium. Daß Chorus 1 Wispel sey und 24 Scheffel enthalten, erhellet selbst aus der oben stehenden Rechnung; denn wenn nach derselben 1 Scheffel 2 Gr. gegolten, und alsdenn 1 Chorus 48 Gr.; so müssen 24 Scheffel auf 1 Chorum gehen. Diese Stelle des Landbuches ist deshalb merckwürdig, weil man daraus ge-

a) In seinen Brandenburgischen Urkunden S. 199.

De Talento *Frusto* [1] annona pipere pisis
Vnum Talentum vel XX solidi denar. Brand. argenti faciunt I frustum
Item altera dimidia argenti II Frusta
Item Vnus chorus siliginis vnum Frustum
Item Vnus chorus ordei vnum frustum
Item duo chori auene vnum frustum
Item XVI modii Tritici vnum frustum
Item XII modii pisorum vnum frustum
Item duo Sexagene pullorum pro I frusto
Item vnus Pullus — pro II denariis
Item vna libra cere — pro III½ grossis [2]
Item vna libra piperis — pro VIII½ grossis [3]

Item

nau und mit Zuverlässigkeit stehet, was das Getreyde zu Zeiten Carl 4. in der Marck gegolten, nemlich 1 Scheffel von 1 zu 2 und 1½ Gr., imgleichen auch zuweilen 13. 14. 15. 16. 17. 18. bis 19 Pfennige. Da nun ein damahliger Groschen mit 2 Gr. 8 Pf. heutiges Geldes gleich ist, (s. die S. 4. Note 1.) so hat 1 Scheffel Korns damals nicht mehr als 5 bis 8 jetziger Groschen gegolten. Es ist bekannt, daß dieser große Unterscheid gegen die heutige Preise vornehmlich von der Seltenheit des Geldes und dessen höherem Werthe in den ältern Zeiten herrühret. Man könnte aus den Urkunden noch mehrere Beyspiele von den damaligen niedrigen Preisen der Lebensmittel anführen, wenn es nicht überflüßig wäre. Man kan ihn auch aus der gleich nachhero folgenden Stelle von einem frusto einigermaßen berechnen. Denn da darin ein frustum mit 1. Pfund oder 20. Schillingen, und mit den darunter stehenden Getreydemaaßen gleich gesetzet wird, so folget daraus, daß

1	Scheffel	Roggen oder Gerste	—	damahlige	10	Pfennige
1	—	Haber	—	—	5	—
1	—	Weitzen	—	—	16	—
1	—	Erbsen	—	—	20	—
1	—	Huhn	—	—	2	—

gegolten. Man muß aber anmerken, daß der damalige Scheffel mit dem heutigen gleich gewesen.

1) Das Wort Frustum kommt in diesem Landbuche und in den Brandenburgischen Urkunden der mittlern Zeit sehr oft vor. Der berühmte Hr. Gercke hat dessen Bedeutung sehr richtig erwiesen [a], und es gereicht ihm zur besondern Ehre, daß seine Auslegung durch die obenstehende Stelle des gleichzeitigen Landbuches, die er damals noch nicht gesehen, so vollkommen bestätiget und erläutert wird. Da das baare Geld unter den Anhältischen und Bäyerischen Marggrafen selten war, so wurden sowohl die öffentlichen als Privat-Abgaben und Einkünfte, auf gewisse Maaßen Korns oder Summen Geldes von gleichem Werthe, die man Frusta und in teutschen Urkunden, Stücken Geldes nennete, festgesetzet und angeschlagen. So waren Frusta eine halbe Marck Br. Silbers oder 1. Talentum (Pfund) von 20 Schillingen, oder 1 Wispel Rocken oder Gerste, oder 16 Scheffel Weitzen oder 12 Scheffel Erbsen, als Hartkorn, oder 2 Wispel Haber, oder 2 Schock Hüner. Ein jedes dieser Quantitäten hieß ein frustum und war dem anderen am Werthe gleich. So hoben die Marggrafen und veräusserten auch wieder nach frustis ihre meiste jährliche Einkünfte, von den Hufen, von der Orbede, und selbst aus den Zöllen, und darnach sind dieselbe größtentheils in diesem Landbuche berechnet. So versprachen die Vasallen, Bürger und alle Einwohner der Marck Brandenburg, in dem merckwürdigen Landes-Receß von 1281. [b] dem Marggrafen von jeder Hufe, die ein Wispel Pacht gebe, und von jeder Einnahme eines Wispels oder eines Talenti als von einem frusto jährlich 1 Fertonem oder ¼ eines Talenti zur Landsteuer zu entrichten. Selbst in neuern Zeiten, als in 1451. ist noch der Landschoß nach *frustis*, nehmlich zu 10. Gr. von einem Stücke Geldes angeschlagen. S. unten S. 302.

2) Also hat damals 1 Huhn 9. Pf. und 1 Pfund Wachs 7 Gr. heutigen Geldes nach Leipz. Münzfuß gegolten.

3) Also hat 1 Pfund Pfeffer, das damals noch selten und theuer in Teutschland war, 20 Gr. heutigen Geldes gegolten.

a) In dem 4ten Theil seiner vermischten Abhandlungen p. 106.
b) In Gerckens Dipl. vet. March. T. I. p. 16.

Hi sunt redditus quos habet Dominus in Media Marchia super Festum B Martini sub anno Domini MCCCLXX [1]

Brandenburg noua Ciuitas super Martini XX Marcas vel XXII Sexag XL Gr de Orbeta Item de Molendinis XV Marcas vel XVII Sexag & VIII choros siliginis & VIII choros brasei it de Theoloneo

Rathenow Orbeta X Marcas vel XI Sexagenas XX Grossos it si aliquid superest de Theoloneo de siluis de judicio & excessibus

Nowen Orbeta X Marcas vel XI Sexagenas XX Grossos

Postamp Orbeta III marcas it illi de oppido & de Kyz IIII Talenta & VII sol den videlicet de censu & *Angwill* it de molendinis II choros siliginis Item villa *Camerode* II Talenta XV den & III modios & I quart siliginis & III modios & I quart ordei & XIII modios avene It Theoloneum XII Sexagenas item de siluis II Sexagenas it mella II Sexagenas it de judiciis & excessibus it de seruiciis de pullis & decima minuta

Gorczik II Sexagenas II choros siliginis VI modios auene IX solidos den II Sexagenas pullorum it de judiciis seruiciis & decima minuta preter orbetam

Spandow Orbeta X marcas vel XI Sexagenas XX Grossos it de piscatura XV sexagenas de Theoloneo II sexagenas it de siluis & mel it de pratis it de judiciis & excessibus it de villis & vicis

Berlyn Colon Orbeta II[c] marcas vel LXXI sexagenas it Molendina it Theoloneum

Cöpenik Orbeta V marcas vel V sexagenas XL Gr it de magna piscatura XVIII sexag it de vico & gurgustis V Talenta II sol den & XIIII libras piperis non tota V Tal Martini sed temporibus successiuis Item de Villis *Waltersdorf* & *Bidenstorf* I sexagenas gr It III Tunnen mellis It auene mericalis VI choros XX modios & de venditione lignorum It de Judiciis & excessibus

Mittenwalde X marcas V talenta denar faciunt XIIII sexagenas XL grossos Item Theoloneum XII sexagenas Item de molendinis III choros siliginis III brasii Item de Judiciis & excessibus

Trebyn Orbeta & census arearum II sexagenas XII grossos Item Theoloneum XII sexagenas It de agris II choros siliginis & II choros auene XXIIII pullos & II libras piperis De molendinis VIII choros siliginis Item de IIII villis adiacentibus VII sexagenas & XIIII choros siliginis & XIIII choros auene & III vrnam mellis & I quart. Item quelibet domus I pullum Item de judiciis & excessibus & de decima minuta

Saremunt XI sexagenas XXXIII grossos preter ea que sequuntur Theoloneum C sexagenas Molendinum V choros siliginis Item VIII choros & VIII modios siliginis II choros ordei & VIII choros auene & I modium pisorum Item V vaccas pingues ad coquinam Due sexagene pullorum & IX sexagene ouorum Item sunt ibi taberne Item silua It quicquid de judiciis & excessibus Item de servitiis preter Jutergotz & Cedelendorff qui dant XI Talenta den super Martini & Walpurgis de quibus percipit Rosental III talenta

Landisberge

1) Obzwar der Innhalt dieser und der folgenden Seite, unten bey dem Artikel von den Städten, mit weniger Veränderung noch einmahl vorkommt, und hier nur die halbjährigen Einkünfte des Marggrafen von den Städten, dort aber eben dieselben von dem ganzen Jahre verzeichnet sind; so hat man doch diese Stelle, so wie sie in der Altmärkischen Handschrift stehet, hier nicht weglassen wollen, zumahl da dieses Verzeichniß im Jahr 1370. zu Zeiten des Bayerischen Marggrafen Otto, die Folge des Landbuchs aber unter Kayser Carl 4. in den Jahren 1375. u. 1377. gemacht ist, und aus der Vergleichung erhellet, daß die öffentliche Einkünfte zu beyden Zeiten fast gleich gewesen. Man verspahret aber die Erklärung der Orbede und anderer ungewöhnlichen Wörter, wie auch andere nöthige Erläuterungen an mehr schickliche Orte, besonders unten, da die Städte mit ihren Abgaben und anderen Landesherrlichen Rechten umständlicher ausgeführet sind.

Landisberge VIII marc vel IX sexag Item judicium de quo videantur litere
Strutzeberg XXX marc vel XXXIIII sexag Judicium
Munchberg VIII marc vel IX sexag IIII gr Judicium et Theoloneum
Writzen Orbeta VIII marc vel IX sexag IIII gr Theoloneum XXXVII sexag de macellis et Kyz XXII gr de quatuor villis III sexag de villa *Richenow* XL gr
Oderberg totum deputatum est Francz pro edificiis videlicet Theoloneo et Orbeta cum Theoloneo in *Vino Euerswalde* et cum redditibus villarum *Luno* et *Satan* quarum summa preter magnum Theoloneum ad CXL sexag se extendit
Noua Ciuitas seu *Ewerswalde* tenetur XV marc vel XVII sexag Item Theoloneum est vnitum Theoloneo in *Vyno* quod est deputatum Francz Item judicium supremum
Bernow XV marc vel XVII sex orbeta It IIII choros XVII choros auene it judicium supremum
Botzow X marc vel V sex XL gr It de villis VII sex Item IX choros auene XXI modios siliginis Vltra hec allodium et VI mansos in villa *Lentzen* Item silue et merice Item judicia serulcia et pulli Nouum molendinum habet Sifridus non est conscriptum nec *Lyuenwalde* nec *Cednik*
Bisdal Orbeta et de villis VII sexag It in molendinis X chori siliginis It de villis L modii siliginis XIII modii ordei et LXV modii auene It merica valde bona It judicia et seruicia
Templyn XX marc vel XXII sexag XL gr
Boeslenburg annuatim XXI talenta et XV sol denar
Stratzburg XVIII marcas vel XX sexag XXIIII gr

Transalbeam Orbeta [1]

Tanghermünde Orbeta super Martini et Walpurgis XLV sexag XX grossi Magister H nauta habet XIIII sexag in anno It Theoloneum It villa Buch LIIII sexag It judicia stagna silue prata
Gardeleue Orbeta XXXIIII sex It Theoloneum LX sex It de villis XII sex It judicia silue et prata
Saltwedel L marcas quas redemit a G de Aluensleue It XLIII de Frederico de Wustro
Stendal tercia pars orbete XXVII marcas in grossis vero XXX sexag
Osterburg tercia pars orbete XI sexag X gr
Lentzen Theoloneum cum villis C sexag
Wittenberge Orbeta XII sex Transfretum XII Talenta et Census de villa *Duschendiche* XX sexag It Theoloneum It de aliis villis XV choros et XVI modios auene qui estimantur VI sex XXXII gr
Hauelberg Theoloneum et judicium
Kyritz Orbeta L marc super Martini et Walburgis
Priswalg Orbeta L marc Martini et Walburgis V chori siliginis faciunt IIII sexag V chori auene II sex Item in terra transoderam sunt XVI ciuitates Transalbeam Prignize Vker et inter Albeam et Oderam sunt XXXVII ciuitates De istis XXXVII ciuitatibus sunt XII ciuitates que Domino non soluunt Orbetam Sic remanent adhuc XXV ciuitates que dabunt simul super festo beati Martini V^{c}XXV marcas Super festo Walburgis soluunt tantum XX ciuitates III^{c}VII marcas que due Summe insimul faciunt VIII^{c}XXXII marcas [2] que faciunt IX^{c}X sexagenas LVI grossos
Olim [3] *Vetus Brandenburg* XX marcas *Iagow* XVI *Posewalk* LXXX *Anghermunde* L *Werben* XX *Arneburg* secundum gratiam *Priswalk* LXXX *Grampzow* X *Belitz* XVI *Britzen* XXXIIII *Gardeleue* L *Fryenstein*

Orbete

1) Es ist sonderbar, daß vorhero bey den Mittelmärkischen Städten die Orbede nur für Martini oder auf ein halbes Jahr, bey den Städten über der Elbe und Oder aber auf das ganze Jahr, nehmlich auf die zwey Termine von Martini und Walpurgis, gerechnet ist. Die Zahl wie auch die Summen der Städte und ihre Abgaben sind auch nicht ganz übereinstimmend und richtig.
2) Unten S. 16 wird die Orbede der ganzen Mark Brandenburg zu 882 Mark angegeben.
3) Diese Städte haben also damahls theils gar nicht die Orbede, theils weniger als vorhin bezahlt.

Orbete Transoderam

Berenwalde — XXX marc
Landisberg — LII marc
Waldenberg — XL marc
Lippene — XXV marc
Schowenflite [1] — XXXVII marc
Summa II^c marc vel IIᶦ^c II sex XLIIII gr
Caliz [2] { LII marc vincon vel VIII marc argenti faciunt IX sexag XXII gr minus VI Vinc
Custryn XIIII talenta denar Brandenb hoc est X marc argenti VII talenta de ciuitate et VII de vico et faciunt IX sexag XX gr
Summa orbetarum IIIᶦ^c XXXIIᶦ sex XIIII gr
Summa II^c LXXXVI sexag XVII gr
Caliz et *Custryn* XVIII sexagenas XL grossos vel XVIIᶦ marc arg
Drossyn Ryppyn [3] XLVIII marc vel LIIII sexagen XXIIII gr
Summa II^c LXXII marc preter *Caliz Custryn* cum eis II^c LXXXIX marc

Terra Sternebergensis

Nota *Drossyn* XXIIII marc
Ryppyn XXIIII marc
Summa XLVIII marc faciunt LIIII sexag et IIII gr

Summa Sture seu Lantbete annalis [4] *Transod*
Cum villis prope *Caliz* et cum duabus villis prope *noua Landisberg* XLVI sexag I gr
Item II^c XXIX pullos
Item CXLIIᶦ modios annone et ordei
Item XC chori auene de merica *Tankow*
Item de eadem merica VIᶦ tunna mellis quod facit VIII sexag minus XII gr
Summa XCIIᶦ sexag minus I gr
Item Theoloneum in *Custryn*
It *den Kanvisch* et magnum rete *eyn Grot Garn*
Item molendinum in *Bernow*
Item XXIIII in *Bernow*
Item theoloneum in *Ryppyn*
Item molendinum in *Ryppyn* qualibet hebdomade V modios
Item omnia judicia transoderam
Item omnia judicia in terra *Sterneberg*
Item *dy Szydelerworde* in *Caliz*
Item Castrum *Retzow* cum pertinenciis possessis et non possessis V^c marc. vinconum de quibus sunt possessi II^c XXII marce
Summa XXXI minus VI gr
Summa annone possesse et non possesse VI chori VIII modii It possessi V chori
Summa de frumento IIII sexag
Summa totius de *Retzow* possessi XXXV sexagene minus V grossi

It Castrum *Hermansdorff* cum omnibus pertinentiis XCIIII marc vinconum faciunt XVII sex IIII gr
Item ad predicta supra nominata duo castra ligna merice aque et stagna
Summa orbetarum et omnium prouentuum Transoder IIII^c XXVII sexag. XII gr [5]
Nota de istis duabus ciuitatibus *Ryppyn* et *Drossyn* Summa LIIII sexag IIII gr
Summa IIII^c LXXXIIII sexag XVI gr
Exceptis theoloneis *Ryppin* et *Custryn* et omni piscatione aquis mericis et duobus molendinis *Ryppyn* et *Bernow*
Item in molendino *Drahenburg* IIII chori annone III sexag XII gr
Summa Summarum IIII^c LXXXVII sexag XXVIII gr Nota

1) Schönfließ. 2) Caliß. 3) Drossen und Reppen, imgleichen klein Bernow. Diese sind die bekannten Städte in der Neumark, deren Namen hier etwas verändert sind. Wo die Schlösser Retzow und Hermansdorf gelegen, ist nicht bekannt. Alle diese Rechnungen von der Neumark sind so wenig deutlich, als ordentlich und stimmend. Indessen hat man sie so wie sie im Original stehen, hersetzen wollen.

4) Nach dieser Stelle scheinet es, daß man die Precariam Orbede, auch eine Steuer oder jährliche Landbete genennet, da hier von nichts als der Orbede die Rede ist, die außerordentliche Landsteuer auch viel größer und nicht jährlich war, wie unten Seite 12. gezeigt werden wird.

5) Also hat die Neumark oder die hier damals so genannte *Terra Transoderam* den Marggrafen überhaupt eingetragen, wie kurz nachher folget, 487. Schock Groschen, oder in einer runden Zahl 500.

Nota Quod infra scripte ciuitates Transoderam sunt locate cum earum orbetis z)
Konyngsberg orbeta XL marc It *Moryn* XXX marc It *Fredeberg* XLIII marc It *Arenswalde* LX marc It *Soldyn* LXXIII marc *Bernow* non dat *Noua Berlyn* (d. *Berlinchen*) XL m
Summa IIᶜ XLVI marc faciunt in sexag IIᶜ LXXVII sexag XXVIII gr Trans-

Da K. Sigismund die Neumark nachhero im Jahr 1402. für 63000 Ungarische Gülden oder 21000 Schock Groschen an den Teutschen Orden verpfändet, (Gercken Cod. Dipl. Brandenb T. V. p. 245.) so stimmet diese Verpfändungs-Summe mit den Einkünften und Zinsen, die damals zu 10 vom 100 gewöhnlich waren, überein.

z) Hier ist der Ort, wo es nöthig und am schicklichsten seyn wird, von der Bedeutung und dem Ursprunge der Wörter *Orbeta*, Orbede, Urbede und *Precaria*, *Landbete* und *Landstura*, die in diesem Carolinischen Landbuche so wohl als in den Urkunden so oft vorkommen, wie auch von den öffentlichen Abgaben des mittlern Zeitalters überhaupt, nicht mit weitschweifiger unnützer Gelehrsamkeit, a) sondern nach richtigen und aus den Urkunden selbst abgezogenen und daraus zu beweisenden Bemerkungen, einige zuverläßige Erläuterungen anzuführen. Die Orbede war die von den ältesten Zeiten und aus dem 12ten Jahrhunderte her, in den Marken, Pommern, Mecklenburg und andern Ländern Teutschlands gewöhnliche und beständige Auflage, welche nicht das ganze noch das platte Land, sondern bloß die Städte und ihre Einwohner, von ihren Häusern, Aeckern und Nahrungen dem Landesherrn, besonders in der Mark Brandenburg, jährlich in zwey Terminen, auf Walpurgis und Martini, entrichten mußten, in solchen Summen wie verglichen war, und die hier in dem Landbuche stehen, wie sie denn auch noch jetzo von den Cämmereyen der Städte bezahlt wird. (S. unten S. 18.) Die Auflage, welche die Bauern, Ackersleute und Einwohner der Dörfer, in den alten Zeiten erlegen mußten, wurde nicht Urbede, sondern Bede schlechtweg, oder lateinisch, *Precaria*, genennet. Die meisten der öffentlichen Auflagen hießen damals Beden, welches nicht von gebieten, sondern von Bitten herkommt, weil sie in den ersten Zeiten nicht beständig waren, und nur in gewissen Zeiten und Nothfällen von den Landständen auf Bitten der Landesherren, bewilliget wurden, wovon sie auch nachhero da sie nothwendig und beständig geworden, den Namen der Beden behalten. Das Wort Orbede oder Urbede, welches ohne Unterschied in den Urkunden vorkommt, zuweilen auch lateinisch *Urbura* genennet wird, ist nicht von gebieten, böten oder heben, noch von *Urbe*, noch aus anderen dergleichen Einfällen, sondern am natürlichsten von Bede und Ur oder Uhr, welches bekanntermaßen, alt und ursprünglich heißt, herzuleiten, weil die Urbede, die älteste und ursprüngliche Landesauflage war. Dieses bestätiget sich selbst durch die auf der 16ten Seite des Landbuchs befindlichen Stelle, wo es gleich im Anfang heißt: de orbeta et exactionibus *originalibus*. Um vorstehende Sätze sowohl, als den Ursprung und die Beschaffenheit der alten Auflagen und die ganze alte Contributions-Verfassung in der Mark Brandenburg noch mehr zu erläutern, kann man nichts bessers thun, als wenn man die wesentlichste Stellen aus dem merkwürdigen Landesvergleich, den die Marggrafen von Brandenburg mit den Landständen im Jahr 1281. geschlossen, hier ganz hersetzet, welche also lauten: b) Iohannes Otto et Conradus Marchiones Brandenburgenses - ad notitiam cunctorum - volumus peruenire, quod ob salubrem statum terrarum nostrarum de nostro et *vasallorum nostrorum arbitrio*, *petitionem sive precariam exactoriam*, quam in terra sive territorio Marchie dignoscimus habuisse, vendidimus - sub hac forma. Quod vasalli nostri dictam terram inhabitantes in die B. Michaelis in anno Dni MCCLXXXI. nobis dederunt de manso qui chorum duri frumenti solvebat, de duobus choris avene equivalentibus choro duri frumenti et de talento fertonem - porro civitatenses sive negotiatores sculteti villici & rustici de pheodo et choro duri frumenti et de talento fertonem dederunt. Sed alii homines communes et cossati qui mansos non habuerunt, dederunt VI denarios de Talento. Item in festo pasche subsequente, quod terminus fuit secunde emtionis in annis Dni MCCLXXXII. dederunt nobis similiter - hic fuit ultimus terminus emtionis. Deinde in festo Andree proximo iste *census subsequens* instabat nomine *precarie perhenniter* dandus de manso qui chorum duri frumenti vel magis solverit de duobus choris avene et de talento in die Andree jam dicto solidum. Post hec in die Walpurgis proximo similiter solidum dare *perpetuo* tenebuntur. Hujusmodi *census erit semper unus* nec ipsum conferre possumus aut debebimus alicui - Item *miles* sub aratro suo habebit *sex mansos*, *famulus* vero

a) Dergleichen findet man in der von *Rhetio* im J. 1684. gehaltenen Disputation von der Orbede, und in Westphalens Tractat, de Consuetudine de Sacco et Libro p. 517 und 71.

b) Diesen wichtigen Landesvergleich hat am vollständigsten Hr. Gercken in dem Diplomatario veteris Marchiae T. I. p. 15. bekannt gemacht, wie auch die besondere Vergleiche mit den Städten Stendal und Saltzwedel in den Fragmentis Marchicis P. I. p. 28. und in dem Codice diplomatico Brand. T. II. p. 350-355.

Transoderam XVIII ciuitates quarum VIII non soluunt

Dispo-

quatuor et hi penitus erant liberi et si plures quidem habuerit de his dabunt censum prelibatum. - *Communes homines* veluti molendinarii et *Cossati* de rebus ipsorum que vulgariter dicuntur *Varende Have* et de *Talento sex Denarios* dare debent. It. si terre nostre - - guerrarum periculum ingruerit, statuimus una cum Vasallis nostris quatuor viros milites nostros - ut quicquid iidem ordinaverint de pecunia danda a bonis in Marchia existentibus gratum servabimus ac votum. It. a vasallis nostris nullam precariam extorquere debebimus, si aliquam ex filiabus nostris alicui voluerimus copulare vel imperialem Curiam visitare &c. Das Uebrige dieser Urkunde ist gleichfalls sehr merkwürdig, gehöret aber nicht hieher. Aus dem ganzen Innhalt derselben erhellet, daß die Marggrafen sich im Jahr 1281. mit den Landständen der Mark Brandenburg in der Gestalt eines Kauf-Contrakts dahin vereiniget, daß so wohl die Vasallen, als die Einwohner der Städte und Dörfer, Bürger, Kaufleute und Bauern eine außerordentliche Landbede oder Steuer eines fertonis (Vierdings oder $\frac{1}{4}$ Mark) von einem frusto oder Stücke Geldes (s. die 7te Seite,) welches den 4ten Theil oder 25 vom 100 von eines jeden Einkünften machte, auf zwey Jahre und hernach eine beständige precariam oder Bede von zwey solidis (Schillingen) von jedem frusto oder von jeder Hufe, die Müller, Cossäthen und andere gemeine Leute aber, die keinen Acker hatten, von ihrer fahrenden Habe und von einem Pfunde Einkünfte 6 Pfennige erlegen sollten. Diese gemeine Bede ist in Ansehung der Dörfer nachhero so geblieben, nur daß bald mehr, bald weniger, als zu Carl 4 Zeiten meistentheils laut vielen Stellen des Landbuchs,[d] 3 Solidi von der Hufe gegeben worden, und die Marggrafen sie öfters an Privatpersonen veräußert. Der Name Bede (precaria) hat sich nach und nach in den von Schoß verwandelt, und daß dieser in die Stelle der Bede getreten, erhellet aus der Vergleichung der Dörfer in dem Carolinischen Landbuch und dem darauf folgenden Schoß-Register von 1451. denn so wie im erstern die precaria zu 3 Schillingen von der Hufe und den frustis, so ist auch in dem letzteren der Schoß von den Hufen und nach frustis oder Stücken Geldes (nicht nach Schocken, wie in Sachsen gebräuchlich) zu 10 Gr. vor ein Stück Geldes angeleget worden. Da nun der Schoß noch heutiges Tages die gewöhnliche und vornehmste Auflage des platten Landes und Abgabe von den Hufen, Aeckern und Häusern unter dem Namen des Hufen- und Giebel-Schosses oder der Contribution ist; so folget aus allen diesen Umständen, daß der Schoß nicht aus den neuern Zeiten, sondern von der alten precaria oder Bede herkomme, und an derselben Stelle gekommen. Von dieser beständigen jährlichen Bede und dem darauf gefolgten Landschoß ist sehr wohl zu unterscheiden die Landbede oder Landsteuer, welche die Marggrafen nur in außerordentlichen Nothfällen verlanget und von den Landständen bewilligt erhalten. Dergleichen war die erstere oben erwehnte vom Jahr 1281. und die vom Jahr 1377. (s. die 14te Seite dieses Landbuchs) imgleichen die vom Jahr 1442. Von dieser auch nur ist nur die Rede gewesen, als Churfürst Albrecht im Jahr 1472 den Märkischen Landständen versprach gegen Uebernehmung seiner Schulden, nur in den drey Fällen, eines Krieges, einer Niederlage und einer Fräuleinsteuer, eine Landpacht von ihnen zu fordern;[e] denn der gemeine Landschoß damals beständig und bis jetzo seinen Fortgang gehabt. Bey den Städten ist zwar die Auflage der Orbede geblieben, und wird noch jetzo von den Städten-Cämmereyen bezahlt (s. Zusätze S.) da aber solche zu den öffentlichen Bedürfnissen und Ausgaben nicht zugereicht, so ist in den neuern Zeiten überdem noch die Consumtions-Accise und der Servies in den Städten eingeführet worden.

Dieses ist dasjenige, was man mit einiger Zuverläßigkeit von den Märkischen Landessteuern und öffentlichen Abgaben des mittlern Zeitalters sagen kann; indessen bleibet noch vieles dunkel und ungewiß, zumal man in den alten Urkunden, außer der *Precaria*, Orbede und Landsteuer, noch viele andere Benennungen, als von Schoß, *Censu*, *Pacto*, *Consagiatione*, und dergleichen, solche auch öfters verwechselt findet, und es schwer ist, die öffentlichen von den Privatabgaben zu unterscheiden, welches man hiernächst in der Folge dieses Landbuchs annoch so viel möglich zu thun und zu erläutern suchen wird.[e]

c) S. Gercken Fragmenta March. P. I. p. 118.

d) S. 1 B. die S. 49. Siehet man das Landbuch ganz durch, so ist die precaria bey den meisten Dörfern verschieden.

e) Als unten S. 43. 44. Hr. Gercke hat darüber an verschiedenen Orten seiner Urkunden-Sammlungen, besonders in dem Diplomatario Vet. March. T. I. p. 16 bis 28 bey Gelegenheit des obgedachten Landvergleichs von 1281. auch in seiner Abhandlung von der Lehnbede, der precaria feudali im 2ten Theile seiner vermischten Abhandlungen sehr lehrreiche Anmerkungen gemacht. Was Lenz in seinen Brandenb. Urkunden p. 557. Baaon und besonders von der Orbede anführet, ist sehr unrichtig, und widerleget sich durch das obige von selbst.

Dispositio Castrorum sub anno Domini MCCCLXXVII feria III post festum S Lucie per Dom Imperatorem facta a)

D Imperator commisit *Frankoni* - - in Odersberg Castra infra scripta *Oderberg* XII^c sex *Nyerstad* C sexagenas *Biidal Breten Copenik* L et Opidum *Wrysen* cum Theoloneo et omnibus atinentiis - C sex

Item *Stolcarnhagen* quod est trans Oderam et commisit eidem omnes siluas et mericas ad predictam pertinentes nec non siluas et mericas ad *Libenvalde Nuwenmole Bocus* pertinentes - - C sex

Item commisit eidem in *Berlyn* et *Spandow* Molendinum et Theoloneum It orbetam in *Berlyn* et *Colen Bernowe Nuwenstad Wrysen Oderberg* et *Copenick* - - - - VII^c XL sex

It omnes piscaturas presertim per totum *Werbelyn* et *Stubenice* et per totum flumen Odere et stagnis adjacentibus it villas *Lunow Sasan Scoutbeke* - - - C sex

Item Do Io *Kokbus* commisit *Boslenburg* (Boitzenburg in der Ukermark) cum omnibus suis attinentiis que habet de terris et possessis XXX sexag preter seruicia judicia et excessus

Item Ottoni de *Tymenik Saremunt* cum XXI sex Dominus reseruauit sibi Theoloneum

Item Do *Hanco* in *Mittenwalde* cum attinentiis ibidem et omnibus ad Castrum in *Wusterhusen* spectantibus Dominus reseruauit sibi orbetam et conductum seu theoloneum

Postamp sic Dominus reseruauit quod Capitaneus habebit VIII sexagenas et nichil aliud percipit nisi quantum de agro seminare velit et prata Dominus reseruauit sibi Orbetam Theoloneum redditus villarum et aquarum siluarum et mella

De *Spandow* sic ordinauit quod hii qui custodiunt Castrum habeant VIII sexagenas Residuum ciuitatis villarum siluarum et totius aduocatie redditus et prouentus reseruauit sibi Dominus

Trebbyn aduocatus Her Nyckel *Reckenberg* debet esse cum X personis et percipiet omnes redditus annuales de oppido et villis qui se ad XL sexagenas extendunt cum agris et pratis Dominus autem reseruauit sibi conductum seu theoloneum Item siluas et mella Item judicia et prouentus judiciorum Item omnes prouentus casuales

Bocow Herman *Schaff aduocatus* habebit VIII persones et percipiet redditus villarum adjacentium qui ad XXX sexagenas se extendunt Item allodium cum piscatura et pratis Dominus reseruauit sibi orbetam siluas et judiciorum prouentus

Libenwald Capitaneus habebit XXXVIII sexagenas Item agrum prata piscaturas Predictas autem pecunias percipiet IIII sexagenas de villis Residuas dabit sibi *Franczko* de Odersberg Dominus reseruat siluas et omnes magnas qui in stagnis sunt *Czedenik Furstenwerder*

Frederichstorff Capitaneus habebit XLVII sexagenas Item allodium cum pratis et piscatura predictas vero pecunias sic percipiet X sexagenas theoloneo ibidem Item de villis et molendinis XVIII sexag reliquas XX sexag

Wittenberg Aduocatus habebit L sexagenas qui vnus debet ibi esse cum *lancea* et vnus cum *balista* quas pecunias percipiet Residuum totum presertim judiciorum prouentus Dominus sibi reseruat et alios casuales et istud Castrum habet XL talenta et XIII solidos denariorum Brandeburgensium et XV½ choros avene preter villam Wartenberg Item III½ butiri et decimam et judicia

Lenzen Capitaneus habebit XL sexagenas quas percipiet Residuum totum reseruat sibi Dominus precipue prouentus judiciorum et alios casuales Theoloneum valet circa C sexagenas annuatim Molendinum XX choros siliginis in villis II½ sexagenas Item circa VIII choros auene Judicium Item de villis Roken et Rudo III½ sexagenas Item in Metelik decimam auene valet VIII choros auene

Ville *Wartin Stilbog Sado Ruthenik* soluunt XVIII frusta cum pratis et siluis preter siluam *Dromelyn*

Gardelege theoloneum *Brome* cum suis pertinentiis *Saltzwedel* L marcas quas V de Alvensleben sunt XLIII marce quas Fridericus Bustro habuit Scriberstorff et habet CXXX sexagenas

Omnia attinentia estimo ad CLX sexag preter siluam *Dromelyn* et orbetam in Gredel pernoctuum nos consuetos qui dicuntur *Vogtleger*.

a) Diese Seite ist merkwürdig, weil daraus erhellet, welchen Vögten und Hauptleuten K. Carl 4. die Schlösser in der Mark anvertrauet, was er ihnen für sie und ihre Besatzung ausgemacht, und was er sich an Einkünften vorbehalten. Der Franzko ist schon 1370. unter Marggr. Otten Vogt und Hauptmann von Oderberg gewesen. Derselbe und Joh von Kotbus, einer von Uchtenhagen und von Wedel waren die vornehmste Hauptleute und Vögte K. Carl 4. in der Mark.

Der Theil des Carolinischen Landbuchs, der bis hieher gehet, stehet nur in der Altmärkischen Handschrift; die Mittelmärkische oder Berlinische aber, fänget nur mit der folgenden Seite an, doch so, daß die erste und zwehte Seite des Abdrucks nachhero darin noch folgen.

Anno Domini M^{o}CCC^{o}LXXVII *Stura siue Lantbete sic fuit imposita* 1)

In *antiqua Marchia* sunt quinque ciuitates

Stendal	—	V^c	marce
Saltzwedel	—	III^c	marce
Tanghermunde		II^c	marce
Gardelege	—	II^c	marce
Osterburg		LXXX	marce

Summa — XI^c LXXX marce que faciunt XIII^c XXXVII sexagenas XI^c XX grossos

Lantbete Prignitz

Hauelberg	—	CXXX	marce
Kyritz	—	CXXX	marce
Priswalk	—	CXXX	marce
Lentzen	—	LXX	marce
Wittenberge	—	*Nichil*	

Summa — IIII^c LX marce que faciunt V^c XXI sexagenas XX grossos

In *media Marchia* XVII ciuitatibus sic fuit imposita

Berlin	—	V^c		marce
Frankenuorde	—	V^c		marce
Prempslow	—	V^c		marce
Brandeborg	—	III^c		marce
Brietzen	—	II^c		marce
Belitz —	—		L	marce
Rathenow	—		LXXX	marce
Nowen —	—	C	XX	marce
Spandow	—	C	XX	marce
Strasborg	—	C	XX	marce
Neustat	—	C		marce
Bernow	—	C		marce
Muncheberg	—		XXX	marce
Templyn	—		LXXX	marce
Mittewalde	—		XXX	marce
Wryzen	—		XX	marce
Odersberg	—		XX	marce

Summa II^m VIII^c XX marce que faciunt III^m CXCVI sexagenas

Lantbete medie Marchie 2)

Sciendum quod de sex ciuitatibus *medie Marchie* infra scriptis non tenetur A reddere rationem videlicet

Berlin V^c m, *Belitz* L m } faciunt VI^c XXIII sexag XX gr *Fritze Bust* percepit

Frankenuorde V^c m, *Nuestat* - C marc, *Bernow* - C marc } faciunt VII^c XCIII sex XX grossos

Quarum *Petze Gortzik* III^c marcas
Belleko — C marcas
Francko — III^c sexag perceperunt
Hec Summula VII^c LIII sexag XX gr
Remanent ibidem pro Domino XL sexag in *Bernowe* dicunt se dedisse et *Sifridus* scit
Nowen CXX marce faciunt CXXXVI sexag

Residuum *Lantbete medie Marchie* ultra premissa *Claus Ror* antea perceperat in *Rathenow* XXI marcas XX gr faciunt XXIIII sex VIII gr
Item *Fritze Belko* in *Strutzberg* XVI sexag
It Dominus indulsit illis in *Spandow* XX marc
It illis in *Templyn* X marc faciunt XI sex XX gr
Item illis de *Odersberg* totum videlicet XX marcas que faciunt XXII sexag XL grossos
Summa desalcandorum in *media Marchia* XVI^c XLIX sexag XXVIII grossi
Remanent pro Dno XV^c XLVI sex XXXII gr.
Infra scripte decem ciuitates dederunt A
Premslaw V^c marc *Templyn* LXXIX sexag XX gr. *Brandeburg* III^c marc *Bryzen* II^c marc *Rathenow* LXVI sexag XXXII gr *Spandow* C marc *Mittenwalde* XXX marc *Strusberg* CXX sexag *Munchberg* XXXIIII sexag *Wryzen* XX marc

Summa XV^c XLVI sexag. XXXII gr

Trans-

1) Daß diese Steuer oder Landbete eine ausserordentliche gewesen, ist klar, weil sie in dem p. 16. befindlichen Verzeichniße der ordentlichen und beständigen Landes-Einkünfte nicht stehet, und weil hier ausdrücklich gesagt wird, daß sie im Jahr 1377. der ganzen Mark auferleget worden. So ist sie der Gegensatz der Orbete oder jährlichen Landbete, wie sie im Landbuche p. 10 genannt wird.

2) Alles, was auf der zweyten Spalte stehet, zeiget bloß, wie und durch welche Personen der Kayser die Landbete gehoben, und ist also weniger erheblich; man hat aber, um das Original vollständig zu liefern, solches nicht weglassen wollen. Durch den hier öfters vorkommenden Anfangsbuchstaben A. wird der Advocatus oder Vogt des Marggrafen angedeutet, der die Einkünfte des Landesherrn eingehoben und berechnet.

Transoderam XIII ciuitatum *Lantbete*

Lantzberg	III^c	marce	
Konyngsberg	II^c	marce	
Arnswalde	II^c	marce	
Frideberg	CXX	marce	
Waldenberg	C	marce	
Soldyn	CXX	marce	
Schowenflitz	C	marce	
Summa	MXC	marce	
Berlyn	— LXX	marce	III^c XV m.
Drahenburg	— L	marce	
Moryn	— L	marce	
Drossen	— L	marce	
Lyppen	— XV	marce	
Berenwalde	LXXX	marce	

Summa XIIII^c et V marce faciunt XV^c XCII sexagenas XX grossos

Nota Quod *Hasso de Vchtenhagen* percepit in *Arnswalde* et *Fridenberg* III^c LXII sexag XL gr in *Schovenflitz* LXXX sexag in *Berenwalde* XXXVII sexag XX gr
Summa huius IIII^c LXXX sexag

Czulitz de Wedelen in *Berenwalde* XLIIII sex XL gr in *Waldenberg* CXIII sex VIII gr
Summa huius II^c VIII sexag

Ioh de Schiebelbein in *Konyngsberg* C sexag item *Hasso* senior in *Drahenburg* L sexag
Summa *Wedelen* VII^c LXXXVIII sexag

Dnus Imperator LI sexag it. Dnus Imperator percepit in *Konnygsberg* XXXVI sex it per *Sifridum* in *Drahenburg* VI sexag XL gr item Dominus indulsit illis de *Berenwalde* VIII sex XL gr Summa LI sexag XX gr de LIII sexag

Alii f *Kothbus* et *Franzko* cum *Sifrido* vel ciues

Item illi de *Soldyn* et *Schowenfliz* tenebantur de residuo LXIX sexag XX gr dicunt se dedisse Dno *Franzko* sed Dnus *Frankzo* dicit quod minus sibi dederunt It Dnus *Franzko* dedit A XXX sex

Moryn Berlyn et *Lippene* tenentur C sexag minus XX gr dicunt quod dederunt Dno de *Kothbus* et *Sifrido* D de *Kothbus* dedit A LXX sexag *Sifridus* XC marc. vinc faciunt XVI sexag

Per ipsum A percepta de *Lantbete transoderam* primo ut premittitur a Dno de *Kothbus Sifrido* et Dno *Franzkone* CXVI sexag

Item de quinque ciuitatibus infra scriptis prout sequitur *Lantzberg* III^c XXXIII sexag XX gr *Drossen* LVI sexag XL gr *Konyngsberg* XC sexag XL gr *Soldyn* C sexag *Berlyn* LIII sexag XX gr Hec Summa de ciuitatibus per A percepta V^c LXXXIIII sexag cum Summa precedente videlicet per A a Dnis de *Kothbus Sifrido* et *Franzko* percepte facit VII^c sexag

Nota quod ipse A percepit de *Lantbete medie Marchie* XV^c XLVI sexag XXXII gr it de *Landbete transoderana* VII^c sexag Summa vtriusque XXII^c XLVI sexag XXXII gr

It *Lantbete* in *Prignitz* de villis quam percepit *Conr* nomine D de *Kothbus* Summa tota CXLII sexag De qua ipse consumpsit cum coadjutoribus suis VIII sexag et pro nuntiis Item IIII sexag sunt restitute ciuibus in *Kiritz* de eorum bonis percepte Item Dno de *Kothbus* XIX sexag Item *Peter Schenken* XIII sexag Remanent pro Dno XCVIII sexagene quas ipsi A presentauit

Lantbet Marchie medie Transodere et *Prignitz* XXIII^c sexag XLIIII sexag XXXII gr

Summa totius Lantbete toti Marchie imposite VI^m VI^c I sexag XL gr.

Desalcantur in *antiqua Marchia* XIII^c XXXVII sexagene
Item in *Prignitz* — V^c XXI sexagene XX grossi
Item in *media Marchia* XVI^c XLIX sexagene XXVIII grossi
Item *Transoderam* — VIII^c XCII sexagene XX grossi
Summa omnium desalcatorum IIII^m III^c LV sexagene.

In

1) Also hat diese außerordentliche Landbete und Steuer mehr betragen als alle auf der folgenden Seite stehende ordentliche Einkünfte des Landesherrn, obgleich erstere hier nur von den Städten verzeichnet ist. Was die Dörfer gegeben, davon findet sich keine Nachricht. Es ist zu merken, daß die hier stehende General-Summe von 6601 Marken mit den obenstehenden einzelnen Summen der Provinzen, nicht ganz übereinstimmet, wovon die Ursache nicht gleich zu finden ist.

In principio huius libri in quatuor primis foliis habetur de *Orbeta* et *Exactionibus originalibus* [1]
Item de Theoloniis Item de molendinis Item de redditibus aquarum et siluarum
Post hec registra et corrigie imposite docent inuenire
Primum registrum de Castris que licuit scribere Secundum de Ciuitatibus Tertium de Prouentibus incertis Quartum de quibusdam ecclesiasticis negotiis Quintum de nominibus munitionum totius Marchie Sextum de Registro Villarum
Numerus in principio cujuslibet folii hujus libri supra positus numerum foliorum designat
Numerus vero in fine cujuslibet Summe postpositus ad partes cujuslibet Summe remittit [2]

Summa								
Orbetarum	—	VIII^c	LXXXI	marce [3]	cujus partes require in folio			I et II
Theoloneorum	II^m	VIII^c	XCVIII	sexag [4]	—	—		III
Molendinorum	—	IIII^c	XXXIIII	sex	it LXII chori silig	it XVIII chori brasei		III
Judeorum	—	V^c		sexag	partes istarum summarum non habentur in hoc libro			
Monetarum	—	II^c		sexag				
Aquarum	—		LXXI	sexag	—	—	—	IIII
Siluarum	—		XIII	sexag	—	—	—	IIII
Villarum ad Castra pertinentium			CXLVIII	sexag	—	—	—	V

Summa istarum Summarum V^m [5]
Exclusis tamen prouentibus casualibus et incertis redditibus etiam *transoderanis* omnibus exclusis
De villis habetur in folio De Situ Marchie et nominibus ciuitatum atque munitionum habetur LV

1) Aus dieser Stelle erhellet, daß die Orbede, die Zölle, und die Einkünfte von den Mühlen, Wassern und Forsten als die alten ursprünglichen Einkünfte des Landesherrn angesehen worden.

2) Hier ist ein General-Verzeichniß der Hauptartikel, so in dem Landbuche abgehandelt werden, und die Seiten, auf welchen jeder stehet; man hat aber der Seitenzahl in dem Abdrucke nicht folgen mögen, weil man dadurch zu viel Platz verlohren hätte, und auf viele Seiten wenig gekommen seyn würde.

3) Es ist die Ursache nicht wohl einzusehen, warum man die Orbede hier nur zu 881 Mark angesetzet, da sie nach p. 17. mehr und 1232 Mark betragen. Eben so wenig ist zu begreifen, warum die Zölle hier nur zu 2898 Schocken gerechnet worden, da nach den Special-Summen p. 18. an 2974 herauskommen.

4) Vermuthlich, weil diese Einnahme unbeständig war. Man findet in den Gerkenschen Urkunden-Sammlungen verschiedenes von der Verpachtungen der Münzen, und von den Abgaben der Juden.

5) Ich kann die hier stehende Zahl der V^m. nicht anders ansehen, als daß sie die Hauptsumme der beständigen Einkünfte des Markgrafen aus den Marken disseits der Oder andeuten soll. Es ist ungewiß, ob es Marken oder Schocke seyn sollen, da beyde Münzsorten bey den obenstehenden Summen gebraucht werden. Indessen da die Orbede und Zölle nach den Noten 3 und 4 mehr betragen, als sie hier summiret sind, auch die ungewisse Gefälle hier nicht mit gerechnet sind, so kann man annehmen, daß die beständigen und ordentlichen Einkünfte des Marggrafen in den Marken disseits der Oder 6000 Mark Br. Silbers, und mit der Neumark (s. S. 10. N. 5.) 6500 M. betragen haben, welche die Mark alten Silbers nach heutigem Gelde zu 9 Thl. 8 Gr. gerechnet, 61000 Thl. ausmachen würden. Dieses vorausgesetzt, so hatte freylich K. Carl 4. im J. 1373. die ganze und damals sehr vollständige Mark Brandenb. sehr wohlfeil erhalten, wenn er Marggr. Otten nicht mehr als 100000 Goldgulden, d. i. 25000 Mark dafür gegeben. Hergegen Burggraf Friedrich von Nürnberg oder Churfürst Friedrich I. hat das Churfürstenthum Brandenburg, von dem damals die Neumark, und ein Theil der Ukermark und Prignitz abgerissen und alle Domainen versetzt waren, dem K. Sigismund im Jahr 1417. desto theurer bezahlet, da er ihm 400000 Goldgulden oder 100000 Mark (S. 2.) dafür gegeben, und also sein Capital nicht einmahl zu 6 von hundert angeleget, da damals die Zinsen durchgehends zu 10 von 100 gegeben worden. Diese hier kurz erwiesene Rechnung zeiget, daß die gemeine Sage, die auch bey dem letzten bayerischen Kriege noch wieder aufgewärmet worden, als ob das Haus Zollern die Mark Brandenburg sehr wohlfeil an sich gebracht, und gleichsam die Stricke an den Glocken nicht bezahlt, ganz ungereimt und ungegründet ist, und nur von solchen Leuten gebraucht werden kann, die den so unterschiedenen Wehrt des jetzigen und damaligen Geldes nicht bedenken, und nicht wissen, wie man damals die Länder verkauft. Man kann ein mehreres hievon nachsehen in meiner Abhandlung von den öfteren Veräusserungen der Mark Brandenburg in den Memoires der Berliner Akademie vom Jahr 1754.

Frankenfurde si Dominus aliquid ibi habet *queratur numerus iste* [1]

Munchberch —	XVI marcas vel XVIII sexag. cum VIII grossis
Wressen (Wriezen) —	XVI marcas vel XVIII sexag. cum VIII grossis
Eberswalde vel *nova Civitas*	XXX marcas vel XXXIIII sexag.
Libenwalde olim —	VII marcas
Bernowe —	XXX marcas vel XXXIIII sexag.
Strusberg —	LX marcas vel LXVIII sexag.
Lantsberg antiqua —	XV marcas vel XVII sexag.
Berlyn et Coln —	II^c. marcas vel C et LXX sexag.
Copenik —	V marcas vel V sexag. cum XL grossis
Mittenwalde olim XX sed hodie	X marcas vel XI sexag. cum XX grossis
Postamp olim VIII hodie	III marcas vel III sexag. cum XXIIII grossis
Spandow —	XX marcas vel XXII sexag. et XL grossos
Nawen —	XX marcas vel XXII sexag. et XL grossos
Brandeburg nova civitas	XL marcas vel XLV sexag. cum XX grossis
Belitz — —	XX marcas
Brissen (Treuen-Britzen)	XL marcas
Gorzk — —	secundum gratiam Domini
Rathenow olim XX marc. hodie	XVI marcas vel XVIII sexag. cum VIII gr.
Tanghermunde —	XL marcas vel XLV sexag. cum XX grossis
Gardelebe — —	XXX marcas vel XXXIIII sexag.
Stendal olim CX postea	LXXX marcas
Saltzwedell antiqua —	XL marcas
Saltzwedel nova —	V marcas
Osterburg — —	XXX marcas
Schusen — —	XXV marcas
Werben — —	XV marcas
Perleberg — —	C marcas
Havelberg — —	XXX marcas vel XXXIIII sexagenas
Priswalk — —	L marcas vel LVI sexag. cum XL grossis
Kyritz — —	L marcas vel LVI sexag. cum XL grossis
Lentzen olim XV hodie tantum	VII marcas vel VIII sexag. cum LVI gr.
Wittenberg —	XII marcas vel XIII sexag. XXXVI grossos
Premsla — —	C marcas
Furstenwerder —	XVI marcas vel XVIII sexag. et VIII grossos
Strasburg olim —	XXXVI marcas
Czedenick olim —	XX marcas
Bowslenburg (Boitzenburg)	V talenta vel III sexag. cum XX grossis
Templyn — —	XL marcas vel XLV sexag. cum XX grossis
Oderberg — —	XIIII marcas vel XV sexag. cum LII grossis
Bisdal — —	VI marcas vel VI sexag. et XLVIII grossos
Botzow — —	X marcas vel XI sexag. et XX grossos

De

1) Diese ganze Seite enthält ein zusammenhängendes und durch nichts unterbrochenes Verzeichniß der gemeinen Orbede, die eine jede Stadt der Mittel- Ucker- und Alten-Mark und der Prignitz (mit Ausschluß der Neumark) jährlich dem Landesherrn erlegen müssen, wovon oben auf der 11ten

De Theoloneis. [1]

Oderberg	—	—	XIIII[c.]	sexagene
Snakenburg [2]	—	—	M —	sexagene
Zaremunt	—	—	II[c.]	sexag.
Berlyn	—	—	C	sexag.
Wressen	—	—	LXXIII	sexag.
Gardeleve	—	—	LX	sexag.
Tangermunde	—	—	XL	sexag.
Libenberg	—	XVIII hodie	XXVI	sexag. cum Theoloneo in *Munchenberg*
Middenwalde	—	—	XII	solidi
Havelberg	—	—	circa XXX	sexag.
Spandow	—	—	II	sexag.
Steyndal	—	—	I	sexag.
Lentzen	—	—	LXXX	sexag.
Frederichstorff	—	—		
Summa	—	duo milia	VIII[c.] LXXXVI	sex. [3] it. XII de *Trebyn*
Vyno Neuestat		—	LXXX	sexag.
Munchberg	—	—	XXVI	sexag.
Quilitz. Belitz. Wittenberge				
Trebyn	—	—	XII	sexag.
Reppin	—	—	C	sexag.
Custrin	—	—	II[c.]	solidi

De

Seite ausführlicher gehandelt ist. Die ganze Summe beträgt hier 1279 Marken. Die Städte-Cämmereyen bezahlen die Urbede noch jetzo an die Churfürstliche Domainen-Casse, aber in viel geringeren Summen, als zu Kayser Carl 4. Zeiten, welches ohne Zweifel daher rühret, daß nachher die Städte mit der Accise und anderen Abgaben beleget worden. Die Stadt Frankfurt an der Oder hat weder in den alten noch neuern Zeiten die Orbede zu bezahlen gehabt, wovon die Ursache unten p. 30 zu suchen. Daselbst wird man auch bey einigen Städten die nähere Umstände von der Orbede, die sie zu erlegen haben, anführen. Die in der ersten Reihe voriger Seite stehende Zahl XXV. bedeutet die Seite der Handschrift, wo von Frankfurt ein mehreres nachzusehen. Ein gleiches stehet gegen jeder andern Stadt, welches man aber allhier weggelassen, weil im Abdruck die Seiten nicht eintreffen können.

1) Dieses ist ein allgemeines Verzeichniß der Landesherrlichen Zölle in allen Marken, nach welchen sie zusammen ohngefähr 3200 Schock Groschen betragen haben, da sie in dem oben p. 16 stehenden Verzeichniß der Einkünfte nur mit 2898 Schock ausgeführet sind. Unten sind sie bey jeder Stadt besonders mit eben der Zahl als hier angemerket.

2) Es erhellet hieraus, daß die jetzo unter dem Herzogthum Lüneburg stehende Stadt Schnakenburg mit ihrem wichtigen Zolle zu Zeiten K. Carl 4. zu der Mark Brandenburg gehöret, wovon unten p. 29 ein mehreres.

3) Es ist sonderbar, daß diese Summe mit dem oben stehenden einzelnen Zahlen im summiren nicht übereintrifft.

De Molendinis. [1]

Berlin et *Spandow*		—	—	IIIIc. sexagenas
Brandenburg		—	—	XXX marc. vel XXXIIII sex.
				XV choros siliginis qui valent —
				XV choros *brasei* [2] qui valent —
Nuwemul prope *Botzow* circa [3]			—	LX chor. silig.
Bowslenburg	—	—	—	XV choros siliginis
Lentzen	—	—	—	XII choros siliginis
Trebyn	—	—	—	VIII choros siliginis
Middenwalde		—	—	IIt chor. silig. IIt chor. brasei
Zarmunt	—	—	—	V choros siliginis
Postamp	—	—	—	II choros siliginis
Friderichstorp		—	—	VI choros siliginis
Gardelebe				

Onera molendini *Berlin* Prepositura *Berlyn* habet IIII choros siliginis et IIII choros brasii
It. altare S. Petri et Pauli IIII choros siliginis cum VI modiis et IIII chor. brasii cum VI modiis
Item altare quod habet Petrus Tessener I chorum brasii
Item altare quod habet Magister Petrus II choros siliginis et II choros brasii
Item Sanctus Georgius I chorum siliginis
Item Flugge III choros siliginis et III choros brasii in pheudum a Domino
Item Arnd Riche II choros siliginis et II choros brasii
Item Faber molendini habet II choros siliginis et VI sexagenas grossorum
Item Carpentarius molendini IIII sexag. grossorum
Item Metzener vel ille qui recipit sextam decimam partem pro Domino IIII sexagen. [4]
Item molares ligna et cepum [5] estimantur annuatim ad XXVI sexagen.
Summa onerum XVIII chori siliginis cum VI modiis siliginis it. XV chori et XVIII modii brasii

C 2 *De*

1) Dieses ist ein besonderes Verzeichniß der Mühlen-Einkünfte des Marggrafen, welches mit dem allgemeinen p. 16 ziemlich übereinstimmt. In den verschiedenen Gerkeschen Urkunden-Sammlungen finden sich viele Urkunden der Marggrafen von Brandenburg, die ihre Mühlen betreffend, welche hier anzuführen aber zu weitläuftig fallen würde.

2) *Brasium* ist Malz. S. das glossarium des du Fresne. Heutiges Tages geben die Mühlen Gerste anstatt Malzes. Die Brandenburgische Mühlen geben noch jetzo eben die Mühlenpacht an Korn, wie oben stehet.

3) Dieses sind die wichtigen Landesherrlichen Mühlen bey der Stadt Bötzow jetzo Oranienburg. S. unten p. 26.

4) Dieses ist das Lohn oder Deputat, das der Schmidt, der Zimmermann und der Metzer bekommen. Man siehet daraus zugleich, daß der Mühlenherr die 16te Metze erhalten.

5) *Cepum*, Talch oder Schmier. Dieses, ingleichen die Mühlensteine und Holz sind bey den Berlinschen Mühlen damahls jährlich zu 26 Schock Groschen angeschlagen worden.

De Aquis seu aquarum proventibus. [1]

Werbelyn. Bysdal. Postamp. Oderberg. Wressen. Grymmenitz cum aliis LII stagnis locata sunt pro XXI talentis denariorum Berlynensium

Spandow locata est pro XXX sexagenis grossorum

Copenic locata est magna piscatura pro XXXVI sexag. et XL grossis — De parva piscatura et *gurgustis* vel *obstaculis* [2] III Talenta denariorum Brandenburgicorum valent II sexag. [3] item XIIII libras piperis valent Iɫ sexag. [4]

Bowslenburg XXIIII solidi denariorum Brandenburg valet I sexag. minus IIII grossis [3]

De Silvis seu Silvarum proventibus.

Copenick III Tunnas mellis que valent V [5] sexag. VIII choros avene valent IIɫ sexag.

Bernow IIII choros avene cum XVI modiis avene valentes —

Trebyn I Tunna mellis valet Iɫ sexag.

Postamp I Tunna mellis valet Iɫ sexag.

Spandow I Tunna mellis valet Iɫ sexag.

Werbelyn. Rathenow. Botzow. Libenwalde. Neumul I Tunna

Bisdal I Tunna et quart XL sexag. grossor. ut dicit *Hennigh Stegelitz*

Et est sciendum quod solummodo mel et avena que datur de pascuis hic scripta sunt [6] Alii vero redditus silvarum sicut de venditionibus locationibus et aliis quia casuales et incerti sunt hic non scripsi Dicam tamen aliquid de eis infra in Tractatu de Proventibus incertis in folio XXXIX [7]

Summa

1) Hier ist ein besonderes Verzeichniß der Einkünfte von den herrschaftlichen Seen und Fischereyen, das mit dem allgemeinen p. 16 übereinstimmt.

2) Unter *gurgustis* und *obstaculis* werden hier die Fischwehre verstanden.

3) Das hier bestimmte Verhältniß der Brandenburgischen Pfunde, Schillinge und Pfennige gegen Groschen stimmet mit demjenigen nicht ganz überein, das p. 5. angegeben ist, dafern nicht etwa ein Unterschied zwischen der Brandenburgischen und Stendalschen Münze gewesen.

4) Siehe oben p. 7.

5) Die Zahl 4½ wird in der Urkunde des Landbuchs immer durch die Figur V so wie ½ durch ɫ ausgedruckt und vorgestellet.

6) Hier werden die herrschaftlichen Forst-Einkünfte bloß von dem Weidehaber und dem Honig berechnet. Es wurden damahls in den Bäumen der Wälder in eingehauenen Löchern, die man Beuthen nennete, die meisten Bienen gehalten, welches aber heutiges Tages meist aufgehöret, und also diese Einnahme wegfällt. Der Weidehaber hergegen wird noch von den benachbarten Dörfern für die Hütung in den herrschaftlichen Heyden gegeben. Hieraus erhellet zugleich, daß die Tonne Honigs damals gegolten 1½ Schock Groschen und 1 Wispel Haber 21 Gr. also ein Scheffel noch nicht völlig 1 Groschen, p. 24. aber wird der Scheffel Haber zu 1½ Gr. gerechnet.

7) In der Handschrift, in diesem Abdrucke aber p.

Summe reddituum ad castra pertinentium. De castris remissiones per numerum in fine positum [1]

Middenwalde ad castrum illud pertinet si Domino placet XXVI sexag. preter orbetam et theolon.
Copenick ad illud castrum spectant XIIII sexagene preter orbetam et magnam piscaturam
Trebyn ad castrum spectant XXIIł sexagene preter opidum molendinum et theoloneum
Zarmunt ad castrum XXIIł sexagene preter opidum molendinum et theoloneum
Postamp ad castrum pertinent XIII sexagen. preter orbetam et silvam
Spandow XIIł sex. preter molendin. theolon. aquas et silvas it. suprema juditia et servitia in villis
Bowslenburg ad castrum pertinent XVIII sexag. preter molendinum et preter villam *Middenwalde*
Oderberg Nuemul. Botzow. Libenwalde. Bysdal. Breten. Czedenick. Furstenwerder. Tanghermunde. Gardelebe. Saltzwedel. Snackenburg. Lentzen. Wittenberge. Frederichstorff
Wressen et *Gortzk* quamvis non sunt castra tamen istis addantur propter redditus eis adjacentes de quibus habetur infra ubi invenitur talis

De Castris super Telthow. [2]

MITTENWALDE de hac civitate habetur infra. Ad castrum spectabat olim precaria ville *Malo* videlicet X frusta quam nunc habet *Aschersleben* it. villa parva *Kynitz* quam nunc habet *Selestranck* et alia plura sed hodie nihil spectat ad illud castrum habet tamen Dominus ibidem in molendinis V choros siliginis et brasii XII sexag. in theolonio et quedam bona in quibusdam villis infra territorium Thelthow que potest si velit ad istud vel ad aliud castrum deputare videlicet

Tempelhove precaria valens VIII frusta servitium curruum valens II frusta
Margendorff precaria VIIł frusta servitium curruum I sexag. grossorum
Margenvelde precaria VIII frusta servitium curruum I sexag. grossorum
Gudenstorff precaria II frusta servitium curruum [3]
Lichterfelde tantummodo servitium curruum I sexag. gross.
Rudow servitium curruum tantum I sexag. supremum juditium cum jure patronatus est obligatum
G. Blumenhagen pro V marcis. Habet ibidem Dominus pratum valens annuatim II sexag. gross. item V talenta denariorum Brandenburgic. in pretorio consulum [4] que olim ad castrum *Wusterhausen* spectabant

Summa XXVI sexag preter [5] orbetam theoloneum molendinum pratum in Rudow et V Talenta in pretorio

 De

1) Diese Zahlen sind hier nicht hergesetzet, weil sie im Abdruck nicht eintreffen können. Die Marggrafen hatten damals viele mit Mauern befestigte Schlösser, zu deren Unterhalt sie die Einkünfte von einigen benachbarten Städten und Dörfern gewidmet. Dieses ist ein allgemeines Verzeichniß der Schlösser, welche zeithero gröstentheils eingegangen, und Churfürstliche Aemter daraus geworden sind. Zu diesen Aemtern sind auch die hiernach beschriebene Einkünfte der Dörfer, in so weit nicht Veränderungen damit vorgegangen, geschlagen worden.

2) Hier folget das besondere Verzeichniß von den Schlössern im Teltowschen Creyse und den Dörfern, deren Einkünfte dazu gewidmet waren.

3) Aus diesem Artikel erhellet, daß der Marggraf in den Dörfern Tempelhof, Mariendorf, Marienfelde, Gudensdorf ic. die *Precariam* (Landbede) und den Wagendienst gehabt, daß die Bede 8 Frusta, Stücken Geldes oder 8 Talenta (Pfunde) oder halbe Marken von jedem Dorfe betragen, und daß der Wagendienst zu Gelde ehnlich zu 1 Schock Groschen angeschlagen worden.

4) Das *Pretorium consulum* wird wohl das Schulzengericht zu Rudow seyn sollen.

5) Hieraus folget von neuem, daß die *Orbeta* von der *Precaria* verschieden gewesen, weil letztere unter den 26 Schocken steckt, und also der Orbede entgegen gesetzt wird.

De Castris super Telthow.

COPENICK ibidem spectat ad castrum Vicus qui dicitur *Kytz* qui dat Domino annuatim de qualibet domo XV denarios Domus sunt XXIIII Summa XXX solidi denariorum videlicet in festo Epiphanie VI denar. Dominica Judica IIIł denar. Ante festum Iohannis Baptiste IIł denar. post Iohannis IIł denarii Martini II denarii

Habet etiam ibidem judicium supremum et servitium videlicet II sexagen.

Aque que magnis piscantur retibus locate sunt pro XXXVI sexag. et XL grossis

Item de gurgustis vel obstaculis in aquis XXXIIII solidi denariorum it. de piscatura que dicitur *Alreph* [1] XXVIII solidi denariorum item de aquis XIIII libre piperis

Sunt ibidem due *merice* [2] una super *Telthow* propter cujus pascua he ville tenentur Domino avenam que dicitur *avena mericalis* [3] *Glinick* I chorum avene *Brisck* (*Britz*) ł chorum avene *Walterstorff teutonica* I chorum avene *Bonenstorff* XX modios avene *Schultendorff* XVI modios avene

Alia merica super *Barnym* propter cujus pascua iste ville dant avenam *Schonenbeke* I chorum *Schoneycke* XX modios avene *Waltersstorff* I chorum avene

Item de eisdem mericis III tunnas mellis quelibet tunna valet LXXX grossos

Item ville adjacentes ad castrum spectantes *Walterstorff slavica* ł sexag. gross. ad precariam videlicet de quolibet II gr. *Radenstorff* ł sexag. *Helwichstorff* deserta

Item venditio siccorum lignorum estimatur ad VI sex. Summa pecuniarum XV sex. XLIIII grossi

Item XXXVI sexagene de magna piscatura it. VI chori et XX modii avene Item III tunne mellis it. XIIII libre piperis it. Judicia et excessus

TREBYN est castrum et opidum valde exile Opidani solvunt Domino orbetam XI talentorum vinconum vel II sexag. et XII grossos

It. censum arearum de quolibet spatio unius mensure scilicet virge I vinconem vel XII grossos [4]

It. de mansis III frusta videlicet de VIII mansis de quolibet VI modios siliginis et VI avene

Dominus habet ibi Judicium supremum valet I sexag. gross.

Item de molendinis VIII choros siliginis it. conductum valens annuatim XII sexag.

It. de quatuor villis adjacentibus quarum nomina sunt hec *Clistow Neuendorff Schultendorff Kerstynendorff* Item de quodam agro XXIIII pullos Item II libras piperis

Clistow est villa habens novem mansos solventes Domino ad castrum quilibet mansus dat XII *slavicos modios* [5] siliginis et XII modios avene Item tota villa dat ad precariam I sexagen. et XL gross. latos it. de quolibet manso I pullum preter prefectum et Loman it. decima de novellis pecoribus seu animalibus

Nuendorff X mansi quilibet dat V modios siliginis et V modios avene it. ad precariam I sexag. grossorum latorum it. quelibet domus I pullum Exceptis Sculteto et Lemann it. Scultetus I sexag. grossor. latorum it. Leman XIIIł grossos latos. *Schul-*

1) *Alreph* ist ohne Zweifel der Aalfang.
2) *Merica* heißt ein Wald oder Heyde in dem Latein des mittlern Zeitalters. S. du *Fresne* glossarium bey diesem Worte.
3) Dieser Wald- oder Weidehaber, wird noch heutiges Tages von diesen hier benannten Dörfern wegen der Hütung in der Cöpenickschen Heyde, so sie in derselben ausüben, dergestalt entrichtet, welches ich wegen des mir gehörenden Dorfes Briz besonders weiß, und zeiget sich also hieraus, wie alt und gegründet solche Hütungsgerechtigkeiten sind.
4) Also haben die Einwohner hier von ihren Höfen einen Grundzinß von 12 Gr. vor die Ruthe bezahlen müssen. Anstatt vinconem wird es hier 1 marcam vinconum heißen sollen, weil die 12 Groschen ausmacht. s. p. 6.
5) Also hat man damals besondere Scheffel gehabt, die man *Slavicales* oder Wendische genannt, und die aus den Wendischen Zeiten noch hergerühret, so wie die Benennung der Dörfer, als Wendisch Waltersdorf, Buchholz. rc.

Schultendorff XII mansi quilibet XII modios siliginis et XII avene it. ad precariam II sexag. et XL grossos latos it. quelibet domus III solidos Vinconum et I pullum et ł sexag. preter mel it. prefectus XL gross. latos it. Leman XX grossos et ł urnam mellis

Kerstinendorff Herman et Heynecke ł urnam mellis it. Herman Luderstorp ł quartam mellis it. Rehagen ł urnam mellis it. Claws Mirtins I quart. mellis it. Henseln Mertins I quart

Summa pecunie XXI sexag XII. gr. Summa siliginis XXIIII chori Summa avene XVI chori it. III urnas mellis it. II. libre piperis it. LX pulli

De Castris super Telthow.

ZAREMUNT [1] est castrum et opidulum ubi Dominus habet orbetam et supremum judicium theloneum II[a] sexagene it. molendinum V choros siliginis

Ville adjacentes sunt IX quarum descriptiones hic immediate sequuntur

Langherwisch XXIX mansi quilibet I grossum latum et II vinconum it. XXXIII grossos latos it. prefectus XV grossos latos it. XIIł modios siliginis et XIIł ordei et XX modios avene tota villa it. VIII pullos

Michendorff X mansi quilibet I grossum latum it. prefectus X grossos latos et IIł modios siliginis et IIł ordei it. *villani* [2] IIł modios siliginis IIł modios ordei et V modios avene it. quelibet domus I pullum et X ova it. quilibet mansus II denarios

Schoyas V *mansi* [3] qui dant simul XII grossos latos et V modios siliginis et V ordei et V pullos et quelibet domus V ova

Gutergotz XLIII mansi quilibet in festo Martini XX denarios et Walburgis XX denarios

Cedelendorff [4] XXXVI mansi quilibet XXIIII denarios Et est sciendum quod *Rosendal* civis in *Berlyn* habet III talenta in predicta precaria dictarum duarum villarum

Friederichstorff XL mansi dant simul II sexagen. et XIII grossos et de quolibet manso ł modium siliginis ł modium ordei et I modium avene item prefectus XXXVIII grossos latos et V modios siliginis V modios ordei et X modios avene it. X pullos et de qualibet domo X ova item de quolibet manso II denarios

Trebinstorff XI mansi de quolibet II grossos latos et IIII modios siliginis it. prefectus X grossos latos it. X *cossati* quilibet dat II grossos latos item tota villa I modium pisorum it. quilibet *agricola* II pullos et X ova it. quilibet *cossatus* II pullos et V ova

Nudow XVII mansi quilibet XVIII denarios VI modios siliginis et VI modios avene Tota villa I talentum de glandibus et XXIII pullos et XL ova

Sticken dat simul XIIIł grossos latos V modios siliginis II sexagen. ovorum XX pullos VI gross. et VIII mandalas frumenti

Spectant etiam ad castrum IIII vacce annuatim de illis supra scriptis

Summa siliginis VIII chori VIII modii preter molendinum in *Sticken* quod dat IIII choros siliginis it. molendinum ante castrum Summa ordei II chori Summa — — VIII chori Summa pecunie XI solidi XL grossi preter opidum et theoloneum

De

1) Zaremunt ist das heutige Churfürstliche Amt und Flecken Sarmund, wobey damals ein vestes Schloß gewesen.

2) *Villani* heissen hier die Bauern, welche in diesem Landbuche selten vorkommen, sondern mehr die Cossäten.

3) *Mansi*, so heissen bekannter maßen die Hufen im mittlern Zeitalter. S. das glossarium des du *Fresne* und unzählige Urkunden.

4) Ist das bekannte Dorf, so heutiges Tages Zelendorf heißt, etwa 2 Meilen von Potsdam.

De Castris super Obula. [1]

POSTAMPP est castrum ad quod primo pertinet orbeta III marcarum censum arearum XIIII solid. denariorum it. censum lignorum XXIX solid. denariorum et IIII denarii it. de molendino II choros siliginis it. *Slavi* de vico vel *Kitz* [2] XXIIII solid. denariorum it. LX *agwill* [3] valet XL grossos Theoloneum XII sexagen.

Item villa *Camerode* dat simul II talenta et XV denar. III modios siliginis et I quartale III modios ordei et I quartale et XIII modios avene it. quelibet domus I pullum

Item *silva* sive *merica* spectat ad castrum *Postamp* ad quam pertinet mell valet IIł sexag.

Iem volentes ligna sicca jacentia colligere dant de quolibet plaustro de equo II denarios valet II sexag. it. conductus de quolibet equo I grosſ.

Item venditio lignorum virentium Plura habentur infra in numero CLXIIII

Summa pecunie XX sexag. et XII grossi Summa siliginis LIIł modii quilibet modius pro II grossis Summa ordei IIIł modii quilibet modius pro IIł grossis [4] Summa I sexag. et LIII grossi Summa avene XIII modii quilibet modius pro IIł grossis Summa totalis XXII sexag. et V grossi

SPANDOW ad castrum *Spandow* pertinet theoloneum II sexag. grosſ. molendinum non ad castrum sed est annexum molendino in Berlyn

Aquas habet ibidem Dominus locatas pro XXX sexagenis grossorum Mericas duas unam super *Barnym* aliam super *Telthow* Prata it. una tunna mellis valet IIł sexag. grosſ. Ville adjacentes Vicus prope castrum habet XXV domus quelibet dat XV denarios *Pichelstorp* servire tenetur *Nyendorff* XL grossos et servitium *Sacro* LXIIII grossos et servitium *Falkenrede* I sexag. et XVIII grossos juditium supremum et servitium *Wustermarck* II sexag. et XLIIII grossos juditium supremum et servitium *Rywyn* XV grossos *Swanenbecke* XXXVI grossos *Possin* Juditium supremum et servitium super IIII mansos et VI cossatos *Berge* VI sexagenas et XL grossos *Buschow* II sexag. et XL grossos XVI pullos Juditium supremum et servitium *Bogow* XV grossos Juditium supremum et servitium immo totam villam deberet habere de jure Suburbium ante *Brandeburg* quod dicitur *Kyez* [5] *Segefelt* servitium curruum *Karchow* servitium *Rorbeke* servitium *Heynholtz* servitium *Doberitz* servitium It. *Heynekensdorp* sunt IX domus quelibet dat II solidos Martini et Walburgis et IIII pullos et XX ova *terminus* — — [6] sed *prefectus* [7] percipit de una domo it. prefectus habet II mansos sed nihil dat it. Henning habet I mansum dat VIII solidos Martini et Walburgis

VOR-

1) Von den Schlössern an der Havel oder im Havellande. Der Fluß die Havel wird allezeit *Obula* in diesem Buche genannt.

2) Hieraus erhellet, daß die Fischer-Vorstädte vermuthlich von einem alten Wendischen Worte Kitz geheißen, und gemeiniglich von den Ueberbleibseln der Slaven oder Wenden bewohnt gewesen.

3) Dieses in der Urkunde so geschriebene Wort *Agwill*, soll vermuthlich *Anguillas* Aale bedeuten, die die Fischer geben müssen und wovon das Schock 40 Groschen gegolten.

4) Also hat damals der Roggen 2 Gr. die Gerste aber 2½ Gr. und also mehr als der Roggen gegolten.

5) S. hier die 2te Anmerkung.

6) Diese Worte sind ganz unverständlich geschrieben in allen Handschriften des Landbuchs.

7) *Prefectus* ist der Schulze.

VORLANDE [1] castrum et civitas spectant ad strenuum Dominum Petrum *Schenken* militem

Dith ys de renthe vnd plege dy Her Peter hefft tho *Vorlande* Frederick hefft IIII husen Claws Fritze drey husen Jacob Frederick eyne huse Tideke Kruger II husen Bartholomeus eyne huse Gerke Duratze eyne huse Summa XIIII husen Jewelke hove gyfft — Wilke Smyth II husen XVIII Schepel Roggen facit tosammen VIII Wispel it. Er Peter hefft IX husen tho synem Slothe in der stadvelde Vp dem *Kitze* sind X huesser besettet eyn islik gyfft alle Jar X groschen facit II schogk groschen und X - Darsulves vp deme Kitz sind wusthe V erve So heft he an deme sulven stedeken XXVI schillige tho Rudentintze Ock hefft he XLIIII hunner in dem Stedeken Vnd vp einer wusten Wurt III hunere vn II huner vp der Peterynnen wurt item V mark silvers tor orbede Ock hefft he dy Molne vor dem stedeken Ock hefft he dar dat Kercklehn vnd dat lehn over II altare Ock hefft he dar den hoff vnd alle datt erue darto behoret &c. Ock hefft he den olden honehoff

Dyth synd die anderen husen to *Vorlande* dar her Peter nicht anne hefft Die Schulte hefft V husen dy sinth fry Brecht hefft VII husen de synth to einen lyne vt der eyne Kloster Jungfrow to Spandow hefft pacht over II husen Gerecke Duratz Henning Strobant hefft pacht ouer IIII husen Jacob hefft II vnd Bartolomeus II Her Hellewich hefft pacht over III husen to synem altar Tideke Kroger hefft I Gerecke Doratz Gotzke I van der ClosterFrowen van Spandow ouer II husen vnd van der ClosterFrowen van Czedenick ouer I huse dat velt an her Peter

Dyth sinth dy husen dy die Polenynne dar hefft to erem lyne Frederick hefft II husen Claws Fritzen hefft I huve Wilke Smydt hefft III husen Jacob Frederick hefft I huse Gerke Doratz hefft IIII husen Tideke Kroger hefft II huven Gotzke hefft I huve Summa XIII husen daruan nymmeth dy genannte Polenynne de pacht to erem *Lyne*.

Dyth horeth to dem *erve* [2] XL morgen grasses yoden Morgen alle Jar vor IX groschen to vorkopende von tore alle Jar II scogk Dy Acker im Zipunde iss so guth alse III husen yode huve gifft XVIII schepel roggen Dy Werder gifft II Stucke Dy Heyde alle Jar II Stucke Von den Wateren alle Jar IIII scogk Dy Molne alle Jar IIII Wispell Die olde Honehoff alle Jar vp eyn Stucke Dy VIII husen dy tom hove horen yode huve XVIII Schepel hyr ouer ys de hoff gebuveth und dat holtzh in dem Zipundt.

De

1) Dieser Ort ist das jetzige Dorf und Amt Fahrland im Havelländischen Creise, das damals eine Stadt und Schloß gewesen. Es ist sonderbar und merkwürdig, daß dieser Artikel nur in der Handschrift des Carolinischen Landbuches in dem Berlinschen Haupt-Archiv, aber nicht in den zwey andern Exemplarien stehet, daß derselbe nicht in Lateinischer, wie alles übrige, sondern in teutscher Sprache abgefaßt ist, und das hier ein dem Peter von Schenke einem Edelmanne gehöriges Schloß beschrieben ist, da alle übrige angeführte Schlösser dem Landesherrn gehöret. Einige neuere Nachrichten von Fahrland findet man in des Herrn Oberconsistorial-Raths Büschings Reise nach Rekahn p. 195.

2) Hier wird unter dem Worte Erve ohne Zweifel das *Allodium* verstanden im Gegensatze des oben stehenden Lehns.

D

De Caſtris ſuper Obula.

BOTZOW [1] Dominus habet orbetam videlicet X marcas vel XI ſexag. et XX groſſ. item ſupremum juditium item cenſum arearum videlicet V Talenta denar. Brandeb. item X manſos ad *allodium* [2] item ſilvas et mericas Item in villa *Lentzen* I Tal. denar. Brand. de piſcatura ibidem VI manſi Item precariam in villa *Berneclaw* [3] circa VII ſexag. Martini et Walpurgis ſervitium curruum et pullos Item in villa *Germendorff* II Talenta Walp. et Nicolai Item in villa *Eichſtede* precariam videlicet LXIII ſolidos XXI modios ſiliginis et XIII modios avene et de qualibet domo I pullum item ſervitium curruum Terminus ſolutionis precarie Martini et Walburgis item XVI modii avene in villa *Filſanz* item in villa *Fe[illegible]ym* IIII choros avene Item in *magna Czitten* XVI modios avene item in *Czwant* (*Schwante*) II chori avene Summa pecunie XXVI ſexag. VI groſſ. Summa ſiliginis XXI modii Summa avene IX chori item allodium ſervitia juditia et pulli item ligna ſilve & merice

NVEWEMVL prope *Botzow* eſt caſtrum habens molendinum et malleum fabricans per motum aque [4] qui cum molendino annuatim eſtimantur — item habet villas quarum nomina ſunt hec [5] — item habet piſcaturas item ſilvas et mericas

BYSDAL [6] ad caſtrum *Bisdal* ſpectant infra ſcripta Orbeta in opido VI marcas argenti vel VI ſexag. cum XLVIII groſſis item cenſus arearum item IIII molendina in quibus habet X fruſta vel VI ſexag. et XL groſſos videlicet *Kizmul Luttekemul Hellemul* Item precaria in villa *Rudenitz* IIII fruſta ſupremum Juditium et ſervitium curruum item precariam in villa *Danewitz* videlicet V Tal. den. Brand. item XI modios ſiliginis XI mod. ordei et XXII modios avene excepto prefecto Item ibidem pactum et cenſum ſuper XIII manſos videlicet de quolibet manſo III modios ſiliginis et III modios avene et I ſolid. denariorum Brandeb. item ibidem ſupremum judicium ſervitium curruum cum jure patronatus Item in villa *Barſtorp* precariam ſuper totam villam videlicet II modios ſiliginis II modios ordei et IIII modios avene et I Talentum ibidem ſervitium curruum Silva que dicitur parva merica de qua dicit *Hen. de Stegelitz* ſe habuiſſe uno anno XC Talenta denariorum qui faciunt XLV ſexagenas groſſorum [7]

De

1) Botzow iſt nicht das Dorf dieſes Namens, ſondern die Stadt und das Schloß Bötzow an der Havel, ſo von der Prinzeßin Louiſe von Oranien, Gemahlin Churfürſt Friedrich Wilhelms, den Namen Oranienburg bekommen und noch führet.

2) *Ad Allodium*, zum Erbe.

3) Bernklau iſt jetzo eine wüſte Feldmark und Vorwerk des Amts Oranienburg. Die übrigen hier benannten Dörfer liegen dort noch und ſind bekannt.

4) Bey Oranienburg iſt noch ein Ort, Neumühle genannt, und auſſer den vielen Kornmühlen, auch eine Schneidemühle. Ein Schloß dieſes Namens aber iſt nicht mehr vorhanden.

5) Die hier fehlende Zahlen und Nahmen der Dörfer ſind in den Handſchriften offen gelaſſen.

6) Bysdal, iſt das jetzige Städtchen und Königliche Amt Bieſenthal im Ober-Barnimſchen Creyſe. Die von Arnim auf Bötzenburg, Gerswalde und Schönermark haben einen groſſen Antheil an Bieſenthal gehabt, welchen Churfürſt Johann George im Jahr 1577 theils mit baarem Gelde, theils durch Tauſch an ſich gebracht hat.

7) Alſo macht 1. Talentum oder Pfund 30 Groſchen aus; p. 32. aber bey dem Dorfe Richenow ſtehet, daß 1 Talentum 40. Gr. mache, dergleichen Widerſprüche bey den Münzen in dieſem Buch ſich mehr finden und ſo leicht nicht zu heben ſind.

De Castris in Vkera. [1]

BOZELENBURG [2] est castrum atque opidum In opido habet Dominus Marchio V Tal. den. Brand. faciunt III sexag. gross. ibidem super macella IX libras cere in festo nativitatis Marie et IX *scapulas* [3] valentes IX grossos cum cera XXXVI grossos In molendinis XV choros siliginis In aquis XXIIII solidos denar. Brandeburgens. judicium supremum In villa *Boselnburg* sunt XXIIII mansi quorum XI dant ad pactum [4] VII choros et XVI modios triplicis frumenti videlicet siliginis ordei et avene ad censum [4] XXIIII sol. den. Brand. minus II denariis item XXII sol. denar. Brandeb. pro messe Ibidem VII½ sexagene pullorum qui dicuntur *pulli pactuales* [5] In villa *Krewitz* sunt XXIX mansi Prefectus in Krewitz dat I Talentum denar. Brandeburg. Walpurgis pro *equo pheodali* et de tribus mansis XXI sol. den. Brandeb. & IX modios ordei et avene Cossati ibidem habent VI mansos de quibus dant IX mod. silig. ordei et avene In villa *Cervelyn* XXV mansi qui dant ad pactum V choros silig. & avene super Martini item X sol. den. Brandeb. super Walburgis Prefectus XII sol. Brandeb. Walpurgis Villa *Wichmannstorff* XLII mansi quorum VII dant XXI modios siliginis ordei & avene item III Talenta denariorum Brandenburg. minus IIII solidis Villa *Mittenwalde* XVI mansos quilibet dat VIII solidos Brand. super Michaelis et Walpurgis & IIII quart. siliginis III quart. ordei & I½ mod. avene Summa bladorum XXXII½ chori videlicet siliginis ordei et avene valent circa XV solidos Summa pecuniarum XXI Talenta XV sol. denar.

Breten est castrum sine oppido et sine villa jacens in magna merica WERBELYN [6]

Oderberg ad castrum in *Oderberg* [7]

1) Es ist leicht zu erachten, daß hier die Rede ist von den Marggräflichen Schlössern und Vesten in der Ukermark oder dem Ukerlande.

2) Botzelenburg wird jetzo Boytzenburg geschrieben, und ist eine Stadt und Schloß in der Ukermark, so ehemals den Marggrafen gehöret, nunmehro aber der Familie von Arnim, nachdem Churfürst Joachim I. beydes im Jahr 1528. an Hansen von Arnim abgetreten, und dagegen von diesem das Schloß Zedenik mit Zubehörungen durch einen Tausch erhalten.

3) *Scapulæ*, bedeuten Speckseiten oder Schulterblätter von einem Stück Schlachtvieh. s. das Glossarium des du *Fresne*.

4) Zur Pacht und zum Zinse. Dieses waren die dem Guthsherrn zu entrichtende Abgaben.

5) *Pulli Pactuales*, Pachthüner.

6) Von dem Schlosse Breten in der Werbelinischen Heyde, findet sich keine Spur mehr.

7) Ist ein Schloß bey der bekannten Stadt Oderberg gewesen, das erst im gegenwärtigen Jahrhunderte eingegangen ist.

De Castris in Pregnitz.

LENTZEN [1)] Dominus Martinus *Wenkesterne* dixit quod a Dominica Judica usque Joh. Baptiste habuit CXXXII Talenta Lubecensia Item quod ipse & frater ejus habent quartam partem Theolonei Remanent pro Domino C Talenta minus I Talento Theolonei LXV sex. Molendinum XX choros siliginis Residuum habetur infra in folio — Item in villis *Bokern* et *Rudow* habet Dominus IIII½ sexag. gr. It. in *Mutelik* habet XI^{mam} mandalam valens annuatim VIII choros avene Item de judicio habuit II marcas arg. Summa cum *Orbeta* C sexagene

WITTENBERGE [2)] Habetur infra in numero XXXII *Friderichstorff* [3)] villa *Friderichstorff* XXXIIII mansos dant simul IIII choros siliginis videlicet de quibus duo sunt deserti et de quolibet manso dat annuatim IIII modios siliginis et I solidum den. Item sunt in eadem villa VII Cossati qui dant annuatim VIII sol. denar. Item Tabernator ibidem dat annuatim de Taberna II lapides cepi Summa hujus ville V sexag. XLIIII groß. cum blado & cepo Item in villa *Hertzsprung* habet dominus precariam de XXIII½ mansis de quolibet II sol. den. cum III denar. It. I½ quart. siligin. et I½ quart. ordei & I½ qu. avene VI mod. avene XVII½ modios duri Item de predictis mansis sunt XI½ qui etiam tenentur Domino censum et pactum [4)] videlicet de quolibet XVI mod. silig. et II sol. denar. censum XXIII solid. pactum VII chori XVI modii Summa hujus ville IIII Tal. & IX chori duri vel XII sex. X groß.

De

1) Die Stadt Lenzen hat von jeher zu der Mark Brandenburg gehöret. M. Ludwig I. versetzte Lenzen und Dömitz im Jahr 1336 für 6500 Mark Silbers an die Grafen von Schwerin, seine Lehnsleute, laut der Bekenntniß-Urkunde dieser Grafen, a) von welchen Grafen nach derselben Abgange diese beyde Städte, an die Herzoge von Meklenburg gekommen. Dömitz ist bey Meklenburg geblieben. Lenzen aber wurde im Jahr 1351 bey der Heurath der Meklenburgischen Prinzeßin Ingeburg mit Marggr. Ludwig dem Römer, diesem Herrn zurück gegeben b) Um diesen Punkt der Märkischen Geschichte noch mehr zu erläutern, will man die Versetzungs-Urkunde von Lenzen und Dömitz, die bishero noch nicht gedruckt gewesen, und die sich in dem Berlinischen Archiv befindet, mittheilen. Sie lautet also: „Wir Lodewieck ꝛc. Bekennen dat wy mit gutem Willenn vnde mit vorbedachten Mute vnserer Ervenn vnde Lüten den Edelenn Lüten Graven Heinrich Graven Clauß vnd Clauß vnd Graven „Ottenn von Schwerinn vnde erenn rechtenn Erven vnsen truwenn Mannen dy Stadt dat Huse dat „Lannt zu Lentzenn dy Stadt dat Huse dat Lannt zu Dömitze mit allem Rechte vnde Richte mit „allem Nutz die dartzu hören ann beiden Sittenn der Elbe also wy vnd vnd vnnse Vorfaren de „Marggraffenn tho Brandennborch beseettenn hebben vor söbende halff tusent Mark Brandenn„burgisch Silbers vnd Gewichtes versettet hebben. Wenne wir ihnen dieße vorgeschriebene Huse vnde „städt vnde dat dartzu höret als hier vorsteet verantwort hebben vnde wyr oder vnsere Erffnehmen oder „Nachkömmlinge düße Stete vnde Lant vnd dat dartzu höret, als hier vorsteet wieder lösenn wollen „vor die vorbenömedenn Summe vonn ihnn oder vonn irenn Ervenn de schöleen se vnns weder antwor„ten mit gutem Willen wenne wy dat heischen. Geben nach Christi Geburth dreizehen hundert Jar „darnach inn ihe vnd druttichstemm Jare der Mittewecke vor Letare." Churfürst Friedrich nahm Dömitz und Garlosen im Jahr 1442 zurück, trat sie aber in dem Frieden von Witstok, als eine Mitgifft seiner Prinzeßin Tochter an Herz. Heinrich von Meklenburg wieder ab, jedoch nur pfandweise.

2) Wittenberg muß zu Zeiten Carl 4. nach diesem Landbuche, dem Churfürsten und Marggrafen gehöret haben, und eine Immediat-Stadt gewesen seyn. Nachhero aber ist dieses Städchen an die edle Herren von Putlitz gekommen, die es noch jetzo besitzen. c)

3) Von den Dörfern Friedrichsdorf, Herzsprung, Tyze, Wolkow, Lelcho und Borke findet sich unten an einem andern Orte des Landbuchs noch eine umständlichere Nachricht.

4) Hieraus erhellet, daß der Marggraf in diesen Dörfern nicht allein die *precariam* (Bede) sondern auch die Pacht und Zinß, als die guthsherrlichen Abgaben, imgleichen die Dienste, Gerichte und das Patronatsrecht gehabt, daß ihm also diese Dörfer eigenthümlich gehöret.

a) In Gerkens Cod. Dipl. Brandenb. T. III. p. 284.

b) *Pontani* Hist. Dan. A. 1349. Crantzii Vandalia L. 8. c. 31. Gerkens Fragmenta Marchica P. 5. p. 105. Dasjenige, so sich hievon in Lenzens Brandenb. Urkunden p. 367. findet, ist gröstentheils irrig.

c) Gundlings Brandenb. Atlas p. 190.

De Castris in Pregnitz.

Item in villa *Thirze* habet Dominus pactum & censum super XVIIꝉ mansis de quolibet manso VI modios siliginis VI modios avene et II solidos Item super XXXV mansos precariam de quolibet XXXIIII denarios Iꝉ quart siliginis Iꝉ qu. ordei et III qu. avene Item jus patronatus supremum juditium et servitium Item prefectus ibidem V solidos Item Tabernator VI solidos Summa hujus III Tal. XVI sol. VIII chori Xꝉ mod. duri vel X sexag. LVIII gr.

It. in villa *Wolkow* XX mansi quilibet solvit XIIII denarios et bini Iꝉ qu. siliginis Iꝉ qu. ordei et III qu. avene Prefectus V sol. Summa XXVIII sol. IIII den. v. XI modios duri vel XV grossi et I sexag.

Item in villa *Lelchow* XVII mansi quilibet solvit XVIꝉ den. et bini ac bini Iꝉ qu. silig. Iꝉ qu. ordei & III qu. avene XXIIII sol. IIII den. & X modios duri I sex. XIII grossi

In villa *Borke* V mansi quilibet XXVIII den. Iꝉ mod. silig. Iꝉ mod. ordei III mod. avene habet ibidem servitium curruum XIII gr.

In villa *Borentyn* XXXIIII mansi quilibet XVIII denar. et I qu. siliginis I qu. ordei et I qu. avene habet ibidem servitium curruum II sex. XIIII gr.

In villa *Wotik* XIX mansi quilibet tenetur III sol. den. I qu. ordei et ꝉ modium avene item servitium curruum deserti.

Item molendinum in *Steynuorde* X sol. denar. XX gr.

Summa XXXIIII sexag. XVI gr. cum blado et toto

De Castris Antique Marchie.

TANGERMVNDE Theoloneum [1] circa *C sexagenas* Item stagnum quod dicitur *Schelnberg* Item villa *Buch* valens annuatim in certis redditibus LXXX frusta que faciunt LIIII sexag. Vltra ista habet tria stagna vel lacus Item nemora et prata Nota quod Fritze Buest computavit in presentia Domini *Imperatoris* anno MCCCLXXVII feria quarta infra octavas Pentecostes quod de Theoloneo a die Sci Nicolai usqe dictam feriam quartam percepit LVI marcas argenti Et videtur possibile quod ab illo die usque ad instans Festum Sci Nicolai percipiet XXXII marcas ut sic in anno fierent LXXXVIII marce argenti que faciunt C sexagenas Vltra predicta percepit de *conductu* [2] XI gr. Item de lignis siccis V sexag. gr. Item de *excessibus* in silva XI sexag. Preter orbetam manet Summa I^c LXX sexag. Item stagna lacus et prata Item silva *Tangern.* Item Judicia et excessus.

ARNEBVRG Hoc castrum cum suis attinentiis spectat ad *dotalitium* illustris Domine *relicte Romani* nunc *Comitisse de Holtzsten.* [3]

1) In dem allgemeinen Verzeichniß der Zölle oben p. 17. ist der Zoll zu Tangermünde nur zu 60, hier aber zu 100 Schock angesetzet, welches schwer zu vereinigen ist.

2) *Conductus*, ist das Geleite. *Excessus*, sind Vergehungen, so Strafgefälle und Brüchte einbrachten.

3) Die Prinzeßin, von der hier die Rede ist, war Ingeburg, eine Tochter Herzog Albrechts von Meklenburg, welche Ludwig der Römer, Marggraf von Brandenburg im Jahr 1351. heyrathete, und die nach seinem Tode eine Gemahlin Graf Heinrichs von Holstein wurde. Sie brachte dem Marggrafen zur Mitgabe die Stadt Lentzen, welche M. Ludwig I. im Jahr 1336. für 6500 Mark Silbers an den Grafen von Schwerin versetzt hatte, (s. p. 28.) und sie bekam zum Gegenvermächtniße die Städte Arneburg, Seehausen, Werben und Perleberg, wovon sie auch die Nutzung als Witwe ihre ganze Lebenszeit genossen, wie sich unten in diesem Landbuche bey dem Artikel von den genannten Städten, p. 35. zeigen wird. Eine umständliche Nachricht von dieser Marggräfin Ingeburg findet man in Hrn. Gerken *Fragmentis Marchicis P. 5. p. 99.*

De Castris Antique Marchie.

GARDELEBE Ad Castrum pertinet Conductus solvens annuatim LX sexagenas Item molendinum Percepit hoc anno VII choros siliginis Item silva *Drommelyn* [1] Item pratum quod Dnus *Imperator* comparavit pro XXX sexag. Item ville subscripte *Wertiz Schilbog Reckmith Sadow* dant XVIII½ frusta faciunt XI sexag. et XL gr. Summa CXI sexag.

SALTZWEDEL ad illud Castrum pertinet advocatia et est obligata Arnoldo de Jago et Frederico de Wustrow Item Dnus *Imperator* habet ibi L marcas argenti annue pensionis quas redemit a Gerardo de Alvensleven Item redemit a Frederico de Wustrow partem suam videlicet XLIII½ marcas Summa reemptorum XCIII½ marce que faciunt I^c^ IIII sexag. L gr.

SNAKENBURG [2] est ibi bonum Theoloneum quod estimatur annuatim ad mille sexagenas anno Dni MCCCLXXVI circa festum Luce redemit Dominus *Imperator* Theoloneum ab illis de Schulenburg et fecit Henricum Henrici Witstede Theolonearium qui a dicto die Luce dedit dictis de Schulenburg L marcas item Dno Jo. de Kothebus II^c^ V marcas Pro hoc Anno LXXVII feria quinta ante diem Penthecostis computavit idem Henricus in presentia Dni *Imperatoris* incipiens a — — usque in dictam quintam feriam III^c^ XXXI marcas III½ fertones Tum a dicta die Luce usque in dictam feriam quintam V^c^ LXXXVII marcas faciunt VI^c^ LXIV sexagenas XVI½ grossos Igitur Dominus *Imperator* estimabat quod a dicta feria quinta usque ad festum Luce percipi possent III^c^ marce ut sic in uno anno essent mille sexagene.

DE

1) *Silva Dromelin*, ist der bekannte morastige Wald Drömling genannt, in der Altenmark, an den Gränzen von Lüneburg und Magdeburg, wovon eine ausführliche Nachricht zu finden ist in Walthers Magdeburgischen Merkwürdigkeiten P. 7.

2) Aus dieser Stelle des Landbuchs und aus zweyen andern p. 18 und 39 erhellet unstreitig, daß die jetzo unter dem Herzogthum Lüneburg stehende Stadt Schnakenburg mit ihrem wichtigen Zolle von Alters und besonders zu Zeiten K. Carl 4. zu der Mark Brandenburg gehöret. M. Ludwig 1. verpfändete diesen Zoll an den Fürsten Heinrich von Meklenburg, nach einer Urkunde vom Jahr 1325.[a] König Wenzel bestätigte solches im Jahr 1373.[b] Es muß aber der Schnakenburgische Zoll nachhero von K. Carl 4. eingelöset seyn, weil derselbe so wohl als die Stadt hier in dem Landbuch, das in denen Jahren 1376. und 77 angefertiget worden, als von den Marggrafen würklich besessene Zubehörungen der Mark Brandenburg aufgeführet werden. Die Marggrafen haben auch fortgefahren sie zu besitzen, bis zum Jahr 1390, da die beyde Herzoge von Lüneburg, Bernhard und Heinrich, mit den Marggrafen von Mähren Jodoco und Procopio, welchen damals die Mark vom Kayser Wenzeln verpfändet war, wegen der Räubereyen einiger Altmärkischen Edelleute, in Krieg geriethen, und Gartow und Schnakenburg eroberten.[c] In dem folgenden Jahre 1391 schlossen sie mit den beyden Marggrafen und derselben Hauptmann der Altmark, dem von Königsmark[d] einen Stillstand, in welchem der Streit wegen Schnakenburg und des Zolles auf den Ausspruch gewisser Schiedsrichter verwiesen wurde. Es ist aber bishero nicht bekannt, wie solcher Ausspruch ausgefallen, noch auch, daß die Marggrafen von Brandenburg die Stadt Schnakenburg und den Zoll jemahls ausdrücklich an das Haus Braunschweig-Lüneburg abgetreten hätten, sondern dieses Fürstliche Haus wird beydes bey den unruhigen Zeiten in der Mark, und da dieselbe bis 1415 keinen rechten Herrn hatte, behalten haben. Die Wichtigkeit des Schnakenburgschen Zolls läßt sich auch daraus beurtheilen, daß derselbe schon im Jahr 1376. 1000 Schock Groschen eingetragen.

a) In Gerkens *Diplom. Vet. Marchiae* T. II. pag. 549.
b) In Desselben *Cod. Dipl. Brand.* T. II. p. 605.
c) S. *Hermanni Corneri Chronicon* in *Eccardi Corpore histor. medii aevi* T. II. p. 1162. *Krantz in Saxonia* L. 10. c. 13. 14. Gerkens *Fragmenta Marchica* P. III. p. 156.
d) In Lenzens Brandenb. Urkunden P. I. p. 465.

DE CIVITATIBUS

De Civitatibus Domino pro nunc solventibus per territoria sive districtus sunt distincta Et primo a parte orientali incipiens transeundo versus Orientem medias civitates inserendo prout unaqueque alteri vicinior esse videtur. [1]

Civitates Districtus Sterneberg. [2]

DROSSEN ibi habet Dominus pro *Orbeta id est pro exactione originali* [3] annuatim XXIIII marcas argenti super festo Walburgis & Martini que faciunt — sexagenas Item habet ibi Juditium supremum.

REPPYN Orbeta XXIIII marc. Juditium supremum Molendinum singulis septimanis V modios siliginis Theoloneum C sexagenas

Districtus Lubus.

FRANCKENVORDE Orbetam non dat licet olim dedit II^c marcas [4] argenti Juditium supremum est obligatum Fritzoni Belko Theolonium habent consules [5] Jus patronatus habet Dominus

MUNCHBERG Orbeta XVI marc. argenti Martini et Walburg. que faciunt XVIII sexag. et VIII gross. Juditium supremum et Theoloneum habet Dominus Jus patronatus habet Peter de Lossow.

Terri-

1) Aus diesem Artikel erhellet noch umständlicher als oben p. 8 und 9, was für Rechte der Marggraf in jeder Stadt gehabt hat.

2) Hiernach scheint es, daß das Land Sternberg damahls nicht zur Neumark gerechnet worden, weil es nicht bey derselben, sondern in oder vor der Mittelmark, stehet, wie es denn auch oben p. *alia pars Transoderana* genennet wird.

3) Siehe oben pag. 11. die Note. Also ist die Orbede die älteste und ursprüngliche Landes-Auflage oder Contribution.

4) Die Stadt Frankfurt gab in den alten Zeiten eine Orbede von 200 Mark; da sie aber zur Zeit des falschen Waldemars dem Marggrafen Ludwig getreu verblieben, und K. Carln IV. der sie belagerte, tapfern Wiederstand gethan, so haben die beyden Churfürsten Ludwig I. und II. der Stadt Frankfurt durch zwey besondere Freiheitsbriefe in den Jahren 1349 und 1351 die Erlegung der Orbede auf ewig erlassen, und ist sie auch noch jetzo frey davon. S. Beckmanns Beschreibung der Stadt Frankfurt p. 107.

5) Die Zollgerechtigkeit hat die Stadt Frankfurt erhalten vom Kayser Ludwig von Bayern im Jahr 1324 und von dessen Sohne, Marggraf Ludwig I. im Jahr 1327. S. Beckmann p. 83.

Territorium Barnim.

WRISSEN (*hodie Wrietzen*) ibi habet Dominus Orbetam XVI marcarum Martini et Walburgis que faciunt XVIIII sexag. et VIII groff. Judicium supremum Theoloneum quod est locatum pro LXXIII sexagenis Item I lapidem *sepi* Martini vel XII groff. Denarios stationum in nundinis in die Palmarum valentes XXX grossos Item pratum valens annuatim circa II sexag. groff. Item Schultetus in vico qui dicitur *Kys* dat Domino X grossos Martini et X grossos super festum Iohannis Ville subscripte *Medewitz Trebyn Barnim parva Lowen* dant simul III sexag. groff. et de qualibet domo I pullum ante carnisprivium Item Letare de qualibet domo II luceos Item I solidum denariorum pro scapulis et ovis pasche quod estimo ad IIII sexagenas Jus patronatus habent moniales in *Fredelandt* Item in villa *Richenow* habet Dominus I Talentum denar. Brandeb. vel XL groff.[1] Item in villa *Wilkendorff* precariam valens VIII Talenta denar. Brandeb. Hec etiam infra habentur *Strusperg*

EBERSWALDE vel NOVA CIVITAS dat pro Orbeta XXX marcas argenti que faciunt XXXIIII sexagenas Judicium supremum habet Dominus Jus patronatus habet Dominus quod olim Marchio *Ludowicus* dedit Monialibus in *Czedenick* sed quia hujusmodi donatio nondum est sortita effectum igitur per *Vrbanum* Papam quintum est revocata Theolonium est annexum theolonio in *Vino* et est Domini valens simul LXXX sexagenas

BERNOW ibi habet Dominus Orbetam XXX marcarum argenti Martini et Walburgis que faciunt XXXIIII sexagenas Item Judicium supremum Item avenam mericalem videlicet IIII choros et XVII modios avene Item Jus patronatus.

STRUSBERG Dominus habet Orbetam scilicet LX marcas argenti Mart. et Walburg. que faciunt LXVIII sexag. Item Judicium supremum Item Jus patronatus Theolonium vero habent consules In villa *Richenow* habet Dominus I Talentum denar. Brand. vel XL grossos In villa *Wilkendorff* sunt LX mansi quilibet solvit Domino ad precariam II sol. denariorum Brandenb. que faciunt IIII grossos et I grossum pro frumento Summa hujus ville V sexag. grossorum

LANTSBERG ANTIQUA Dominus habet pro Orbeta XV marcas Martini et Walburgis que faciunt XVII sexagenas Item Judicium supremum Sed Jus patronatus habent Premonstratenses in *Gramsow*

BERLYN et COLN dant Domino CL marcas argenti[2] totum super Martini que faciunt CLXX sexagenas Supremum Judicium habet Tyl Brugke[3] Molendiuum habet Dominus quod potest locari pro IIII^c. sexagenis Item Theolonium locatum pro C marcis Item Jus patronatus

COPE-

1) S. oben p. 26. Note 7.

2) Dieses ist die von Alters hergebrachte Orbede der Stadt Berlin, welches auch erhellet aus einer Verschreibung Marggraf Ludwigs vom Jahr 1363. in Küsters altem und neuem Berlin P. 4. p. 14. desgleichen daselbst p. 122. seq. wo aber vieles unrichtig angegeben, und die Orbede mit den Gerichtsgeldern verwechselt wird. Heutiges Tages giebt die Stadt Berlin an Orbedegeldern nur 83 Thl.

3) M. Ludwig I. gab das Schulzenamt oder die Gerichte zu Berlin im Jahr 1345. dem Tylo Brugke zu Lehn, laut des noch vorhandenen Lehnbriefes, und dieser verkaufte sie wieder an den Rath zu Berlin im Jahr 1391. s. Küstern am angeführten Orte p. 120.

Gorzeick Ibi habet Dominus Orbetam scilicet V marcas in festo Martini faciunt V sexag. & XL grossos Item habet Judicium supremum Item Jus patronatus Plura habentur supra in Tractatu de Castris.

Mittenwalde Dominus habet Orbetam X marcarum super Martini que faciunt XI sexag. & XX grossos Item V Talenta denariorum Brandenburgicorum in pretorio que ad Castrum *Wusterhusen* spectabant Item Judicium supremum Jus patronatus habet Prepositus Brandenburgensis Residuum habetur supra de Castris

Trebyn Orbeta XI Talenta vinconum Totum habetur supra de Castris

Belitz Orbeta XVI marce super Martini et Walburgis faciunt XVII sexag. & VIII grossos Juditium supremum Theolonium Duos choros *humuli* [1] in festo Nativitatis Marie obligatos Thome de Brandenburg Duos lapides *sepi* in festo Michaelis Duos lapides cere in festo Purificationis & Pasche Decem libras piperis

Britzen [2] Orbeta XXIIII marce in festo Martini & Walburgis que faciunt XXV sexag. obligata Thome Juditium supremum obligatum Iohanni Keyser pro L marcis argenti Jus patronatus habet Dominus

Gortzk [3] Civitas non habet certam Orbetam sed secundum gratiam Dominorum dare consuevit In villis adiacentibus habet Dominus in *Werbick* ½ sexag. grossorum et decimam de novellis et de qualibet domo I pullum *Poltz* XXX pullos In *Kannendorff* I chorum siliginis VI modios avene et VIII sol. denar. In *Groben* ½ sexag. grossorum In *Werbick* ½ sexag. grossorum In *Dalm* I sol. denar. In molendino quod dicitur *Borckmul* VI modios siliginis In *Steykmul* VI modios siliginis Summa II sexag. grossorum Item II chori siliginis et VI modii avene IX solidi denar. et ½ sexag. pullorum absque orbeta.

Postamp Dominus habet Orbetam III marcarum faciunt III sexagenas et XXIIII grossos Juditium supremum et Jus patronatus Plura habentur supra de Castris

Spandow Orbetam habet Dominus XX marcarum vel XXII sexag. et XL gross. super Martini et Walburgis Judicium supremum etiam habet Dominus sed obligatum Consulibus per *Ortwyn* Residuum habetur supra de Castris Parochiam habent Moniales ibidem

Nev-

1) *Humulus*, Hopfen. *Sepum*, Talg, Fett. S. das Glossarium des du *Fresne*.

2) Die Stadt Briezen hat von Alters eine Orbede von 46 Mark dem Landesherrn erlegt. Marggraf Ludwig I. erließ ihr solche durch eine Urkunde von 1340. weil sie zur Zeit des falschen Waldemars ihm getreu verblieben, von der Zeit sie auch den Nahmen Treuenbriezen geführet. M. Otto aber setzte die Orbede dieser Stadt wieder auf 24 Mark, vermöge einer noch vorhandenen ungedruckten Urkunde von 1366. Es ist also die hier stehende Angabe von 24 Mark richtiger, als wenn oben p. 17. 20. Mark stehen.

3) Das Städtchen Görzke wurde damahls zur Mark Brandenburg und zwar zum Lande Zauche gerechnet, s. unten p 41. ist aber nachhero an das Erzstift Magdeburg gekommen. S. des Hrn. Ober-Consistorialrath Büschings Topographie der Mark Brandenburg p. 46.

NEVWEN [1] Orbetam habet Dominus scilicet XX marcas super Martini et Walburgis que faciunt XXII sexag. XL groff. Judicium supremum est obligatum consulibus ibidem Jus patronatus habet Ecclesia Kathedralis Brandenburgensis ymmo ipsam Ecclesiam Parochialem pleno Jure cum Ecclesiis filialibus atque aliis suis pertinentiis.

BRANDEBVRG *Civitas antiqua* [2]

BRANDEBVRG *Civitas nova* [3] solvit Domino Orbetam XL marcarum super Martini et Walb. que faciunt XLIII sexag. cum XX grossis Judicium supremum usurpant sibi Consules Consules ibidem dant Domino de molendinis XXX marcas que faciunt XXXIIII sexagenas Item XV choros siliginis et XV choros brasii super Martini et Walburgis Monetarius Brandenburgensis [4]

RATHENOW Dominus habet pro Orbeta XVI marcas [5] super Martini et Walburgis que faciunt XVII sexag. et VIII groff. Item Judicium supremum Item Jus patronatus Molendinum habent Consules Theolonium habet Dominus Sed quidam civis ibidem habet censum in theolonio

TANGERMVNDE Orbetam habet Dominus XL marcarum super Mart. et Walburg. que faciunt XLIIII sexag. et XL groff. Item Judicium supremum Item Theolonium ut supra de Castris De Jure patronatus potest Dominus disponere prout sibi placet.

STENDAL Orbeta LXXX marc. [6] super Martini et Walburg. obligata *Bismarck* — Dominus redemit tertiam partem videlicet XXVI½ marcas XI groff. II denar. III½ lotones et V denar. Item Judicium supremum etiam habet *Bismarck* Theolonium sive Conductum habet Dominus valet I sexag. annuatim De Orbeta adhuc manent obligate LIII marce et XIII groff. que ter XXVI½ marc. facit LXXIX et ½ marcam Remanet ½ marca cuius tertia pars est III½ lot. et VI denar.

GARDELEBE Orbetam habet Dominus XXX [7] marcas faciunt XXXIIII sexag. Item Judicium supremum Item Theolonium LX sexag. &c. ut supra de Castris

SALTZWEDEL utraque Orbetam XLV marcarum obligatam pro V^c marcis illis de *Sculenburg* [8] Item Judicium supremum habent Consules ibidem Advocaria est obligata illis de *Jagow* et *Wustrow* Dominus autem redemit L marcas argenti annue pensionis a G. de *Alvensleben* Jus patronatus habet Dominus Nota anno LXXVII circa festum Viti redemit Dominus medietatem advocatie a Freden de *Wustrow* que media habet annuatim XLIII½ marcas Arnoldus de *Jagow* adhuc obtinuit pro parte sua XLIII½ marcas

OSTER-

1) Ist die heutige Stadt Nauen. Ihre Orbede wurde im Jahr 1336 auf 20 Mark gesetzet vom M. Ludwig I. s. Gerkens Cod. Dipl. Brandenb. T. II. p. 540.

2) Die Altstadt Brandenburg hat von Alters bis jetzo niemahls einige Orbede bezahlet, weil die beyden Marggrafen Otto und Conrad ihr solche gänzlich erlassen durch einen Freyheitsbrief vom Jahre 1295. in Gerkens Fragm. March. P. I. p. 35.

3) Die Orbede der Neustadt Brandenburg ist auf 40 Mark festgesetzet von Marggraf Ludwig I. durch eine Urkunde vom Jahr 1338. in Gerkens Cod. Dipl. Brandenb. T. II. p. 550.

4) Dieses bedeutet, daß die Münze zu Brandenburg zu Carl 4. Zeiten dem Marggrafen zuständig gewesen.

5) Die Orbede der Stadt Rathenow hat M. Ludwig auf 16 Mark gesetzet im Jahr 1341. Gerke Cod. Dipl. Brand. T. II. p. 555.

6) Die alte Orbede der Stadt Stendal war von 100 Mark. s. die Urkunden von 1282 und 1305. in Lenzens Brandenb. Urkunden-Sammlung P. I. p. 107. und 172.

7) S. Gerkens Cod. Dipl. Brand. T. III. p. 329.

8) Siehe dieses Landbuch p. 17. und Gerkens Fragmenta Marchica P. III. p. 195. und P. IV. p. 37.

OSTERBURG Orbeta XXX marc. obligata *Bismark* &c. Item Judicium supremum Dominus redemit tertiam partem de orbeta videlicet XI sexag. X groff.

WERBYN Orbeta XX marc. *Dotalitium Comitiſſe de Holtzten* Judicium supremum obligatum Henr. *Bart* pro XL marcis argenti Judicium infimum obligatum Consulibus ibidem pro XXXVI marcis argenti

SEHUSEN Orbeta XXV marce } *Dotalitium Comitiſſe de Holtzten.* [1]
ARNEBURG - - - }

LENTZEN Orbeta XXVII marce quarum Dominus habet VII Judicium supremum habet Dominus Judicium infimum et quedam alia sunt obligata pro XXIII Talentis Lubucensibus Civi dicto *Rockenbruke* et cetera ut supra de Castris

WITTENBERGE[2] Orbeta XVIII Talenta Brandenb. denar. minus III solidis Item dimidium transfretum[3] IX Talenta denar. Brandenb. Item Theolonium XII Talenta Item in villa *Tuschendiche* VI mansi de quolibet IX solidi denar. Brandenburg. hoc sunt LIIII solidi denariorum Item in villa *Losenrade* decimam super II mansos Item *Henningh Kruger* de dimidio quartali unius mansi tenetur annuatim XVIII mod. avene. Item in villa *Gansdow Teutonica* III quartale butiri Item in villa *Wartenberg* IIII choros avene Item ager adiacens Item in villa *Thiderichstorff* habet Dominus IX choros avene et decimam Item de agro adjacente III choros avene Summa pecuniarum XX sexag. XXXVIII groff. vel XLI Talenta et XIIII sol. den. Brandenb. Summa avene XV chori XVI modii quum vnus modius computatur pro I groff. et II denar. tunc I chorus facit XXX groffos

PERLEBERG Orbeta C marcas *Dotalitium Comitiſſe de Holtzten*

HAVELBERG Orbeta XXX marcas argenti quas habet Dominus Magdeburgensis Archiepiscopus faciunt XXXIIII sexagenas Theolonium Judicium supremum habet Dominus.

KYRITZ Orbetam habet Dominus scilicet L marcas Non dant quia adhuc habent libertatem Judicium supremum obligatum Consulibus ibidem pro CC Talent. Brandenb. Jus patronatus habet Dominus

PRISWALK Orbetam habet Dominus videlicet L marcas argenti Item Judicium supremum

STRATZBORG Orbeta XXXVI marcas argenti

CZEDENICK dedit olim pro Orbeta XX marcas argenti

FURSTENWERDER Orbeta XVI marcas argenti

LIEBENWALDE Orbeta VII marcas argenti

PRENSLA[4] Orbeta C marcas argenti Judicium supremum Molendinum obligatum Consulibus

TEMPLYN Dominus habet Orbetam XL marcarum argenti super Marthi et Walburgis Judicium supremum et medietas infimi obligata Consulibus ibidem pro L marc. argenti Jus patronatus habet Dominus

1) S. oben p. 29. die dritte Note.

2) S. oben p. 28. N. 2. Es ist sonderbar, daß hier Wittenberg noch als eine dem Marggrafen unmittelbare zugehörige Stadt aufgeführet stehet, da M. Otto die Herren von Putliz bereits im Jahr 1373. mit dem Lande Wittenberg beliehen, laut der Urkunde in Gerkens Cod. Dipl. Brandenb. T. II. p. 652.

3) *Transfretum*, das Fährgeld über die Elbe.

4) Die Marggrafen Otto und Waldemar haben die Stadt Prenzlow gegen eine jährliche Orbede von 100. Mark, von allen andern Auflagen frey erkläret, nach einer Urkunde von 1305. in Gerkens Fragment. March. P. 5. p. 14.

De Civitatibus Transoderam.[1]

ODERSBERG Hec Civitas jacet ab hac parte Odere super ripam Dominus habet Orbetam XIIII marcarum super Martini et Walburgis que faciunt XIIII sexag. et LII gross. Item Theolonium quod estimatur annuatim ad XIIII sexagenas grossorum Hec Civitas habet villam *Nuendorff* et multas vineas Quantum et cui solvunt habetur infra in libro villarum

KONINGESBERG[2] Orbeta LX marc. argenti obligata Consulibus ibidem Judicium supremum obligatum Consulibus ibidem

MORYN Dominus habet orbetam XXX marcarum argenti Item supremum Judicium

BERENWALDE Dominus habet orbetam XXX marcarum argenti Item supremum Judicium

SCHOWENFLIES[3] Orbeta XXXVII marc. obligata Consulibus ibidem faciunt — Judicium supremum habet Dominus

SOLDYN Orbeta LXXIII marcarum argenti obligata Consulibus ibidem Supremum Judicium

LIPPENE Orbeta XXV marcarum argenti obligata Consulibus

BERLYN NOVA[4] Orbeta XXV marce argenti quas habent illi de *Wedel* dicunt sibi esse obligatas Judicium supremum obligatum Consulibus ibidem pro IIII[c] marcis vinconum fructus exinde perceptos et percipiendos in sortem computando et defalcando

ARNSWALDE Orbeta LX marcarum argenti Juditium supremum obligatum Consulibus ibidem pro IIII[c] marcis vinconum

RETZ Orbeta *Hassonis* de *Wedel* militis

DRAHENBURG[5] Dominus habet Orbetam XL marcarum argenti Item Judicium supremum Item molendinum

KALIZ istius Civitatis Dominus habet tertiam partem

TANKOW[6] Dominus habet Orbetam XV marcarum Item Juditium supremum Cetera habentur supra de Castris

FREDEBERG[7] Orbeta XL marc. argenti obligata illis de *Ost* Judicium supremum obligatum Consulibus ibidem

WALDENBERG[8] Orbeta XL marcarum argenti Item Judicium supremum Nota Consules tenent pro pignore villam *Rodenstorff* pro II[c] marcis vinconum et quoddam pratum pro L marcis vinconum

BERNOW NOVA Orbeta XV marcar. argenti

CUSTRYN[9]

De

1) Von den Städten jenseits der Oder, so hat man damahls die jetzige Provinz Neumark genannt. Von der Orbede der Neumärkischen Städte finden sich verschiedene Nachrichten in Hr. Gerkens Cod. Dipl. Brandenb. T. III. siehe auch dieses Landbuch p. 10., wo die Stadt Landsberg auch mit einer Orbede von 12. Mark stehet, die hier ganz ausgelassen ist.

2) Die Stadt Königsberg gehörte vor Alters an die Bischöfe von Brandenburg. Bischof Heinrich aber hat sie im Jahr 1270 gegen das Städtchen und jetzige Dorf Lewenberg in der Mittelmark abgetreten, laut einer noch ungedruckten Urkunde von gedachtem Jahre.

3) Schönfließ.

4) *Berlin nova*, heißt jetzo Berlinichen.

5) Drahenburg, heißt jetzo Dramburg, von dem Dragestrom, der da vorbey fließt.

6) Tankow, ist jetzo ein Dorf im Friedebergischen Creyse.

7) Friedeberg. 8) Woldenberg.

9) Die Orbede der Stadt Cüstrin fehlet hier, sie stehet aber oben p. 10. und beträgt 10 Mark.

De proventibus incertis sicut de Juditiis de excessibus et eorum correctionibus de lignorum venditionibus de impignorationibus de inpheudationibus et quibusdam aliis

Propter quod notandum quod Dominus habet in Marchia quadruplex Juditium [1]

Juditium Curie [2] quod est super questionibus pheudorum Et quia Judex Curie personam Domini representat quilibet Marchionista de et super pheudis coram eodem Judice respondere tenetur

Juditium advocatorum [3] quod est super debitis quare in qualibet advocatia unus deputatur Judex Et quia ille personam advocati representat extra eandem advocatiam degentes coram illo respondere non cogantur nisi per modum reconventionis

Juditium Injuriarum [4] quod requirit penam sanguinis et est super injuriis et violentiis In quo juditio *septem villani* ad hoc specialiter electi una cum Judice presidente Jus dictant et diffiniunt coram quibus tam militares quam alii quicunque cuilibet querulanti tenentur respondere

Juditium supremum [5] habet Dominus in singulis suis Civitatibus et in quibusdam villis nisi per venditionem vel obligationem in aliquibus esset alienatum In primis tribus habet Dominus tam mulctas vel penas pecuniarias quam emendas de quarto vero duas partes et prefectus tertiam Igitur Judices omnium predictorum Juditiorum tenentur ad rationem.

E 3 Quam-

1) Diese beyde Seiten sind deshalb merkwürdig, weil man die alte Gerichtsverfassung in der Mark Brandenburg auf einige doch nicht vollständige Art daraus ersehen kann. Man findet davon auch einige gute Nachrichten in der lehrreichen Geschichte des Cammergerichts zu Berlin, die in dem ersten Theile der Beyträge zu der juristischen Litteratur in den Preussischen Staaten p. 176. stehet. Außer den hier benannten vier Gerichten, waren noch verschiedene andere in der Mark, als die Landgerichte, das Landding, und das Bodding und Lodding, wovon Herr Professor D. Oelrichs die bekannte gelehrte Dissertation geschrieben; ferner die Schöppenstühle zu Brandenburg, Stendal ꝛc. ꝛc.

2) Hieraus erhellet, daß die Lehnssachen vornehmlich vor das Hofgerichte gehöret. Es war das höchste Gerichte, wohin von den Vogteyen appelliret wurde, und worin der Marggraf selbst, oder an seiner Statt ein adelicher Hofrichter präsidirte, laut der eigenen Worte der Verordnung M. Ludwigs vom Jahr 1358. in Gerkens Dipl. Vet. March. T. I. p. 129. Wanne man se ymme len gud beclaget so sall unse Voget up der syt der Elve in der olden Mark twe klagen richten vor der Brugge to Tangermunde die dridde klage scolen wi selver richten oder unse Hoverichter in unsen Hof. Siehe auch die daselbst befindliche Anmerkung und die erwehnte Geschichte des Cammergerichts. Das heutige Cammergericht ist aus dem alten Hofgerichte entstanden, und heißt daher auch noch Hof- und Cammergericht.

3) Die ganze Mark war in gewisse *advocatias*, Vogteyen oder Landvogteyen eingetheilet, als die Landvogtey der Uckermark, der Altmark, zu Salzwedel, Stendal ꝛc. woraus in neuern Zeiten die Ober- und Quartalgerichte dieser Provinzien entstanden. Die Vögte übten die Gerichtsbarkeit in der ersten und zweyten Instanz aus, laut obgedachter Verordnung M. Ludwigs von 1358., versahen aber auch die Polizey- und Finanzsachen, von welchem allen man sehr viele Spuren in den Märkischen Urkundensammlungen findet, die hier anzuführen aber zu weitläuftig seyn würde.

4) Dieses Gericht war eigentlich zur Erhaltung des Landfriedens bestimmt, dergestalt, daß derjenige, der den Landfrieden brach, und Gewaltthätigkeiten ausübte, vor einem Gerichte, das aus drey *militibus* oder Edelleuten, drey Bürgern und sieben Bauern in jedem Distrikte bestunde, Recht nehmen und sich richten lassen mußte, wie solches deutlicher erhellet aus der Vereinigung der Innsaßen der Altmark vom Jahr 1321. in Gerkens Dipl. Vet. March. T. II. p. 581. und dem Landfrieden von 1388. in dessen Cod. Dipl. Brand. T. IV. p. 407.

5) Die Marggrafen haben lange Zeit so wohl die Ober- als Niedere Gerichte in den meisten Städten gehabt, die sie durch ihre Vögte und Schultheissen verwalten liessen. Nach und nach aber haben sie selbige an die Städte theils verkauft, theils verliehen, sich aber doch an vielen Orten einen Theil der Gerichtsgebühren vorbehalten. Hievon findet sich eine ausführliche Nachricht in der angeführten Geschichte des Cammergerichts p. 193-211.

Quamquam hujusmodi Juditiorum proventus summari nequeant estimari tamen possunt. Res enim tantum valet quantum vendi potest Exempli gratia Ecce Judicium supremum in *Kiritz* obligatum est pro C et XXXIII marcis argenti Estimo igitur quod valet annuatim circa XIII marcas Item in *Bryssen* obligatum est pro L marcis argenti valet igitur annuatim V marcas. Item in *Arnswalde* pro LVIII marcis valet igitur annuatim ultra V marcas Et sic de singulis Juditiis aliarum Civitatum est presumendum Estimo enim quod eorum emptores nullatenus sic emissent si in tantum ex eis percipere non potuissent *Nam unam marcam pro decem solent comparare* [1]

He sunt civitates et opida in quibus Dominus habet Juditium supremum

Monchberg	*Oderberg*	*Wryssen*	*Strusberg*	*Eberswalde*	*Czedenick*
Furstenwerder	*Liebenwalde*	*Bysdal*	*Bernow*	*Landisberg antiqua*	*Spandow*
Copenick	*Mittenwalde*	*Trebyn*	*Saremund*	*Postamp*	*Rathenow*
Havelberg	*Prisswalk*	*Gardelebe*	*Wittenberge*	*Tangermunde*	

De *Excessibus* et eorum *Correctionibus* sicut de furtis de rapinis de crimine falsi de Vulneribus de occisionibus de iniustis seu invidiosis impetitionibus de gravibus jurgiis per que aliquis infamatur minus iuste de negatione iustitie.. de iniustis Juditiis atque ceteris injuriis atque violentiis

Contingit interdum quod quidam tam in Civitatibus quam extra graviter delinquunt Ita quod aliquando eorum bona de iure fisco debentur Aliquando etiam penis pecuniariis mulctantur

De Lignorum venditionibus

Sciendum quod omnibus silvis et mericis ligna sicca per totum annum venduntur et aliquando viridia Et licet hujusmodi venditio incertissima est nonnulli tamen forestatores ex lignorum venditionibus salva ipsorum pace ditantur Igitur non immerito rationem reddere tenentur

De Impignorationibus.

Oportet aliquando quod presumptuose contumaces et rebelles compescantur hoc enim sepe fit per impignorationes vt quia aliqui contemnunt parere mandatis Domini et suorum officialium vt quum mandatur sive indicitur expeditio non veniunt ad exercitum aut ad aliam vocationem venire contempnunt justo impedimento cessante

Quandoque mandatis iudicum immo post sententiam nolunt parere rei iudicate nec curant solvere judicatum Nonnulli etiam invadunt bona ad Dominum spectantia vt puta ligna et feras de silvis gramina de pratis subtrahentes et in aquis furtive piscantes et his similia facientes sepe impignorantur Ex his quidam dant X marcas argenti quidam minus quidam vero magis

De Inpheudationibus

In Marchia Brandeburgensi talis est consuetudo ab olim observata Quod principes Marchie suos Vasallos gratis alios vero pro muneribus inpheudarunt eo quod Vasalli de jure habent pheudum Alii vero ut Clerici mercatores id est Cives et villani carent jure pheudi Et ideo pro inpheudatione de quolibet frusto III fertones argenti dare consueverunt [2] In quibus bonis Dominus Marchio Brandeburgensis habet Dominium pheudi patet infra in libro de villis satis clare Et quia Dominus jure sive Dominio pheudi per mortem per successiones tacitas item per venditiones commutationes atque alias alienationes sepe defraudatur

Bene-

1) Diese Stelle bestätigt also den auch sonst schon genugsam bekannten Satz, daß im 14ten Jahrhundert die Zinsen zu 10 von 100 durchgehends gebräuchlich gewesen oder die Renten so hoch gekauft werden.

2) Hieraus erhellet, daß die adliche Vasallen in der Mark von Bezahlung der Lehn-Wahre frey gewesen, die bürgerlichen aber solche mit drey Vierdingen von einem Stücke Geldes oder von einer Mark lösen mußten. Dieses hat umständlich ausgeführet und diese ganze Stelle des Landbuchs sehr erläutert Herr Gerke in einer besondern Abhandlung von der Lehnbede im 2ten Theil seiner vermischten Abhandlungen p. 80. seq.

Beneficia ad presentationem spectantia Domini Marchionis

Prepositura
- *Berlyn* Brandenburgensis Diocesis *Saltzwedelensis* Verdensis Diocesis
- *Tangermundensis* Halberstadiensis Diocesis *Schusen* Verdensis Diocesis
- *Bernowiensis* et *Liebenwaldensis* Brandenburgensis Diocesis

Omnes *Prebende* Collegii in *Boester* Verdensis Diocesis

Ecclesie Parochiales
- *Gardelebe* Halberstadensis Diocesis
- *Frankenfurde* Lubucensis Diocesis
- *Kiritz* Havelbergensis Diocesis
- *Strusberg Eberswalde Templyn Rathenow Bryssen Copenick Trebyn Sarmunt Postamp Gorzke Bysdal Botzow* — Brandenburgens. Diocef.

Ad ista altaria presentat Dominus Marchio

In *Templin* ad I altare In *Eberswalde* ad V altaria videlicet Sanct. Martini quod habet Fr. D. Martin Kazeke Marie Magdalene quod habet D. Wlachnicus Stephani quod habuit D. J. Vako Jo. Evangeliste quod habuit D. Peter nunc in *Bisdal* plebanus In *Bisdal* ad unum altare In *Berlyn* ad IIII altaria videlicet Sanctorum Wentzeslai et Sigismundi In Sancti Baptiste Item Sancte Catharine Item Sc. Georgii Item Margarete habet Magister Conradus In *Tangermunde* ad unum In *Saltzwedel* ad tria videlicet omnium apostolorum Item quod nunc habet Hermannus Gotscalci Item in *Belitz* ad duo

De Monasteriis

Ordo Premostratensis

Brandeburg de bonis Canonicorum habetur infra in nigro num. XLIIII *Havelberg Gramtzow*

Ordo Cisterciensis

Lenyn cujus bona habentur in nigro numero tali LXII
Czynna de bonis habetur infra in nigro numero tali LX
Coryn bona illius conscripta sunt in nigro numero tali XCVIII
Porta Celi (*Himmelpfort*) [1]

Castra et Domus Ordinis S. Johannis Jerosolimitani

Gartow Werbyn Tempelhofe Lysen Gorgast [2]

Monasteria Mulierum

Boesselburg Premsla Sehusen Czedenick Fredelant Spandow Arnsee Kreuese Nyendorff prope *Gardelebe Zieser Hilgegraff* prope *Wistock* [3]

Episcoporum bona

Episcopi *Brandenburgensis* [4] habentur infra in nigro numero tali CXL
Havelbergensis Lubucensis Camynensis Ante-

1) Dieses sind die bekannten vier Clöster, Lehnin, Chorin, Zinna und Himmelpfort, die bey der Reformation eingezogen und zu Churfürstlichen Aemtern gemacht sind.

2) Werbyn und Lysen sind die jetzigen Ordens-Commanderien Werben und Lietzen; Gorgast ist ein zu Lietzen gehöriges Dorf; Gartow und Tempelhof sind Lehen des Ordens.

3) Von diesen Frauens-Clöstern sind noch als solche vorhanden die von Zedenick, Arndsee, Neuendorf und Heiligen Grabe, die übrigen sind eingegangen und wüste.

4) Es ist bekannt, daß die Bischöfe von Brandenburg, Havelberg, Lebus und Camin, wie auch die von Halberstadt, Verden, Meißen und Posen ihre Diöcesen und die hier erste große Güther in der Mark Brandenburg gehabt.

Antequam de villis tractatur nomina omnium Civitatum Castrorum opidorum et munitionum etiam quorundam prius scriptorum tam Domini Marchionis quam suorum subditorum conscribam Etiam quedam que olim ad Marchionem nunc vero ad quosdam alios pertinens per antiquos Marchiones alienata ut sciatur quantas et quales *Marchia Brandenburgensis* infra suos fines seu limites comprehendit munitiones.[1]

Marchia Brandenburgensis est Archiprincipatus in inferiori Almannia sita Continens in suis limitibus Episcopatus *Caminensem Brandenburgensem Havelbergensem* et *Lubucensem* Item partes aliarum diocesium ut *Halberstadensis Verdensis Swerinensis Mysnensis* et *Posnaniensis*

Cujus quidem Marchie confines sunt versus meridiem Regnum *Bohemie*[2] cui siquidem regno ipsa *Marchia Brandeburgensis* per Serenissimum et Cristianissimum Principem ac Dominum Dominum *Karolum Quartum* Romanorum Imperatorem semper Augustum et Bohemie Regem provide est unita atque legitime incorporata[3] Qui inquam Imperator propter suam sapientiam a nonnullis Secundus *Salomon* non immerito est cognominatus! Versus occidentem *Westfalia* et alie partes Reni inferiores[4] Versus septentrionem partes maritime vel circa stagnum quod est mare septentrionale[5] Versus autem orientem Prusia et Polonie Regnum

Flumina ipsam Marchiam pertranseuntia famosiora sunt *Albea Odera Drawa Warta Sprewa* et *Ukera* et alia quam plurima quorum nomina causa brevitatis obmitto

Marchia Brandeburgensis dividitur primo in tres partes principales videlicet in Marchiam *Transalbeanam Transoderanam* et *Mediam*

Marchia Transalbeana alio nomine *Antiqua Marchia*[6] dicitur et est pars Marchie Brandeburgensis tendens versus occidentem usque Ducatum *Brunsuicensem* Continens in suis limitibus has civitates castra opida atque munitiones Et est sciendum quod ea que immediate spectant ad Dominum Marchionem sunt rubricata alia non *Tangermunde*. *Stendal Saltzwedel Gardelebe Osterburg Werbyn Snakenburg Arneburg Schusen* Domini Marchionis *Luchow* obligatum fuit Duci *Luneburgensi*[7] *Gartow* est ordinis Sti Johannis Iherosolimitani[8]

Oyge-

1) Diese geographische Nachricht von der Mark Brandenburg aus einem so entfernten Zeitalter ist um so wichtiger und merkwürdiger, je richtiger sie größtentheils ist.

2) Dieses war nur in so weit richtig, wenn die Laußnitz, die Carl 4. von der Mark Brandenburg abgerissen, zu Böhmen gerechnet wurde.

3) Die Vereinigungs-Urkunden vom Jahr 1374. finden sich in Gerkens Fragm. March. P. 2. p. 77. Cod. Dipl. Brand. T. 3. p. 122.

4) Es ist nicht wohl zu begreifen, warum der Verfasser des Landbuchs die Gränzen der Mark bis an Westphalen erstreckt, da die Braunschweigischen Lande noch dazwischen liegen.

5) Das *Mare septentrionale* ist hier die Ostsee. Die Ursache, warum hier die Gränzen der Mark bis dahin gerechnet werden, kann wohl keine andere als diese seyn, daß man damals Pommern als ein Lehen der Mark Brandenburg angesehen.

6) Es ist bekannt, daß diese Mark in den ältesten Zeiten *Marchia septentrionalis*, *Soltwedelensis*, und wegen ihrer Lage, *Transalbeana* genennet worden, zuletzt aber den Nahmen der Alten-Mark im Gegensatz der Mittel- und Neuen-Mark behalten.

7) Diese Stelle des Landbuchs beweiset, daß die Grafschaft Luchow ursprünglich und eigenthümlich zu der Mark Brandenburg gehöret, aber zu Carl 4. Zeiten an das Haus Lüneburg verpfändet gewesen. Wenn und wie solche Verpfändung geschehen, ist noch unbekannt. Daß Luchow in den Jahren 1314. und 1317. den Marggrafen zugehöret, solches erhellet aus zwey Urkunden von diesen Jahren in Lenzens Sammlung p. 196. und in Gerkens Cod. Dipl. Brand. T. 1. p. 118. Die Zweifel, die sich Hr. Gerke wegen Luchow macht, finden sich in seinen Fragm. March. P. 1. p. 64. in den Dipl. Vet. March. T. 2. p. 172. und 609.

8) Es erhellet hieraus, daß Gartow zu Carl 4. Zeiten zur Mark gehöret. Nachhero hat das Fürstliche Haus Lüneburg diesen Ort an sich gezogen, worüber das Churhaus Brandenburg mit demsel-

Oygelose[1] est illorum de *Jagow* habent a Domino in pheudum *Borgstal Bismark* habent a Domino in pheudum *Tangern* illi de *Eykendorff* *Kalue* illi de *Aluensleben* habent a Domino in pheudum *Kaluorde* illi de *Wedern* *Wolfburg* habent illi de *Bertensleben*[2] *Klotz* Gebehard de *Aluensleben* in pheudum a Domino *Betzendorff* *Schulenburg* habent a Domino in pheudum *Assenburg* *Bitkow* habent illi de *Luderitz* *Rogetz* est Ludolphi de *Aluensleben* *Wolmerstede* est Archi-Episcopi Magdeburgensis sed olim erat Marchionis[3] *Flechtingen* *Pincerna* de *Flechtingen*[4] habet a Domino in pheudum *Arxleben* habet Busso de *Arxsleben* *Brume* et *Knysebecke* habent illi de *Knysebeke* *Wustrow* est illorum de *Wustrov* *Krumbeke* habent illi de *Redern* a Domino in pheudum *Wenckstera-burg* Martinus *Wenckstorne* miles habet a Domino in pheudum

Marchia media[5] est inter *Albeam* et *Oderam* situata Et quia magna est subdiuiditur in nouem territoria quorum nomina sunt hec *Lubus* *Barnym* *Czucha* *Telthow* *Terra Obule* *Glyn* *Pregnitz* *Vkera* *Comitatus Lyndowensis*[6]

Territorium Lubucense has habet munitiones ciuitates et opida *Frankenforde* *Munchberg* Domini Marchionis *Lubus* *Furstenwalde* *Selow* Episcopi Lubucensis *Falkenhagen* est Johannis de Wulkow militis

Barnym illas habet Ciuitates Castra et opida *Berlyn* *Bernowe* *Strusberg* *Lantsberg* *Wryssen* *Eberswalde* vel *Noua Ciuitas* *Liebenwalde* *Nuwemul* *Botzow* *Breten* *Oder-berg* *Bisdal* sunt Domini Marchionis *Freyenwalde* A et H de Vchtenhan habent a Domino in pheudum *Fredelant* est monialium ibidem *Vynow* est N. de Pannewitz *Hechelwerg* *Beyerstorp* fuit H. de Stegelitz Senioris defuncti per mortem cuius est ad Dominum deuolutum. *Warnow*[7] habent ciues dicti Trebus in pheudum a Pincerna de Sydow Ille vlterius a Domino *Blumenberg*[8] habent ciues dicti Honow ab Episcopo Brandeburgensi in pheudum

Teltow

den lange gestritten, bis des hochsel. Königs Majest. im Jahr 1719. bey Gelegenheit des Nordischen Bündnisses, die Landeshoheit über Gartow an das Churhaus Braunschweig, dem damaligen Hannöverschen Minister von Bernsdorf zu gefallen, abgetreten.

1) Dieses Auloßen und alle folgende Oerter sind Schlösser und Güther in der Altmark, welche die dabey genannte adliche Familien von den Marggrafen zu Lehn gehabt und theils noch haben.

2) Calvörde und Wolfsburg gehörten also zu Carl 4. Zeiten zur Mark Brandenburg. In den nachherigen unruhigen Zeiten ist Calvörde an das Fürstliche Haus Lüneburg und Wolfsburg unter die Hoheit des Erzstifts Magdeburg gekommen und nach dem Abgange derer von Bertensleben an die Grafen von Schulenburg.

3) S. Gerken Dipl. Vet. March. T. 1. p. 51 Walther Singular. Magdeb. P. 2.

4) Flechtingen besitzen noch die Schenken von Flechtingen.

5) Die Mittel-Mark wird in den Urkunden des 15ten Jahrhunderts öfters die Neue-Mark im Gegensatz der Alten-Mark genennet. S. Lenzens Br. Urkunden-Sammlungen p. 470. Desselben histor. Sammlung p. 521. Abhandlung des H. v. Eichmann Mesomarchia quondam Nova Marchia.

6) *Comitatus Lindoviensis* ist eigentlich die Grafschaft Ruppin. (S. S. 42. Note 10.) Die hier benannte Distrikte der Mittelmark, sind die noch jetzo unter solchen Nahmen bekannte, wenig veränderte und leicht kenntbare Creyser dieses Landes.

7) Ist das jetzige Städtchen Weineachen. S. unten S. 100.

8) Blumberg ist die ehemalige Stadt und jetziges Dorf Blumberg, denen v. Schulenburg gehörend. S. unten Seite 75.

Teltow est territorium in circuitu suo istas habens munitiones *Coln* prope *Berlyn* *Copenick* *Mittenwalde* *Trebyn* *Zarmunt* Domini Marchionis *Wusterhusen* *Czosen* [1] est illius de Torgow et habet a Dno in pheudum *Buten* *Teltow* opidum in medio territorii est Episcopi Brandeburg

Czucha [2] continet infra scriptas munitiones et opida *Belitz* *Brissen* [3] *Gortzk* Domini Marchionis *Goltzow* W et W de Rochow habent a Domino in pheudum *Segeser* [4] est Episcopi Brandeburg

Glyn est paruum Territorium habens tales munitiones *Botzow* quod etiam supra scriptum est *Kremmen* est Lippoldi de Bredow militis a Domino in pheudum *Czwant* [5] et *Felevantz* illorum de Redern *Tuchbant* Iohannes de Grobene

Territorium [6] *Obule* has habet ciuitates munitiones Castra et opida *Spandow* *Brandeburg* *Rathenow* *Nauwen* *Postamp* Domini Marchionis *Vorlant* (jetzo Fahrland) Petrus Schenke tenet a Domino in pheudum *Cotzin* et *Pritzerwe* Episcopi Brandenburgensis *Frysak* Hasso de Bredow tenet in pheudum a Domino

Pregnitz istas continet munitiones *Kyritz* *Havelberg* *Perleberg* *Wittenberge* *Lentzen* *Priswalk* *Frederichstorff* Dni Marchionis *Wistock* *Plattenburg* *Czechelin* Episcopi Hauelbergensis *Meyenburg* *Freyensteyn* N. Ror habet in pheudum a Domino *Goltbeke* habet Bosel *Puthlist* [7] habet Gans de Pothlest habuit in pheudum ab Episcopo Hauelberg et tenebatur illud Castrum Domino Marchioni ex debito aperiri *Rynsberg* Comitis [8] *Stabenow* [9] Kristiani Bosel *Wusterhusen* habet Comes de Lyndow *Nuwestat* habet Lippoldus de Bredow *Bolo* habet Funantz de Stendal a Domino in pheudum *Belin* est Episcopi Hauelbergensis

Comitatus Lyndowensis [10] has habet munitiones *Ruppin antiqua* *Ruppin nova* *Lindow* *Gransèye* *Rynsberg* *Wusterhusen* *Rynow*

Vckera

1) Aus dieser Stelle des Landbuchs, sowie aus vielen andern Urkunden ist zu beweisen, daß das Land Tossen ein Stück und Lehn der Mark Brandenburg gewesen, und daß die Crone Böhmen in neuern Zeiten mit Unrecht die Oberlehnherrschaft darüber behauptet, wiewohl durch den Breßlauer Frieden von 1742. ohnedem alle Lehnrechte der Krone Böhmen auf einige Stücke der Mark Brandenburg aufgehoben sind.

2) Das Land Zauche.

3) Jetzo Treuenbriezen.

4) Jetzo Stadt und Amt Ziegeser.

5) Jetzo Schwante, noch denen von Redern zugehörig; Velefanz ist aber anjetzt ein Königl. Amt.

6) Das Havelland, von dem dadurch fließenden Havelstrom.

7) Putlitz, ist das dem uralten Märkischen Geschlecht derer von Putlitz noch jetzo zugehörige Städtchen Putlitz.

8) Rynsberg, ist das jetzige Rheinsberg, welches damals den Grafen von Ruppin und Lindow zugehörte.

9) Stabenau, ist das jetzige Schloß Stavenow, welches nachhero an die von Quitzow, und nunmehr an die von Kleist gekommen.

10) Die hier unrichtig genannte Grafschaft Lindow ist eigentlich die Grafschaft Ruppin. Die Herren von Ruppin nennten sich Grafen von Lindow von ihrem bey Zerbst belegenen Stammhause Lindow und haben vermuthlich auch dem Städtchen Lindow bey Ruppin, den Namen gegeben. Sie nannten sich erst nur Herren zu Ruppin, seit dem 13ten Jahrhunderte aber Grafen von Ruppin und Lindow. Gerke Cod. Dipl. Brand. Tom. II p 621. 624. Da die Grafen von Ruppin im J. 1524 ausstorben, so wurde Ruppin als ein eröfnetes Lehen von Churf. Joachim I. eingezogen, und ist daraus der Ruppinsche Creys entstanden.

Vckera [1] has habet munitiones *Premsla Templyn Bosselnburg* Domini Marchionis *Poswalk* [2] occupant Duces Sundenses *Torgelow* habet — *Gransoye* habet Comes de Lyndow a Domino in pheudum *Grisenberg* illi de Griphenberg habent in pheudum a Domino *Lokenitz* est Episcopi Camynensis *Wolfhagen Jagow Bismarowe Anghermunde Brussow Stolp Swet* [3] tenet Dux Stettinensis

Marchia Transoderana [4] subdiuiditur per flumen magnum quod *Warta* dicitur cujus pars major trans flumen *Warte* versus Septentrionem tendens usque Prussiam et habet sub scriptas munitiones Ciuitates Castra et opida *Stoltzenburg Moryn Berenwalde Kunygeszberg Schowenflitz Soldyn Lyppen Berlyn noua Arnswalde Drahenburg Kaliz Waldenberg Fredeberg Lantsberg Tankow Bernow noua Costeryn* [5] Domini Marchionis *Grasse* illi de Borne a Domino in pheudum *Guntershagen* et *Crasenik* illi de Guntersberch a Domino in pheudum *Glantzk Hermanstorff Dertzow* H de Brederlow a Domino in pheu dum Idem *Territorium transoderam* habet etiam has munitiones *Schibelbeyn Falkenburg Wedel Tutz Corona Fredelant noua* [6] *Vchtenhan Retz Czantoch Nurenberg Meln Fryenwalde* sunt illorum de Wedel [7]

Alia pars *Transoderana* versus Orientem que territorium *Sterneberg* appellatur has habet munitiones et opida *Sterneberg*. *Drossen Reppin* Domini Marchionis *Lagow Czulentzk* (jetzo Zielenzig) Cruciferorum Sancti Johannis *Sandow* Jo. dictus Sak miles habet a Domino in pheudum *Goritz* est Episcopi Lubucensis *Rampitz* H. de Oynitz miles habet a Domino in pheudum *Sonnenburg* Otto de Vockenrode miles habet a Domino in p heudum *Kunigiswalde* Jo. de Waldow habet a Domino in pheudum *Drentzk* Peter de Losso w habet a Domino in pheudum *Botzschow Koltzyn Radechow* illi de Lossow a Dom ino in pheudum [8]

1) *Vckera*, das Uckerland, jetzo die Ukermark, von dem durchfliess nden Ukerstrom so genannt.

2) 3) Hieraus erhellet, daß man damals Pasewalk, Torgelow und Schwedt zur Mark gerechnet; die Herzoge von Pommern aber behaupteten und besaßen selbige für sich, und die beyden ersteren Oerter sind auch bey Pommern geblieben.

4) Dieses ist die jetzige Neumark, die noch in vielen Urkunden K. Sigismunds und M. Josten in den Jahren 1397. und 1398. die Mark obir Oder genennet wird. S. Gerke Cod. Dipl. Br. T. 5. p. 238. seq. In dem Verpfändungs-Traktat an den Teutschen Orden vom Jahr 1402. daselbst p. 2,6. nennet sie schon K. Sigismund, die Nuwe Mark obir der Oder.

5) Dieses sind die bekannten Städte der Neumark, welche noch heutiges Tages mit geringer Veränderung eben diese Namen führen, daher ich nur von denen, deren Namen etwas unkenntlich geworden, die jetzigen Namen anführen will, als: Berlyn nova Berlinchen; Bernow nova Bernäuchen; Drahenburg Dramburg; Costeryn Cüstrin; Wedel Neu Wedel; Corona Crone.

6) Diese Stelle des Landbuchs zeiget, daß zu Zeiten Carl 4. die Städte Tütz, Crone, und Friedland, folglich das Land zwischen den Ströhmen Drage, Kuddow und Netze zur Neumark Brandenburg gehöret und erst nachhero von den Pohlen davon abgerissen worden, welches ich in der Deduktion von Sr. K. M. von Preussen Rechten auf Pomerellen ausgeführet und noch durch eine Urkunde M. Woldemars von 1312. bestätiget.

7) Also haben diese zwölf Schlösser und Städte damals der alten und mächtigen auch noch jetzo blühenden Familie von Wedel zugehöret.

8) Hiermit schließet sich diese uralte geographische Beschreibung der Chur- und Neumark Brandenburg, aus welcher ein jeder, der dieses Landes einigermaßen kundig ist, auch die jetzige Verfassung, Eintheilung und Gränzen leicht wieder kennen und den Ursprung davon finden wird.

Anno Domini Millesimo Trecentesimo Septuagesimo quinto

Vt dicant veritatem quia omnia bona negata erunt Dominorum Domini Imperatoris et filiorum ejus [1]
Quot *mansi* [2] sunt in villa Quot illorum sunt liberi vt puta vasallorum plebani et ecclesie [3]
Quot sunt deserti quos nullus possidet neque colit
Quot sunt mansi quibus data est libertas
Quid soluit quilibet mansus de *pacto* Quid de *censu* Quid de *Decimis* Quid de *precaria* Cui soluit *pactum* Quanto tempore est solutum Cui soluit *censum* Quid soluit pro *precaria* Cui Quanto tempore possedit Quis ante illum Quis *precariam* Quanto tempore possedit [4]

Quot

1) Hieraus erhellet also, daß dieses Catastrum oder die nachfolgende Beschreibung der Dörfer der Mark Brandenburg im Jahr 1375. unter der Regierung K. Carl 4. und seines Sohns K. Wenzels aufgenommen und angefertiget worden; und daß man dazu alle Besitzer und Einwohner der Güther über ihre Rechte und Schuldigkeiten nach diesem Muster oder Protocoll befraget, mit der Bedrohung, daß das verschwiegene dem Landesherrn verfallen sey.

2) Wie viel Hufen in jedem Dorfe sind! Das Wort *Mansus* bedeutet in dem Latein des mittleren Zeitalters, eine Hufe oder gemessenes Stück Acker, wie aus unzähligen Urkunden dieser Zeit, aus allen Glossarien, und selbst aus dem ganzen Innhalte dieses Landbuchs bekannt und leicht zu erweisen ist.

3) Hiedurch bestätiget sich also die uralte ursprüngliche und noch jetzo bestehende Gewohnheit und Verfassung, daß die Hufen der Edelleute und Vasallen, der Priester und der Kirchen von der Landbede und den öffentlichen Auflagen frey gewesen. Dieses ist in Ansehung der Vasallen auf eine gewisse Anzahl Hufen eingeschränkt gewesen, laut des Landesvergleichs von 1281. s. oben S. 11. 12. Allein in den folgenden Zeiten sind sie alle wieder frey geworden von der Landsteuer oder Contribution, weil die Lehnsleute dafür von ihren Ritterhufen ehemals in Person und mit dem Lehnpferde dienen musten, seit 1717. aber den Lehns-Canon dafür erlegen.

4) Aus dieser Stelle des Landbuchs erhellet, daß die vornehmste öffentliche und Privatlasten und Abgaben der Dörfer waren die Pacht, der Zinß, die Zehende und die *Precaria* oder Bede. Da diese Worte in diesem Landbuche so ofte vorkommen, so wäre hier der Ort, wo man erklären und ausführen sollte, was jedes der lateinischen Worte: *Pactum, Census, Precaria* im Teutschen bedeuten, wem diese Abgaben eigentlich zugehöret, und wie die heutigen sich dagegen verhalten und daraus entsprungen sind. Dieses würde aber eine schwere und weitläuftige Untersuchung des ganzen Finanzwesens aus dem mittlern Zeitalter erfordern, wozu ich die Zeit nicht habe, und wozu der fleißige und geschickte Brandenburgische Diplomatist, Hr. Gerke, Hofnung machet, und zum voraus in seiner schönen Abhandlung von der *Precaria feudali* oder Lehen-Bede im zweiten Theil seiner vermischten Abhandlungen S. 79. auch in vielen Anmerkungen seiner verschiedenen Brandenburgischen Urkunden-Sammlungen, einen guten Grund gelegt hat. Selbst dieses Carolinische Landbuch wird über diese Materie ein grosses Licht ausbreiten, wenn sich jemand die Mühe giebt, aus demselben und in Verbindung mit den andern Urkunden, die daraus folgende Schlüsse zu abstrahiren. Ich werde auch suchen solches in den Anmerkungen bey besondern Stellen zu thun. Indessen kann man folgende Sätze mit ziemlicher Gewißheit annehmen: *Pactum* war die Pacht gemeiniglich an Korn allerley Gattung, und ausser der Uckermark, selten an Gelde, (s. z. B. S. 49. 50. 55 dieses Landbuchs) welche die Bauern und Ackerleute an die Guthsbesitzer zu entrichten hatten, wie sie selbige noch heutiges Tages unter demselben Namen entrichten; der Marggraf hatte sie selten, in der Altmark fast gar nicht; in der Mittelmark mehr, als wo er mehrere Domänen hatte. *Census* der Zinß, war gemeiniglich eine Abgabe an Gelde, die meistentheils die Guthsbesitzer von den Ackersleuten bekamen, wie man S. 49 50. des Landbuchs und bey den meisten Dörfern daselbst findet. Heutiges Tages ist diese Abgabe weniger bekannt, dafern nicht der Erbenzinß, den die Bauern in vielen Dörfern, als unter andern zu Britz, an den Guthsbesitzer erlegen müssen, von diesem alten Zinse herrühret. *Decima* oder der Zehente von

Quot sunt *Cossati* [1] Quid soluit quilibet Cui
Quot sunt *taberne* [2] Quid soluit quilibet Cui Quanto tempore possedit
Si *Molendinum* *Stagnum* Quantum soluit Cui
Quis habet *supremum Juditium* [3] Quanto tempore habuit
Quis habet *seruitium curruum* [4] Quanto tempore habuit
Si Dominus Marchio ibi aliquid habuit vel habet Si Dominus Marchio habet ibi *seruitium* quod dicitur *Ross-Dynst* [5] vel plura vel *Mandensth*

F 3 *Nomi-*

dem jährlichen Zuwachse der Früchte und des Viehes, kam gleichfalls entweder dem Guthsbesitzer, oder den Bischöfen und Geistlichen zu. *Precaria* die Bede, war eigentlich die Landesabgabe, bald in Gelde, bald in Korn, welche die Bauern und Ackerleute dem Landesherrn jährlich entrichten musten, der sie aber sehr oft wieder an die Guthsbesitzer, oder andere Privatleute, verkaufet oder verpfändet. Alle diese Abgaben wurden von den Hufen und nach der Hufenzahl gegeben. Die Wahrheit aller dieser Sätze wird sich bestätiget finden, wenn man die Beschreibung der Dörfer Tempelhof und Mariendorf in diesem Landbuche S. 49. damit zusammen hält, imgleichen auch meine Anmerkung von der Orbede, oben S. 11. Wenn man die Kornpächte, welche die Bauern besonders in der Mittelmark, nach diesem Landbuche, den Guthsbesitzern von jeder Hufe entrichtet, mit denen heutiges Tages üblichen zusammenhält, so haben sie damals ungleich mehr, als jetzo, gegeben; wovon die Ursache entweder in damaliger größerer Fruchtbarkeit der Aecker, oder darin zu suchen, daß die Bauern in neueren Zeiten ein viel mehrers dem Landesherrn geben müssen.

1) Es ist sonderbar, daß in diesem Landbuche so oft der Cossäten Erwähnung geschiehet, aber sehr selten der Bauern, die unter dem Namen: *Rustici*, *Agricolae*, *Buristae* oder *Villani*, jedoch nur selten, vorkommen. Die Kossäten hatten damals nur Worthen und Gärten, und haben erst in neuern Zeiten Aecker und Hufen bekommen, wovon sie die Contribution gleich den Bauern entrichten. Sie gaben damals von ihren Wohnungen und Mobilien oder fahrenden Habe 6 Pfennige vom Pfunde Einkünfte an den Landesherrn, laut des Landesvergleichs v. 1281. s. oben S. 12. und nach diesem Landbuche musten sie auch den Bauern einen oder zwey Solidos vielleicht zur Hülfe, oder für die Hütung geben. Siehe unten S. 50. bey dem Dorfe Machenau. Der Name Kossäte ist hier zu Lande bekannt genug; er hat wahrscheinlich seinen Ursprung von Koth, einem kleinen schlechten Hause von Koth und Leim, und heißt so viel als Kotsate, Kotheinsaße. S. Adelungs Wörterbuch, unter dem Worte: Cossäte.

2) *Taberne*, sind die Krüge, die voralters gemeiniglich Pfeffer oder Wachs für den Krugzinß bezahlten.

3) Die obere und niedere Gerichtsbarkeit haben die Edelleute und Guthsbesitzer in der Mark über ihre Güter mehrentheils gehabt, wie sie dieselbe noch haben, und ist es nur eine Ausnahme von der Regel, wenn der Landesherr sie an einigen Orten gehabt.

4) Das *Servitium curruum*, der Spann- oder Wagen-Dienst, der bey den meisten Gütern in diesem Buche vorkommt, ist wohl nichts anders, als der Spanndienst, der auf den Hufen haftet, von den Bauern geleistet werden muste zu drey und mehrern Tagen in der Woche, und mehrentheils den Guthsbesitzern in alten Zeiten gehörte, so wie er ihnen jetzo durchgehends zustehet. In den ältern Zeiten hat auch der Landesherr öfters diesen Spann- und Wagen-Dienst, besonders in der Mittelmark, und auf seinen Domanial-Güthern gehabt, und zu seinen Holz- Heu- und andern Fuhren gebraucht, auch öfters wieder an Privatleute veräussert. S. Gerkens Cod. Dipl. Br. T. 2. p. 483. 446. 546 556. T. 3. p. 89. T. 5. p. 30. 44. 48.

5) Der Roßdienst ist bekanntermaßen der Dienst des Lehnpferdes, womit jeder Vasall dem Landesherrn im Kriege dienen mußte, und welcher seit dem Jahr 1717. in der Mark Brandenburg in einen beständigen Lehns-Canon, mit Ertheilung der Allodialität für die Lehngüter verwandelt ist. Der Manndienst, der hier dem Roßdienste entgegen gesetzet ist, wird der Dienst zu Fuß seyn, der von den Bürgern oder Bauern im Kriege geleistet werden mußte. Sonst war Manndienst und Roßdienst an sich einerley, weil die Mannen oder Vasallen den Lehndienst zu Rosse leisten mußten.

Nomina Villarum Teltow.[1]

Arnſtorff
Brysk
Buckow
Bruſendorff
Blankenuelde
Buten ſlauica
Bercholtz
Bonenſtorff
Berne magna
Berne parua
Beſtewin magna
Beſtewin parua
Cauten
Cziten magna
Cziten parua
Cedelendorff
Crummenſe
Cernſtorff
Diffenſey
Dolewitz
Ditterichſtorff
Danſtorff prope Trebyn
Dalm
Gutergotz
Glyneke
Gerharſtorff
Gudenſtorff
Glaſe
Ghiſelbrechſtorff
Glynik parua
Gelt
Gutkendorff
Groben
Vicus ibidem
Heynrichſtorff
Hokemol
Jutergotz
Janshagen
Kynitz magna
Kynitz parua
Kertzendorff
Kykebuſch
Lomen alta
Lomen inferior
Lichtenrode
Lanckewitz
Lovenbruche
Lichteruelde
Lutze
Myrenſtorff
Machnow magna
Machnow parua
Malow
Margenuelde
Mariendorff
Melwendorff
Marggreuendorff
Nudow
Nyendorff
Nuemole
Oſtorff
Prodenſtorff
Richardſtorff
Rudow
Rodeſes
Ragow
Ranginſtorff
Rudolſtorff
Schultendorff
Smekewitz
Schonenuelt
Selcho
Syten
Spurelndorff
Schenkendorff
Stanſtorff Teutonica
Stegelitz
Stolpiken
Schenkendorff prope Wuſterhuſen
Schonow
Schonenberg
Stanſtorp ſlauica
Tempelhoue
Ture
Teltow
Tyffenſe
Valchorſt
Walterſtorff
Wuſterhuſe ſlauica
Wuſterhuſe teutonica
Waſmeſtorff
Willhemſtorff
Wirikſtorff

Nomina Villarum Barnym

Arnsfelde
Altena
Blankenuelde
Bucholtz
Blankenburg
Blumenberg
Blumendal
Birkholtz
Bredereyke
Buchholtz prope Landisberg
Boldwinſtorff
Bukow
Biſterſtorff
Buch ſlauica
Barſtorff
Bliſtorff
Byſo
Borneken
Buldekenſtorff
Brunow
Byſdal
Beyerſtorff
Berbom
Biſterſtorff
Bogslow
Borcharſtorff
Bercholtz
Briſck
Brodewyn
Berkenwerder
Copenik
Crumenſey
Cawelſtorff
Czulſtorff
Cunradſtorff
Cynnendorff
Cloſterdorff
Czulsdorff
Czyten
Czyten magna
Cerbendorff
Coryn
Doldorff
Dolewitz
Dobircho
Danewitz
Dannenberge
Eggebrechſtorff
Frederichſtorff
Fredelant
Frankenuelde
Falkenberch
Grunow
Gartzow
Gartzin
Gyſelſtorff
Graſſow
Grunendal
Gerhardſtorff
Goltz
Hinrichſtorff
Helwichſtorff
Hermanſtorff

Hei-

1) Dieſes iſt ein allgemeines Verzeichniß der Dörfer nach dem Alphabet, die zu Zeiten Carl 4. in den Diſtrikten Teltow, Barnim, Havelland und Zauche geweſen. Es erhellet daraus, daß damahls meiſt eben ſo viel Dörfer geweſen als jetzo ſind, daß in dem Nahmen nur ein geringer Unterſchied iſt, welchen ſowohl als die urſprüngliche Benennung man unten bey der beſondern Beſchreibung eines jeden Dorfes bemerken wird. In der Handſchrift iſt die Seitenzahl bemerket, wo ein jedes Dorf beſchrieben iſt, welche aber im Abdruck nicht eintreffen kann und dahero weggelaſſen iſt.

Heiligenſe
Honow
Hersuelde
Hertzuelde
Henkendorff
Haſelberg
Hernekof
Hertzhorn
Hohenſteyn
Haſelholz
Hoppenrode
Hechilwerck
Hegermül
Hertzprunck
Ylo
Kugele
Kare
Kenſtorff magna
Kenſtorff parua
Kunnekendorff magna
Kunnekendorff parua
Klobäck
Kruge
Koten
Koryn
Lichtinsberg
Lubaz
Lyndenberg
Lomen
Luderſtorff
Liberberg molendinum
Lubenitz
Lichtenaw
Lichteruelde

Ludeburg
Lanke
Lowenberg
Lunow
Lypa
Luderſtorff
Malchow
Malterſtorp
Martzane
Mere
Munchehoff
Mulebeke
Mertinſtorff
Melkow
Mogelin
Molendinum quoddam
Nyenhoffe
Nyendorff
Nyendorff prope Odersberg
Pankow
Petershagen
Probiſthagen
Predekow ſuperior
Predekow inferior
Preſſel
Pranden
Pomtz
Parſteyn
Roſental
Roſenfeldt
Reynkendorff
Radenſtorff
Ringenwalde

Ruderſtorff
Refeldt
Richenberg
Rampt
Rudolſtorff
Richenow
Ruloffſtorff
Rudenitz
Schonenhuſen alta
Schonenhuſen inferior
Stolp
Schildow
Schonelinde
Schonenflitze
Swanenbeke
Seueld
Seborch
Schoneyke
Schonebeke
Stralow
Schultendorp
Sternebeke
Sunnenberg
Slaw
Smydeſtorff
Schonow
Schoneholtz
Schifforte
Steynforte
Schonenbeke prope Werbelyn
Schonenfeldt
Steynbeke
Sumeruelde

Sydow
Satan
Serwis
Stoltzenhagen
Tygel
Taſtorff
Tempelfeldt
Turnow
Tuchum
Tyffenſee
Tannenberg
Tanewitz
Trampitz
Werſpul
Vogelſtorff
Vitzſtorff
Wittenſee
Wartinberg.
Weſendal
Wedegindorff
Waladſtorp ſlauica
Walterſtorff
Werder
Wilhelmſtorff
Waldemberg
Wilkendorff
Weſe
Welskendorp
Vino alta
Vino inferior
Warnow
Vrondenberg
Vrienwalde

Nomina Villarum Terre Obule (Havelland) *et Merice* (Heyde)

Bornewitz
Bornſtede
Bornam
Buchow
Berge
Bredow
Bowerſtorp
Bamme
Buſchow
Bogow

Bentz magna
Bentz parua
Bukſchow
Bukow
Brilow
Briſt
Cladow
Ceſtow
Czuchdam
Cruttzewitz

Czachow
Dalge
Doberitz prope Spand.
Dalm prope Brandenb.
Doratz
Doberitz
Eyke
Etzin
Falkenhagen
Falkenrede cum Vico

Gottin
Liſt eſt curia Stolp
Golm
Gotow
Glynik magna
Glynik parua
Grenygen
Grabow
Gartz
Garſelitz

Heynholtz
Hoppenrode
Henkendorff
Kartzow
Karptzow
Kotzure
Kossum
Krile
Loist
Lisow
Lunow
Lipe
Litzen
Lochow
Lantzin
Markowe
Markede
Mogelin
Motelow
Mutzelitz
Mortzan
Nyendorff
Nybede
Nyenhusen
Nyendorff
Posyn
Pritzerwe
Prigarde in merica
Possyn
Prebenitz
Parne prope Brandenburg
Planowe
Pigelstorff
Poretz
Plotzin
Rorbeke
Rywen
Ribbeke
Retzow
Roschow
Radewede
Segeuelde
Saskorn
Schorin
Sacrow
Seborch
Seluelank
Svanebeke
Smoln
Stechgow
Tyko
Topelitz
Turas
Vorlandt
Vst
Wustermarke
Wezeram
Wernitz
Verchieser
Werder
Wust
Wachow

Nomina Villarum Czuche (Zauche).

Benken
Brisen parua
Borck slauica
Borck teutonica
Bucholtz
Bracwitz
Berckholz
Borsendorff
Bochow
Busschow
Brucke
Blisendorff
Bensdorff
Cunradstorff
Czolchow
Camerode
Czuchwitz
Crutzewitz
Camere
Claustorff
Cappeut
Damelang magna
Damelang parua
Deyst
Domistorff
Dorwitz
Dankelstorff
Duschenborke
Elzholtz
Eicholtz
Frederichstorff
Foben
Fretzow
Fronstorft
Ficstorff
Goritz
Golitz
Goltzow
Grebczick
Golistorff
Grentzel
Groben
Gutkendorff
Groben prope Gorczk
Gottin
Glinde
Golwitz
Gottin
Hatenow
Heydendunk
Kamerode
Ketzin
Kenstorff
Krile
Korane
Kemenitz
Luderstorff
Langherwisch noua
Litzkendorff
Langherwisch antiqua
Mertinstorff
Michendorff
Mosdung
Nywal
Nyendorff
Nyendorff prope Bruege
Nichil superior
Nichil inferior
Namitz
Netzem
Postamp
Prutzke
Pernitz
Pheben
Plezsow
Plotzin
Redichstorff
Ryben
Rykane
Rockitz
Slunkendorff
Schoneuelt
Sticken
Schepe
Slanlock
Sedyn
Swyna
Schoyas
Smergow
Trebenstorff
Tornow
Trechwitz
Tesekendorff
Toplitz
Vronstorff
Vickstorff
Witbritzen
Vicus Postam
Werder
Wachow
Wust
Werch
Wildenbruke
Werbik

Teltow.

Teltow.[1]

Tempelhoue[2] sunt L mansi Quilibet mansus dat decimam mandalam in pactum de omni annona Quilibet dat III solidos in censum & III solidos in precariam Beuer ciuis in *Colne* habet pactum vel decimam de annona hiemali sed Ryken ciuis in eodem *Colne* de estiuali Commendator habet censum Dominus Marchio precariam totam excepta vna curia super quam habet Landesberg ciuis in *Berlin* III frusta cum seruitio curruum Decimam carnium Commendator habet Taberna dat II Talenta piperis Commendatori Cossati quinque ignorant quid dant Commendator habet supremum et infimum Iudicium Seruitium curruum habet Marchio Dicunt quod predicti omnia iura supradicta habuerunt quousque possunt recordari[3]

Margendorpe sunt XLVIII mansi quorum plebanus habet IIII Quilibet mansus soluit XIII solidos in pactum II sol. ad censum Decima est sed incerta XXX mansi sunt soluentes Pactum censum et decimam soluunt Cruciferis Ordinis Sancti Iohannis Precariam habet Dominus Marchio de quolibet manso III solidos et IX denarios Dominus Marchio habet seruitium curruum Supremum Iudicium habent Cruciferi Tres sunt Cossati quilibet soluit I solidum[4]

Gil-

1) Hier folget nun die besondere Beschreibung eines jeden Dorfes des Teltowischen Creyses. Die Dörfer sind nicht darin nach einer gewissen Ordnung aufgeführet, sondern wie es scheinet, nach Gutdünken. Sie sind an der Zahl und im Namen fast gleich mit denen, die sich noch itzo in gedachtem Creyse befinden, und die Zahl der zu Carl 4. Zeit verzeichneten Hufen, stimmen auch, bis auf einige geringe Veränderungen, mit den heutigen überein. S. v. Thiele Churmärk. Contributions-Verfassung S. 341.

2) Tempelhof ist das bekannte Dorf dieses Namens, bey Berlin, welches anfänglich der Tempelorden, und nach dessen Ausrottung, der Johanniterorden besessen, dieser aber im Jahr 1435. mit den Dörfern Mariendorf, Marienfelde und Richardsdorf an den Rath der Stadt Berlin für 2440. Schock Groschen verkauft, doch sich das Lehen vorbehalten, daher Tempelhof noch itzo ein Lehn des Ordens ist, der Magistrat aber dieses Dorf an die von Scharden verkauft hat. S. Küsters Altes und Neues Berlin Th. 4, S. 61-69.

3) Vielleicht ist es nicht undienlich, hier eine Stelle des Landbuchs zur Probe und zur Erleichterung für diejenigen, die mit dem barbarischen Latein des mittleren Zeitalters nicht sehr bekannt sind, zu übersetzen; „Zu Tempelhof sind 50. Hufen, jede Hufe giebt zur Pacht die zehnte Mandel von allem Korn. Jede giebt 3 Schillinge zum Zinß, und 3 Schillinge zur Beede. Bever, Bürger zu Cölln hat die Pacht oder den Zehnten vom Winterkorn, vom Sommergetreyde aber hat sie Ryken, Bürger zu Cölln. Der Commendator hat den Zinß. Der Herr Markgraf hat die ganze Bede, ausser von einem Hofe hat Landesberger, ein Bürger in Berlin, 2½ Stücken (*frusta*) mit dem Wagendienst. Der Commendator hat den Fleisch-Zehend. Demselben giebt der Krug 2 Pfd. Pfeffer. Er hat auch die oberste und niederste Gerichte. Den Wagendienst hat der Markgraf. Die hier befindlichen 5. Cossäthen wissen nicht, was sie zu geben schuldig sind. Alle vorbenannte sagen, daß sie alles vorstehendes besessen haben, so lange sie gedenken können." Wenn man diese Stelle im ganzen übersiehet, so erhellet daraus, daß die Hufen damals schon mit einer Kornpacht, dem Zinß, der Landbeede, dem Spanndienst und dem Fleischzehend belastet gewesen sind, daß der Orden das Eigenthum von Tempelhof besessen, und daß er in der Eigenschaft die Gerichtsbarkeit, den Fleischzehend und den Zinß so wohl von den Hufen als von dem Kruge gehabt. Die Kornpacht, welche in der zehnten Mandel vom Sommer- und Winter-Getreyde bestanden, haben die Cöllnischen Bürger, Bever und Ryken gehabt, welchen der Orden solche vielleicht verkauft, oder verpfändet. Der Landesherr hat zu Tempelhof die ganze Landbeede und den Spanndienst gehabt, ausser von einem Bauerhofe, worauf Landsberg, ein Berlinischer Bürger, 2½ Stücken Geldes (*frusta*) s. oben S. 7. mit dem Wagendienst gehabt.

4) Bey Mariendorf zeiget sich, daß der Landesherr daselbst die Landbeede zu 3 Schillingen und 9 Pfen. von der Hufe und den Spanndienst, der Orden aber als Eigenthümer des Guts, die Kornpacht, den Zinß und die Gerichtsbarkeit gehabt, und daß hier die Pacht in Gelde mit 12½ Schillinge von jeder Hufe, über dem auch noch ein Kornzehend bezahlt worden. Mariendorf hat jetzo noch 48 Hufen. s. v. Thiele S. 342.

Teltow.

Glinik sunt XLIX mansi quorum *plebanus* habet IIII liberos Berkzow habet XVI liberos et Musolf habet XVI liberos Quilibet mansus dat in pactum V modios siliginis et V modios auene et XVI denarios ad censum et XVIII denarios ad precariam Musolf habet pactum censum et precariam de VII mansis et Berkzow habet pactum et censum de duobus mansis de quibus Musolff habet precariam Taberna dat X solidos Musolff Item XII sunt curie *Cossatorum* quelibet dat I solidum Musolf et Berkzow certitudinem ignorabant Musolff habet supremum et infimum iuditium et seruitium curruum Dominus Marchio nihil habet ibi Ambo predicti tenentur seruitium vasallionatus Domino Marchioni [1]

Parua Machenow habet XLVIII mansos quorum plebanus habet II et fratres dicti Quast habent XII liberos Quilibet mansus dat II modios siliginis et II modios auene in pactum I sol. ad censum et XX denarios ad precariam Item VI mansi dant I modium siliginis et II auene Item dicti Quast habent pactum de VI mansis et de VI mansis censum et precariam habent de omnibus mansis predictis absque de VIII Pueri Inwardes de Lowenberge habent pactum de omnibus aliis mansis similiter et censum et precariam de VIII mansis exceptis XIIII modiis siliginis quos emerunt dicti Quast nouiter ab ipsis pueris antedictis Taberna dat eisdem Quast X sol. Curie Cossatorum III quelibet I solidum *agricolis* [2] et pullum ipsis Quast Item iidem Quast habent supremum et infimum juditium cum seruitio curruum et habuerunt XVIII annis et emerunt a Thilone Bruggen Etiam dicunt quod non recordantur Dominum Marchionem aliquid ibi habuisse Seruitium vasallionatus iacet supra curias dictorum puerorum Inwart de Lowenberge.

Benistorp sunt XXV mansi quorum Hans de Acken ciuis in *Berlin* habet VIII liberos quos colit per se et prefectus II liberos Quilibet mansus dat X modios siliginis et X modios auene ad censum III solidos ad precariam I solidum Johanni de Acken et posledit V annis et emit a Henrico de Richenbach Cossatus vnus dat II pullos prefecto Taberna deserta est que consueuit dare prefecto V solidos Hans de Acken habet eandem villam cum omni iure non obligatur ad seruitium quia habet in pheudum a Hinrico de Richenbach

Schultendorp sunt XLVII mansi quorum plebanus habet IIII Heynrich Richenbach XII liberos Quilibet dat IIII modios siliginis et IIII auene Quilibet dat II solidos ad censum Hinrico de Richenbach cum pacto predicto Quilibet mansus dat IX denarios in precariam eidem Hinrico Octo Curie Cossatorum quelibet dat II sol. predicto Hinrico [3] Taberna dat X sol. etiam Hinrico Hinricus de Richenbach habet eandem villam cum omni supremo et infimo iuditio et iure patronatus Non recordantur Dominum Marchionem vnquam quicquam ibi habuisse.

Kyke-

1) Hier zeigt sich schon bey dem Dorfe Glinick, so wie in der Folge bey vielen andern, daß der Landesherr darin nichts als den Lehnsdienst von den Guths-Eigenthümern gehabt, diese aber nicht allein 32. steuerfreye Hufen darin besessen, sondern auch die Gerichtsbarkeit, die Pacht, den Zinß und die Beede von den Hufen, nebst dem Spanndienst gehabt.

2) Hier siehet man, daß die Coss. eben den Ackerleuten jeder 1 Schilling erlegen müssen. Sonst erhellet auch aus der Gegeneinanderhaltung von Klein Machenow gegen Glinick, daß die Pacht, der Zinß und die Beede nicht gleich, sondern fast in jedem Dorfe sehr verschieden gewesen. Daß der Pfarrer (*Plebanus*) seine Hufen steuerfrey gehabt, solches findet sich bey allen Dörfern. Wenn es heißt, daß jemand eine Anzahl Hufen im Dorfe frey besessen, als hier die Quasten, so versteht sich solches von der Landbede, nicht aber von den anderen Guthsabgaben, als der Pacht ꝛc.

3) Hier zeiget sich, daß die Cossäthen nicht immer den Bauern was gegeben, sondern auch oft dem Guthsherren.

Teltow.

Kykebusch XLII sunt mansi quorum plebanus habet III liberos Prefectus habet V mansos liberos pro quo tenetur ad equum pheudalem I Talent. Quilibet dat IX modios siliginis et IX modios auene in pactum In censum et precariam dat quilibet V sol. Heynege de Richenbach cum pacto Sed Iohannes Litzen ciuis in *Berlin* habet in precaria de tribus mansis de quolibet II½ sol. forte in pignore VII sunt curie Cossatorum quelibet dat I solidum agricolis Taberna dat X solidos Heynege de Richenbach qui etiam habet judicium supremum et infimum cum seruitio curruum et habet eandem villam a Domino Damis annis plurimis cum Iure patronatus et XII pullis *fumalibus* [1] Dominus Marchio nihil habet ibi etiam non recordantur Dominum Marchionem ibi aliquid habuisse Molendinum desertum dat Domino Nicolao Lintow Fratri Ordinis Predicatorum I½ chorum siliginis et Richenbach V solidos

Glase sunt XLIII mansi quorum plebanus habet IIII liberos Heyne Karre habet V liberos mansos Quilibet mansus dat VI modios siliginis VI modios auene in pactum Heyne Karre dicit quod quilibet mansus debet dare II sol. in censum sed *Buriste* [2] dicunt quod ex antiquis temporibus non dederunt Quilibet soluit II½ solidum in precariam Tyle Glaze ciuis in *Colne* habet in pacto V choros siliginis a Heyne Karre Tyle Wardenberch ciuis in *Berlin* habet XVI modios siliginis a Marchione et VIII modios auene Et Hans de Plawe totidem et Junior Milo totidem Frederik Spil habet ½ chorum siliginis et XXXIX modios auene a Petro Roden Henningh Flugge ciuis in *Berlin* habet I chorum siliginis et I auene a Pet. Roden Heyne Karre habet IIII choros auene et IX mod. siliginis et censum secundum modum supra dictum Heyne Karre habet precariam de X mansis, de aliis habet Peter Rode ciuis in *Berlin* Quinque sunt curie Cossatorum, quelibet dat unum solidum Heyne Karre habet mediam partem, aliam partem Miloynne Taberna dat eisdem X solidos et iidem habent Iudicium supremum et infimum pro seruitio curruum contendunt Heyne Karre et Peter Rode Non recordantur Dominum Marchionem ibi quicquam habuisse Molendinum dat IIII solidos Heyne Karren et XIIII pullos fumales.

Dolewitz sunt L mansi quorum plebanus habet IIII de duobus tamen dat pactum et censum Cune Wederingen habet VI liberos et super curiam eius habet Dominus Marchio seruitium vasallionatus Prefectus habet VI mansos liberos Tenet equum pheudalem Cune Wederingen Dominus Iohannes Albi Altarista in *Berlin* habet ad altare suum in ecclesia beate Virginis VIII mansos liberos cum omni iure nec tenentur ad seruitium curruum Ad altare vnum in ecclesia S. Nicolai in *Berlin* pertinent V mansi liberi quilibet dat VIII modios siliginis et VIII modios auene in pactum et II sol. ad censum V solidos ad precariam ad Castrum *Wusterhusen* Nicolaus Sunde ciuis in *Berlin* habet pactum de XII mansis et censum quorum VI de Pincerna alios VI habet de Luckenwolden in pheudum Iacob Sume in Tupitz de XI mansis et censum VIII sunt Curie Cossatorum vna possessa quelibet dat I sol. agricolis Taberna dat prefecto XV sol. et ½ talentum piperis Dominus Marchio ad Castrum *Wusterhusen* habet supremum et infimum judicium precariam et seruitium curruum Quilibet mansus dat ½ modium siliginis et ½ ordei et I modium auene pro annona precarie Domino Marchioni ad Castrum *Wusterhusen* Sunde et Sume habent censum de VIII mansis Domini Iohannis Albi ad altare Molendinum X solidos Domino Marchioni ad Castrum *Wusterhusen* Predicta precaria cum Iudicio supremo seruitio curruum ab antiquo pertinuit ad predictum Castrum *Wusterhusen* *Stans-*

1) *Pulli fumales* sind Rauch- oder Pachthüner. 2) Das Wort *Buriste*, bedeutet hier die Bauren, welches barbarische Wort man kaum in des *du Fresne* Glossario findet.

Teltow.

Stanstorp sunt XXXVI mansi quorum plebanus habet II liberos. Prefectus habet IIII liberos sed tenetur ad *equum pheudalem*[1]. Quilibet mansus dat IIII modios siliginis et IIII modios auene in pactum et II solidos in censum Quilibet mansus dat in precariam IIII solidos Item X sunt curie Cossatorum quelibet dat VIII denarios *Agricolis* Taberna dat XI solidos et tabernator ab antiquo brasium fecit et siccavit et braxavit in Stanstorp absque cuiuslibet impedimento et contradictione Dominus Episcopus habet seruicium curruum et alia seruitia ab antiquo Dominus Marchio nihil habet nec etiam recordantur eum aliquid ibi habuisse. Et tota villa est Domini Episcopi Brandenburgensis iure proprietatis cum seruitio et precaria et pertinentiis suis vniuersis.

Rudow sunt LXIIII mansi quorum plebanus habet quatuor liberos et ecclesia I mansum liberum. Betkyn Dyreken habet XIIII liberos quorum III locabit Gyse Dyreken VII Henricus Schencke X liberos Claws Dusekea habet VIII mansos solvit rustici poss. Schume ciuis in Colne habet XII Cune Dyben habet V quorum III mansorum dant XVIII modios siliginis XVIII modios auene et VI solidos ad censum et XV solidos ad precariam et I pullum Kerstiane Dusken Alii III dant XV solidos quilibet pro pacto censu et precaria Curie Cossatorum sunt XVI quarum quelibet dat I solidum agricolis Taberna dat X solidos denariorum Dusken ibidem Dominus Marchio habet seruitium curruum Blumenhagen habet Iuditium supremum et infimum cum Iure patronatus pro pignore pro V sexagenis grossorum Molendinum dat fratribus Kalendarum in Colne XX modios siliginis. Ambo Dyreken tenentur ad I seruitium et Dusken tenetur ad I seruitium et Henricus Schencken ad medium seruitium vasallionatus.

Brusendorp sunt L mansi quorum III habet plebanus Prefectus habet IIII dat III talenta Petro Roden ciui in *Berlin* Quilibet mansus solvit IX modios siliginis IX modios auene II modios ordei et quartale pisorum II solidos ad censum VI solidos ad precariam Hennigh Flugge ciuis in *Berlin* habet pactum siliginis et ordei et censum de VI mansis Alia omnia Peter Rode habet. VIII sunt curie cossatorum quelibet dat I solidum agricolis Pulli fumales sunt XXV quorum Peter Rode habet XVI Flugge IIII Plebanus II et Prefectus III Taberna dat Petro Roden VI solidos Prefecto V sol Peter Rode habet seruitium curruum Iuditium supremum et infimum cum iure patronatus Molendinum dat VIII monialibus in *Spandow* I chorum siliginis et V solidos Petro Roden Peter Rode habet eandem villam a Domino Marchione Etiam non recordantur Dominum Marchionem ibi aliquid habuisse Nota I chorus siliginis quem habet sanctimonialis in Spandow de molendino post obitum eius cadat Nicolao Sunden fratri suo ciui in *Berlin* et est hereditas non pheudum

Rodense[2] sunt XL mansi quorum plebanus habet III Prefectus habet VI mansos quorum IIII sunt liberi a pacto censu et seruitio curruum, etiam sunt liberi a precaria quam diu equitat ad scamnum iuditii Alii duo sunt tantum liberi a precaria et seruitio sed dant pactum et censum Quilibet mansus in retroactis temporibus dedit VIII modios sed modo dat VI modios in pactum item dat II solidos in censum et V solidos in precariam Petrus Blankenuelde habet pactum de V mansis et censum Tylo Glaze habet de XI mansis pactum et censum Nico-

1) Hieraus erhellet, daß schon in den ältesten Zeiten der Lehndienst der Vasallen ein Lehnpferd genennet worden, weil er zu Pferde verrichtet werden muste; imgleichen, daß die Lehnpferde nicht allein auf Rittergütern, sondern auch auf einigen der sogenannten Schulzengerichte hafteten.

2) Dieses Dorf heißt jetzo Rotzis.

Teltow

Nicolaus Bartholomeus de X mansis pactum et censum Isti tres sunt ciues in Berlin et in Colne VI mansi cum pacto et censu appropriati sunt ad altare trium Regum in ecclesia Sancti Nicolai in *Berlin* Prefectus ibidem de vno manso habet pactum siliginis et Petrus Blanckenuelde habet pactum auene et ordei de eodem cum censu. Thilo et Henningh de Sticken habent precariam cum seruitio curruum Iuditium supremum et infimum cum Iure patronatus quousque *Buriste* possunt recordari VIII sunt curie Cossatorum quelibet dat I solidum agricolis et I pullum illis de Sticken Etiam quelibet curia per totam villam dat I pullum et accipiunt habentes pactum Taberna nichil dat nisi quum venditur tunc pro collatione dat prefecto V solidos Dominum Marchionem non recordantur ibi aliquid habuisse Molendinum dat ecclesie IX modios siliginis

Margenuelde sunt LII mansi quorum plebanus habet III liberos Quilibet mansus dat pro pacto et censu dimidiam sexagenam Quilibet mansus dat III solidos et IIII denarios ad precariam Bernhardus Ryke cum patruis suis et fratribus habet *plegam*[1] de XVIII mansis Relicta Mosekowes habet XVI mansos tempore vite sue et filie sue Ronnebomynne habet de VII mansis tempore vite sue Senior Honowynne de VIII mansis iure hereditario Dominus Marchio habet ibi precariam cum seruitio curruum Summa precarie VII talenta XIII solidi IIII denarii Supremum Iuditium et infimum habet Commendator in Tempelhoue quousque possunt recordari IX sunt curie Cossatorum quelibet dat IX denarios Ibi non est taberna nec seruitium vasallionatus Molendinum dat ½ chorum siliginis Commendatori et ½ *chorum plebano*[2] Etiam dicunt quod VI mansi dant ½ precariam Summa illorum VI mansorum X solidi denariorum

Schenckendorp sunt XXV mansi quorum plebanus habet II liberos et unum dantem pactum et censum Prefectus habet IIII liberos penitus sed tenetur I mandalam grossorum Domino suo Quilibet mansus dat III modios siliginis III modios auene I solidum ad censum Cossatorum curie sunt X quelibet dat I solidum agricolis Tabernator dat XVI solidos Hans Hoge ciuis in Colne eandem villam cum omni iure habet pacto censu seruitio curruum cum supremo et infimo iuditio

Parva Cziten[3] sunt XLII mansi quorum plebanus habet III liberos et ecclesia unum Quilibet mansus dat VIII modios siliginis IIII modios auene et II modios ordei in pactum Quilibet dat II solidos in censum et VI solidos in precariam pro *annona precarie*[4] quilibet mansus solvit ½ modium siliginis ½ modium ordei et I modium auene Betken Dyraken habet pactum et censum de IIII mansis Alia omnia habet Beuer ciuis in Colne cum seruitio curruum Iuditio supremo et infimo ex antiquis temporibus sed Landesberg habet dimidiam precariam ciuis in Berlin Curie Cossatorum sunt X quelibet curia dat I solidum agricolis Quelibet curia per totam villam dat I pullum eidem Beuer Taberna soluit dare X solidos Beuer ½ modium siliginis ½ modium ordei et I auene Dominus Marchio nihil.

Schonenuelde sunt LV mansi quorum plebanus habet III liberos Hennig Schonenuelde habet IIII mansos liberos et II dantes pactum et censum Liberi sunt a precaria et seruitio curruum

1) Heißt so viel als: Riker hatte alle Pflichten oder Abgaben von 100. Hufen. S. unten S. 57. a.
2) Es ist sonderbar, daß diese unterstrichene Stelle nicht in dem Berlinischen, sondern blos in dem Altmärkischen Exemplar des Landbuches stehet.
3) Heißt jetzo klein Ziethen.
4) Diese Stelle zeiget, daß die Beede nicht immer in baarem Gelde, sondern an theils Orten auch in Korn bestanden.

Teltow.

ruum Mattheus vnus *Burista* ibidem habet IIII mansos non dantes precariam et liberos a *seruitio curruum* Prefectus habet IIII liberos sed precariam dant etiam tenetur ad equum pheudalem quem dat Heynege de Selchow Quilibet mansus dat X modios siliginis VI modios auene et II modios ordei et ½ modium pisorum II solidos ad censum et ad precariam VIII½ solidos Ad annonam precarie III quartalia siliginis et III ordei et I½ modios auene Tyle Glaze ciuis in Colne habet pactum et censum de IIII mansis et de duobus precariam Fratres dicti Honow ciues in Colne habent pactum et censum *de mansis et VI modios siliginis et II modios ordei de quolibet manso vel dimidium modium pisorum* [1] Omnem aliam precariam habet Hennyng de Selchow Septem sunt curie Cossatorum quelibet dat II solidos agricolis Taberna est deserta solita dare X solidos et VIII pullos Heynig de Selchow qui etiam habet seruitium curruum cum Iuditio supremo et infimo et cum Iure patronatus a patre suo qui vltra plurimos annos possedit Dominus Marchio nil habet vt dicunt preter seruitium vasallionatus a Heynege de Selchow Molendinum dat VIII½ solidos Heynege de Selchow III quartalia siliginis III qr ordei et I½ modios auene et I solidum de loco

Nudow sunt XV mansi quorum II sunt plebani Quilibet mansus pro pacto et censu dat VI solidos pro precaria XVIII denarios et pro *annona precarie* I½ quartale siliginis et I½ qr auene Wesanth et Tyle Mukum habent *plegam* que datur pro pacto et censu plane et ex toto Dominus Marchio habet precariam que ex antiquis temporibus pertinuit ad Castrum Sarmund Decem sunt curie Cossatorum IIII sunt deserte quelibet dat I solidum agricolis Dicti Mukum capiunt de qualibet curia totius ville I pullum fumalem Prefectus tenetur dictis de Mukum XV solidos pro equo pheudali et de Taberna idem prefectus habet X solidos Ad Castrum Sarmund spectat seruitium curruum Sepe dicti Mukum habent Iuditium supremum et infimum cum Iure patronatus

Briczik sunt LVIII mansi plebanus habet III ecclesia I Barsuis habet VIII mansos Otte Briczik X Berchter Wyghus IX Lockenwolde IIII qui omnes habent eos ad suas curias et sic remanent XXIII *pactuales* quorum quilibet soluit ½ chorum siliginis et dimidium auene pro omni iure Ottoni de Briczik Cossati XIIII quilibet solvit I solidum et II pullos Taberna dat I talentum Ottoni Briczik qui etiam habet Iuditium supremum et infimum cum Iure patronatus Dicunt ibi non esse seruitium curruum Quatuor predicti habentes liberos mansos tenentur seruire Domino Marchioni sed postea dixerunt Luckenwolde non esse obligatum ad seruiendum Domino Molendinum non habent Dominus Marchio nil iuris habet ibi ut dicunt [2]

Ruloffs-

1) Die hier unterstrichene an sich dunkele und zweydeutige Stelle stehet blos in dem Altmärkischen Exemplar und nicht in dem Berlinischen, und zeiget also, daß jenes vollständiger ist.

2) Brizzik heißt anjetzo Briz. Da ich, der von Herzberg, das Guth Briz anjetzo selbst besitze, und daher genauer, als andere Dörfer, kenne, so kann ich aus dieser Stelle des Carolinischen Landbuchs beurtheilen, daß die jetzige Verfassung der Dörfer noch größtentheils, obwohl mit einigen durch die Länge der Zeit verursachten Veränderungen mit der von der Zeit Carl 4. übereinstimmt. Briz, welches damals 58. Hufen hatte, zählet deren jetzo 61. Der Pfarrer hat noch jetzo, so wie damals, drey und die Kirche eine. Die vier Guthsbesitzer sind damals gewesen, Barfus, Otto Brizke, Wyghus und Lockenwolde, die zusammen 31. Ritterhufen gehabt. Jetzo werden deren 29. gerechnet und 27. steuerbar, da zu Carls 4ten Zeiten nur 23. pactuales oder steuerbar waren, welcher Unterschied daher rühret, daß die Herrschaft einige Hufen an die Koßäten abgetreten, die vorhin kein Land, sondern nur Höfe, oder Wurthen hinter den Häusern gehabt. Anstatt 14 Koßäten sind jetzo nur 8, aber desto mehr Bauern. Es erhellet hieraus zugleich, daß der Besitzer dieses Guts dem Landesherrn zu nichts verbunden gewesen als zur Stellung

Teltow

Raloffsdorp [1] sunt L mansi, quorum plebanus habet III prefectus IIII quilibet mansus dat pro pacto VI modios siliginis et VI modios auene Pro censu dat quilibet II solidos Pro precaria dat Domino Episcopo Brandenburgensi tota villa III talentum Item ab antiquo fuit ibi ventimolium nunc desertum propter paupertatem Dominus Episcopus habet precariam supra scriptam et seruitium curruum Item due sunt curie Cossatorum quelibet dat I solidum tertia curia dat ecclesie in tantum Ibi non est taberna Dominus Marchio nihil habet ibi Tota villa cum supremo et inferiori judicio cum seruitio curruum et alio quolibet seruitio cum omni precaria et omnibus iuribus et pertinentiis eiusdem ville vniuersis est Episcopi Brandeburgensis et suorum vasallorum et ad ecclesiam et mensam Episcopalem Brandeburgensem est apropriata cum omni et plena libertate et vtilitate

Melwendorp [2] sunt XXII mansi plebanus nullum Quilibet mansus dat in pactum VI modios siliginis et VI modios auene II solidos in censum IIII solidos minus denario in precariam III quartalia siliginis III qr auene Schultetus de Melwendorp habet de XI mansis pactum et cum omni jure Wylken de Berne habet V mansos et cum omni iure. Suttelnik habet IIII mansos cum pacto et censu Holst de Spandow habet IIII mansos II cum pacto et censu a Domino Marchione alios II cum solo pacto auene et cum censu Sed de istis habet Wilken de Berne et prefectus de Melwendorp pactum siliginis Iidem habent precariam mutuo inter eosdem diuidendam Curie Cossatorum sunt IIII Ignorant quid dant Wilken de Berne habet seruitium curruum iudicium supremum cum iure patronatus et habuit a patre suo qui prius possedit annis plurimis

Gudensdorp [3] sunt XXXIX mansi plebanus habet IIII Tyle Parys habet V liberos sub suo aratro Quilibet mansus dat in pactum IIII modios siliginis et III modios auene et I solidum in censum et II solidos in precariam Tyle Parys habet pactum et censum de XI mansis Wusterhuse ciuis in Colne habet de XV mansis pactum et censum a Heynone Selchow Dominus Marchio habet precariam cum seruitio curruum et in carnispriuio VIII pullos et ad quemlibet pullum spectant V oua De annona precarie IX modios siliginis IX modios auene XVIII sunt curie Cossatorum quelibet dat I solidum agricolis et I pullum Taberna dat X solidos Parys et Wusterhusen et iidem habent supremum judicium et jus patronatus

des Lehnpferdes, welches jetzo auf 1½ Pferd gesetzet ist. Die von Brizke haben jederzeit zu Briz die völlige Gerichtbarkeit und das Patronatrecht, von den Bauern auch den Spanndienst und die hier benannte Kornpächte gehabt, die aber nachhero gegen Erlassung der Speisung bey dem Hofedienst heruntergesetzt sind. Diese Stelle des Landbuchs erleutert sich auch durch das Brandenburgische Schoßbuch von 1451 wo von Briz folgendes stehet; „Brizke haben die Brizke von mynen Herrn zu Lehne, uf der Feldmarck syn *LX.* Hufen, von den hat der Pfarr *III.* das Gotshuß *I.* So das Haus und Orte *XXVIII* hy, dy anderen giebt Jehlich *XII* Schepel Roggen *XII* Schepel Habern, der Kruck giebt vor V. stande *XLV.* Gr. *XII* Cossäten geben zusame *XXVII* Gr. alle gerechnet uff *XXIII* Stuck haben nu geben dy Helff *I* Schock *LVII* Gr." Das Dorf Briz ist von dem Geschlechte derer von Brizke besessen worden bis zum Jahr 1699. da es der Cammerpräsident von Chwalkowsky gekauft, der es an den Obristen von Erlach vererbet, dieser im Jahr 1713. an den Grafen von Schwerin verkauft; dieser 1719. an den Staatsminister von Ilgen, von dem es im Jahr 1729. an seine Tochter, die Frau von Knyphausen, und nach derselben Tode im J. 1753. an derselben Tochter, die verehlichte von Hertzberg gekommen.

1) Wird jetzo Rudolfsdorf geschrieben, und hat seinen Namen vermuthlich von Rudolf

2) Melwendorf ist anjetzo unter diesem Namen gar nicht bekannt, und muß einen andern Nahmen führen.

3) Gudensdorp wird noch in dem Märkischen Catastro von 1624. Gudensdorff, jetzo aber verdorben Gönsdorff genennet und geschrieben.

Teltow.

natus Wusterhuse emit suam partem a Heynige Selchow infra annum Seruicium vasallionatus non habet ibi ut dicunt Marchio Molendinum desertum dare consuevit ecclesie VI modios siliginis

Lichteruelde sunt XXXIX mansi quorum plebanus habet III quilibet mansus dat III modios siliginis III modios auene et I solidum in censum et XXVII solidos in precariam Cune Briczik in Czepernik habet pactum et censum de XVI mansis Otto Briczik de Briczik habet pactum et censum de XIIII mansis Spandow ciuis in Colne habet de tribus mansis. Rudolff de Wilmersdorp de III mansis pactum et censum Hans de Aken in Berlin habet precariam de omnibus mansis Dominus Marchio habet seruitium curruum Curie Cossatorum sunt VI quelibet dat I solidum in censum et I pullum Taberna est deserta solita dare VI solidos prefecto Molendinum dat ecclesie S. Nicolai ibidem XX modios siliginis Supremum et infimum iuditium habent prescripti de Briczik et habuerunt a parentibus cum bonis supra dictis quousque possunt recordari et seruitium vasallionatus de sepedictis Britzik habet ibi Dominus Marchio [1]

Blanckenuelde sunt L mansi quorum plebanus habet III ipsi de Lipe habent XIIII Quilibet mansus dat in pactum VIII modios siliginis VI modios auene et III modios ordei item II solidos in censum et IIII in precariam Illi de Lipen habent pactum censum et precariam de omnibus mansis Curie Cossatorum XV quelibet dat V denarios in censum et vnum pullum et molendinum dat eisdem I chorum siliginis Taberna dat XXVI solidos eisdem de Lipe et iidem habent seruitium curruum cum iuditio supremo et infimo et ius patronatus Seruitium vasallionatus a sepe dictis Lipe habet Dominus Marchio Est ibi stagnum non locatum [2]

Wolterstorff sunt LXXXVIII mansi quorum plebanus habet II Quilibet mansus dat VIII modios siliginis et VIII modios auene et II solidos in censum et III in precariam Ipsi de Lipe habent XL mansos cum omni iure Honow ciuis in Berlin habet VII mansos cum omni iure Beyr ciuis in Colne habet etiam VII mansos cum omni iure Ad altare trium Regum in ecclesia S. Nicolai in Berlin spectant IIII mansi cum pacto et censu Ad altare vnum in Spandow spectant V mansi cum pacto et censu Hencze Goltz ciuis in Berlin habet II mansos cum pacto et censu Bercktzow in Glinick habet IIII mansos cum pacto siliginis et censu sed illi de Lipe habent pactum auene Illi de Lipe habent precariam super ceteros omnes mansos preter predictos qui habentur a suis possessoribus cum omni iure Curie Cossatorum sunt XIII Quelibet dat II solidos ipsis de Lipe sed III ipsis Honow Taberna dat XII solidos ipsis de Lipe et VI prefecto Ipsi de Lipe habent seruitium curruum item mediam partem iudicii supremi et infimi Jus patronatus habent ipsi de Lype Aliam partem ipsi Honow et in paucis annis acquisierunt et emerunt ab illis de Grube Molendinum dat I talentum piperis ipsis de Lipe Ecclesie ibidem II modios siliginis et prefecto VI denarios

In *Alta Lomen* [3] sunt LI mansi Plebanus habet VIII liberos Quilibet mansus dat in pactum III modios siliginis et III modios auene et V mansi dant I modium siliginis et I modium ordei

1) Die von Britzke hatten drey Lehnpferde wegen Britz und Lichternfelde zu halten, die man aber getheilet, nachdem beyde Güter getrennet worden.

2) Blankenfelde wird noch jetzo von dem alten Geschlechte der von der Lipen besessen, wovon auch der jetzige Besitzer, Landrath des Teltowischen Creyses ist.

3) Jetzo Hohen Lohme.

Teltow.

ordei et II modios auene pro annona precarie XXVII denarios in censum et XXVII denarios in precariam Nicolaus Sunde habet pactum de VII mansis cum siligine et auena Nicolaus Bartholomeus ciuis in Berlin et Bartholomeus ciuis in Mittenwolde habent pactum de XVI mansis in siligine tantum Helmsuwer ciuis in Berlin alium pactum in siligine et auena et etiam censum de omnibus mansis preter XI de quibus Sunde tollit censum Idem Helmsuwer habet precariam totam Hi omnes habuerunt annis quibus possunt recordari et iidem habent de qualibet curia ville I pullum et V oua et de una taberna iuxta aquas I sexagenam pullorum VIII sunt Curie Cossatorum unam mandalam pullorum et I solidum denariorum pullos habet Helmsuwer Taberna est deserta que consueuit dare VI solidos Helmsuwer qui etiam seruitium curruum cum iuditio supremo et ius patronatus habet *Et est sciendum, quod dictus Helmsuwer vendidit dictam villam Sifrido de Slyuen & Sifridus vendidit ulterius Titzmanno de Nuwendorph* [1]

Schonenberge [2] sunt L mansi plebanus habet II liberos ecclesia unum liberum Iohannes Ryke ciuis in Colne cum fratre suo habent sub aratro X liberos a Domino Marchione annis multis Parys ibidem habet XII liberos sub aratro suo et a patre suo Quilibet mansus dat in pactum IX modios siliginis et IX modios auene Quilibet mansus dat in censum II solidos et VIII½ solidos in precariam III quartalia siliginis et III qr ordei et I½ modios auene pro annona precarie Sanctimoniales in Spandow habent pactum de V mansis et censum annis plurimis Fratres Kalendarum in Berlin habent pactum et censum de VII mansis nouem vel decem annis Jacob Gorczik ciuis in Berlin habet X mansorum pactum et censum a Rutenik Albertus Rathenow in Berlin habet pactum censum et precariam II mansorum cum omni iure a Parise Parys habet IIII mansos cum omni iure qui etiam habet precariam de aliis mansis cum iuditio supremo et infimo et cum iure patronatus a parentibus suis *Dominus Marchio habet seruitium curruum cum seruitio vasallionatus* [3] sed Parys dicit se habere seruitium curruum iure hereditario et annis irrecordabilibus. Curie Cossatorum sunt XIII quelibet dat I solidum Paryse et I pullum Taberna dat XXX solidos Paryse

Lichtenrode sunt LXVII mansi quorum plebanus habet IIII liberos ecclesia I Quilibet mansus dat in pactum IX modios siliginis III modios ordei et I modium auene Quilibet mansus consueuit dare II solidos in censum et V solidos in precariam Sed modo ex gratia annis VI habent libertatem in precaria et censu Posynne morans in Dalge habet pactum de mansis et censum Pueri Kopkini Lytzens in Berlin habent pactum et censum de II½ mansis in pignore De aliis mansis habet Dominus Iohannes de Wulkow pactum et censum a Marchione *in pheudum* Item habent precariam et anonam precarie [4] de quolibet manso ½ modium siliginis ½ ordei et I auene cum seruitio curruum cum iuditio supremo et infimo cum iure patronatus Curie Cossatorum sunt VII Quelibet dat I solidum *agricolis* et I pullum *Domino Iohanni* [5] item habet decimam carnium Taberna dat eidem Domino Iohanni X solidos.

Stans-

1) Diese Stelle stehet blos in dem Altmärkischen Exemplar des Carolinischen Landbuchs, nicht in den beyden Berlinischen.
2) Ist das jetzige Dorf Schönberg, ¼ Meile von Berlin.
3) Diese Stelle stehet nur in dem Berlinschen Exemplar des Carolinischen Landbuchs, und ist in dem Altmärkschen ausgekratzet, welches zeiget, daß der Spanndienst zu Schönberg streitig gewesen.
4) Hier zeiget sich, daß die ordentliche Landbeede an Gelde, überdem aber auch noch eine Kornbeede auf den Höfen hafteten. 5) S. die Seite 50, die 2te und 3te Anmerkung.

Teltow

Stanstorp Slauica [1] sunt XV mansi Quilibet mansus pro pacto et censu dat V solidos et etiam pro precaria Prefectus habet III mansos Quilibet III pullos et VII denarios dictos proprie *Kannepennighe* und *Heupennighe* Domino Episcopo Brandeburgensi qui etiam habet supremum iuditium Tota villa cum supremo et inferiori iuditio cum seruitio curruum et alio quolibet seruitio cum precaria et omnibus iuribus eiusdem ville est ecclesie et Episcopo Brandeburgensi appropriata

Hackenmole VIII choros siliginis dat II solidos gr. [2]

Parua Glinick sunt VII mansi Quilibet mansus dat *pro omni plegu* [3] IX solidos II pullos et XX oua Iacob Mukem qui etiam habet Iuditium supremum a patre suo qui prius possedit annis irrecordabilibus Dominus Marchio nihil nec recordantur eum quidquam ibi habuisse Non habet Cossatos nec Tabernam

Nyendorp sunt IX mansi Quilibet dat ½ chorum siliginis et ½ chorum auene et II pullos Henninge de *Groben* [4] moranti in castro Buten qui etiam habet iuditium supremum a patre suo Curie Cossatorum sunt V Quelibet dat II solidos et II pullos eidem Henninge de Groben Tabernam non habent etiam non recordantur Dominum Marchionem ibi aliquid habuisse

Lutze [5] sunt XIII mansi Quilibet mansus soluit pro toto I talentum Cossati VI Quilibet soluit III solidos et I pullum Quelibet domus I pullum Tota villa est cum omni iure appropriata monialibus in Spandow et quondam fuit curia Habent etiam predicte moniales vnam curiam in ripa Sprewe que dicitur Casow quam coluerunt ab antiquo et adhuc colunt propriis sumtibus

Wasmestorp [6] sunt XLVIII mansi quorum plebanus habet IIII Heyne de Selchow habet XI ad curiam tenetur ad seruitium vasallionatus Ad pactum quilibet mansus X modios siliginis II modios ordei et VI modios auene Ad censum quilibet mansus II solidos denariorum ad precariam quilibet III solidos denariorum et ½ modium siliginis et ½ ordei et ½ auene Cossati sunt V de quibus vnus soluit III solidos et VI pullos Alius II½ solidos et VI pullos tertius I solidum et I pullum Quartus I solidum et I pullum Quintus I solidum et pullum

1) Wendisch Stansdorf: davon heisset es in dem Schoßbuch von 1451. haben dy Hacken vom Bischof zu Brandenburg, zu Lehne, uf der Feldmark syn *XV*. Huben. Dieser Ort ist itzo unbekannt, wird aber bey Stansdorf, das itzo ein Königl. Amt im Storkowschen Creise ist, gelegen haben. Es kommen viele Dörfer in dem Landbuche mit dem Beynamen *Slavica* vor, die jetzo noch den teutschen Beynamen Wendisch führen, als Wendisch Wilmersdorf, Wendisch Wusterhausen. Die Ursach davon ist vermuthlich, daß dort noch lange wendische oder slavische Einwohner geblieben, nachdem die Teutschen schon in das Land gekommen.

2) Hakenmohle soll nach dem Urtheil des der Märkischen Geographie vorzüglich kundigen Herrn Hofrath Oesfeld, die jetzige Wassermühle bey Potsdam, bey dem Einfluß der Nuthe in die Havel seyn.

3) Das Wort *Plegium* oder *Plegia* wird in dem Latein des mittlern Zeitalters gemeiniglich von Fidejussion oder Gutsagung gebraucht. *du Fresne* Glossarium med. aevi. v. Steck Abhandlung *de Plegiis* 1758. Hier aber bedeutet es so viel als Verbindlichkeit und Abgabe, und ist der Verstand dieser Stelle, Das jede Hufe vor alle Lasten gebe. Man wird dieses Wort nicht leicht anderwärts in dieser Bedeutung finden, und ist solche ohne Zweifel von der Aehnlichkeit der Fidejussion hergenommen, und hat seinen Ursprung von dem teutschen Worte Pflicht, wie denn die gemeinen Leute noch ihre Lasten und Abgaben ihre Pflichten zu nennen pflegen.

4) Ist von der uralten Familie v. Gröben, die noch Löwenbruch und andere Güther im Teltowischen Creyse besitzet, und die nach diesem Landbuche Sitben, Groben und so viele andere Güther darin besessen.

5) Ist das Dorf Lietzow, wobey in dem gegenwärtigen Jahrhunderte das Lustschloß und Städtgen Charlottenburg angeleget ist.

6) Dieses Dorf wird jetzo Waßdorf geschrieben.

Teltow.

lum Taberna dat X solidos et I pullum prefecto Ventimola soluit ł solidum et I solidum denariorum Precaria et seruitium curruum spectat ad Castrum Wusterhusen et vt dicunt ad ipsum ab antiquo spectabat Residuum totum habet Heyne de Selchow in pheudum

Ostorp [1] sunt XXXII mansi quorum plebanus habet II Ecclesia vnum mansum Quilibet mansus dat in pactum VI modios siliginis et VI modios auene In censum II solidos quilibet mansus *nullam precariam* Mediam partem pacti et census habet Otto de Britzik morans in Britzik Aliam partem Claws de Prutzik ciuis in Brandeburg Prutzik in Brandeburg habet suam partem iure hereditario a patre sed Otto de Britzik suam possedit VII annis quam emit a filiabus Prutzik ambo a Marchione. Ibi nulla est taberna. Tres sunt Cossati quilibet I solidum in censum et II pullos dictis duobus Item habent supremum et infimum iuditium et seruitium curruum et cum omni iure Dicunt etiam quod non recordantur Dominum Marchionem ibi quidquam habuisse

Gyselbrechtstorp [2] sunt L mansi quorum plebanus habet III Ad pactum quilibet mansus VI modios siliginis et VI modios auene ad censum quilibet mansus II solidos Quilibet mansus dat in precariam IIII solidos Domino Episcopo Brandeburgensi Nulla Taberna est ibi Item ab antiquo fuit ibi ventimolum ad presens desertum propter paupertatem Cossati sunt V quilibet dat I solidum Dominus Episcopus Brandeburgensis habet seruitium curruum et precariam ab antiquo Totam villam ecclesia et Episcopus habent in proprium cum supremo et inferiori Iuditio cum seruitio curruum et alio quolibet seruitio ac iuribus et pertinentiis eiusdem ville vniuersis cum omni precaria et est Episcopi et suorum vasallorum et spectat ad mensam Episcopi Brandeburgensis in proprium cum omni et plena libertate et vtilitate et stagno adiacente.

Dudeschen Wusterhusen [3] sunt XLI mansi quorum plebanus habet III ecclesia unum et Kuntze de Slywen ad curiam suam IIII mansos Quilibet mansus soluit ad pactum VIII modios siliginis VI modios ordei et VI modios auene et ł modium pisorum Ad censum II solidos ad precariam V solidos Item I modium siliginis ł modium ordei et I modium auene Cossati V dant I sexagenam pullorum Taberna dat ad precariam VII solidos ad censum II solidos et XII pullos Kuntze de Slywen habet iuditium supremum et seruitium curruum et ius patronatus super totam villam habet etiam precariam per totum exceptis VII mansis quos habet Claws Sunde

Magna Cziten sunt LX mansi quorum plebanus habet V Quinque mansi dant Petro Blanckenuelde quilibet ł chorum siliginis et ł chorum auene Decem mansi dant Berchter Wykhusen quilibet ł chorum siliginis et ł chorum auene Item IIII mansi dant eidem Berchter quilibet I talentum et I pullum fumalem III mansi quilibet dat eidem Berchten X modios siliginis et X modios auene et II solidos ad censum et V ł solidos ad precariam Item vnus mansus

1) Ostorf ist jetzt nicht mehr ein Dorf, sondern eine sogenannte wüste Feldmark durch Krieg und andere Unglücksfälle geworden, worauf blos der Eigenthümer einen Ackerhof oder Vorwerk mit einigen Tagelöhnern bewohnet. Es gehöret zur Pfarre von Britz, wie denn auch der Pfarrer und die Kirche von Britz die hier angeführte 3 Hufen dort besitzen und nutzen. Das Guth bestehet aus bloßem Ritteracker und ist noch jetzo ganz steuerfrey, so wie es damals keine Bede gegeben.

2) Wird jetzo zusammengezogen Giesensdorf geschrieben. Man siehet aus der Beschreibung, daß dieses Dorf als ein Tafelguth des Bischofs von allen Landesherrlichen Abgaben frey gewesen.

3) Deutsch-Wusterhausen im Gegensatz von Wendisch-Wusterhausen, das nun Königs-Wusterhausen genennet wird, weil König Friderich Wilhelm sich dort oft aufgehalten.

Teltow.

fus I talentum Item II mansi quilibet dat VIII modios filiginis et VIII modios auene et VI solidos ad precariam Item III mansi quilibet dat VIII modios filiginis et VIII modios auene et VI solidos ad precariam Hans Hoge habet ibi V mansos quilibet dat X modios filiginis et X modios auene Quatuor quilibet VI solidos dant ad precariam et quintus VI solidos Wardenberg habet VIII mansos quorum sex quilibet I dat X modios filiginis et X modios auene et alii II quilibet talentum tantum Primi VI quilibet dat VI solidos ad precariam Curie Cossatorum sunt IX Omnes dant VIII solidos III denarios Berchten Wykhusen et suo patruo et XXIX pullos Taberna dat eisdem XV solidos et I pullum Item iidem habent supremum et infimum iuditium et seruitium curruum a Marchione preter in bonis Blankenuelde et Wiprechtes Molendinum dat eisdem I chorum filiginis et tenentur seruitium vasallionatus Domino Marchioni

Magna Kynitz sunt XLIIII mansi quorum plebanus habet III Quilibet mansus dat in pactum VII modios filiginis VII modios auene et IIII modios ordei et II solidos ad censum Item quilibet mansus dat III solidos et IIII denarios ad precariam Heyne Karre habet XXXVII modios filiginis et XX modios ordei et I chorum auene et X solidos ad censum Ipsi Schume ciues in Colne habent pactum de IX mansis ex toto cum pullis fumalibus IIII Beteke Dyreken habet ibi *IX frusta* in omni annona computato vno talento Nicolaus Wusterhuse ciuis in Colne habet XXVIII modios filiginis et totidem auene et XXI modios ordei et VIII solidos in censum et II pullos ab ipsis de Lipen Tyle Glaze XXXVI modios filiginis VIII modios ordei et XXI modios auene et VI solidos et I pullum a Heynone Milow in pheudum Fridericus Spil II frusta Dominus Iohannes Linthow cum fratre suo II frusta de taberna V solidos et tal. I alibi Domina dicta Milowyne I frustum V solidos de taberna et sic taberna dat XV solidos Heyne Karre habet totam precariam et seruitium curruum et Iuditium supremum et infimum Ius patronatus moniales habent in Spandow Item annonam precarie videlicet I chorum filiginis I chorum ordei et I chorum auene Cossati VIII omnes dant VI solidos X pullos prefecto et III Schumen

Parua Kynitz sunt XXX mansi, quorum plebanus habet II Ad pactum dant VIII modios filiginis VIII modios auene et quilibet mansus IIII modios ordei exceptis X mansis qui non soluunt ordeum Ad censum II solidos Ad precariam XXIII denarios Taberna dat VIII solidos ad censum Cossati VII quilibet soluit VII denarios et I pullum Iuditium supremum et seruitium curruum habent Berchter et Wilhelm dicti de Lipe et habent ibi pactum et censum super XVIII mansis Claws Sunde super II mansis a Marchione cum Bartholomeo in Mittenwolde Selstranck habet precariam super XX mansis Alii mansi non soluunt precariam Idem Selstranck percipit I chorum filiginis spectantem ad pheudum Castri Middenwolde Idem percipit IIII modios filiginis IIII modios ordei VIII auene que bona emit a Falkone milite cum fuerat aduocatus Henning Honow et Henning Rutger habent pactum super IIII mansis Tyle Glaze super II mansos pactum estiualem videlicet XV modios auene VIII ordei et IIII solidos ad censum Dyreken pactum et censum super II mansos Dicunt quod Dominus Marchio nihil habet ibi

Selchow sunt LVII mansi quorum plebanus habet II Ad pactum XVII mansi soluunt quilibet VI modios filiginis III modios ordei et VI auene Et alii IX soluunt similiter sed sunt deserti super predictis XXVI mansis habet Dominus Marchio precariam spectantem ad Castrum Wusterhusen Videlicet de quolibet III solidos I quartale filiginis I qr ordei et I modium auene Ad censum X mansi soluunt quilibet I solidum Alii mansi non soluunt precariam

Duo

Teltow

Duo mansi soluunt uxori Kerstiani Buschow ad dotalitium XXVI solidos Pro pacto censu et precaria eadem Domina habet ad dotalitium inclusis XXVI solidis predictis IIII½ frusta et VI solidos Dicunt quod post mortem eius ad Henningum Schonenuelt seniorem diuoluntur Kerstian et Henning Iunior Schonenuelt habent super IX mansos pactum et censum Senior Henningus Schonenuelt habet super IX mansos pactum Dominus Iohannes Luckow super III mansos XVI modios siliginis Dolewitz habet pactum et censum super IIII mansos Dyreken Beteken habet super IIII mansos pactum Claws Selchow in Nowen habet III mansos a Marchione Cossati sunt VIII quorum III soluunt quilibet IIII solidos et vnus XVI pullos Alius XII pullos Alius III solidos et III pullos et alius I solidum et I pullum Taberna nihil nisi vnum pullum Supremum Iuditium habent predicti Schonenuelt et Dyreken et Selchow Seruitium curruum spectat ad Castrum Wusterhusen et de qualibet domo I pullus et V oua exceptis liberis

Lanckwitz XXXIIII mansi Plebanus habet IIII Ad pactum soluit quilibet IIII modios siliginis II modios ordei V modios auene Ad censum II solidos Ad precariam III solidos Cossati IIII soluunt quilibet I solidum et I pullum mansis Taberna V solidos presecto Pactum censum precariam Iudicium supremum et infimum et ius patronatus habent Moniales in Spandow ab antiquo

Gutergotz sunt XLIII mansi quorum plebanus habet II et IIII habet presectus Quilibet mansus dat in pactum VI modios siliginis Item in precariam XX denarios quilibet in duobus terminis videlicet in festo Martini et Walpurgis Item dat quilibet II solidos in censum Pactum et censum soluunt Monachis in Lenin Precariam Domino Marchioni Seruitium curruum habet Dominus Marchio Taberna soluit II talenta monachis in Lenyn Sex sunt curie Cossatorum quarum quelibet dat II solidos Monachi habent supremum et infimum iuditium

Czedelendorp [1]) sunt L mansi quorum plebanus habet IIII Quilibet mansus soluit VIII modios siliginis Item quilibet dat in precariam L denarios Quilibet dat II solidos in censum Pactum habent Monachi in Lenyn et censum Precariam Dominus Marchio Dominus Marchio habet ibi annonam precarie videlicet I chorum auene ½ chorum ordei et ½ siliginis festo Martini Taberna dat XXXII solidos presecto ibidem quousque possunt recordari Presectus habet III mansos pro quibus tenetur Monachis in Lenin equum vnum pro quo I talentum Dicunt etiam quod de predictis mansis XXXVI tantummodo dant precariam alii non Item sunt ibi XI Cossati quorum quilibet soluit II solidos Etiam sunt ibi XVIII pulli Item supremum et infimum Iuditium habent Monachi Seruitium curruum habet Dominus Marchio Sunt ibi duo stagna Quilibet mansus exceptis IIII mansis plebani dat pro decima IIII modios siliginis Monachis et plebano I modium Molendinum dat I chorum siliginis ecclesie ibidem

Richardstorp [2]) XXV mansi quilibet soluit ½ marcam argenti pro toto videlicet pro pacto censu et precaria Nicolao Ronnebom ciui in Colne V Luborge ciui in Spandow V marcas argenti Commendatori in Tempelhoue II marcas IIII Cossati duo deserti et duo possessi quilibet soluit II solidos De istis Commendator in Tempelhoue habet V solidos

1) Ist das jetzige Dorf Zehlendorf, zwischen Berlin und Potsdam.

2) Ist das Dorf, welches heutiges Tages Richsdorf genennet wird und ½ Meile von Berlin liegt. Man siehet hier, daß es ursprünglich Richardsdorf geheissen, und ohne Zweifel von einem Richard den Namen gehabt.

Teltow.

lidos Prefectus II solidos *Buriste VIII* denarios [1] Commendator habet supremum iudicium et multo tempore possedit Pro seruitio colunt agrum Commendatoris tribus diebus in anno Item dant XII pullos fumales [2]

Hinrikstorp [3] habet XLIX mansos quorum plebanus habet II Pactus cuiuslibet mansi VI modiis siliginis et VI modiis auene Census II solidi cuiuslibet mansi Quilibet mansus pro precaria soluit V solidos sed de XIX mansis spectantibus ad quoddam altare in Berlin VI non dant precariam Quatuor curie Cossatorum quelibet I pullum fumalem et I solidum Taberna dat prefecto VII solidos Etiam tabernator ab antiquo fecit brasium siccauit et braxauit in Hinrikstorp absque contradictione qualibet Dominus Marchio nihil habet ibi Tota villa supremum et inferius iuditium cum seruitio curruum et alio quolibet seruitio cum omni precaria ac omnibus iuribus et pertinentiis vniuersis eiusdem ville sunt Episcopi Brandeburgensis et suorum vasallorum et sunt appropriata ecclesie et mense Episcopali Brandeburgensi cum omni et plena libertate et vtilitate

Bukow sunt LIIII mansi quorum plebanus habet II Hogeneſt habet X liberos de quibus hereditauit alteri sibi consedenti in curia IIII a Marchione Prefectus habet V de quibus tenetur equum pheudi Alberto Rathenow et Hermanno Wildenbrucke ciuibus in Berlin et habent eum cum omni iure Item pro pacto censu et precaria dat quilibet XXIII solidos denariorum Brandeburgensium exceptis VI mansis dantibus Ghisen et Beteken Dyreken morantibus in Rudow quilibet VI modios siliginis VI ordei VI auene et II solidos in censum Albrecht Rattenow et Hermann Wildenbruke habent super eosdem VI mansos III talenta et IX denarios Goltz habet *plegam* [4] de VII mansis Tyle Glaze super V mansos et super vnum mansum VIII a Marchione Sandowinne habet VI mansos ad dotalitium post obitum eius cedant iidem VI mansi Alberto Rathenow et Hermanno Wildenbrucke Alios mansos habent Albertus Rathenow et Hermann Wildenbrucke ciues in Berlin et habuerunt annis sex et emerunt a Nicolao Lossow et ab eo in pheudum receperunt Curie Cossatorum sunt XV quelibet dat I solidum Item sex dant pullos fumales vna VIII secunda VIII et tertia quarta quinta VI sexta II Alberto et Wildenbruke Hentzo Goltz habet IIII curias vna dat XVI alie tres quelibet vnum Et etiam super II curias agricolarum II pullos Et idem Goltz habuit sua bona annis sex et emit a Bertram de Grisenberg qui dicta bona habuit pro pignore a Nicolao Lossow Taberna dat II talenta denariorum Brandeburgensium Sandowynne V solidos alios denarios Rathenow et Wildenbrucke habent Rathenow et Wildenbrucke habent supremum et infimum iuditium in tota villa exceptis super X mansis Hogeneſt et super VII mansis Hentzonis Goltz qui super suos mansos iuditium habent Quilibet habet seruitium curruum in suis bonis Dominum Marchionem credunt habuisse et adhuc habere seruitium vasallionatus Molendinum dat IIII modios siliginis Rathenow et Wildenbrucke habent ius patronatus

Gerhard-

1) Hier siehet man abermahls, daß die Cossäten sowohl den Bauern, als den Guthsherren, etwas entrichten müssen.

2) Reichardsdorf gehörte zu Carl 4. Zeit dem Johanniterorden, der es im Jahr 1435. an den Rath zu Berlin verkauft. S. oben S. 49. n. 2.

3) Ist ohne Zweifel das Dorf, das jetzo Heinersdorf genennet wird, und wird wohl von einem Heinrich den Namen haben.

4) S. oben S. 58. n. 3.

Teltow

Gerharsdorp [1] ſunt XLIII manſi quorum plebanus habet III Quilibet manſus ſoluit VI modios ſiliginis et VI modios auene ad pactum Quilibet dat II ſolidos in cenſum et II ſolidos ad precariam Iacob Gortzigk ciuis in Berlin habet pactum de VII manſis a Marchione Rutger ciuis ibidem habet XX modios ſiliginis de pacto a Cuntzone de Slywen Heyne Beſchoren in Belitz habet pactum de IIII manſis a Frankone de Seden Bernhardus Ryke in Colne habet pactum cum ſuis patruis de XXIIII manſis tam de ſiligine quam de auena excepto pacto ſiliginis de tribus manſis et de quarto manſo II modios ſiliginis a Marchione. Nicolaus Sunde ciuis in Berlin habet pactum de XX manſis Berhardus Ryke ciuis ibidem de XIII manſis Heine Beſchoren de IIII manſis Dominus Marchio habet precariam cum ſeruitio curruum cum ſupremo et infimo iuditio et annonam precarie et dimidium modium auene de quolibet manſo I quartale ſiliginis Quatuor curie Coſſatorum Taberna dat *tenuem potum et ſiliquas* [2] prefecto

Sputelendorp ſunt XXIX manſi quorum plebanus habet II eccleſia ɨ prefectus III manſos equum pheudi aut I fertonem Ad pactum quilibet manſus VI modios ſiliginis VI auene Ad cenſum quilibet II ſolidos Ad precariam quilibet XXVII denarios *equatum* [3] *quartale ſiliginis* equatum quartale ordei equatum auene Coſſati ſunt VI ſoluunt quilibet VIII denarios Ad precariam V ſolidos Lutene Taberna ſoluit XII ſolidos prefecto Item eſt ibi ventimolum. Precariam et ſeruitium curruum habet Hans Luten a Schenken de Sydow qui totam villam habet ab Epiſcopo Brandeburgenſi in pheudum et ſpectat ad menſam Epiſcopalem Brandeburgenſem

Berne magna [4] ſunt L manſi quorum plebanus habet II Wilken de Berne tenetur ad ſeruitium vaſallionatus XII. manſi ad curiam Ad pactum quilibet VI modios ſiliginis VI auene exceptis II qui ſoluunt quilibet V modios ſiliginis et V auene et non dant cenſum Ad cenſum alii quilibet II ſolidos Ad precariam quilibet IIIɨ ſolidos exceptis VII manſis qui non dant precariam Iɨ quartale ſiliginis Iɨ ordei III auene Coſſati ſunt VIII Quilibet ſoluit I ſolidum et I pullum Taberna dat I talentum illis de Berne Ventimolium V modios ſiliginis Berkzow habet ſuper IIII manſos pactum a Marchione Ad altare in Colne ſuper VI manſos pactum et cenſum Snitlink ſuper V manſos a Marchione pactum et cenſum. Dominus Kerſtianus et Wilken Roden ſuper IIII manſis pactum et cenſum Altare in Vorlande ſuper VII manſos pactum et cenſum Moniales in Spandow ſuper duobus manſis pactum Supremum Iuditium et infimum ſeruitium curruum et ius patronatus habent Bernen predicti ab antiquo

Thure [5] ſunt LIX manſi quorum plebanus habet III De manſis ruſticalibus ſunt IIII coniuncti qui dant I chorum ſiliginis I chorum auene et IIII ſolidos ad precariam et VIII modios ordei Alii IIII coniuncti dant ſimul XLV groſſos et VI modios ſiliginis et VI auene et II ordei et ſic de aliis Erich Falke habet totam villam cum omni iure et eſt dotalitium vxoris eius quia pater uxoris dedit eandem villam Eryko cum vxore.

Buten

1) Iſt jetzo nicht ein Dorf, ſondern nur ein Vorwerk bey Königs-Wuſterhauſen, Namens Gersdorf.

2) Das Trinken, oder ſchwach Bier und Treber.

3) Ein geſtrichen Viertel Roggen.

4) Jetzo Groß-Beeren, welches ſchon zu Carl 4. Zeit dem alten Geſchlechte derer von Beeren und auch noch jetzo zugehöret.

5) Wird jetzo Thirow genannt.

Teltow.

Buten [1] sunt XXXII mansi quorum prefectus habet quatuor de quibus tenetur equum pheudalem Ad pactum quilibet dat VI modios siliginis et VI auene. Ad censum quilibet dat IIII grossos Precariam non dant Cossati sunt IIII quilibet dat VI denarios et I pullum Quilibet mansus soluit II pullos Beteke Dyreken de Rudow habet eandem villam cum omni iure quam emit hoc anno ab Hinrico de Grobin

Rangenstorp sunt XXV mansi Ad pactum quilibet dat III modios siliginis et III modios auene Ad censum soluit quilibet II solidos Ad precariam XVI denarios Iacob Rathenow ciuis in Berlin habet pactum super IIII mansos cum censu et habet *precariam* de omnibus mansis per totam villam iure hereditario a Domino de Torgow in *pheudum* [2] Idem Iacobus habet seruitium curruum cum iuditio supremo Dyreken in Rudow habet pactum de omnibus aliis mansis et censum de omnibus mansis aliis Item ibi sunt XXIIII pulli cum I sexagena ouorum de quibus Iacobus Rattenow habet XV pullos et alios Dyreken Cossati sunt IX quilibet soluit I solidum III soluunt Iacobo Rathenow alii Dyreken Sed Taberna II solidos Molendinum ł chorum siliginis Dyreken habet iuditium infimum

Prodenstorp [3] sunt XI mansi quorum prefectus habet III de quibus dat talentum I pro equo pheudali Hentzoni Musolffe Ad pactum IIII modios siliginis et II modios auene Ad censum II solidos Ad precariam IIII solidos minus denario Ił quartale siliginis Ił qr ordei et III qr auene Quatuor pulli fumales sunt per totam villam Hentzo Musolff predictus eandem villam habet cum omni iure et emit eam a Domino Falkone et possedit XV annis

Dyderickstorp [4] sunt LIII mansi quorum plebanus habet III Peter de Seden VIII ad curiam suam Ad pactum quilibet IX modios siliginis et IX modios auene Ad censum II solidos Ad precariam V solidos Cossati XIX quilibet soluit VIII denarios et I pullum Item agricole soluunt XI pullos Taberna talentum vnum Molendinum ł chorum siliginis Peter de Seden habet eandem villam cum omni iure videlicet pacto censu et precaria cum iuditio supremo et infimo cum seruitio curruum et iure patronatus a Pincerna de Sydow [5]

Berck-

1) Heutiges Tages Beuten. Es sind jetzo zwey Dörfer, Namens Groß- und Klein-Beuten im Teltowschen Creyse, in denen nach dem Hrn. v. Thiele S. 341. nur eine contribuable Hufe ist, welches mit diesem Landbuch darin übereinstimmt, wenn es darin heißt: *Precariam non dant*, die Hufen geben hier keine Bede. In dem einen Berlinischen Exemplar des Landbuchs stehet hinter dem Worte Buten: *Slavica*, woraus erhellet, daß Groß-Beuten ein von Wenden bewohntes Dorf gewesen, dagegen Klein-Beuten auch Deutsch-Beuten genennet wird.

2) Hieraus erhellet abermals, daß die Landbede von dem Landesherrn in vielen Dörfern an Privatpersonen veräussert gewesen, und dieselbige sie hernach wieder andern zu Lehn gegeben haben.

3) Heißt anjetzo Pramsdorf. In dem Berlinischen Archiv-Exemplar des Landbuchs und in dem Altmärkischen stehet Prodensdanck, in dem Exemplar des Berlinischen Lehnsarchivs aber Prodenstorff, welches richtig und mit dem heutigen Namen am besten übereinstimmt. Hieraus ergiebt sich, so wie auch aus andern Beyspielen, daß das Exemplar des Lehnsarchivs das richtigste und beste ist.

4) Wird heutiges Tages Diedersdorf geschrieben. Ueberhaupt wird man beobachten, daß die meisten Dörfer ihre Namen von Personen, die sie vermuthlich erbauet, haben, und daß die meisten Namen der Dörfer, wenn sie schon durch die Länge der Zeit eine Veränderung erlitten haben, dennoch mit gewissen persönlichen Namen übereinstimmen, als Diedersdorf, Hennersdorf, Richsdorf, Giesensdorf rc. wovon die wahren ursprünglichen Namen sich in diesem Landbuche finden, und wornach man sie auch wieder schreiben sollte, also: Diedrichsdorf, Henrichsdorf, Richardsdorf, Gieselbrechtsdorf.

5) Der Peter von Seden hat also Dietrichsdorf und Dirkholz von einem Schenck von Sydow zum Afterlehn gehabt.

Teltow.

Berckholte sunt XXX mansi Plebanus II Peter de Seden XII Otto Bornym XVI mansos Ad pactum VI modios siliginis et VI modios auene Ad censum II solidos Precariam ignorant Peter de Seden habet Iuditium supremum et infimum cum seruitio curruum a supradicto Pincerna de Sydow in pheudum

Margreuendorp [1] sunt XLII mansi quorum Plebanus habet II Henning Wilmerstorp XI ad curiam Ad pactum quilibet mansus III modios siliginis III modios auene exceptis VI mansis qui non soluunt pactum auene Ad censum quilibet II solidos denariorum Ad precariam quilibet IIł solidos et I quartale siliginis et I qr ordei et I auene Cossati sunt XI quilibet I solidum et I pullum Taberna soluit XIIII solidos Altare in Berlin habet pactum et censum super XX mansis et precariam super XXVI predictis XX mansis inclusis Lamke Falkener habet pactum super VI mansos et precariam et censum super IIII mansos a Marchione Ruloff Wilmstorff habet ł chorum auene super III mansis a Marchione Ciues in Berlin dicti Ryken ł chorum siliginis a Marchione Vxor Bartholomei ciuis Middenwolde habet I chorum auene ad vitam Supremum et infimum Iuditium et seruitium curruum spectat ad Altare predictum

Dypensey [2] penitus desertum et Dominus habet ibi seruitium vasallionatus Heyne Beschorn habet XX modios siliginis et XVI modios auene IIII ordei et IIII solidos et ł modium pisorum

Malow sunt LIII mansi quorum Plebanus habet III Ecclesia vnum Ad pactum quilibet mansus VIII modios siliginis et quilibet VI modios auene et XVIII mansi dant quilibet IIII modios ordei Ad censum quilibet II solidos Ad precariam quilibet IIII solidos et vnum pullum Cossati sunt IX quilibet I solidum et I pullum Taberna XV solidos Ventimola XIIII modios siliginis et V solidos Aschersleuen Nicolaus Sunde ciuis in Berlin habet IIII frusta et VI modios a Marchione in pheudum Bartholomeus ciuis in Middenwolde Ił frusta a Marchione ab antiquo Vterque Schum ciues in Colne IIł frusta et IIII modios siliginis a Marchione ab antiquo Ciues in Berlin dicti Ryken ł chorum siliginis et VIII solidos in precaria et IIII solidos in censu a Marchione ab antiquo Helmsuwer ciuis in Berlin I chorum siliginis II choros auene et XXX solidos a Marchione Heine Beschoren habet I chorum siliginis X modios auene et XIIII solidos et est uxor Arnoldi Swasen ciuis in Berlin dotalitium ab Aschersleuen. Moniales in Spandow ł chorum siliginis ł chorum auene

pignus { Dominus Planowe I chorum siliginis I chorum auene et VIII modios ordei et XXIII solidos ab illis de Lype Belitz ciuis in Colne habet IIII talenta ab Aschersleue Rutger ciuis in Berlin V frusta et XIX modios Duo frusta vnum modium habet a Kuntzen de Sliuen alia in pignus Supremum iuditium habet Aschersleue

Dominus Marchio habet ibi precariam cum seruitio curruum

Wilmerstorff sunt LII mansi quorum plebanus habet II Ecclesia I Blumenhagen habet X ad curiam Rudolf de Wilmerstorff habet VIII ad curiam Heiso de Wilmerstorff habet III ad curiam Habent ł quartale seruitii vasallionatus ut dicunt Claws Dolewitz habet VIII mansos ad curiam Ad pactum censum et precariam quilibet mansus I frustum et non plus

1) Das Dorf Margrevendorp ist jetzo ebenfalls unbekannt, und muß unter einer anderen Feldmark stecken. Vielleicht ist es Grävendorf, oder Greendorf im Storkowischen Creyse.

2) So stehet dieser Artikel in dem Altmärkischen Exemplar und dem des Berlinischen Hauptarchivs. In dem vom Berlinischen Lehnsarchiv heißt es *Tifense*, und stehet zur Seite: Habetur in Territorio Barnem in districtu Strusberg. Diepensee findet sich auch nachhero in dem Register des Ober-Barnimschen Creyses. Indessen ist auch in dem Teltowschen Creyse eine wüste Feldmark und Vorwerk Diepensee bey Waßdorf.

Teltow.

plus Cossati sunt VIII quorum quilibet soluit I solidum et I pullum Taberna dat I talentum Tyle Brugge prefectus in Berlin habet *XII frusta*[1] emit a Blumenhagen et habet a Marchione in pheudum Dominus Arnoldus Kerwitz habet II frusta Supremum iuditium et seruitium curruum medietatem habet Blumenhagen predictus et aliam medietatem habet Rulof de Wilmerstorff

Myrenstorp habet XL mansos quorum plebanus habet IIII Ad pactum quilibet mansus III modios siliginis III auene Item III solidos ad censum nihil plus Taberna XII solidos Cossati VI solidos Molendinum I½ chorum siliginis Claws Sunde ciuis in Berlin habet ibi pactum et censum super VIII mansis[2] a Hinrico de Buden in pheudum Vxor Iutergots ciuis in Spandow super IIII mansis Super residuis XXII habet Dominus Apetzko et Hinricus de Buden *in solidum coniuncta manu*

Smekewitz non habet mansos sed piscatores habentes XV domus Quelibet domus dat IIII solidos denariorum Taberna XXV solidos et XXX pullos *Gurgustum* XXX solidos Wilke prefectus cum quibusdam aliis habentes apes in mericis Domini Marchionis et ciuium de Kopenick soluunt in summa II vrnas mellis Vxor Fabiani ciuis in Middenwolde habet censum super Gurgustum et I½ vrnam mellis a Hinrico de Buden in pheudum Residuum totum est Domini Apetzkonis et Hinrici de Buden[3]

Czuten[4] est villula non habens mansos sed modicum de agro et sunt ibi piscatores qui tam de agro quam de piscatura sic soluunt quelibet domus IIII solidos et sunt XIIII in numero Prefectus dat ½ vrnam mellis Nicolao Sunden ciui in Berlin Residuum est totum Domini Apetzkonis et Hinrici de Buden *Magna*

1) S. oben S. 7.

2) In dem Altmärkischen Exemplar des Landbuches stehet an statt des oben stehenden folgendes: A Cunzen Vroburg in pheudum Tota villa est dicti C. Vroberg et habet a D Marchione in feudum. Dieser Unterscheid in beyden Exemplarien zeiget, daß eine Veränderung in dem Besitze dieses Guths vorgegangen seyn muß.

3) In dem Exemplar des Carolinischen Landbuchs, welches im Lehns-Archiv ist, lautet die Stelle von Smekwitz etwas anders und also: Smekewitz non habet mansos sed piscatores habentes ius piscandi in aquis Domini Marchionis ab antiquo Quelibet Domus dat Dominis ville X grossos de piscatura et vocatur Canczins (Kahn Zinß) Taberna XXV solidos et XXX pullos dominis ville *Gurgustum* (Fisch-Kasten) prope villam dat vnum talentum dominis ville et X solidos denariorum ad altare in Coln Item villani habent mellicidia vel *Buten* in *merica* Domini Marchionis de quibus dant mella dominis ville Item habent pascuam in merica Domini Marchionis propter quam dant Domino Marchioni ad Castrum Kopenik vnam vrnam mellis singulis annis Omnia alia que sunt in dictis duabus villis Czuten et Smekewitz vna cum insulis adiacentibus sunt predictorum Apetzkonis Henrici de Buden et Iohannis Nuendorff.

4) Das Dorf Czuten heißt anjetzo Zeuten; von diesem stehet auch in dem Exemplare des Lehns-Archivs eine etwas veränderte Stelle: Czuten est villula non habens mansos sed modicum de agro et sunt ibi piscatores habentes ius piscandi in aquis Domini Marchionis qui tam de agro quam de piscatione sic soluunt dominis ville quelibet domus X grossos Prefectus habet mellicidia in merica Domini Marchionis de quibus dat Dominis ville mella Item hec villula habet pascua in merica Domini Marchionis ab antiquo gratis He due villule Smekewitz et Czuten sunt Apetzkonis Prepositi Berlinensis Henrici de Buden et Iohannis Nuendorff cum omni iure et omnibus attinentiis quas emerunt de Wilhelmo de Lypa *Magna*

Teltow.

Magna Machenow sunt LXXX mansi Plebanus IIII Ad pactum soluit quilibet mansus IX modios siliginis et IX modios auene Ad censum II solidos denariorum Ad precariam V solidos ½ modium siliginis ½ modium ordei et I modium auene Due Taberne quelibet soluit I talentum et vltra hoc ad precariam sicut alius mansus Cossati sunt XXXIII quilibet I solidum quidam tantum VI denarios et hoc soluunt *mansionariis* [1] Bini soluunt I pullum et V oua Due ventimole quelibet soluit X modios siliginis Dominus Iohannes de Cottbus habet super VII mansos pactum censum et precariam et censum de duabus tabernis et censum de quinque Cossatis Honow cives in Berlin habent XVIII½ frusta in precaria etiam pullos et oua per totam villam exceptis pullis fumalibus Habent etiam supremum iuditium cum seruitio curruum cum iure patronatus Hans van der Wese habet pactum et censum de XII mansis ad dotalitium uxoris a Lipen Dominus Nicolaus Machenow de XI mansis pactum et censum et III frusta in precaria Claws Bartholomeus et Bartholomeus in Middenwolde de VII mansis pactum et censum a Marchione Rutger habet duos mansos a Heyne Barfften Tylo Wardenberg habet IIII frusta a Marchione Dominus Iohannes Planowe IIII frusta a Heynone Rychenbach Fratres dicti Ryken ciues in Colne habent III mansos a Marchione Pritzkowynne II mansos in dotalitium a Marchione Item V frusta appropriata sunt ad Altare vnum situm in ecclesia Parochiali ciuitatis Middenwolde et VI mansi ad Altare in ecclesia S. Petri in Coln Dominus Iohannes Cziten habet pactum et censum de duobus mansis a Ruloff de Wilmerstorff Claws Wusterhuse III mansos a Marchione

Gelt [2] sunt XXIIII mansi quorum plebanus habet II Prefectus IIII dat I frustum Ad pactum VII mansi dant quilibet V modios siliginis V modios ordei et dant ad censum et ad precariam quilibet mansus II½ solidos Item omnes mansi dant vniuerso VIII modios auene Item IIII mansi sicut predicti VII Item IIII mansi dant XXX solidos Cossati VIII pullos et ½ sexagenam ouorum Moniales in Spandow habent VIII solidos a H de Grobin Monachi de Lenyn habent I talentum Residuum totum habet H de Grobin cum supremo iuditio et seruitio curruum a Marchione

Gutgendorff [3] sunt XXV mansi quorum plebanus habet II mansos et prefectus IIII de quibus dat I frustum Ad pactum quilibet mansus III modios siliginis III auene Ad censum quilibet II solidos Cossati sunt VI quorum IIII possessi non dant Taberna non est Tota villa est Hinrici de Groben omni iure a Marchione

Groben sunt XXXII mansi quorum plebanus habet IIII et prefectus IIII Quilibet mansus soluit pro toto III solidos Cossati sunt VIII Quilibet soluit I pullum Taberna nihil dat Tota villa est Henrici de Groben omni iure a Marchione *Vicus* [4] dat XVIII solidos denariorum

Syten XXXI mansi quorum plebanus habet II Ad pactum quilibet mansus VI modios siliginis VI modios auene Ad censum quilibet II solidos Ad precariam quilibet I solidum Cossati sunt VI quorum quilibet I pullum Taberna dat X solidos Stagnum est ibi non locatum spectat ad Castrum Buten cum palude Cossati sunt XII quorum V possessi Quilibet I pullum V oua Taberna dat I talentum Item quelibet domus videlicet XX dat II II modios *humuli* (Hopfen) Tota villa est Hinrici de Groben a Marchione

1) Hier zeigt sich wieder, daß die Cossäten den Bauern und Hufenbesitzern ein Hilfsgeld geben müssen, vermuthlich für das halten des Viehes.

2) Das Dorf Gels ist jetzo ganz unbekannt, dafern es nicht das Dorf Geltow im Havelländischen Creyse ist.

3) Heißt jetzo Jutkendorf.

4) Der Kietz bey Groben, ein Fischerdorf, die immer Kyz hießen.

Teltow.

Arnstorff sunt XLIIII mansi Ad pactum quilibet VI modios siliginis VI auene Ad censum quilibet II solidos Ad precariam quilibet II solidos Cossati sunt XII quorum V possessi quilibet I pullum et V oua Taberna dat I talentum Item quelibet domus videlicet XX dat II modios humuli Tota villa est H. de Grobin a Marchione

Valshorst [1] sunt IX mansi Quilibet dat I grossum Molendinum prope Buten Merica a Hakemole vsque Thure ab vna parte fluminis versus Territorium Teltow spectat ad Castrum Buten

Schenckendorp prope Wusterhusen sunt XXXV mansi quorum plebanus habet III Ecclesia I Prefectus IIII de quibus dat I sexagenam Alii dant quilibet IIII modios siliginis IIII modios auene et II modios ordei Ad censum quilibet IIII grossos Ad precariam quilibet I solidum denariorum Cossati sunt XIIII Quilibet dat VI pullos Taberna dat ½ sexagenam grossorum ad altare exulum in Mittenwolde XV frusta X grossos preter Tabernam

Nuemül dat Sifredo de Slywen XV choros siliginis

Bestewyn [2] habet XXXII mansos quorum plebanus habet II et ecclesia II Item Sifridus de Slywen habet VI ad curiam remanent XXII Ad pactum dat quilibet mansus IIII modios siliginis et II modios auene Ad censum V gr quilibet mansus Ad precariam quilibet XII½ denarios Cossati sunt VIII quilibet I grossum I pullum V oua Molendinum quod dicitur Rudolsmol desertum spectans ad Castrum Wusterhusen Plura sunt ibi stagna que sunt Pincerne

Bestewyn parua sunt XII mansi quilibet dat II modios siliginis et III modios auene Prefectus vero habet IIII mansos de predictis de quibus non dat siliginem sed dat I sexagenam et alii in vniuerso dant II½ mandalas grossorum

Crummensey XXX mansi Quilibet dat VI modios siliginis Item prefectus de predictis habet IIII mansos de quibus non soluit nisi XL grossos Ad precariam et ad censum quilibet dat IIII solidos Duo stagna videlicet Crummense et Crebisse non locata.

Czernestorp [3] X mansi Quilibet dat IIII modios siliginis et II solidos denariorum Sunt III stagna vnum dicitur Lanke quod est Monachorum in Dobirluch Aliud Crupe et Vklese quod est Domini de Strell

Summa $2741\frac{1}{2}$ mansi [4]

Bar-

1) Valehorst ist jetzo ein Vorwerk des Amtes Sarmund 2) Heißt jetzo Groß-Beesten.
3) Heißt jetzo Zehrensdorf. 4) Dieses ist die Zahl der Hufen, die damahls im Teltowschen Creyse gewesen. Hier endiget sich die Beschreibung der Dörfer des Teltowschen Creyses. Man könnte dabey noch verschiedenes, will aber nur folgendes bemerken: In dieser Beschreibung fehlen verschiedene Dörfer des Teltowschen Creyses, welche oben in dem Verzeichniße S. 46. stehen, als Klein-Beeren, Dansdorf, Gentzbagen, Kerzendorf, Löwenbruch, Stolpke, Schonow, Teltow, Wilhelmsdorf, Wietgasdorf. Warum diese Dörfer hier ausgelassen sind, weiß ich nicht, so wenig, als warum folgende Oerter, Klein-Beuten, Drewitz, Gallun, Schmargendorf, Wendisch-Willmersdorf, die doch auch im Teltowschen Hauptcreyse liegen, übergangen sind. Man könnte noch verschiedenes untersuchen, und auch eine vielleicht nützliche Vergleichung anstellen, wie viel Hufen und andere Zubehörungen jedes Dorf damals gehabt, und itzo hat; welche zum Teltowischen, zum Storkow- oder Beskowschen Creyse, oder zum Lande Zossen gehöret haben, u. s. w. Aber dieses kann man nicht umhin, zu bemerken, daß zu Carl 4. Zeiten würklich im Teltowischen Creyse einige stark bewohnte Dörfer gewesen, die nachhero vermuthlich durch die Hußitischen Einfälle und den dreyßigjährigen Krieg eingegangen, und nunmehro wüste Feldmarken oder nur mit einzelnen Häusern oder Vorwerken bebauet sind, als Ostdorf, (S. 59.) Wietigsdorf, (S. 46.) welches eine anjetzo zu dem Mittenwaldischen Cämmereydorfe Ragow gehörige wüste Feldmarke ist; Melwendorf (S. 55.) welches das jetzige Dorf Neu-Beeren seyn soll; Gelte, ein Dorf, das sich jetzo gar nicht im Teltowischen Creyse befindet; Markgrävendorf (S. 65.) gleichfalls nicht, dafern es nicht das im Storkowischen Creyse jetzo belegene Dorf Gräbendorf oder

Barnym Districtus Berlin. [1]

Honow [2] habet C et XVIII mansos [3] Quorum plebanus habet VI et ecclesia vnum Ad pactum quilibet mansus soluit IIII modios siliginis et IIII modios auene Ad censum quilibet mansus XXVI denarios Ad precariam quilibet mansus soluit III solidos cum IX denariis et II quartale siliginis II ordei et III quartalia auene Due Taberne sunt ibi quarum vna soluit I talentum alia soluit XII solidos Pactum et censum habent Monachi de Czynna duas partes et Kregensues ciuis in Berlin tertiam partem qui has tanto tempore possederunt cuius initium in memoria hominum non existit Precariam habent Apetzko Prepositus Berlinensis et Hinricus de Buden cum seruitio curruum quos emerunt ab illis de Grisenberg qui eosdem precariam et seruitium emerunt a Hermanno de Kleptzik milite cuius pater Albertus de Kleptzik habuit et possedit *ante tempora Woldemarina* [4] a Domino Marchione in pheudum et Iordanus de Nyendorp est de eisdem per Imperatorem inpheudatus Cossati vel *ortulani* [5] sunt octo Quilibet dat I solidum denariorum Stagnum est ibi non locatum

Stolp [6] habet LV mansos quorum Hermann Hoppenrode cum fratre habent XVI ad curiam suam Plebanus habet IIII Ad pactum quilibet mansus VI modios siliginis II modios ordei et VIII modios auene Ad censum quilibet XVIII denarios Hermanno cum fratre predictis Ad precariam quilibet V solidos Cossati sunt XIX quilibet soluit I solidum Item XXVI pullos fumigales quos habent Hoppenrode predicti Taberna est ibi Precariam cum seruitio curruum habet Nicolaus Ludekow a Marchione in *pheudum* Supremum iudicium et infimum habent vasalli predicti iure hereditatis

Berckholtz [7] prope Bernowe habet LII mansos quorum plebanus habet IIII ecclesia I Ad pactum quilibet mansus soluit VI modios siliginis III ordei et VI modios auene et I quartale pisorum Ad precariam quilibet IIII solidos Ad censum quilibet mansus XXVIII denarios Cossati sunt XVI Soluunt in vniuerso XXVIII solidos Taberna soluit XIIII solidos Ciues in Berlin dicti Trebitz habent *XVI frusta* a Marchione Claws ciuis in Berlin

I 3 habet

Grävendorf ist. Hergegen ist aber auch gewiß, daß anjetzo im Teltowischen Creyse sich verschiedene Oerter, Vorwerker und ganze Dörfer mehr befinden, besonders die unter der jetzigen Regierung angelegte Colonistendörfer, Adlershof, Grünaue, Grünlinde, Johannisthal, Ludwigsfelde, Müggelsheim, Nowawest, Philipsthal, Schöneweide, ꝛc. ꝛc. Diese und dergleichen Bemerkungen werden auch bey andern Creysen gemacht werden können, die ich aber andern überlassen muß, die mehrere Zeit und Gelegenheit dazu haben, zumahl solche Creyse mir weniger bekannt sind, als der Teltowische. Anjetzo bestehet derselbe aus dem Hauptcreyse, der Herrschaft Wusterhausen und Teupitz, und den Aemtern Trebbin und Zossen. Die drey letzten scheinen zu Carl des 4. Zeiten nicht dazu gerechnet zu seyn. Von der jetzigen Contributions-Einrichtung des Teltowischen Creyses findet man einige Nachricht in des Herrn Geh. Rath v. Thiele lehrreichen Buche von der Churmärkischen Contributions-Einrichtung S. 138.

1) Hier fängt der Distrikt an, welcher jetzo der Nieder-Barnimsche Creyß genennet wird.
2) Wird jetzt Heinow geschrieben und gehöret zu dem Königl. Amte Landsberg.
3) Wenn heutiges Tages weniger Husen in einem Dorfe bemerket werden als in dem Carolinschen Landbuche, so rühret solches daher, daß in diesem alle so wohl steuerbare als ritterfreye Husen verzeichnet stehen, man heutiges Tages aber gemeiniglich nur die contribuable Husen zählet, wiewohl auch seit so vielen Jahrhunderten in der Husen-Zahl an einigen Orten einige Veränderung vorgegangen ist.
4) Vor den Zeiten des falschen Waldemars, welche Benennung also damals gebräuchlich gewesen.
5) Man siehet hieraus, daß die Cossäten damals auch Gärtner genennet worden, wie es noch in Schlesien üblich ist, und daß sie nicht Husen, sondern nur Gärten oder Wurthen gehabt
6) Stolpe gehöret jetzo dem Commendator von Pannwitz, welcher es von dem von Platen erkauft hat.
7) Berchholz. Dieses Guth hat der Etats-Minister von Viereck von dem von Pölnitz erkauft und auf den Dohmprobst von Voß als seinem Schwiegersohn vererbet, der dieses Dorf anjetzo besitzet.

Barnym.

habet IIII frusta Moniales in Seyeser III frusta Peter Blanckenuelde ciuis in Berlin I frustum Hans ciuis in Berlin Xł et V solidos cum supremo et infimo iuditio et seruitio curruum iure patronatus et cum omnibus iuribus a consulibus ciuitatum Berlin et Cola sed VII frusta de predictis Xł habet a Marchione in pheudum Vniuersi villani dant dominis suis annuatim XXXVIII pullos

Wesendal [1] habet LXIIII mansos quorum plebanus habet IIII Ad pactum soluit quilibet mansus III modios siliginis III ordei et VII auene Ad censum quilibet mansus soluit II solidos Ad precariam soluit quilibet mansus V solidos dênariorum quam habent Benedictus et Iohannes filii Hermanni Botel ab antiquis temporibus Cossati sunt XV Quilibet soluit I solidum et II pullos quorum Cossatorum duos habet Kerstian Duseken vasallus Duso I Cossatum Sculcetus III Bernt de Suwen habet IX Cossatos Relicta Petze Ienekens habet III Crummensee habet ibi I pullum fumigalem Tylo Brughe Sculcetus in Berlin habet pactum super XXVIII mansos *Vasalli dicti Krummensee* habent pactum et censum super VII mansos Petze Steger habet pactum et censum super II mansos Relicta Petze Nyenhofes et Relicta Ienekeq Nyenhofes habent super IIII mansos pactum et censum videlicet ł chorum siliginis ł ordei Habent etiam censum decimam et pullum fumigalem super eisdem Item Duso habet super IIII mansos pactum hiemalem sed Brughe estiualem Habet etiam censum decimam et pullum fumigalem Mulieres predicte pactum et censum emerunt a Selchow Dusow suum emit a Marchione Iohannes Hoge ciuis habet super II mansos pactum censum decimam et pullum fumigalem et habuit X annis emit a Busse Glutzer A Marchione in pheudum Ciues dicti Ryken in Berlin habent super IIII mansos ł chorum siliginis et ł chorum ordei. Precariam super XXIX mansos habet Hans Danewitz decimam super II curias et pullum habuit VIII annis emit a Kopkino Guterbük qui ultra XL annos possedit Bernt de Súwen habet predicta bona et iuditium supremum tanquam tutor filiorum Cune Ghiselstorp qui hoc iure hereditario habuit a Marchione in pheudum Sculcetus dat II talenta Monialibus in Fredeland pro *equo pheudi* Taberna soluit X solidos ad censum et X solidos ad precariam Kerstian Duseken habet censum Bernt Suwen habet precariam decimam et pullos fumigales

Schonhusen alta [2] habet LVIII mansos quorum plebanus habet IIII Ecclesia III Ad pactum soluit quilibet mansus VI modios siliginis Ad censum quilibet XXVI denarios Ad precariam soluit quilibet mansus IIII solidos denariorum minus tribus denariis Cossati sunt IX quilibet soluit II solidos Taberna soluit XV solidos prefecto et pullum fumigalem et *decimam minutam* Sculcetus dat I talentum pro *equo pheudi* Pactum habet Iacob Rathenow ciuis in Berlin videlicet III choros siliginis quos uxor Dobler habet pro dotalitio et emit ab istis de Rochow Tylow Wardenberg civis in Berlin habet XXII modios siliginis et X solidos Tot habet ibi Plawe et Relicta Milowes Wichard de Rochow habet ibi vnum chorum siliginis et III modios de pactu Item Wichard habet censum de XVI mansis decimam super III curiis Ronnebom habet precariam ab illis de Rochow Supremum iuditium cum seruitio curruum habet Wichard de Rochow

Mere

1) Wird jetzt geschrieben Wesenthal, und gehöret jetzt zu dem Ober-Barnimschen Creyse, oder wie es das Landbuch nennet, *Barnym Districtus Strusberg*.

2) Hohen-Schönhausen. Es gehöret anjetzo dem Kaufmann Eberebach.

Barnym.

Mers [1] habet LII mansos quorum *Plebanus* [2] habet IIII Ecclesia I *Prefectus* [3] dat I talentum Ad pactum soluit quilibet mansus V modios siliginis et V modios auene Ad censum quilibet mansus II solidos Ad precariam quilibet IIII½ solidos denariorum *Iohanni Wyningen* et I½ quartale siliginis I½ ordei et III auene Cossati sunt V quorum duo dant ecclesie simul V solidos et II pullos Sed de aliis tribus Cossatis soluit vnus VIII solidos alius VII alter vnum solidum et III pullos Istos tres Cossatos habet Iohannes de Wyningen predictus *Taberna* [4] soluit VI solidos et I pullum Palmdach habet censum super XIV mansis Ad altare in Bernowe appropriata sunt III talenta in censu Supremum et infimum iuditium et seruitium curruum habet Iohannes de Wyningen

Buckholtz [5] habet LII mansos Quorum plebanus habet IIII Ecclesia vnum Fricze et Claws de Bredow habent VIII mansos liberos Ad pactum quilibet mansus V modios siliginis et V auene Ad censum quilibet XXVII denarios Ad precariam IIII½ solidos quilibet mansus Cossati sunt XXXII Quilibet soluit VIII denarios et I pullum Taberna soluit prefecto X solidos Hans de Bredow habet pactum censum et precariam super XXI mansis Tylo Repkow habet pactum censum et precariam super VII mansis a Marchione Supremum iuditium habet Repkow duas partes a Marchione Sed tertiam partem habet Hans Bredow iure hereditario Marchio habet ibi seruicium curruum et seruitium vasallionatus Est ibi bona silua et vtilis non locata

Punko [6] sunt XLII mansi quorum plebanns habet IIII Kerstian Duseken habet X ad curiam suam VI *liberos* et IIII censuales Item *II Rusticales* Hans Duseken habet VIII½ mansos ad curiam suam Wardenberg ciuis in Berlin habet XIII½ mansos a Consulibus in Berlin qui habent proprietatem quos colit per se Ad pactum soluit quilibet mansus VI modios siliginis IIII ordei et VI auene Ad censum quilibet II solidos Ad precariam VI solidos et VIII denarios II½ quartale siliginis II½ ordei et V auene Cossati sunt XXII Quilibet soluit I solidum et I pullum Quorum Cossatorum Wardenberg habet XIII ad mansos suos Duseken residuos Taberna dat VI solidos I modium siliginis I modium ordei et VI modios auene Kerstian et Hans Duseken habent dimidietatem iudicii supremi et infimi et iure patronatus Alteram dimidietatem habet Wardenberg sepedictus Seruicium curruum habet Marchio Seruitium vasallionatus est ibi

Nydderen Schonhusen [7] sunt XLVIII mansi quorum plebanus habet IIII Nuwendorp habet X ad curiam suam Quilibet mansus soluit ad pactum I modium siliginis et I modium auene Ad censum quiliber X denarios Ad precariam quilibet mansus I solidum et vniuersitas ville dat IIII modios siliginis IIII ordei et VIII auene Sed XII *possessi* [8] soluunt quilibet ½ quartale siliginis ½ ordei et I quartale auene Cossati sunt Taberna Precariam habet Tytze Nuwendorff quam emit a Peter Lectow sunt VI anni quam idem Peter Lectow possedit *ante tempora Woldemari* Habet etiam iuditium supremum et infimum seruitium curruum cum iure patronatus a Marchione *Buck-*

1) Wird jetzt geschrieben Mehrow 2) *Plebanus*, der Pfarrer. 3) *Prifectus* ist der Schulze, der auch zuweilen hier *Scultetus* genennet wird. 4) *Taberna*, der Krug.

5) Wird jetzt wegen der daselbst unter des Großen Churfürsten Regierung errichteten Colonie von Refugiés aus Frankreich, Französisch Buchholz benannt.

6) Dieses Dorf wird jetzt geschrieben Panckow, von dem Bache Panke, woran es liegt.

7) Jetzt Nieder-Schönhausen, gehöret zu dem Amte gleiches Namens, obgleich allhier kein Vorwerk ist; wahrscheinlich nimmt der Königin Maj. bekanntes Lustschloß, dessen Platz ein.

8) Besetzte Cossätenhöfe, im Gegensatze von unbesetzten oder wüsten.

Barnym.

Buckholtz [1] prope Landsberg sunt XLI mansi quorum plebanus habet IIII Ecclesia I Ad pactum quilibet mansus soluit II modios siliginis I½ ordei I½ auene Ad censum quilibet XVIII denarios Ad precariam quilibet mansus III solidos minus III denariis Cossati sunt VIII quilibet soluit II solidos exceptis duobus qui soluunt quilibet XVIII denarios Taberna dat X solidos prefecto Pactum et censum habent relicta Petzen et Ieneken Nyenhowes ad dotalitium emerunt ab istis de Selchow Precariam et iuditium supremum habent Rudenitz ciues in Strusberg Marchio habet seruitium curruum Sed Rudenitz predicti dicunt se habere ius

Schonenbeke [2] sunt XLV mansi quorum plebanus habet V Ad pactum quilibet mansus soluit V modios siliginis et V auene Ad censum quilibet XX denarios Precariam non dant Cossati sunt X Quilibet soluit VI denarios Molendinum dat ½ chorum siliginis Totam villam habet Glase ciuis in Colne a Marchione Seruitium curruum habet Marchio

Bredereke [3] sunt XLIIII mansi quorum plebanus habet IIII Ad pactum quilibet mansus soluit V modios siliginis V auene Ad censum et precariam simul quilibet mansus V solidos denariorum Cossati sunt VII quorum vnus soluit II solidos Alii soluunt quilibet I solidum Taberna dat I solidum Area est ibi ad dotem appropriata Pro qua plebanus dat ecclesie ½ libram cere Totam villam habent Cune Britzik et Iacob Blanckenuelde a Marchione seruitium curruum habet Marchio

Lichtenberg [4] sunt LXIIII quorum plebanus habet IIII Czabel Rutenik habet XIIII ad curiam Hans de Aken ciuis bahet IX mansos censuales a Marchione Prefectus tenetur ad equum pheudi Ad pactum quilibet mansus soluit ½ chorum siliginis ½ chorum auene Censum non dant Ad precariam quilibet mansus III solidos et II denarios I½ quartale siliginis I½ ordei et III quartalia auene Cossati sunt XVII Soluunt in vniuerso II talenta minus XVIII denariis Taberna dat XV solidos Dominus Hermannus habet II frusta in pactu Wilke Rode habet vnum frustum Ambo habent a Czabel Rutenik Hans de Aken habet ibi IX mansos Villam habet Czabel Rutenik iure hereditario ab antiquo Marchio habet seruitium vasallionatus

Wedigendorff [5] sunt LXVI mansi quorum plebanus habet IIII Ad pactum quilibet mansus soluit III modios siliginis III ordei et X auene et I quartale pisorum Ad censum quilibet mansus XXVI denarios Ad precariam dimidietatem ut in pactu et in censu et ultra I½ modium siliginis Cossati sunt XI Soluunt in vniuerso VIII solidos *mansonariis* [6] Taberna dat I talentum Petze Iacobes ciuis in Berlin habet super IX mansos pactum et censum a Henning Grobin Henningh Rutger ciuis habet super IIII pactum et censum a Marchione Lubesack cum fratre suo habet IIII½ frusta a Henningh *Grobin* Busso de *Britzik* habet pactum

1) Wird jetzt Bucholz geschrieben und gehöret zu dem Ober-Barnimschen Creyse unter dem Königl. Amte Landsberg.

2) Jetzt, Klein-Schöneb eck, gehört zu dem Königl. Amte Landsberg. Die Hufenzahl stimmet mit der jetzigen.

3) Ein Dorf dieses Namens ist jetzt gar nicht vorhanden. Die einzige wahrscheinliche Vermuthung ist diese, daß es das im Nieder-Barnimschen Creyse belegene Dorf Eiche sey. Dieses hat man auch in ältern Zeiten Ecke und zur Ecke genannt. In dem Landbuche findet sich aber kein Dorf dieses Namens.

4) Lichtenberg hat seinen Namen behalten, und gehöret jetzt dem Berlinischen Magistrat.

5) Dieses Dorf hat seinen Namen gleichfalls vollkommen behalten, gehört aber jetzt zu dem Ober-Barnimschen Creyse, unter dem Königl. Amte Landsberg.

6) Hier zeiget sich wieder der Unterschied zwischen den Cossatis und Mansonariis oder Hüfenern, welchen die Cossäten ein Hülfsgeld geben müssen.

Barnym.

pactum et censum super VII mansos a Marchione Claws de *Grobin* habet super V mansis pactum et censum Ad altare VIII frusta Flugge ciuis in Berlin habet VI frusta in precaria a Marchione Precariam et seruitium curruum habet Tyle Brugge ab antiquo Supremum iuditium et ius patronatus habet Henning de Grobin ab antiquo

Lubas [1]) sunt XXVIII mansi quorum plebanus habet IIII Ad pactum quilibet mansus soluit III modios siliginis III modios auene Ad censum II solidos Ad precariam quilibet mansus X denarios Cossati sunt VI Quilibet soluit I solidum et I pullum Taberna dat V solidos *Sculteto* Totam villam habent Moniales in Spandow ab antiquo

Tygel [2]) sunt XXXII mansi quorum plebanus habet IIII Ad pactum censum et precariam simul quilibet mansus III solidos Cossati sunt VI Quilibet soluit I solidum et I pullum Taberna dat VI pullos Tota villa est Monialium in Spandow Molendinum est ibi dans V choros siliginis et XII solidos cum XVIII modiis auene

Daldorp [3]) sunt XXXIX mansi quorum plebanus habet IIII Ad pactum quilibet mansus soluit III modios siliginis et III modios auene Ad censum quilibet mansus II solidos Ad precariam quilibet X denarios Cossati sunt XII Quilibet soluit I solidum et I pullum Taberna dat I talentum Totam villam habent Moniales in Spandow

Blanckenburg [4]) sunt XLII mansi quorum plebanus habet IIII Tamme Robel habet VIII ad curiam suam Ad pactum quilibet mansus VI modios siliginis et VI auene Ad censum quilibet II solidos Ad precariam quilibet mansus V solidos ½ modium siliginis ½ ordei et I modium auene Sculretus dat Tyloni Bruggen ciui I talentum et alii duo villani dant simul vnum talentum pro equo pheudali Cossati sunt XXIIII Quilibet soluit I solidum et I pullum Taberna dat X solidos Moniales in Spandow habent super IIII mansos pactum siliginis ab antiquo Wildenbrug ciuis habet super VI mansis pactum Et habet in censu XXXVII solidos iure hereditario a Crabello Ruteník in pheudum Tylo Brugge habet residuum totum cum precaria et supremo et inferiori iudicio cum seruitio curruum et iure patronatus ab antiquo iure hereditario Illi de Robel tenentur ad seruitium

Schoneyke [5]) sunt XLVIII quorum plebanus habet IIII et scultetus IIII et tenetur ad equum pheudalem Ad pactum quilibet mansus soluit VI modios siliginis et VI modios auene Ad censum quilibet mansus II solidos Precariam non soluunt Cossati sunt III quilibet soluit I solidum et I pullum Taberna . — Hans et Peter dicti Litzen ciues et Slegel habent totam villam Litzen possederunt longinquis temporibus iure hereditario a Marchione sed Slegel emit partem suam sub hoc anno videlicet MCCCLXX sexto

Schonerlinde [6]) sunt XLVIII mansi quorum plebanus habet IIII *Scultetus* [7]) IIII tenetur ad equum pheudalem Ad pactum quilibet mansus VI modios siliginis VI auene Ad censum quilibet mansus I solidum Ad precariam quilibet mansus III solidos Cossati sunt XXV quilibet soluit I solidum et I pullum Taberna dat I talentum Totam villam habent Monachi de Lenyn ab antiquo excepta precaria quam habent illi de Bredow habitantes in Buckholt in pignus a Marchione Seruitium curruum habet Marchio *Mon-*

1) Dieses Dorf heißt jetzo Lubarß und gehöret zum Amte Spandow.
2) Jetzt Tegel, es gehöret zu dem Königl. Amte Spandow.
3) Jetzt Dalldorf, gehöret jetzo zum Königl. Amte Nieder-Schönhausen.
4) Blankenburg heißt noch jetzo so, und gehöret zum Amte Nieder-Schönhausen.
5) Jetzt Schöneiche, gehöret dem Banquier Schütze, der eine schöne Wachsbleiche daselbst angeleget hat.
6) Jetzt Schönerlinde, und gehöret zu dem Königl. Amte Oranienburg.
7) *Scultetus* der Schulze, der sonst in den meisten Stellen des Landbuchs *Prefectus* genennet wird.

Barnym.

Monkehofe [1] sunt L mansi quorum plebanus habet IIII Ad pactum VIII modios filiginis VIII auene Ad censum quilibet mansus XXVI denarios Precariam non dant Cossati sunt — Quilibet soluit II solidos et I pullum Taberna dat I talentum Molendinum desertum dat IIII choros siliginis Claws et Viuiancz fratres dicti de Storkow habent totam villam cum omni iure

Werspull [2] penitus deserta sunt XXXVI mansi quorum plebanus habet II Prefectus IIII qui dant XVI solidos Ad pactum quilibet mansus soluit IIII solidos Ad precariam quilibet II solidos ⅟ modium siliginis ⅟ modium ordei I modium auene Cossati et Taberna ignorantur Eykendorp et Lowenberge habent VII mansos Otto Pull habet ibi VII mansos Moniales in Spandow IIII Ryken ciues in Berlin et Coln habent VI mansos Predicti Storkow habent VII mansos Habent etiam supremum et infimum iuditium

Vogillstorf [3] sunt LI mansi quorum plebanus habet IIII Ad pactum soluit quilibet mansus V modios siliginis et V auene et illi mansi sic dantes non dant censum nec precariam Sunt II mansi qui dant III⅟ solidos ad precariam et X solidos ad pactum Cossati sunt VI quorum quilibet soluit I solidum et I pullum Taberna dat I fertonem Prefectus dat I talentum pro equo pheudali Precariam supremum iuditium et infimum habent Typrand et Ieneken de Ketelitz a Marchione Seruitium curruum habet Marchio

Fredrickstorf [4] sunt L mansi quorum plebanus habet II Lossowynne habet VIII mansos liberos et XX censuales Ketelisz habet VIII liberos et XI censuales Ad pactum soluit quilibet mansus VI modios siliginis et VI auene Ad censum quilibet XXII denarios Ad precariam quilibet mansus III solidos Cossati sunt XIIII soluunt in vniuerso XXXIII solidos Taberna dat I frustum Molendinum soluit IIII frusta Hans de Aken ciuis habet I frustum a Marchione Lossowynne habet II frusta et VII modios a Marchione Ketelitz habet XVIII modios a Marchione Precariam et supremum iuditium habet Lossowynne super suos mansos et Ketelitz super suos Seruitium curruum habet Marchio Seruitium vasallionatus est ibi

Dolewitz [5] sunt L mansi quorum plebanus habet IIII Ecclesia vnum Hans Belitz habet XIIII ad curiam suam pro quibus tenetur ad seruitium Ad pactum soluit quilibet mansus IIII modios siliginis IIII ordei et IIII auene Ad censum quilibet XVIII denarios Ad precariam quilibet XXVIII denarios Cossati sunt XVIII Quilibet soluit XVIII denarios et III pullos Taberna dat XVI solidos et II pullos Totam villam habet Belitz exceptis IX mansis quos habet uxor Frederici de Plawe ad dotalitium Molendinum dat VI choros et XVI solidos altari vno in Ecclesia beate virginis in Berlin Marchio habet seruitium curruum

Wittensey [6] sunt LXVIII mansi quorum plebanus habet V Ecclesia I Ad pactum soluit quilibet mansus V modios siliginis et V modios auene exceptis IIII mansis qui soluunt quilibet IIII modios siliginis et IIII modios auene Ad censum soluit quilibet mansus XXI denarios Ad precariam

1) Jetzt Mönchehofe, und gehöret der verwittweten Frau von Marschall.
2) Ist das im Ober-Barnimschen Creyse belegene, der Frau Generalin von Meyerink zu Leuenberg gehörige Vorwerk Werftpful. Daselbst sind weder Bauern noch Kossäthen, und es bleibt bey dem Ausdruck des Landbuches, *ignorantur*.
3) Jetzt Vogelsdorf, und gehöret dem Grafen von Podewils.
4) Jetzt Fredersdorf, und gehöret dem Grafen von Podewils.
5) Jetzt Dahlwitz. Es gehöret der Frau von Marschall.
6) Jetzt Weissensee, gehöret den Erben des Geh. Rath v. Nüßler.

Barnym.

cariam quilibet III solidos II qr siliginis II ordei et III qr auene Cossati sunt IX Quilibet soluit XXVII denarios et I pullum Taberna non est ibi Claws Landsberg ciuis cum vidua Moskowynne habet pactum censum et precariam super XXI mansis exceptis duobus super quos domus Sancti Spiritus in Berlin habet pactum et censum ab illis de Grobin Iacob Rathenow ciuis habet pactum censum et precariam super XIII mansis excepto vno manso qui soluit dicte domui S S et etiam excepto pacto siliginis quem habet ecclesia in Libenwalde ab illis de Grobin Ryken ciues in Berlin habent super IIII mansis pactum censum et precariam Henning Britzik habet super II pactum et censum tantum Cossati in vniuerso habent III mansos pro quibus dant censum supradictum *Sculteus* habet VIII mansos pro quibus tenet *equum pheudi* [1] Supremum iuditium et seruitium curruum habent Lantzberg et Rathenow ciues predicti

Helwichstorp [2] sunt XXV mansi quorum plebanus habet III Fratres dicti Dyreken habent IX ad curiam suam Ad pactum censum et precariam simul quilibet mansus soluit XVI solidos Cossati sunt IX quilibet soluit I solidum et I pullum Ventimola dat II choros siliginis Taberna — Dyreken habet totam villam cum omni iure

Blumberg [3] opidum habet C et XXIIII mansos quorum plebanus habet IIII Ecclesia I Ad pactum

K a

1) Also hatte der Schulze hier ein Lehnpferd halten müssen, und ist ein sogenanntes Lehn-Schulzengericht gewesen, das aber eingegangen ist.

2) Helwigsdorf ist jetzo ganz unbekannt.

3) Blumberg hat zwar seinen Namen und seine Hufenzahl beybehalten, es ist aber jetzt nichts mehr als ein Dorf, und gehöret dem Geh. R. von der Schulenburg. Daß Blumberg in den alten Zeiten ein Städtgen gewesen und dem Bischofe von Brandenburg zugehöret, daß derselbe es im Jahr 1542. an den Churfürsten, und dieser 1602. an den Kanzler von Löben verkauft, solches und andere mehrere Umstände sind in des Hrn. O. C. R. Büsching Topographie der Mark S. 41. angeführet. Der Artikel von Blumberg stehet so in allen dreyen Exemplarien des Carolinischen Landbuchs. In dem vom Lehnsarchiv aber ist noch mit einer neuern, jedoch auch alten Hand, folgender Vergleich von 1455. hinzugeschrieben:

„Zu merken das der Irluchte Hochgeboren Furste vnd Herre Herre Fridrich Marggrave zu Brandenburg des Heiligen Romischen reichs ertzkemerer kurfurste ɪc. ɪc. vnd Burggrave zu Nurenberge vnd „der Erwurdige Her Stephan Bischoff zu Brandenburg zweynerten gewest sein vme den dienst zu „Blumberg vnd das boyderfot vnd wie ofte sie der Herschaft dienen sullen des Jares mechtig ich vff „der Probst zu Brandemburg vnd vf den Techant zu Lubus gesazt was die darume würden in fruntschaft vßsprechen solt furdes also bliben vnd gehalten werden " Haben sie ußgesaget vnd gesprochen, das furdermehr die genannten von Blumberg dem obgenannten meinem gnedigen Hern Marggraven seinen erben oder nachkommen mit Dinste ewiglich sulle verpflicht sein also das iglicher Inwoner zu Blumeberg der nu ist vnd zukommen werdet seine Gnaden wan seine Gnaden sein erben „oder nachkommen oder Ir ampelewte des begeren iglichs zukunftige Jares Sunderlich ye im jare „zwelff tage Hofe Dinst thun sollen " Vnd so ofte Hersart worde gebotten von der Herschaft So „sullen sie allezeit verpflichtet sein einen guten beschlagenen Herwagen daz zu mit vier pferden vßzurichten, wan in das verkündiget wert " Vnd was das gemeyne lant fuß tut das sullen sie gleich „wol auch tun, das haben beyde obgenante Hern also gewullet vnd zugesaget zu halden vnd solche „obingerurten vßspruch haben die genannten Probst u. techant getan zu Coln an den Sprewe vf „meyns gnedigs Hrn Marggrave Sloße daselbst " Anno Dom M CCCC LV "

Mit einer andern Hand ist darunter geschrieben:

„der dinst ist geben dem Bischof zu Brandenburg vnd eigent nach Lute des Briefs "

In dem alten Landschoßbuch von 1455. stehet folgendes:

„Opidum Blumberg hort dem Bischop von Brandenburg, vf der Feltmark seyn CXXIV Huben davon hat der pfar IIII das Gotzhus I so tzinsen dy andern iglich XXI gr vnd de geben tzu Orbet „II gr zu virzins ein schock XII gr als gerechnet vff LXX Stuck XVII gr haben nu geben das halbe Lantschoß VI Schock II pfennig "

Barnym.

ctum censum et precariam simul quilibet mansus soluit XIIII solidos Item est ibi ventimolum Prefecti ibidem habeat XIIII mansos Totum Blumberg supremum et inferius iuditium cum seruicio curruum et alio quolibet seruicio cum omni et plena libertate et vtilitate ac omnibus iuribus et pertinentiis ipsius vniuersis sunt *Episcopo Brandeburgensi* ad mensam Episcopalem appropriata et sunt eiusdem Episcopi et suorum vasallorum Non recordantur Dominum Marchionem aliquid ibi habuisse

Petershagen [1] sunt LII mansi quorum plebanus habet IIII Ecclesia I Ad pactum soluit quilibet mansus VI modios siliginis et VI modios auene Ad censum quilibet mansus II solidos et II denarios Ad precariam soluit quilibet mansus IIII solidum cum II denariis II quartale siliginis II ordei III qr auene Cossati sunt VIII quorum quilibet soluit I solidum et I pullum Taberna dat X solidos Ghynow Relicta Glutzers habet VIII frusta ad dotalitium a Marchione que Ghynow dicit ad se deuolui Supremum et infimum iuditium seruitium curruum et ius patronatus habet Ghynow et emit a Busse Glutzer sunt X anni

Schonenflit [2] sunt XLIX mansi quorum plebanus habet IIII Ecclesia vnum Herman Nybede habet IIII ad curiam suam Ad pactum censum et precariam soluit quilibet mansus XXI solidos III quartalia siliginis III qr ordei et III modios auene Cossati sunt XVI Quilibet soluit XVI solidos et dant simul XVI pullos Due Taberne Quelibet dat X solidos Nybeden Dobler et relicta Witten ciues in Berlin habent X frusta in pignore Merten Kartzow ciuis in Spandow habet III frusta Czabel Verbitz ciuis in Bernowe III frusta Ebel de Bredow habet IIII frusta Ille habet possessiones iam quatuor annis *Sed non est inpheudatus* Dominus Nicolaus plebanus et Dominus Wilhelmus plebanus in Wittensee habent ambo II frusta simul Supremum iuditium et seruitium curruum habet Herman predictus cum fratre dicitur tamen quod Marchio habet seruitium curruum et seruitium vasallionatus

Swanenbeke [3] sunt LXII mansi quorum plebanus habet IIII Ecclesia I Ad pactum censum et precariam quilibet I talentum et non plus Cossati sunt XVI Quilibet soluit I solidum et I pullum *Mansionarii* (Hufener, Bauern) dant XVI pullos Taberna dat XXX solidos Ventimola dat VI modios siliginis et III solidos denariorum Hans de Aken ciuis habet IIII mansos cum omni iure a Marchione emit a Rutenik Vxor Arnoldi Swanen ciuis in Berlin habet IIII frusta ad dotalitium Steger habet V frusta minus V solidis Ad altare in Berlin VI frusta Wilke Borchard habet II frusta Benefelder habet X frusta Item ad aliud altare XII frusta Moniales in Czedenik II frusta Supremum et infimum iuditium seruitium curruum et ius patronatus habet Peter Rode ciuis in Berlyn

Arnsfelt [4] sunt LXXII mansi qorum plebanus habet IIII Henning de Oderberg habet XIIII mansos ad curiam suam Hans de Oderberg habet XV ad curiam suam Ad pactum soluit quilibet mansus V modios siliginis et V auene Exceptis VI mansis quorum quilibet soluit III modios siliginis et III modios auene et II mansi dant VI modios siliginis et non auenam Ad censum soluit quilibet mansus II solidos Exceptis IIII mansis qui dant quilibet I solidum Ad precariam soluit quilibet III solidos et IIII denarios et III mansi coniuncti dant simul I modium siliginis et II modios auene et de aliis Cossati sunt X quorum

1) Heißt jetzt Petershagen, und gehöret zu dem Königl. Amte Landsberg.
2) Jetzt Schönfliec, gehöret dem Commendator von Dannwitz
3) Wird jetzt Schwanebeck geschrieben. Es gehöret zu dem Königl. Amte Biesenthal.
4) Jetzt Arensfelde. Es gehört zu dem Königl. Amte Mühlenhof.

Barnym.

rum quilibet soluit I solidum et I pullum Taberna dat XV solidos Litzen ciues in Berlin habent super VIII mansis pactum censum et precariam et vltra hoc XII modios siliginis a Marchione Queste vasalli habent V frusta a Marchione Henning Kruger ciuis in Bernow habet cum fratribus I frustum Moniales in Czedenik habent II frusta emerunt a Martino et Iohanne Wulf Ad altare in Bisdal pactus et census de IIII mansis Relicta Staberstorf habet super III mansis pactum et censum ad vitam post cuius mortem diuoluntur ad Henningum de Schonenuelt Supremum iuditium et seruitium currum habent H et H de Oderberg predicti

Hermanstorp [1] sunt V *curie* (Höfe) non habentes mansos sed agrum Quelibet curia soluit pro sua parte IIII solidos denariorum Sunt etiam adhuc III curie deserte

Nyendorp [2] sunt VIII curie habentes *petias agri* [3] Quelibet soluit VI denarios Ambas villas habet vxor Mentze de Holtzendorf ad dotalitium a primo viro

Berckenwerder est dotalitium relicte olim Iean de Buck que nunc est vxor Mentzen de Holzendorf cui bona vxoris non sunt collata. Hec villa non est scripta quia dictus Mentz non permisit Est ibi idem molendinum Taberna Cossati stagna silue et merice valde fructuose Hec eadem mulier habet medietatem ville Grunental ad dotalitium ut supra

Barstorff [4] iuxta Liebenwalde sunt XXXVIII mansi quorum plebanus habet IIII Ad pactum quilibet mansus soluit I½ modium siliginis et I½ modium auene Ad censum quilibet II solidos Ad precariam soluit tota villa I talentum et II modios siliginis II ordei et IIII auene Marchioni Cossati sunt X quilibet soluit XVIII denaros Pactum censum et supremum iuditium habent Monachi de Lenyn Precariam et seruitium curruum habet Henning de Stegelitz et spectat ad Castrum Bisdal

Rosental [5] sunt LXXII mansi quorum plebanus habet IIII Ad pactum quilibet mansus VI modios siliginis VI modios ordei Ad censum quilibet XXVI denarios Ad precariam quilibet V solidos ½ modium siliginis ½ modium ordei et I modium auene Cossati sunt XVI Soluunt in vniuerso III mandalas pullorum Taberna dat X solidos Ad altare in Berlin VIII frusta Tyle Hekelwerk habet X frusta in pacto iure hereditario Dominus Nicolaus Bernowke cum fratribus suis habet IIII frusta ab illis de Crummensee Beteke Tideke Arnt et Henning dicti Crummensee habent pactum super XV mansis et habent precariam seruitium curruum et supremum iuditium iure hereditario ab antiquo

Crummensee [6] sunt XL mansi quorum plebanus habet IIII Illi de Crummensee habent XXII mansos ad curiam suam Ad pactum soluit quilibet mansus VII½ modios siliginis VII½ modios ordei Ad censum quilibet XXVI denarios Precariam ibi nullus habet Cossati sunt VIII Soluunt in vniuerso II½ sexagenas pullorum Duo stagna sunt ibi non locata Tota villa est eorum de Crummensey Marchio habet ibi seruitium vasallionatus.

1) Jetzt Hermsdorf. Hat noch bis jetzo keine Hufen, wohl aber, so wie ehedem, fünf Coßäthen. Es gehöret dem Capitain Beumann.
2) Neuendorf, gehöret zum Königl. Amte Bötzow,
3) *Petias agri*, bedeutet wohl kleine Ackerstücker. S. *du Fresne* Glossarium unter *Pecia*.
4) Barsdorf, jetzo Baßdorf, gehöret zu dem Königl. Amte Mühlenbeck.
5) Rosental, jetzt Rosenthal, gehöret zu dem Königl. Amte Nieder-Schönhausen.
6) Das Dorf Krummensee hat noch den Namen, hat viele Jahrhunderte der Familie von Krummensee gehöret, und ist von der an die Grafen von Schwerin, und von diesen zu dem Königlichen Amte Alt-Landsberg gekommen.

Barnym.

Wentſchenbuk [1] ſunt XL manſi quorum plebanus habet IIII Schmetſtorp habet IIII ad curiam tenetur ad ſeruitium Ad pactum ſoluit quilibet manſus VII modios ſiliginis II ordei et VII auene Ad cenſum quilibet II ſolidos Ad precariam ſoluit quilibet manſus V ſolidos denariorum et ½ modum ſiliginis ½ ordei et I auene Taberna dat X ſolidos ad pactum et cenſum Item ad precariam ſicut vnus manſus Molendinum ſoluit I chorum ſiliginis dictis de *Robel* vltra hoc ſoluit dictis de *Bredow* I modium ſiliginis I ordei et II modios auene et X ſolidos denariorum Item ager qui dicitur Wendeſtucke ſoluit prefecto et de dictis de Bredow tantum quantum vnus manſus Coſſati ſunt XXII Quilibet ſoluit I ſolidum denariorum et I pullum Hans et Tamme dicti de *Robel* habent pactum ſuper X manſis et XIIII ſolidos ad cenſum Smetſtorp habet III fruſta et VIII modios in pacto et cenſu Wichuſen habet XXII modios in pacto Albertus Rathenow ciuis in Berlin XVIII modios in pacto Item II chori et vnus modius ſpectant ad altare in Berlin Fritze et Claws *Bredow* habent in pacto et cenſu VI fruſta Sculcetus habet pactum ſuper VI manſis et ſoluit annuatim dictis de Bredow I½ fruſta pro *pheudo* et ½ fruſtum pro *equo pheudali* Precariam ſupremum iudicium et ſeruitium curruum habent dicti de Bredow Habuerunt vltra XXX annos emerunt a Betkiu Wildberg milite

Falkenberg [2] ſunt LII manſi quorum plebanus habet III Eccleſia vnum Tyle de Bern habet X ad curiam ſuam Ad pactum ſoluit quilibet manſus III modios ſiliginis et III modios auene Ad cenſum quilibet I ſolidum Ad precariam quilibet II½ ſolidos Coſſati ſunt VIII quilibet ſoluit I ſolidum Taberna — Rutger ciuis in Berlin habet VI fruſta et XVIII nummos poſſedit tribus annis et emit a conſulibus in Berlin Hans et Tamme Robel habent II fruſta ab antiquo Holckanne ciuis in Berlin habet I fruſtum a Marchione in pheudum Steynowynne vidua morans in Belitz habet IIII fruſta minus V ſolidis ab antiquo a Marchione Mentz de Holtzendorf habet X ſolidos a Marchione Marchio habet ſeruitium vaſallionatus

Heynrichſtorp [3] prope Berlin ſunt XXXVI manſi quorum plebanus habet IIII Ad Hoſpitale S. Spiritus in Berlin ſpectant XII quos colit propriis ſumtibus Ad pactum ſoluit quilibet manſus VI modios ſiliginis et VI modios auene Ad cenſum XXVI denarios Precariam non dant Coſſati ſunt IX cum taberna Soluunt in vniuerſo XVI ſolidos et XV pullos Tota villa eſt appropriata ad Hoſpitale predictum

Boldenſtorf [4] ſunt XL manſi quorum plebanus habet IIII Staken ciuis in Strutzberg habet X a Domino Marchione Hans Milow habet VIII½ manſos a Marchione Hi duo habent iudicium ſupremum Coppen Dypenſee XX manſos etiam a Marchione Dicunt quod ab antiquo non dederunt pactum neque cenſum neque precariam ſed pertineret ad curias Ibi non ſunt Coſſati neque Taberna nec molendinum Marchio habet ibi ſeruitium vaſallionatus

Wartenberg [5] ſunt LIII manſi quorum plebanus habet III Eccleſia vnum Ad pactum ſoluit quilibet manſus IIII modios ſiliginis IIII ordei et IIII auene Ad cenſum quilibet manſus II ſolidos Ad precariam dat quilibet manſus V ſolidos denariorum III quartalia ſili-

1) Wendiſch Buk iſt ohne Zweifel das Dorf Buch, welches jetzo der Dohmprobſt von Voß beſitzet.
2) Heißt noch ſo, und gehöret jetzt dem Obriſt-Wachtmeiſter von Coarnaud.
3) Jetzo Heinersdorf, gehöret zu dem Königl. Amte Nieder-Schönhauſen.
4) Jetzo Bollensdorf, gehöret dem Grafen von Podewils.
4) Wartenberg hat noch den Namen, und gehöret einem von Herzberg.

Barnym.

filiginis III ordei et II modium auene Cossati sunt VIII Quilibet soluit II grossos Taberna dat XV solidos prefecto Prefectus dat I talentum pro *equo pheudali* Petrus Blankenuelt ciuis in Berlin habet pactum super XXIII mansis Ian Mildenhoft habet pactum filiginis et auene super XXII mansis et super IIII pactum ordei Hans Huge ciuis in Coln habet IIII mansos cum omni iure preter pactum ordei Relicta Kregensus et Belitz habent pactum ordei super XII mansis Fratres Kalendarum in Berlin habent pactum ordei et auene super IIII mansis Blankenuelt et Mildenhoft predicti habent precariam Iuditium supremum et infimum cum seruitio curruum a Marchione

Heyligensee [1] sunt LXI mansi quorum plebanus habet IIII Matthias de Bredow cum patruo suo habent X ad curiam suam tenentur ad seruitiumMarchioni Prefectus habet VI mansos liberos tenetur ad equum pheudalem Ad pactum quilibet mansus soluit V modios filiginis et totidem auene Ad censum quilibet XXI denarios Cossati sunt XXIIII Soluunt in vniuerso XIII et II sexagenam pullorum Taberna dat I talentum Est ibi *transfretum* [2] solvens Sancto Spiritui in Spandow IIII talentum et vni altari ibidem XXX solidos et I sexagenam pullorum Ad altare in Spandow spectant VI mansi Residuum totum habent illi de *Bredow* predicti a Marchione

Bysterstorf [3] sunt LXII mansi quorum plebanus habet IIII Ecclesia I Prefectus habet IIII Ad pactum soluit quilibet mansus V modios filiginis V modios ordei et V auene Ad censum XVI denarios exceptis mansis apothecarii qui dant XXVI denarios et nullam precariam Ad precariam quilibet VII solidos minus III denariis Taberna dat V solidos denariorum et I modium filiginis I ordei et II modios auene Item vnum talentum prefecto Cossati sunt XXIIII quilibet dat VI denarios *Apotecarius* in Berlin habet pactum et censum super VIII mansos a Marchione Sandow ciuis habet VIII mansos Topler habet V mansos Filii Copkini Litzen habent V talenta in precaria Kare ciuis in Berlin habet IIII frusta Frater Perwenitz ordinis Predicatorum habet ad vitam suam XX modios filiginis XX modios ordei et XX modios auene VIII solidos et VIII denarios Magister Petrus Presbyter habet ad vitam suam III talenta Elizabeth Haselberg habet ad vitam suam III choros filiginis Hi omnes habent bona predicta a Henningo de Grobin Supremum iuditium et seruitium curruum Henningh de Grobin Exceptis super VIII mansis Apotecarii qui ab antiquo spectauerunt ad Marchionem Seruitium vasallionatus est ibi

Claustorf [4] sunt XL mansi quorum plebanus habet IIII Matthis Lindenberg habet IIII ad curiam suam Ad pactum quilibet mansus soluit VI modios filiginis VI ordei et VI auene Ad censum quilibet III solidos Ad precariam quilibet mansus V solidos Cossati sunt XIII dant in vniuerso XXI solidos Taberna dat XV solidos Bernd Ryke ciuis cum patruelibus suis habet VIII mansos a Marchione Albertus Rathenow habet III mansos a Falkenberg Henning Dusow ciuis VI mansos a Marchione Iacob Blankenuelt ciuis habet II mansos a Marchione Dyreken II mansos Precariam habent Claws et Ghiso Dyreken Dominus Marchio habet seruitium curruum sed predicti Dyrekeu vindicant sibi ius Duo sunt ibi seruitia vasallionatus

Kare

1) Jetzo Heiligensee, gehöret zum Amte Mühlenbeck.
2) Die Fehre ist nicht mehr vorhanden, seitdem eine Brücke und ein Zoll unter dem Namen, Neu-Brück, in der Nachbarschaft angeleget worden.
3) Bysterstorff kann kein anderes Dorf, als Biesdorf seyn; es gehöret zu dem Königl. Amte Cöpenick.
4) Jetzt Caulsdorf, gehöret dem Dohm zu Berlin.

Barnym.

Kare [1] ſunt XLII manſi quorum plebanus habet IIII Fratres dicti de *Kare* habent VI manſos ad curiam ſuam a Iohanne Groben Ad pactum ſoluit quilibet manſus VI modios ſiliginis IIII ordei VI auene Nouem tamen manſi non ſoluunt ordeum Ad cenſum ſoluit quilibet manſus II ſolidos Ad precariam quilibet ½ modium ſiliginis ½ ordei et I modium auene Coſſati ſunt XIIII Quilibet ſoluit I ſolidum et I pullum Taberna dat XV ſolidos et ½ modium ſiliginis ½ ordei et I modium auene Berktzow habet ſuper X manſis pactum Brendel habet XV modios ſiliginis et XV auene et V ſolidos Hoppenrode habet ½ chorum ſiliginis et ½ auene VIII modios ordei et IIII ſolidos Item ½ chorum ſiliginis ½ auene Berchter Wichnſen habet XVIII modios ſiliginis et XVIII auene ½ chorum ordei et VI ſolidos Gynow et Dyreken habent I chorum ſiliginis I auene et XVI modios ordei et VIII ſolidos Tamme *Robel* et Hans frater eius habent IIII ſolidos denariorum Predicti omnes habent a Marchione Precariam et ſupremum iuditium habent Bernardus et Tylo dicti Kare a Iohanne de Groben in pheudum habuerunt V annis Marchio habet ſeruitium curruum De ſeruitio vaſallionatus dicunt quod Iohannes de Groben vendidit ad predicta bona libera

Malchow [2] ſunt LII manſi quorum plebanus habet IIII Prefectus — Ad pactum ſoluit quilibet manſus I talentum Ad cenſum nihil Ad precariam II½ ſolidos III quartalia ſiliginis III qr ordei et I½ modium auene Coſſati ſunt XXVIII Quilibet ſoluit XXVII denarios et I pullum Taberna — Iohannes de Aken ciuis in Berlin habet XX fruſta in precaria a Loſſow Hi Blankenuelt habet V fruſta in pacto a Marchione Henning Fluge ciuis in Berlin habet IIII fruſta a Barfus Quaſt habet XII talenta a Barfus et ſunt vxoris ſue dotalitium Coppe Barfus habet XXIII talenta equum pheudalem ſupremum iuditium ſeruitium curruum ius patronatus et V fruſta in precaria minus V ſolidis a Marchione

Malſterſtorf [3] ſunt L manſi quorum plebanus habet IIII Rudigerus Falkenberg habet V manſos ad curiam ſuam Ad pactum quilibet manſus IIII modios ſiliginis IIII ordei et VI auene Ad cenſum quilibet XVIII denarios Ad precariam quilibet manſus VI½ ſolidum I modium ſiliginis I modium ordei et II modios auene Taberna dat XXXVI ſolidos Coſſati ſunt XIX Quilibet ſolvit I ſolidum Belitz habet pactum et cenſum ſuper XX manſis Katharina Fankenſordes ciuis in Berlin habet II fruſta a Falkenbergen Precariam ſupremum iuditium et infimum et ſeruitium curruum habent Otto et Rudiger Falkenberg ab antiquo Marchio habet ibi ſeruitium vaſallionatus

Nyenhoue [4] ſunt LXII manſi quorum plebanus habet IIII Eccleſia II Ad pactum et ad precariam quilibet manſus ſoluit XII modios ſiliginis Ad cenſum quilibet II ſolidos Coſſati ſunt VI Quilibet ſoluit I ſolidum et I pullum Taberna ſoluit XV ſolidos Supremum et infimum iuditium cum ſeruitio curruum habet Slegel

Blanckenfeld [5] ſunt LIIII manſi quorum plebanus habet IIII Eccleſia I Ad pactum ſoluit quilibet manſus IIII modios ſiliginis et IIII auene Ad cenſum quilibet manſus II ſolidos Ad precariam VI manſi ſoluunt I talentum et ſic de aliis et I quartale ſiliginis I quartale ordei et ½ modium auene Pryzkowynne vidua habet ad vitam ſuam pactum et cenſum ſuper

1) Jetzo Karow, gehöret dem Dompropſt v. Voß. Das Geſchlecht derer von Kare muß ausgegangen ſeyn.
2) Malchow hat noch den Namen, und gehöret zu dem Amte Nieder-Schönhauſen.
3) Jetzt Malsdorf, gehöret zu dem Königl. Amte Cöpenick.
4) Heißt jetzt Neuenhagen, und gehöret zu dem Königl. Vorwerk, Amtes Landsberg.
5) Wird jetzo Blankenfelde geſchrieben, und iſt das Hauptvorwerk des Amtes Nieder-Schönhauſen.

Barnym.

per VII mansis Henningh de *Groben* habet super VI mansis Bornewitz super VI mansis Hartman de *Britzik* super III mansis Hoppenrode super XIII mansis Moniales in Spandow super V mansis Cossati sunt XXIIII Quilibet soluit I solidum et I pullum Taberna soluit XXX solidos Supremum et infimum iudicium seruitium curruum et ius patronatus habet Bornewitz

Lindenberg [1] sunt LXXIIII mansi quorum plebanus habet IIII Ecclesia I Prefectus habet IIII mansos tenetur ad equum pheudi pro quo dat I *frustum* Ad pactum soluit quilibet mansus VI modios siliginis II ordei IIII modios auene et I quartale pisorum Ad censum quilibet XXVI denarios Ad precariam quilibet V solidos et ½ modium siliginis ½ ordei et I modium auene Cossati sunt VII Quilibet dat I solidum denariorum Taberna dat XXX solidos Ad duo Altaria in Berlin spectant XX mansi super quos tamen Moniales in Czedenik habent IIII choros siliginis Bysow habet pactum et censum super VI mansis Residuum totum habent Moniales predicte Marchio habet seruitium curruum

Sefelt [2] sunt LX mansi quorum plebanus habet IIII Hans et Martin Wulff habent V mansos ad curiam suam Filii Lentzen habent VIII mansos ad curiam suam tenentur ad seruitium vasallionatus Ad pactum quilibet mansus VI modios siliginis et VI modios auene Prefectus habet IIII mansos quorum quidam soluit IIII modios siliginis IIII ordei et IIII auene Quidam non soluit frumentum sed quidam soluit XI solidos aliquis vero IX Ad censum soluit quilibet mansus II solidos Ad precariam quilibet mansus IIII½ solidos I½ quartale siliginis I½ ordei et III quartalia auene Cossati sunt VI Quilibet soluit I solidum et I pullum Taberna dat IIII solidos Supremum et infimum iuditium et seruitium curruum habent Wulff predicti Dicit tamen *Landryderus* [3] quod Marchio habet seruitium curruum

Loman [4] sunt LX mansi quorum plebanus habet IIII Fratres dicti Wulfe habent X ad curiam tenentur ad seruitium vasallionatus Ad pactum soluit quilibet mansus VI modios siliginis VI ordei et VI auene Ad censum quilibet XXVI denarios Ad precariam quilibet XIX denarios ½ quartale siliginis ½ qr ordei et I qr auene Cossati sunt VI Taberna dat I talentum Totam villam habent fratres predicti Tota est deserta

Mortzan [5] sunt LII mansi quorum plebanus habet IIII Ecclesia I Moniales in Fredelant habent III Iohannes de *Wulkow* miles habet residuum et iudicium supremum

Egbrechstorp [6] sunt XLVIII mansi quorum plebanus habet IIII Ciues dicti Trebus habent XII ad curiam quos prefectus colit Ibi non sunt mansi distincti sed ager locatur ibi per singula iugera Ager non fert ibi frumentum sed ligna Ergo per mansos non est distinctus Octo mansi tamen coluntur qui soluunt in vniuerso VII solidos et non plus Cossati sunt XVII Soluunt in vniuerso XXXVI solidos et XLII pullos Molendinum desertum soluit I½ chorum siliginis

Tastorp

1) Gehöret zu dem Königl. Amte Mühlenhof.
2) Jetzt Seefeld, gehöret zu dem Königl. Amte Löhme.
3) Also ist der Name und der Dienst des Landreuters schon damals bekannt gewesen.
4) Jetzt Löhme, ist ein Königl. Amt dieses Namens.
5) Hat seinen Namen nicht verändert, und ist nunmehro mit Pfälzer Colonisten besetzt; gehöret zu dem Königl. Amte Landsberg.
6) Ist kein anderes, als das bey Landsberg belegene Eggersdorf. Vor Zeiten war hier ein Königl. Vorwerk, welches jetzt mit Colonisten besetzet ist. Es gehöret zu dem Königl. Amte Landsberg.

Barnym.

Taſtorp [1] ſunt L manſi quorum plebanus habet III Ad pactum ſoluit quilibet manſus IIII modios ſiliginis et IIII auene Ad cenſum quilibet manſus XVI denarios Ad precariam quilibet XX denarius et I quartale ſiliginis I quartale ordei et ½ modium auene Coſſati ſunt IIII Quilibet ſoluit II ſolidos Taberna dat XXX ſolidos Henning Petrus et Nicolaus fratres dicti Rudenitz ciues habent *totam villam emerunt a Hinrico Wiprecht ciue in Berlin pro XX et C marcis* [2] *ſunt VII anni*

Czulſtorf [3] ſunt XLII manſi quorum plebanus habet IIII Ebel Bredow habet IX ad curiam Ad pactum et ad cenſum quilibet manſus ſoluit IIII ſolidos Ad precariam dat quilibet manſus IIII denarios et vnum quadrantem equatum quartalis ſiliginis ordei et auene Coſſati ſunt VI Quilibet ſoluit I ſolidum et I pullum Taberna dat I talentum Bredowynnen Molendinum — Ebel Wiltberch habet precariam Seruitium curruum habet Marchio Ebel Bredow habet reſiduum a Marchione

Seberg [4] ſunt XXXVI manſi quorum plebanus habet III Eccleſia I Fritze Britzik habet IIII ad curiam Ad pactum cenſum et precariam ſoluit quilibet manſus ½ chorum ſiliginis Coſſati ſunt IIII Quilibet ſoluit I ſolidum et I pullum Taberna dat VII ſolidos et I pullum Molendinum deſertum dat II choros ſiliginis Moniales in Spandow habent pactum de V manſis Fritze Britzik habet reſiduum iure hereditario Tenetur ad ſeruitium vaſallionatus

Wolterſtorf [5] ſunt XIIII manſi Ad pactum ſoluit quilibet manſus III modios ſiliginis III modios auene Ad cenſum ſoluit quilibet manſus II ſolidos Non precariam Item quilibet manſus dat I pullum Fritzo de *Britzik* habet pactum et cenſum ſuper omnes manſos Marchio habet ſeruitium curruum et ſupremum iuditium

Roſenfelt [6] ſunt C et IIII manſi quorum plebanus habet VI Prefectus habet VII tenet *equum pheudi* Quilibet manſus dat pro toto VI ſolidos Sanctimoniales in Spandow habent ſuper XXII manſos Bernt de Kare habet ſuper IIII manſos quorum quilibet dat VI modios ſiliginis et XVIII denarios Coſſati ſunt XXVI quorum quilibet ſoluit I ſolidum et I pullum Taberna dat XXX Bernhardus Ryke cum fratre et patruis ſuis habet omnes alios manſos cum ſupremo iuditio et infimo cum ſeruitio curruum et iure patronatus iure hereditario ab antiquo habet etiam XL pullos fumales

Schil-

1) Jetzt Tasdorf, gehöret der Frau v. Marschall.
2) Hieraus erhellet, daß das Dorf Tasdorf im Jahr 1369 für 120 Mark verkauft worden, welche, die Mark zu 9 Thl. gerechnet, 1190. Thl. jetzigen Geldes ausmachen. S. oben S. 3. Im Jahr 1728. ist dieses Guth für 10000 Thl. verkauft worden, woraus erhellet, daß es seit 1369 über zehnmal im Werthe gestiegen, welches unstreitig davon herrühret, daß die Masse des Silbers seit der Erfindung von Amerika sich so sehr vermehret und dessen Werth nach Verhältniß abgenommen. Man vergleiche hiemit die Seite 16. Note Dieses ist der einige Orth des Landbuches, wo man den Werth eines Guths angemerket findet.
3) Jetzt Zublsdorf, gehört zu dem Königl. Amte Oranienburg.
4) Jetzt Seeberg, gehört zu dem Königl. Amte Landsberg.
5) Heißt noch jetzo Woltersdorf, es gehöret dem Berlinischen Magistrat.
6) Jetzt Friedrichsfelde, welche Namensveränderung geschehen ist, als im J. 1695. der damalige Besitzer, Benjamin Raple, General-Director des Seewesens, in Ungnade verfiel und dessen sämtliches Vermögen nebst diesem Guthe eingezogen wurde. Es gehöret eigentlich zu dem Königl. Amte Köpenick, als von welchem es des Prinzen Ferdinands Königl. Hoheit, welche daselbst ein Lustschloß besitzen, in Erbpacht genommen haben.

Barnym.

Schildow [1] sunt XLV mansi quorum plebanus habet IIII Prefectus habet IIII Sex mansi sunt ibi qui omnes dant ibi I½ choros humuli Monialibus in Spandow Vltra hoc dant VIII½ solidos illis de Hoppenrode Item de omnibus aliis mansis Ad pactum et ad censum III solidos et ad precariam IX denarios predictis de Hoppenrode et habent a parentibus suis Cossati sunt VIII soluunt in vniuerso XII solidos et IIII denarios Taberna dat IIII solidos prefecto et I pullum Molendinum dat IIII choros siliginis et ½ sexagenam grossorum eisdem de Hoppenrode Supremum et infimum iudicium seruitium curruum cum iure patronatus habent illi de Hoppenrode iure hereditario

Molenbeke [2] sunt L mansi quorum plebanus habet IIII Prefectus IIII liberos Ebel Bredow habet XI mansos ad curiam suam Kerstian Duseken habet XI mansos ad curiam suam Ad pactum soluit quilibet mansus III modios siliginis Ad censum I solidum Precariam non dant Cossati sunt X Quilibet dat I solidum et I pullum Tyloni Wardenberg ciui Taberna Cossati annuatim Dicti Molenbeke habent pactum et censum super XII mansos a patre suo Habent etiam ius patronatus Tylo Wardenberg ciuis in Berlin habet pactum et censum super VIII mansos cum supremo et infimo iuditio Emit a Molenbeke morantibus in Czumit sunt IIII septimane

Barnym Districtus Strutzberg [3]

Bona Monialium in Fredelant [4]

Fredelant opidum [5] sunt XXVII mansi Ad pactum censum et precariam soluit quilibet mansus III solidos Piscatura dat II frusta Merica I frustum Pascua I frustum Ad censum arearum LI solidos Molendina II Vnum dat IIII choros siliginis aliud V choros Monialibus

Slawen [6] sunt XXII mansi Ad pactum soluit quilibet mansus II modios siliginis et I½ modium auene Ad censum quilibet II solidos Ad precariam tota villa dat I frustum Waln ciui in Frankenforde Cossati sunt VIII Soluit quilibet I solidum et I pullum Taberna dat VI solidos Piscatura dat I sexagenam pullorum Villa est monialium in Fredelant

Mertinsdorp [7] sunt XX mansi Ad pactum soluit quilibet mansus II modios siliginis et II modios auene Ad censum quilibet XVI denarios Ad precariam dat quilibet II solidos et I quartale siliginis I ordei et I½ modium auene Waln Cossati sunt X Quilibet soluit XVI denarios Taberna dat X solidos prefecto qui tenetur ad equum pheudi Moniales predicte habent villam

1) Schildow führt noch diesen Namen, und gehöret zu dem Königl. Amte Nieder-Schönhausen.
2) Wird jetzo Mühlenbeck geschrieben, und ist ein Königl. Dorf.
3) Dieses ist eigentlich der Ober-Barnimsche Creyß, ob gleich verschiedene Dörfer zu demselben verzeichnet sind, welche jetzo zu dem Nieder-Barnimschen Creyse gehören, und umgekehrt.
4) War ein Nonnenkloster, das der Churfürst bey der Reformation eingezogen.
5) Wird jetzt Friedland geschrieben und nur für ein Dorf geachtet. Der Markgraf Carl hatte es nebst Quilitz, zur Appanage. Nach dessen Ableben schenkten des Königes Maj. jenes dem General von Lestewitz, so wie das im Lebusischen Creyse belegene Amt Quilitz, dem General von Pritwitz.
6) Ein Dorf dieses Namens ist nicht bekannt, und findet sich weder im Schoß-Catastro noch sonst. Es muß also wohl wüste geworden, oder der Name verändert seyn.
7) Ist vermuthlich das zu Friedland gehörige Dorf Metzdorf oder Manzdorf.

Barnym.

Bisserstorp [1] sunt LVI mansi quorum plebanus habet IIII Ecclesia I Prefectus tenetur ad equum Ad pactum soluit quilibet mansus III modios siliginis II ordei et IIII auene Ad censum quilibet XV denarios Ad precariam quilibet III solidos et VIII denarios. Tres mansi dant frumentum alii non videlicet I modium siliginis I ordei et II modios auene Albrechte de *Melsen* Cossati sunt XII Quilibet dat I solidum et I pullum Taberna dat pro II mansis ad precariam Ventimola dat XXX modios siliginis Moniales habent villam

Ryngenwalde [2] sunt LXII mansi quorum plebanus habet IIII Prefectus tenetur ad equum pheudi Ad pactum soluit quilibet mansus IIII modios siliginis IIII ordei et IIII auene Ad censum quilibet II½ solidos Ad precariam quilibet mansus V solidos ½ modium siliginis ½ ordei et I modium auene Precariam habet Lowe ciuis in Frankenuorde ab illo de Strel Cossati sunt XVIII Quilibet soluit I solidum et I pullum Taberna dat XVII quorum Lowe habet XVI Residuum habent Moniales

Luderstorp [3] sunt XXVI mansi quorum plebanus habet II Ad pactum soluit quilibet mansus IIII modios siliginis IIII ordei et IIII auene Ad censum quilibet II½ solidos Ad precariam quilibet IIII solidos ½ modium siliginis ½ modium ordei et I modium auene Walen Cossati sunt XV Quilibet soluit I solidum et I pullum Taberna dat I talentum Monialibus et Prefecto Prefectus tenetur ad equum pheudi Moniales habent residuum

Barlow [4] LX mansi quorum plebanus habet IIII Ecclesia I Schaplow habet IX ad curiam suam Botel VIII ad curiam suam emerunt hoc anno a Heyne *Barfus* qui ab antiquo possedit Moniales in Fredelant habent XIII ad allodium emerunt a Hermanno de Wulkow milite Ad pactum censum et precariam soluit quilibet mansus I frustum Cossati sunt VIII Quilibet soluit X grossos Taberna dat I talentum Prefectus I frustum Molendinum soluit VI choros siliginis monialibus Supremum iudicium et seruitium curruum habet Schaplow Alii tamen habentes liberos mansos dicunt quod quilibet habet super suos emit a *Crusemark* hoc anno qui possedit ab antiquo Marchio habet seruitium vasallionatus.

Ville Monachorum de Czinna (Kloster Zinna.)

Ruderstorf [5] sunt LXII mansi quorum plebanus habet IIII Ecclesia I Monachi habent VI ad curiam Ad pactum soluit quilibet mansus III modios siliginis et III auene Ad censum quilibet XXVI denarios Ad precariam XV denarios ½ quartale siliginis ½ ordei et I quartale auene Cossati sunt XI Quilibet soluit II Taberna dat X solidos Molendinum Tastorp dat VI choros siliginis *Mons calcis* [6] quid soluit dicere noluerunt Tota villa est Monachorum Sed Kleptzk habet precariam vsurpat sibi etiam seruitium curruum

Altena [7] sunt XL mansi quorum plebanus habet IIII Prefectus IIII Ad pactum soluit quilibet mansus III modios siliginis et III auene Ad censum quilibet XXVI denarios Ad precariam quilibet XV denarios ½ quartale siliginis ½ ordei et I auene Cossati sunt XII Quilibet soluit II solidos et II pullos Taberna dat X solidos Kleptzk habet precariam Monachi habent residuum

Har-

1) Jetzt Biesdorf, gehört der Frau von Marschall.
2) Wird jetzt Ringenwalde geschrieben.
3) Wird jetzo Lüdersdorf geschrieben, und gehöret der Frau von Marschall.
4) Jetzo Barzlow, gehört dem Hrn. von Barfuß.
5) Wird jetzo geschrieben Rüdersdorf, und ist ein Königl. Amt.
6) Diese Kalkberge sind noch vorhanden, und versorgen alle Berlinische Bauten mit Kalk.
7) Dieses Dorf ist jetzo ganz unbekannt.

Barnym.

Hersuelde [1] sunt LXX mansi quorum plebanus habet IIII Ecclesie I Ad pactum et censum quilibet soluit VI solidos Ad precariam quilibet mansus V solidos et I quartale siliginis et I ordei et ɫ modium auene Cossati sunt XI Quilibet dat I solidum et I pullum Taberna dat X solidos Precariam habent Nicolaus Storkow et Nicolaus Sunde ciues in Berlin super XL mansis et vltra hoc II talenta super prefectum a Marchione Monachi habent residuum Marchio olim habuit precariam

Hertzfelde [2] sunt LXX mansi quorum plebanus habet IIII Ecclesia vnum Ad pactum XX mansi dant quilibet X solidos et I quartale pisorum De aliis soluit quilibet VI modios siliginis VI auene et I quartale pisorum et ad censum quilibet XXVI denarios Alii XX mansi non dant censum Ad precariam quilibet IIII solidos et ɫ modium siliginis ɫ ordei et I modium auene Cossati sunt XIX soluunt in vniuerso XIIII solidos Taberna dat X solidos Precariam habet Kleptzk Monachi residuum.

Henkendorp [3] sunt XXXIII mansi quorum plebanus habet IIII Ad pactum et censum soluit quilibet V solidos Ad precariam quilibet IIɫ solidos I quartale siliginis I qr ordei et ɫ modium auene Cossati sunt VII Quilibet soluit I solidum et I pullum Taberna dat X solidos Piscatura dat VIII talenta quam habet relicta Czuden de Guterbuk ad vitam post cuius obitum deuoluitur ad Marchionem Monachi habent residuum

Werder [4] sunt LXVI mansi quorum plebanus habet IIII Ecclesia I Illi de *Kleptzk* habent XV mansos ad curiam suam Ad pactum soluit quilibet mansus VI modios siliginis VI auene et I quartale pisorum Ad censum quilibet XXVI denarios Ad precariam quilibet mansus IIII solidos equatum quartale siliginis equatum ordei et II auene Cossati sunt X Dant in vniuerso XXX solidos Taberna dat I talentum prefecto Molendinum dat III choros siliginis Precariam cum seruicio curruum habet Kleptzk Monachi habent residuum

Renefelt [5] sunt LXXIIII mansi quorum plebanus habet IIII Ad pactum dat quilibet mansus IIII modios siliginis V modios ordei et IIɫ modios auene et I quartale pisorum Ad censum quilibet XXVI denarios Ad precariam dat quilibet IIɫ solidos ɫ quartale siliginis ɫ ordei et I auene Nota quod vbi modo datur I mansus olim fuit IIɫ mansus et hoc propter paupertatem Cossati sunt IX Quilibet dat I solidum et I pullum Taberna dat I talentum Precariam et seruitium curruum habet Ian de *Wulkow* Monachi residuum

Tzinnendorff [6] sunt LXVI mansi quorum plebanus habet IIII Ecclesia I Ad pactum quilibet mansus dat VI modios siliginis et IIII modios auene Ad censum quilibet II solidos Ad precariam quilib.r III solidos et ɫ quartale auene Cossati sunt IIII Quilibet dat I solidum et I pullum Taberna dat I talentum Pactum et censum habet Dobler ciuis in Berlin pro pignore Precariam et seruitium curruum habet Ian de Wulko miles Supremum iudicium Monachi

L 3 Closter-

1) Soll sonder Zweifel Hirschfelde seyn, welches dem Hrn. von Bismark gehöret.

2) Hat seinen Namen behalten, und gehöret zu dem Königl. Amte Rüdersdorf.

3) Jetzt Hennichendorf, gehört zu dem Königl. Amte Rüdersdorf.

4) Hat seinen Namen behalten, und gehört unter vorbesagtes Amt.

5) Jetzt Rehfeld, gehört gleichfalls zum Amte Rüdersdorf.

6) Jetzo Zindorf, Amts Rüdersdorf.

Barnym.

Closterdorf [1] sunt LXX mansi Villa est deserta sed omnes mansi coluntur Ad pactum et ad censum soluit quilibet mansus VIII solidos Ad precariam quilibet mansus II solidos et VIII denarios quam habet Fritze Belkow ciuis in Frankenuorde Monachi habent residuum

Kogele [2] sunt XXVI mansi quorum plebanus habet II Quilibet mansus soluit III solidos pro toto Cossati sunt IX dant simul XVII solidos et XVIII pullos De cimbis vel paruis nauibus XXIII solidos Taberna dat X solidos Tota est Monachorum Molendinum in Liebenborg tenetur annuatim V choros siliginis

Probisthagen [3] sunt XXIIII mansi quorum plebanus habet II Rutze habet IX ad Curiam suam Tenetur ad seruitium vasallionatus Peter Rutze V tenetur etiam ad seruitium vasallionatus Ad pactum et ad censum dat quilibet VI modios siliginis et VI auene Ad precariam quilibet mansus V solidos et ½ modium siliginis ½ ordei et I auene Cossati sunt XXIIII quilibet soluit I solidum et I pullum Taberna dat X solidos Molendinum dat II frusta Supremum iuditium et seruitium curruum habent Rutze emerunt ab Aduocato a Marchione

Rykenberg [4] sunt LXII mansi quorum plebanus habet IIII Ecclesia I Hase habet VII ad curiam suam *Steynkelre* VI Peter Eykendorp habet XII ad curiam Pactum mansi non dant Ad censum quilibet VI modios Ad precariam quilibet III solidos I quartale siliginis I ordei et ½ modium auene Cossati sunt XIIII quilibet soluit I solidum et I pullum Taberna dat I talentum Molendinum soluit IIII frusta Monachi de Koryn habent super X mansis precariam Supremum iuditium seruitium curruum et molendinum habet Peter Eykendorf a Marchione partim habuit a patre partim emit a Botel hoc anno

Schultendorp [5] sunt LX mansi quorum plebanus habet V½ Ad pactum dat quilibet mansus XII solidos Ad censum et precariam quilibet mansus VI solidos ½ modium siliginis I ordei et I auene Cossati sunt XI Quilibet soluit I solidum et pullum Taberna dat I frustum Totam villam cum omni iure habet Heyno *Eykendorf* a Marchione

Ilow [6] sunt LXXIII mansi quorum plebanus habet IIII Rule et Ebel Eykendorf habent XII ad curiam Illi de *Ylow* habent XIIII ad curiam Hans et tutor aliorum de *Ylow* Kune de *Ylow* habet XI ad curiam Peter Eykendorp est tutor Heynonis Degnardi et Theobaldi de Eykendorf qui habent XVII mansos ad curiam Prefectus habet III mansos et est *Scabinus in iuditio Marchionis*

Sternebeck [7] sunt LIIII mansi quorum plebanus habet IIII Claws Sternebek habet XVI ab Arnoldo de *Vchtenhagen* Meliz Sternebeke habet VIII ad curiam etiam ab Arnoldo de Vchtenhagen Ad pactum et ad censum dat quilibet mansus V solidos Ad precariam quilibet III solidos et I quartale siliginis et I auene Cossati sunt V Quilibet soluit I solidum et I pullum Vltra ista dant Claws Sternebeke simul VIII solidos et XX pullos Taberna dat XII solidos Totam villam habent dicti Sternebeke a Marchione ab antiquo Ventimola deserta

Cqul-

1) Hat seinen Namen behalten, und gehöret zu dem Königl. Amte Landsberg.
2) Jetzo Kagel, gehört zu dem Amte Rüdersdorf.
3) Jetzo Pritzhagen, gehört zu Friedland.
4) Jetzo Reichenberg, hat bishero der von Barfusischen Familie gehört.
5) Jetzo Schulzendorf, gehört dem Landrath von Pfuhl, und ist ein Lehn der Familie dieses Namens.
6) Hat seinen Namen behalten, und gehöret der Familie von Bredow, vor diesem denen von Ilow.
7) Hat seinen Namen gleichfalls unverändert beybehalten, und gehöret dem Cammerrath Jäckel.

Barnym.

Czulstorff[1] ab antiquo desertum

Doberchow[2] sunt XL mansi quorum plebanus habet II Claws Sternebeke frater Meliz habet V mansos ad curiam suam Melis habet V ad curiam Tenetur ad seruitium vasallionatus Peter Doberchow habet V mansos ad curiam suam Claws frater eius habet X censuales Idem tenetur etiam ad seruitium vasallionatus Ad pactum censum et precariam quilibet ½ frustum Cossati sunt III dant simul XXXII denarios Totam villam habent predicti a Marchione in pheudum Ibi non est taberna

Hastlberg[3] sunt LXX mansi quorum plebanus habet IIII Ecclesia I Gunter de *Plote* habet VI ad curiam Peter Doberchow habet VIII ad curiam ab illis de *Vchtenhayn* Ad pactum et ad censum soluit quilibet mansus VIII solidos Ad precariam quilibet mansus I½ quartale siliginis I½ ordei et III quartalia auene Cossati sunt XI Quilibet soluit I solidum et I pullum Taberna dat I talentum Precariam habent filii Heyne Hondorp a Marchione Supremum iuditium Gunter de Plote et Peter Doberchow cum pacto censu ab Arnoldo de Vchtenhayn Tenentur ad seruitium Seruitium curruum habet Marchio

Hernekop[4] sunt L mansi quorum plebanus habet IIII dat pro toto quilibet mansus ½ frustum Reyneke de Brunko medietatem Cleptow XIII½ mansos Plato XIII½ colunt Nullus rusticus moratur ibi Hec villa est pheudum Marchionis

Predico[5] LIIII mansi quorum plebanus III Ebel Crummensee cum Guntero Barut habent agrum specialem et X mansos ad curiam Ad seruitium vasallionatus Hans Haselberg VI ad curiam Hans Baruot IIII½ mansos ad curiam Ad pactum censum et precariam quilibet XV solidos et ½ modium siliginis ½ ordei I modium auene Cossati XX quilibet II solidos et I pullum Taberna XX solidos Relicta Spandow et filii Strutzberg habent IX frusta et XV denarios a Barute Monkeberg ciue in Writzen I½ frusta Ad altare in Writzen V½ frusta sed habet in pignore nec sunt appropriata *Dominus Marchio habet pheudum* Supremum iuditium habent predicti vasalli Quilibet super suos mansos

Hertzhorn[6] sunt LIIII mansi quorum plebanus IIII Fritze et Vlrik de *Schaplow* habent XIX mansos ad curiam

Predico superior[7] sunt L mansi quorum plebanus II Ad pactum censum et precariam quilibet XIIII½ solidos et I½ quartale siliginis I½ ordei et III auene Cossati XV Quilibet II solidos et I pullum Taberna XXX solidos Monkeberg habet II frusta Relicta Petri Barut X frusta ad dotalitium Hans de *Haselberge* V frusta a Marchione Supremum iuditium predicti vasalli quilibet super suos

Ramft[8] sunt XXVIII mansi quorum plebanus IIII Dat pro toto quilibet mansus X solidos Cossati sunt XI quilibet I solidum I pullum et quilibet VII grossos de piscatura Taberna XIX solidos Tota villa est Betkini *Pul* a Marchione *Magna*

1) Es ist kein Dorf dieses Namens, ausser das obbemerkte Dahlsdorf, Niederbarnimschen Creyses, bekannt, und ist also dieses Czulstorff wahrscheinlich wüste geblieben.
2) Wird vermuthlich das zu Sternbeck gehörige Vorwerk Dabernick seyn.
3) Hat seinen Namen unverändert beybehalten, und gehört dem von Vigne.
4) Jetzo Harnekop, gehört dem Grafen von Golowkin.
5) Jetzo Predickow, gehört dem Grafen von Ramcke.
6) Wird sonder Zweifel das jetzige Vorwerk Herzhorn seyn, welches dem Hrn. von Reichenbach gehöret.
7) Hohen-Predickow liegt bey dem vorbemerkten Niedern-Predickow, mit welchem es heut zu Tage nur ein Dorf ausmacht.
8) Hat seinen Namen beybehalten, und gehöret der Frau von Marschall. Durch Urbarmachung des Oderbruchs ist es sehr vergrößert und verbessert worden.

Barnym.

Magna Benstorf [1] sunt XXX mansi quorum Betkinus Rudow prefectus in Strutzberg cum fratribus habet X ad curiam Petze Rudenitz ciuis in Strutzberg cum fratribus XX ad curiam. Quilibet mansus soluit pro toto X solidos

Buko [2] in preurbio II frusta et III choros *humuli* habet E. *Crusemark* et filii H de *Pul* a Marchione

Grunow [3] sunt LXII mansi quorum plebanus habet IIII Ad pactum quilibet V modios siliginis III modios ordei et V modios auene I quartale pisorum Censum non dant Ad precariam V solidos Cossati sunt IIII Vnus dat XV pullos vnus X pullos alius II solidos et I pullum vnus II libras cere et I pullum Taberna dat XIIII solidos Altare in Strutzberg super XI mansis Super eosdem mansos habent Trebus precariam a Marchione Residuum totum habet *Heyne Baruot* cum iuditio et seruitio curruum emit ab illis de Trebus nouiter Molendinum soluit II choros siliginis

Frankenuelde [4] sunt XXVI mansi quorum plebanus II et prefectus I talentum pro equo phcudi et XXX solidos ad precariam et IIII modios siliginis IIII ordei VIII modios auene Ad pactum III mansi coniuncti dant simul XVI modios siliginis VIII ordei et I chorum auene I modium pisorum Ad censum VIII solidos et III mansi I talentum ad precariam et II modios siliginis II ordei IIII auene et sic de aliis tribus et cetera Cossati sunt X Quilibet XVI denarios et I pullum Taberna dat XVI solidos et tantum quantum I mansus habet precariam videlicet VII solidos minus denario Otte Pul habet tertiam partem de pacto et censu Residuum habet *Heyne Baruot* cum omni iure a Marchione partem a Botel et partem a Sitz de Erua

Cunratstorf [5] sunt LX mansi quorum plebanus IIII *Heyne Baruot* XII ad curiam Ad pactum et censum quilibet VIII solidos Ad precariam quilibet III solidos et III denarios et III mansi combinati dant simul I modium siliginis I ordei II auene Cossati sunt XVI X dant quilibet XVIII denarios et II pullos Vnus dat I modium siliginis et XXXI pullos Vnus IIII solidos et IIII pullos Alius dat III solidos et VI pullos Taberna dat II talenta sed habet II mansos inclusos Tota villa cum omni iure est *Heynonis Baruot*

Blumendal [6] sunt L mansi quorum plebanus IIII Vlrik Crossen habet XXV quos colit Berckholtz habet residuos mansos Tenentur ambo ad seruitium vasallionatus

Boldewinstorf [7] habet L mansos quorum plebanus habet V Ecclesia I Ad pactum quilibet IIII modios siliginis IIII modios auene Ad censum quilibet III solidos et non plus Cossati VIII Quilibet dat II solidos et I pullum Taberna I talentum Petrus Berenfelde habet totum eo excepto quod alius Petrus Berenfelde ibi super VI mansis qui tenentur in pheudum a Marchione

Bressel

1) Es ist zur Zeit kein Ort dieses Namens bekannt, und muß also entweder wüste seyn, oder eine gänzliche Namensveränderung erlitten haben.

2) Ist jetzo ein Städtgen und von Flemmingsches Lehn. Es wird noch jetzo ein starker Hopfenbau daselbst getrieben.

3) Gehört dem Grafen von Ramcke. Der H. Baruot der hier öfters vorkommt, ist ohne Zweifel von der alten Familie von Barfuß, die in dieser Gegend von den ältesten Zeiten angesessen ist.

4) Jetzo Frankenfelde, gehöret dem Cammerrath Wolf.

5) Heißt jetzo Cunersdorf, und gehört dem General von Lestwitz, vor diesem denen von Barfuß.

6) Das Dorf Blumenthal ist nicht mehr vorhanden. Es ist aber gewiß die wüste Dorf- oder Stadtstelle, deren Ruinen man annoch in dem, dem Grafen von Ramcke gehörigen Holze, der Blumenthal genannt, findet, und welche unter dem Namen der wüsten Stadtstelle Blumenthal bekannt ist. Aus dem Landbuche scheint, daß es nur ein Dorf gewesen, weil es nicht als ein Opidum bemerkt worden.

7) Ist vermuthlich Dollersdorf, welches zu Friedland gehöret.

Barnym.

Prëssel [1] habet LIX mansos quorum plebanus habet IIII Wydener habet XV mansos ad curiam suam Tenetur ad seruitium vasallionatus Kune Czachow VIII mansos ad curiam suam Hans Czachow VII½ mansos ad curiam suam Tenetur ad seruitium vasallionatus Ad pactum et censum soluit quilibet mansus VI solidos Ad precariam quilibet III solidos I½ quartale siliginis I½ qr ordei et III qr auene Cossati VIII Quilibet soluit II solidos et I pullum Taberna I talentum Predicti Wydener et Czachow habent totam a Marchione Czachow habuit ab antiquo Sed Wydener emit partem suam a dictis Czachow

Bystorp [2] habet XL mansos quorum plebanus habet III Otto de Pule VIII mansos ad curiam suam Quilibet mansus soluit pro toto VI solidos ½ quartale siliginis I quartale ordei dimidium modium auene Cossati XIII Quilibet dat I solidum et I pullum Taberna XV *Gurgusta* sunt XIII Quodlibet soluit III solidos Molendinum quod dicitur *Dornepusch* [3] VI choros siliginis Monialibus in Fredelant *Otrasen de Pulen* [4] habet super VIII mansis Supremum iudicium habet dimidium et III solidos in gurgustis Residuum est totum Ottonis de Pule a Marchione

Bysow [5] sunt XLIIII mansi quorum plebanus habet IIII Ad pactum censum et precariam quilibet IIII solidos Cossati sunt X Quilibet I solidum et I pullum Taberna dat VIII solidos Tria stagna non sunt locata Medietas est Moringe *Scapelow* habet aliam medietatem emit a Bysow

Wylkendorp [6] sunt LXIIII mansi quorum plebanus IIII Ad pactum et ad censum quilibet IIII solidos Ad precariam II solidos et ½ quartale siliginis ½ ordei ½ modium auene Cossati sunt VII dant simul XIIII solidos et VII pullos Taberna IIII solidos Stagnum non est locatum et est rusticorum Pactum censum et iuditium supremum est ciuium dictorum Trebus emerunt a Sitz qui habuit ex donatione Marchionis Precaria et seruitium curruum spectat ad Marchionem

Rudolstorp [7] sunt XLII mansi quorum plebanus habet II Ad pactum censum et precariam quilibet VIII solidos Cossati sunt IX Quilibet II solidos et I pullum Taberna X solidos Stagnum IIII talenta Prefectus tenetur ad equum pheudalem I talentum Tota villa cum omni iure est Nicolai Hochow a Marchione

Hogensten [8] LXII mansi quorum plebanus IIII Ecclesia I Ad pactum quilibet IIII modios siliginis IIII auene exceptis IX mansis super quibus habet Iacob Haselberg ab illis de *Lype* in pheudum quorum quilibet dat V solidos Ad censum et ad precariam II½ solidos et I quartale siliginis I qr ordei et ½ modium auene Ad censum XVIII denarios Ad precariam quilibet III solidos cum III denariis et III mansi combinati dant I modium siliginis I ordei II modios auene exceptis IX mansis predictis qui soluunt ut supra scriptum est

Cossati

1) Ist das dem Grafen von Ramcke zugehörige Guth Prötzel.
2) Jetzo Alt-Biesdorf, gehöret theilweise dem Grafen von Ramcke, den Cammerräthen Wolf und Jäckel und dem von Barfuß.
3) Die allhier angeführte Dornbuschmühle ist noch vorhanden.
4) Die allhier und bey andern Güthern vorkommende Otrasen und Otto de Pule oder Pulen, sind ohne Zweifel die Vorfahren der jetzo in diesem Creyse noch angesessenen Familie der von Pfuhl oder Pfuel.
5) Jetzo Biesow, hat der von Bredow von den von Ingersleben'schen Erben erkauft.
6) Wird jetzo Wilkendorf geschrieben, und gehöret dem Ritterschafts-Director von Pfuhl.
7) Jetzo Rahlsdorf, gehöret zu dem Königl. Amte Landsberg.
8) Jetzo Hohenstein, gehöret gleichfalls zu dem Amte Landsberg.

Barnym.

Cossati XIII quilibet II solidos et I pullum Taberna dat XXI solidos Iacob Haselberg super IX mansis Totum ius predictum est Arnt *Crummense* habet super XV mansis pactum et censum Sed Peter Berenuelde precariam Ebel Crummense super XXVII mansis pactum et censum Sed precariam dictus Peter Supremum iuditium et ius patronatus habet Ebel Crummensee Seruitium curruum Marchio

Richenow [1] sunt LIII mansi quorum plebanus III P Tyde Peters IIII mansos et cum hoc agrum specialem tenetur ad seruitium vasallionatus Ad pactum et censum de XXI quilibet VIII solidos et IIII solidos ad precariam Sunt alii VI qui soluunt III modios siliginis III ordei et VII auene Precariam et censum Vł solidos Sunt alii II dant quilibet IIII modios siliginis IIII auene et IIII solidos ad precariam Est alius mansus dat IIł modium siliginis IIł ordei III auene et IIł solidos ad precariam Predicti XXVI mansi dant ł modium siliginis ł ordei et I auene Alii V Alii VI IIł quartale siliginis IIł ordei III quartalia auene Alii duo quilibet ł quartale siliginis ł ordei I quartale auene Cossati sunt VII Quilibet VI denarios Taberna dat XVIII solidos Item Dominus in Mar habet super IIII mansis I chorum super Martini quos colit Henning Richenow Tyde Peters habet super V mansis pactum et censum Coppe Vogelstorp super IIIIł mansis pactum et censum Residuum pactum et supremum iuditium est Berchter et Wilhelmi de *Lype* Otto *Pul* aliam medietatem a Marchione Prefecturam habent Otto Pul et Petze Richenow

Mogelin [2] sunt XX mansi quorum plebanus IIII Otto *Pul* ad curiam VIII Alii patrui sui etiam VIII ad curiam Ad seruitium vasallionatus ab antiquo a Marchione

Kunkendorf [3] tota deserta Henninghus et Tylo Richenow colunt pro nunc ad seruitium Domimini aliquot mansos

Garzin [4] sunt LXXII mansi quorum plebanus IIII Hermannus *Wulkow* X ad curiam Hans *Wulkow* XIIII ad curiam Filii Reinekini XIIII mansos Ad pactum et censum et precariam quilibet mansus VI modios siliginis VIł modios auene et V solidos Cossati X Quilibet soluit II solidos et II pullos excepto vno qui I solidum et I pullum Taberna XLV pullos Molendinum III choros siliginis Stagna IIII dant IIIIł talenta Tota villa est predictorum de *Wulkow* omni iure Dicunt quod non habent *seruitium* a Marchione *pheudale* Pater eorum emit a Tober

Gartzow [5] sunt LX mansi quorum plebanus habet III Ecclesia vnum Ad pactum quilibet VI modios siliginis VIł modios auene Ad precariam IIIIł solidos non plus Cossati X Quilibet II solidos et II pullos Taberna I talentum Molendinum desertum Totam villam habet Hermannus de *Wulkow* cum omni iure Excepto Benedicto Giselstorp habet frumentum super — mansis a Marchione in pheudum

Gyselstorp [6] sunt C mansi quorum plebanus habet IIII et Ecclesia I Iunior Benedictus *Gyselstorp* XII mansos ad curiam Tenetur ad seruitium vasallionatus Et senior Benedictus IIII ad curiam Ad pactum et censum quilibet mansus VI solidos Ad precariam quilibet III solidos ł modium auene Cossati VIII Quilibet dat I talentum Molendinum IIII choros sili-

1) Jetzo Reichenow, gehört dem Hrn. von Reichenbach.
2) Wird jetzo Mögelin ausgesprochen.
3) Jetzo Kühneckendorf, ist wieder aufgebauet, und gehöret dem Hrn. von Reichenbach.
4) Der Name ist unverändert geblieben, und gehöret dieser Ort zu Buckow.
5) Gehöret dem Grafen von Schmettau, vorhin zu Buckow.
6) Jetzo Gielsdorf, gehöret dem von Pfuhl.

Barnym.

siliginis Duo stagna non sunt locata Illi de *Gyselstorp* habent pactum censum et supremum iudicium de quibus senior Benedictus quartam partem et iunior III partes a Domino Marchione ab antiquo Precariam habet Benedictus Botel a Marchione qui fuit Marchionis Seruitium curruum dicunt se habere dicti de *Gysel*

Haselholz [1] sunt LII mansi quorum plebanus habet III Hans Crusemark X mansos ad curiam Ad pactum quilibet dat VI modios siliginis et VI modios auene Ad censum quilibet II solidos et non precariam Cossati XI quilibet dat II solidos et I pullum Taberna I talentum Wydener habet super X mansos cum omni iure a Marchione Emerunt a Berther List qui emit a Hinrico List Hans de Wulkow super XXIII mansis Totum cum omni iure a Marchione Dominus Marchio habet ibi seruitium vasallionatus et seruitium curruum

Lichtenow [2] sunt XXVII mansi quorum plebanus habet II Quilibet mansus soluit pro pacto et censu VI solidos II modios pisorum exceptis II qui non dant pisum Ad precariam quilibet VII solidos et I denarium et tertiam partem denarii Cossati sunt IX Quilibet dat I solidum Taberna X solidos Totum habent Moniales in Spandow

Sunnenberg [3] est tota deserta vt dicit

Czepernik [4] sunt LII mansi quorum plebanus habet III Ad pactum quilibet VIII modios siliginis II ordei V modios auene Ad censum quilibet II solidos Ad precariam quilibet VI solidos Cossati sunt VI quilibet I solidum et I pullum Taberna I talentum Dyreken habet VIII choros siliginis a Marchione ab antiquo Relicta Sparren VI frusta a Marchione Relicta Fridels X frusta ad dotalitium a Marchione Ad altare in Bernow XIII modii siliginis Duseken habent II frusta a Marchione Busse *Briczik* habet XI frusta a Marchione Tyle Meyer habet XXVIII modios siliginis Iudicium supremum et seruitium curruum habet Busse Briczik a Marchione

Wilmerstorf [5] sunt LXXXIIII mansi quorum plebanus IIII Ecclesia II XXII mansi quorum quilibet soluit ad pactum X solidos ad precariam IIII solidos et IIII½ denarios Censum non dant Dant etiam quilibet ½ modium siliginis ½ ordei I auene Alii VIII ad pactum quilibet XI solidos Ad precariam IIII solidos et IIII½ denarios ½ modium siliginis I½ ordei et I modium auene Alii IIII quilibet III modios siliginis IIII ordei VI auene et ad precariam IIII solidos et IIII½ denarios et ½ modium siliginis ½ ordei I modium auene et ad censum VIII solidos Alii mansi censum non soluunt Alii duo dant quilibet VIII modios siliginis IIII ordei Ad precariam IIII solidos et IIII½ denarios Alii VI quilibet soluit X solidos pro toto Alii IIII duo combinati dant simul I talentum Ad precariam et ad pactum IIII solidos et IIII½ denarios dimidium modium siligiais dimidium ordei I modium auene Duo dant quilibet X solidos ad pactum et ad precariam IIII solidos et IIII½ denarios Cossati XIII quilibet dat I solidum et I pullum Taberna dat I talentum Prefectus tenetur ad equos pheudi Moniales in Spandow super XVI mansis pactum tantum Petze Rudenitz habet super XXI mansis de quo vxor sua habet VI frusta in dotalitium Emit a Frederico Wiltberg hoc anno a Domino Marchione in pheudum Paul Scroder

ciuis

1) Gehöret zu Buckow.
2) Gehöret jetzo zu dem Königl. Amte Rüdersdorf.
3) Ist noch wüste und unbekannt
4) Ist das dem Berlinischen Dohmkapitul gehörige Dorf Zepernick, so aber jetzo nicht zum Ober- sondern Nieder-Barnimischen Creyse gehöret.
5) Jetzo Wilmersdorf, gehöret zu dem Amte Löhme.

Barnym.

ciuis in Berlin super IIII mansis pactum et censum Tenetur ad equum pheudi emit a Wiltberg et ab eo in pheudum Claws Doberchow super II mansis pactum Nescit quanto tempore deuolutum ad Marchionem Bene in Frienwalde super II mansis pactum habuit tribus annis Tyle Brugge Prefectus in Berlin super IIII mansis pactum X annis a Marchione Hans Litzen ciuis in B super IIII mansis pactum a Marchione Liborius Botel super II mansis pactum ab antiquo Marchione Steger super VI mansis pactum ab antiquo Bysow super V mansis pactum Item super II mansis pactum ad altare in Schoneuelt Item pactum super II mansis ad altare in Berlin Schonenberg ciuis in Strutzberg habet XI frusta in precaria a Frederik Wilrberg in pheudum Residuum precariam supremum iuditium et seruitium curruum habet Frederik Wiltberg ab antiquo a Marchione in pheudum Seruitium vasallionatus est ibi

Tempeluelde [1] sunt LX mansi quorum plebanus IIII Ecclesia ½ Ad pactum quilibet I talentum et non plus Cossati XVI quilibet XVI denarios exceptis IIII qui dant quilibet I solidum Taberna II Vnus dat XXXVI solidos Alius II talenta Henning de *Groben* I frustum ab antiquo Medietatem ville omni iure habet Liborius Botel ciuis in Berlin Aliam medietatem habet Hermann Molndorff cum fratribus ab Episcopo Brandeburgensi in pheudum Herman Molndorf I mansum ad curiam Tota villa cum supremo et inferiori iuditio cum seruitio curruum cum precaria et omnibus iuribus et pertinentiis vniuersis spectat ad ecclesiam et mensam Episcopalem Brandeburgensem iure proprietatis

Wese [2] sunt LXXVII mansi quorum plebanus IIII Ecclesia I Prefectus X Ad pactum quilibet III modios siliginis III ordei VI auene et I quartale pisorum Ad censum quilibet II solidos Ad precariam quilibet V solidos ½ modium siliginis ½ ordei I auene Cossati sunt IX Quilibet soluit II solidos et I pullum Taberna I talentum prefecto Prefectus tenetur ad equum pheudi Hoppenrode habet super IX mansis pactum et censum ab antiquo Kurouer super IIII pactum et censum etiam ab antiquo Moniales in Spandow super II pactum et censum Steger super IIII pactum et censum etiam ab antiquo Albertus Rathenow ciuis in Berlin habet super XIII½ mansis pactum et censum exclusis VI modiis auene qui eos possedit duos annos et fuit deuolutum ad Marchionem per mortem H Steinbeke emit a Doberchow hoc anno Alios VIII½ a Koppen Scroder ciue in Bernowe Koppe Scroder prefectus in Bernowe super XIIII½ mansis pactum et censum ab antiquo Liborius Botel ciuis in Berlin habet super XVIII pactum et censum ab antiquo Media pars iuditii supremi precarie et seruitii curruum et ius patronatus est Liborius Botel ab antiquo Albertus Rathenow habet quartam partem supremi iuditii precarie et seruitii currus et Coppe Scroder quartam partem supremi iuditii precarie et seruitii curruum

Grassow [3] sunt XL mansi quorum plebanus habet IIII Ecclesia I Prefectus habet IIII mansos ad *Scabinatum* Ad pactum quilibet X solidos Censum non dant Ad precariam quilibet V solidos et ½ modium siliginis I ordei I modium auene Cossati sunt XII Quilibet I solidum et I pullum excepto vno qui dat II solidos et I pullum Lippold habent precariam super XXXII mansis a Marchione Pactum iuditium supremum et ius patronatus habet Tyde Kremer ciuis in Nyestadt emit a Zachow sunt X anni et tota villa est deserta Seruitium curruum Marchio *Lich-*

1) Jetzo Tempelfelde, gehört dem Grafen von Sparre.
2) Jetzo Wesow, gehöret zu dem Amte Löhme.
3) Dieses Dorf, das schon zu Carl 4. Zeiten wüste gewesen, ist jetzo unbekannt, dafern es nicht das dem Grafen von Sparre zugehörige Vorwerk Gratz ist.

Barnym.

Lichteruelde [1] sunt XLIIII mansi quorum plebanus habet IIII Hentze Glutzer habet VII ad curiam Tyle Sparre VIII ad curiam Ad pactum quilibet II modios siliginis III modios ordei IIII auene et I quartale pisorum Ad censum quilibet III solidos et II denarios Ad precariam quilibet III solidos et IIII denarios Tres mansi combinati dant simul I modium siliginis I ordei II auene Cossati XLV soluunt simul XXXVIł solidos et quilibet I pullum Taberne sunt IIII Dant simul V talenta et ad precariam XII solidos Cossati dant ad precariam XVIII solidos Precariam habet Hentze Glutzer Est ibi quidam ager qui consueuit soluere VIł sexagenas pullorum quem dicunt esse pro nunc desertum Supremum et infimum iuditium seruitium curruum habet Tyle *Sparre* emit a Plotzen sunt X anni

Tornow [2] sunt XLII mansi quorum plebanus IIII Tyle *Sparre* VII ad curiam Hans *Sparre* XI ad curiam Werner *Sparre* IIIł mansos ad curiam Ad pactum quilibet VI modios siliginis VI auene et non ordeum Censum non Ad precariam quilibet III solidos et X denarios et Ił quartale siliginis Ił ordei III quartalia auene Cossati sunt XIX Quilibet I solidum I pullum Taberna I dat IIII solidos I pullum Supremum iuditium et seruitium curruum habet Tyle Sparre ab antiquo a Marchione in pheudum Molendinum II choros siliginis

Waldenberg [3] sunt LXIIII mansi quorum plebanus habet IIII Ecclesia I Prefectus VIII tenetur ad equum pheudi Ad pactum quilibet mansus V solidos Censum non Ad precariam IIł solidos I quartale siliginis I ordei ł modium auene Cossati sunt XII quilibet I solidum et I pullum Taberna I talentum prefecto Dyprans Kettelitz super II mansis pactum emit a Iohanne de *Waldow* Kurouer super II pactum ab antiquo Pule tu Mogelln super II pactum ab antiquo Relicta *Konyngesmark* super XXI pactum ad dotalitium Doberchow super XXII pactum emit a Brunko sunt X anni Precariam supremum iuditium et seruitium curruum habet Doberchow a Marchione in pheudum Tenetur ad seruitium vasallionatus

Tuchem [4] sunt XLIIII mansi quorum plebanus habet IIII Ecclesia I Frenkel de Lowenberg XXIIII ad curiam Symo de Lowenberg XV ad curiam Cossati XIII Quilibet I solidum et I pullum Taberna deserta Totam villam habent Lowenberg predicti omni iure Quilibet mansus soluit pro toto V solidos et non plus Dominus Marchio habet ibi seruitium curruum Molendinum desertum quod est Weskonis de Lowenberg Aliud molendinum IIII choros siliginis et VI modios quos habet Kurover cum patruis Diuolutum fuit ad Marchionem

Vtzstorp [5] sunt XL mansi quorum plebanus II Czabel Wynnige VIII ad curiam Ad pactum quilibet III modios siliginis III auene non ordei Ad censum quilibet II solidos Ad precariam II solidos Cossati IIII Quilibet III modios siliginis III auene non ordeum Ad censum quilibet II solidos Ad precariam II solidos Cossati IIII Quilibet dat XVIII denarios et III pullos Taberna dat III solidos Molendinum III choros siliginis Precariam habet Kurouer ab antiquo Ad Altare in Nyestat I frustum Supremum iuditium

et

1) Wird jetzo Lichterfelde geschrieben, und gehöret dem Hrn. Splittgerber.
2) Hat seinen Namen beybehalten, und gehöret dem Hrn. Vernezobre.
3) Jetzo Wollenberg, gehöret dem Amtrath Schartow.
4) Hat seinen Namen beybehalten.
5) Jetzo Utzdorf, ein dem Hrn. von Hollwedel zu Lanke gehöriges Vorwerk, Niederbarnimschen Creyses.

Barnym.

et ſeruitium curruum habet Czabel *Wynnyge* Sed Kurouer dicit ſeruitium curruum ad ſe de iure pertinere

Smetſtorp [1] ſunt XXV manſi quorum plebanus II Ad pactum quilibet III modios ſiliginis III auene non ordei Ad cenſum quilibet II ſolidos Ad precariam XXXIIII½ denarios I quartale ſiliginis I ordei ½ modium auene Coſſati ſunt XIIII Quilibet I ſolidum et I pullum Taberna dat V ſolidos Prefectus tenetur ad equum pheudi pro quo dat XII ſolidos Radun habet ſuper V½ manſis pactum et cenſum Liborius Botel precariam et reſiduum pactum et cenſum Iuditium ſupremum ſeruitium curruum et ius patronatus ab antiquo a Marchione in pheudum

Welſekendorp [2] ſunt LIIII manſi quorum plebanus habet IIII Ebel Molndorff habet XIIII ad curiam Ad pactum quilibet manſus X ſolidos Cenſum non dant Ad precariam quilibet V ſolidos dimidium modium ſiliginis ½ ordei I modium auene Coſſati ſunt XIX Quilibet dat VI modios ſiliginis VIII ſolidos Excluſis illis dat vnus XVI pullos Taberna I talentum prefecto Ventimola dat I chorum ſiliginis Tyle Sparre habet precariam ſuper XLI manſis ab antiquo a Marchione in pheudum Supremum iuditium et ſeruitium curruum habet Ebel Molndorff cum fratribus ab antiquo a Marchione in pheudum

Schonow [3] ſunt XXXIIII manſi quorum plebanus habet IIII Coppe Wilmerſtorff habet II ad curiam Ad pactum IX manſi quilibet dat III modios ſiliginis III modios auene Alii VII dant quiliaet II modios ſiliginis II auene et omnes manſi ſimul dant I chorum ad precariam Medietatem habet Coppe Wilmerſtorff Coſſati ſunt XI Quilibet I ſolidum et I pullum Taberna dat V ſolidos Precariam habent illi de Griphenberg Supremum iuditium et infimum et ſeruitium curruum et ius patronatus habent Coppen et Hans Wilmerſtorff ab antiquo

Lubenitz [4] neſciunt quot ſunt manſi quia dudum pactum cenſum et precariam neſciunt *quia ab antiquo non eſt culta*

Borneken [5] ſunt LXXXIIII manſi quorum plebanus habet IIII Palmdage habent VI manſos ad curiam Ad pactum VIII manſi dant quilibet X ſolidos Alii VIII quilibet V modios ſiliginis V ordei V auene Item alii dant quilibet VI modios ſiliginis VI ordei VI auene Alii XXII dant quilibet X ſolidos ad pactum Reſidui dant quilibet V modios ſiliginis V ordei V auene Ad cenſum quilibet manſus II ſolidos Ad precariam quilibet III ſolidos et X denarios Coſſati ſunt XIIII Quilibet I ſolidum et I pullum Taberna dat X ſolidos prefecto Prefectus tenetur ad equum pheudi Ventimola dat XXX ſolidos eccleſiis in Bernoue et Borniken Hans et Peter Litzen et relicta Wolff Litzen habent ſuper XXVI manſis pactum videlicet VII½ chorum ordei ab antiquo Ad altare in Writzen III½ fruſta Moniales in Fredelant ſuper IIII manſis IIII½ fruſta Gesken habet ſuper XVI manſis pactum a Henningh Palmdach Czabel Palmdach ſuper X manſis pactum a Marchione Wolterſtorpe ſuper XVI manſis pactum a Palmdach Supremum iuditium et ſeruitium curruum habent Palmdach predicti a Marchione in pheudum

Schon-

1) Ein der Bernauiſchen Cämmerey gehöriges Vorwerk, Niederbarnimſchen Creyſes.
2) Jetzo Wölſickendorf, gehöret dem Herrn von Bredow.
3) Hat ſeinen Namen beybehalten und wird zu dem Niederbarnimſchen Creyſe gerechnet. Es gehöret zur Hälfte dem Königlichen Amte Bieſenthal, und zur Hälfte der Bernauiſchen Cämmerey.
4) Iſt nicht mehr vorhanden, und iſt ſchon zur Zeit des Landbuchs nicht bewohnt geweſen.
5) Hat ſeinen Namen beybehalten, und iſt von dem Geheimten Rath Schindler der Stiftung, welche ſeinen Namen führet, vermacht worden.

Barnym.

Schonholtze [1] sunt XXXII mansi quorum plebanus II Steger habet VI ad curiam suam Relicta Keselinges colit IIII qui spectant ad prefecturam et Steger quosdam Alii deserti

Schepforde [2] sunt XXVI mansi Ad pactum quilibet III solidos et pro toto Cossati sunt V Quilibet II pullos Taberna I talentum Wentzlaw de *Bercholtz* habet super X mansos pactum Venatores sunt VI qui dicunt Scepwarden habent libertatem a Domino Marchione Supremum iuditium et seruitium curruum habet *Bercholtz* predictus Emerunt a Iohanne de *Waldow* Sunt ibi qui dicuntur *Bardesniker* qui dant quartale mellis que habet Henningh de *Stegelitz* Tota villa dat XXXVI pullos Bercholtz habet XXVI pullos Prefectus X pullos

Boldekendorp [3] sunt LIIII mansi quorum plebanus IIII Stift habet VI a Monachis de Koryn Stift habet X ad curiam et Hans et Degenart Stift habent V ad curiam Ad pactum quilibet I talentum Brandeburgense pro toto Dominus Thidericus et Henningh Walmow habent XVIII mansos ad duas curias Emerunt hoc anno ab illo de Alim qui habuit ex antiquo seruitium vasallionatus super IIII mansis Ian van Oderberg habet II mansos ad curiam Tenetur ad servitium vasallionatus emit ab *Alim* sunt IIII anni Ianeke Steger habet III mansos ad curiam habet seruitium vasallionatus de vno manso Habet vxor sua ad dotalicium Nickel et Hans de Alim habent VIII mansos ad curiam Tenentur ad tertiam partem seruitii vasallionatus Vxor et Nykel habent II mansos ad dotalitium et mater eius duos ad dotalitium Cossati sunt XIII Quilibet I solidum et I pullum Taberna dat VI solidos Stagna VIII non locata Quilibet de predictis habet iuditium supremum et seruitium curruum super suos

Pranden [4] sunt XLII mansi quorum plebanus IIII Frederich et Syfryd *Sparren* habent XVI mansos ad curiam Illi dicti Sparren tenentur ad seruitium vasallionatus Ad pactum quilibet III modios siliginis II auene Ad censum quilibet XVIII denarios Ad precariam quilibet XXII denarios et I quartale siliginis I ordei et ½ modium auene Cossati sunt XIIII qui soluunt simul VIII solidos et IIII denarios et XIIII pullos Alii VIII dant I solidum et XXV pullos Taberna dat XIII½ solidum et II denarios prefecto et prefectus tenetur ad equum pheudi Albertus *Rathenow* habet XXIIII solidos a Sparren in pignus Supremum iuditium et seruitium curruum habent Sparren predicti ab antiquo a Marchione in pheudum Stagna sunt XXII que dant VI frusta quorum frustorum Rulof Wilmerstorp habet III in pignus a Sparren predictis Sunt ibi *merice* Molendinum IIII½ frusta

Typhense [5] est illorum Sparren Numerus mansorum nescitur quia ab antiquo non est culta et tota deserta et tenetur ad seruitium vasallionatus de hac villa Est ibi stagnum quod dicitur Godemo non locatum

Rule-

1) Ist ein Königl. Amtsdorf.

2) Jetzo Schöpfurth, desgleichen.

3) Ist sonder Zweifel das zu Friedland gehörige Dorf Bollersdorf.

4) Jetzo Prenden, gehört zu dem Niederbarnimschen Creyse, dem Herrn von Hollwedel.

5) Heißt jetzo die wüste Feldmark Tiefensee, liegt im Oberbarnimschen Creyse, zwischen Lenenberg und Werftpful, und gehöret der Frau Generalin von Meyerink, aber noch eben so wüste wie zu Carl 4. Zeiten Indessen da diese Feldmark Hufen und Namen hat, so muß sie in noch älteren Zeiten bewohnt gewesen seyn.

Barnym.

Rulestorp [1] sunt XXXII mansi quorum plebanus II Ad pactum quilibet III solidos et pro toto Cossati sunt XXXIIII Quilibet VI denarios et I pullum Taberna dat XXX solidos prefecto I talentum Hans Hoge habet ibi precariam super totam villam videlicet III talenta inclusis X solidis de taberna Quelibet domus dat I pullum de quibus prefectus habet XX pullos et Hans Hoge XXIIII pullos Supremum iuditium habet Hans Hoge ciuis in Berlin predictus Dicunt quod Marchio nihil

Lodeborg [2] sunt LXXX mansi quorum plebanus IIII et tenetur ad equum pheudi Ad pactum quilibet II modium siliginis II modium ordei et dimidium ordei et IIII modios auene Ad censum quilibet XX denarios Precariam non dant Cossati sunt XVI Quilibet I solidum et I pullum Taberna dat XVI solidos sed deserta Tota villa est appropriata ad ecclesiam parochialem in Bernowe Est ibi ager qui dicitur *dy Robergermark* desertus Vna insula que vocatur *Lubenitz* Vna parua merica vbi parua crescunt ligna

Lanke [3] sunt XXXVI mansi quorum plebanus IIII Hans Iseken habet VI ad curiam Ad pactum quilibet III modios siliginis III auene Ad censum quilibet II solidos Ad precariam quilibet XV denarios Cossati sunt XII Quilibet I solidum et II pullos Taberna X solidos Molendinum dat III choros siliginis et ad precariam X solidos Kune de *Nymel* habet terciam partem pacti census et supremi iuditii a Iohanne *Wulkow* milite ab antiquo in pheudum

Klobick [4] sunt XLVI mansi quorum plebanus IIII Ecclesia I Tylo et Erwyn Repkow habent X mansos ad curiam Habent seruitium vasallionatus Sed dicunt quod redimerunt Ad pactu... VIII solidos quilibet Censum non dant Ad precariam quilibet IIII solidos et II quartale siliginis II quartale ordei et III quartalia auene Cossati sunt XVI Dant simul XV solidos et IIII denarios et LVII pullos Taberna dat XVIII solidos et XII pullos Molendinum soluit VI choros siliginis Ad Capellam Sancti Georgii in Nyestat IIII choros alios duos habent Repkow ab antiquo a Marchione Kurouer habet IIII frusta in pacto emit a Repkow Doberchow habet IIII mansos censuales emit a Repkow IIII anni ab antiquo Glutzer habet II partes in precaria quas relicta Ottonis Glutzer habet pro dotalitio Terciam partem precarie habet Repkow ab antiquo Supremum iuditium et seruitium curruum habent Repkow predicti exceptis IX mansis super quos Kurouer habet supremum et IIII super quos Doberchow supremum et super II Cossatos

Dannenberge [5] sunt LXXII mansi quorum plebanus IIII Petze *Dannenberg* X ad curiam Ad pactum quilibet X solidos Censum non Ad precariam quilibet V solidos et dimidium modium siliginis I ordei I modium auene Cossati sunt XVI Quilibet I solidum et I pullum Taberna dat II talenta cum II mansis quos colit Molendinum dat VI choros illis de *Werben* IIII et ad ecclesiam II in Vrienwalde Illi de *Werben* habent super XL mansis pactum et precariam Hans de *Haselberge* habet XIIII mansorum pactum emit a Betken Pul sunt VIII anni Sed dicti Werben precariam Stagnum locatum dat X solidos Supremum iuditium et seruitium curruum habent Werben predicti ab antiquo

Kruge

1) Jetzo Ruhlsdorf, gehöret zu dem Niederbarnimschen Creyse, und zwar zu dem Königl. Amte Liebenwalde.
2) Jetzo Ladeburg, im Oberbarnimschen Creyse, gehöret dem Berlinschen Domkapitul.
3) Hat seinen Namen unverändert beybehalten, und gehöret zu dem Niederbarnimsches Creyse, dem Hrn. von Hollwedel. Es hat die nemliche Hufenzahl, hergegen aber nur sechs Bauren.
4) Hat seinen Namen gleichfalls beybehalten, gehöret aber zu dem Oberbarnimschen Creyse und zu dem Amte Biesenthal.
5) Hat seinen Namen beybehalten, und gehöret den Herren von Jena.

Barnym.

Kruge [1] sunt L mansi quorum plebanus IIII Ecclesia — Relicta Brunkow habet VIII ad curiam ad dotalitium Ad pactum quilibet X solidos Censum non dant Ad precariam quilibet V solidos et I modium siliginis I ordei I auene Cossati sunt XI soluunt simul I talentum pullis inclusis Taberna I talentum Hermanno Wulkow mediam Kurouer et relicte predicte aliam mediam Herman de Wulkow habet super XXIII mansos pactum et precariam de quibus vxor Strutz habet XV in dotalitium Relicta Brunkow predicta super VIII pactum et precariam Kurouer super VI pactum et precariam Supremi iuditii medietatem habet Herman de Wulkow et aliam medietatem Kurouer et relicta predicta

Stenforde [2] sunt XL mansi quorum plebanus II Prefectus pro equo pheudali II talenta minus V solidis ad pactum quilibet III solidos et III denarios Censum non et II modios siliginis et IIII auene pro toto non plus Cossati sunt XII Soluunt simul I talentum et XLVIII pullos Taberna X solidos prefecto Stagnellum non locatum Twerfelt venator Marchionis habet I frustum de duobus mansis et mericam Lutolt Wedener habet quartam partem de tota villa emit a Reyneken Brunkow hoc anno et Reynken Brunkow habet alias partes totius ville ab antiquo

Rudenitz [3] sunt LXXVIII mansi quorum plebanus IIII Ecclesia II Ad pactum quilibet II modium siliginis II ordei III modios auene Ad censum quilibet II solidos Ad precariam XXVI denarios Cossati sunt XVI dant simul I talentum et XXX pullos Taberna X solidos prefecto Ad Scabinatum Molendinum dat VI frusta Stege habet IIII frusta ab antiquo Henningus Stegelitz IIII frusta Hoppenrode II frusta super II mansos Dy Ryken ciues in Berlin XV modios siliginis a Marchione in pheudum Supremum iuditium et seruitium curruum habet *Henningus de Stegelitz a quo aut quo iure dicare non audebat quia olim spectabat ad Aduocatiam*

Brunow [4] sunt LXII mansi quorum plebanus IIII *Prefectus tenet equum pheudi vel I talentum B Ryken* [5] Ad pactum et censum quilibet X solidos Ad precariam quilibet V modios siliginis I modium ordei I auene Cossati sunt XI Dant simul I sexagenam pullorum et XXV pullos exceptis II Cossatis qui soluunt quilibet I solidum et I pullum Taberna dat XXVIII solidos Ecclesia I talentum et ciues dicti Ryken habent VIII solidos Precariam super totam villam habet Fritze Belkow ciuis in Frankenforde emit a Henselmo Craft sunt II anni Habuit a Marchione Vxor Ronnebom habet XII frusta ad dotalitium Moniales in Spandow I frustum Pactum censum iuditium supremum seruitium curruum et ius patronatus habent Ryken predicti ab antiquo a Marchione in pheudum

Danewitz [6] sunt LVI mansi quorum plebanus habet IIII Ecclesia I Prefectus habet IX mansos et *est Scabinus et tenetur ad equum pheudi* [7] Ad pactum XIII mansi dant quilibet III modios

1) Hat seinen Namen beybehalten, und gehöret dem Hrn. von Vernezobre.
2) Jetzo Steinfurth, ist ein Königl. Amtsdorf.
3) Rudenitz heißt noch so, und gehöret zu dem Amte Biesenthal.
4) Hat auch seinen Namen beybehalten, und gehöret jetzo den von Ingerslebenschen Erben.
5) Siehe unten Note 7.
6) Hat seinen Namen unverändert behalten, und gehöret zu dem Amte Biesenthal.
7) Es erhellet hieraus und aus so vielen andern Stellen, daß die Schulzen von ihren Hufen Lehnpferde halten, dieselbe auch zum Theil an andere als den Landesherrn mit Gelde, gemeiniglich mit 1 Talento (Pfunde) bezahlen müssen. Daher rühret ohne Zweifel, daß noch so viele Lehn-Schulz-gerichte sich in den Dörfern finden. Dieser Schulze war zugleich, wie viel andere, ein Schöppe des Marggräflichen Schöppen- oder Brückengerichts. S. S. 37.

Barnym.

modios filiginis III auene non ordeum Et ad censum quilibet I solidum et ad precariam quilibet II solidos et II denarios et I quartale filiginis I ordei et ½ modium auene Item alii XIIII dant quilibet IIII modios filiginis II modios ordei IIII auene et ad censum II solidos quilibet et ad precariam quilibet II solidos et II denarios et I quartale filiginis I ordei et ½ modium auene Item sunt alii V mansi qui dant simul coniuncti XIIII modios filiginis Censum non sed precariam vt mansi predicti Item alii IIII qui simul combinati dant VIII modios filiginis ad pactum VII auene et ad censum IIII solidos simul Precariam sicut alii Cossati sunt XXXVI quilibet soluit XVI denarios et simul dant XL pullos mansionariis inclusis Taberna I talentum Henning de Stegelitz habet super XIII mansos pactum et censum Stegelitz super XIII mansos pactum et censum ab antiquo et est dotalitium vxoris sue Henning Bone super II censum et pactum Gynow super II pactum et censum ab antiquo Hans Dunker ciuis in Strutzberg super V mansos pactum et censum a Marchione Ciues in Berlin dicti Ryken super VI Precariam super totam villam supremum iuditium seruitium curruum et ius patronatus habet Henning de Stegelitz IIII annis Spectabat ad aduocatiam Marchionis

Grundal [1] sunt XL mansi quorum plebanus II Ecclesia I Ad pactum quilibet VI modios filiginis VI auene non ordeum Exceptis IIII mansis quorum II computantur pro vno et sic alii II etiam pro vno Ad censum quilibet III solidos Ad precariam quilibet XI denarios non frumentum Cossati sunt XX Quilibet I solidum et I pullum Taberna soluit IIII modios pisorum et ½ sexagenam pullorum Stagnum paruum ecclesie non locatum Otto *Britzik* habet super VII mansos pactum et censum Medietatem ville habet Mentze de *Holtzendorp* quam diu vxor eius viuit quia est dotalitium vxoris sue a Marchione facit VIII½ frusta Ciues dicti Ryken in Berlin aliam medietatem ab antiquis temporibus

Geristorp [2] sunt LII mansi quorum plebanus IIII Ecclesia I Prefectus habet IIII mansos et est Scabinus M Ad pactum et censum X solidos quilibet mansus Ad precariam quilibet V solidos et ½ modium filiginis ½ ordei et I modium auene Cossati sunt XIX quorum III deserti dant simul XXX solidos et quelibet domus I pullum Domus sunt XXII Taberna dat XXX solidos prefecto Prefectus tenetur ad equum pheudi Henning Welsekendorff habet IX frusta in pignus a Monialibus in Fredelant Relicta Spandow in Strutzberg habet X frusta que post mortem eius diuoluuntur ad Monasterium in Fredelant Abbatissa antiqua in Monasterio Fredelant habet II frusta ad vitam suam Ad altare in Noua ciuitate I frustum Claws et Coppe Bartholomes ciues in Berlin habent IIII frusta in precaria emerunt a Moringen hoc anno Rule Quast cum fratre IIII frusta in precaria Ruloff Wilmerstorff habet III½ frusta in precaria a Marchione et etiam aliam precariam frumenti Supremum iuditium et ius patronatus habent Moniales predicte seruitium curruum Dominus Marchio *Hec Villa est Monialium in Fredelant*

Schonebeke [3] sunt LXIIII mansi quorum plebanus IIII Palmdach et Glutzer habent X mansos ad curiam Marchio habet ibi seruitium vasallionatus Ad pactum quilibet VI modios filiginis VI auene Ad censum quilibet II solidos Ad precariam quilibet V solidos et ½ modium filiginis ½ ordei I modium auene Cossati sunt XL Quilibet VI denarios et I pullum Taberna II Vna dat XXV solidos ad censum ad precariam XXV solidos Alia II ta-

1) Jetzo Gründel, gehöret der Frau von Selchow.
2) Wird jetzo Gersdorf geschrieben, und gehöret dem Hrn. von Vernezobre.
3) Ist Groß-Schönebeck im Niederbarnimschen Creyse, gehöret zu dem Königl. Amte Liebenwalde.

Barnym.

II talenta ad censum et I talentum ad precariam prefecto et Berhardo Glutzer Quelibet dat ad precariam frumenti tantum quantum soluunt IIII mansi ad precariam frumenti Prefecti de Goltz habent IX frusta ab antiquo Venator Marchionis habet VIII frusta Coppe Venator Marchionis IIII frusta Dy Palmdache VI frusta ab antiquo Relicta Tubitz cuius maritus ciuis in Frankenford habet XV frusta videlicet precariam iuditium supremum seruitium curruum et ius patronatus cum omni iure a Marchione in pheudum in dotalitium post cuius mortem deuoluitur ad Marchionem

Hekelwerk [1] *Opidum* sunt LXXII mansi quorum plebanus habet IIII Ecclesia I Prefectus habet VIII Ad pactum quilibet mansus V modios siliginis V ordei VI modios auene *Census arearum* [2]. XXXV solidi quem prefectus emit a Krusemark Ad censum quilibet mansus dat VI solidos Precariam non dant Ad *precariam* vel *orbetam originalem* [3] annuatim X talenta et IIII choros auene qui dicuntur Holtzhauer dant Domino Marchioni Etiam dant annuatim *I lapidem cere* etiam Marchioni Henning Kruger ciuis in Noua Lantzberg habet super XV mansos pactum et est uxoris sue dotalitium habuit a Marchione que fuit olim vxor Tylonis de *Aschersleben* post cuius mortem non ad virum sed ad Marchionem Heyne Baruot super VIII mansos pactum et censum ab antiquo Direke de Helwichstorff habet super VI pactum et censum ab antiquo Palmdach super XIII mansos pactum et censum ab antiquo Dominus Martinus Crynnendorff Presbyter habet super VI mansos pactum et censum ad vitam a Marchione Bernt Glutzer in Schonebeke super IIII mansos pactum et censum a Marchione ab antiquo Gynow super IIII pactum et censum a Marchione ab antiquo Precariam originalem habet Henningh Honow ciuis in Berlin IIII talenta emit ab Ottone *Krusemark* sunt IIII anni Tyle Wardenberg III talenta emit a Busse *Bardeleuen* sunt V anni que olim habuit prefectus noue ciuitatis post cuius mortem diuoluti sunt ad Marchionem Henningh Bysow III talenta emit a Palmdach sunt X anni Supremum iuditium et seruitium curruum habet Marchio

Schonenuelt [4] sunt C et IIII mansi quorum plebanus habet IIII Ecclesia I Ad pactum LXXIII mansi quilibet IX modios siliginis III modios ordei IX auene et I quartale pisorum et ad censum II solidos et ad precariam III solidos annonam non dant Item alii sex dant quilibet ad pactum IX solidos Censum non et ad precariam V solidos Item alii XX mansi ad pactum dant quilibet XIII solidos et IIII denarios et ad censum et precariam V solidos Cossati sunt XXVIII Quilibet dat I solidum et I pullum Taberne due sunt et dicunt quod nihil dant et Prefectus habet VIII mansos Ille prefectus cum taberna sunt H Wulkow Illi de *Gryphenberg* habent super XXXIII mansos pactum censum et precariam emerunt a Hermanno *Wulkow* sunt IIII anni Otto *Pul* cum patruis habent super XX mansos pactum censum et precariam ab antiquo Abbas de *Koryn* habet super VI mansos pactum Claws Sunde ciuis in Berlin super XI mansos pactum censum et precariam emit a Hermanno Wulkow Hans Scholer ciuis in Coln super X pactum censum et precariam emit a Wulkow in pheudum a Wulkow Houemeister super XI pactum censum et

preca-

1) Heckelberg ist jetzo nur ein Dorf, und gehöret zum Königl. Amte Biesenthal.
2) Ist der Grundzins von den Häusern, der nur in den Städten gebräuchlich war.
3) S. oben S. 16. und vorhin.
4) Jetzo Schönfeld, gehöret zum Theil zu dem Königlichen Amte Biesenthal, zum Theil zu dem, dem Hrn. von Beren gehörigen Guthe Sidow.

Barnym.

precariam VII mansorum H Wulkow Alios IIII a Marchione ab antiquo Henning Honow super X pactum censum et precariam a Tyle *Sparren* emit hoc anno et ab eo in pheudum Supremum iuditium habet Wulkow predictus sed quilibet de predictis habet seruitium curruum super suos

Hegermole[1] sunt XXXVIII mansi quorum plebanus IIII Halt de *Ansorde* habet IIII mansos ad curiam quos olim prefectus ibi habuit Quilibet mansus soluit pro toto III modios siliginis III auene et II solidos Cossati XVI quilibet VI denarios et II pullos Taberna et molendinum IX choros appropriati ad altaria in Noua ciuitate Halt predictus habet vltra ista super tabernam et molendinum II frusta Supremum iuditium habet Halt predictus Seruitium curruum non est a Marchione in pheudum Plebanus in Noua ciuitate habet censum super X mansos Stagnum non locatum

Trampe[2] sunt LIIII mansi quorum plebanus habet IIII Kuroner habet IIII ad curiam et I censualem Bernt Glotzer II ad curiam Quilibet mansus soluit pro toto XIII solidos exceptis II mansis qui soluunt simul XVII solidos Cossati XX Decem Cossati simul dant XXXVI solidos et XIII pullos alii dant simul XXVI solidos et VI pullos Vltra ista X pullos de mansis Taberna I talentum et I pullum Herman Wulkow Herman Wulkow habet XVI *mansos campi* ad curiam Molendinum VI choros Habet aliud molendinum penitus desertum Ambo sunt Hermani Wulkow Otto Falkenberg habet XX mansorum pactum censum et precariam et dimidietatem supremi iuditii et seruitii curruum a Marchione in pheudum emit a Wulkow Residuum totum habet *Herman Wulkow* predictus ab antiquo et est dotalitium vxoris sue

Stenbeke[3] sunt LXIIII mansi quorum plebanus habet IIII Claus Doberchow IX ad curiam sed dat XVIII solidos de eisdem ad censum et *habet seruitium vasallatus* Eyke Lowenberg XI mansos ad curiam suam Mertin Frondenberg colit VIII mansos emit ab Arnoldo Lowenberg iam sunt II anni Hans Baut colit X Prefectus habet VIII mansos tenetur ad equum pheudi Relicta Konyngsmarke habet super IIII mansos Residui IIII dant quilibet II modios siliginis II ordei III auene Item II quartale siliginis II quartale ordei III auene et II solidos ad censum Cossati sunt II Quilibet soluit I solidum et I pullum

Warnow[4] sunt C et IX mansi quorum plebanus IIII Ecclesia — Ad pactum quilibet VI modios siliginis VI ordei et VI modios auene Ad censum quilibet II solidos Ad precariam quilibet VI solidos et VIII denarios et III quartalia siliginis III ordei et II modios et I quartale auene Ventimola II dant quelibet annuatim VI denarios pro loco super quo fundata sunt et non plus vt dicunt Cossati sunt XXXII quilibet soluit III quartalia auene non plus Ciues dicti Trebus habent precariam super totum opidum Ad ecclesiam parochialem *Noue ciuitatis* XVI frusta Ad ecclesiam Sancti Spiritus in Noua ciuitate X frusta Ad aliud altare in Noua ciuitate VI frusta Ad aliud altare ibidem VI frusta Ad altare in Bysdal VI frusta Palmdach habet XVII choros auene ab antiquo a Marchione Bysow habet II choros

1) Ist jetzt die Papiermühle Hägermühle, das Dorf ist aber eingegangen.
2) Trampe hat seinen Namen behalten, und gehöret dem General von Wartenberg.
3) Jetzo Steinbeck, gehöret dem Herrn von Reichenbach.
4) Ein Dorf dieses Namens ist nicht in beyden Barnimschen Creysen; dieser Ort ist ohne Zweifel der jetzige Flecken Werneuchen ohnweit Alten-Landsberg. Er wird auch in dem Schoßbuch von 1451. das unten folget, *Opidum Warnowe* genennet.

Barnym.

ros siliginis in pacto ab antiquo Sparre habet XVIII modios siliginis et XVIII auene in pacto etiam ab antiquo Ad ecclesiam parochialem in Bernow II frusta Trebus predicti habent iudicium supremum et ius patronatus a *Schenken de Tupitz* [1] in pheudum *Seruitium curruum habet Dominus Marchio valens annuatim IIII sexagenas grossorum*

Melkow [2] sunt LII mansi quorum plebanus IIII Ad pactum quilibet IIII modios siliginis I ordei IIII auene Ad censum quilibet II solidos Ad precariam XV denarios non frumentum Cossati sunt XIII Quilibet I solidum et I pullum Exceptis II Cossatis qui dant quilibet II solidos et II pullos Taberna X solidos Stagna II non locata Totam villam habet Nitzko *Wynnigen* cum omni iure

Someruelt [3] habet L mansos quorum plebanus IIII Prefectus IIII mansos tenetur ad equum pheudi Ad pactum quilibet IIII solidos Ad censum XV denarios Ad precariam II solidos et VII denarios pro frumento et ½ modium auene Cossati XVI Quilibet soluit IX denarios et I pullum excepto vno qui dat XXV pullos Taberna dat XIIII½ solidos Griphenberg Ruloff Wilmerstorf ciuis in Noua ciuitate habet super XV pactum censum et precariam Totam villam habet Griske predictus cum omni iure a Marchione habet seruitium vasallatus sed prefectus dubitat

Bysdal [4] sunt C et XX mansi quorum plebanus IIII Ad pactum quilibet III modios siliginis III auene Ad censum quilibet III solidos *Precaria originalis* VI marce Brandeburgenses Henningo de Stegelitz *Census arearum* Henningh de Stegelitz de molendino et mansis habet X frusta Item dominus Hase VI frusta Prepositus Bernowiensis VI frusta Ad altare in Berlin II frusta Ad altare in Colonia II frusta Vlyn habet IIII½ choros auene et ½ chorum siliginis HansSchulte VI frusta Aliud molendinum II frusta Hytzmol Henning Stegelitz Werremol prefectus Paruum molendinum Henning Stegelitz [5] Item ad altare beati Dyonisii in Castro Spandow V choros siliginis et III talenta denariorum Brandenburgensium in pactu mansorum et pactu et censu arearum sunt appropriata et per Episcopum confirmata

Poratz [6] sunt LIIII mansi quorum plebanus IIII Prefectus IIII mansos Ad pactum quilibet V solidos Censum non soluunt Ad precariam quilibet XV denarios et ½ modium siliginis ½ modium auene Cossati sunt XXIIII Quilibet soluit VI denarios et I pullum Taberna dat I talentum et II½ solidos ad precariam Molendinum est ibi desertum Soluebat quondam ½ chorum siliginis Sex stagna et septimum paruum quod dicitur Dyuelsch non sunt locata Tota villa est Henningi et Ottonis de *Alin* [7]

Sydow [8] sunt XXXIII mansi quorum plebanus habet II½ Ecclesia ½ Ad pactum quilibet mansus XIII modios siliginis III ordei et X modios auene Ad censum quilibet mansus III solidos Ad precariam quilibet V solidos et ½ modium siliginis ½ ordei et I modium aue-

1) Die Schenken von Teupitz.
2) Heißt jetzo Melchow, und gehöret zu dem Amte Biesenthal.
3) Wird jetzo geschrieben Sommerfeld, und liegt bey Neustadt, gehöret dem Hrn. von Vernezobre.
4) Ist das Städtlein und Königl. Amt Biesenthal.
5) Verschiedene Mühlen bey Biesenthal.
6) Ein Dorf dieses Namens ist nicht im Barnimschen Creyse, sondern in der Ukermark, welches es vermuthlich seyn wird.
7) Gehöret ohne Zweifel zu der noch blühenden Familie von Alim.
8) Hat seinen Namen beybehalten, und gehört dem Herrn von Beren.

Barnym.

ne Cossati sunt IX Quilibet soluit I solidum et I pullum Taberna Stagnum non locatum Relicta Iohannis Bercholtz super IIII mansos habet censum pactum precariam et cum omni iure ad dotalitium Dolwitz habet IIII mansos cum omni iure Residuum totum habet *Vchtenhagen*

Molendina in Districtu Bysdal

Molendinum Pranden [1] soluit IIII choros et ½ ad precariam Sparre habet II frusta et Bredo II frusta a Tylone Sparren in pignore Soluit etiam ad precariam III solidos et VIII denarios

Molendinum [2] quod vocatur *dy lange Ronne* soluit V choros siliginis et ad precariam I talentum et II modios siliginis II ordei et IIII auene Zabel Palmdach habet II choros ab antiquo Steger habet IIII choros ab ab antiquo a Marchione et est vxoris sue dotalitium

Molendinum [3] quod vocatur *dy Hellemolle* soluit IIII½ choros siliginis ad pactum Ad precariam XV solidos Pactum ad altare in Bernow Precariam habet Henningh ad Castrum Bysdal ut dicunt sed olim ad aduocatiam Marchioni dat XXI grossos

Beyerstorp [4] sunt LXXX mansi quorum I habet ecclesia Ad pactum quilibet mansus soluit X solidos et I modium tritici et I modium siliginis Ad censum arearum VII solidos Ad exactionem dant annuatim VI marcas argenti Brandenburgensis Henningo de Stegelitz Item soluunt annuatim IIII talenta de molendinis et I lapidem cere Henningo de *Stegelitz* Omnes mansi quum possessi sunt soluunt simul annuatim XIII choros auene Henningo de Stegelitz Henningus Welsekendorp ciuis in Noua ciuitate habet in precaria V talenta Brandenburgensia sunt V anni quo iure possidet Henning de Stegelitz habet XIII mansos Moniales in Fredelant XIIII mansos Moniales in Spandow X mansos Moniales in Czedenik V mansos Abbas de Koryn cum suis V mansos Altare in Wriffen V mansos Illi de *Lowenberge* VII mansos Illi de *Britzik* VII mansos Illi de *Crummensee* IIII mansos minus ½ quartale Illi Dunker ciues in Strutzberg X mansus et I quartale ab Henningo de Stegelitz *Prefectura opidi* habet V mansos Duo altaria vnum in Spandow et vnum in Bysdal habent III talenta residua Brandenburgensia de mansis quum omnes possessi sunt quia quilibet mansus dat VIII½ denarios ad censum specialem Item illi de *Krusemarke* habent ½ talentum in censu arearum Item illi Palmdache habent de quolibet manso I modium tritici et LXXV modios siliginis possessi sunt quum mansi

Berbom [5] sunt LXIIII mansi quorum plebanus habet IIII Ecclesia I Prefectus IIII Nymik habet VII ad curiam Ad pactum et censum VIII solidos Ad precariam ½ modium siliginis ½ ordei I modium auene Cossati sunt VI Quilibet soluit I solidum et I pullum Taberna dat VIII solidos et VIII pullos Nymik habet totam villam ab antiquo a Marchione in pheudum

Kunekendorf noua [6] habet L mansos quorum plebanus IIII Illi de Arnsturff habent XIII ad curiam Quilibet mansus dat ad pactum X solidos et non censum Ad precariam III½ solidos et quilibet mansus III modios auene Item XX Cossati Quilibet dat I solidum Branden-

1) Die Prandensche Mühle existirt noch.
2) Desgleichen, die lange Rönne.
3) Ingleichen die Hellmühle am Hellensee.
4) Hat seinen Namen beybehalten.
5) Ist noch jetzo, ein dem Grafen von Sparre gehöriges Vorwerk dieses Namens.
6) Ist das Dorf Neu-Künkendorf in der Ukermark bey Angermünde.

Barnym.

denburgensium denariorum et I pullum Due Taberne et quelibet taberna dat XXV solidos ad censum et XVI solidos forestariis vel *Hegemeystern* Molendinum VI frusta videlicet II frusta prefecto de Angermunde Alia IIII illis de Arnstorff Predicti I de Arnstorf habent hanc villam a Marchione tenentur ad seruitium vasallatus

Czyten [1]) habet XXII mansos quorum II habet plebanus Quilibet mansus pro toto dat X solidos Brandenburgenses Cossati sunt XII Quilibet dat I solidum et I pullum Taberna dat X solidos Brandenburgenses et X pullos Dicti de *Arnstorp* habent villam a Marchione

Vrondenberg [2]) habet LX mansos quorum plebanus habet IIII Ecclesia I Prefectus IIII Tenetur ad equum pheudi aut I talentum Quilibet mansus ad pactum VIII½ solidos Ad precariam IIII solidos minus III denariis I½ quartale siliginis I½ ordei et III quartalia auene Taberna dat X solidos prefecto Cossati sunt VII Quilibet dat I solidum et I pullum Vidua Spandoin de Strutzberg habet pactum super XVI mansis ab illis de *Griphenberg* Relicta *Groben* super VII mansis Relicta *Konyngismark* super V mansis Claws Doberchow super II mansis Iohannes Dunker super IIII mansis Relicta Fritzonis de Sebusen super V mansis Precariam et iuditium supremum habet Reinboldus de Grisenberg a Marchione

Lowenberg [3]) sunt LXIIII mansi quorum plebanus habet IIII Quilibet mansus soluit in frumento et denariis in totum quantum XVII solidos Taberna dat prefecto I talentum Cossati sunt VI Quilibet dat I solidum et I pullum Precariam et supremum iuditium habet Conradus de Kleptzk Prefectus ibidem habet super — mansos Inigardus cum filio habet IIII mansos Item Welsikendorp super VI mansis Filii Lentzen Lowenberg IIII mansos Kurouer IIII mansos Woldenberg II choros auene et IIII solidos Tyle Lowenberg XXXVIII modios siliginis VIII modios ordei XVI auene et VIII solidos et VIII denarios Frentzel Ingard habet XVI modios auene Eyke III modios ordei Simon I modium ordei II modios siliginis I chorum auene et VI½ solidos denariorum Omnia premissa a Marchione

Vrienwalde [4]) soluit annuatim *XVIII frusta ad orbetam* de Pretorio illi de *Vchtenhagen* Ad censum *vinearum* XII talenta et VII solidos Ad censum *macellorum* III talenta minus IIII solidis Ad censum arearum II talenta Molendinum quod modo possidet Stichting soluit annuatim IX frusta Hermannus et Conradus prefecti in Frankenvord habent VII talenta in molendino Moniales in *Cziden* [5]) I frustum in molendino Illi de *Vchtenhagen* I frustum in molendino Item de *montibus humuli* (Hopfenberge) VII solidos Item VII talenta de aquis que dant Slaui prefecti predicti habent theoloneum et I vineam Item ½ sexagenam pullorum de monte qui dicitur Suberg Item illi de *Vchtenhagen* habent V sexagenas in Theoloneo et Hans Huge ciuis in Colne III sexagenas Molendinum est ibi quod dicitur *dy lange Ronne* Sunt ibi duo *Vici* (Kietze) Quilibet soluit III sexagenas Habent Vchtenhagen Hec eadem ciuitas est Arnoldi et Hinrici fratrum de *Vchtenhagen* et habent eam a Marchione

Lunow

1) Ein Dorf ähnlichen Namens ist weder in Ober= noch im Niederbarnim bekannt. In der Ukermark aber liegt ein Dorf Zieben, welches dieses vielleicht ist, indem hier mehrere Ukermärkische Dörfer vor= und nachstehen.

2) Heißt jetzo Freudenberg oder Frödenberg, und gehöret zu dem Amte Landsberg.

3) Ist das der Frau Generalin von Meyerink gehörige Guth Lewenberg.

4) Ist die Stadt Freyenwalde. Die alte Familie von Uchtenhagen, welche sie damals besessen, ist ausgegangen.

5) Ziden ist das Neumärkische Königl. Amt Zehden.

Vkermark [1]

Lunow [2] sunt LII mansi quorum plebanus habet V Quilibet mansus soluit pro toto I talentum sed hodie XV solidos ex gratia facit XXXVI talenta et V solidos denariorum Cossati sunt XXXII soluunt in vniuerso II modios *papaueris* XXII solidos et XXIII pullos Due taberne dederunt quondam simul IIII talenta Brandenburgensia et VI libras piperis sed modo IIII libras piperis ex indulto speciali Piscature sunt ibi XVI quarum vnam habet prefectus liberam a Iohanne de Wulkow milite Quelibet soluit VI solidos Brandenburgenses II pullos et XVI oua Item in hieme quum piscantur ad glaciem quelibet dat II luceos Molendina II quorum vnum desertum aliud dat IIII choros siliginis

Summa in pecuniis XLV talenta denariorum Item IIII chori siliginis exceptis II modijs papaueris IIII libris piperis XIIII luceis LIIII pullis IIII sexagenis ouorum et XL oua In vtraque villa III sexagene pullorum — Sexagene ouorum

Sathen [3] sunt XVI mansi quorum prefectus habet II Quilibet soluit XI solidos Brandenburgenses IIII pullos et XVI oua Cossati sunt IIII Quilibet dat V solidos II pullos et VIII oua Taberna dat I sexagenam pullorum De istis duobus villis tenetur Iohannes de Wulkow miles cum fratre ad vnum seruitium vasallatus

Summa VIII talenta XIIII solidi denariorum Item II sexagena pullorum cum IIII pullis Item III sexagene ouorum cum XLIIII ouis Summa Lunow et Sathen LIIII talenta

Bona Monasterii Coryn [4]

Primo habent IIII grangias videlicet Pelitz et II *vineta* [5] ibidem Item in *Prempsla* (Prenzlow) XXX solidos in censu mansorum *Stoltenhagen* cum *vineto* Plawe et Boschoue que sunt omnino deserte Item molendinum Roggolen Item in Boldekensdorp proprietatem VIII mansorum Item ibidem curiam cum VI mansis Item in Guntersberg pactum de I manso Item habent nemora et *mericas* in quibus sunt he piscine site videlicet Rossyn Veltsey Bacsee Heiligesee Mosepul Rorpul Rogose Coldewater et duas piscaturas in Odera que vocantur *Stramtoge* (Stromzug) Vnam prope Oderberg et aliam prope Bellinken Item in Oderberg cum Hospitali totum situm I Barsedyn dicitur cum *vinetis* et *ortis* inibi contentis et iudiciali iure Item in Beyerstorp V mansos quorum IIII sunt deserti In Schonenuelde

1) Dieser Name stehet zwar nicht in den Originalien des Landbuches, und die folgenden Dörfer stehen ohne Absatz in dem Verzeichniße von Barnim: da sie aber jetzo unstreitig in der Ukermark liegen, so hat man diesen Titel dafür setzen müssen. Es kann seyn und scheinet fast aus dem S. 46. 47. befindlichen General-Verzeichniß des Barnimschen Distrikts, daß die Dörfer Ziethen, Lunow und Saten, imgleichen das Kloster Chorin mit seinen Dörfern damals zum Barnimschen Bezirk gerechnet, und erst nachhero zur Uckermark geleget worden, oder auch deshalb, weil die Herzoge von Stettin damals einen grossen Theil der Uckermark, sonderlich den Stolpirischen Creyß, an sich gezogen. Man findet hier aber nicht die ganze Ukermark, die unten an einem andern Orte stehet, sondern nur die Güter des in der Ukermark belegenen und von den Markgrafen in den Jahren 1231. und 1267. gestifteten Klosters Chorin, wovon Hr. Gerike im 2ten Theil des Brandenb. Codicicis diplomatici, fast alle Urkunden aus dem Berlinischen Archiv, und S. 497. auch diese Stelle des Landbuches publiziret hat. Diese Dörfer sind die folgende: Britz, Chorin, Serwis, Ziethen, Herzsprung, Liepe, Stoltenhagen, Ludersdorf, Parstein, Brodewin, Golz. Wenn man obgedachten diplomat. Codicem nachsiehet, so wird man darin finden, wie und wenn das Kloster Chorin ein jedes dieser Dörfer erworben hat.

2) Ist das im Stolpirischen Creyse bey Neu Angermünde in der Uckermark belegene Dorf Lunow.

3) Ist das in der Ukermark belegene Dorf Hohen-Sathen, ein Filial von Lunow.

4) Hier folgen die Güther und Besitzungen des Klosters Chorin, ohne darauf zu sehen, in welcher Provinz sie belegen, die meisten aber sind in der Ukermark gewesen.

5) Aus diesen und mehrern Stellen erhellet, daß damals schon viel Weinberge in der Mark gewesen sind.

Vkermark.

velde VI quorum II ſunt deſerti Rykenberg XIX quorum VI ſunt deſerti Item prope Glambeke deſertum molendinum omnino Item in villa Korſtede proprietatem IIII manſorum Item habent proprietatem ville Pynnow Item proprietatem IIII manſorum in Risdroge Item in *Vino* (jetzo hohen Finow) in deſerto molendino XXXII modios ſiliginis Item prata ſuper Vinow Item agros quosdam in Nyendorf XII manſos Item prata in Odera prope Oderberg Item habent in *Territorio Stolp quod modo occupat Dux Stettinenſis* primo in Swet VIII talenta et II ſolidos de quibus derivantur VI marce *Vinken* In Schonermark XIII manſos In Cruſſow V manſos Molendina ſuper Welsnam V quorum IIII ſunt deſerta et I habet libertatem Item I molendinum prope Golow quod dat II choros Item in Stolp cenſum de duobus *vinetis*

Brizzick [1] habet LIII manſos quorum plebanus habet IIII prefectus IIII Ad pactum quilibet manſus VI modios ſiliginis II ordei et VI auene Ad cenſum quilibet II ſolidos Ad precariam quilibet V ſolidos Coſſati ſunt XIIII quorum V poſſeſſi dant quilibet I ſolidum et I pullum Taberna deſerta quando eſt poſſeſſa dat I ſexagenam pullorum et I talentum denariorum

Coryn [2] ſunt LV manſi quorum plebanus habet IIII Prefectus IIII Eccleſia I Ad pactum quilibet II modios ſiliginis II auene Ad cenſum quilibet VIII denarios Ad precariam VIII½ denarios Taberna dat IIII talenta Coſſati ſunt XV de quibus XI poſſeſſi quilibet ſoluit I ſolidum et I pullum Huic ville adiacet etiam ſtagnum quod dicitur Coryn

Serwys [3] ſunt XXXVIII manſi quorum plebanus habet IIII Prefectus IIII Ad pactum quilibet VIII modios ſiliginis VIII auene Ad cenſum XVIII denarios Ad precariam quilibet III½ ſolidos Taberna dat XXX ſolidos denariorum et talentum piperis Coſſati ſunt XIIII quilibet dat ſolidum et pullum Stagnum eſt ibi quod vocatur Serwys

Czyten magna [4] ſunt LXIIII manſi quorum plebanus habet IIII Prefectus VI Ad pactum et ad cenſum X ſolidos denariorum Ad precariam XXIII½ denarios Taberne due quarum vna dat I talentum Alia X ſolidos et vna taberna eſt deſerta que etiam dat I talentum Coſſati ſunt XXXV quilibet dat I ſolidum et I pullum Stagnum eſt ibi

Hertzſprung [5] ſunt LXIIII manſi quorum plebanus IIII prefectus VI Ad pactum et cenſum quilibet V ſolidos Ad precariam quilibet III½ ſolidos Coſſati XI quilibet dat ſolidum et pullum Taberna deſerta Stagnum eſt ibi

Lypa [6] eſt villa *ſlauica* ſunt XXIII domus Quelibet domus dat IIII ſolidos et VIII denarios Taberna ſoluit XXXVI ſolidos Eſt ibi vinetum prope Plawe Eſt taberna que ſoluit II talenta

Wolter-

1) Iſt das in der Ukermark jetzo belegene Dorf Britz, welches die Markgrafen im J. 1277. dem Kloſter Chorin geſchenket. ſ. Gerke Cod. Dipl. Brand. T. 2. p. 4.9.

2) Iſt das gleichfalls in der Ukermark belegene Königl. Amt und ehemalige Kloſter Chorin, deſſen Stiftungsbrief von 1267. in Gerkens Cod. Dipl. Brand. T. 2. p. 399. nachgeleſen zu werden verdienet. Es iſt bekannt, daß dieſes Kloſter, ſo wie die andern, bey der Reformation zu den Churfürſtlichen Domainen eingezogen worden.

3) Iſt das in der Ukermark belegene Dorf Serwes, welches das Kloſter Chorin im Jahr 1338. von den Gebrüdern von Oderberg tauſchweiſe erhalten. Gerke Cod. Dipl. T. 2. p. 477.

4) Iſt das in der Ukermark belegene Dorf Groß-Zieten, welches das Kloſter Chorin im J. 1275. von den Markgrafen Otto und Albert gekauft. S. Gerke Cod. Dipl. T. 2. p. 415.

5) Iſt das Dorf Herzſprung in der Ukermark, welches die Markgrafen im J. 1281. und 1305. dem Kloſter Chorin geſchenket. Gerke l. c. p. 423. und 444.

6) Jetzo Liepe in der Ukermark. Es waren zwey von Wenden bewohnte Dörfer Ober- und Nieder-Liepa, welche die Markgrafen im J. 1308. dem Kloſter Chorin übertrugen. S. Gerke Cod. Dipl. T. 2. p. 447. Die Wenden waren gemeiniglich Fiſcher, trieben nicht viel Ackerbau und hatten auch ſelten Hufen.

Vkermark.

Wolterstorff et *Iödekendorff* [1] ville transoderane

Buchholtz est villa deserta

Stoltenhagen [2] sunt XXVIII mansi Plebanus habet IIII Prefectus VI Ad pactum et censum XII solidos Ad precariam VI solidos et VIII denarios Cossati sunt XV Quilibet dat pullum et simul ½ sexagenam pullorum et I singulariter dat ½ modium papaueris Taberna dat talentum Molendinum soluit IIII modios siliginis *Vicus* [3] est ibi continens *XI areas* Quelibet soluit II solidos denariorum et X oua Taberna in vico soluit X solidos Huic vico adiacet *vinetum* Alius vicus iacet prope villam *Lunow* qui continet XI areas que dant ½ sexagenam pullorum et I soluit ½ modium papaueris Item vna quartale papaueris Item est in eodem vico vna domus que soluit XII solidos

Luderstorp [4] sunt — mansi quorum plebanus IIII prefectus IIII Ad pactum quilibet VI modios siliginis VI auene et ordei Ad censum quilibet II solidos Ad precariam VIII½ solidos et XV denarios Cossati XXIII Quilibet I solidum et I pullum Taberna est deserta Ad curiam quandam ibidem iacent IIII mansi qui solam precariam soluunt

Parsteyn [5] sunt LXIIII mansi quorum plebanus IIII Prefectus IIII Ad pactum quilibet VI modios siliginis VI ordei et tot auene Ad censum XV denarios Ad precariam VIII½ solidos Taberna soluit II talenta Cossati sunt XX quilibet dat XVIII denarios et pullum Item quilibet mansus dat quartale pisorum Est ibi stagnum

Brodewyn [6] sunt XL mansi quorum plebanus habet IIII prefectus IIII Ad pactum quilibet VI modios siliginis IIII ordei et VI auene Ad censum quilibet II solidos Ad precariam VI solidos quilibet Taberna vna dat II½ talenta alia deserta Cossati sunt XXIII quilibet dat solidum et pullum Tria stagna sunt ibi

Goltz [7] habet LXII mansos quorum plebanus habet IIII prefectus IIII Ad pactum quilibet VI VI modios siliginis II ordei et VI auene Ad censum quilibet III solidos Ad precariam V solidos et ½ modium siliginis ½ ordei et I auene Precariam denariorum habent venatores Vlricus et frater suus dicti Sessel Precariam annone habent iidem venatores et quidam dictus Henricus Dunker quilibet partem suam Cossati sunt XLVIII Cossati habuerunt agrum qui soluerunt IIII½ sexagenas pullorum que omnia percepit dictus Vlricus Due taberne dant III talenta quarum vna deserta In eadem villa prefecti habent XII mansos vltra quatuor predictos qui etiam soluunt eis

1) Diese zwey Dörfer liegen in der Neumark im Königsbergischen Creyse, und heissen jetzo Woltersdorf und Jädikendorf. Die Markgrafen haben diese beyden Dörfer, welche zusammen gelegen, im J. 1272. und 1281. dem Kloster Chorin geschenket Gerke T. 2. p. 409 und 422.

2) Stolzenhagen. Es sind zwey Dörfer des Namens, eines in der Ukermark, das andere im Nieder-Barnimschen Creyse, vermuthlich ist es das Ukermärksche, weil es hier unter den Güthern des Klosters Chorin stehet.

3) *Vicus* heißt gemeiniglich ein Kietz oder Fischerdorf. *Area* ist ein Hof. Auch ist hier gewesen *Vinetum* ein Weinberg, welches sich auch von mehrern Dörfern findet.

4) Ludersdorf hat M. Woldemar im J. 1316. dem Kloster Chorin geschenket. Gerke T. 2. p. 453.

5) Jetzo Parstein, in der Ukermark. Hier wurde das Kloster zuerst im Jahr 1231. an. im J. 1273. aber nach Chorin verleget. S. Gerke T. 2. p. 392. und 412.

6) Jetzo Brodowin, in der Ukermark, das die Markgrafen bereits im J. 1267. dem Kloster Chorin, nebst andern Dörfern, geschenket. Gerke T. 2. p 401.

7) Ist sonder Zweifel Golz in der Ukermark, welches Dorf M. Woldemar im J. 1319. dem Kloster Chorin schenkte. Gerke T. 2. p. 457.

Terra Obule et Merica. [1]

Segeuelde [2] habet XL mansos quorum plebanus habet II et Spiritus Sanctus de Spandow X mansos Otto et Heyne Scheren VIII mansos ad curiam suam Ad pactum quilibet mansus soluit VI modios siliginis VI auene Censum non dant nec precariam Taberna II solidos Cossati XV soluunt in vniuerso II sexagenas pullorum Pactum predictum cum pullis et supremum iudicium est dictorum Heynonis et Ottonis *Scheren* Dicunt quod Dominus nihil habet ibi

Satzkorn [3] sunt XXXII mansi quorum plebanus I mansum Fritz *Bardeleue* V mansos ad curiam suam et Hennich *Satzkorn* V mansos ad curiam suam de quibus tenentur ad seruitium vasallionatus Hermann *Bardeleue* V mansos ad curiam suam Et Koppe Schonenuelt ciuis in Coln V mansos Dicunt quod non tenentur ad seruitium Ernst de *Etzin* VI mansos ad curiam suam Ian de *Etzin* VI mansos ad curiam suam de quibus tenentur ad seruitium vasallionatus Prefecturam habet Hermann Bardeleue Supremum Iuditium habet Dominus Marchio Fritze Bardeleue emit curiam suam de vxore Schoffes vidua cuius fuit dotalitium iam sunt duo anni Herman Bardeleue emit suam a Kopkino Dedest ciue in Brandenburg sunt VI anni Koppe Schonenuelt ciuis in Colne predictus habet suam curiam ab vxore viuente cuius est dotalitium Alii habent hereditario iure ab antiquo Cossati sunt VIII quilibet soluit solidum et I pullum

Schorin [4] XL mansi quorum plebanus habet II Tzabel de *Schorin* habet VIII mansos ad curiam suam de quibus tenetur ad seruitium vasallionatus Possedit ab antiquo *Hans Bamme* XVIII mansos Ad pactum V modios siliginis V modios auene Ad censum quilibet I solidum Precariam non dant Taberna soluit XI solidos Cossati sunt V quilibet soluit II solidos XV pullos Supremum iuditium habent Tzabel et Hans Bamme predicti Dicunt quod non tenentur ad seruitium curruum

Kartzow [5] XL mansi de quibus plebanus habet II Frederich Spill habet XI mansos quorum VIII colit III sunt censuales quos emit hoc anno a Hermanno de *Vorlande* qui Vorlande habuit eos a patre de quibus tenetur ad dimidium seruitium Ad pactum quilibet IX modios siliginis IX modios auene exceptis II qui dant VI modios siliginis et VI modios auene Censum non dant Ad precariam quilibet V solidos ½ modium siliginis ½ modium ordei I modium auene exceptis duobus qui dant quilibet III solidos et ½ modium siliginis ½ ordei I auene Mathias de *Bredow* in Hilgensey habet pactum de tribus mansis Mathias dictus de Bredow habet precariam et supremum iuditium in dicta villa exceptis IIII mansis quorum precariam recipit prefectus Dominus Marchio habet seruitium curruum Mathias dicit ad se spectare Taberna dat X pullos Cossati sunt XIIII quorum V deserti quorum III quilibet I solidum vnus II solidos alii V quilibet IX denarios et quilibet I pullum

1) So stehet dieser lateinische Titel in den Originalien des Landbuchs. Das Havelland und auf der Heyde, so wird dieser Bezirk auf teutsch genannt in dem Schoßbuche von 1451. weil die Havel, die im Latein des mittlern Zeitalters *Obula* genennet wird, da durchfließt, und ein Theil des Creyses ist, in der Gegend von Spandau und Potsdam vor diesem waldigt gewesen, und wird deshalb auch noch das hohe Havelland im Vergleich des Strichs bey Rathenow und Nauen genennet. *Merica* heißt Heyde.

2) Das Dorf Segenfelde hat noch den Namen, und gehöret jetzo denen von Ribbeck.

3) Satzkorn, wird jetzo gemeiniglich Sotscher oder Sotsker genennet, und gehöret denen Brandhorsten.

4) Schorin hat damals einer Familie von Schorin gehöret, die ausgegangen ist. Jetzo heisset dieses Dorf Marquart, und gehöret dem von Wyckersloth.

5) Karzow hat noch den Namen, und gehöret denen von Wölkewitz.

Havelland.

Rorbeke [1] habet XL mansos quorum plebanus habet III mansos Et Ghetbenynne vidua habet VI ad curiam suam Hans Smedestorp habet IIII mansos Ad pactum quilibet soluit VI modios siliginis III modios auene Exceptis duobus qui dant quilibet IIII modios siliginis II modios auene Ad censum quilibet mansus soluit IX denarios predicti vero II quilibet VI denarios Ad precariam quilibet mansus soluit III½ solidos Alii vero II quilibet XXII denarios Taberna V solidos sed est deserta Cossati V possessi et III½ deserti Vnus soluit III solidos VI pullos Alius I solidum II pullos Alius X pullos non denarios Alius I solidum II pullos Alius II solidos IIII pullos In dicta Rorbeke Blasus habet *precariam* quam habuit decem annis *que tamen ab antiquo fuit Marchionis* [2] sed Blasus emit a Selchow qui habebat eam pro pignore Pactum et supremum iuditium habet vidua Karpzo ad dotalitium post cuius mortem deuoluantur ad Marchionem Seruitium curruum dicunt quod nullus habet Sed *Aduocatus* dicit spectat ad Marchionem

Karpzow [3] habet XXII mansos quorum plebanus habet I Vidua de *Arnym* XI ad curiam suam tenetur ad seruitium domini Ad pactum quilibet mansus ½ chorum siliginis IX modios auene IIII modios ordei Non dant censum nec precariam Pactum habet dicta Domina de Arnym super V mansis Taberna II solidos XII pullos Qui soluuntur XL pulli IIII modii siliginis VI auene I libra cere ½ libera piperis Altare in Spandow pactum super V mansis

Dalge [4] sunt XLIX mansi quorum plebanus I Gutergotz habet VI mansos Prefectus habet II mansos Ad pactum XI quilibet soluens VIII modios siliginis VII modios auene Item XXII quorum quilibet soluit VII modios siliginis VII modios auene Item VI quorum quilibet soluit VI modios siliginis VI auene II choros et VI modios Ad precariam omnes mansi Quilibet soluit IIII½ solidos III denarios et I½ quartale siliginis I½ qr ordei III qr auene Cossati X quorum quilibet I solidum II pullos Taberna soluit I sexagenam pullorum Moniales de Czedenik habent pactum super V mansos Cruciferi super III Prigarde filii Ianes super III auenam tantum Velefantz super II Filii Trebus super X Moniales in Spandow super III Altare in Stolp super IX Ian Selchow super III Claws Diues super II Prefectus super II Filii Trebus precariam habent et supremum iuditium cum seruitio curruum Dicunt quod Marchio nihil habet sed habuit olim quod nunc habent filii Trebus

Nyendorf [5] sunt XII mansi Prefectus habet II Quilibet mansus in vniuerso soluit VIIII½ solidos et non plus Quelibet domus quarum XVI sunt soluit annuatim II denarios pro libertate piscandi Legitima Bartholomei in Mittenwolde habet super IIII mansos Super alios habet Lippold in Duratz Cossati sunt VI Quilibet soluit II solidos eidem Lippoldo qui etiam habet supremum iuditium Taberna dat Domino Marchioni I talentum

Falkenhagen [6] LXII mansi quorum plebanus II Prefectus dictus Falkenhagen cum fratribus habet XII mansos de quibus tenetur ad seruitium vasallatus a Marchione in pheudum quos pater

1) Rohrbek hat noch diesen Namen, und gehöret zu dem Königl. Amte Spandau.
2) Hier zeiget sich, wie die Bede ursprünglich dem Landesherrn zugehöret, aber öfters von demselben an Privatleute und von einer Hand in die andere verkauft worden.
3) Karpzow hat den Namen behalten, und gehöret jetzo denen von Bredow. Man nennet es auch Buchow Karpzow wegen des daran liegenden Dorfes Buchow.
4) Wird jetzo Dalgow auch Dalge geschrieben, und gehöret dem von Ribbek.
5) Jetzo Neuendorf, gehöret zum Königl. Amte Spandau.
6) Falkenhagen hat noch eben denselben Namen, und gehöret zu dem Königl. Amte Spandau.

Havelland.

pater eorum emit a quodam dicto Stromer Ad pactum quidam dant frumentum quidam denarios IIII mansi soluunt I frustum et iterum sic et sic de aliis Cossati sunt XXXVI Soluunt in vniuerso III sexagenas pullorum et III talenta Taberna I talentum dat Fritzen Bardeleuen Illi de *Etzin* [1] habent super IIII mansos pactum ab antiquo a Marchione Moniales in Spandow super X mansos pactum ab antiquo Illi de *Prigard* [2] super XI mansos pactum ab antiquo a Marchione Illi dant quilibet VI modios siliginis et non plus Fritz *Bardeleuen* super XIIII mansus pactum emit a Ber de *Schulenburg* Relicta Wasmut super IIII mansos pactum Illi de Falkenhagen super I mansum pactum Dobler ciuis in Berlin habet super IIII mansos II frusta quia quilibet mansus dat X solidos et non plus emit a prefecto fuerunt Marchionis in breui Supremum iuditium et seruitium curruum habet *Fritze Bardeleue* predictus emit a *Bernhardo de Schulenburg milite* sunt III anni Bernhard de Schulenburg habuit a Marchione vnum annum Stagnum non est ibi locatum Monialium Ad precariam quilibet mansus IIł solidos exceptis mansis quos habet Dobler qui non soluunt precariam

Sacro [3] sunt XIII mansi quorum prefectus II de quibus tenetur ad equum pheudi Ad pactum et ad censum quilibet mansus XII solidos et VI pullos Ad precariam tota villa soluit annuatim XXXII solidos Pactum et censum habent Dyreken van der Eyke Precariam habet Dominus Marchio Supremum iuditium habent Dyreken predicti Seruitium curruum habet Dominus Marchio et seruitium vasallionatus

Heynholt [4] sunt VII mansi Ad pactum IIII mansi soluunt quilibet VIII modios siliginis VIII auene Ad censum II solidos Prefectus de III mansis tenetur *ad equum pheudi aut I talentum* Precariam non soluunt Seruitium curruum habet Dominus Marchio

Bornstede [5] sunt XXX mansi Plebanus I Hans de *Groben* habet XI ad curiam suam Henning *Rybbeke* XII ad curiam suam Claus de *Groben* VI ad curiam suam sed pro nunc hereditauit aliis Ad pactum ł chorum siliginis et III auene et non censum nec precariam Cossati XII dant in vniuerso IIIł sexagenas pullorum Duo quilibet dat VI solidos ad censum et non pullos Claus Groben habet supremum iuditium et infimum cum seruitio curruum

Golm [6] sunt XXI mansi quorum plebanus habet I Claus Groben V mansos ad curiam suam ad seruitium vasallionatus Ad pactum quilibet ł chorum siliginis VI modios ordei ł chorum auene Ad censum nihil Ad precariam nihil Cossati sunt VIII dant in vniuerso IIł talenta et I solidum et Ił sexagenam pullorum cum taberna Filius Nicolai de Groben habet pactum et supremum iuditium et totum Dominus Marchio habet ibi seruitium vasallionatus sed dicit se liberum

Eyke [7] sunt VIII mansi quos habet Dyreken ad curiam suam Ad pactum quilibet mansus VI modios siliginis VI ordei XII modios auene Censum et precariam non soluunt Cossati

1) Das Geschlecht von Etzin ist ausgegangen.
2) Scheint die Familie von Priors zu seyn, die ausgegangen ist, von welchem Namen noch ein Dorf in diesem Crayse ist.
3) Wird jetzo Sakrow geschrieben, und gehöret denen Herren de la Motte Fouquet.
4) Dieser Ort ist jetzo ganz unbekannt, und muß eine ganz kleine Feldmark gewesen seyn, da sie nur aus sieben Hufen bestanden.
5) Bornstede hat noch den Namen, und gehöret jetzo dem Potsdamischen Wayse nhause.
6) Golm führet noch den Namen, und gehöret zum Amte Potsdam.
7) Eicke heißt jetzt Eichow, und gehöret zum Amte Potsdam.

Havelland.

sati VII quorum unus dabit XV solidos Alius XI solidos et VI pullos Alius VI solidos et I modium papaueris et ł sexagenam pullorum Alius V solidos et ł sexagenam pullorum Vnus dabit VIII solidos XXIIII pullos Hec omnia cum iuditio supremo habet Dyreken emit a Halt van *Stocken* possedit VI annis

Pryerde 1) sunt XXX mansi quorum XXIIII habent dicti vasalli de *Pryerde* pro quibus tenentur ad seruitium vasallionatus Remanent VI qui soluunt in vniuerso IIł choros siliginis et IIł choros auene et non soluunt censum neque precariam Cossati VI quilibet X pullos et decimam dant plebano Ibi non est taberna Fritze et Peter dicti de Pryerde habent in pactu XVIII modios siliginis et XVIII auene. Item Weger habet in pactu I chorum siliginis et I chorum auene tam diu possident cuius memoria non existit Predicti de Pryerde habent supremum iuditium

Topliz 2) sunt XX mansi quorum plebanus habet II Prefectus habet II Ad pactum quilibet mansus IX modios siliginis et III ordei non auene Ad censum II solidos Precariam non soluit Cossati IX quilibet soluit VI denarios et I pullum Taberna soluit XXX solidos Monachi in Lenyn habent totum cum omni iure tempore ab antiquo

Lest 3) sunt X mansi Ad pactum XVIII modios siliginis non plus Cossati V Quilibet soluit I solidum et I pullum ad censum Monachi in *Lenyn* habent totum ab antiquo tempore possessum

Gotyn 4) non sunt mansi Ibi sunt X domus Cossatorum quorum quilibet soluit I solidum et I pullum Prefectus soluit VIł talenta de *pactu aque* Est Monachorum de Lenyn qui similiter habent ab antiquo possessum

Bornum 5) sunt LXIIII mansi Plebanus habet V Claus Brant habet VI et Tzabel et Dydolf fratres habent X pro quibus teneatur ad seruitium vasallionatus sed negant Falkenrede habet IX mansos ad curiam suam pro quibus tenetur ad dimidium seruitium vasallionatus et super II pactum et censum Peter Bamme IIII mansos ad curiam suam Prefectus habet II mansos Ad pactum soluit quilibet mansus ł chorum siliginis VI modios ordei et ł chorum auene Ad censum quilibet V solidos Precariam non dabunt Cossati sunt XXI dant III sexagenas pullorum et I talentum Taberna soluit annuatim ł sexagenam *Retzow* habet pactum et censum super IIII mansos Vxor Kratz habet pactum et censum super II mansos ad dotalitium Vxor Bornewitz habet super VIII mansos pactum et censum ad dotalitium Dyreken habet pactum et censum super IIII mansos Habuit III annis emit a Falkenrede Vxor Lodewiges habet pactum et censum super VIII mansos Supremum iuditium et seruitium curruum habent Tzabel et Dydolf predicti ab antiquo

Seborch 6) sunt XL mansi quorum plebanus habet III Ad precariam censum et pactum soluit quilibet mansus in toto VI modios siliginis VI auene et II modios ordei Cossati sunt VI quorum soluit quilibet II solidos et II pullos Moniales in Spandow habent predicta cum supremo iuditio et seruitio curruum ab antiquo

Clodow

1) Pryerde, ist ohne Zweifel das jetzige Dorf Priort, und hat der ausgestorbenen Familie von Pryore gehöret.
2) Töpliz gehöret jetzo zwar zum Amte Potsdam, wird jetzo aber nicht zum Havelländischen, sondern zum Zauchischen Creyse gerechnet.
3) Leest oder Leist, ist ein Dorf in der Zauche, und gehöret zum Amt Lehnin. Im Havellande ist dergleichen nicht. Es wird vermuthlich hier zum Havellande um deswillen gerechnet, weil es dißeits der Havel liegt.
4) Göttin liegt im Zauchischen Creyse, aber nicht weit von Potsdam, und gehöret dem Amte Lehnin.
5) Jtzt Bornim oder Borne, Amts Potsdam.
6) Jtzo Seburg, Amts Spandau.

Havelland.

Clodow [1] sunt XLVI mansi quorum plebanus habet VIII Ad pactum XXII mansi soluunt quilibet III modios siliginis III auene Et V mansi Prefecti soluunt in toto I chorum auene simul Cossati sunt IIII quorum vnus II solidos II pullos et alii vnum solidum et I pullum Ibi non est taberna Moniales in Spandow habent hec omnia cum iuditio supremo et seruitium curruum ab antiquo

Gothow [2] sunt L mansi quorum plebanus habet IIII Ad pactum soluit quilibet mansus IIII modios siliginis exceptis XII qui soluunt quilibet III modios siliginis et III auene Ad censum dant XVIII mansi quilibet I solidum et ad pactum X denarios Moniales predicte habent hec omnia cum supremo iuditio et seruitio curruum a tempore vt supra Cossati sunt ibidem IIII quorum quilibet I solidum et II pullos excepto I Cossato

Glynik magna [3] LXII mansi quorum plebanus habet II Ad pactum XIII soluunt quilibet IIII modios siliginis et IIII auene a Hans Falkenrede a patre suo exceptis V quartalibus siliginis et V auene super I manso habet Britzik Alii mansi videlicet XXII soluunt ad pactum quilibet III modios siliginis III auene et non plus Ad censum de predictis mansis XIX solidos et non precariam Cossati non sunt ibi Taberna soluit V solidos ad censum Pactum super XVIII mansis habent Moniales in Spandow Falkenreyde predictus habet supremum iuditium et seruitium curruum vt supra

Parne [4] habet XXX mansos quorum plebanus habet II Lamprecht de Parne habet XVIII ad curiam suam Ad pactum soluit quilibet mansus IX modios siliginis IX auene non ordei Non censum nec precariam Cossati sunt VI soluunt in vniuerso I½ sexagenam pullorum Dominus Marchio ibi habet seruitium vasallatus Tota villa cum iuditio supremo est Lamperti predicti Duo gurgusta dant vnum talentum

Duratz [5] sunt L mansi quorum plebanus II Ad pactum XI mansi soluunt quilibet XVIII modios siliginis non plus Item III quilibet XVI modios siliginis non plus Item II quilibet XIII modios siliginis Item IIII prefecti II frusta Item I *Lantryder* soluit X modios siliginis Item V quilibet ½ chorum siliginis Item I mansus ½ chorum siliginis Item III quilibet I chorum siliginis et I VIII modios siliginis Item II soluunt I frustum Item IIII II frusta Item II I frustum Item I IX modios siliginis Item IIII mansi II frusta Item II I frustum Item vnus mansus III frusta a Mathia de *Bredow* in pheudum Dicti Meuwes habent VII frusta et X modios siliginis quorum pater nouiter emit Claws Staken III½ choros Relicta Bartholomei III½ choros siliginis ad dotalitium Fratres de *Prigarde* II½ choros siliginis ab antiquo Lupold XVI modios siliginis cum vxore vt supra Tyle de *Kare* I frustum nesciuit quo iure Relicta Michaelis *Slaberstorf* I frustum ad dotalitium Henning *Bardeleuen* VI modios Nikel *Bardeleuen* VI modios ab antiquo Moniales in Spandow I chorum Dominus Iohannes plebanus Etzin I chorum ad altare in Nawen Heyn Ebel in Spandow XXVI modios emit a Hartmanno in Czestow sunt III anni Henning Lange prefectus in Cestow I½ frusta emit a Prigarde IIII sunt anni Kerstian Rasp ½ frustum ab Arman Arnt Kartzow I½ choros — III anni emit a Betkino Felkener Censum

1) Gegenwärtig Cladow, Amts Spandau.
2) Heißt gegenwärtig Gatow, Amts Spandow.
3) Jetzo Groß Glienecke, dem von Ribbeck zugehörig.
4) Heißt Pahren an der Wublitz, zum Unterschied von Pahren bey Brandenburg, und gehöret denen von Bredow.
5) Heißt jetzo Dyratz oder Dyrotz, und gehöret denen von Ribbeck zu Segefeld.

Havelland.

ſum nihil vt dicunt Ad precariam quilibet V ſolidos et ł modium ſiliginis ł orde et I auene Coſſati ſunt XXX quorum quilibet ſoluit VI denarios et I pullum quorum VII ſunt eccleſie Taberna vna X ſolidos Monialibus in Czedenik Alia ſoluit IIł ſolidos Lippoldo et I chorum auene Thiloni de *Karn* et *Slaberndorff* Tertia taberna IIł ſolidos et X ſolidos Frankenroden Supremum iuditium et ſeruitium curruum et precariam habet Lippolt et eſt dotalitium vxoris ſue et *Dominus Romanus* [1] et Marchio Otto contulerunt ſibi in pheudum ut dicit exceptis V ſolidis quos habet Seuelt

Falkenreyde [2] ſunt XXXVIII manſi quorum plebanus habet V prefectus IIII Henningh Seuelt III manſos ad curiam ſuam Ad pactum ſoluit quilibet ł chorum ſiliginis ł auene non ordei Cenſum non ſoluunt Ad precariam V ſolidos denariorum ł modium ſiliginis ł modium ordei I modium auene exceptis III manſis qui non dant niſi pactum Coſſati ſunt VIII quorum vnus ſoluit XIII pullos Alius X pullos Vnus XX alius XV alius XX pullos Idem XIII pullos Dyreken quoque habet aliquid in precaria ſed *Kote Aduocatus* dicit quod ſpectat ad Dominum Marchionem Taberna dat I talentum et XV pullos prefecto Dyreken habet in pactu VIII fruſta et VI modios Mertin Karchow ciuis in Spandow I chorum ſiliginis Habet in pignore a filio Iohannis Bart Vxor Buſchow ł chorum ſiliginis Ił chorum auene XV ſolidos quos aduocatus dicit eſſe Marchionis et Ił modios ſiliginis II ordei III auene ad dotalitium a Marchione in pheudum Eccleſia habet III modios ſiliginis III auene et VI denarios et VI libras cere Relicta Koppen Litzen habet IIł choros ſiliginis et Ił auene a Marchione Herman et Fritz *Bardeleuen* habent Ił choros ſiliginis Ił choros auene Precariam ſuper V manſos Claws *Slaberſtorff* ł chorum auene alius *Slaberſtorff* habet VI modios *Ribbeke* VI modios Supremum iuditium habet Dominus Marchio et ſeruitium curruum et precariam ſuper VI manſos Duo *Scabini* qui dicuntur *Landſchepen* ſpectant ad Dominum Marchionem [3]

Leyſt [4] habet XII manſos ſuper quibus habet Marchio II ſeruitia vaſallionatus Otto Dyreken habet V manſos *Cune Huneke* IIIIł manſos et Bart III manſos

Stolp eſt curia ſolet dare Ottoni Bart XVII fruſta ſed eſt deſerta tenetur ad ſeruitium

Wernitz [5] ſunt XXXI manſi quorum plebanus habet I Stertzinger habet VII manſos ad curiam ſuam quos habet ab vxore ſua et tenetur ad ſeruitium Ad pactum ſoluit quilibet manſus ł chorum ſiliginis ł ordei non auene Cenſum non ſoluunt Ad precariam quilibet X ſolidos I modium ſiliginis I ordei II modios auene Coſſati II quorum I ſoluit XV pullos alius X pullos et I ſolidum *Otto de Britzik* habet pactum et precariam et iuditium ſupremum excepto ſuper V manſis quos habet Mews in Nawen habuit XII annis emit a Matthia de Bredow

Rywin [6] ſunt XV manſi quorum plebanus habet I Ad pactum ſoluit quilibet III modios ſiliginis III ordei non auene Ad cenſum quilibet III ſolidos exceptis IIII manſis qui non ſoluunt cenſum Ad precariam quilibet IIł ſolidos I quartale ſiliginis I ordei et ł modium auene Lantrydero quilibet manſus I quartale ſiliginis Coſſati ſunt VII quilibet dat VI dena-

1) Markgraf Ludwig der Römer genannt, weil er zu Rom gebohren war.
2) Wird jetzo Falkenrede genannt, und gehöret der Cämmerey zu Potsdam.
3) S. oben S. 37. N. 4.
4) Das Dorf Leit iſt jetzo im Havellande nicht zu finden, und muß, da es nur aus zehn Hufen beſtanden, eine kleine Feldmark geweſen ſeyn, die unter einer größern jetzo ſteckt.
5) Wird noch Werniz genannt, und gehöret denen von Bredow zu Bredow und Markau.
6) Heißt jetzo Riwend oder Riewend, dem von Bröſigke zugehörig.

Havelland.

denarios et I pullum Quatuor piscatores quilibet IIIł solidos Ronnebom et frater suus Tyle habent precariam Heyne *von den Bone* habet iuditium supremum cuius medietas diuoluta fuit ad Marchionem et dictus Heyne emit ab illis de *Rochow*.

Swanenbeke [1] sunt XXII mansi quorum plebanus habet II Ad pactum quilibet mansus VI modios siliginis VI auene non ordeum Censum non Ad precariam quilibet V solidos I modium siliginis I ordei et II modios auene Cossatus nullus Taberna nihil Supremum iuditium et precariam habent Busse Egard et *Nykel Bardeleuen* Stertzinger habet super IIII mansos *Plenum ius infra sepes* [2] *Dominus Marchio habet* sed *Lantriderus* [3] percipit XVIII modios siliginis *Wichard vterque de Rochow* habent XVIII modios auene Prefectus soluit de II mansis *I equum pheudi aut vnum frustum* Item habet II mansos de quibus dat I talentum

Dalin [4] sunt L mansi quorum plebanus habet VI Ecclesia I Prefectus VII

Doberitz [5] sunt L mansi quorum plebanus IIII Ad pactum quilibet V modios siliginis et VI modios auene Censum non dant Ad precariam quilibet III solidos Cossati sunt V quorum duo deserti soluunt simul X solidos et XXVI pullos Taberna non est Precariam habent *Iohannes miles et Hinricus dicti Krochern ab antiquo* Pactum censum et iuditium supremum habet relicta Stoffes ad dotalitium Seruitium curruum habet Dominus Marchio

Glinike parua [6] sunt XVIII mansi quorum Hartwich de *Glinik* habet IX ad curiam suam Hans de *Gryben* IX ad curiam Tenentur ad seruitium vasallionatus Duo stagna Vnum est Monialium in Spandow aliud predictorum

Seluelanck [7] sunt XXX mansi quorum plebanus habet II *Irxsleben* habet V ad curiam suam Nyckel et Eggard *Bardeleuen* habent III mansos ad curiam suam Ad pactum soluit quilibet mansus I chorum siliginis VI modios ordei VI modios auene Ad censum quilibet IIII solidos Ad precariam quilibet VIIIł solidos III quartalia siliginis III ordei IIł modium auene Cossati fuerunt olim XVIII et nunc combinati sunt IX quilibet soluit IIII solidos et vltra hoc IIł sexagenam pullorum et X pullos de pactu Taberna soluit X solidos et VI pullos Busse *Bardeleue* habet pactum censum et precariam super V mansos ab antiquo Herman *Bardeleue* habet similiter super V mansos emit a Thoma de Brandeburg III anni Nickel Bardeleue habet super XII mansos pactum et precariam ab antiquo Schurplate habet censum super XXII mansos — a patre Supremum iuditium et seruitium curruum habent *Bardeleue* predicti ab antiquo *Marke-*

1) Schwanebeck, heißt noch so, und haben die Hrn. v. Bredow im Besitz.
2) Ist so viel als die Straßengerechtigkeit, oder die Gerichtbarkeit zwischen den Zäunen.
3) Es erhellet hieraus, daß die Landreuter schon damals bekannt und Markgräfliche Bediente gewesen, so wie die Vögte, die hier so oft vorkommen.
4) Ein Dorf, Namens Dalin, findet sich nicht mehr im Havelländischen noch im Zauchschen Creyse, und muß jetzo eine Feldmark unter einem andern Namen seyn, da sie doch laut des generalen Verzeichnisses S. 47. bey Brandenburg gelegen, indem es dort heißt: *Dalin prope Brandenburg*. Wenn dieser Ausdruck nicht entgegen stünde, könnte man glauben, daß dieses Dalin das jetzige Dorf Dalen im Teltowschen Creyse sey, das ohnedem in dem Landbuche unter Teltow nicht befindlich ist.
5) Döberitz besitzet jetzo der von Schätzel.
6) Wird noch Klein Glinecke genannt. Es liegt aber im Zauchischen Creyse, und gehöret zum Amt Ziegesar. Vielleicht aber soll dies Glinecke das im Teltowschen Creise, nahe bey Potsdam liegende Glinecke seyn.
7) Heißt gegenwärtig Selbelang, und gehöret noch jetzo denen v. Erxleben, v. Hack, und v. Bardeleben.

Havelland.

Markede [1] sunt LIX mansi Bruning de *Hakenberge* habet VIII mansos ad curiam suam tenetur ad dimidium seruitium vasallionatus Ian et Tylo *Selchow* tenentur ad ł seruitium vasallionatus Claus Diues VII mansos ad curiam suam emit isto anno a Markel Beyer et tenetur cum Seuelt et Haken ad seruitium vasallionatus Ad pactum censum et precariam quilibet mansus I frustum Cossati XVII soluunt in vniuerso cum taberna IIIł sexagenas *pullorum* [2] et I solidum denariorum Tyle Selchow habet ibi XIII frusta emit a quodam ciue in Nawen sunt X anni Ad altare in Coln IIII frusta Predictus Claus Diues de I manso XXII solidos filiis Seuelde Altare in Brandenburg Ił frusta Altare in Nawen II frusta Supremum iuditium habent Bruning et Tylo *Selchow* quod olim Marchio habuit Seruitium curruum nullus habet

Buchow [3] XXIIII mansi Ad pactum sunt XVIII quorum quilibet soluit IX modios siliginis IX auene non ordei II quorum quilibet I chorum siliginis I XVIII modios siliginis V non soluunt precariam Censum non soluunt Ad precariam de predictis XIX quilibet de predictis ł modium siliginis ł ordei I auene Alii non soluunt precariam Cossati sunt VII qui cum taberna soluunt IIł pullos De predictis mansis XIII soluunt XIII modios pisorum Claus Golwitz ciuis in Brandeburg habet totam precariam excepto super XVIII emit ab Ottone Bart pro XXIIł marcis *Dominus potest redimere* [2] Vxor Coldenboms et vxor Heyneke Metstorpis habent pactum super II mansos videlicet XVIII modios siliginis ad dotalitium Super I mansum ad altare in Brandeburg Michel Czestow ciuis in Nawen habet XX modios a Marchione Supremum iuditium medium habent illi de *Arnum* Andreas Holst aliam medietatem a Marchione et emit a Heynone de *Selchow* est pignus.

Possin [3] sunt LII mansi quorum plebanus habet I Fritz de *Knobelok* [4] habet IIII ad curiam suam Ad pactum quilibet I chorum siliginis ł chorum ordei non auene II solidos Ad precariam X solidos I modium siliginis I ordei II auene Cossati sunt XVI quorum IIII sunt deserti quilibet I solidum et pullum Taberna dat II talenta et I chorum siliginis Fritze predictus habet L frusta in pactu ab antiquo Schurplate habet in pactu et censu VIIł frusta ab antiquo Ad altare in Brandeburg VI frusta sed non sunt appropriata empta a Nicolao Felkener Michel Czestow ciuis in Nawen habet VI frusta ab antiquo a Marchione Henning Karptzow habet VIIIł frusta et ł sexagenam pullorum ab antiquo Hoppenrode habet V frusta a Fritze Knobelok a Marchione Claus Buchow ciuis in Brandeburg II frusta emit a Karpzow a Marchione Cune Karre ciuis in Berlin habet IIIIł frusta a Fritze Knobelok Relicta vidua *Wichardi de Rochow* militis quondam fratris Iohannis habet XX frusta in precaria dotalicium que fuerunt olim Marchionis Henneke II frusta ab illis de Rochow in pheudum ab antiquo Holtaste IIIIł frusta de quo tenetur seruitium vasalliona-

1) Heißt gegenwärtig Marckeo, auch wohl Marckede, und besitzen dieses Dorf die von Wilmersdorf und von Bredow.

2) 3½ Schock Hüner.

3) Buchow, gehöret denen von Bredow. Es wird oben erwehntermaßen Buchow Carpzow genannt, weil es gleichsam nur ein Dorf ausmacht.

2) Dieses bestätiget den Satz, daß die *precaria* Beede, eine Landesherrliche Abgabe war, die aber der Landesherr oft theils unablößlich, theils wiederkäuflich veräussert.

3) Heißt gegenwärtig Pessin, und besitzen die von Knoblauch, von Bredow und von Jastrow.

4) Also hat das alte Geschlecht der von Knoblauch schon im Jahr 1376. einen Theil von dem wichtigen Dorfe Pessin besessen.

Havelland.

lionatus ab antiquo Supremum iuditium habet Fritz predictus II partes et Hasso de Bredow I partem emit a Bernhardo de *Karpzow* Seruitium curruum habet Fritz predictus Marchio habet supremum iuditium et seruitium curruum super IIII curias et VI Cossatos Est etiam I *Scabinus qui dicitur Landschepe* [1] spectat ad Dominum Molendinum dat III frusta

Rybbeke [2] sunt XXXI mansi quorum plebanus habet II quos habet Henningus Rybbeke Tyle et Claus Rybbeke habent II mansos ad curiam suam Tenentur ad seruitium vasallatus Ad pactum quilibet ł chorum siliginis ł chorum ordei et I modium pisorum Ad censum quilibet VII solidos Ad precariam XII solidos et I modium siliginis I ordei II auene Cossati sunt XX quilibet soluit I solidum et I pullum Taberna dat ł sexagenam pullorum Molendinum soluit videlicet medium lucrum Ronnebom cum fratre habent X frusta ab antiquo Canonici in Stendal habent IIII frusta I solidum et III modios pisorum Ad duo altaria in Nawen VIł frusta Vlrik et Arnt Scroder ciues in Brandeburg II frusta ab antiquo Lantzberg habet III talenta et V solidos et VI modios siliginis VI ordei XII auene Koppe Wesemar habet III frusta Item *Irxsleue* habet III frusta Iunior Kolt ciuis in Brandeburg XIIII solidos VII modios siliginis VII ordei XIIII auene Matthias de Bredow in — habet VI modios siliginis qui per mortem Henningi Wanstorp deuoluti fuerunt ad Marchionem Vidua de *Arnim* II frusta et III modios pisorum Ghyse Dyreken IIIł frusta Supremum iuditium habent predicti Rybbeke et seruitium curruum

Berghe [3] sunt LX mansi quorum plebanus habet IIII Ecclesia I Ad pactum quilibet mansus VI modios siliginis IIII ordei XII auene Exceptis VI mansis ad altare in Nawen Ad censum quilibet IIII solidos Ad precariam VI solidos cum III denariis et IIł quartalibus siliginis IIł ordei V quartalia auene Cossati sunt XVIII quilibet soluit I solidum et I pullum Taberna soluit V solidos ad censum et II libras piperis Wichard vterque de *Rochow* habent ibi XV frusta ab antiquo Relicta Henningi Ryken in Mokern habet X frusta a Marchione ad dotalitium non habet filios Thomas de Brandeburg habet III frusta a Marchione Claus Felkener habet VI frusta et VIII solidos ab antiquo Filii Nicolai Ratz ciuis in Nawen III frusta a Marchione Geske Benstorp ciuis in Brandeburg III frusta a Marchione Gyse Dyreken III frusta Matthias de Bredow VII frusta emit a Rybbeke Grundis ciuis in Nawen habet ibi curiam que dabit V frusta a Marchione Supremum iuditium et seruitium curruum habent Hasso et Matthias de *Bredow* per mortem Ottonis et Conradi de *Osteren* deuoluta ad Marchionem

Lytzow [4] sunt XXXI mansi quorum plebanus habet II Ian de *Doberitz* habet VIII mansos ad curiam suam pro quibus tenetur ad seruitium vasallionatus Item IIII mansos ad curiam de quibus percipit IX frusta per mortem Zanderi Drosen deuoluti ad Marchionem et tenetur ad dimidium seruitium vasallionatus de quo pepercit sibi ut dicit Ad pactum quilibet sunt XIIII chori XVI modii siliginis V modii ordei V tritici XXI auene Ad censum quilibet II solidos Ad precariam quilibet X solidos I modium siliginis I ordei II auene Cossati sunt XIIIł quilibet soluit I solidum et pullum exceptis II qui dant prefecto XVI denarios et II pullos Alii XXXI pullos Supremum iuditium et seruitium curruum et XI talenta et IIII solidos habent Ronnebom cum fratre suo a *Pardum de Knesebeke* qui tenet a *Co-*

1) S. oben S. 37. N. 4.
2) Wird jetzo Ribbeck genannt, und gehöret noch denen von Ribbeck und von Bardeleben.
3) Berge heißt noch so, und gehöret zum Königl. Amte Nauen.
4) Wird jetzo Lietzow genannt, und gehöret zum Königl. Amte Nauen.

Havelland.

a *Comite de Barbi* et *Comes* a *Marchione in pheudum*[1] Item de XVII mansis annonam precarie Ian Doberitz habet III frusta excepta curia Ronnebom cum fratre VIIł frusta a Marchione Michel Czestow in Nawen IIł frusta Cune Pausin ciuis in Nawen II frusta et IIII modios Arnt Plawe ciuis in Nawen IIII frusta et II modios ab antiquo Prefectus tenetur ad equum pheudi

Parne habetur in bonis Ecclesie Brandeburgensis

Bredow[2] sunt LVI mansi quorum plebanus habet III Illi de *Bredow* habent ad curiam suam X Ad pactum quilibet mansus ł chorum siliginis VI modios ordei ł chorum auene Ad censum quilibet III solidos Ad precariam quilibet X solidos I modium siliginis I ordei I auene Cossati XXVI quorum III deserti soluunt in vniuerso IIII sexagenas et III talenta Taberna I talentum et I libram piperis Ciues in Berlin dicti Ryken habent V frusta a Matthia de Bredow in pheudum Pactum censum precariam supremum iudicium et infimum seruitium curruum et ius patronatus habent dicti de *Bredow* ab antiquis temporibus

Mogelin[3] sunt XI mansi Ad pactum quilibet VI modios siliginis VI auene Censum non Ad precariam V solidos Quelibet domus I pullum Cossati V quilibet I solidum et I pullum Gurgusta IIII soluunt simul X solidos Non est taberna Tota villa spectat ad altare in Rathenow cum omni iure

Vst[4] sunt XXX mansi quorum plebanus habet II Thomas ciuis in Brandeburg habet XV ad curiam emit ab illis de Bardeleue sunt V anni qui tenebantur ad seruitium vasallionatus sed Thomas non tenetur quia dicti venditores volunt eum seruare indemnem vt dicit Thomas Ad pactum quilibet ł chorum siliginis VI modios ordei ł chorum auene Censum nec precariam Cossati XI dant simul IIł sexagenas pullorum et XV pullos Taberna X solidos et solidum pro agris iugeribus Ventimola dat Thome XVIII modios siliginis dat etiam aliis cuius quantum ipse ignorat De gurgustis III talenta Supremum iudicium et ius patronatus habet Thomas predictus a Marchione in pheudum

Gartz[5] sunt XXXIIII mansi quorum plebanus habet II Claus Henneke V ad curiam Ad pactum quilibet IX modios siliginis Vł ordei VIł auene Ad censum quilibet III solidos Ad precariam quilibet III solidos et VIII denarios Cossati XIIII soluunt simul VIł solidos Taberna I solidum Piscatores V solidos et XIIII solidos de alia piscatura Ecclesia habet VI libras cere Gurgustum non locatum Ortus vinee I talentum Ad altare in antiqua ciuitate Brandeburg III frusta Pausin ciuis in Nowen III frusta Markow ciuis in antiqua ciuitate Brandeburg II frusta Supremum iuditium et seruitium curruum habet Henneke predictus a Marchione

Lunow[6] sunt XXIIII mansi quorum plebanus habet II Ad pactum quilibet ł chorum siliginis non plus Ad censum XX denarios Ad precariam III solidos ł modium siliginis ł ordei I auene Cossati sunt XI Quilibet I solidum et I pullum Taberna XXIIII solidos Piscatura V solidos et ecclesia IIII libras cere Item V solidos de alia piscatura *Gurgustum* IIł solidos ecclesie Fritze *Knobelok* habet XVIII solidos de quibus tenetur ad seruitium vasal-

1) Hier findet sich ein Beyspiel von Afterlehnen.
2) Bredow heißt noch so, und auch noch jetzo gehöret es der uhralten Familie von Bredow.
3) Mögelin, gehöret zum Königl. Amte Zigesar.
4) Heißt gegenwärtig Uetz, gehöret denen von Hack.
5) Heißt jetzo Gortz, und gehöret denen von der Hagen und von Brösigke.
6) Lünow, gehöret gegenwärtig dem Domkapitul zu Brandenburg.

vasallatus Matthias habuit XVIII solidos qui mortuus est tenebatur ad seruitium quos modo habet Dominus Iohannes Presbyter Supremum iuditium et seruitium curruum et ius patronatus habent Henneken predicti a Marchione Prefectus et Gynow tenentur quilibet ad equum pheudi pro quibus dant quilibet I talentum

Prebenitz [1] sunt XXVI mansi quorum plebanus habet II Bamme habet III ad curiam suam pro toto dat quilibet XIIł solidos et Ił modium siliginis Cossati XIII quilibet II solidos et VI pullos Piscatura II talenta Taberna I talentum Ghise Buschow ciuis in Rathenow habet super II mansos Est alia piscatura que soluit XVIII solidos Bamme habet supremum iuditium

Doberitz [2] prope Brandeburg sunt XIII mansi Ad precariam ł chorum auene Ad censum I solidum Tota villa est Broseken cum omni iure

Motelow [3] sunt XXX mansi quorum plebanus II habet Ad pactum soluit quilibet mansus ł chorum siliginis ł chorum ordei Ad precariam quilibet mansus XII solidos denariorum I modium siliginis I ordei et II modios auene Cossati sunt IX quilibet soluit I solidum Taberna dat I talentum *Heyne Retzow* habet II frusta a Lippoldo de Bredow Hennyngus Motelow habet IX modios siliginis et ordei Vnus mansus est ibi qui dabit I frustum Sunt duo alii qui dabunt III frusta Nicolaus Houener habet I curiam cum duobus mansis a Domino Lippoldo

Retzow [4] sunt LX mansi quorum plebanus habet III *Retzow* IIII ad curiam tenetur ad seruitium vasallionatus Claus *Retzow* III ad curiam tenetur ad seruitium vasallionatus Ad pactum et censum et ad precariam quilibet II frusta Cossati sunt XII soluunt simul XII solidos et XII pullos Taberna II frusta Coldenborne ciuis in Brandeburg XXII frusta et VIł solidos et medietatem supremi iuditii a *Parduin* de *Knesebeke* qui habet a Comite de Barby qui vlterius habet a Marchione Aliam partem supremi iuditii habet Koppe Wynter habet a Comite de Barby et illi a Marchione

Roschow [5] sunt XXXVIII quorum plebanus habet II Ad pactum quilibet XV modios siliginis VIł modios auene non plus XXVIIł chori Ad censum II solidos Ad precariam sunt XIII mansi qui dant quilibet VI solidos Consulibus noue ciuitatis Brandenburg non plus IIII talenta minus solido Item XXIII mansi quorum quilibet dat VIIł solidos Matthie de Bredow et fratribus suis habuerunt XX annis et III quartalia siliginis III qr ordei Ił modios auene Item predicti XXIII mansi dant quilibet XX denarios et dicitur *census precarie* (Bedezluß) Cossati XX quilibet soluit VI denarios et I pullum Taberna dat V solidos et Ił chorum auene illis de Bredow Prefectus tenetur ad equum pheudi Bredow predicti habent IIII frusta in pactu et VII choros auene inclusa taberna Claus Prutzken cum fratribus IX frusta in pactu et censu Abbas de Lenyn VIII choros siliginis VIII modios siliginis et XX modios auene Relicta Castils de Stendal II choros et VII modios siliginis ad dotalitium Ad altare in Brandenburg XXX solidi Ebel Tzuden XV solidos Arnt Klot XIIł choros siliginis XXVI modios auene et VIII solidos ciues in Brandeburg Supremum iuditium et infimum et seruitium curruum habent predicti de Bredow

1) Heißt gegenwärtig Premnitz, und gehöret zu Milow im Magdeburgischen, der Prinzeßin Wilhelmine von Anhalt zuständig.
2) Döberitz besitzen die v. d. Hagen, v. Brösigke und v. Plotow.
3) Wird jetzo Mätelow genannt, und gehöret noch jetzo denen von Retzow.
4) Retzow, gehöret noch jetzo denen von Retzow, von Bredow, und von Luen.
5) Heißt gegenwärtig Roskow, und gehöret denen von Katt.

Havelland.

Wezeram [1] habet XXV mansos quorum plebanus II Quilibet mansus dat pro censu et precaria et pactu XXV modios auene I modium siliginis et XVII denarios et ½ *fertonem* Item taberna dat II talenta Cossati sunt VIII dant in vniuerso XI solidos et XVI pullos Molendinum dicitur ibi esse sed est desertum Tota villa cum supremo et inferiori iuditio et seruitio curruum et alio quolibet seruitio et cum omni precaria ac vniuersis iuribus et pertinentiis suis spectat ad ecclesiam et Episcopum iure proprietatis et prefectus in veteri ciuitate Brandenburg tenet in pheudum

Poretz [2] sunt XXXII mansi Ecclesia II Ad censum quilibet II solidos exceptis VI mansis qui non soluunt censum Ad precariam nihil Cossati sunt XVI soluunt simul IIII talenta minus solido de domibus et aquis Taberna VI solidos Vxor Iohannis de *Thümen* habet XIIII frusta ad dotalitium cum censu Gereke et Otto de *Arnam* habent XV frusta et VIII modios Piscature XIII solidos Ad altare III½ frusta Grabow ciuis in Nawen ½ frustum Molendinum III choros Supremum iuditium habet Arnam dimidium et Dyreken dimidium Seruitium curruum nullus

Czestow [3] XXVIII½ mansi quorum plebanus habet I Koppe Bart tenetur ad seruitium vasallionatus habet VI mansos ad curiam suam Hertken de Hoppenrode habet II mansos tenetur ad seruitium vasallionatus VI mansi quilibet XXXII siliginis X modios ordei IIII mansi censuales qui sunt Hoppenrode Quilibet dat XXVIII modios siliginis VIII modios ordei Alii VII½ mansi qui soluunt simul VI talenta XVIII denarios Item ½ chorum auene II mansi ad altare dant simul I chorum siliginis I chorum ordei I talentum et II modios siliginis II ordei IIII auene Cossati sunt II Vnus soluit solidos et ½ sexagenam pullorum Ottoni dicto Bart Alius dat IIII solidos et XX pullos Supremum iuditium habet junior Beneuelder cum iure patronatus Beneuelder habet VI½ frusta XVIII denarios a Domino Marchione Wulfart ciuis in Brandenburg III frusta emit a Hoppenrode Czestow ciuis in Nowen IIII frusta a Marchione Koppe Bart VI frusta VI minus modiis ab antiquo a Marchione Ad altare in Brandeburg II frusta Nicolaus Molner ciuis in Nowen I frustum ad vitam

Markowe [4] sunt XLIIII mansi quorum plebanus habet III Item *Kothe Aduocatus* habet IX ad curiam suam tenetur ad seruitium Herman Coran habet IIII ad curiam suam tenetur ad seruitium Ille idem Herman habet adhuc alios IIII mansos censuales Petze *Markowe* habet IIII mansos ad curiam suam Claus *Markowe* habet VII mansos quorum IIII sunt liberi et III censuales Ad pactum quilibet mansus I chorum siliginis Ad censum et ad precariam nihil Cossati sunt XVIII Sex Cossati soluunt Kothen I sexagenam pullorum et VII pullos Kratz habet IIII Cossatos quilibet dat XII pullos Arnt habet III Cossatos qui soluunt ½ sexagenam pullorum et IX pullos Alius XX pullos Item alius I solidum Alii duo dant XXIIII pullos Alius X pullos Taberna nihil dat Abbas de Lenyn habet ibi VIII choros siliginis spectant ad proprietatem Claus et Henning *Markowe* IIII choros siliginis a patre Matthias et Wilken de *Bredow* VI choros siliginis qui per mortem Spolit

1) Jetzo Weseram, zum Königl. Amt Zigesar gehörig.
2) Heißt jetzo Paretz, denen v. Blumenthal zuständig.
3) Wird gegenwärtig Ceestow oder Zestow geschrieben, und gehöret denen von Bredow und dem Dohm zu Berlin.
4) Heißt jetzo Marckau, denen von Bredow gehörig.

Havelland.

Et diuoluti fuerunt ad Marchionem Cune Markowe II choros ſiliginis a Marchione Supremum iuditium habent Bruning de *Hakenberge* Tyle et Ian Selchow quod olim Marchionis Sunt in villa *II ſeruitia vaſallionatus*

Hoppenrode [1] ſunt XXVI manſi Hans *Prigard* habet VIII ad curiam ſuam Duo manſi quorum quilibet ſoluit XIIƚ modios ſiliginis XIIƚ ordei totidem auene Relicta Cawelsdorff ad dotalitium iidem Ad cenſum II ſolidos Prigard et III ſolidos filiis Plawen Alius manſus dat IX modios ſiliginis IX ordei auene non plus Quartus ſoluit IX modios ſiliginis I chorum auene III ſolidos ad cenſum et IIII modios tritici Item III manſi dant XXVII ſolidos et XVIII ſolidos V modios ſiliginis V modios auene *Prigarde* de eisdem ſoluit III modios ſiliginis VI auene III ordei Heynoni de *Retzow* de eisdem V ſolidos Prigarde et Plawe V ad cenſum Item alii IIII manſi dant Prigarde XVIII ſolidos et V modios ſiliginis V modios auene De eisdem I talentum *Stechow* XV ſolidos plebano in Retzow ad vitam ſuam et eidem III modios ſiliginis III ordei VI auene De eisdem V ſolidos Plawen et Fritzen de *Prigarde* V ſolidos de eisdem Henningho Seuelt III ſolidos Item de aliis III manſis ſoluit XVIII ſolidos X modios ſiliginis V modios auene Prigarde De eisdem XI modios ordei IIII tritici IIII auene ƚ modium piſorum relicte Cawelſtorp De eisdem V ſolidos Fritze Prigard Item V ſolidos Plawen Item Ian Doberitz IIII ſolidos De eisdem I chorum ſiliginis ƚ chorum ordei *Meyneken Ber* vxori ſue ad dotalitium ſed de duobus manſis habent libertatem Item de aliis III manſis dat III fruſta relicte Cawelſtorp ad dotalitium de eisdem V Prigarde et V Plawen Alius adhuc manſus eſt deſertus Coſſati ſunt X Omnes deſerti excepto uno qui eſt eccleſie Sunt adhuc XXIIII manſi dicti *Berchhuſen* qui ſunt deputati ſingulis manſis ſupraſcriptis ſed ad vnum campum Quum *hiemales* tunc quilibet ſoluit IIII modios ſiliginis quum *eſtiuales* IIII modios auene Quum non *ſeminantur* [2] quilibet I modium auene Supremum iuditium et ſeruitium curruum eſt *Hans Prigarde* emit a Nicolao Paritz ſunt VI anni

Bowerſtorp [3] ſunt XXIX manſi quorum prefectus habet V Non ſoluit pactum ſed XXXIII ſolidos pro cenſu et equo pheudi et IIIƚ modios ſiliginis IIIƚ ordei VII auene Sunt XIX manſi quorum quilibet ſoluit XXII modios auene II ſiliginis II ordei ad pactum Ad cenſum et ad precariam quilibet IX ſolidos cum X denariis IIƚ quartalia ſiliginis et quartam partem quartalis totidem ordei V quartalia auene et quartam partem quartalis Tabernator habet II manſos ſoluunt ſimul IIƚ choros ſiliginis et III modios ſiliginis et IIƚ auene ad precariam et XIIII ſolidos Idem de taberna XVI ſolidos Idem vnus manſus qui dicitur Kakelhoue dat pro toto XVI ſolidos Item alius manſus dat Iƚ chorum ſiliginis ad pactum et VIIƚ ſolidos et Iƚ denarios ad precariam et cenſum Item alius manſus eſt deſertus Coſſati VI quorum III poſſeſſi quilibet ſoluit I ſolidum et IIII pullos Supremum iuditium et ſeruitium curruum et totam villam habet Ernſt et Ian de *Etzen*

Nybede [4] ſunt XXX manſi quorum habet IIII plebanus Ian de Clitz IIII ad curiam Ad pactum XI manſi ſoluunt equaliter quilibet ƚ chorum ſiliginis IIII modios ordei VIII auene Alii

1) Hoppenrade, gehöret denen von Ribbeck.
2) Wenn Winterkorn, wenn Sommerkorn, wenn gar nichts gesäet wird. Also ist der Acker damals so, wie jetzo, in drey Felder getheilet worden, in Winter- und Sommerfeld und Brache.
3) Bowersdorf ist jetzo als ein Dorf nicht vorhanden. Bey Cremmen soll eine Feldmark Bowersdorf heissen, wovon die Gemeinde dem Domkapital Kornpächte giebet.
4) Niebede besitzen die von Bredow.

Havelland.

Alii XI ad pactum quilibet ½ chorum siliginis VI modios ordei VIII auene exceptis III quorum quilibet dat ½ chorum siliginis I chorum ordei Ad censum quilibet II solidos exceptis III precariam non dant Cossati sunt VI quilibet soluit I solidum et I pullum exceptis II qui dant quilibet VI denarios et I pullum Taberna dat I talentum predicto Clitz Pactum habent altariste in Berlin et iuditium supremum Henricus Schenke habet XXXV pullos Hans *Nybede* habet I frustum ab antiquo et vxor fratris eius vnum frustum quod idem Nybede dicit ad se pertinere Henningus *von Groben* habet I½ frusta

Etzin 1) sunt LX mansi quorum plebanus habet II deserti Henning Weger IIII½ ad curiam suam Claus *Slabberstorp* habet V quorum III sunt censuales Tenetur vna cum illis de *Rybeke* ad seruitium vasallionatus Heyne von den Bone tenetur ad seruitium Hans Bade tenetur ad seruitium vasallionatus Henning Carptzow cum fratribus tenetur ad seruitium vasallionatus simul Kothe Aduocatus tenetur ad seruitium vasallionatus Idem Kothe habet ibi VIII mansos Tota villa simul computata de omnibus mansis LXI frusta et X½ solidos Cossati ibidem VII solidos et II½ sexagenas pullorum Taberna XVIII solidos soluit Prefectus de Brandenburg habet X frusta Claus Prutzck XI frusta Alia bona habent vasalli quorum nomina scribere obmissum pro eo quod nullus eorum nouiter est ea adeptus nec sunt aliqua suspiciosa Supremum iuditium habet Weger predictus

Wustermarke 2) sunt XLIIII mansi quorum plebanus habet II et prefectus habet III de quibus soluit II½ talenta III modios siliginis III ordei VI auene Marchioni Idem prefectus habet adhuc I mansum ab *Ottone de Plauen* Nihil de illo Rusticus Nybede habet IIII mansos De vno dat Ernst de Etzin ½ chorum siliginis ½ ordei I chorum auene de aliis duobus soluit Monachis de Lenyn II choros siliginis I ordei ½ tritici de alio dat Magistro Andree de *Ghulen* ad vitam suam I chorum siliginis ½ chorum ordei VI modios tritici et V solidos ad censum Peter Bolling II mansos de vna dat I chorum siliginis ½ ordei et I chorum auene prefecto et V solidos ad censum De alio I chorum siliginis ½ ordei Prigarde De eodem manso dat II½ solidos ad precariam I modium siliginis I ordei et II modios auene Marchioni De eodem manso IIII½ solidos Seuelde De Taberna dat II½ solidos Marchioni I modium siliginis I ordei II auene Marchioni et II choros auene prefecto et VIIII½ solidos Ronnebom ciui in Berlin Item prefecto XX pullos Alia Taberna soluit Marchioni II½ solidos et I modium siliginis I ordei II auene Item Ronnebom V solidos Prefectus de Czestow ½ chorum auene Item Dominus Iohannes Czabel habet I chorum auene Item dat XX pullos relicte Gures Item Hopkine Fetzen X pullos Relicta Heyne Gures habet III mansos et dabit Dno Iohanni Czabell VI modios siliginis Item prefecto de villa Czestow XVIII modios siliginis et VI modios ordei Item relicte Iohannis Prigarde III modios ordei Item Eykendorff III modios ordei Item Conrado Pausin IIII½ solidos ad censum Item relicte Prigarde II choros siliginis VI minus modiis Item I chorum ordei cum ½ choro tritici Hans Hune habet I mansum et dat I chorum siliginis ad pactum et ½ chorum ordei et I chorum auene Ernst de Etzen et IIII½ solidos prefecto ibidem Hans Seroder vnd Herbard habent III mansos dantes cuidam dicto Weger III choros siliginis et I½ chorum ordei et XVIII modios tritici et ad censum XIIII½ solidos Arnt Kartzow habet III mansos et dat filiis Meres III choros siliginis et I½ chorum ordei et XVIII modios tritici

1) Etzin gehöret zum Amt Ziegesar.
2) Wustermark gehöret zum Amt Spandow.

Havelland.

tritici et IIIIł solidos ad censum Antiquus Arnt Kartzow habet IIII mansos dat *Dominis de Lenyn* II choros siliginis et I chorum ordei et ł chorum tritici Idem ad altare in Spandow I chorum siliginis ł chorum ordei et VII modios tritici Idem dat Fritzen et Hans Prigarde I chorum ordei et VI modios tritici et XXVII denarios ad censum Tyle Trabel habet IIII mansos et dat Hinrico Dammeker et Hennygo fratri eius II choros siliginis et I chorum ordei ad pactum et dimidium chorum tritici et IX solidos ad censum et XX pullos Idem dat Eykendorff II choros siliginis VI minus modiis I chorum ordei ł chorum tritici et IIIIł solidos ad censum Dat et Crummensee VI modios Clodow habet IIII mansos Dat ad altare in Spandow II choros siliginis II choros ordei Idem dat Henningo Seuelde IX solidos ad censum Idem dat domino plebano in Czestow et fratri eius I chorum siliginis ł ordei et VI modios tritici dat etiam IIIIł solidos ad censum Idem dat relicte Iohannis Prigarde I chorum siliginis ł chorum ordei et VI modios tritici et XXVII solidos ad censum Heyne Brunynges habet IIII mansos dat ad altare in Spandow I chorum siliginis ł chorum ordei et VII modios tritici Item dat Eykendorff I chorum siliginis et ł chorum ordei Idem dat filiis Arnoldi Seuelde IIIIł solidos ad censum Idem dat Nicolao *Slaberstorp* et fratri suo VI modios siliginis et VI modios ordei et III modios tritici Item dat Nicolao de *Groben* VI modios siliginis VI ordei et III modios tritici Idem dat filiis Martei de *Kare* VI modios siliginis VI ordei et III modios tritici Idem Domino Iohanni de *Klobelock* XV solidos ad precariam Idem dat Arnoldo Kartzow IX solidos ad censum Idem Marchioni III modios siliginis IIII ordei et VI auene Iacob Fetzen habet III mansos dat ad altare in Spandow II choros siliginis I chorum ordei et XVII modios tritici Item Domino Czabello et fratri eius I chorum siliginis I chorum ordei Idem Fetzen dat IIIIł solidos filiis Arnoldi Seueldes ad censum Hans Mewes habet III mansos et habet per se super mansos II choros siliginis I chorum ordei et ł modium tritici et illa bona habet ab illis de *Prigarde* Item idem dat Tammen de *Robel* XVIII modios siliginis ł chorum ordei et VI modios tritici Idem dat Ronnebom V solidos Dat etiam Arnoldo de *Kartzow* II solidos Item dat Domino Marchioni I modium siliginis I ordei et II modios auene

Czuchdam [1] sunt XX mansi Ad pactum censum et precariam soluit quilibet I frustum Cossati V possessi II quilibet I solidum et I pullum Taberna non est Totam villam habet iam Iohannes Blankenuelde ciuis in Brandeburg quam emit ab Arnoldo de *Lochow* hoc anno videlicet LXXV a Marchione in pheudum exceptis II talentis que habet prefectus antique Brandeburg a dicto Arnoldo Prefectus tenetur ad equum pheudalem

Posyn [2] sunt XVI mansi quorum plebanus I Henning de *Carptzow* IIII ad curiam Ad pactum quilibet et ad censum ad precariam IIł frusta Cossati sunt VI possessi soluunt in vniuerso III *mandalas* et V pullos et II solidos Taberna soluit I talentum Consules noue Brandeburg habent III frusta et IIII solidos Fritze de *Knobelok* VII solidos Matthias

1) Czuchdam ist kein Dorf mehr. Es scheinet so viel, als der Damm nach der Zauche heissen zu sollen. Zwischen dem Dohm und der Neustadt Brandenburg liegt noch der sogenannte Damm oder Neustädter Damm, so zu Brandenburg, und mehr zum Havellande, als Zauche, gehöret, ist mit Häuser und Mühlen besetzt, und als eine Vorstadt anzusehen. Dieses ist vielleicht der Czuchdamm gewesen.

2) Jetzt Pewisin, gehöret der Cämmerey zu Brandenburg.

Havelland.

thias Knobelok pie memorie habuit VII solidos a Marchione Allud habet predictus Carptzow cum iuditio supremo a Marchione in pheudum Prefectus tenetur ad equum pheudi aut I talentum

Buschow [1] sunt XVIII mansi quorum ecclesia Brandeburgensis habet I Heyne Kalenberge II Clot II Kerstian Buschow II Felkener IIII quos locauit pro VI choris siliginis Cune et Claus Wilmerstorp III½ Lintorff duo de premissis tenentur ad III seruitia vasallionatus III½ mansi spectant ad officium quod dicitur *Landscepe* de quibus dantur IIII frusta [2] Cossati sunt XVI quilibet soluit I pullum et VI denarios vltra hoc quilibet I pullum Marchioni excepto Cossato spectante ad mansum qui pertinet ad ecclesiam Brandeburgensem Supremum iuditium et seruitium curruum habet Marchio Ventimolum III frusta Taberna dat XII solidos

Radewede [3] sunt XLIII½ mansi quorum plebanus habet III Heyne von den Bone VIII Deserti IIII Ad pactum censum et precariam quilibet I frustum Cossati sunt V deserti II Quilibet soluit VI denarios et I pullum Taberna VI solidos prefecto et I pullum Piscator dat V solidos Heyne von den Bone habet super IIII mansos IIII - - Gyse ciuis antique Brandeburg habet super VIII mansos Broseken habet ½ pactum super II mansos Residuum habent plebanus et Heyne Bone predictus Ruck super VI mansos Heyne de Bone habet supremum iuditium et seruitium curruum et tenetur ad seruitium vasallionatus Heine Schulte ciuis antique Brandeburg habet IIII choros auene

Kotzure [4] sunt XXVI mansi quorum plebanus II Tyle *Broseken* VI ad curiam Remanent XVIII Ad pactum quilibet ½ chorum siliginis non plus Ad censum et ad precariam V solidos quilibet ½ modium siliginis ½ ordei I auene Cossati sunt VI deserti II quorum vnus dat II solidos XIX pullos Alius II solidos et I pullum Item vnus II½ solidos et VI pullos De piscatura V solidos Ventimolum III choros siliginis Taberna nihil Prefectus tenetur ad equum pheudi Broseken habet totam villam cum omni iure sed tenetur ad seruitium vasallionatus

Grabow [5] sunt XXXIIII mansi quorum plebanus habet I Claus Welle VI ad curiam Deserti XII remanent XV Ad pactum quilibet IX modios siliginis Ad censum IIII solidos Ad precariam ½ modium siliginis ½ ordei I auene Cossati sunt IIII deserti II quilibet I pullum Taberna nihil Piscatura II½ solidos Totum est Capituli et Ecclesie Brand cum omni iure

Bogow [6] XX sunt mansi quorum plebanus habet I Hen Baacstrow habet V quos V colit per se Tenetur ad seruitium vasallionatus Cune Markowe II ad curiam et II censuales qui soluunt ambo LX modios siliginis et super II mansis predictis habet Marchio X solidos De aliis IX mansis quilibet soluit XXX modios siliginis et nihil plus Supremum iuditium habet Marchio Cossati sunt X quilibet soluit VI denarios et I pullum exceptis III qui dant

simul

1) Buchow, gehöret gegenwärtig denen von Wilmersdorf und von Knobloch.
2) Also hatten die Landschöppen eigene Hufen für solches Amt.
3) Radewege, gehöret zur Cämmerey der Stadt Brandenburg.
4) Retzow besitzen gegenwärtig die von v. Hagen und v. Drößigke, welche letztern es schon zu Zeiten des Landbuchs gehabt.
5) Grabow ist noch jetzo, so wie zur Zeit Carl 4. ein dem Dohmkapitul zu Brandenburg zugehöriges Vorwerk.
6) Heißt gegenwärtig Bagow, und besitzen es die von Ribbeck.

Havelland.

simul IIII solidos et VI pullos Taberna nihil Due piscature dat quelibet V solidos Nota quod Henricus Bacstrow habuit villam a Marchione in pheudum decessit sine liberis et Henningus frater eius qui antea separatus fuit ab eo intromisit se de bonis et occupat

Crutzewitz [1] sunt XVIII mansi quorum plebanus habet III Soluit in toto XI frusta et est nunc ciuitati Brandeburg cum omni iure appropriata ab antiquo

Planowe [2] est tota deserta et est appropriata predicte ciuitati Brandeburg

Magna Bentz [3] sunt LXXIII mansi quorum plebanus habet III Ager quidam spectat ad ecclesiam Quilibet mansus soluit pro toto I frustum Cossati sunt XVIII quilibet soluit I solidum et I pullum Taberna dat I½ frusta Ventimolum II choros siliginis Stagnum non locatum et est illorum de Rochow Item III piscature dant quelibet III solidos Moniales in Spandow habent II choros siliginis et pactum et VIII solidos in censu Schere III frusta a Marchione Ghyse Butz ciuis in Rathenow II frusta ab antiquo a Marchione Matthias de Bredow I chorum siliginis ab antiquo a Marchione Stertzinger I½ chorum siliginis et VIII solidos cum vxore a Marchione Henning Carptzow XVIII modios siliginis ab antiquo a Marchione Clot ciuis in Brandeburg I½ chorum siliginis ab antiquo Residuum et precariam et seruitium curruum Iudicium supremum et ius patronatus illi de Rochow ab antiquo

Bentz parua [4] sunt XXXIIII quorum plebanus III Wichart et Wichart de *Rochow* habent VIII ad curiam Prefectus habet III Ad pactum quilibet ½ chorum siliginis ½ auene Censum non soluit Ad precariam quilibet X solidos Cossati sunt XV soluunt in vniuerso II sexagenas pullorum et IIII pullos Piscature VI solidos Molendinum quod vocatur Klingmole soluit II choros siliginis Taberna I talentum Sentzk habet I chorum siliginis Illi predicti de Rochow habent totam villam ab antiquo a Marchione

Bussow [5] sunt XXV mansi quorum plebanus habet I liberum Brune de *Bane* habet III mansos ad curiam tenetur ad seruitium vasallionatus Egart Holste IIII ad curiam Cune Swommer habet II mansos ad curiam et I censualem Claus Butzow IIII ad curiam Ad seruitium vasallionatus Heine *Broseke* VIII mansos ad curiam tenetur ad seruitium vasallionatus Remanet I mansus censualis qui dat IIII modios siliginis IIII ordei et VIII modios auene Cossati sunt VII Quilibet VI denarios et I pullum Taberna X solidos Prefectus I mansum liberum valens I½ frustum Piscatura IIII½ solidos Supremum iudicium habent Heyne Broseken et Claus Butzow ab antiquo a Marchione

Nyendorff [6] sunt XX mansi Prefectus II et tenetur ad equum pheudi vel X solidos Ad pactum censum et precariam quilibet IIII solidos Cossati sunt VI quorum II deserti *Gurgustum* [7] vnum spectat ad altare in Brandeburg Tota villa est appropriata ab antiquo ciuitati Brandeburg

Q 2 *Brylow*

1) Wird gegenwärtig Klein-Kreutz genannt, und gehöret noch der Cämmerey zu Brandenburg, wie zu Zeit des Landbuchs.
2) Planowe ist unbekannt. Es kann auch nicht wohl das Städtgen Plau, oder der Plan bey Spandow seyn.
3) Heißt jetzo Großen Beniz, und gehöret denen von Itzenplitz.
4) Klein Bäniz oder Beniz, gehöret denen von Itzenplitz.
5) Bussow, ist gegenwärtig Buzow genannt, und gehöret dem Dohmkapitel zu Brandenburg.
6) Heißt Neuendorf, und gehöret noch jetzo zur Brandenburgischen Cämmerey.
7) *Gurgustum* ist ohne Zweifel ein Fischwehr. S. *du Fresne* Glossarium.

Havelland.

Brylow [1] sunt XXXV mansi quorum plebanus II Ad pactum censum et precariam IIII modios siliginis IIII ordei IIII auene et III solidos Cossati VIII quilibet soluit I pullum Tota villa est appropriata antique ciuitati Brandeburg

Bryst [2] sunt XIIII mansi Ad pactum censum et precariam VII modios siliginis et II solidos Cossati sunt IIII Taberna nihil *Gurgustum* soluit IIII talenta et IIII solidos Piscatura in Obula dat IIII½ talenta minus solido Tota villa est Ruks cum omni iure in pignus et est dotalitium matris sue ab illis de *Sandow* qui vltra habent a Marchione

Smollen [3] habet XII mansos quorum prefectus habet II dat ½ sexagenam pullorum Quilibet mansus dat pro toto V modios siliginis Item dant *villani* (die Bauren) XXIII solidos de *gurgustis* et VIII pullos fumigales Totam villam habet prefectus in antiqua ciuitate Brandeburg ab ipsis de Aluensleue

Lyp [4] sunt XXV½ mansi quorum plebanus II Egard Griben cum fratribus suis IIII mansos ad curiam Ebel Bamme habet III mansos ad curiam Tenetur ad seruitium vasallionatus Ad pactum quilibet XIIII modios siliginis ½ chorum ordei et II modios auene Ad censum quilibet V solidos Ad precariam X solidos Cossati sunt VII Vnus soluit II solidos et I pullum Item vnus I solidum et pullum Alii quilibet vnum denarium et I pullum Taberna I libram piperis Hasse et Gerke *Bredow* X talenta V solidos in precaria a Marchione ab antiquo Arnd et Nicolaus *Lochow* X frusta minus modio ab antiquo a Marchione Residuum et supremum iudicium seruitium curruum et ius patronatus habent Griben predicti a Marchione ab antiquo

Stechow [5] sunt XXXIIII mansi quorum plebanus IIII Henning *Stechow* habet VIII ad curiam Ad pactum censum et precariam quilibet I½ frusta exceptis II mansis qui soluunt quilibet VIII modios siliginis VIII ordei et X solidos Cossati sunt VIII dant II simul I½ sexagenam pullorum Taberna ½ sexagenam pullorum et XV solidos Ager *Lytzen* ad curiam Henning Stechow Est ibi locus ville qui dicitur Dranse qui quandoque locatur quandoque non et est illorum de Stechow continet XXVI mansos et soluuntur simul VI chori auene Tota villa est illorum de Stechow a Marchione tenentur ad seruitium vasallionatus

Lytzen [6] sunt XII mansi quilibet mansus soluit pro toto XIII solidos Cossati non sunt Tota est illorum de Stechow ab illo de *Mansuelt* qui vltra habuit a Marchione

Kotzsum [7] sunt XL mansi quorum plebanus II Illi de Stechow VI ad curiam Illi de Lindow IIII ad curiam Quilibet mansus soluit pro toto I chorum siliginis et XV solidos denariorum Cossati sunt XIIII dant quilibet VI denarios et I pullum Taberna XXII solidos Ad altare in Rathenow IIII frusta Item ad altare ibidem II frusta Item I frustum ad plebanum in Frisak Kopke Wenemar I frustum ab illis de Rochow Brist ciuis in Rathenow II½ frusta et est vxor Egardi Diuitis ciuis in Spandow Residuum totum habent Stechow predicti a Marchione

Lochow

1) Briclow, gehöret ebenfalls noch zur Cämmerey der Stadt Brandenburg.
2) Briest, gehöret der Brandenburgischen Cämmerey.
3) Schmölln oder Schmöllen, liegt in der Zauche, und gehöret dem Magistrat in Brandenburg.
4) Liepe gehöret denen von Bredow.
5) Stechow besitzen noch die von Stechow und ist also das Stammhaus dieses alten Geschlechtes, dessen Geschichte der Herr Präsident von Hagen beschrieben.
6) Litzen eine wüste Feldmark bey Stechow, laut des vorstehenden Artikels.
7) Heist jetzo Kotzen, gehöret denen v. Stechow. In einem Exemplare stehet Dotzsig, welches unrichtig ist.

Havelland.

Lochow[1] sunt XXVI mansi tota deserta Item *Lochow* sunt XII mansi

Lantyn[2] sunt XVI mansi Gerke *Syle* habet IIII ad curiam Gerke Syle senior IIII ad curiam tenetur ad seruicium vasallatus Ad pactum censum et precariam IIII mansi dant VII frusta et sic de aliis Cossati sunt - - Taberna dat I sexagenam pullorum et I pullum Stagnum est ibi non locatum Illi de Stechow habent ibi - - Relicta Wilkini Retzow habet IIII frusta Gerke Tyle I frustum I Cossatum qui dat I sexagenam pullorum minus pullo Iuditium supremum habet uterque Syle

Kryle[3] sunt XXX mansi quorum plebanus habet IIII Heyse Welle V ad curiam tenetur ad seruitium vasallatus Relicta Stegewitz VIII ad curiam tenetur ad seruitium vasallionatus quorum IIII spectant ad prefecturam Ad pactum et ad censum quilibet I chorum siliginis I ordei Ad precariam X solidos Cossati sunt XV Quilibet dat VI denarios et I pullum Taberna VI denarios et I pullum Ventimola Arne Frisak ciuis in Rathenow II frusta Wilke Smerstorp ciuis in Rathenow II frustum Residuum habent predicti Welle et *Stechow* cum supremo iuditio emit hoc anno a Heysone Wellen et a Stechow in pignore resid.

Pheudalia Ciuium in Rathenow

Primo Albertus Wogenitz habet II frusta in villa *Zenzke*[4] a Domino Marchione Item IIII frusta in eadem villa a Hassone de *Bredow* Filii Dorn habent II frusta in dicta villa a Hassone de Bredow Cristoforus habet VI frusta in villa Hage a Hassone de Bredow Wilhelmus Smedestorp habet III frusta in villa Kryle a Heyzone Wellen Item II frusta in villa Stechow a Henningo Stechow Item XXVI modios annone in molendino ciuitatis Rathenow ab illis de Stechow Item Gyse Butzow habet II frusta in villa Bentz a Domino Marchione Item II frusta in villa Predemitz a Hassone de Bredow Item filii Thiderici Wedegen II frusta in villa Ramme Item II choros auene super mansos merice prope Rathenow ab illis de Bredow Item Engelbertus Sartori habet III frusta in villa Gorne a Hassone de Bredow Item Arnoldus Frisak cum fratre suo habet XII frusta in Molendino Rathenow a Marchione et II in villa Krile a Marchione et XXII solidos super vicum et IIII solidos in Stagno Woltse qui IIII solidi pertinent ad iudicem *Briste* dicti habent III frusta in villa Cossem Smersow habet XVII frusta in Theolonio a Marchione Peter Lantzin IX frusta in villa Keryn Filii Kades II frusta in molendino ab illis de Doberitz Computando XIIII modios annone et X solidos denariorum pro I frusto Summa Reditcuum ciuium in Rathenow LXXII frusta absque vineis suis

Bona Episcopi Brandenburgensis[5]

Pritzerwe[6] in ripa *Obule* habens XV mansos quorum plebanus habet II et prefectus II Quilibet mansus dat ad pactum VI modios siliginis III modios ordei et III solidos denariorum ad censum Prefectus dat X solidos denariorum pro seruitio Est ibi *Transfretum* (eine Fähre) quod

1) Lochow besitzen die von Bredow und von Knoblauch.
2) Wird gegenwärtig Landien geschrieben, und gehöret denen von Bredow.
3) Kriele gehöret denen von Bredow.
4) Heißt gegenwärtig Zenzke, und besitzen die von Bredow.
5) Die Güther des Bischoffs von Brandenburg sind bey der Reformation von dem Churfürsten eingezogen, und gehören dahero jetzo größtentheils zu den landesherrlichen Domainen.
6) Heißt jetzo Pritzerbe, ein Amtsstädtgen, zum Amt Ziegesar gehörig.

Havelland.

quod fuit ab antiquo dans XV solidos denariorum Item Ventimolum ab antiquo ibi fuit ad presens desertum Tota Pritzerwe cum supremo et inferiori iuditio cum seruitio curruum et alio quolibet seruitio pacto censu ac omnibus iuribus et pertinentiis suis vniuersis cum omni et plena libertate et vtilitate sunt Ecclesie Brandeburgensi et mense Episcopali appropriata

Cotzin [1] etiam in ripa Obule habens XXXVIII mansos qui dicuntur *Teutonici* quorum plebanus habet III Ad pactum quilibet dat I chorum siliginis et I chorum auene Sunt ibi adhuc alii mansi qui dicuntur *Slauici* quorum plebanus habet I Quilibet ad pactum dat I chorum siliginis et I chorum auene Censum non dant Item ab antiquo fuit ibi *transfretum* quod dat LXXX pullos Tota Cotzin cum suis aquis et earum publicis et aliis quibuscunque stratis et meatibus nec non insulis et paludibus cum supremo iuditio et inferiori cum seruitio curruum et alio quolibet seruitio pacto ac omnibus iuribus et pertinentiis suis vniuersis cum omni et plena libertate et vtilitate est Episcopi et suorum vasallorum et sunt ecclesie et mense Episcopali Brandeburgensi appropriata

Verchieser [2] est villa habens XXIIII mansos quorum plebanus habet II Prefectus I Ad pactum XVIII mansi soluunt quilibet V modios siliginis V modios ordei et II modios auene Ad censum et precariam sunt IIII mansi quorum quilibet dat III solidos denariorum Alii vero XVIII mansi quilibet dat tantum II solidos denariorum Cossati V quilibet dat I solidum Tota villa cum supremo et inferiori iuditio seruitio curruum et aliquo quolibet seruitio cum pacto censu et precaria [3] ac omnibus iuribus et pertinentiis suis cum omni et plena libertate et vtilitate sunt Episcopi et suorum vasallorum Et est ad mensam Episcopalem appropriata

Teltow [4] est in territorio Teltow et ville Gyselbrechstorp Rulofstorp Stanstorp Teutonica Stanstorp slauica Schonow Stolp Heinrichstorp Sputelendorp scripta sunt in libro territorii Teltow et alibi secundum declarationem Registri in quibus Dominus Marchio nihil habet

Blumberg scriptum est in libro Barnym [5]

Tempelfeld scriptum est in libro Barnym [6]

Seyesèr [7] Castrum et oppidum

Lowenberg [8] Castrum et oppidum cum suis attinentiis non sunt scripta nec ab antiquo consueuerunt dare nec dabunt

Bamme [9] sunt XXXVI mansi quorum plebanus habet III Prefectus IIII Ad pactum quilibet mansus VII modios siliginis VII ordei et III auene Ad censum et ad precariam quilibet man-

1) Cotzin ist jetzo nicht bekannt. Hier sind deutsche und wendische Hufen gewesen.

2) Wird gegenwärtig Serchesar bey Brandenburg genannt, zum Unterschied des Dorfes Serchesar bey Rathenow, und gehöret zum Amte Zigesar.

3) Es erhellet hieraus, daß die Güther der Bischöfe ihnen nicht allein mit der Pacht, Zins, Hofedienst und allen Abgaben, sondern auch mit der landesherrlichen Bede zugehörten.

4) Die besondere Beschreibung von Teltow folget hier gleich nach Bamme, ingleichen die von Schonow und Stolpe; hergegen die von den Dörfern Gisensdorf, Ruldorf, Teutsch- und Wendisch-Stansdorf, Henersdorf und Sputendorf stehet oben unter dem Teltowschen Crayse S. 58. 59. 62. 63.

5) S. dieses Landbuch oben S. 75.

6) S. oben S. 92.

7) Ist die jetzige Amtsstadt Zigesar.

8) Löwenberg ist gegenwärtig nur ein Dorf, denen von Bredow zugehörig, liegt im Glienickschen Löwenbergischen Crayse.

9) Bamme gehöret denen von Briest.

Havelland.

mansus dat VII solidos Item taberna dat IX solidos et tabernator ab antiquo *brasium fecit et braxauit* [1] in Bamme absque impedimento et qualibet contradictione et facit quum sibi placet Ventimolum est ibi Prefectus de *equo pheudi I talentum* Cossati sunt XV Quilibet dat I pullum Tota villa supremum et infimum iuditium cum seruitio curruum et alio quolibet seruitio cum pacto censu precaria et omnibus attinentiis suis cum omni ac plena libertate ac vtilitate est Episcopo Brandeburgensi appropriata

Nenhusen [2] habet XXXVII mansos quorum plebanus habet II Ad pactum quilibet mansus dat I chorum ordei sed non dant auenam Ad censum quilibet IIII solidos Ad precariam quilibet IIII solidos Item ventimolum est ibi Cossati sunt XVI Taberna dat X solidos et tabernator ab antiquo brassauit brasium siccauit et braxauit in Nenhusen quum sibi placuit absque cuiuslibet contradictione et quolibet impedimento et facit quando vult Supremum iuditium et infimum cum seruitio curruum et quolibet alio seruitio pacto censu et cum omni precaria nec non ipsam totam villam vna cum suis iuribus et pertinentiis vniuersis *Nicolaus de Stechow* et Heyne Schulte in Brandeburg habent in pheudum a Domino Episcopo Brandeburgensi ac cum omni et plena libertate et vtilitate sunt Ecclesie Brandeburgensi et ad mensam episcopalem Brandeburgensem appropriata

Grenyngen [3] sunt XXV mansis Ad pactum IX mansi quilibet dat III modios siliginis II modios ordei et IIII modios auene Ad censum quilibet dat II solidos Ad precariam XXVII denarios Cossati sunt XIII Quilibet dat VI denarios Idem I stagnum Supremum et infimum iuditium vna cum seruitio curruum et alio quolibet seruitio pacto censu et precaria totam villam cum suis iuribus et pertinentiis vniuersis et stagnum prefatum Arnt et Nicolaus de *Lochow fratres famuli* tenent in pheudum a Domino Episcopo Brandeburgensi et cum omni et plena libertate et vtilitate sunt Ecclesie Brandeburgensi et mense episcopali Brandeburgensi appropriata

Selingestorp [4] habet XXVI mansos quorum plebanus habet II Ad pactum quilibet VII modios siliginis minus I quartali Non ordeum nec auenam Ad censum et precariam quilibet dat III solidos Cossati sunt VI quilibet dat I solidum et I pullum Heyne *Broseke* supremum et infimum iuditium cum seruitio curruum et quolibet alio seruitio pacto censu precaria ac totam villam cum omnibus suis iuribus et pertinentiis vniuersis tenet in pheudum a Domino Episcopo Brandeburgensi ac cum omni et plena libertate spectat ad ecclesiam et ad mensam episcopalem Brandeburgensem iure proprietatis

Vorde [5] sunt XLII mansi quorum plebanus habet II Ad pactum quilibet III modios siliginis III modios ordei et III modios auene Ad censum quilibet II solidos Ad precariam quilibet III solidos Cossati sunt III quilibet dat I pullum Supremum iuditium cum inferiori et seruitio curruum ac quolibet alio seruitio et cum omni precaria pacto censu ac totam villam cum omnibus suis iuribus et pertinentiis suis vniuersis Gherke Kothe famulus a Domino Episcopo Brandeburgensi habet in pheudum Et eadem villa tota cum omnibus premissis et pertinentiis suis vniuersis ac cum omni et plena libertate et vtilitate est episcopali mense Brandeburgensi appropriata

Wese-

1) Der Krüger zu Bamme hat immer gemälzet und gebrauet ohne Hinderniß und nach Belieben.
2) Heißt itzt Nenhausen, und gehöret denen von Briest.
3) Gräningen gehöret dem Dohmkapitel zu Brandenburg.
4) Heißt jetzo Selensdorf, und gehöret dem Dohmkapitel zu Brandenburg.
5) Wird jetzo Fohrde geschrieben, und gehöret zum Amte Ziegesar.

Havelland.

Weseram [1] sunt XXV mansi quorum plebanus habet II Quilibet mansus dat pro censu precarie et pactu XXV modios auene I modium siliginis et XVII denarios Taberna dat II talenta et tabernator absque impedimento et contradictione cuiuscunque brasium fecit siccauit et braxauit in Weseram pro voluntate sua et facit quum sibi placet Cossati sunt VIII qui dant in vniuerso XI solidos denariorum Ventimolum fuit ibi ab antiquo et debet esse ibi ad presens est desertum propter paupertatem Tota villa cum supremo et inferiori iuditio et seruitio curruum et alio quolibet seruitio et cum omni precaria et plena libertate et vtilitate spectat ad ecclesiam Brandeburgensem iure proprietatis et prefectus In veteri ciuitate Brandeburg tenet in pheudum ab Episcopo Brandeburgensi

Knobelok [2] habet L mansos Plebanus habet III et Vasalli habent mansos XVIII sub aratris suis Item VIII sunt deserti Ad pactum quilibet soluit I chorum siliginis Ad censum et ad precariam XXIIII mansi quilibet dat II solidos Taberna dat VIII solidos et tabernator ab antiquo sine impedimento et qualibet contradictione fecit brasium et siccauit et braxauit in Knobelok quum sibi placuit et quando sibi placet Cossati IIII quorum vnus soluit IX denarios Tertius Cossatus soluit I sexagenam pullorum Quartus Cossatus soluit XX pullos Item ventimolum ad presens est desertum Eandem villam cum pacto censu precaria seruitio curruum et alio quolibet seruitio nec non supremo et inferiori iuditio ac cum omnibus suis iuribus et pertinentiis vniuersis Tyle *Dalchow* vasallus tenet a Domino Episcopo in pheudum Et cum omni et plena libertate spectat ad mensam episcopalem iure proprietatis

Stolp [3] habet XVI mansos quorum prefectus habet III Quilibet mansus de residuis XIII mansis dat pro censu et precaria VI solidos et non dat pactum Tota villa cum supremo et inferiori iuditio seruitio curruum et cum precaria et censu ac omnibus iuribus et pertinentiis eiusdem ville est Episcopi Brandeburgensis et suorum vasallorum et est Ecclesie et episcopali mense Brandeburgensi cum omni et plena libertate et vtilitate appropriata.

Teltow [4] habet LXVIII mansos de quibus plebanus habet II liberos Prefectus habet IIII mansos liberos Ad censum quilibet mansus II solidos Ad pactum quidam dictorum mansorum dant IX modios siliginis et IX auene Quidam eorum dant VI modios siliginis VI auene Quidam eorum VIII modios siliginis et VII auene Item sunt ibi due ventimole Item vna molendina aquatica Item retro Teltow est vnum stagnum cuius fructus sunt casuales Dominus Episcopus habet seruitium curruum et quodlibet aliud seruitium Dominus Marchio nil habet ibi Tota Teltow cum prefato stagno cum supremo et inferiori iuditio cum seruitio curruum et alio quolibet seruitio et cum omnibus iuribus et pertinentiis suis vniuersis est ecclesie et Episcopi Brandeburgensis et suorum vasallorum Et sunt ecclesie et mense episcopali Brandeburgensi appropriata cum omni ac plena libertate et vtilitate

Scho-

1) Es ist jetzo nur ein Dorf dieses Namens im Havellande und gehöret zum Königl. Amte Ziegesar. Ehemals soll Groß- und Klein-Westeram existiret haben.

2) Jetzt Knobloch, Knoblauch, zum Amt Zigesar gehörig.

3) Stolpe liegt im Teltowschen Creise, und dieses (nicht aber das im Barnimschen Crayse gelegene Dorf Stolpe) gehörte ehmals dem Bischof zu Brandenburg.

4) Teltow ist das jetzige Immediat-Städtgen dieses Namens im Teltowschen Creyse, wovon der gelehrte und der vaterländischen Geschichte so kundige Churmärkische Oberconsistorial-Präsident, Herr von der Hagen im Jahr 1767. zu Berlin eine auf Urkunden gegründete umständliche historische Nachricht und Beschreibung herausgegeben hat, die hier nachgesehen werden kann.

Havelland.

Schonow [1] habet XLIII mansos quorum plebanus habet II Prefectus IIII Ad pactum VI modios siliginis et VI auene Quidam vero mansorum dant minus Ad censum II solidos Ad precariam quilibet mansus dat IIII solidos denariorum Precariam Dominus Episcopus Brandeburgensis habet Item seruitium curruum habet Dominus Episcopus per totam villam Item V sunt ibi Cossati quilibet dat I solidum Tota villa cum supremo et inferiori iuditio cum seruitio curruum et alio quolibet seruitio cum precaria pacto et censu cum omnibus iuribus et pertinentiis vniuersis est Episcopi Brandeburgensis et suorum vasallorum Et spectat cum omni et plena libertate et vtilitate ad ecclesiam et mensam episcopalem Brandeburgensem iure proprietatis

Garsslitz [2] sunt XL mansi quorum plebanus habet III prefectus III Tenetur ad equum pheudalem Remanent XXXV Ad pactum soluit quilibet VIII modios siliginis VIII ordei Ad censum et ad precariam quilibet II solidos Est ibi ventimolum Taberna I talentum et tabernator fecit et siccauit brasium et *braxauit* in Garselitz ab antiquo vbi et quando voluit absque contradictione qualicunque et impedimento Cossati sunt XXI quilibet soluit I pullum et plebanus habet tertiam partem Nicolaus Bochow ciuis antique ciuitatis Brandeburg habet de istis XXXV mansis VI mansos cum eorum pacto et censu ab ecclesia in pheudum Et eadem tota villa cum censu pacto ventimola supremo et inferiori iuditio seruitio curruum et alio quolibet seruitio cum omni precaria pascuis pratis nemoribus molendinis piscationibus viis et inviis exitibus et reditibus quesitis et inquirendis cum *Aduocatia* [3] *cum decimis frugum et carnium* et omnibus appenditiis earum cultis et incultis campestribus siluestribus aquis aquarum decursibus cunctis libertatibus vtilitatibus ac omnibus iuribus et pertinentiis vniuersis eiusdem ville sunt appropriata Domino Preposito et Capitulo Ecclesie Brandeburgensis Kathedralis

Mutzelitz [4] sunt XXV mansi Ad pactum quilibet IIII modios siliginis IIII ordei IIII auene Ad censum et precariam II solidos Cossati IX simul IX pullos Taberna X solidos et tabernator absque contradictione qualibet et sine impedimento brasium fecit et siccauit in Mutzelitz ab antiquo quum sibi placuit Nicolaus Bochow ciuis in veteri ciuitate Brandeburg habet IIII mansos cum eorum censu et pacto ab ecclesia in pheudum Supremum iuditium et inferius seruitium curruum et quodlibet aliud seruitium cum omni precaria cum omni pacto censu istius ville et eadem tota villa cum pascuis pratis nemoribus molendinis piscationibus viis et inviis exitibus et reditibus querendis et inquirendis cum aduocatia cum decimis frugum et carnium cum omnibus appenditiis eius cultis et incultis campestribus siluestribus paludibus aquis aquarum decursibus cunctisque libertatibus et vtilitatibus ac omnibus iuribus et pertinentiis vniuersis eiusdem ville vsque *lignetum Grenynge* sunt Preposito et Capitulo Ecclesie Brandeburgensis Kathedralis appropriata

Martzan

1) Schonow liegt im Teltowschen Creyse. S. obgedachte Beschreibung von Teltow des Herrn von Hagen S. 9.

2) Heißt gegenwärtig Garlitz, und gehöret noch jetzo dem Dohmkapitel zu Brandenburg.

3) Von den Vogteyen kann nachgesehen werden obgedachte Beschreibung von Teltow des Herrn v. d. Hagen S. 14.

4) Heißt jetzo Mützlitz, und gehöret noch dem Dohmkapitel zu Brandenburg.

Havelland.

Mertzane [1] sunt XXX mansi quorum plebanus habet I prefectus II de quibus tenetur ad equum pheudi Ad pactum quilibet VIII modios siliginis VI ordei et V auene Ad censum et ad precariam quilibet II solidos Cossati XI quilibet I pullum Taberna dat XII solidos et tabernator fecit brasium siccauit et braxauit absque cuiuscunque contradictione et sine impedimento ab antiquo quum voluit in Mertzane Claus Bochow ciuis in veteri ciuitate Brandeburg habet VI mansos ab Ecclesia Cathedrali in pheudum cum eorum pacto et censu Et eadem tota villa cum censu pacto cum qualibet precaria cum seruitio curruum et alio quolibet seruitio supremo et inferiori iuditio cum campis pascuis lignis campestribus siluestribus et palustribus cum tota decima frugum et carnium cum aduocatia ac omnibus aliis eiusdem ville iuribus et pertinentiis omnibus et vniuersis et cum omni et plena libertate et vtilitate sunt Preposito et Capitulo dicte Ecclesie kathedralis appropriata

Tykow [2] sunt XII mansi Prefectus II et tenetur ad equum pheudi Ad pactum quilibet IIII modios siliginis IIII auene non ordeum Ad censum et precariam XVIII denarios Cossati II quilibet I pullum Tota villa cum censu pacto cum supremo et inferiori iuditio cum aduocatia cum seruitio curruum et alio quolibet seruitio cum omni precaria cum decima carnium cum gurgustis et aquis et omnibus iuribus et pertinentiis vniuersis eiusdem ville ac cum omni libertate et vtilitate sunt Preposito et Capitulo dicte ecclesie kathedralis appropriata

Gopel [3] XIIII mansi Prefectus II tenetur ad *equum pheudi* [4] Ad pactum quilibet V modios siliginis V ordei et non auenam Ad censum et precariam quilibet XIIII denarios Cossati sunt II quilibet I solidum Tota villa cum supremo et inferiori iuditio cum censu pacto cum qualibet precaria cum seruitio curruum et alio quolibet seruitio cum decima carnium cum aquis et cum gurgustis agris pascuis et pratis pertinentibus ad eandem cum *aduocatia* cum omni iure et pertinentiis vniuersis ipsius ac cum omni et plena libertate et vtilitate est Preposito et Capitulo dicte Ecclesie kathedralis appropriata

Bornewitz [5] sunt XXVIII mansi quorum plebanus II Prefectus II et ad equum tenetur pheudi Ad pactum quilibet I chorum siliginis VIII auene non ordeum Ad censum et ad precariam quilibet VI solidos Cossati XV quilibet I solidum Taberna I talentum et tabernator ab antiquo vbi et quum voluit brasium fecit siccauit et braxauit in Bornewitz absque contradictione cuiuslibet et sine quolibet impedimento Calenberge habet II mansos et I talentum pro censu et precaria de istis II mansis a Preposito et Capitulo ecclesie kathedralis in pheudum Vxor Sanderi de Plesow habet I chorum siliginis ad dotalitium a preposito et capitulo ecclesie kathedralis Filii Boldewins de Bornewitz habent II choros et XXII modios siliginis et XXX solidos a preposito et capitulo ecclesie kathedralis in pheudum Grundis ciuis in Nawen III choros siliginis et III choros auene et XVI modios auene a preposito et capitulo ecclesie kathedralis in pheudum Supremum et inferius iuditium *aduocatia* census pactus seruitium curruum et quodlibet aliud seruitium cum omni precaria cum *decima frugum et carnium* et eadem tota villa cum lignetis palustribus campestribus et siluestribus cum

1) Mertzan gehöret ebenfalls noch dem Dohmkapitel.
2) Heißt jetzo Tieckow, und ist ein Vorwerk, das denen v. Görne gehöret.
3) Gapel ist ein Vorwerk, so noch jetzo, wie damals, dem Dohmkapitel zu Brandenburg zugehöret.
4) Fast alle Schulzen haben damals ein Lehnpferd zum Dienst des Landesherren halten müssen.
5) Barnewitz gehöret gleichfalls dem Dohmkapitel,

Havelland.

cum omnibus iuribus et attinentiis et pertinentiis vniuersis ipsius ville cum limitibus et distinctionibus vniuersis cum fructibus libertatibus et vtilitatibus omnibus ipsius ville sunt preposito et capitulo ecclesie kathedralis appropriata

Plotzin [1] XLII mansi quorum plebanus habet III prefectus IIII et tenetur ad equum pheudi Ad pactum quilibet olim I chorum siliginis non ordeum nec auenam sed hodie tantummodo VI modios siliginis propter *gwerras* et desolationem ipsius ville Ad censum et precariam quilibet II solidos Cossati sunt VII quilibet I pullum Taberna I talentum ad *Infirmarium* ecclesie kathedralis et tabernator absque cuiuslibet contradictione et absque impedimento brasium fecit siccauit et brazauit in Plotzin vbi et quum sibi placuit ab antiquo Item est ibi ventimolum Tota villa cum censu pacto cum supremo et inferiori iuditio cum seruitio curruum et quolibet alio seruitio reali et personali cum omni precaria cum aduocatia cum decima frugum et carnium cum omnibus attinentiis pertinentiis et appendiciis eiusdem ville vniuersis et cum omni ac plena libertate et vtilitate sunt preposito et capitulo ecclesie kathedralis appropriata

Nyendorff [2] XL mansi Tota villa cum censu pacto cum iure patronatus cum pascuis lignis pratis campestribus palustribus et siluestribus supremo et inferiori iuditio cum aduocatia cum seruitio curruum et alio quolibet seruitio cum omni precaria et cum omnibus iuribus et pertinentiis suis vniuersis Prepositus et Capitulum Ecclesie Brandeburgensis habent in proprium cum omni ac plena libertate et vtilitate Et est tota deserta

Tremmen [3] LXVI mansi quorum plebanus habet IIII Prefectus II liberos et tenetur ad equum pheudi Ad pactum quilibet mansus I chorum siliginis [4] Ad censum et pro precaria quilibet II solidos Cossati sunt XVII quorum II spectant ad plebanum Alii in vniuerso soluunt VIII solidos Item est ibi ventimolum Taberna soluit III talenta et tabernator ab antiquo vbi et quum voluit et quum sibi placuit fecit brasium siccauit brasium et brazauit in Tremmen absque quolibet impedimento et contradictione cuiuscunque Supremum iuditium et infimum aduocatia cum censu pacto cum seruitio curruum et alio quolibet seruitio ipsius ville cum omni precaria et eadem tota villa cum decimis frugum et carnium et appenditiis eorum cunctisque libertatibus et vtilitatibus ventimolo cum campis palustribus cum omnibus iuribus et pertinentiis vniuersis ipsius ville sunt preposito et Capitulo dicte Ecclesie Kathedralis appropriata

Parne [5] sunt XXV mansi Prefectus habet IIII tenetur ad equum pheudi Ad pactum quilibet VIII modios siliginis IIII ordei I chorum auene Ad censum quilibet IIII solidos Ad precariam quilibet VIII solidos et VIII denarios Cossati sunt XV quorum III deserti quinque dant prefecto simul III solidos et XXXIII pullos Alii dant simul LXXXIII pullos Pactum et censum iuditium supremum et seruitium curruum habet Ronnebom cum fratre suo et III talenta a Preposito et Capitulo dicte Ecclesie Kathedralis in pheudum Item Prepositus et Capitulum eiusdem Ecclesie Brandeburgensis habent precariam Sed Consules Noue Ciuitatis Brandeburg habent precariam ibidem super VIII mansos Taberna soluit

1) Plötzin liegt jetzo in der Zauche, und gehöret denen von Görne.
2) Neuendorf gehöret jetzo dem Magistrat zu Brandenburg.
3) Tremmen gehöret noch jetzo dem Dohmkapitel zu Brandenburg.
4) Man siehet hieraus, daß eine Hufe zu Carl 4. Zeit öfters 1 Wispel Pacht gegeben, und also vielmehr als jetzo, die Ursache ist wohl, weil die öffentlichen Abgaben damals weit geringer waren.
5) Heißt gegenwärtig Pahren oder Paaren, bey Brandenburg, dem Grafen von Haleskin zuständig.

Havelland.

soluit Prefecto XV solidos et tabernator braxauit in Parne quum sibi placuit Item prepositus et capitulum ecclesie Brandeburgensis in precaria V talenta et IIII solidos Eadem tota villa cum precaria seruitiis decimis frugum et carnium cum aduocatia in toto et in parte et cum loco qui dicitur Olden Parne cum omnibus iuribus et pertinentiis eorum est preposito et capitulo dicte ecclesie Kathedralis appropriata cum omni libertate et vtilitate censu

Czachow [1] sunt XLI mansi de quibus prefectus habet III mansos tenetur ad equum pheudi Ad pactum soluit quilibet mansus I chorum auene Ad censum quilibet II solidos Ad precariam quilibet VI solidos Taberna soluit XVI solidos et tabernator ab antiquo sine quolibet impedimento et absque cuiuslibet contradictione fecit brasium siccauit et braxauit in Czachow vbi et quum voluit Cossati sunt XI VI soluunt V solidos III soluunt XII pullos Vnus spectat ad ecclesiam parochialem ibidem Item I soluit XII pullos Item Consules noue ciuitatis Brandeburg habent super V mansos XXX solidos de precaria Eadem tota villa census pactus cum distinctionibus terminis cum supremo et inferiori iuditio et cum aquis ibidem que dicuntur *Tochwater* et minori piscatura pascuis lignis mericis terris cultis et incultis aquis aquarum decursibus exitibus et reditibus ac omnibus et singulis piscationibus aduocatiis cum curia nunc deserta que olim dicebatur Albrechter Werder cum decimis frugum et carnium et seruitio curruum et alio quolibet seruitio et cum omni precaria et omnibus iuribus attinentiis et pertinentiis vniuersis eiusdem ville et cum omni et plena libertate et vtilitate sunt appropriata preposito et capitulo ecclesie kathedralis

Item villa *Bukow* [2] cum censu supremo et inferiori iuditio cum seruitio curruum et alio quolibet seruitio cum omni precaria cum distinctionibus et limitibus pratis paludibus graminibus fructibus et vtilitatibus et omnibus iuribus et pertinentiis vniuersis eiusdem ville prepositus et Capitulum ecclesie Brandeburgensis habent in proprium cum omni et plena libertate et vtilitate cum pactis et aliis omnibus singulis

Langerwisch noua require in terra Czuche

Smertzik [3] villa cum stagno ibidem adiacenti cum aquis aquarum exitibus et reditibus et earum decursibus et accursibus liberis cum censu pacto supremo et inferiori iuditio aduocatia cum seruitio curruum et alio quolibet seruitio cum omni precaria cum decima frugum et carnium cum distinctionibus et limitibus pascuis pratis lignis siluis rubetis campestribus cum stagnis aquis aquarum decursibus et omnibus iuribus et pertinentiis eiusdem ville vniuersis et cum omni et plena libertate et vtilitate sunt Preposito et Capitulo ecclesie Brandeburgensis appropriata Et Thomas ciuis in noua ciuitate Brandeburg tenet ab ecclesia in pheudum Item *V chori Salis* [4] in Theolonio Brandeburg sunt Preposito et Capitulo eiusdem ecclesie kathedralis appropriata ab antiquo Item *VI arearum fundi* in veteri ciuitate Brandeburg sunt Preposito et Capitulo ecclesie kathedralis predicte appropriati ab antiquo Item *Insula* sita in Obula prope nouam ciuitatem Brandeburg et lacus ibidem qui dicitur Lanke cum stagno quod dicitur Dunkersey cum lignis et paludibus limites ville Smertzik attingentibus cum supremo et inferiori iuditio aduocatia seruitiis et precariis omnibus paludibus lignis ac omnibus quibuscunque piscaturis et piscationibus cum aquis aqua-

1) Heißt jetzo Zachow, und gehöret noch dem Dohmkapitel zu Brandenburg.
2) Buckow gehöret noch jetzo dem Dohmkapitel zu Brandenburg.
3) Heißt jetzo Schmergke, liegt in der Zauche, und gehöret noch dem Dohmkapitel zu Brandenburg.
4) Also hat das Salz im Zolle zu Brandenburg abgegeben werden müssen, und hat das Dohmkapitel davon 5 Wispel bekommen.

Havelland.

aquarum decursibus et accursibus meatibus transitibus exitibus et reditibus libere cum omni fructu vtilitate et plena libertate ac omnibus iuribus et pertinentiis earundem vniuersis sunt preposito et Capitulo ecclesie Brandeburgensis predicte appropriata ab antiquo

Item tota *Obula* a molendino iuxta ecclesiam kathedralem descendendo ad vicum qui dicebatur *Woltitz* et a tali vico directe vsque ad veterem ciuitatem Brandeburg et ab ea ciuitate iuxta viam ascendendo usque ad viam superiorem que ducit ad vltimum molendinum Crakow situm apud fundum olim Hospitalem Cum superiori et inferiori iudicio et pertinentiis suis vniuersis spectat ad ecclesiam kathedralem in proprium ab antiquo cum omni et plena libertate et vtilitate Item *Bultitz* nihil Item molendinum in Klinke cum area et lignis rubetis paludibus pratis graminibus aquis aquarum decursibus exitibus et reditibus piscationibus quibuscunque et cum omni et plena libertate et vtilitate habent in proprium Prepositus Ecclesie kathedralis et Capitulum

Registrum Terre Czuche [1]

Schlunkendorff [2] sunt XL mansi quorum plebanus habet II Prefectus habet VI tenetur *ad equum pheudi* pro quo dat ½ sexagenam et X grossos et ½ chorum siliginis XII pullos illis de *Wederinge* [3] Ad pactum quilibet III modios siliginis et IIII modios auene Ad censum quilibet III solidos denariorum Ad precariam quilibet I grossum et I quartale siliginis I quartale ordei et ½ modium auene exceptis XV mansis qui non soluunt precariam Item quilibet mansus dat I mandalam exceptis XXI mansis Item dant simul cum Cossatis XXX pullos Cossati sunt VII quilibet soluit II *solidos vinkonum* Taberna dat solidos - prefecto Illi de Wederinge habent super II mansos pactum et censum Iidem habent VIII modios auene et IIII solidos Vinkonum Tyle Wulf habet VI modios siliginis VIII modios auene et IIII solidos vinkonum Relicta Sticken in Brandeburg habet super II mansos pactum et censum et VIII modios auene a Marchione Hentzel Schutte ciuis in Belitz habet super - mansos pactum et censum ab Arnoldo de Sticken Altare in Belitz super II mansos pactum et censum Item ad aliud altare in Belitz - modios siliginis XXIIII modios auene et XVIII solidos et VI modios siliginis Illi Witbritzen fratres super VI mansos pactum et censum a Marchione Heyne Tolner prefectus in - habet VI modios auene et I grossum a Marchione Vurman ciuis in Belitz habet XI pullos R de *Oppin* miles habet ½ chorum siliginis Otto de Belitz habet super II mansos pactum et censum Supremum iuditium et seruitium curruum habet Marchio

Schonenueld [4] sunt XXXII mansi quorum plebanus habet III Prefectus IIII tenetur ad equum pheudi Dat pro equo et precaria I sexagenam et II grossos et V modios siligiginis V ordei et X modios auene Fromken Witbritzen ciui in Belitz Ad pactum quilibet VII modios siliginis III ordei et IIII½ modios auene Ad censum quilibet III solidos Ad precariam quilibet IIII grossos et III½ quartalia siliginis III½ ordei et V quartalia auene Item quilibet man-

1) Register von dem Lande Zauche oder dem jetzigen Zauchischen Creyse.
2) Jetzo Schlunkendorf, gehöret zum Amte Saarmund.
3) Also bezahlten die Freyschulzen das Lehnpferd zuweilen nicht dem Landesherrn, sondern an Edelleute mit gewissen Abgaben an Gelde oder Korn. Zuweilen legten auch die Edelleute ihr Lehnpferd auf ein solches Schulzengerichte.
4) Schönefeld, gehöret halb dem Dohm zu Berlin, und halb denen von Görtzke.

Zauche.

mansus I mandalam Item dant in vniuerso Cossatis inclusis XXXII pullos Cossati sunt VI quilibet I solidum Taberna non est. Altare in *Brisna* pactum et censum super II mansos Cune et Baldeken Witbritzen ciues in Belitz habent simul super IIIIł mansos pactum et censum a Marchione Sasse ciuis in Belitz super X mansos pactum et censum a Marchione Dominus Mukum Canonicus ecclesie Brandeburg habet II mansorum pactum et censum Andreas Holffe ciuis in Spandow habet super IIIł mansos pactum et censum Hen Stenow ciuis in Belitz super II mansos pactum et censum a Marchione Heyne Tzabel ciuis in Belitz super II mansos pactum et censum a Rantwich Precariam iuditium supremum et seruitium curruum habet Fromken ciuis predictus a Marchione Item quilibet mansus III *vincones* et quilibet Cossatus III *vincones*

Redichsdorff [1] sunt XVIII mansi quorum prefectus habet III tenetur ad equum pheudi pro quo dat ł sexagenam dat etiam ad precariam X grossos et Ił modios siliginis Ił ordei et III modios auene Marchioni Ad pactum quilibet III modios siliginis non plus Ad censum quilibet VI solidos vinkonum Ad precariam quilibet XV denarios et I quartale siliginis I ordei ł modium auene Item quilibet mansus vnam mandalam et I pullum Cossati sunt II IIII solidos vinkonum et IIII pullos Taberna non est Relicta Oldenbachs in Belitz habet XXV solidos et II choros siliginis ad dotalitium Reyneken de Brandeburg habet VII solidos a Marchione Hans Witbritzen ciuis in Britzen habet VII solidos a Marchione R de Oppin miles habet VI solidos Precariam iuditium supremum cum seruitio curruum habet Marchio

Mertinsdorf [2] soluit annuatim IIIł frusta et VIII grossos quum aliqui mansi coluntur Tota villa est Kune et Ieneke Schulten a Marchione

Langerwisch [3] *noua* sunt XLII mansi quorum plebanus habet II Prefectus IIII tenetur ad equum pheudi pro quo dat ł sexagenam Ad pactum quilibet VI modios siliginis VI auene Ad censum quilibet IIII grossos Ad precariam quilibet III grossos Cossati sunt XII dant in vniuerso IX solidos Ager Schonenbergh quem colunt illi de Langerwisch habet XXI mansos Quilibet mansus soluit I modium siliginis Taberna in Langerwisch XXVIII grossos Tota villa est Bussonis de *Schonow* et Hogeneſt omni iure pheudi habec ab Ecclesia Kathedrali in Brandeburg

Frederichsdorf [4] sunt LII mansi quorum plebanus habet II Ad pactum quilibet mansus VI modios siliginis - auene Ad censum quilibet mansus III solidos exceptis VIII mansis qui dant quilibet II solidos Ad precariam quilibet III grossos et III vinkones et ſ modium siliginis ł ordei I modium auene Cossati sunt X quilibet soluit I solidum Brandeburgensem et X pullos mansionariis inclusis et LXX oua Taberna dat I talentum prefecto Prefectus tenetur ad equum pheudi et vltra dat ad precariam XXXVIII grossos et V modios siliginis V ordei et X auene Est ibi stagnum non locatum vt dicunt Illi *Wederinge* habent XXX solidos a Marchione ab antiquo Arnoldus de *Sticken* habet Ił choros siliginis Ił choros ordei et IX modios auene in pacto a Marchione et III pullus et XVIII solidos in censu Relicta Stenow habet IIIIł choros et Ił modium auene a Hinrico de *Groben* Rudolphus de *Oppin*

1) Heißt gegenwärtig Reesdorf, und gehöret der reformirten Kirche zu Ziegesar.
2) Mertinsdorf ist nicht in der Zauche vorhanden. Vielleicht ist es das im Luckenwaldischen Creyse belegene Meitinsmüle.
3) Neu-Langerwisch gehöret zum Amte Potsdam.
4) Heißt gegenwärtig Frechsdorf, zum Amte Saarmund gehörig.

Zauche.

Oppin miles I½ modios filiginis in pacto et XII solidos in censu a Marchione Henningus Nom ciuis in Belitz ½ chorum filiginis et I chorum auene in pacto et XVIII solidos in censu Fromken Witbritzen ciuis in Belitz cum fratribus II choros et VI modios filiginis et XVIII modios auene et LIIII solidos in censu et III pullos a Marchione in pheudum Henningus Stenow ciuis in Belitz habet I½ choros filiginis et XXX modios auene a Marchione in pheudum et est vxoris sue dotalitium Peter Grunow ciuis in Iuterbock habet II choros filiginis a quo nesciuit Otto de Belitz IIII modios filiginis et XXVII solidos et II pullos a Marchione ab antiquo Luder XXXIIII solidos vinkonum XX modios auene III filiginis et I modium filiginis et I pullum et seruitium curruum super II mansos Tyle Meyne ciuis in Belitz ½ chorum filiginis Relicta Aldenbachs habet I½ chorum filiginis ad vitam a Marchione Supremum iuditium et seruitium curruum habet Marchio Item quilibet mansus dat III *obulos* qui dicuntur *Münte penninge* Item XL mansi dant XL mandalas frumenti Domino Marchioni

Camerode [1] sunt XXX mansi quorum plebanus habet II Ad pactum quilibet mansus IIII modios filiginis II modios auene Ad censum quilibet mansus I solidum Ad precariam quilibet mansus XIX denarios ½ quartale filiginis ½ ordei ½ modium auene Pro conuentione lignorum dat tota villa VI modios filiginis spectant ad aduocatiam Quelibet domus I pullum Steynowynne Claws Ritzen et illi de Rochow habent pactum et censum Marchio habet totam precariam cum supremo iuditio et seruitio

Claustorf [2] sunt XXI mansi Prefectus habet III et tenetur ad equum pheudi Ad pactum soluit quilibet mansus IIII solidos *vinconum* pro toto et VI denarios *vinconum* [3] Vltra hoc dat de omnibus mansis annuatim II sexagenas X grossos ad exactionem Marchioni Item dant XXXIIII pullos in vniuerso de omnibus mansis et quilibet mansus X oua Cossati III soluunt ad exactionem supradictam pro posse eorum Taberna non est ibi Nicolaus de Ritz ciuis in Britzen habet II talenta et VIII solidos vinconum in pacto a Iohanne de Lindow vasallo in pheudum Dominus Hinricus Pugil Presbyter habet I talentum vinconum a Marchione in pheudum Bernt ciuis in Britzen habet IIII solidos vinconum super I manso Iercho vasallus habet super qualibet domo VI vincones Supremum et infimum iuditium habet Dominus Marchio cum seruitio curruum Item dant I sexagenam garbarum vel LX manipulos (ein Schock oder 60 Garben)

Postamp [4] dabunt annuatim ad *orbetam* III marcas Brandeburgenses *Censum arearum* Piscatura vna dat XXII talenta Item ciues dicti Ryken in Berlin habent IIII talenta in dicta piscatura Ad altare in Coln VIII talenta appropriata sunt Peter Rode ciuis in Berlin V talenta Ad altare in Vorland III talenta Item ad altare in Spandow vnum talentum *Fritz Britzik vnum talentum* [5] Item de censu qui dicitur *Alrepe* [6] quelibet cimba I libram

1) Camerode gehöret denen von Rochow.
2) Clausdorf ist itzt nur eine Wassermühle zum Amt Saarmund gehörig. Sie heißt auch Derkdorfsmühle.
3) Von der Münze Winken-Augen s. oben S.
4) Ist die jetzige Stadt Potsdam, die auch schon zur Zeit des Landbuchs eine Stadt gewesen, wie daraus erhellet, daß sie die Orbede und Grundzinß gegeben und Burgermeister (*Consules*) gehabt. Sie ist damals zum Zauchischen Creyse gerechnet worden, gehöret aber jetzo auch theils zum Havelländischen. Der Rektor Gerlach hat einige alte Nachrichten von Potsdam im Druck herausgegeben.
5) Hiervon rühret ohne Zweifel, daß die Besitzer des Guths Britz noch jetzo einen Ruthen- oder Wasser-Zinß von den Fischern zu Potsdam zu fordern haben.
3) Zinß vom Aalfange. Es ist bekanntermaßen viele Fischerey bey Potsdam auf der Havel.

Zauche.

bram piperis et vltra hoc dant in vniuerso VI solidos Ibi est census *arearum* in quo habet Dominus Marchio XIIII solidos Item ventimola dat Domino Marchioni II choros siliginis Alia est piscatura dans XXII talenta Moniales in Spandow habent in ea V½ talenta Illi de *Rochow* habent III talenta minus solido *Dyreken* habet III talenta minus solido Ad altare in Vorland spectant VI½ talenta Ad altare in Coln I talentum Theolonium ibidem habet Blumenhagen locauit annuatim pro VIII sexagenis Iuditium supremum habet Dominus Marchio Ibidem *transfretum* [1] habent *Consules* ibidem locatum pro IIII talentis denariorum

Cunradstorp [2] sunt XII mansi Prefectus tenetur ad equum pheudi pro quo dat VIII grossos et II modios siliginis Ad censum quilibet ½ grossum Precariam non soluunt et dant simul XII pullos et I sexagenam ouorum Cossati sunt VII Stagnum est ibi Gerhardus Falke habet IX modios siliginis et VI auene a Marchione et III pullos Et habet I solidum denariorum in censu Enderlin de *Kager* habet residuum in tota villa cum iuditio supremo et seruitio curruum a Marchione et tenetur ad seruitium vasallionatus

Nywal [3] sunt XII mansi quorum prefectus habet III et tenetur ad equum pheudi Ad pactum quilibet III modios siliginis et ½ modium auene Ad censum quilibet II grossos Ad exactionem dant pro precaria I sexagenam et XXX grossos et dant in vniuerso IX pullos Item dant in vniuerso IX *solidos vinconum* et quilibet mansus XXV oua Cossati sunt V soluunt ad exactionem predictam et vltra hoc quilibet Cossatus dat prefecto II solidos vinconum Claus de Ritz ciuis in Brisna habet IIII solidos vinconum a Marchione Hans de *Lyndow* vasallus habet omnem censum et cum hoc IX modios auene Claus Kracht IX habet IX modios siliginis Peter Krappe ciuis in Brisna habet XVII modios siliginis Emit a Petro Werhik sunt III anni et habet a Marchione in pheudum Supremum iuditium et seruitium curruum habet Marchio

Nyendorf [4] sunt XIIII mansi quorum prefectus II et tenetur ad equum pheudi Ad pactum quilibet IIII modios siliginis et IIII auene Ad censum quilibet VIII solidos vinkonum Ad precariam quilibet I solidum vinconum et I quartale siliginis I ordei et ½ modium auene Item quilibet mansus II pullos et X oua Cossatus soluit I pullum et V oua Reyneke Belitz ciuis in Brandeburg I chorum siliginis a Marchione ab antiquo *Precaria* spectat ad *Aduocatiam* Relicta Sticken cum filiis habet residuum in tota cum iuditio supremo et seruitio curruum Est ibi ager qui soluit XVI modios siliginis XVI modios auene

Borck Slauica [5] sunt XXVI mansi Ad precariam III mansi coniuncti dant simul I modium siliginis I ordei et II auene Est sic iterum III coniuncti soluunt Et sic de singulis Ad censum quilibet VII solidos denariorum Item quilibet mansus soluit II grossos Item soluunt in vniuerso XL pullos et VII mandalas ouorum Item soluunt annuatim in vniuerso XXX modios auene Henningo Stenow ciui in Belitz *de palude vbi pecora eorum habent pascua* Molendinum dat I½ chorum siliginis ad altare appropriatum in Belitz Fromken

1) Also war damals bey Potsdam eine Fähre über die Havel, und nicht eine Brücke als jetzo.
2) Conradsdorf ist vermuthlich Canersdorf.
3) Ist vermuthlich das zum Königl. Amte Saarmund gehörige Dorf Michel bey Treuenbriezen.
4) Neuendorf gehöret dem Cammerrath Schmidt.
5) Wird jetzo Wendischen Burg genannt, und gehöret denen von Brand, von Lindow. Alles, was im Lateinischen den Namen von *Slavis* führte, ist im Deutschen durch Wendisch übersetzt worden.

Zauche.

kén cum fratribus habet XIII solidos a Marchione Dominus Meyne Presbyter habet XXIIII solidos denariorum Steynow predictus habet XXXIII solidos denariorum Boldeke Witbritzen ciuis habet IIII grossos a Marchione Helmyr habet III talenta Brandeburgensia a Marchione Tyle Wulff habet XVII solidos denariorum a Marchione *Rudolphus de Oppin* [1] miles habet XXIII solidos denariorum Tyle Meyne ciuis in Belitz habet VII solidos denariorum Herman Ghertz habet medietatem supremi iuditii a Marchione Aliam medietatem habet Marchio

Sticken [2] sunt XXX mansi *Busse* de *Schonow* cum fratre habet VI ad curiam quorum etiam plebanus habet II Illi de *Henrichstorff* habent II ad curiam Ad pactum quilibet mansus IX modios siliginis VII modios ordei et VI modios auene Ad censum quilibet IIII solidos denariorum Ad precariam quilibet IIł solidos et IIł quartalia siliginis IIł qr ordei et V qr auene Cossati sunt XXII quorum XVI possessi quilibet VI denarios et I pullum Item quilibet mansus III obulos et quilibet Cossatus III obulos Item quilibet mansus de VIII dat I mandalam Taberna dat I talentum et I pullum Molendinum dat X choros siliginis et I pullum de quibus Marchio habet IIII Relicta Nicolai Stenow habet II choros siliginis a Henrico de *Buten* Relicta Sticken habet Ił frusta et IIII modios a Marchione Ad altare in Belitz X modii siliginis Item ad aliud altare ibidem XX modii Iacob Mukum habet IIII mansorum pactum et censum super quos tamen Andreas Holst ciuis in Spandow V solidos et V modios Relicta Grambekes Ił choros siliginis XIIII modios ordei XI auene et XX grossos et I pullum Andreas Holst ciuis in Spandow IX modios siliginis VI modios et I quartale ordei et VI modios et I quartale auene et XVI grossos Heyne Czabels cum fratre ciues in Belitz XV modios siliginis a Marchione Tyle Wulff habet XVIII modios siliginis I chorum ordei III modios auene et XVII solidos denariorum Iacob Mukum habet XXI modios auene et IIII modios siliginis Heyne Czabels ciuis in Belitz ł chorum siliginis a Marchione Heyne Fritze ciuis in Brisna habet IIII modios siliginis ad vitam Otto de Belitz habet IIII modios siliginis IIII ordei et III auene et X solidos a Marchione Item habet super vnam curiam IIII solidos et IIII modios ordei Hans Schulten in Belitz habet super II mansos pactum et censum et cum omni iure et de *Henrichstorf* habent XIIIł modios auene et VI denarios et I pullum Henningh Stenow ciuis in Belitz XXVIII modios ordei a Marchione *R de Oppin* miles habet IIII solidos Supremum iuditium et seruitium curruum habet Marchio

Freytzow [3] sunt XXX mansi quorum X sunt vniti ad mansos in Sticken Ita quod ad duos mansos vnus de Freytzow est appositus De predictis XXX mansis illi de Kenstorp colunt VI Ad pactum quilibet II modios siliginis non plus Alii locantur Illi de Sticken X colunt

Luderstorf sunt [4] sunt XV mansi quorum prefectus habet III et tenetur ad equum pheudi pro quo dat X grossos Ad pactum quilibet IIII modios siliginis et I modium auene III modios siliginis et III modios auene et VIII solidos vinconum ad censum quilibet IIII solidos vinconum et XXIIII pullos et IIII sexagenas ouorum Cossatus vnus soluit II solidos et II pullos Taberna non est ibi Tota spectat ad aduocatiam Marchionis

Ryben

1) Dieser ist ohne Zweifel von der alten Familie von Oppen.
2) Sticken gehöret jetzo denen v. Thümen.
3) Freytzow ist vermuthlich das Königl. Dorf Fresdorf.
4) Wird jetzo Lübsdorf genannt, und gehöret dem Amte Saarmund.

Zauche.

Ryben [1] sunt XLVI mansi quorum plebanus habet II et prefectus habet VI Tenetur ad equum pheudi pro quo dat XX grossos Dat etiam XXVIł grossos et IIIł modios siliginis et IIIł ordei et VII modios auene Ad pactum quilibet III modios siliginis et IX quartalia auene Ad censum quilibet III solidos Ad precariam quilibet II grossos et I quartale siliginis I ordei et ł modium auene et XXI pullos Cossati sunt IX quorum quilibet I solidum et I pullum Taberna dat XVI solidos Stagnum est ibi Relicta Sticken habet I talentum et I chorum siliginis a Marchione Hentzel Schutte I chorum siliginis habet ab Arnoldo de Sticken Tyle et Claus Wulf habent X modios siliginis X modios auene et I pullum et X solidos a Marchione Ad altare in Brisna XVI solidi et XXIIł modii auene Relicta Wuschoff XVI modios auene ad dotalitium a Marchione Heyne Czabel VI modios siliginis IIIIł modios auene et VI solidos denariorum a Marchione Residuum totum habet relicta Nicolai Stenow a Marchione Supremum iuditium habet Marchio.

Nyendorf [2] prope *Brugge* sunt XLIIII mansi quorum plebanus habet II Prefectus IIII tenetur ad *equum pheudi* pro quo *dabit I fertonem* Prefectus dat etiam ad precariam XXVII solidos vinconum et III modios siliginis III ordei et VI auene Henningo de *Zeyeser* militi Ad pactum quilibet mansus VI modios siliginis et II modios auene exceptis duobus mansis qui soluunt quilibet VIII modios siliginis et IIIIł modios auene Ad censum quilibet III solidos vinconum exceptis II mansis qui dant quilibet VIIł solidos vinconum Ad precariam quilibet III solidos et III denarios vinconum et Ił quartale siliginis et Ił quartale ordei et III quartalia auene Item IIII mansi coniuncti dant simul III mandalas quod vocatur *Mandelkorn* Cossati sunt XI quatuor dant quilibet I solidum et I pullum Item dant *mansionarii* (die Hüfener) XXXI pullos inclusis pullis Cossatorum Taberna dat XVI solidos vinconum Helmyr habet super X mansos pactum et censum a Marchione ab antiquo Henning Stenow ciuis in Belitz super II pactum et censum a Marchione Cune Schulten super II pactum Ad altare in Belitz super II pactum et censum Heyne Tolner super IIII mansos pactum et censum Ad altare in Brisna super IIII census et pactus Illi Sliwener ciues in Belitz habent super II mansos pactum et censum Prefectus de Michendorff habet super III mansos pactum et censum Holst ciuis in Spandow super I mansum pactum et censum Arnt de *Sticken* cum fratre super IIII mansos pactum et censum Nicolaus et Tyle Wulff super II mansos pactum et censum Mukum vasallus super II mansos pactum et censum a Marchione Totam precariam cum iure supremo et seruitio curruum habet Henningus de *Seyeser* miles emit a Schynen Schyne emit a Bruseken qui emit a Falken qui violenter usurpauit ab Agnete Luders cuius fuit dotalitium

Czuchwitz [3] sunt XL mansi quorum plebanus habet II Enderlin habet IIII ad curiam Korwitz cum fratre habet II ad curiam et habet X solidos vinconum et IIII modios siliginis et II auene Nickel *Czuchwitz* habet IIII ad curiam et II censuales Filii Bantwigs habent VIII ad curiam quos locauerunt Ad pactum quilibet mansus VI modios siliginis IIIł modios auene Ad censum quilibet VI solidos vinconum Ad precariam quilibet V solidos vinconum et ł modium siliginis ł ordei et I modium auene Item quilibet mansus I modium siliginis qui dicitur *Mandelkorn* Item mansionarii dant simul XX pullos Cossati sunt XIII dant simul I sexagenam pullorum minus pullo. Cossati dant etiam censum. Vnus II so-

1) Rbihen, oder Rieben, zum Amte Saarmund gehörig.
2) Ein zweites Dorf dieses Namens ist in der Zauche itzt nicht bekannt. S. oben S. 136.
3) Heißt jetzo Zauchwitz, und gehöret zum Amte Saarmund.

Zauche.

II solidos vinconum Item alius IIII solidos vinconum Item alius II solidos vinconum Item vnus II solidos Item II solidos vinconum Taberna dat XXVII grossos Molendinum desertum Crappe ciuis in Brisna habet super IIII mansos pactum et censum et precariam Fromke ciuis in Belitz habet super IIII mansos pactum et censum et precariam Relicta Sticken habet I chorum siliginis Tytze Luder XXI solidos et III vinkones a Marchione Busse Schonow habet L grossos et XV modios siliginis et I ordei et XI modios auene et V pullos Helmic cum patruis habent XXXII solidos vinconum Supremum iuditium et seruitium curruum habet Marchio Otto de Belitz habet VI modios siliginis et IIII solidos vinconum Heyne Tolner XVIII modios auene et I chorum siliginis a Marchione Holffe ciuis in Spandow habet IX modios auene a Marchione Henningus Stenow VI modios siliginis IIII modios auene et III solidos a Marchione Tyle Meyns habet I chorum siliginis IX modios auene et VI solidos a Marchione

Bucholt [1] sunt XLII mansi quorum plebanus habet II Prefectus VI tenetur ad equum pheudi Ad pactum quilibet III modios siliginis non plus Ad censum quilibet I solidum vinconum Ad precariam dabunt in vniuerso cum Cossatis VII frusta Item mansionarii dabunt simul XXXII pullos Item de quolibet manso vnam mandalam vel vnum frustum Cossati sunt XVII quilibet vnum solidum et I pullum Molendinum desertum Ierchow vasallus habet XXI modios siliginis a Marchione ab antiquo et XV solidos vinconum in censu Peter Crappe ciuis in Brisna habet VI modios siliginis a Iohanne de Lindow in pheudum Tylo et Claus Wulff habent VI modios siliginis a Marchione et II solidos in censu Claus Grabow ciuis in Brisna habet IX modios siliginis est vxoris sue dotalitium et II solidos in censu Ad altare in Brisna III choros siliginis minus modio et IIII solidos Claus Crach III modios siliginis a Iohanne de Lindow ad vitam Precariam iuditium supremum cum seruitio curruum habet Korwytz a Marchione Taberna dat X solidos vinconum Hans de Lindow habet I solidum in censu

Dutschen Borke [2] sunt XXIIII mansi quorum prefectus habet VI et tenetur ad equum pheudi pro quo dabit dimidium frustum Ad pactum quilibet III modios siliginis III ordei Ad censum quilibet III solidos et II denarios vinconum Ad precariam dabunt in vniuerso cum Cossatis III sexagenas grossorum Item dant in vniuerso cum Cossatis XXIII pullos Taberna nichil Cossati sunt XI quilibet soluit I solidum vinconum Tota villa cum omni iure habet *Rudolph de Oppin* miles a Marchione ab antiquo

Nichil inferior [3] sunt XXX mansi quorum plebanus habet I et prefectus habet II tenetur ad equum pheudi Ad pactum quilibet mansus IX modios siliginis II ordei et V auene Ad censum quilibet III solidos vinconum Ad precariam soluunt in vniuerso cum Cossatis VII frusta X minus grossis Item dant simul cum Cossatis XLII pullos Cossati sunt XIIII quilibet dat VI denarios vinconum Taberna dat VII solidos vinconum Tria sunt ibi molendina quorum prefectus habet I Prefectus soluit IIII frusta incluso equo pheudali Alia II molendina dant quilibet I chorum siliginis Filii antiqui prefecti de Nichil habent I chorum siliginis in molendino a Iohanne de Lindow qui habet a Marchione Relicta Iungen in Brisna habet VIII modios siliginis in molendino a Iohanne de Lindow Peter Crappe habet VIII modios siliginis

1) Buchholz gehöret zum Amt Potsdam, oder auch dem Herrn von Borch zu Grebeu.
2) Deutsch Borg gehöret zum Amte Saarmund. Oben war Wendisch-Borg.
3) Nichel gehöret zum Amte Saarmund.

Zauche.

liginis in molendino et super II mansos pactum et censum a Iohanne de *Lindow* et filiis Brant qui habuerunt a Marchione Filii *Brant* habent super XIII½ mansos censum et pactum a Marchione Kune et Tyle Dochow super II mansos pactum et censum a Marchione Relicta Conradi Crappen et Iohannes Bernt ciues in Brisna habent simul super III½ mansos censum et pactum a Iohanne de Lindow Hans Grote rusticus super II mansos pactum et censum a filiis Brant Precariam iuditium supremum et infimum cum seruitio curruum habet Rudolphus de Oppin miles a Marchione Emit a Schyben Wedemer sunt IIII anni Item dabunt de palude Consulibus de Brisna

Ketzin [1] sunt IX mansi quorum prefectus habet III tenetur ad equum pheudi pro quo dat I frustum Ad pactum quilibet IIII modios siliginis non plus Ad censum quilibet II solidos Ad precariam ½ sexagenam et I quartale siliginis I ordei et ½ modium auene Mansionarii dant XII pullos Cossati sunt VII quilibet dat VI denarios et I pullum Stagnum est ibi locatum soluit VII solidos et IX modios siliginis quos habet Rudolphus de Oppin miles a Marchione Taberna non est ibi Busse Schonow habet X solidos in censu a Marchione Warmstorp habet I chorum siliginis in pacto et totam precariam Iuditium supremum seruitium curruum in pignus spectat ad Marchionem

Bracwitz [2] sunt XXVI mansi quorum plebanus habet II Prefectus IIII tenetur ad equm pheudi Ad pactum quilibet mansus V modios siliginis et IIII auene exceptis III mansis qui dant quilibet IIII modios siliginis III auene Ad censum quilibet III solidos exceptis III predictis qui dant quilibet II solidos vinconum Ad precariam IIII frusta Item quilibet mansus dat I modium siliginis Item dabunt XLVIII pullos et III sexagenas ouorum Cossatis inclusis Taberna dat I talentum vinconum Cossati sunt XVIIII quilibet dat I solidum vinconum Item quilibet I solidum de pratis Relicta Conradi Crappen et Iohannes Bernt ciuis in Brisna habent simul super II mansos pactum et censum cum hoc XX modios siliginis a Hinrico de Lindow Peter Crappe ciuis in Brisna habet super III mansos ½ chorum IX modios auene et VI solidos vinconum Relicta Bardenitz in Brisna habet XXV modios siliginis et VIII modios auene a filiis Brant in pheudum Claus Grabow ciuis in Brisna habet XXVIII modios auene et est vxoris sue dotalitium Ad altare in Brisna XXV modii siliginis et XVI solidi vinconum Ierchow de Nymick habet VIII solidos vinconum a H de Lindow Heine Fritzen ciuis in Brisna habet IX modios siliginis et IX solidos vinconum ad vitam Precariam iuditium supremum seruitium curruum habet Hinricus de *Lindow* a Marchione ab antiquo In territorio Belitz sunt VI stagna que habent illi de *Heinrichstorf* medietatem et Tyle Meyns ciuis in Belitz alteram medietatem quam habet iure hereditario Tyle Meyns habet annuatim de sua medietate V sexagenas

Fronstorp [3] sunt XLIIII mansi quorum prefectus habet IIII Tenetur ad equum pheudi pro quo dat VI grossos Ad pactum quilibet VI modios auene non plus Censum non dant Ad precariam Cossatis inclusis dabunt XXVI½ grossos XII pullos Cossatus vnus dat I solidum et I pullum Taberna non est Ierchow de Nymick habet I½ choros auene in pacto a Marchione ab antiquo Bernt iunior ciuis in Brisna habet I chorum auene Claus de Ritz ciuis in Brisna ½ chorum auene Hans Dannenberge ciuis in Brisna habet I chorum auene Duden-

1) Ketzin oder Körzin, jetzo dem Herrn von Thümen gehörig.
2) Brackwitz gehöret zum Amte Saarmund.
3) Frohnsdorf gehöret dem Magistrat in Treuenbritzen.

Zauche.

Dudendorf ciuis in Briſna habet XVI modios auene minus IIII modiis Hans de Lindow habet V choros minus modio auene precariam iuditium ſupremum cum ſeruitio curruum a Marchione

Schepe [1] ſunt XX manſi quorum prefectus habet III tenetur ad equum pheudi pro quo dat ł *fruſtum* Leman habet III manſos tenetur ad equum pheudi Ad pactum quilibet IIII modios ſiliginis non plus Ad cenſum quilibet VI ſolidos vinconum Ad precariam quilibet manſus I groſſum et I quartale ſiliginis I quartale ordei et ł modium auene Item dant XVI pullos Marchioni et III ſexagenas ouorum Item dant prefecto XXIIII pullos et XII ſolidos Coſſati ſunt V quilibet I ſolidum et II pullos prefecto Taberna non eſt Item quilibet manſus I mandalam Illi de *Wederinge* habent II choros ſiliginis a Marchione ab antiquo Henke Nom ciuis in Belitz habet XVI modios ſiliginis emit a Reyneken ciue in Brandeburg ſunt III anni Ad altare in Belitz XVI ſolidi Item ad altare ibidem IIII ſolidi R de *Oppin* miles habet XVIII ſolidos a Marchione Marchio habet XII ſolidos Iuditium ſupremum cum ſeruitio curruum et II modios piſorum

Kenſtorp [2] ſunt XX manſi quorum plebanus habet II Prefectus III et tenetur ad equum pheudi et dat II modios ſiliginis II ordei et IIII auene et XIII groſſos Marchioni Ad pactum quilibet VI modios ſiliginis non plus Ad cenſum quilibet II ſolidos Ad precariam III manſi combinati dant ſimul I modium ſiliginis I ordei et I modium auene et II ſolidos vinconum et VII groſſos Item quilibet manſus I mandalam et XXIIII pullos coſſatis incluſis et II ſexagenas ouorum et II modios piſorum Marchioni Coſſati ſunt II quilibet IIII pullos et II ſolidos R de Oppin miles XXIIII modios ſiliginis de ciuibus et XVIII modios ſiliginis a Marchione Taberna non eſt Henke Tolner ciuis in Briſna Ił choros ſiliginis et I talentum denariorum a Marchione Slywen ciues in Belitz habent ł chorum ſiliginis et X ſolidos ab antiquo In Belitz I chorus ſiliginis non appropriatus ad altare ſed aſſignatus ad candelam corporis Chriſti de quo nichil accepimus Supremum iuditium et ſeruitium curruum habet Marchio

Slanluch [3] ſunt XXX manſi quorum plebanus habet II Prefectus habet III et tenetur ad equum pheudi Ad pactum quilibet IIII modios ſiliginis et IIII modios auene Ad cenſum quilibet III ſolidos vinconum Ad precariam IX ſexagenas groſſorum et XLII pullos Coſſatis incluſis et II modios *nucium* Coſſati ſunt XXX quilibet VI vincones Molendinum dat Ił chorum ſiliginis Taberna dat I talentum vinconum Thomas et Hans de Ritz ciues in Briſna habent ſimul I chorum ſiliginis et I chorum auene Reſiduum totum in tota villa habet Rudolf de *Oppin* miles a Marchione

Sedyn [4] ſunt XX manſi quorum prefectus habet III et I cenſualem tenetur ad equum pheudi Ad pactum quilibet IIII modios ſiliginis et Ił modium auene Ad cenſum quilibet II ſolidos Ad precariam quilibet II groſſos et I quartale ſiliginis I ordei et ł modium auene Item quilibet manſus I modium et I ſexagenam pullorum incluſis Coſſatis Taberna non eſt Item dant XXIIIIł ſolidos R de Oppin militi quorum VIII dant de cimbis Item dant II modios piſorum Marchioni et IIII ſexagenas ouorum Hans Schulte prefectus in Belitz habet II choros ſiliginis XVII modios auene et Ił ſexagenam et X groſſos a Marchione

1) Schäpe gehöret zum Amte Saarmund.
2) Kähnsdorf gehöret gleichfalls zu Saarmund.
3) Heißt jetzo Schlalach, und gehöret zum Amte Saarmund.
4) Heißt jetzo Seddin, und gehöret einem von Kleist.

Zauche.

Busse Schonow habet I chorum siliginis et XII solidos denariorum a Marchione Helmic habet ł chorum siliginis et VI solidos et IIIIł modios auene a Marchione Otto et Hans de *Henrichstorf* habent XIIII modios auene Hencke Nom ciuis in Belitz VIII modios siliginis a Marchione Henning Stenow ciuis in Belitz habet VIII modios siliginis III modios auene et VI solidos et IIII pullos Hans Schulte predictus habet iuditium supremum et seruitium curruum a Marchione Hencze Gruning ciuis in Guterbok habet IIII solidos a Marchione Est ibi ager qui dicitur Lenmark qui habet X mansos Quilibet mansus soluit VI modios siliginis IIIIł modios auene Ad censum quilibet IIł grossos quorum duo coluntur de Sedyn

Nichil superior [1] sunt XXII mansi quorum plebanus habet I Prefectus habet III et I censualem tenetur ad equum pheudi Ad pactum quilibet X modios siliginis II ordei et VI auene Ad censum quilibet IIIł solidos vinconum Ad precariam quilibet X grossos non frumentum Item XV pullos Cossatis inclusis Cossati sunt VIII soluunt in vniuerso XV grossos Taberna non est ibi Claus de Ritz ciuis in Brisna habet II choros siliginis VI modios auene et II talenta vinconum a Iohanne de *Lyndow* Peter Crappe ciuis habet II choros siliginis et VI modios auene et XVI solidos vinconum a Iohanne de Lyndow Nicolaus Grabow ciuis in Brisna ł chorum siliginis etiam a Iohanne de Lindow Supremum iuditium precariam cum seruicio curruum habent Hans et Hinricus de *Lindow* a Marchione Relicta Ottonis de Lindow habet medietatem precarie Iuditium supremum et seruitium curruum et V solidos in censu ad dotalitium et V pullos et pactum

Elsholt [2] sunt XL mansi quorum plebanus habet III Prefectus VIII tenetur ad equum pheudi pro quo dat XX grossos Item dat IIII modios siliginis IIII ordei et VIII modios auene Prefectus etiam dat XXVIł grossos Ad pactum quilibet IIII modios siliginis et III auene Ad censum quilibet II solidos Ad precariam II grossos I quartale siliginis I ordei ł modium auene et XXVII pullos inclusis Cossatis et quelibet domus III vincones Cossati sunt XII quorum VI possessi Quilibet II solidos exceptis III qui dant quilibet I solidum Item dat quilibet mansus X *garbas* Taberna dat XII solidos prefecto Prefecti in Belitz II choros auene III minus modiis a Marchione R de *Oppin* miles habet I chorum siliginis et III modios auene a Marchione Helmir cum patruis habent XXXVIII grossos et VIII modios siliginis et VI auene Filii Claus Stenow ciuis in Belitz habet II choros siliginis IX modios auene et XVI solidos denariorum Henning Stenow ciuis in Belitz habet ł chorum siliginis a Loser in pheudum Relicta Wuschoffes XVI modios siliginis et III auene ad dotalitium Cune Witbritzen habet ł chorum siliginis IX modios auene et VIII solidos denariorum Prefectus de Buchholtz ciuis in Belitz ł chorum siliginis IX modios auene et IIII solidos denariorum Hans Witbritzen ciuis in Brisna XX grossos Otto de Belitz habet IIII modios auene a Marchione *Prefectissa* in Fickstorp VI modios auene habet a Wiltewitz qui vltra habet a Nictino de *Kokeritz* qui habet a Marchione Supremum iuditium et seruitium curruum habet Marchio

Witbritzen [3] sunt XXXII mansi quorum plebanus habet II Prefectus IIII de quibus dat L grossos et VI modios siliginis III ordei et III auene Et ad altare I modium ordei Ad pactum quilibet VIII modios siliginis IIIł modios ordei et IIIIł modios auene Ad censum quili-

1) Ober-Michel liegt bey Treuenbrizen, und gehöret zum Amte Saarmund.
2) Heißt Elsholz, und ist zu Saarmund geleget.
3) Witbrizen gehöret zum Amte Saarmund.

Zauche.

quilibet IIII grossos Ad precariam quilibet IIII grossos et III quartalia siliginis III quartalia ordei et V quartalia auene dant etiam XLV pullos Cossatis inclusis et XXXV oua Item omnes mansi dant simul XXII modios quod vocatur *Mandelkorn* et quilibet mansus III *vincones* Cossati sunt XIIII quilibet I solidum vinconum exceptis tribus qui dant quilibet II soldos vinconum Item III denarios vinconum Item mansi dant VI solidos *Flaspenninge* Taberna dat XXX solidos vinconum R de Oppin miles habet super II mansos pactum et censum Relicta Stenow in Belitz habet II choros siliginis Ad altare in Belitz XIX modii ordei et XXII solidi vinconum Ad altare in Brisna XXXII modios siliginis et XVI vincones Helmir cum patruis I chorum siliginis et XVIII modios auene a Marchione Relicta Conradi Boldekens in Brisna habet I chorum siliginis X modios ordei et XXIII modios auene a Iohanne de Lindow Holst ciuis in Spandow habet IIII modios siliginis VII modios ordei et II chorum auene Tile Wulf habet XXI modios ordei et *VII lotos argenti* a Marchione Fromken ciuis habet II mansos cum omni iure cum fratribus suis Relicta Lamborges habet XVI modios siliginis ad vitam a Iohanne de Lindow Illi de Henrichstorp habent XVIII modios auene a Marchione Altare in Brisna XXXII modios siliginis VIII ordei et XII solidos vinconum Henning Stenow ciuis in Belitz habet XXIIII solidos vinconum a Wulf Ad altare in Belitz I talentum vinconum Heyne Tolner prefectus in Brisna habet VIII solidos vinconum Supremum iudicium et seruitium curruum habet Wiltwitz a Nicolino de *Kokeritz* milite qui habuit a Marchione

Fikstorp [1] sunt XXXIIII mansi quorum prefectus habet IIII et tenetur ad equum pheudi pro quo dat I sexagenam dant etiam ad precariam XXI grossos et VI vincones et IIII modios siliginis IIII modios ordei et VIII auene Ad pactum quilibet VI modios siliginis II ordei I auene Ad censum quilibet V solidos vinconum Ad precariam quilibet IIII solidos vinconum et simul I sexagenam pullorum inclusis Cossatis et I modium siliginis et I ordei et I modium auene et III ouum Cossati sunt VI quilibet solidum vinconum exceptis II qui dant quilibet II solidos vinconum Taberna dat XXXI solidos vinconum Molendinum dat I chorum siliginis Item mansionarii dant simul cum Cossatis VIII solidos vinconum Item quilibet mansus III vincones qui dicuntur *Flasbede* Altare in Belitz I chorum siliginis XI modios ordei XIII modios auene et XVIII solidos vinconum Helmir de Wederinge cum patruis habet III choros ordei minus modio et XIX solidos denariorum a Marchione Tile Wulff habet III choros auene a Marchione Item ad aliud altare in Belitz XVIII modios siliginis et XXI modios auene Ieneke Schulte ciuis in Belitz habet II chorum siliginis Item prefecti de Belitz habent II choros siliginis a Marchione Relicta Lamborg in Brisna I chorum siliginis a Iohanne de Lindow ad vitam Vxor Luders habet I chorum siliginis a Marchione Hans de Lindow habet XVIII modios siliginis a Marchione Coppen Sehusen rusticus VII modios et II modios ordei Prefectus habet VI modios auene Hans Witbritzen habet XVI solidos vinconum de taberna et I solidum de Cossato vno Holst ciuis in Spandow IX modios siliginis a Marchione Heyne Czabels ciuis XII modios siliginis et I chorum siliginis in molendino Item ad altare in Brissen III modios siliginis et IIII grossos Hans Witbritzen ciuis in Brisna habet super quolibet manso I grossum exceptis super VIII Precariam iudicium supremum cum seruitio currum habet Wiltwitz a Marchione

Vicus

1) Sicksdorf ist völlig unbekannt.

Zauche.

Vicus Postamp [1] habet XXI *gurgusta* Soluunt ad censum II talenta Item ad precariam XXIIII solidos Item ad *censum lignorum* XXVIII solidos Item I sexagenam *anguillarum* Item dant prefecto XII solidos Altare in Spandow habet II talenta de predictis Aliud totum habet Marchio *Prefectus oppidi* [2] *in Postamp* habet IIł talentum super IIł gurgustum et XII pullos

Berckholtz [3] sunt XXIII mansi quorum plebanus habet II Prefectus habet III tenetur ad equum pheudi pro quo dat XX grossos. Iacob Mukum habet III mansos ad curiam suam Ad pactum quilibet VIII modios siliginis et III modios auene *Mansionarii* VI quilibet dat I solidum ad censum et I pullum Item ad censum arearum VIII solidos et VIII pullos Cossati sunt XI dant in vniuerso XI solidos et II denarios et XXXI pullos Taberna dat VII solidos Iacob Mukum habet medietatem totius ville Aliam medietatem habet Nicolaus Wernitz a Marchione emit hoc anno a quodam Hentzone Sachteleuen qui non habuit ius

Michendorff [4] sunt XXXII mansi Prefectus habet V tenetur ad equum pheudi pro quo dat ł sexagenam et ad precariam X grossos IIł modios siliginis IIł modios ordei et V modios auene Ad pactum quilibet IIII modios siliginis et II modios auene Ad censum quilibet IIII solidos et VII mansionarii qui dant quilibet I pullum et X oua et III obulos Cossati non sunt ibi Taberna dat I talentum Coppe Sehusen rusticos habet II choros siliginis a Marchione Luder habet I chorum siliginis a Marchione Helmir habet XVI modios siliginis VIII modios auene et VIIł solidos denariorum a Marchione Ad altare quod habent fratres Kalendarum in Belitz spectant VIII modii siliginis et IIII auene de quibus annuatim pauperibus elemosinas erogantur Busse de *Schonow* habet II talenta a Marchione Filii Nicolai Schenow ciuis in Belitz habent I chorum et XVIII modios auene a Marchione Reyneke ciuis in Brandeburg habet XIIł solidos Hans Withritzen ciuis in Brisna XXIIł solidos a Marchione Precariam iuditium supremum et seruitium curruum habet Marchio

Grentzel [5] sunt VIII mansi Ad pactum quilibet III modios siliginis et I modium auene Ad censum quilibet IIII solidos vinconum Item quilibet mansus I pullum Totam villam habent Tyle et Claus Wulff a Marchione

Langerwisch antiqua [6] sunt XLII mansi quorum plebanus habet II Prefectus habet V tenetur ad equum pheudi pro quo dat ł marcam et ad precariam III modios siliginis III ordei et VI auene Item Prefectus habet super III mansos pactum et censum Ad pactum quilibet VI modios siliginis VI auene Ad censum quilibet III solidos denariorum Ad precariam quilibet X denarios et III mansi coniuncti dant simul I modium siliginis I modium ordei et II modios auene et sic de singulis Item quilibet mansus III vincones Item mansionarii dant simul IX pullos Cossati sunt VI quilibet X denarios et I pullum Taberna I talentum Fromken Witbritzen ciuis in Belitz habet IIII choros auene cum fratribus a Marchione Cune et Ieneken Schulte ciues in Belitz habent III choros siliginis a Marchione Andreas Holst ciuis in Spandow habet XVIII modios siliginis et XXX modios auene Cune Witbritzen ciuis in Belitz habet VI modios siliginis et I talentum super tabernam a Marchione Busso de *Schonow* habet ł chorum siliginis ł chorum auene Ad altare in Belitz ł chorus siligi-

1) Ist der Kietz oder das Fischerdorf bey der Stadt Potsdam. S. oben S. 135.
2) *Praefectus oppidi* ist ohne Zweifel der Stadtrichter, auf dem Dorfe der Schultze.
3) Heißt jetzo Bergholz, zum Amt Potsdam gehörig.
4) Michendorf, gehöret zum Amte Saarmund.
5) Grenzel ist nicht bekannt, und muß ein ganz kleines Dorf gewesen seyn.
6) Alt Langerwisch gehöret zu Saarmund.

Zauche.

siliginis ł chorus auene Item ad aliud altare exulum ł chorus siliginis Item ad altare in Brisna I chorus siliginis Item Otto Kaput habet I chorum siliginis Helmir habet ł chorum siliginis ł chorum auene XVI grossos Supremum iuditium et seruitium curruum habet Marchio Ager est ibi qui dicitur *dy Wendemarck* qui habet XVI mansos quos colunt rustici de Langerwisch Ad pactum dat quilibet III modios siliginis et III auene Hans Witbritzen ciuis in Brisna habet ł chorum siliginis et XV modios auene Busso de Schonow habet VI modios siliginis et III auene Filii Nicolai Stenow habent III modios siliginis et III modios ordei Otto de Belitz habet III modios siliginis

Trebenstorp [1] sunt XIII mansi Prefectus habet II tenetur ad equum pheudi pro quo dat X grossos. Ad pactum quilibet mansus IIII modios siliginis Ad censum quilibet II grossos et tota villa dat I modium pisorum et XX pullos III vincones et I sexagenam ouorum Cossati sunt VI quilibet II grossos et III vincones Tota villa est Domini Marchionis

Eycholtz [2] sunt XXI mansi quorum prefectus habet III Ad pactum quilibet VI modios siliginis et VI modios auene Ad censum quilibet II grossos Ad precariam tota villa dat I marcam *Landriderus* Domini habet ibi II modios auene Ecclesia parochialis in Werbick habet III modios siliginis et III auene Residuum totum habet Bruseken a Marchione

Werbik [3] sunt XXX mansi quorum plebanus habet II Ad pactum quilibet III modios siliginis et III modios auene Ad censum quilibet I solidum denariorum Ad precariam *III fertones* [4] tota villa *vno lotone* minus Item quilibet mansus ł chorum siliginis et ł modium auene Gere de *Byern* cum fratribus habet XVIII modios siliginis Fratres Kalendarii in Gortzk habent XVIII modios siliginis et XVIII modios auene Czilling habet ibi - Residuum totum habet Marchio

Benken [5] sunt XL mansi quorum plebanus habet II Prefectus IIII Ad pactum quilibet mansus V modios siliginis et V modios auene Ad censum quilibet III solidos Ad precariam tota villa III marcas Gerhard de *Byern* cum fratribus habet supremum iudicium

Dankelstorf [6] sunt XXIIII mansi Prefectus II Dimidia villa est Cune Dochowes Alia medietas est Eggard Czilling

Groben [7] sunt XXX mansi quorum plebanus habet - Ad pactum quilibet IIł modios siliginis et II auene Item ł modium siliginis et ł auene qui dicitur *Hundekorn* Ad censum quilibet VIII denarios Ad precariam I sexagenam tota villa Supremum iuditium precariam super totam villam cum seruitio curruum super II curias habet Marchio

Pruske [8] sunt XXV mansi quorum plebanus I Ad pactum quilibet XVIII modios siliginis Ad censum nichil Ad precariam quilibet VIII solidos et III denarios Ił modium siliginis Ił modium ordei et Ił modium auene Cossati XII quilibet I solidum Taberna I talentum

1) Heißt jetzo Tremsdorf, und gehöret zum Amte Saarmund.
2) Eichholz ist nicht bekannt.
3) Heißt jetzo Werbig, und gehöret denen von Brand von Lindow.
4) *Ferto*, Vierding, ist ¼ Mark. S. oben S. 3 *Dreger* Cod. Pom. Dipl. T. I p. 200.
5) Benken ist nicht in der Zauche. Vielleicht ist es das an der Zauchschen Gränze gelegene sächsische Dorf Benken.
6) Dangelsdorf ist eine wüste Feldmark, denen von Schierstedt zugehörig.
7) Gräben gehöret denen v. Borch.
8) Prietzke gehöret dem Magistrat zu Brandenburg.

Zauche.

Stagnum non est locatum Aliud stagnum soluit I talentum sed illud est in *pheudo ab Lenyn* Totam villam habent *Pruske* cum omni iure a Marchione eo excepto quod plebanus in Netzim habet super quolibet manso I½ modium siliginis et I½ modium ordei

Wust [1] sunt XXII mansi quorum plebanus habet I Ad pactum soluunt in vniuerso X½ frusta et VI talenta et VI solidos Cossati sunt XIIII quilibet I solidum

Monachorum in Lenyn. [2]

Namitz [3] non sunt mansi Cossati sunt XX soluunt in vniuerso XXX solidos et XXIII *pullos fumales* Taberna dat II talenta Tota piscatura est Monasterii Dominus Marchio nihil

Netzem [4] sunt XXV mansi quorum plebanus I Tota villa medios fructus quia deuastata per illos de *Wulffen* Ad pactum quilibet ½ chorum siliginis ½ chorum auene Ad censum et ad precariam VIII talenta VI minus denariis Taberna XXX solidos Cossati sunt XII soluunt simul VIII½ solidos et VIII pullos Ex vltra hoc tota villa XIII pullos

Borsendorff [5] XXIII mansi quilibet dat X modios ordei

Michilstorff [6] sunt XXX mansi

Tornow [7] sunt XVIII mansi

Damelang magna [8] sunt XX mansi soluit quilibet II½ solidos et I pullum et XV oua et I solidum Pristauel Taberna X solidos Cossati non sunt

Damelang parua [9] sunt IX mansi soluit quilibet mansus III½ solidos et I pullum et XV oua et XXX pullos

Redel [10] sunt XLI mansi quorum plebanus habet IIII Ad pactum quilibet mansus soluit II solidos exceptis XI qui dant quilibet III solidos Ad precariam tota villa XVII½ solidos Cossati sunt XI quilibet I pullum Taberna II talenta

Swyna [11] sunt XXVI mansi Ad pactum quilibet V modios siliginis et V auene Ad censum quilibet I solidum Cossati VI quilibet I pullum

Bochow [12] sunt LV mansi quorum plebanus habet II Ad pactum quilibet V modios siliginis III ordei II auene Ad censum I solidum Ad precariam XXXVIII denarios Quelibet domus I pullum Cossati IX quilibet VI denarios et I pullum

Krile [13] sunt XXXII mansi Ad pactum quilibet VI modios siliginis IIII ordei et IIII auene Ad censum quilibet II solidos non precariam Ventimola IIII choros siliginis Cossati sunt VII quilibet I pullum Taberna XII solidos Stagnum est Monasterii

Smer-

1) Wieſt gehöret auch dem Magiſtrat zu Brandenburg.
2) Iſt das bekannte Kloſter Lehnin, das bey der Reformation ſecularisiret ward; und die Güter davon zu Churfürſtlichen Domainen gemacht ſind.
3) Nahmitz gehöret zum Amte Lehnin.
4) Netzen gehöret eben dahin.
5) Borſendorf iſt vielleicht das itzige Boodorf, denen von Ribbeck zugehörig, oder Barendorf in Sachſen.
6) Michelsdorf gehöret zu Lehnin.
7) Tornow iſt jetzt nur eine Schäferey, und gehöret eben dahin.
8) Damelang gehöret auch zu Lehnin.
9) Gegenwärtig iſt nur ein Damelang bekannt.
10) Rädel gehöret zum Amte Lehnin.
11) Schwina gehöret auch dahin.
12) Bochow gleichfalls.
13) Kriclow, auch dahin.

Zauche.

Snergow [1] ſunt LI manſi quorum plebanus I Ad pactum quilibet VI modios ſiliginis VI ordei Ad cenſum quilibet IX ſolidos Precariam non Coſſati ſunt XV quilibet I pullum excepto vno qui dat XL pullos Taberna II talenta Curia Trebutz ſoluit VI fruſta

Detzſt [2] ſunt XXX manſi quorum plebanus habet IIII Ad pactum quilibet I chorum ordei Ad precariam X ſolidos non cenſum Coſſati XIIII quilibet I pullum Taberna dat XXV ſolidos Piſcatura eſt Monaſterii quam locant pro omni cenſu

Gotitz [3] ſunt XXVII manſi Ad pactum quilibet ½ chorum ſiliginis ½ ordei Item III½ modios ſiliginis III½ ordei I auene pro tertia parte decime Ad precariam quilibet X ſolidos Ad cenſum VI ſolidos et VIII denarios quamdiu habuerunt locum Golm Coſſati ſunt XVIII quilibet VI denarios et I pullum Taberna dat II talenta Duo ſtagna ſunt Monaſterii videlicet Gotiſterſee et Geſerikerſee

Trechwitz [4] ſunt XL manſi quorum plebanus habet II Ad pactum quilibet VI modios ſiliginis VI modios ordei exceptis IIII qui dant quilibet IIII modios ſiliginis et IIII modios ordei Ad cenſum quilibet II ſolidos Coſſati ſunt X quilibet I ſolidum et pullum exceptis IIII qui dant quilibet VI denarios et I pullum Taberna dat I talentum

Donnſtorp [5] ſunt XL manſi Ad pactum quilibet ½ chorum ſiliginis Ad cenſum quilibet V ſolidos Coſſati ſunt VII quilibet I pullum Taberna I talentum

Teſekendorp [6] eſt tota deſerta Neſciunt quot manſos habet

Derwitz [7] ſunt XL manſi quorum plebanus habet II Ad pactum quilibet VIII modios ſiliginis IIII ordei et V modios auene Ad cenſum quilibet VII ſolidos Ad precariam ½ modium ſiliginis ½ modium ordei Coſſati ſunt XVI quilibet XIII denarios et I pullum exceptis III qui dant quilibet XX denarios et IIII pullos Taberna I fruſtum et II modios *papaueris* Claus Rutzen ciuis in Brandeburg habet I talentum Buſſe Schonow IIII½ fruſta Bernd Ryke ciuis in Berlin IX fruſta Abbas dicit eſſe ſuam quia emit a Domino Hetzinne de Lindow Item habent (ſcil. *Monachi de Lehnin*) quedam alia bona videlicet *Topelitz Leyſt* et *Gortin* ſcripta in libro *Obule* Item *Schonelinde Bartzſtorff* in libro *Barnym* ſcripta Item *Werder* et *Wachow* non ſunt ſcripta Item *Cedelendorff Stoltzenhagen Wandelitze Arnſee* prope *Libenwalde* Subcellarius habet in aquis ad refectorium Conuentus primo in Detzſt III talenta et in vno obſtaculo VI ſolidos et I ſexagenam anguillarum Item in obſtaculo Pheben VIII talenta de quibus Thineke Oſſwalt dat exactionem pro IIII Item ibidem in aquis que trahuntur cum retibus XII talenta Item in Schonerlinde in piſcatura habet III talenta Item pro *communi Burſa* cenſum aquarum Primo de *obſtaculis* [8] prope villam Golm II talenta minus XVIII denariis · Item prope curiam Trebegotz in aquis et obſtaculis III ſolidos et V talenta Item in inferiori obſtaculo prope Pheben XXXI ſolidos minus denario Item ibidem in aquis que trahuntur cum retibus III talenta et III ſolidos III obulis minus Item ibidem in piſcatura que dicitur *Alrepe* (Ahlfang) XVI½ ſolidos

1) Schmergow, gehöret zum Amte Lehnin.
2) Deez gehöret zum Amte Lehnin.
3) Iſt das zum Amte Lehnin gehörige Dorf Göz.
4) Trechwiz gehöret denen von Rochow.
5) Iſt ohne Zweifel das gegenwärtige Dorf Damesdorf zum Amte Lehnin gehörig.
6) Teſeckendorf iſt noch unbekannt, und ohne Zweifel noch eine wüſte Feldmark.
7) Derwiz gehöret zum Amte Lehnin.
8) Unter den *obſtaculis* werden ohne Zweifel Fiſchwehre verſtanden.

Zauche.

dos et ½ libram piperis Item in obſtaculis prope Topelitz X ſolidos de quibus ruſticus dat exactionem Item prope opidum Werder in aquis que trahuntur cum retibus XXXVI talenta et de Theolonio IX talenta denariorum Item in obſtaculo prope Leyſt XV ſolidos de quibus ruſtici dant exactionem Item in obſtaculis prope Gotyn III½ talenta et II½ ſolidos de quibus Thydike Oſſwalt dat exactionem Item in obſtaculo quod dicitur *Hatenow* VII ſolidos et IIII½ denarios de quibus piſcatores dant exactionem

Bona Wychardi et Wy. de Rochow [1]

Goltzow [2] *oppidum* dat ad exactionem annuatim XXX ſolidos Brandeburgenſes de quibus *Schultetus* ibidem habet X ſolidos Item vnum molendinum dat IIII choros ſiliginis Item aliud molendinum dat II choros ſiliginis

Grepczik [3] ſunt LX manſi quorum plebanus habet I½ *Schultetus VI et tenetur* ad equum pheudi *pro quo* dat ½ marcam Ad pactum quilibet VI modios ſiliginis et VI modios auene Ad cenſum quilibet - Ad precariam V ſolidos Coſſati ſunt V quilibet dat I ſolidum prefecto Supremum et infimum iudicium habent predicti Rochow

Bruke [4] ſunt XII manſi quorum prefectus habet V et dat ½ marcam pro equo pheudi Ad pactum quilibet manſus V modios ſiliginis II ordei et I modium auene Ad cenſum quilibet II ſolidos Ad precariam dat tota villa annuatim I marcam Coſſati ſunt X Cenſum habet Holwech a Marchione Pactum habet prefectus ibidem ab ipſis de Rochow

Pernitz [5] ſunt XXX manſi quorum plebanus habet II Prefectus IIII Dat annuatim II talenta et V ſolidos Ad pactum quilibet manſus VI modios ſiliginis IX auene Ad cenſum et precariam VII ſolidos Coſſati ſunt VIII Taberna dat I libram piperis Rochow Monachi in Lenyn habent II choros ſiliginis in pacto

Crutzewitz [6] ſunt XLII manſi quorum plebanus habet III Prefectus II Peter Schulte habet VII ad curiam ab Rochow Ad pactum quilibet VIII modios ſiliginis IIII modios ordei et IIII modios auene Ad cenſum quilibet II ſolidos Ad precariam quilibet manſus IX ſolidos cum III denariis et IIII½ quartalibus ſiliginis et IIII½ ordei et VII quartalia auene Taberna dat prefecto X ſolidos Nicolaus et Iohannes dicti Pleſſow ciues in Brandeburg habent II choros ſiliginis et XX modios ſiliginis XXX modios ordei et ½ chorum auene in pacto et VI ſolidos in cenſu ab Rochow Item Kerſtian Hunekens ciuis in Werder habet ½ chorum auene in pacto et IIII ſolidos in cenſu ab Rochow Item Nicolaus Ritz ciuis in Brandeburg habet XVII modios ſiliginis X modios auene in pacto et IIII ſolidos in cenſu a Iohann de *Krochern* in pheudum Item Kloth ciuis in Brandeburg ½ chorum ſiliginis VI modios ordei et VIII modios auene in pacto et XX denarios in cenſu ab Rochow Item Kerſtian Meyns ciuis in Brandeburg habet XIX ſiliginis et X modios ordei et XXXV modios auene in pacto et XII ſolidos in cenſu ab Rochow Item Petrus Schutte habet I chorum

1) Hier folget die groſſe Anzahl Dörfer des reichen und mächtigen Wichards von Rochow.
2) Golzow gehöret noch unter dieſem Namen der uhralten Familie von Rochow.
3) Iſt ohne Zweifel das jetzige Gräbe, denen von Rochow noch zugehörig.
4) Bruck iſt entweder das denen von Rochow noch zugehörige Dorf Bruckermark, oder das an der Zauchiſchen Gränze gelegene ſächſiſche Städtchen Bruck.
5) Pernitz gehöret noch denen von Rochow.
6) Gegenwärtig Groſſen-Creutz, gehöret denen von Haack.

Zauche.

rum et VIII medios filiginis XVI modios ordei et XVI modios auene in pacto et VIII solidos denarios in censu ab illis de Rochow Item Hospitale Sancti Iacobi prope Brandeburg VI modios filiginis VI ordei Item Henning Meyns ciuis in Brandeburg habet II solidos in censu ab Rochow Item Falkenhagen habet in pactum VIII modium filiginis VIII modium ordei XIIII modios auene et XXVIII solidos in censu ab Rochow Residuum habent dicti Rochow

Golistorp 1) sunt XLII mansi quorum plebanus habet II Prefectus III dat II talenta pro equo pheudi et pro precaria Wernitz habet III ad curiam a Rochow Philippus habet I mansum ad curiam Ad pactum quilibet mansus VI modios filiginis IIII modios ordei et VI auene Ad censum quilibet II solidos Ad precariam V solidos et modium filiginis ordei et I modium auene Taberna dat I talentum Rochow Cossati sunt VII quilibet mansus dat I solidum Berkhoff VIII frusta a Marchione et hoc anno LXXV mortuus est Monachi in Lenyn habent de quolibet manso II modium filiginis et IIII mansos cum pacto censu et precaria ab Rochow

Mosdunk 2) habet *pecias agrorum* dant pro toto II talenta et V solidos Item de quodam agro qui dicitur *Herdendung* dat XLVI pullos et V modios auene

Blisendorf 3) habet XXXI mansos quorum plebanus habet II Prefectus IIII Dat XXX solidos pro equo pheudi et pro precaria Item Nicolaus et Iohannes Plesizow ciues in Brandeburg V solidos pro censu Ad pactum quilibet VIII modios filiginis et IIII modios auene Ad censum II solidos Ad precariam II solidos et modium filiginis ordei et I modium auene Cossati sunt II Taberna - Kerstian Meyns ciuis in Brandeburg habet XXXII modios filiginis et II mansos ab illis de Rochow Item Nicolaus Pruczik ciuis in Brandeburg habet super II mansos pactum et censum et habet chorum filiginis a Marchione . Item Nicolaus et Iohannes Pleysow habent de quolibet manso XV denarios

Litzkendorp 4) sunt XX mansi quorum plebanus habet III Prefectus IIII Quilibet soluit pro toto IIII solidos denariorum

Verch superior et inferior 5) habet XXV mansos quorum prefectus habet IIII quilibet mansus soluit pro toto VIII solidos

Glinde 6) sunt XLVIII mansi quorum plebanus habet IIII Ecclesia vnum et prefectus IIII tenetur ad equum pheudi Ad pactum quilibet VI modios filiginis VI modios ordei et IIII modios auene Ad censum quilibet II solidos non plus Molendinum dat II choros filiginis quos habent Sanderus et Iohannes Konig ab Rochow Cossati sunt VIII Taberna dat I talentum prefecto Iohannes de Gelt habet super VII mansos pactum et censum ab Rochow

Pleysow 7) sunt XXIIII mansi quorum plebanus habet I Prefectus habet III tenetur ad equum pheudi Sanderus et Iacobus Konig habent XII ad curiam Ad pactum quilibet VIII modios filiginis VIII ordei et totidem auene Ad censum quilibet II solidos non plus Cossa-

1) Itzo Göhlsdorf zum Amte Lehnin gehörig.
2) Mosdünk gehöret denen von Rochow.
3) Bliesendorf gehöret denen von Rochow.
4) Wird wohl das gegenwärtige zum Amte Saarmund gehörige Dorf Lübsdorf seyn.
5) Verch gehöret denen von Rochow.
6) Glindow gehöret zum Amte Lehnin.
7) Plessow gehöret denen von Rochow.

Zauche.

Cossati sunt XI Quilibet mansus dat II solidos Taberna - Nicolaus et Iohannes Pleysow ciues in Brandeburg habent super III mansos pactum et censum ab illis de Rochow Dy Enginne ciuis in Brandeburg habet super II mansos pactum et censum Filii Nicolai Stenow ciuis in Belitz habent XXVI solidos in censu

Rykane 1) sunt XXV mansi quorum plebanus habet I Scultetus IIII dat XXX solidos VI modios auene Ad pactum quilibet IIII modios siliginis et modios auene Ad censum quilibet V solidos cum IIII denariis Cossati dant nichil sed seruire tenentur Taberna I libram piperis

Gottin 2) sunt XXIX mansi quorum plebanus habet I Prefectus IIII tenetur ad equum pheudi Ad pactum quilibet mansus IX modios siliginis II modios ordei et IIII modios auene Ad censum IIII½ solidos denariorum Cossati sunt IIII quilibet dat I solidum Taberna dat X solidos Kloth ciuis in Brandeburg habet super quemlibet mansum II modios siliginis ab Rochow Item Ritze ciuis in Brandeburg habet VII modios siliginis ab Rochow

Korane 3) LXII mansi quorum plebanus habet II Prefectus IIII dat XXXI solidos ½ marcam ½ chorum siliginis VI modios ordei et ½ chorum auene Ad pactum quilibet X modios siliginis III modios et III quartalia ordei et VII modios auene Ad censum VIII solidos et III denarios Cossati sunt XV Taberne due Quelibet dat X solidos et I modium auene Molendinum dat II choros siliginis prefecto et illis de Rochow X solidos I modium siliginis I modium ordei et II modios auene Nicolaus Ritze ciuis in Brandeburg habet II mansos ab Rochow Item Heyne Phisen ciuis in Brandeburg habet XVIII modios siliginis ab Rochow VI modios ordei et XIII modios auene et XIIII½ solidos Item vxor dicti Medestorp ciuis in Brandeburg habet II talenta ad vitam suam ab Rochow Item est ibi ager qui dicitur *Honwynkel* qui dat Heyne Phisen et Nicolao Ritzen ciuibus I chorum siliginis

Rokitz 4) sunt XXXII mansi quorum plebanus habet II Ad pactum quilibet X modios auene non plus Nicolaus et Iohannes Plesow ciues in Brandeburg habent super VI mansos pactum et censum Item Nicolaus Pruczik ciuis in Brandeburg super II mansos pactum ab Rochow

Camere 5) sunt XIX mansi quorum plebanus habet IIII Prefectus VI dat XXV solidos Ad pactum quilibet III modios siliginis Ad censum II solidos Cossati sunt XVIII quilibet dat I solidum Taberna dat Prefecto XXX solidos Nicolaus Kamerman habet IIII mansos ab Rochow de quibus dat X solidos

Gollwitz 6) sunt XXXII mansi quorum plebanus habet I Mattheus et filii Nicolai *Retzow* habent XX mansos ad curiam Ad pactum quilibet III modios siliginis III ordei et VI auene Ad censum et precariam quilibet V solidos Cossati sunt XVI Quilibet dat I solidum Tota villa est *Retzow* predictorum Ab illis de Rochow in pheudum

Wil-

1) Reckan gehöret dem durch seine vortrefliche Schulanstalten berühmten Herrn von Rochow.
2) Gettin, Göttin, denen von Rochow zugehörig.
3) Heißt Krohne, gehöret denen von Rochow.
4) Rockitz ist jetzo unbekannt.
5) Ist das denen von Brösigke gehörige Guth Cammer bey Potsdam.
6) Golwitz, gehöret denen von Görne.

Zauche.

Wildenbruke [1] sunt LIX mansi quorum plebanus habet II Prefectus VI dat VII mandalas *prescriptorum grossorum* Conrado Schulteto Tyloni Meyns et Henrico Beschorn ciuibus in Belitz Ad pactum quilibet VI modios siliginis IV modios auene Ad precariam ł modium siliginis ł modium ordei et I modium auene Ad censum quilibet III solidos Belitzenses Item III obulos qui dicuntur *Münnstephennige* Cossati sunt VII quilibet dat I solidum Taberna dat I Talentum prefecto Item ventimola dat II choros siliginis prefecto Adiacet ibi ager qui dicitur *Wendemarke* habet LIX mansos Quilibet dat ad pactum I modium siliginis I auene et IIII ad censum Fromken Witbritzen cum fratribus ciues in Belitz habent II choros et VII modios siliginis Ił choros cum Ił modio auene in pactu et IX solidos in censu Item Luder habet XV modios siliginis XVIII modios auene et VI solidos in censu Item idem VI modios siliginis IX modios auene et II solidos in censu Item Brant vasalli VI modios siliginis Item Claus Wulff II choros siliginis XVII modios auene et XVIII solidos Item Enderlin XXX modios siliginis XXIIł modios auene et XV solidos Item Aldenbachinne ciuis in Belitz ł chorum siliginis IX modios auene et VI solidos Item dy Brudrinne ciues in Belitz IX modios auene et solidos Ad altare in Belitz prime misse ł chorum siliginis et IX modii auene et VI solidi Item ad aliud altare VI modios siliginis Item dy *Elenden* [2] in Belitz ł chorum siliginis Item Bussow Schonow XXVII solidos Item Claus Stenow ciuis in Belitz IIIIł modios avene Item Kaput IX modios auene et VI solidos Item Tyle Meyns ciuis in Belitz XXVIII modios siliginis IX modios auene et VI solidos Item Heyne Fritze ciuis in Brisna X modios siliginis Item vidua Wittemberginne ciuis in Belitz ł chorum siliginis IX modios auene et VI solidos Item redditus de Wendemarke habent Bussow Schonow Luder Otto Kappuet Vasalli Junge Kune et Stenow ciues in Belitz

Kemenitz [3] sunt XXXI mansi quorum plebanus habet I Prefectus VI Tenetur ad equum pheudi pro quo dat I frustum Ad pactum quilibet IIIIł modios siliginis et IIII modios auene Cossati sunt IIII Quilibet dat II solidos Vinconum et I pullum Taberna non est Supremum iudicium et seruitium curruum habet Mewes Postamp emit ab Rochow fuit prius Jacobi Mukums [4]

1) Wildenbrach gehöret denen von Rochow.
2) Ist ohne Zweifel ein Hospital zu Belitz gewesen.
3) Heißt itzo Chemnitz, gehöret denen von Brizke.
4) Hier schliesset im Original der Zauchische Creis. In demselben sind auch zur Zeit des Landbuchs einige Dörfer und Feldmarken gewesen, die jetzo nicht mehr als Dörfer bekannt sind, sondern eingegangen und wüste geworden, als Mertinsdorf, das eine Neuendorf, Freyzow, Jilsdorf, Gremzel, Eichholz, Denken, Teschendorf, Rockin. Vielleicht werden dieselben sich noch bey näherer Nachsuchung in den Creysen und Charten als wüste Feldmarken, oder unter anderen Namen finden, und vielleicht wird man sie noch in dem Anhange dieses Werks anzeigen können. In dem einen Original folget auf die Zauche der Distrikt von Salzwedel und denn die Ukermark, in dem andern aber gehet die Ukermark vor, welches letztere man, um die Ordnung der Creyse nicht zu unterbrechen, hier befolget.

Vker-

Vkermark. [1]

Blingow [2] sunt LX mansi quilibet dat in pactum ½ chorum tritici ½ chorum siliginis ½ chorum orde et ½ chorum auene [3] Precaria X solidos I modium tritici I modium siliginis II modios auene Ad *dotem* iacent III mansi II habet plebanus sub cultura tertium hereditauit ad aliam curiam Quilibet mansus in censu II solidos *Dinstphenninghe* XX denarios I quartale pisorum Claus Wyman habet II mansos liberos ad curiam sub cultura Consules ciuitatis Premslaw habent VI cum omni iure Mentze Schulte cum fratre suo ciue in Premslaw habent IX mansos cum omni iure et precariam super XX mansis Claus Wyman ciuis in Premslaw habet XX talenta in hac villa de mansis et de pullis Dominus Mor de *Linstede* habet pactum super IIII mansis et precariam super II½ manso *Betheke de Eygstede* [4] habet pactum super I mansum Otto Grunow habet V choros annone Claus Gule cum fratre habet pactum super IIII mansis et I talentum Eghart Melmeker ciuis in Premslaw habet pactum super I mansum Vicarius vnus ad B. Virginem in Premslaw habet IIII mansos cum omni iure Hi redditus iacent ad II mansos Henningus Hoppe ciuis in Premslaw habet pactum super I mansum Dominus Henricus Heyne Dominus Theodoricus de *Plothe* Presbyteri habent V mansos cum dominio et cum omni iure Mentzen Tolner ciuis in Premslaw habet I½ talentum Consules ciuitatis Premslaw habent I½ talentum Frentze Vranke ciuis in Premslaw habet pactum super III mansis *Sanctus Gregorius* prope Premslaw habet pactum super vnum mansum Herder habet pactum super V mansis In his sunt II mansi dantes dimidium pactum Omnes isti mansi sunt possessi Taberna dat XXX solidos in pactum I solidum in censum de quibus tollit Claus Wyman ciuis in Premslaw XV solidos XV solidos tollit Mentze Sculte cum fratre ciue in Premslaw De mansis sunt duo *Costenhowen* [5] dantes simul VI½ sexagenas pullorum de quibus tollit Claus Wyman II sexagenas pullorum et X pullos Consules ciuitatis Premslaw habent II sexagenas pullorum et II pullos Eghart Melmeker ciuis in Premslaw totidem *Costenwerde* [6] sunt XXXVII quelibet *area* [7] dat I solidum et sunt omnes possessi demptis II Prope villam iacet stagnum dans in pactum XII talenta et *Kleyntower* qui piscantur dant II talenta qui pronunc non sunt ex isto stagno nomine Blingow *Riuus* nomine *Strant* dans in pactum XXX solidos qui pro nunc non piscantur Pactus stagni predicti et riui suscipiunt *villani* huius ville In hac villa dant *pullos fumigales* In hac villa moratur vnus *Scabinus terre* [8] nomine Eghart Blingow habens VI mansos de quibus dat vt supra

Dower

1) Hier fänget die Beschreibung der Dörfer der Uckermark an, obwohl dieser Name nicht davor stehet.
2) Blingow, jetzo Blindow, gehörte im 13ten Jahrhunderte der längst ausgestorbenen Familie von Blingow, jetzo der Stadt Prenzlow.
3) Also hat zu Carl 4. Zeiten eine Hufe in der Ukermark 2 Winspel verschiedenen Korns an Pacht gegeben.
4) Dieser Betheke von Egstede ist von der alten, noch jetzo so ansehnlichen Familie von Eichstät.
5) Costenhoven sind wahrscheinlich Kossätenhufen, die hier in der Ukermark oft vorkommen, aber nicht so in den übrigen Marken, wo nur die Anzahl der Kossäten eines jeden Dorfes ohne Hufen stehet.
6) Costenwerde, ist so viel als Cossätenwurten: Dieses nur bey der Uckermark vorkommende Wort, bedeutet eine kleine Kötner oder Cossätenstelle, deren Besitzer nur eine geringe Wohnung und etwas Garten und Wördeland gehabt, oder eine Wurthe, welches, wie hier zu Lande bekannt, ein hinter dem Ackerhofe belegenes und mit einem Gehege umgebenes Stücke Acker ist, das von dem Worte wahren, bewahren, oder einhegen, seinen Ursprung hat. (S. Haltaus Glossarium germ. unter Word) Dergleichen Stellen waren ehemals in der Ukermark häufig, da vor dem 30jährigen Kriege die Mark mehr bewohnt war als jetzo, und wurden, wie sich unten bey Klokow zeiget, 10 auf eine Hufe gerechnet.
7) *Area* ist ohne Zweifel die Hofstelle der Kossäten.
8) Hier kommt wieder ein Landschöppe vor Diese Leute stellten das Gericht der geschwornen Bauern vor. S. oben S. 37. No. 4. Die hatten dafür einige Hufen, von denen sie aber Pacht geben mußten.

Vkermark.

Dower [1] sunt LX mansi quilibet dat in pactum XXX solidos In precariam X solidos II modios siliginis II modios auene Ad *dotem* [2] iacent III mansi *Petze Wichmanstorf* habet VI mansos liberos ad curiam sub cultura Curd Wichmanstorff habet VI mansos liberos sub cultura Claus Vngelden ciuis in Premslaw habet pactum et precariam super VI mansis Henning de *Swachten* cum fratribus suis habet pactum super VII mansis demptis X solidis De precaria X solidos Betheke Hendebuch habet II talenta super II mansos predictos et super alios II Gyse Wysmanstorff habet IIII mansos liberos quos habuit sub cultura vsque huc nunc autem hereditauit ad vnum *villanum* qui possidet eandem curiam dans pactum Hyne et Laneke de *Blankenburg* fratres habent pactum super IIII mansos Henning Hoppe ciuis in Premslaw habet XVIII talenta et XII solidos Isti redditus stant ad redimendum Residuum pactum et precariam habent *famuli de Wichmanstorff* et Henningus *Brakel* De his mansis sunt XVI possessi et II in libertate Taberna dat XV solidos de quibus tollit Dominus Marchio V solidos Reliquos X solidos famuli predicti de Wichmanstorff et Brakel Eadem taberna dat II sexagenas pullorum quos famuli predicti tollunt *Costenwerde* XXI Quelibet *area* dat I solidum et I pullum quorum X sunt possessi Nota quod in hac villa de quolibet manso dantur II pulli qui dicuntur *Thegethuner* [3] Prope villam iacet molendinum nomine *Negdermolne* (Niedermühle) dans in pactum II choros annone quos famuli de Wichmanstorff tollunt et Domino Marchioni V solidos in precariam *Item* iacet molendinum desolatum nomine *ouerste molne* (Obermühle) quod solebat dare II choros annone quos Henningus Brakel habet In hac villa moratur *Scabinus* tertius nomine Braat de Domer habens IIII mansos de quibus dat vt supra

Malech [4] iacet in *pignore vadio Ducum iuniorum* [5] XLVIII mansi quilibet dat in pactum XXIIII solidos In precariis X solidos I modium siliginis I modium ordei II modios auene Census II solidos Brandeburgenses Ad *dotem* iacent III mansi Petze *Wichmanstorff* cum fratre suo et patruis habet redditus huius ville demptis VIII mansis quos habet Rule *Lynstede* De his mansis sunt XXX possessi Taberna dat XII solidos *Costenworde* XX Quilibet dat XVI denarios V sunt possessi

Ghoritz [6] sunt LX mansi quilibet dat in pactum ½ chorum tritici ½ chorum siliginis ½ chorum ordei ½ chorum auene ½ quartale pisorum Precaria X solidos I modium tritici I modium siliginis

1) Dower, jetzt Dauer, ehemals ein Lehn derer von Wichmanstorf, nachher derer von Holzendorf, von welchen es in der Mitte des vorigen Jahrhunderts an die von Wedell gekommen, die es noch besitzen.

2) *Ad dotem* bedeutet soviel als zum Unterhalt der Kirche und Pfarre, meistens der Pfarrer.

3) Thegethuner sind die Zehenthüner, die noch heutiges Tages so vom gemeinen Manne genennet werden.

4) Malech, jetzt Malchow. Es ist ehemals ein Geschlecht dieses Namens in der Ukermark gewesen, das aber längst ausgestorben. Zur Zeit Carl 4. haben dieses Dorf die von Wichmansdorf besessen, so aber auch ausgegangen; im 16ten Jahrhundert die von Berg und von Holzendorf, nachher ist es durch Kauf an die von Wedell gekommen.

5) Dieses Dorf ist also damals an die minderjährige Herzoge von Stettin versetzet gewesen.

6) Ghoritz, jetzt Göritz, vermuthlich von dem wendischen Worte *Gharcyca* Hederich. (Bekmanns Anhaltische Historie S. 21) Unter den ausgestorbenen Geschlechtern in der Ukermark finden sich auch die von Göritz. Im 15ten Jahrhundert hat dieses Gut denen von Berg und von Holzendorf gehöret, im vorigen haben es die von Wedell an sich gebracht, und jetzo besitzet es der Generallieutenant und Kriegesminister von Wedell.

Vkermark.

siliginis II modios auene [1] Census III solidi Ad dotem iacent III mansi Cune Berkaow ciuis in Premslaw *V* talenta Relicta Nicolai prefecti ciuis in Premslaw habet II talenta Heynike Ryke habet II½ talenta Mentze Scultε cum fratre ciue in Premslaw habet III½ talenta super mansis Sanctimoniales in Bosselnburg in Premslaw et in Sehusen ista tria monasteria habent III mansos ad I curiam cum omni iure iacentes Dominus *Mor Lynstede miles* [2] habet pactum super I½ manso et censum super eodem Dominus Arnold de Ryghe Presbyter habet pactum super I manso Dominus Gerhardus Kutte cum fratribus suis habet pactum super II mansos De his mansis sunt VII in libertate Alii omnes sunt possessi Taberna dat XIIII solidos *Costenwerde* XVI Quilibet dat I solidum et I pullum et IIII denarios nomine *Howpennighe* In hac villa moratur vnus *Scabinus terre* Ludeke Dower habens *V* mansum de quibus dat vt supra.

Nydem [3] sunt XL mansi quilibet dat in pactum chorum siliginis ½ chorum ordei ½ chorum auene In precariam solum I modium siliginis I modium ordei II modios auene Ad *dotem* II mansi Tertium mansum hereditauit ad aliam curiam de quo tollit III½ talenta Ghyse de Swanenberge ciuis in Pasewalk habet pactum precariam et censum super V mansis Claus de *Stegelitz* habet redditus super mansis et habet XXVIII modios annone super mansis Mor de *Lynstede* miles habet pactum et precariam super IIII mansis Ghyse Swanenberge habet VIII modios annone

Smarsow [4] XL mansi Quilibet dat in pactum XXIIII solidos precariam X solidos IIII modios auene ex antiquo nunc autem sunt *suportati* de auena Ad *dotem* iacent III mansi et super II habet colonum et tertium hereditauit de quibus tollit IX *marcas vinconum* Dominus Mor de Lynstede miles habet VIII mansos liberos ad *curiam* [5] *sub cultura* super quam habet colonum Rule de *Lynstede* habet VIII mansos liberos ad curiam sub cultura Henning de *Lynstede* habet VII mansos liberos ad curiam sub cultura Bertram Hast habet super III mansis precariam Residuos redditus habet Dominus Mor predictus cum patruis suis et isti mansi sunt omnes possessi Taberna ½ sexagenam pullorum *Costenworde* sunt XXVIII quilibet dat X pullos quorum XVIII sunt possessi Prope villam iacet molendinum desolatum dans in pactum ½ chorum annone

Rullenwitze [6] iacet sub imperio *Ducum iuniorum* LX mansi quilibet dat in pactum VI modios tritici VI modios ordei ½ chorum siliginis ½ chorum auene Precaria X solidos I modium siliginis I modium tritici I modium ordei I modium auene In censum III solidos Ad dotem III mansi Achim Schernekow habet VIII mansos ad seruitutem Marchionis de quibus

1) Also hat die Pacht des Gutsherrn von einer Hufe damals betragen 2½ Winspel Weitzen, Roggen, Gerste und Hafer; dergegen die Bede, als die landesherrliche Abgabe nur 4 Scheffel Korn und 10 Solidos an Gelde.

2) *Miles* ist bekanntermaßen ein Ritter, *Chevalier*, so wie *famulus*, oder Knecht, ein Edelmann war, der noch nicht zum Ritter geschlagen war. Ein mehreres kann davon nachgesehen werden in des *du Fresne* Glossario unter den Worten *Miles* und *Famulus*.

3) Nydem jetzt Niden, gehöret seit dem vorigen Jahrhundert der Familie von Winterfeld.

4) Smarsow, wird noch jetzo Schmarsow geschrieben, und gehöret der Familie von Winterfeld, die es von denen von Schwerin gekauft.

5) Dieser Ausdruck: Der — hat so viel Hufen frey zu seinem Hofe und unter seiner Cultur, kommt sehr oft in dem Landbuche vor, und ist noch heutiges Tages gebräuchlich.

6) Rullenwitze, jetzo Rollwitz, war ehemals ein von Lindstädtisches, und ist jetzt ein von Winterfeldsches Guth.

Vkermark.

quibus tollit V mansos De aliis III tollit pactum videlicet VI talenta Idem Achim habet pactum precariam et censum super XVI mansis de quibus XIII sunt possessi Hans Lynstede VII mansos cum omni iure Dominus Arnoldus de Ryga Presbyter habet II mansos cum omni iure Item ad altare Scabinorum in Posewalk III mansi cum omni iure dantes V chorum annone et non plus Dominus Gherhardus Swanebeke Presbyter cum patruis IIII mansos cum omni iure Thydeke *Woldeke* III mansos cum omni iure Item ad altare in Posewalk III talenta Item ad Sanctum Spiritum in Posewalk VI mansi de his sunt IIII dantes VI choros annone et non plus Item Arnd Haghenow III mansos Albrecht Vorstenberg II mansos De his sunt possessi XXV mansi Taberna X solidos et est deserta Costenworde XI quilibet dat I solidum et sunt possessi Nota quod in his mansis sunt II *Costenhouen* dantes V sexagenas pullorum et non plus Item Peter Woldeke habet III mansos ad curiam sub cultura Nota quod in hac villa pro nunc recipiuntur II talenta et non plus de quolibet manso

Polzow [1]) iacet *sub vadimonio Ducum iuniorum* XXX mansi quilibet I talentum in pactum Precaria X solidos Lemmeke Kocstede ciuis in Posewalk habet precariam super XIIII mansis Henning Lynstede habet precariam super X mansis Iungen Lynstede habet precariam super VI mansis Dominus Mor Lynstede cum patruis suis supradictis habent pactum huius ville De his sunt XXII possessi Taberna VI libras cere et dat ecclesie ibidem Costenworde XXIX sunt X possessi Quelibet area dat I pullum demptis VI areis que dant ad IIII pullos per X pullos vna area altari per IIII pullos

Cernetzyn [2]) XLIIII mansi quilibet dat in pactum ½ chorum siliginis ½ chorum auene VI modios tritici In precariam dant X solidos I modium tritici I modium siliginis I modium ordei I modium auene In censum dat III solidos *Ad dotem iacent III mansi quorum I hereditauit et II habet sub cultura per se* [3]) Henning *Cernetyn* cum patruo habet IIII mansos liberos ad curiam sub cultura Hartewich Brewitz habet IIII mansos liberos ad curiam sub cultura Gherke Natheheyde habet IIII mansos liberos ad curiam sub cultura Nickel de *Hune* cum patruis habet pactum et censum super VII mansis *Herman Cernetyn* habet pactum et precariam et censum super IIII mansos Gherke Natheheyde habet redditus super II mansis Cernetyn habet redditus super II mansis Hartewich Brewitz habet redditus super II mansis Ludeke van *der Berghe* habet redditus super VI mansis Ex his mansis sunt possessi XVI Alii iacent desolati Nota quod VI sunt mansi quorum redditus dantur ad altare in Posewalk Isti mansi non dant precariam Taberna dat duo talenta demptis IIII solidis et est desolata *Costenworde* sunt XXXIII quilibet dat I solidum quorum XI sunt possessi alie iacent desolate Nota quod ex antiquo dederunt III½ modios auene minus ½ quartali quod dicitur *Ouerpacht* sed nunc non dant Nota superiori anno V mansi sunt deserti

1) Polzow hat noch jetzo diesen Namen. Ehedem gehörte dieses Guth denen von Lindstädt, hernach denen von Rammin, und seit der Mitte des vorigen Jahrhunderts denen von Wedell.

2) Cernetyn, jetzt Zerrenthin. Dieses Dorf hat zur Zeit des Landbuchs theils die nachhero ausgangene Familie von Cernetyn, theils die von Berg besessen, von dieser ist der von Bergsche Antheil an die von Eickstädt gekommen, und ein Theil des Dorfs gehöret zum Königl. Amte Löknitz.

3) Hieraus erhellet, daß der Pfarrer von seinem Acker eine Hufe in Erbpacht gegeben, und zwey selbst genutzt. Die Hufen *ad dotem* sind nicht so wohl die Kirchen- als Predigerhufen.

Vkermark.

Wetzenow [1] sunt XXXIII mansi Quilibet dat in pactum XVI solidos minus III denariis precariam XXI denarios Ad *dotem* iacent III mansi et habet *colonum* *Vlrich Lynstede* cum fratre habet hanc villam cum omni iure De his mansis XXIII sunt possessi et VI in *libertate ad terminum* et IIII iacent deserti Taberna dat X solidos Costenworde sunt VIII dantes per I solidum et pullum et iacent desolati Nota quod in hac villa de quolibet manso datur I modius dempto quartali nomine *Bedekauer* [2] dicitur Nota superiori anno *prefectus recessit IIII mansi deserti*

Roggow [3] sunt XII mansi quilibet dat I talentum in pactum Ex his mansis iacent II ad *dotem* Dominus Gherhardus Swanebeke plebanus in Nydym cum suis fratribus huius habet pactum istorum VI mansorum Ibi non dantur precarie Ibidem iacent VIII *aree* dantes II sexagenas pullorum de quibus plebanus ibidem XV pullos Alios pullos Dominus Gherardus Swanebeke predictus habet cum fratribus suis Ex his sunt VIII mansi possessi

Brellyn [4] L mansi quilibet dat in pactum I talentum Precaria V solidos Ad dotem iacent III mansi Henning *Lynstede* habet redditus huius ville Sed Dominus Henricus dictus Wiltberth Presbyter habet X talenta ad vitam suam De his mansis sunt XV possessi Taberna dat I libram piperis et possidetur Costenworde XV quilibet dat I solidum et pullum quorum III sunt possessi *Nota quod in hac villa dant pullum fumigalem* [5] *per totum*

Tzimenen [6] sunt LX mansi quilibet dat in pactum ex antiquo XXIIII modios annone nunc autem XX annone modios media pars siliginis alia auene Precaria dat I talentum *vinconum* I modium siliginis I modium auene Ad dotem iacent III mansi Gerke Vette ciuis in Premslaw habet pactum super III mansis cum omni iure Martinus Veleuantz cum fratre ciuis in Premslaw habet pactum super V mansis sed precariam non habet Ianeke Franke ciuis in Posewalk habet pactum super IIII mansis Bertram Hast habet pactum super XIIII mansis Ruleke *Lynstede* habet pactum super IX mansis Syuert *Bentz* habet pactum super VI mansis Petze *Wichmanstorff* cum fratre et patruo habet pactum super IIII mansis Czander Vornholte cum fratre suo habet pactum super II mansis Boldeke Schulte habet pactum super VI mansis Ecclesia habet pactum super I manso cum omni iure Dybbolt *Czernentyn*

1) Wetzenow. Dieses Dorf hat noch denselben Namen, war ein altes Lynstädtsches Lehn, ist aber im jetzigen Jahrhundert an die von Wedell gekommen.

2) Also ist hier die Bede mit ¾ Scheffel Hafer von der Hufe entrichtet und solches der Bedehafer genennet worden.

3) Roggow. Dieses kleine Dorf hat noch denselben Namen, gehörte im vorigen Jahrhundert dem Rath zu Pasewalk, anjetzo dem Generallieutenant von Wedell. Der Name dieses Dorfs scheinet noch ein Ueberbleibsel zu seyn von der Provinz Rocho zwischen der Uker und Randow, die in des Papst Cölestini 3. Bestätigung der Usedomschen Klostergüter von 1194. genennet wird. Dreger Cod. Diplom. Pom. T. I. S. 56-58.

4) Brellin hat noch diesen Namen. Der letzte von der Familie von Lynstädt, die dieses Guth zur Zeit des Landbuchs besessen, hat es vor 50 Jahren an einen von Saldern verkauft, und dieser an einen Prüber.

5) *Pulli fumigales* sind die Rauchhüner, welchen Namen die Pachthüner, so die Ackerleute zu geben haben, noch führen. S. Haltaus Glossarium unter Rauchhun.

6) Tzimenen heißt anjetzt Zütedem. Das Geschlecht derer von Oldenflet hat einen Theil dieses Guths lange gehabt. Als es zu Ende des 16ten Jahrhunderts ausgestorben, ist dieser Antheil als ein eröfnetes Lehn an die von Arnim, und von diesen an die von Winterfeld gekommen, die es noch besitzen.

Vkermark.

tyn habet pactum super I manso Bertram habet pactum super omnes VI mansis exceptis Ex his mansis sunt XIX possessi alii deserti iacent Taberna dat X solidos prefecture Costenworde sunt X quarum V sunt possesse quarum III dant per XV pullos Quinta area nihil dat

Vorenwolde [1] *iacet sub imperio Ducum Stettinensium* LX mansi Quilibet dat IX modios siliginis V modios ordei et V modios auene In precaria dat V solidos Brandeburgenses et quilibet mansus dat I modium auene ½ modium siliginis ½ modium ordei quod dicitur *Kornpacht* Ad dotem iacent III mansi Syuert de *Buk* cum patruis suis habet VIII mansos super quos Dominus Marchio habet servitium Ex his mansis sunt XXVI possessi demptis liberis Taberna dat III solidos Brandeburgenses est possessa Costenworde sunt LVII qualibet dat I solidum Brandeburgensem I pullum quarum XII sunt possesse

Kozelow [2] sunt L mansi in quibus sunt IIII *Cossati mansi* [3] quilibet dabit in pactum I talentum Brandeburgense etiam in precariis X solidos Brandeburgenses et II modios ordei De his mansis iacent III ad dotem Otto van *der Hune* habet VIII liberos ad curiam suam sub cultura In hac villa iacent mansi desolati Alii sunt possessi Nicolaus Kocstede cum fratribus suis ciuibus in Posewalk habet pactum super IIII mansis et non precariam Dominus *Fredericus miles de Eychstede* [4] habet residuum pactum et precariam in hac villa Taberna dabit I talentum Brandeburgense et sunt XIX Cossati Quilibet Cossatus dabit pro I *area* I solidum Brandeburgensem Pro censu in hac villa dant omnes *villani fumigales pullos* et IIII *aree* (Höfe) iacent desolate et alie sunt possesse et prope hanc villam sunt duo molendina Inferius molendinum dat IIII choros annone in pactum Superius dat I½ choros annone iacet desolatum Arnoldus de Rychow ciuis in Posewalk habet ½ chorum annone superius molendinum Residuos V choros super ista molendina habet Dominus *Fredericus de Eychstede* predictus Item Henningus Hoppen ciuis in Premslaw habet pactum et precariam super I manso

Grymmen [5] sunt LIII mansi quilibet dat in pactum IIII marcas per totum non plus Ad *dotem* iacent III mansi dantes *plebano* X marcas vinconensium Syuert de *Bentz* habet IIII mansos liberos ad curiam sub cultura Otte *van der Hune* cum fratribus suis habet X½ mansos pactum cum omni iure Herman Vogeller cum patruis habet pactum super VII mansis Heyndenrich de Wenchowe habet pactum super VIII mansos habet IIII mansos liberos ad curiam sub cultura Gerke van der Hune habet IIII mansos liberos ad curiam sub cultura Bernart de Nydem ciuis in Posewalk habet pactum super II½ mansis II mansi dant ecclesie eidem pactum Syuert de Bentz habet pactum super V mansis In hac villa sunt IIII mansi desolati alii omnes sunt possessi dantes II talenta vinconum et LX pullos Nota quod in hac villa sunt III mansi dantes IIII marcas demptis IIII solidis Nota quod *superiori anno* IIII mansi desolati

Walmow

1) Vorenwolde, jetzt Jahrenwalde, ein ganzes Bauerndorf, das jetzt zum Königl. Amte Lökenitz gehöret. Die Husen derer von Buch hat der Geheime Rath dieses Namens vor einiger Zeit an die von Arnim, und diese an die von Winterfeld verkauft.

2) Kozelow, jetzt Caselow, ist ein großes Rittervorwerk nebst ansehnlicher Forst, zum Amte Lökenitz gehörig.

3) *Cossati mansi* wird wohl Costenhoven oder Cossätenhufen seyn sollen, nemlich solche Husen, welche von Kossäten bewohnet werden; dieser lateinische Ausdruck ist bisher nicht vorgekommen.

4) Friederich von Eickstädt, Ritter. Die es nicht waren, hießen *famuli*, Knechte oder Knappen.

5) Grymmen hat noch diesen Namen, und ist ein Bauerndorf zum Amte Lökenitz gehörig.

Vkermark.

Walmow [1] sunt LXII mansi quilibet dat in pactum I talentum Brandeburgense VI modios auene VI modios tritici In precariam VIII solidos Brandeburgenses II modios auene Ad dotem iacent III mansi *Plebanus* habet colonum dans pactum de istis III mansis Bern de *Buck* (v. Buch) habet VI mansos liberos ad curiam sub cultura Syuert de *Buck* habet III mansos liberos ad curiam sub cultura Syuert de Buck iunior ciuis in Premslaw cum suis fratribus habet XVII mansorum pactum et precariam cum omni iure Senior Syuert Buck habet residuum pactum ad precariam Et isti de Buck iunior et senior predicti habent etiam pactum super mansos V Cossatorum De his sunt XXXIII possessi et VI in libertate ad biennium et VI sunt desolati Nota quod in his mansis qui sunt possessi spectant X ad Dominum Episcopum Camynensem Taberna dat XVI solidos *famulis de Buck* Costenworde sunt XXII omnes sunt possessi dempto I dantes IIII sexagenas pullorum et XV pullos Prope villam stat *molendinum quod voluitur per ventum* dans in pactum II choros annone seniori Syuert *de Buck* Nota superiori anno VI mansi sunt deserti propter combustionem Nota quod Dominus Caminensis Episcopus habet X mansos de quibus non dedit

Krempsow [2] sunt LIII mansi quilibet dat in pactum XXII solidos VI modios tritici VI modios auene In precaria V solidos Ad dotem iacent III mansi de duobus sumit plebanus II choros annone et de tertio sumit I talentum Bethke Brussow habet VIII mansos liberos ad curiam sub cultura Albertus Melschoke habet pactum et precariam super III mansis Residuum pactum et precariam habet Bedeke Brussow cum patruo suo Otto Grunow habet pactum et precariam super II mansis Heyne de Gluwen habet pactum et precariam super II mansis De his mansis XV sunt possessi et VII in libertate ad triennium demptis X solidis qui dantur de I manso Alii iacent desolati Taberna dat X solidos Costenworde sunt IIII De vna dantur XLV pulli et de altera XX pulli et de tertia dantur X pulli De quarta dantur XII pulli et sunt omnes desolati Prope villam iacet I stagnum Sunt III tractus sagene *Nota superiori anno II mansi sunt desolati.* [3]

Clepetow [4] sunt LIII mansi quilibet dat in pactum XXX solidos Precaria X solidos I modium tritici I modium ordei I modium auene Ad dotem iacent III mansi et plebanus habet hos sub cultura Iacob Wollyn habet IIII mansos liberos ad curiam sub cultura Claus Brandenburg ciuis in Premslaw habet IIII mansos liberos ad curiam sub cultura Rule Stretz ciuis in Premslaw habet pactum et precariam super I manso Ianike de *Ellinghe* cum fratribus habet pactum et precariam super III mansis Ludecke de *Berge* habet pactum et precariam super III mansis et precariam super II mansis Henricus Litzitz habet pactum super II mansis Henning Halle ciuis in Premslaw habet VIII mansos cum patruo suo Dominus Henning Voltzendorff habet pactum et precariam super II mansis Claus de *Stegelitz*

1) Walmow hat noch jetzt diesen Namen. Im Jahr 1624. besaßen es die von Eickstädt, hernach die von Winterfeld, die von Berg, denn die von Ratzen, und endlich die von Aschersleben, die es 1736. an den König verkauft, und gehöret es jetzo zum Amte Lökenitz.

2) Krempsow, anjetzt Kremzow, gehöret seit langen Zeiten der Familie, und gegenwärtig dem Geheimen Justitzrath und Ukermärkischen Landvogt von Berg.

3) Da der Ausdruck so oft vorkommt, daß im vorigen Jahre einige Hufen wüste geworden, so ist dieses vermuthlich durch einen Krieg geschehen.

4) Clepetow, jetzt Kleptow, wird jetzo gleichfalls von wohlgedachtem Geheimen Rath und Landvogt von Berg besessen, dessen Vorfahren schon zur Zeit des Carolinischen Landbuchs, wie sich hier zeiget, einen Antheil darin gehabt.

gillitz cum pattuo suo habet simul residuos redditus huius ville De his mansis sunt XXXII possessi et quatuor liberi ad triennium Taberna dat X solidos et I sexagenam pullorum Costenworde sunt XVII quelibet dat VI denarios et I pullum quarum XI sunt possesse Prope villam stat molendinum dans in pactum XVIII modios annone Nota superiori anno III mansi deserti

Klockow 1) LXIII mansi Quilibet dat in pactum XXX solidos Precaria X solidos Ad *dotem* iacent IIII mansi IIII mansi iacent ad altare in villa Glinitz fundatum Busse de *Dollen* 2) habet VI mansos liberos ad curiam sub cultura Ianicke de Ellynge habet IIII mansos liberos ad curiam sub cultura Bolszeke *Klokow* habet III mansos VI liberos ad curiam sub cultura Gherike de Wollyn cum fratribus habet VI mansos liberos ad curiam sub cultura Dominus Gherardus Witte Presbyter in Posewalk habet pactum super III mansis Claus *Bismark* cum fratribus et patruis ciues in Premslaw habet pactum super II mansis Nikel von der *Hune* habet cum fratribus suis pactum super VII mansis et precariam super III mansis habet pactum etiam super III mansis habet precariam super *prefecturam* habet I talentum Bertram *Hase* cum fratre habet precariam super XI mansis et super prefectum I talentum et super I curiam VIII talenta super IIII mansis Et iidem fratres habent super III mansis pactum Bertram *Hase* et Nikel de *Hune* habent precariam et supremum iudicium Omnes mansi sunt possessi demptis IIII mansis et II mansis dantes ½ pactum Taberna dat I *Costenworde* sunt XXXIIII quorum IIII sunt possessi et *Costenworde numerantur inter mansos* 3) Alie sunt desolate Cossati dant *pullum fumigalem* Prope villam iacet molendinum quod voluitur per ventum dans in pactum XVI modios annone ad Ecclesiam et XII solidos Bertram Hase Zander Mouwen Kinder habet V talenta super III mansis *Nota quod Costenworde dant pro III mansis* et sunt *inclusi in mansis supradictis* 3) Nota superiori anno Busse de *Dolle famulus* emit II mansos Janeke de *Ellinge* II mansos de quibus non dederunt

Nyenuelt 4) sunt XL mansi Quilibet dat in pactum VI modios siliginis VI modios ordei VI modios auene Precariam V solidos II modios ordei In censum III solidos demptis V mansis dantes per II solidos Ad dotem jacent III mansi Insleue Grunow habet IIII mansos liberos ad curiam sub cultura Eghart Melmeker ciuis in Premslaw habet precariam super V mansis et *II mansis Costenhouen* 5) Albrecht Vorstenberch ciuis in Posewalk habet pactum super III mansis Heyne Witte cum fratribus habet IIII choros annone super VI mansis qui iacent ad prefecturam et non plus dant Henning Grunow cum suis patruis habet pactum et precariam super IX mansis Henrich Stegelitz cum fratribus suis habet XXX solidos in censu Wedeghe de *Eychstede* cum patruis habet pactum et precariam et censum super X mansis Ludeke de *Berghe* habet pactum super II mansis cum patruis suis De his mansis

1) Klockow hat noch diesen Namen. Die hier vorkommende Familien von Klockow und von Hase sind im 15ten und 17ten Jahrhundert ausgegangen. Darauf einer von Eoeling hat die Hasische Hälfte gekauft. Der Landesdirector von Ascherleben hat die Eoelingsche Hälfte gekauft und die andere Hälfte gegen halb Walmow vom Könige eingetauscht und ein Majorat für die Familie von Aschersleben gemacht.

2) Die von Dollen sind noch eine adeliche Familie in der Ukermark.

3) Hier zeiget sich, daß die Kossätenwarthen zuweilen für Hufen gerechnet worden, und daß man 10 auf eine Hufe gerechnet.

4) Nyenvele, anjetzt Neuenfeld. Dieses Guth besitzen die von Winterfeld seit dem 16ten Jahrhundert.

5) Hier zeigt sich wieder, daß die Kossäten Hufen gehabt, die man Costenhoven genannt.

Vkermark.

manſis ſunt XVI poſſeſſi Alii ſunt deſerti preter dno qui ſunt in libertate ad biennium Taberna dat X ſolidos eſt deſolata Coſtenworde ſunt XVIII dantes per IIII ſolidos Brandenburgenſes quarum VI ſunt poſſeſſe Hic dant pullum famigalem per totum Prope villam iacet ager nomine *Weydehune* dans I talentum *famulis de Eychſtede* Prope villam ſtetit molendinum quod per ventum mouebatur et dedit I chorum in pactum et eſt deſolatum

Schonenuelde [1] ſunt LXX manſi Quilibet dat in pactum I talentum Brandenburgenſe Precaria V ſolidos Brandenburgenſes et I modium ſiliginis et I modium auene De his iacent III manſi ad dotem et Ian de *Ellinge* habet II manſos liberos ad curiam ſub cultura Ludeke de *Ellynge* habet IX manſos liberos ad curiam ſub cultura *Ludeke von den Berghe* habet VIII manſos liberos ſub cultura Curt Bruſſow III manſos liberos ad curiam ſub cultura Betheke de *Heynrichſtorff* cum ſuis fratribus habet IIII manſos ad curiam ſub cultura Cune Swanenbeke cum fratribus habet X manſos liberos ad curiam ſuam Inſuper de his exceptis liberis predictis ſunt XVII poſſeſſi alii iacent deſerti et in manſis ſupradictis iacent III *manſi Coſſatorum* [2] *dantes* III *ſexagenas pullorum quos pullos ſuſcipit Aduocatus Ducis de Wolgaſt* In hac ſunt XII *pulli fumigales* de XI Coſſatis ſubleuando Nota Slye de Ellynghe habet IIII manſos liberos cum ſuis fratribus iacentes ad curiam ſuper quam ſedet Johannes Pellifex Nota in hac villa habet Marchio precariam ſuper IIII manſis qui ſunt deſolati in hac villa

Turnow [3] ſunt XL manſi Quilibet dat in pactum II talenta et non plus Ad dotem iacent III manſi et plebanus habet colonum ſuper II manſis et tercius eſt deſolatus Henning Beuyr habet V manſos liberos ad curiam ſub cultura Henning Hoppe ciuis in Prenſlow habet pactum ſuper IIII manſis et ſtant ad redimendum Koneke de *Wichmanſtorff* cum patruis ſuis habet VIII manſorum reditus ibidem Ludeke de *Ellingen* habet pactum ſuper II manſis Dominus Mor de *Lynſtede* habet pactum ſuper I manſo Nikel van der Hune cum patruis habet pactum ſuper XII manſis In his manſis ſunt VI deſolati pertinentes Ulrich de Glughen Taberna dat V ſolidos quos tollunt Henning Beuyr et Koneke de Wichmanſtorf Coſtenworde ſunt IX quarum III ſunt poſſeſſe que area dat I ſolidum et I pullum

Damerow [4] *iacet ſub pignore Ducum* [5] LIII manſi Quilibet in pactum I talentum Precaria V ſolidos et II modios annone Ad dotem manſi — Coppe Scernekow habet pactum cum fratre ſuo ſuper IIII manſis Rule *Lynſtede* habet pactum ſuper V manſis Ludeke de *Ellynge* habet pactum cum fratribus ſuis ſuper X manſis Achim Scernekow habet pactum ſuper IIII manſis Item ad altare in Poſewalk pactum de IIII manſis Werner Mutz cum patruis ſuis habet pactum et precariam ſuper VIII manſis et pactum ſuper III manſis Syuert

1) Schonenvelde, jetzt Schönefeld. Dieſes Dorf, in welchem die uralte Familie von Berg ſchon zur Zeit des Landbuchs, mit denen von Elling und andern einen Theil gehabt, iſt jetzo ganz in dem Beſitz des Königl. Geheimen Juſtitzraths und Ukermärkiſchen Landvogts von Berg.

2) Hier zeigen ſich abermals die Koſſätenhufen, welche aber keine Korn- und Geldpächte, ſondern blos Pachthüner gegeben, und zwar dieſe an die Vögte der Herzoge von Pommern-Wolgaſt.

3) Tornow, heißt noch ſo. Dieſes Guth gehört ſeit geraumer Zeit dem alten Geſchlechte derer von Holzendorf.

4) Damerow hat dieſen Namen noch, iſt ein ritterfreyes Vorwerk, und gehöret denen von Winterfeld, die es im Jahr 1657. von Otto Frhr. von Schwerin gekauft.

5) Hier zeigt ſich, ſo wie an mehrern Orten, daß damals ein Theil der Ukermark an die Herzoge von Pommern verſetzt geweſen, wovon die nähere Umſtände noch nicht völlig bekannt ſind.

Vkermark.

vert *Buk* cum patruis habet super IIII mansis Hans Gustow ciuis in Premslaw habet super II mansis Henning Stike habet pactum super II mansis Claus van *Copperen* habet pactum super IIII mansis De his mansis sunt XXVII possessi et X mansi sunt in libertate Taberna dat III libras piperis et est desolata Costenworde XXV Quelibet area dat I solidum De his sunt IIII possessi

Scenkenberg [1] sunt LXX mansi Quilibet dat XXX solidos in pactum ex antiquo Ad *dotem* iacent IIII mansi Nota quod de his mansis sunt XXXVII dantes per XXX solidos et sunt IIII dantes per XV solidos Nota quod omnes mansi dantes per XXX solidos non dant precariam Alii dant precariam siue quilibet mansus per VI modios auene Bertram *Huse* cum fratre habet VII talenta et XXX modios auene Sanctimoniales in Schusen habent V choros auene et III modios et habent pactum super III mansis Herman *Blankenburg* habet pactum super XV mansis Gherolt ciuis in Premslaw habet IX talenta in pacto Claus Hundebus cum fratribus habet VI talenta in pacto Item ad altare in Posewalk iacent VIII talenta In hac villa iacent IX mansi desolati alii sunt possessi Taberna dat I talentum et est possessa dans Hermanno Blankenburg Costenworde sunt XXVI De his sunt possessi XXI dantes XVIII solidos Iuxta villam stat molendinum dans in pactum XXX modios annone et est possessum Nota quod Engelke *Scenkenberg* cum fratre suo Henningo ciues in Premslaw habent III talenta super II mansis Et idem habet XVIII modios annone super molendinum stans prope villam In hac villa morantur *duo Scabini terre* Unus nomine Alde Ebel habens IIII mansos II liberos et II de quibus dat pactum videlicet de quolibet XXXIII solidos Alter Scabinus nomine Helwich Ratburz habens V mansos de IIII dat VIII talenta et de quinto dat I talentum VI modios auene Nota superiori anno Hermann Blankenburg retributa de XV mansis et Taberna et Costenworde

Bomgarde sunt LXX mansi Quilibet dat XXX solidos in pactum Precariam X solidos Ad dotem iacent IIII mansi Achim *Schernekow* habet VI mansos liberos ad curiam sub cultura Claus Schernekow habet V mansos liberos ad curiam sub cultura Pro V mansis dat pactum ad *Sanctum Spiritum in Premslaw* Herman *Czernetyn* habet VIII mansos liberos ad curiam sub cultura Henning Basedow habet V mansos liberos ad curiam sub cultura Herman Czernetin habet pactum et precariam super XI mansis Henning Hoppe ciuis in Premslaw habet pactum super XI mansis et precariam Reinholdis Kinder von Klokow habent precariam super II mansis Sanctimoniales in Premslaw habent pactum solum super III mansis Otto Quitz habet precariam et pactum super II mansis Ex his mansis sunt XXIII possessi demptis liberis Alii iacent desolati Taberna dat X solidos in precariam et X solidos in pactum Mediam partem suscipit Henning Hoppe et mediam Hen. Tzernethyn Costenworde sunt XVI Quilibet dat I solidum et I pullum Ex istis areis sunt VII possesse Prope villam iacet stagnum nomine Bomgarden super quod sunt III tractiones sagene pertinens ad omnes villanos ibidem

Syme-

1) Scenkenberg, anjetzt Schenkenberg. Dieses Guth nebst dem folgenden Bomgarde, jetzt Baumgarten, sind alte Raminsche zu Ende des vorigen Jahrhunderts eingezogene und dem Geh. Rath von Kleinsorge conferirte Lehne, welche die aus dem Preussischen herstammende Herren von Hacke vor 40. Jahren durch Erbgangsrecht erhalten; solches besitzet gegenwärtig der Ukermärkische Landesdirector von Hake.

Vkermark.

Symekendorff [1] sunt XXXV mansi Ad dotem iacent III et sunt deserti Prefectus habet IIII et sunt deserti XVI sunt possessi Quilibet mansus dat in pactum II talenta Brandeburgensia et habet libertatem omnibus redditibus et attinet Friderico de *Eychstede* exceptis V mansis qui attinent Petro Mütz cum fratre ciuibus in Premslaw cum omni iure Taberna dat X solidos Costenworde sunt XXII VII sunt possessi Quilibet dat I pullum fumigalem Molendinum dat II choros et est desertum

Valkenworde [2] sunt LII mansi Quilibet dat in pactum III talenta Precariam X solidos I modium tritici I modium siliginis II modios auene Ad dotem iacent II mansi ad curiam sub cultura et tertium mansum hereditant ad aliam curiam Heyne Smolle habet II mansos liberos ad curiam sub cultura et super II mansis habet pactum et precariam cum omni iure Frenze et Liuinus dicti Crabelstorff ciues in Premslaw habent X talenta cum II solidis et II modiis auene Heyne Smolle habet X talenta in precaria et XVI modios annone Hans prefectus in Gustow prope Premslaw habet V talenta in pacto super II mansis Claus Sculte cum fratre et patribus in Geltz habet XX solidos in pactum Tydeke de Eychstede habet precariam denariorum et annone super X mansis et pactum super V mansis et XI solidos super taberna Wyllcke de *Eychstede* habet II talenta in pacto Fritze Swanenberg habet precariam cum suis fratribus super II mansis Et idem Fritze habet XV talenta demptis II solidis Bruncke *Vornholte* habet precariam super II mansis Item IX talenta iacent ad altare in Premslaw in Ecclesia beate Marie Virginis et stant Bruneke Vornholte ad redimendum Bruneke predictus adhuc retinet in villa predicta III talenta demptis III solidis Henning Hoenwarte cum suis patruis habet precariam annone et denariorum super V mansis Reinbolt de *Grisenberghe* habet precariam super II mansis et pactum super I manso Dithart Gladekow cum suis patruis habet VII talenta pacti Heyne Tzerneckowe ciuis in Premslaw habet V talenta pacti Ebel Drense ciuis in Premslaw habet V talenta pacti super II mansis Henning Drense ciuis in Premslaw habet III talenta pacti *Domina de Lochstede* habet XXX solidos pacti cuius successor est Herman Gladekow Quedam monialis in Sehusen habet I talentum pacti In hac villa sunt VIII mansi in libertate ad II annos Alii sunt possessi Taberna dat XXIIII solidos Cossati sunt XXXIII De his sunt XVI possessi Alii sunt desolati dantes per solidos et hic dant pullos fumigales Prope villam stat molendinum desolatum dans II choros annone

Weselitze [3] sunt XXXVII mansi quilibet dat in pactum I talentum VI modios tritici VI modios auene Precaria sunt X solidi I modius tritici I modius ordei I modius auene Ad *dotem* iacet I mansus sub cultura Frantze et Liuinus filii Crabelstorff ciues in Premslaw habent pactum per totam villam demptis V talentis que habent *Monachi de Gramsow* Ludeken de *Arnstorff* cum patruis suis habet precariam per omnem villam demptis II talentis que tollit Eghard Melmeker ciuis in Premslaw et stant ad redimendum De his mansis sunt XXV possessi qui sunt in libertate ad II annos Taberna dat I talentum prefecto Cossati sunt XXVIII quorum sunt XII possessi qui sunt in libertate ad I annum Quelibet area dat V pullos Nota quod quilibet mansus dat XVIII denarios qui *Dinstpennighe* dicuntur Prope villam iacet stagnum super quod sunt tractiones sagene pertinens villanis In hac villa moratur *Scabinus terre* nomine Herman Wetzelitz habens V mansos sub cultura *Be-*

1) Symekendorf, jetzt Ziemkendorf, gehöret anjetzo noch denen von Eickstädt.
2) Valkenworde, jetzt Falkenwalde, ein altes Arnimsches Lehn, welches jetzo der Geh. Rath v. Arnim auf Boitzenburg besitzet.
3) Weselitz heisset noch so, und ist anjetzo ein Rittervorwerk, zu dem Königl. Amt Gramzow gehörig.

Vkermark.

Bethecow [1] ſunt LXIII manſi quilibet dat in pactum II talenta Precaria ſunt X ſolidi I modius ſiliginis III modii auene *Bubeliche hŭnoe* [2] ſunt IIII iacentes in II campis Quilibet dat X ſolidos et non plus Ad *dotem* iacent IIII manſi III habet plebanus ſub cultura ſuper quos habet colonum de quibus manſis tollit VIII talenta Brandeburgenſia Quartum hereditauit ad aliam curiam Heyne Etzel ciuis in Premslaw habet pactum ſuper XII manſos Cune *Bertekow* ciuis in Premslaw habet pactum ſuper II manſis Peter Mutz cum fratre ciues in Premslaw habent pactum et precariam ſuper IIII manſis Heine Gultſmiet ciuis in Premslaw habet pactum ſuper III manſis et habet VIII ſolidos ſuper vnum alium manſum Cune Geritz ciuis in Premslaw habet pactum ſuper I manſum Heineke Mowe cum ſuis patruis habet pactum ſuper II manſis Eghart Melmeker Stephan Stendel ciues in Premslaw habent pactum ſimul ſuper I manſum Coſtenhouen II dantes in his manſis IX ſexagenas pullorum quos Clemens Buck et Henning Buck cum patruo ſuo percipiunt Idem Clemens Buk et Henning ciues in Premslaw habent precariam ſuper omnes manſos demptis VII manſis Stephan Stendal ciuis in Premslaw habet pactum ſuper III manſis Taberna dat II talenta *famulis de Eychſtede* *Herman Blankenburch* habet pactum ſuper II manſis Coſſati ſunt XXV quorum X aree dant Eghardt Melmeker ciui in Premslaw X ſolidos et I ſexagenam pullorum et V pullos Thideke et Betheke dicti de Eychſtede habent ſuper XV areas dantes VIII ſolidos et I ſexagenam pullorum et XVI pullos In hac villa ſunt VI manſi deſolati Nota in hac villa ſunt III areę poſſeſſe dantes XXVII denarios et III pullos In hac villa dant pullos fumigales Prope villam ſtetit molendinum quod per ventum voluebatur omne deſolatum dans in pactum I chorum annone famulis de Eychſtede Prope villam iacent duo ſtagna vnum nomine Dorpſe aliud nomine Pentz ſuper que ſunt tractiones ſagene Stagna illa pertinent villanis In hac villa Sanctimoniales in Sehuſen habent IIII talenta Sanctimoniales in Wittenborg habent I talentum Fratres Kalendarii in Premslaw habent I talentum Domini in Gramſow habent I talentum Iſta VIII talentą habent Monaſteria cum omni iure et proprietate ſuper III curias

Guſtow [3] prope Granſow ſunt XLVIII manſi Quilibet dat in pactum I talentum Brandeburgenſe et VI modios tritici et VI modios auene et I ſolidum Brandeburgenſem *pro ſeruitiis qui Dinſtpennighe* [4] dicuntur et in precariam X ſolidos Brandeburgenſes et I modium tritici I modium ſiliginis II modios auene Ad dotem iacent II manſi De his reſiduis habet Nicolaus et Petrus dicti Mowen fratres ciues in Premslaw VIII manſos liberos ad curiam ſuam ſub cultura Et iidem fratres habent pactum ſuper XX manſis cum ſupremo iuditio et infimo et ſeruitio curruum ac cum omni iure et non habent precariam Nicolaus Biſmark cum ſuis fratribus ciues in Premslaw habet precariam in hac villa ſuper XIIII manſis Henning Hoppen ciuis in Premslaw habet precariam ſuper VI manſis Betkinus de Parmen cum ſuis fratribus habet precariam ſuper VIII manſis Ianeke Mowen habet VI manſos liberos ad curiam ſuam ſub cultura Herman de *Blankenburch* habet IIII manſos liberos ad curiam Heineke Mowen et Koppeken Mowen patrueles habent II

manſos

1) Bethecow, jetzo Bietkow, gehörete vor diesem zu dem Königl. Amte Gramzow, jetzo dem von Arnim auf Kröchelndorf, der es von gedachtem Amte gegen das Vorwerk Grünow eingetauschet.

2) So stehet in beyden Originalien, wovon aber die Bedeutung schwer zu errathen ist.

3) Gustow ist ein altes Arnimsches Lehn.

4) Hier zeiget sich, daß die Hüfener vor den Hofedienst ein gewisses Dienstgeld gegeben, das man Dienst-Pfennige genannt.

Vkermark.

mansos liberos Isti VI mansi predicti spectant ad I curiam liberam que dicitur Betheke Mowenhoff Idem Herman Blankenburch habet pactum super IIII mansis Nota quod filii Zander Mowen habent super II mansos De his mansis omnibus exceptis liberis sunt XIII mansi in possessione et III in libertate ad terminum Alii iacent desolati Taberna dat I talentum Brandeburgense de qua taberna Nicolaus et Petrus fratres dicti Mowen ciues in Premslaw tollunt XV solidos Brandeburgenses et tertiam partem videlicet V solidos suscipit Hermannus de Blankenburch In hac villa sunt XXI cossati dantes IIꝉ sexagenas pullorum et VII pullos Iste aree iacent omnes desolate Prope hanc villam iacet I molendinum quod dabit in pactum IIꝉ choros annone et iacet totaliter desolatum Nicolaus et Petrus fratres predicti de Mowen habent pactum super molendinum predictum Prope molendinum iacet ager de quo dantur VIII pulli quum colitur spectantes ad fratres predictos Prope hanc villam iacet stagnum nomine Grotense super quo V tractiones sagene spectantes ad Hermannum Blankenburch qui tollit tertiam partem Nicolaus et Petrus fratres dicti Mowen habent tertiam partem Ianeke Mowen habet tertiam partem Item iacet vnum stagnum quod vocatur Kleynow super quo sunt VI tractiones sagene Herman de Blankenburch Claus et Petrus Mowen et Ianeke Mowen Engelke Kleynko Heynike Ryke habent idem stagnum Item I stagnum nomine Dypensee super quo sunt II tractiones sagene Herman Blankenburch Nicolaus et Petrus Mowen habent stagnum simul Item I stagnum Dorpsee super quo sunt II tractiones sagene Nicolaus et Petrus Mowen habent

Berthekow [1]) LVIII mansi Quilibet dat in pactum XXX solidos precariam solidos X I modium siliginis I modium tritici II modios auene Ad dotem iacent IIII mansi I mansum hereditauit plebanus Colonus habet III Henning Ryke habet V mansos liberos ad curiam suam sub cultura Arnold Kot ciuis in Premslaw habet XXII talenta super mansis ibidem Cune Berthekow ciuis in Premslaw habet pactum super II mansis Ludeke de Ellingen habet pactum et precariam super II mansis dempta annona Hans Stubbe habet pactum super IIII mansis Heyne Berthekow ciuis in Posewalk cum fratribus suis habet pactum super VI mansis Heine Saltzte Tzernetyn habent pactum super V mansis Claus Mowen cum fratre ciues in Premslaw habet et pactum super IIꝉ mansis Heyne Grope habet pactum super II mansis Henning Kropperstede habet pactum et precariam super VII mansis Claus de Stegelitz habet residuum pactum et precariam Ex his mansis sunt XI desolati Alii sunt possessi demptis liberis et III sunt in libertate ad biennium Taberna dat I talentum quod tollunt Claus de Stegelitz et Claus Mowe cum fratre Cossati sunt diuisi in mansis prope hanc villam Prope hanc villam iacet stagnum nomine Lutkebertekow super quod sunt IIII tractiones sagene Item stagnum nomine Creutzsee VIII tractiones Hec stagna spectant *Nicolao de Stegelitz* predicto et area dat VI pullos

Blankenburch [2]) sunt LV mansi Inter quos sunt II mansi cossatorum Quilibet dat in pactum II talenta ab antiquo Nunc sunt XXX solidi Dythart Gladow cum fratre et patruis habet IX mansos liberos ad curias *Henning Blankenburch* cum patruo suo habet XIIII mansos liberos ad curias sub cultura Henning Blankenburch cum patruo suo habet redditus omnes

1) Berthekow, jetzo Berthikow, gehöret jetzo theils dem Joachimsthalischen Gymnasio, theils dem von Arnim auf Kröchelndorf. Es blühete vor diesem ein Geschlecht von Berthikow in der Ukermark, Pommern und Mecklenburg, jetzo ist es nur noch in der Ukermark vorhanden.

2) Blankenburg gehöret jetzo dem Joachimsthalischen Gymnasio, ehemals dem alten Geschlechte von Blankenburg, welches in der Ukermark ausgegangen, aber in Pommern noch blühet.

Vkermark.

omnes in hac villa demptis liberis mansis De his mansis est I possessus Ad *dotem* iacent VI mansi *ad II missas* Item I mansus cossatorum est in possessione *Quilibet mansus cossatorum* dat IIII sexagenas pullorum cum XII pullis Taberna dat in pactum XXIIII solidos et est desolata Cossati sunt XXVIII Quelibet area dat in pactum II solidos et XIIII pullos Ex his areis sunt possesse XVI Alie desolate iacent Et sunt III aree dantes II½ solidos in pactum Census sunt prope villam in Helghenlant in II locis dans ecclesie ½ chorum annone Media pars est possessa Altera est desolata Prope villam iacent III molendina desolata de quibus dabantur VI choris annone Prope villam iacet stagnum nomine Berthekow super quod sunt VI tractiones sagene item stagnum nomine Borchsee super quod sunt II tractiones sagene Item stagnum nomine Duuelsee vnius tractionis sagene Item stagnum nomine Kusee vnius tractionis sagene Item stagnum nomine Papensee I tractionis sagene Item stagnum nomine Dunkersee I tractionis sagene Item stagnum Krumse vnius sagene Etiam in villa iacuit molendinum quod dedit IIII choros annone Prefectus in Premslaw habet II sexagenas pullorum de areis predictis

Elynghe [1]) XXXI mansi Quilibet dat in pactum XXVI solidos Precaria X solidos I modium siliginis I modium ordei II modios auene Ad dotem iacent II mansi Ian de *Dedelow* cum patruis habent VIII mansos liberos ad curias sub cultura Michel de Dedelow habet II½ mansos ad curiam sub cultura Henricus Dochow habet IIII mansos ad curiam sub cultura Ian de Dedelow cum patruis suis habet super *mansis et Costenworde* IX choros annone media pars siligo alia auena Predictus Ian de Dedelow cum patruis suis habet in pacto et censu II solidos et IIII talenta Idem super I curiam habet II solidos in censu Henricus Dochow habet I talentum in pacto super mansos et VII½ solidos in censu Idem Dedelow habet II½ talenta Idem Henricus Dochow habet VI modios siliginis et VI modios auene Eghart Melmeker habet II talenta super mansos Omnes mansi sunt in possessione demptis II mansis Costenworde sunt XXIIII Quelibet dat VI denarios et I pullum et omnes sunt in possessione demptis II que sunt desolate Predictus Ian Dedelow cum patruis suis habet II½ sexagenas pullorum Hinricus Dochow habet XII pullos Eghart Melmeker habet I sexagenam pullorum super iugera Nota quod in hac villa sunt V talenta in precaria et XLII modii auene XXII modii siliginis et XXI modii ordei Isti redditus tolluntur in precaria ville predicte et sunt appropriati per principes ad I altare in Ecclesia beate Marie virginis in Premslaw Item Ian Dedelow habet XII pullos super mansos Nota quod in hac villa omnes aree transint ad mansos sub vna computatione pactus et precaria et simul computantur Nota quod XIIII mansi cum ½ dant precariam *Domino Imperatori* demptis II½ talentis que talenta tollit Eghart Melmeker ciuis in Premslaw

Bandelow [2]) XL mansi minus ½ manso De his dant in pactum VIII per XXVI solidos Alii mansi per XXVII Precaria sunt X solidi I modius siliginis II modii auene In his I½ non dant precariam Ad dotem iacent II½ mansi Super I½ habet plebanus colonum tertium hereditauit de quo sumit pactum Eghard Wulf habet V mansos liberos ad curiam sub cultura Henning *Vornholt* cum fratribus et cum patruo habet XII talenta super mansis Meyneke de *Holtzendorff* cum fratribus habet IIII talenta super mansis Dominus Marchio habet

1) Elyngbe, jetzt Elyngen, gehöret zum Theil dem Grafen von Schlippenbach. Diesen Namen führte sonst eine ehedem ansehnliche Familie in der Ukermark.

2) Bandelow ist jetzt ein groß Bauerndorf, worinnen die von Stülpenagel, von Sydow und von Holzendorf Antheile haben.

Vkermark.

habet IIII talenta et IIII solidos super III mansis habent libertatem ad I annum Henning *Bindelow* habet IIII talenta super mansis Residuum pactum et precariam habet Kuneke Wulf cum patruis suis De istis mansis sunt XXVI in possessione Taberna dat I libram piperis et I libram cere Costenworde sunt XXI XII sunt in possessis Quelibet area dat XII pullos Alie iacent desolate Prope villam iacet molendinum quod dedit ex antiquo VIII choros annone nunc autem IIII choros de quibus datur I chorus ad ecclesiam in Jagenow Alii autem III dantur Eghardo Wulf et patruis Nota quod in his mansis sunt II mansi seu Costenhouen non dantes precariam

Schonenwerder [1] LXII mansi quilibet dat in pactum I talentum VI modios tritici VI modios auene Precaria sunt X solidi I modius siliginis I modius ordei II modii auene. Ad *dotem* iacent III mansi Ex his vnum *hereditauit ad tabernam* Reliquos plebanus habet sub cultura Clans de *Holtzendorff* habet VI mansos liberos ad curiam sub cultura dempto I quartali Eghard Wulff habet I talentum super mansis Czabel de *Stegelitz* habet IIII talenta Frentze de *Holtzendorff* cum fratre suo habet VII talenta Czander Bomholt habet V talenta et IIII solidos Ebel de *Arnen* habet VI talenta et VIII solidos VII talenta iacent ad altare in Scepow IX talenta ad altare in Premslaw ad beatam Virginem Item IX talenta iacent in Premslaw ad nouum Hospitale In hac villa iacent VI talenta et V solidos ad altare Ludeke Kratz cum fratribus suis habet II talenta Clemens Buk ciuis in Premslaw habet in precaria XXV talenta Eghart Melmeker ciuis in Premslaw habet precariam super III mansis Martinus de *Holtzendorff* habet XII talenta Claus de *Holtzendorff* habet XXX talenta *In hac villa iacent VI mansi desolati Alii sunt in possessione* [2] *VIII mansi sunt in libertate ad terminum* Iacob Cornynken habet VI modios annone in pacto Taberna dat X solidos Eghardo Melmeker ciui in Premslaw Costenworde sunt XXXVI Quelibet area dat I solidum in censum IIII denarios *Howpennighe* De his iacent VIII desolate Alie sunt in possessione Super omnes redditus predictos sunt II sexagene pullorum Peter Mutz ciuis in Premslaw sumit I sexagenam Aliam sumit Martinus de *Holtzendorff*

Trebenow [3] *sub pignore Ducum* LXIIII mansi quorum V mansi sunt dantes per XXV solidos Brandeburgenses in pactum Precaria sunt V solidi Brandeburgenses Et X mansi quorum quilibet dat in pactum ½ chorum siliginis ½ chorum ordei ½ chorum auene et in precariam X solidos Brandeburgenses et in censum III solidos Brandeburgenses et in precariam I modium siliginis I modium ordei et II modios auene Et isti predicti mansi qui sunt XIIII in numero sunt possessi Ad dotem vltra illos sunt III mansi quilibet dat in pactum ½ chorum siliginis ½ chorum ordei ½ chorum auene In precaria X solidos Brandeburgenses et sunt etiam possessi per colonum vnum Alii sunt desolati Henric *Gule* habet IIII mansos liberos ad curiam sub cultura Nota quod Koppeke *Gule* habet I mansum super quem habet Dominus Marchio precariam et supremum et est desolatus Claus de *Holtzendorff* habet IIII mansos liberos ad curiam sub cultura Henning et Hinric de *Vorenholte* fratres cum patruis habent XII mansos cum omni iure Et isti idem fratres habent pactum super XVIII mansos Dominus Marchio habet precariam et supremum Czabel de *Stegelitze* cum patruis habet pactum super VII mansis Dominus Marchio habet precariam et supremum

Rule

1) Schönenwerder führet noch eben diesen Namen, und gehöret auch noch jetzo theils der Stadt Prenzlow, theils den Familien von Arnim und Holzendorf.

2) Hier sind 6 Hufen wüste, andere sind besetzt, 8 sind frey von Abgaben auf eine gewisse Zeit.

3) Trebenow heißt noch so, gehörte 1498. denen von Berg, ist aber nachher an die von Arnim gekommen.

Vkermark.

Rule Erwat ciuis in Premslaw habet pactum ſuper V manſis Dominus Marchio habet precariam et ſupremum Henricus *Gule* cum patruis habet pactum ſuper V manſos Dominus Marchio precariam et ſupremum Heinrich Gule habet pactum ſuper III manſis Dominus Marchio precariam et ſupremum Taberna dat Domino Marchioni V ſolidos et X ſolidos eccleſie et XXIIII pullos et eſt in poſſeſſione Coſtenworde ſunt XXXVII Quelibet dat XII pullos quarum VIII ſunt poſſeſſe

Selſow [1] XXV manſi Ex antiquo dederunt XXVI ſolidos Nunc autem quilibet dat I talentum in pactum Precaria ſunt X ſolidi Prius dederunt IIII modios annone Nunc iſta precaria annone ſupportatur Ad dotem de his iacent II Rule Dunker cum fratre habet VIII manſos liberos ad curiam ſub cultura Idem Rule Dunker habet pactum et precariam in hac villa demptis VI manſis ſuper quos Dominus *Mor de Lynſtede* miles habet precariam Taberna dat I libram cere ad eccleſiam et eſt deſolata In hac villa ſunt XI manſi in poſſeſſione Alii ſunt deſolati Nota quod Rule Dunker cum fratre ſuſcepit hoc anno ½ pactum et ½ precariam

Werbelow [2] *ſub pignore Ducum* XLIIII manſi Quilibet dat ½ chorum ſiliginis ½ chorum ordei ½ chorum auene In precariam dat quilibet X ſolidos Brandeburgenſes Cenſus ſunt III ſolidi Nota quod etiam quilibet manſus dat I modium ſiliginis I modium ordei II modios auene quod dicitur *Kornpacht* Ad dotem iacent II manſi Hentze de *Parmen prefectus* habet IIII manſos *liberos ad prefecturam* de quibus Dominus Marchio habet *ſeruitutem* [3] Iunge Ludeke *von dem Berghe* habet IIII manſos liberos ad curiam de quibus ſeruit Domino Marchioni Henning Reueuyr habet IIII manſos liberos ad curiam cum omni iure Ex his manſis ſunt XXII manſi in poſſeſſione demptis liberis Taberna dat I libram piperis et I libram cere et I ſolidum Brandeburgenſem etiam et poſſeſſa Coſtenworde ſunt XXX quelibet dat XII pullos quarum XVIII ſunt poſſeſſe Prope villam iacet I molendinum nomine Werbelowſche Mole dans in pactum V choros annone et eſt in libertate ad vnum annum In hac villa dant pullum fumigalem per totum

Wilſekow [4]

Nechelyn [5] XLII manſi Quilibet dat in pactum XXX ſolidos Brandeburgenſes Precaria ſunt I modius tritici I modius ſiliginis II modii auene et X ſolidi Ad dotem iacent III manſi II habet ſub cultura ad quos habet colonum et I hereditauit ad aliam curiam de quo datur I½ chorus annone in pactum et III ſolidi in cenſum Dominus Henningus de *Berlyn miles* habet VIII manſos liberos ad curiam ſub cultura Sywert de *Buk* habet pactum ſuper VI½ manſis dempto quartali Gherke Broſſow cum fratre habet pactum ſuper

Albrecht

1) Selſow, ein Dorf dieſes Namens findet ſich jetzo nicht in der Ukermark. Vermuthlich ſoll es das mit Tiebenow und Werbelow grenzende Dorf Milow ſeyn, welches ſchon zur Zeit des Landbuchs vorhanden geweſen ſeyn muſs, weil einer von Milow, der in der Nachbarſchaft zu Britzke gewohnet, darin angeführet wird. Die Familie von Milow iſt im 15ten Jahrhundert ausgeſtorben; das Dorf Milow iſt ſchon ſeit langer Zeit bey dem Geſchlechte von Arnim.

2) Werbelow iſt durch verſchiedene Jahrhunderte ein Sitz derer von Berg geweſen, nunmehro aber gehöret es denen von Arnim.

3) Alſo hat dieſer Lehnſchulze ſein Gut frey von landesherrlichen Abgaben gehabt, iſt aber dafür, ſo wie andere Lehnleute, zum Lehnpferde oder zum Kriegesdienſte verbunden geweſen.

4) Wilſekow, dieſes Gut beſitzen die von Holzendorf, die es von denen von Arendorf gekauft.

5) Nechelyn, jetzt Nechlien, iſt zu Ende des vorigen Jahrhunderts von denen von Berg an die von Arnim gekommen.

Vkermark.

Albrecht de *Aldenulit* habet pactum super VI mansos Item IIII mansi iacent ad altare ibidem super quos Altarista habet pactum Residuum pactum et precariam habet Dominus Henningus predictus Omnes isti mansi sunt in possessione demptis V Taberna dat X solidos Brandeburgenses quos tollunt Dominus Henningus predictus et Syuert de Buk Costenworde sunt XVI Quelibet dat XIII pullos dempta I area que dat ad ecclesiam I libram cere In hac villa iacet molendinum ad curiam Domini Henningi militis de Berlyn

Bryseke [1] *sub pignore Ducum* LII mansi Quilibet dat in pactum VI modios tritici VI modios ordei ½ chorum siliginis ½ chorum auene Precaria sunt X solidi I modius siliginis I modius ordei II modii auene Census III solidi Ad dotem III mansi Ianeke *Brisecke* habet ad curiam suam IIII mansos sub cultura Henning *Brisecke* III mansos ad curiam sub cultura Herman *Cernetyn* habet pactum super VI mansos Ianeke *Briseke* habet pactum super V mansis et precariam super X½ mansis Vicke Kethelhake cum fratribus et patruis habet pactum super XX mansis Ad altare in Torgelow IIII mansi cum omni iure demptis precariis annone Arnt *Milow* habet precariam super II mansis Ad altare in Posewalk V mansi cum omni iure De his sunt XL mansi possessi Taberna dat X solidos Costenworde XXVI. Quelibet area dat X denarios I pullum XI sunt in possessione

Papendorff [2] *sub pignore Ducum* LIII mansi quilibet dat in pactum ½ chorum siliginis ½ chorum ordei ½ chorum auene Precaria sunt X solidi I modius siliginis I modius ordei II modius auene Ad dotem iacent III mansi Hinrich von *Schwechten* habet XII choros annone Albrecht Vorstenberge ciuis in Posewalk habet precariam per totam villam Ad altare in Posewalk pactus III mansorum Hospitale Sancti Spiritus in Posewalk pactus IIII mansorum Henningus de *Wenden* cum fratribus habet pactum III mansorum Claus *Stulpnagel* cum patruo habet pactum VI mansorum Idem Albrecht Vorstenberghe habet XII choros annone De his mansis sunt XXXV in possessione Taberna dat I talentum Costenworde XX. Quelibet area dat IIII denarios I pullum De his sunt XVI in possessione Prope villam iacet molendinum dans in pactum V choros annone Hospitalibus Sancti Spiritus in Posewalk

Belynghe [3] *sub pignore Ducum* XXX mansos Quilibet dat in pactum X solidos Brandeburgenses et non plus Ad dotem iacent III mansi et sunt desolati Ex his mansis sunt V deserti Taberna dat in pactum de mansis ut alii dant et nihil plus Costenworde sunt III et nihil dant Hec villa pertinet Domino *Mor. Lynstede* militi et Alberto Vorstenberghe ciui in Posewalk Nota quod ex mansis in possessione extantibus sunt II mansi dantes simul III½ sexagenas pullorum

Daryesse [4] *sub pignore Ducum* XL mansi Quilibet dat in pactum XXIIII solidos Brandeburgenses Precaria sunt X solidi Ad dotem iacent III mansi quos hereditauit ad curiam Claus *Walsleue* cum fratribus habet X mansos liberos Ex his sunt X in possessione demptis liberis In hac villa est etiam II mansus dans ut alii Taberna dat X solidos Brandeburgenses et

1) Briseke jetzt Brenrsch oder Briezke, gehöret theils zu dem pommerschen Amte Torgelow, theils an einen, Namens Ingermann.
2) Papendorf wird jetzo ganz von erblichen Bauern bewohnet, die Gerichtsbarkeit haben die von Winterfeld.
3) Belynghe, jetzt Belling, ist pommerisch, und gehöret dem Magistrat zu Pasewalk.
4) Daryesse, jetzt Dargitz, gehöret so wie das bald folgende Dorf Stolzenberg, zu dem pommerschen Amte Torgelow. In den ältern Zeiten haben es die von Berg gehabt.

Vkermark.

et dat VI in censum et IIII denarios qui dicuntur proprie *Hewpennighe* et I pullum et est desolata Costenworde sunt XXI quelibet dat X solidos Brandeburgenses et I pullum quarum X sunt in possessione Prope villam iacet molendinum nomine Daryess dans ex antiquo III choros annone nunc autem II chorum annone et est in possessione Hec villa pertinet Claus de *Walsleue* cum fratribus et patruis Nota quod mansi dotales non dant precariam sed solum pactum et alii mansi dantes precariam ad Castrum nomine *antiqua Torgelow*

Schonenwolde. 1)

Lukow minor 2) L mansi Quilibet dat in pactum VIII modios siliginis VIII modios ordei VIII modios auene Precaria sunt X solidi Brandeburgenses Census sunt III solidi Brandeburgenses Ad dotem iacent III mansi Koppeke Scherwebow habet VIII mansos liberos ad curiam sub cultura Claus de *Berlin* et fratres eius habent IIII mansos in libertate ad curiam sub cultura Busse de *Dolle* habet VI mansos liberos sub cultura ad curiam VI habet Dominus Marchio seruitutem Ex his demptis liberis sunt XVI in possessione Notandum quod sunt II mansi ultra alios mansos qui dicuntur *Costenhuuen* sunt diuisi et de pactis istorum mansorum qui sunt in possessione dantur III sexagene pullorum demptis XV pullis et alie pactis II mansorum sunt deserte *Costenworde* sunt XXII Quorum III dantes per XV pullos et iste sunt desolate et V dantes per I solidum Brandeburgensem et sunt desolate Nota quod predicti mansi qui dicuntur Costenhuuen de quibus dantur III sexagene pullorum demptis XV dantur de aliis areis possessis Prope villam iacet molendinum dans III choros annone et est nunc desolatum

Lucow 3) *sub pignore Dobbin maior* [illegible] mansi Quilibet dat in pactum I chorum siliginis I chorum auene VI modios tritici VI modios ordei Precaria sunt X solidi I modius siliginis I modius ordei II modii auene Census III solidi IIII denarii Ad dotem II mansi super quos plebanus habet colonum Warneke *Raven* habet IIII mansos ad curiam sub cultura De his sunt in possessione XXXIII Nota quod sunt II mansi demptis II mansis Costenhuuen ex antiquo dederunt I modium siliginis I modium ordei I modium auene et I quartale pisorum quod dicitur *Oukerpacht* nunc autem nihil dant Taberna dat librum piperis Costenworde XVI Quelibet area dat XVI denarios X sunt in possessione Nota quod X aree dantes uel esse sunt XXI pullos et sunt desolate et sunt II aree dantes simul per XL pullos et sunt in possessione

Blumenhagen 4) LXII mansi Quilibet dat in pactum XXII solidos I quartale pisorum Ad dotem II mansi super quos habet colonum *Henrike de Arnen* habet VI mansos liberos ad curiam sub cultura Ebele von *Arnen* cum fratribus et patruis habet pactum huius ville exceptis II mansis quos habent famuli de Scadebak De his XXII sunt in possessione et XX in libertate ad I annum dantes I pactum ad Sanctum Martinum Taberna dat I talentum Costenworde XII Quelibet dat VI denarios I pullum de quibus V sunt in possessione

Stol-

1) Schönenwalde, ein zu dem pommerschen Amte Torgelow gehöriges Ritterwerk.

2) Klein-Lukow ist noch jetzo so wie zur Zeit des Landbuchs eine Besitzung der Familie von Dollen.

3) Grossen-Lukow gehöret ebenfalls noch jetzo denen von Raven.

4) Blumenhagen haben ehemals die von Arnim, nachhero die von Berg gehabt; jetzo besitzen es die von Necker.

Vkermark.

Stoltenborch [1] L mansi Quilibet dat in pactum I talentum Brandeburgense Precaria sunt X solidi Brandeburgenses Ad dotem iacent II mansi quos hereditauit ad curiam Claus *Jagow* habet IIII mansos de famulis de Holtzendorp Ex his mansis sunt XXIIII in possessione Costenworde sunt XVI Quelibet dat X denarios et I pullum fumigalem quarum X sunt in possessione

Nyensunt [2] LX mansi minus I manso Quilibet dat in pactum I talentum ex antiquo Precaria sunt X solidi I modius siliginis I modius ordei II modii auene *Czabel Scedebak* cum fratre habet XII mansos liberos sub cultura Mansi predicti exceptis liberis dant III solidos ad censum nunc autem XXVIII solidos ex toto Ad dotem iacent III mansi Czabel Scedebak cum fratre et patruo suo habet hanc villam cum omni iure Taberne quelibet dat in pactum XI talenta cere Costenworde sunt XV Quelibet dat I fumigenam pullorum et sunt III mansi deserti in Costenworde Nota quod ista villa tota est desolata Nota quod IIII sunt Costenworde dantes ecclesie simul VI libras cere

Clepelshagen [3]

Swartensee [4]

Lybenow [5] XLVIII mansi quilibet XXII solidos Brandeburgenses in pactum Precaria sunt X solidi Brandeburgenses I modius siliginis I modius ordei II modii auene Ad dotem iacent III mansi *Heyneke Glughen* cum suis fratribus habet V mansos liberos ad curiam sub cultura Henningus de *Glughen* habet VI mansos liberos ad curiam sub cultura *Randewich de Glugyen* habet VI mansos liberos ad curiam sub cultura Meine de *Holtzendorp* habet VI mansos liberos ad curiam sub cultura Petrus Slezter habet II mansos liberos ad curiam sub cultura *Vlrich de Glugyen* habet I mansum ad curiam sub cultura exceptis liberis mansis VIII sunt in possessione IIII in libertate ad biennium Alii deserti sunt Taberna dat XII solidos Brandeburgenses et XXIIII pullos Costenworde XVIII quarum IIII sunt in possessione alie iacent deserte quelibet *area* dat XII pullos et I solidum Brandeburgensem Item Eykeman dat de II areis V solidos Brandeburgenses Prope villam iacent duo stagna vnum dicitur Litenowethe super quod sunt *V tractiones sagene* Nota superiori anno III mansi sunt deserti quos assumpsit vnus ad curiam suam

Linthorst [6] XXXVI mansi quilibet dat in pactum XXII solidos Precaria sunt VI solidi I modius siliginis I modius ordei et I modius auene Ad dotem iacent III mansi Bencke de *Holtzendorff* habet in pactum VI talenta et habet precariam super XII mansis cum patruo suo Claus de *Holtzendorff* cum fratribus suis habet III talenta in pactum Dominus Trampitz miles cum fratribus suis habet III talenta in pactum Otto de *Holtzendorff* cum fratribus suis

1) Stolzenburg gehöret, so wie Pargitz, zum Amte Torgelow.

2) Nyensunt, jetzo Neuensunt, das äusserste Gut in der Ukermark, wo die pommerschen und mecklenburgischen Grenzen zusammenstossen. Dieses Gut haben zu Ende des 16ten Jahrhunderts die von Berg besessen, nachhero die von Necker; seit kurzen ist es an die von Arnim gekommen.

3) 4) Die beyden Dörfer Clepelshagen und Schwarzensee haben noch denselben Namen, und gehören gleichfalls dem von Arnim auf Nechlin.

5) Lübenow, jetzo Lübbenow. Die von Glöden haben dieses ihr altes Stammhaus im Jahr 1764. an den von Pargitz aus Preussen verkauft. Die hier im Landbuche genannte von Glughen sind ohne Zweifel eben die von Glöden.

6) Lintborst. Dieses Rittervorwerk besitzen annoch jetzo die von Stülpennagel, die hier in dem Landbuche schon als Besitzer eines Antheils dieses Guts vorkommen.

Vkermark.

suis habet VI talenta in pactum et habet precariam super IIII mansis. *Ebel de Arnen* [1] cum fratribus et patruis habet pactum super VI mansis demptis XVI solidis qui spectant ad altare in opido Iagow. Claus *Stulpenagel* cum patruis suis habet pactum super II mansis. Peter Dowesman cum fratre habet IIII mansos ad curiam liberos sub cultura et habet IIII talenta pactus. In hac villa sunt IIII mansi in libertate ad quadriennium. Taberna dat I libram piperis et est desolata

Lamberstorp [2]

Herzelsdorp [3] L mansi quilibet dat in pactum VIII modios tritici VIII modios siliginis VIII modios ordei VIII modios auene. Precaria sunt X solidi I modius siliginis I modius ordei II modios auene. Census III solidi. Ad dotem iacent III mansi. Czabel Scadebak cum fratribus suis habet XII mansos liberos ad curiam sub cultura et I mansum ad eandem curiam extra metam. Bertram Hase cum fratre habet precariam huius ville. Reliquos redditus habet Czabel Scadebak cum fratre suo. Taberna dat I talentum et est in libertate ad triennium. In hac villa sunt VIII mansi in libertate ad triennium. Alii totaliter iacent desolati. Costenworde sunt XII dantes per XII pullos et superest I area dans XX pullos et sunt omnes desolate. Nota quod in hac villa iacent II mansi nomine *Haldenhusen* dantes per vnum talentum et non plus quum coluntur. Prope villam iacet molendinum dans ex antiquo V choros annone nunc autem III choros annone et est in libertate ad biennium

Slepkow [4]

Damerow

Wistok [5] LXXX mansi quilibet dat in pactum XXVI solidos Brandeburgenses. Precaria sunt IIII solidi. Ad dotem iacent III mansi. Wedego *Wistok* cum fratribus suis ciues in Premslaw, Lemeke *Wistok* ciuis in Posewalk et Wedego *Villanus* in Wistok patruus predictorum habent VIII talenta super V mansis cum omni iure iacentes ad vnam curiam. Item III mansi spectant ad I altare in Iago. Fritze de *Swanenberg* habet pactum et precariam super IIII mansos minus IIII solidis. Czabel de *Stegelitz* cum patruo suo Ebel habet pactum et precariam super IIII mansos. Dominus *Tampine miles de Holtzendorff* cum fratribus suis et Nicolaus de *Holtzendorp* cum fratribus suis habet residuum pactum et precariam in hac villa. Taberna dat I talentum piperis et est desolata. Costenworde sunt XXVI dantes IIII sexagenas pullorum. Costenworde sunt XIIII in possessione dantes II sexagenas pullorum et XL pullos. Nota quod XL mansi sunt in possessione et XVIII sunt in libertate ad biennium et XIII in libertate ad triennium. Alii iacent desolati. Prope villam iacet stagnum super quod sunt III tractiones sagene pertinens *famulis de Holtzendorff*

1) Die uhralte ansehnliche Familie von Arnim wird in diesem Landbuche gemeiniglich von Arnen geschrieben.

2) Lamberstorp, jetzo Lammersdorf, ein altes Rittergut derer von Glöden, die es in dem laufenden Jahrhundert an die von Arnim verkauft haben.

3) Herzelsdorp, jetzo Herzdorf, gehöret zu der Herrschaft Wolfshagen und an die Grafen von Schwerin, welche diese Herrschaft nach dem Abgange derer von Blankenburg als eröfnete Lehne zu Ende des vorigen Jahrhunderts erhalten und annoch besitzen.

4) Slepkow, jetzt Schlepkow, gehöret gleichfalls an die Grafen von Schwerin, desgleichen Damerow.

5) Wistock, jetzt Wittstock, ein ansehnliches Rittervorwerk zu den Schönermarkschen Gütern gehörig, welche die Grafen von Schlippenbach seit Anfange des vorigen Jahrhunderts besitzen.

Vkermark.

Kratz [1] L mansi Quilibet dat in pactum I talentum Precaria sunt X solidi Ad dotem iacent III mansi *Bertram Kratz* cum fratre habet VIII mansos liberos ad curiam sub cultura et II mansos dantes pactum et precariam cum omni iure habent ad aliam curiam *Cune Dedelow* habet III mansos liberos ad curiam suam sub cultura Ad eandem curiam iacent III mansi liberi quos habet *Henningus Kratz* cum patruis suis Vxor Vikonis de *Hagen* habet VI talenta ad vitam suam Bertram *Hase* cum fratre habet precariam super villam eandem demptis XIX mansis liberis Residuos redditus habet *Bertram Kratz* Hans *Kratz* fratres Ludeke *Kratz* Henning *Kratz* senior et Henning *Kratz* iunior cum suis patruis Taberna dat I talentum Costenworde sunt XXXII Quelibet area dat XII pullos Ista villa est omnino deserta Prope villam iacet molendinum quod voluitur per ventum et nunc stat desertum quod dedit in pactum II choros annone *famulis de Kratz*

Dolghen [2] prope *Iagow* XXX mansi Quilibet dat in pactum I chorum siliginis I chorum ordei VI modios auene Precaria sunt VI solidi census III solidi Ad dotem iacent III mansi Ista villa pertinet *famulis de Holzendorp* *Claus* cum fratribus suis et *Domino Tampine militi* cum fratribus Taberna dat I libram piperis Costenworde est I dans XII pullos et est desolata In hac villa sunt XV mansi in possessione Prope villam iacet molendinum dans in pactum VI choros annone et est in libertate Nota quod superiori anno sex mansi sunt facti desolati

Oppidum Iagow [3] LVIII mansi Quilibet dat X solidos Ad dotem iacent II mansi In hoc oppido dant per *exactionem XVI marcas argenti* quas sumpserunt de mansis de habitationibus et molendinis Ebele von *Arnnen* habet VI mansos sub cultura Otto de *Holzendorp* IIII mansos Otto de *Rammyn* XI mansos Claus de *Holzendorp* III mansos Bertl de *Holzendorp* II mansos Betheke de *Holzendorp* IIII mansos Ciues habent XIII mansos De his mansis sunt XXVII in possessione Quando propinatur aliena cereuisia de I vase datur I solidus Ante oppidum iacent XXXVII iugera *Wordelandes* (Wurtheland) pro quolibet iugero I solidus pro exactione De his VI iugera sunt in possessione Prope oppidum iacet molendinum quod dedit ex antiquo VIII choros annone nunc autem II choros annone Item XXVI iugera *Heghelandes* pro quolibet iugero I solidum et sunt deserta

Taschenberge [4] XLIIII mansi Quilibet dat in pactum VI modios tritici VIII modios siliginis VIII modios ordei VIII auene Precaria sunt X solidi I modius siliginis I modius ordei et II modii auene Census III solidi demptis II mansis dantes per II solidos in censu Ad dotem iacent IIII mansi et plebanus habet colonum super hos de quo recipit II talenta Cune *Wulff* habet VIII mansos liberos ad curiam suam sub cultura Ebel de *Arnen* habet VI mansos liberos ad curiam suam sub cultura dempto quartali Bustrow de *Aldenvlite* [5] habet VI mansos liberos ad curiam sub cultura Ebel de Arnen habet super IX mansos pactum et VIII mansos preca-

1) Kratz heisset noch so. Das Geschlecht dieses Namens ist in der Ukermark ausgegangen. Das Gut selbst haben die von Arnim lange Jahre besessen, vor einiger Zeit aber an den Major von Brösigke überlassen.

2) Dolgen ist jetzo ein Rittervorwerk, so zu dem von Winterfeldschen Gute Kutzerow gehöret.

3) Jagow ist im 14ten Jahrhundert eine nahmhafte Burg und Stadt, auch der Sitz einer Vogtey gewesen, woselbst auch im Jahr 1325. ein merkwürdiger Vertrag zwischen Brandenburg und Mecklenburg geschlossen worden. S. Gerke Cod Dipl. Br. T. I. p. 214. 231. Gegenwärtig ist es nur ein kleines Dorf mit einer mäßigen Feldmark. Vermuthlich haben es die von Jagow erbauet; seit der Zeit des Landbuchs aber besitzen es die von Holzendorf als Burg- und Schloßgesessene.

4) Taschenberge, jetzt Taschenberg. Dieses Gut ist noch in dem Besitz derer von Stülpnagel.

5) Dieser ist von dem ausgegangenen Geschlecht derer von Oldenfliet.

Vkermark.

precariam Henning *Schwechten* habet pactum super V mansos Claus *Stulpenagel* habet pactum super II mansum Bertram *Hase* habet precariam super VII mansos De his I mansus est desolatus Costenworde sunt XVIII aree in possessione et dant omnes per XII pullos demptis II dantes per VI pullos Nota quod super areas predictas est I area dans per I sexagenam pullorum Nicolao *Stulpenagel* et est in possessione Item I area supradicta est in libertate ad triennium dans I sexagenam pullorum Coneken Wulfen

Knegyn [1]

Hermenstorp [2] XLIIII mansi Quilibet dat in pactum X solidos et non plus Ad dotem iacent IIII mansi Hans Grote ciuis in Templyn habet II mansos cum omni iure De his mansis sunt XVI in possessione Taberna dat X solidos et est desolata Costenworde sunt IX Quelibet dat I solidum et sunt omnes desolate Prope villam iacet molendinum dans in pactum II choros annone et est desertum *Nota quod superiori anno VI mansi sunt facti desolati* [3]

Kutzerogge [4] XXVI mansi Quilibet dat in pactum I chorum tritici XIII solidos Precaria sunt X solidi Dominus *Tampine miles de Holtzendorp* cum fratribus suis habet VI mansos liberos ad curiam suam sub cultura Menz et Betke dicti de *Holtzendorp* cum fratribus et *patruis* [5] habent redditus huius ville De his mansis sunt XV in possessione et V in libertate ad biennium Costenworde XXVI quarum XII sunt in possessione Ex his sunt VIII dantes XII pullos et III aree per I pullum Claus Bitebant ciuis in Premslaw habet II talenta in hac villa Hermen ciuis in Premslaw habet I mansum Nota superiori anno II mansi sunt desolati

Tzernekow [6] XXXV mansi Quilibet dat in pactum XVII solidos VI modios tritici VI modios auene Precaria sunt X solidi I modius siliginis I modius ordei II modii auene Ad dotem iacent II mansi Otto de *Holtzendorp* cum fratribus suis habet XII talenta super mansos Otto de *Rammyn* et Ebel de *Arnen* cum fratribus suis habent VIII mansorum precariam Otto de *Holtzendorp* habet VIII mansos liberos ad curiam sub cultura Isti mansi sunt omnes in possessione demptis VII qui sunt in libertate ad triennium Taberna dat I libram piperis et est in possessione Costenworde sunt XXII Quelibet area dat XII pullos quarum V sunt desolate In villa *pullos* dant *fumigales* per totum

Holtzendorp [7] XXXV mansi Quilibet dat in pactum XXVI solidos Precaria sunt III solidi Ad dotem iacent III mansi Martinus de *Holtzendorp* habet XII mansos ad curiam suam sub cultura Otto de *Holtzendorp* Claus et Otto de *Holtzendorp* habent II talenta residuum

1) Knegyn, dieser Ort ist jetzo ganz unbekannt, dafern es nicht das bey Templin belegene Dorf Kneden ist.

2) Hermenstorp ist jetzo ebenfalls unbekannt.

3) Diese Stelle zeiget, so wie viele anderen, daß im Jahr 1375. oder 1376. ein Krieg in der Uckermark mit den Herzogen von Pommern oder von Meklenburg vorgefallen seyn muß, durch welchen sehr viele Bauerhöfe wüste geworden.

4) Kutzeregge, jetzt Kutzerow. Dieses Gut haben die von Holzendorf zu Anfange des vorigen Jahrhunderts an die von Winterfeld verkauft, die es noch besitzen.

5) Unter dem Worte *Patrui*, das in dem Landbuche so oft vorkommt, werden nicht sowohl Vaterbrüder, als Vettern, verstanden.

6) Tzernikow, jetzt Zernikow. Die Familie dieses Namens, die ehemals in der Ukermark geblühet, ist nicht mehr vorhanden. Die von Eickstädt, welche dieses Gut lange Zeit zu Lehn gehabt, haben es im gegenwärtigen Jahrhundert an die von Sydow verkauft.

7) Holtzendorp, jetzt Holzendorf, das Stammhaus der alten und ehemals zahlreichen Familie dieses Namens, welche solches im vorigen Jahrhundert an die von Raven, die es noch besitzen, veräussert.

Vkermark.

duum pactum et precariam habet Mattinus de *Holtzendorp* Ex his sunt III mansi in possessione X in libertate ad biennium Alii iacent desolati Taberna iacet desolata et dat I libram piperis Costenworde sunt XII De his sunt V in possessione Quelibet area dat XII pullos De his II sunt in libertate ad biennium qui dant pullum fumigalem Prope villam iacet stagnum super quod sunt IIII tractiones sagene pertinens famulis de Holtzendorp Nota quod in his tribus mansis qui sunt in possessione est vnus mansus nomine *Costenhuue* dans in pactum XVI solidos Nota superiori anno III mansi facti sunt deserti

Valkenhagen [1] LXII mansi Quilibet dat in pactum XXVI solidos Precaria sunt X solidi IIII modii auene Ad dotem iacent III mansi Bruneke *Vornholt* habet VI mansos liberos ad curiam sub cultura Heyne Etzyl ciuis in Premslaw. cum patruo suo habet pactum et precariam super X mansos Idem Heyne Etzyl habet precariam super III mansos cum patruo suo Claus *Bismark* cum patruis suis ciues in Premslaw habent pactum et precariam super V mansos et II talenta super I curiam super quam residet vnus nomine Ghereke Clawstzgen Idem habet pactum super I mansum cum patruo suo Fritz de *Swanenberg* cum fratribus suis et patruis habet pactum et precariam super V mansis Residuum pactum et precariam habet Bruneke Vornholte cum fratre suo Taberna dat I talentum Brandeburgense de qua tollunt X solidos Heyne Etzil et Claus Bismark ciues in Premslaw. Fritze de Swanenberge cum fratre habet III solidos de taberna Brunneke Vornholte habet VIII solidos super tabernam Costenworde XXI sunt quelibet area dat XXIIII pullos quarum in possessione sunt XIII Antedicti mansi omnes sunt in possessione demptis XIIII qui sunt in libertate ad triennium In hac villa iacet I molendinum dans in pactum II talenta et II choros annone Heyne Etzyl predictus habet X solidos minus III nummis super molendinum predictum Brunneke Vornholte cum fratre Fritz de Swanenberg cum fratre habent residuum pactum molendini Hic dantur etiam pulli fumigales per totum Nota quod de possessis areis cadunt XXV solidi famulis in censum Alii redditus de areis tolluntur per ciues in Premslaw

Dedelow [2] LXII mansi quilibet dat in pactum IX modios tritici IX modios siliginis IX modios ordei IX modios auene Precaria sunt X solidi I modius siliginis I modius ordei II modii auene Census sunt III solidi Brandeburgenses et II denarii Ad dotem iacent III mansi Plebanus habet II sub cultura et tertium hereditauit Hans *Klutzsow* habet pactum et censum super mansos huius ville Nota XX mansi iacent in precaria pertinentia ad I altare ad Sanctum Sabynum in ciuitate noua Premslaw Clemens Buk et Henning Buk ciues in Premslaw habent IX talenta in precaria Poppe *patrui* [3] dicti de *Holtzendorp* habent VII talenta in precaria *Lucifer* [4] ciuis in Premslaw habet IIII talenta que stant ad redimendum Eghart Wulf habet X choros annone precarie Ex his mansis II sunt desolati XXIIII sunt in libertate ad I annum Alii sunt in possessione Taberna dat XXIII solidos Brandeburgenses Dat prefecto X solidos et Domino Marchioni IIII solidos Costenworde sunt XXIX de quibus XVI sunt in possessione Quelibet area dat I solidum demptis

1) Valkenhagen, jetzt Falkenhagen, ein großes Bauerndorf, worinnen gegenwärtig die von Klützow, von Winterfeld, von Raven und von Sydow Antheile haben.

2) Dedelow führt noch diesen Namen. Die von Klützow sind noch bis jetzt im Besitz dieses wichtigen Guts Die Familie von Dedelow ist schon im 14ten Jahrhundert ausgegangen.

3) Hier zeigt sich abermals, daß das Wort *Patrui* hier Vettern bedeuten müsse.

4) Dieser Lucifer hat vielleicht im Teutschen Teufel geheißen.

Vkermark.

demptis III dantes per IIII ſolidos et due aree inter predictas quarum I dat XII pullos Altera V pullos Prope villam iacent duo molendina I nomine *Ouerſte molne* dans filiis Klutzowen V choros annone et I talentum Aliud molendinum nomine *Nederſte molne* dans in pactum II chorum annone filiis predictis et in precariam Domino Marchioni dat X ſolidos Prope villam iacet ager nomine *Helghunger* dans in pactum Eccleſie I libram cere In hac villa dant *pullum ſumigalem* per totum Nota quod Lucifer in Premslaw habet II choros annone in precaria et I talentum de molendino Nota quod plebanus de duobus manſis ſumit IIII talenta et non plus

Klinkow [1] XLVII manſi Quilibet dat in pactum X ſolidos VI modios tritici VI modios ſiliginis VI modios ordei VI modios auene Precarie ſunt X ſolidi I modius tritici I modius ſiliginis I modius ordei I modius auene Cenſus ſunt IIII ſolidi Ad dotem iacent III manſi et habet I colonum Altariſta vnus iu Iagow habet pactum precariam et cenſum ſuper IIII manſos cum omni iure Eghart Melmeker ciuis in Premslaw habet ſuper III manſos pactum precariam et cenſum dempto I manſo ſuper quem non habet pactum Idem habet *I manſum Coſſatorum* cum omni iure et ſuper alium manſum Coſſatorum habet X ſolidos in pactum Nota quod in his manſis predictis *ſunt II Coſtenhuuen* Quilibet dat in pactum I talentum et precariam X ſolidos I modium tritici I modium ſiliginis I modium ordei et I modium auene Eghart Melmeker predictus Seghar Strete ciues in Premslaw habent pactum precariam et cenſum ſuper II manſos et ſtant ad redimendum Idem Eghart habet precariam et cenſum ſuper I manſum Herman Schulte in Premslaw cum patruis habet pactum precariam et cenſum ſuper II manſis Idem habet pactum ſuper I manſum Idem habet precariam ſuper V manſis Idem habet pactum et precariam ſuper I manſum Coſſatorum demptis X ſolidis Cune Berthekow ciuis in Premslaw habet pactum precariam et cenſum ſuper VI manſis cum omni iure et ſtant ad redimendum Kuneken Wulff Czabel et Ebel patrui dicti de *Stegelitz* [2] habent pactum precariam et cenſum ſuper VI manſis et ſuper VI manſis habent ſolum pactum Henning Hoppe habet II manſos cum omni iure Griſeke de *Griſenberg* reſidens in Steyhouel habet pactum precariam et cenſum ſuper II manſos cum omni iure Henning Hoppe habet II manſos cum omni iure *Tampine miles in Holtzendorp* cum ſuis fratribus habet pactum precariam et cenſum ſuper V manſos Eghart Wulff habet pactum precariam et cenſum ſuper I manſum Iſti manſi ſunt in poſſeſſione per totum Taberna dat X ſolidos in pactum et II ſolidos in cenſum Eghart Melmeker et Herman prefectus ciues in Premslaw habent X ſolidos iſtos Cenſus ſpectat ad villanos videlicet taberne Coſtenworde ſunt XXXVIII Quelibet dat I ſolidum Brandeburgenſem In hac villa dant per totum pullum fumigalem In hac villa eſt I molendinum dans II choros ſiliginis ſpectantes ad Eghard Melmeker et ad Hermannum *prefectum* ciues in Premslaw Eghardus et prefectus habent I manſum ſuper tabernam Kule Kalff ciuis in Premslaw habet VIII ſolidos ſuper cenſum Item Arnoldus Coci ciuis in Premslaw habet I talentum ſuper manſos et ſtat ad redimendum

Curia Bazedow [3] XVII manſi quilibet dat in pactum XXXV ſolidos et non plus Claus Kule habet IIII manſos liberos ad curiam ſub cultura Herman Schulte ciuis in Premslaw habet

II ta-

1) Klinkow heiſſet noch ſo und iſt ein groſſes Bauerndorf, an welchem gegenwärtig die Grafen von Schlippenbach, die von Raven und die Stadt Prenzlow Antheile haben.

2) Die Vettern, genennet von Stegelitz.

3) Bazedow heiſſet gegenwärtig Baſelow, und iſt in dem Beſitz derer von Raven und von Holzendorf.

Vkermark.

II talenta et V solidos In hac curia predicta Claus *Stulpenagel* habet V talenta et V solidos super mansos predictos Residuum pactum habent diuersi homines In hac curia iacet I mansus desolatus Costenworde sunt IX dantes II sexagenam pullorum prefecto in Premslaw et I sexagenam famulis supradictis Godeke Smet ciuis in Premslaw habet I mansum

Gustow [1] prope Premslaw LXII mansi quilibet dat II talenta in pactum Precaria sunt X solidi I modius ordei II modii auene Census sunt IIII solidi Ad dotem iacent IIII mansi de quibus plebanus tollit XI talenta Sanctimoniales in Premslaw habent pactum et censum super X et precariam super II mansos Frentze et Liuinus fratres filii Cepeghen Cabelstorff ciues in Premslaw habent precariam pactum et censum super VIII mansos Claus de *Holtzendorp* habet pactum et censum super V mansos dempta tertia parte I mansi Ludeke de *Arnstorp* habet pactum super XV mansos Henning Lytzeke habet pactum super II mansos Residuum pactum et precariam et censum tollunt Poppe et Richert de Holtzendorp patrui cum suis fratribus Nota quod in hac villa Domini supradicti receperunt mediam partem redditum supradictorum demptis XV mansis qui sunt in possessione bona Taberna dat XXX solidos Brandeburgenses Costenworde XL quelibet dat I solidum in censum X denarios in precariam Iste aree sunt omnes in possessione demptis IIII In hac villa dant pullos fumigales Prope villam iacet ager nomine *Camp* dans VI solidos ad ecclesiam Nota quod Segher Streta ciuis in Premslaw et Dedeke Ludeke ciues ibidem habent X talenta redditum in hac villa Nota Poppe de Holtzendorp dedit IX mansos ad libertatem trium annorum

Vorwerk [2] XVIII mansi quilibet dat in pactum XXIX solidos et non plus Heyne Hagheman ciuis in Premslaw habet IIII mansos et IIII iugera *Costenlandes* [3] libera ad curiam sub cultura Hans Gustow ciuis in Premslaw habet IIII mansos et XX iugera *Costenlandes* libera ad curiam sub cultura Bertram *Kratz* cum fratre habet IIII mansos et XII *iugera Costenlandes* libera ad curiam sub cultura Dowermanthe Domina vna habet IIII mansos et XII iugera Costenlandes in dotalitium Ista villa iacet desolata

Golmitze [4] LIIII mansi quilibet dabit pro pactu I talentum Precaria X solidos I modium siliginis I modium ordei I modium auene de quibus IIII mansi iacent ad dotem Ebel *Kerkow* habet VI mansos liberos sub cultura sua Ludeke de Nawen VI mansos liberos ad curiam sub cultura *Borke Kerkow* II liberos ad curiam sub cultura Iurges Strele VI liberos ad curiam sub cultura De istis mansis sunt X in possessione exceptis liberis mansis predictis Alii iacent desolati Taberna dat XVI solidos *famulis* de *Kerkow* Costenworde sunt XXVI Quelibet dat XV denarios et I pullum et dant pullos fumigales per totum XX aree sunt in possessione Prope villam iacet molendinum dans in pactum VIII choros annone ex antiquo nunc autem IIII choros annone Hospitali Sancti Spiritus in Premslaw Ex

1) Güstow ist jetzo ein Bauerndorf, welches halb den Grafen von Schlippenbach auf Schönermark und halb der Gräfin von Callenberg auf Golmitz gehöret.
2) Vorwerk wird noch Feldvorwerk genannt, und gehöret nach Golmitz.
3) Costenlandes bedeutet ohne Zweifel Coßätenland, welches der Besitzer frey von Abgaben bey seinem Hofe besessen.
4) Golmitz, gehörete ehemals der nunmehro ausgegangenen ansehnlichen Familie von Kerkow, nachher denen von Arnim, nunmehro aber denen von Oertz. Gegenwärtig besitzet es die Gräfin von Callenberg, gebohrne von Oertz.

Vkermark.

Ex antiquo dedit XX choros annone Item prope villam iacet molendinum desolatum nomine *Lowenbergesche Mole* in adiutorium huic pactui predicti molendini que vtrimque dederunt XX choros annone Item ad hanc villam iacent X mansi nomine *Kokenitzehuuen* Quilibet dat in pactum X solidos et non plus et iacent desolati In hac villa superiori anno IIII mansi sunt desolati

Nowgarten [1] XXXIIII mansi quilibet dat in pactum VI modios siliginis VI modios auene Precaria IIII solidos Brandeburgenses minus III denariis et III quartalia siliginis et III quartalia ordei et I½ modium auene Censum dat quilibet mansus II solidos Ad dotem de his predictis iacent IIII mansi Senior Borke *Kerkow* cum suis filiis et *patruis* habet VI mansos liberos ad curiam sub cultura Eghard Melmeker ciuis in Premslaw habet pactum et censum super VIII mansis Thideke de *Kerkow* habet precariam super omnes mansos exceptis liberis Borke de Kerkow predictus habet pactum super IIII mansis de istis IIII precariam habet super II mansos Ex istis mansis IIII sunt in possessione et IIII in libertate ad triennium Taberna dat XXX pullos et VI denarios Brandeburgenses Costenworde sunt XXVII Nouem aree ex istis dant per solidum alie per VI denarios Istos Cossatos habet Senior Borke IIII iacent desolate omnes alie sunt in possessione In hac villa iacet pomerium dans XXX pullos Ante villam iacet magna area dans XXVIII pullos *Item de vno loco qui dicitur Borchwal* [2] *dans IX pullos* Item prope villam iacent XXXII iugera Costenlandes Quodlibet iugerum dat VII pullos Summa pullorum de istis omnibus V sexagene excepta taberna Clemens Buk habet II sexagenas pullorum ciuis in Premslaw Henning Hoppen ciuis in Premslaw habet II sexagenas pullorum Eghart Melmeker ciuis in Premslaw habet II sexagenas pullorum De hoc agro videlicet Costenland datur I½ chorus siliginis I½ chorus auene in pactum quos tollit senior Borke Kerkow cum patruis Nota quod de illo agro est media pars in possessione Prope eandem villam iacet stagnum quod dicitur Naugarten super quod sunt *VI tractiones sagene* pertinentes *Borken de Kerkow* cum suis patruis Ex istis pullis sunt XI sexagene in possessione

Arnesse [3] L mansi quilibet dabit in pactum ½ chorum siliginis VI modios ordei VI modios auene Precaria sunt VIII solidi Brandeburgenses II modii siliginis I modius ordei II modii auene Census II solidi De his mansis iacent III ad dotem Hospitale in noua ciuitate Premslaw habet pactum et precariam et censum super IIII mansos etiam cum omni iure *Ian Bentze* habet VI mansos liberos ad curiam sub cultura Henning Lintz habet V mansos liberos ad curiam sub cultura Claus Bentze habet III mansos liberos ad curiam sub cultura Tydeke Wildenow habet III mansos liberos ad curiam sub cultura *Henning Winteruelt* habet I mansum liberum ad curiam suam Hennig Drense ciuis in Premslaw habet pactum precariam et censum super V mansis Nota in hac villa sunt mansi V dantes solum ½ chorum siliginis ½ chorum auene et non censum *Famuli supradicti* tollunt pactum precariam et censum residuum De his mansis sunt X in possessione demptis liberis Alii iacent desolati . Taberna dat XIIII solidos Brandeburgenses XXV pullos et est desolata Costenworde

1) Nowgarten, jetzt Naugarten, ist ein Bauerndorf, das gegenwärtig dem Geheimen Rath v. Arnim auf Boitzenburg gehöret.

2) Dieser Name Borchwall findet sich noch zu Naugarten.

3) Arnesse, jetzt Arentsee, ist ein Rittervorwerk, so mit denen übrigen Schönermarkischen Gütern an die Grafen von Schlippenbach gekommen.

Vkermark.

worde XXXII dantes IIII ſexagenas pullorum et XLV pullos demptis II areis de vna area dantur II ſolidi de II areis dantur III ſolidi de III areis dantur per ſolidos De his areis ſunt XII in poſſeſſione dantes II ſexagenas pullorum cum IIII pullis Prope villam iacet ſtagnum nomine Arnſee ſuper quod ſunt *III tractiones ſagene* [1] et vnum ſtagnum nomine Luteke Petzenik ſuper quod ſunt tractiones ſagene que ſtagna habet Ian Bentz et Henning Wintervelt Prope villam iacet vna inſula dans in pactum III ſolidos In villa ſunt *V Coſtenlande* [2] in poſſeſſione dantes pro I manſo Nota ſuperiori anno III manſi ſunt deſolati

Scapow [3] LXII manſi quilibet dat XXVI ſolidos in pactum X ſolidos I modium ſiliginis I modium ordei II modios auene Ad dotem iacent III manſi tertius manſus dat pactum plebano et iacet ad aliam curiam Tres manſi ad I altare ibidem Iſti manſi iacent ad I curiam de quibus tollit vicarius huius altaris pactum et precariam *Prefectus* dat I talentum pro ſeruitio Albrecht Scadebak habet IIII manſos liberos ad curiam ſub cultura *Ebel de Arnyn* habet pactum et precariam ſuper IIII manſos Henning *Glugen* habet pactum et precariam ſuper III manſos Hegard Wulf habet pactum et precariam ſuper XI manſos et ſuper VI habet precariam Filii Hennige Wulf habent precariam ſuper XV manſos Otto de *Holtzendorp* habet ſuper VII manſos pactum et precariam et ſuper IIII precariam Vicke Holtenbothel habet ſuper XVƗ manſos Idem pactus et precaria de Holtbotel ſtat ad remedium Ghereke Wulf cum fratre ſuo habet pactum et precariam ſuper III manſos Vicarius vnius altaris Iagow habet precariam ſuper VII manſos Czabel Tzadebak habet pactum et precariam ſuper Ɨ manſum Henning et Albertus dicti Scadebak habent ſuper Ɨ manſum pactum et precariam Omnes iſti manſi in poſſeſſione ſunt Taberna dat V libras piperis quas ſuſcipit Eghard Wulf cum Conrado patruo ſuo Coſtenworde XXVII De his areis dant V per ſolidos et VII dant per II ſolidos et IX dant per III ſolidos Omnes alie aree dant de qualibet XII pullos De his areis XXII ſunt in poſſeſſione Alie ſunt deſolate Prope villam iacent VI iugera agri que ſpectant ad eccleſiam de quibus dantur VII ſolidi in pactum III in cenſum Prope villam eſt molendinum dans II choros annone in pactum et IIII ſolidos in precariam In hac villa qui coluntur manſi dant pullum fumigalem et etiam Coſtenworde dant pullos fumigales Inſuper ſunt V Coſſati Quilibet dat V nummos Brandeburgenſes

Dochow [4] XLIIII manſi quilibet dat in pactum X ſolidos et VI modios ſiliginis IIII modios auene II modios ordei Precaria ſunt III ſolidi Brandeburgenſes I modius ſiliginis I modius ordei I modius auene Ad dotem iacent III manſi *Henrik Pul* habet VIII manſos liberos ſub cultura ad curiam *Ebel de Arnen* habet pactum ſuper V manſos et ſuper X precariam Hermannus Kule habet pactum ſuper VIƗ manſos Dunnenhagen prefectus in Iagow habet pactum ſuper II manſos Idem habet ſuper V quartalia agri pactum et precariam Reſiduum pactum et precariam habet Hinrik Pul de Dochow De his manſis ſunt VIII in poſſeſſione demptis liberis qui dederunt Ɨ pactum et precariam hoc anno Taberna dat I libram piperis et eſt deſolata Coſtenworde ſunt IIII II ſunt in poſſeſſione Quelibet area dat II ſolidos et II pullos In hac villa dant de quolibet manſo I pullum fumigalem

1) Auf dem Arrentſee ſind drey Garnzüge, welcher Ausdruck faſt bey jedem See vorkommt.
2) Hier zeiget ſich, daß fünf Coſtenländer, ſo viel als eine Hufe Coſſätenland geweſen.
3) Scapow, jetzt Schapo ein Bauerndorf, dem Grafen von Schlippenbach zu Schönermark zugehörig.
4) Dochow, ein Rittervorwerk, ehemals der ausgegangenen Familie von Dochow, jetzo dem Grafen von Schlippenbach zugehörig.

Vkermark.

galem et de areis per I pullum In hac villa iacet I molendinum dans in pactum II choros annone et VI solidos in censum est desolatum *Ebel de Arnyn* habet redditus istos

Rabow[1] XXIII mansi quilibet dat in pactum XII solidos Precaria sunt V solidi Ad dotem iacent IIII mansi *Peter Winterveld* habet pactum et precariam super V mansos Residuos reditus habet *Henning Wintervelt* cum patruis Taberna dat VI solidos et est desolata Costenworde sunt VI quelibet dat XIII pullos Prope villam iacet molendinum *Stakgische mole*[2] dat in pactum I chorum etiam est in possessione Item I molendinum nomine *Parmowesche mole*[2] desolatum dans in pactum II choros annone Prope villam iacet I stagnum super quod sunt III tractiones sagene

Suanepul[3] XLIII mansi quilibet dat in pactum XXVI solidos et non plus Ad dotem iacent III mansi Ad ecclesiam iacet I mansus Henning *Wynteruelt* habet VIII mansos liberos ad curiam sub cultura *Claus Lynstede* habet IX mansos liberos ad curiam sub cultura Betheke Wynteruelt habet VII½ mansos liberos ad curiam sub cultura Henning Lytzeg habet IX mansos liberos ad curiam sub cultura Taberna dat X solidos Costenworde sunt XLII Quelibet area dat XIII pullos Prope villam iacet molendinum desolatum dans in pactum II choros annone et V solidos Ista villa iacet totaliter desolata Nota prope villam iacent III mansi nomine Ouerland dans ut alii mansi quum est in possessione

Schonermarke[4] LXX mansi quilibet dat in pactum I talentum Precaria sunt VIII solidi III quartalia siliginis III quartalia ordei II½ modius auene Ad dotem iacent IIII mansi Plebanus habet colonum super III mansos de quibus sumit III talenta et quartus est desolatus Henning Gerolt ciuis in Premslaw habet pactum super XVI½ mansos Claus Melmeker ciuis in Premslaw habet pactum super VI mansos Henning Drense ciuis in Premslaw habet pactum super IIII mansos Otte Halbepape cum suis fratribus habet pactum super II½ mansos Prefectus ibidem habet pactum super II mansos liberos super prefecturam iacentes Tydeke *Sperenwolde* habet XII mansos liberos ad curiam suam sub cultura Residuum pactum et precariam habet Tydeke Sperenwolde predictus cum omni iure De his mansis sunt in possessione XXXIIII de quibus possessores in multis annis modium pro pacto et precaria dederunt *sed patiuntur possidere propter futurum contingens bonum* Item II mansi sunt in libertate ad I annum Alii iacent desolati Taberna dat X solidos in pactum et II solidos in

1) Rabow, sind sonder Zweifel die jetzige zwey Rittervorwerke und Forstreviere, Rackow, wovon das eine dem Grafen von Schlippenbach, und das andere der Familie von Klützow gehöret. Zur Zeit des Landbuches, gehörete dieses Gut der alten und noch jetzo blühenden Familie von Winterfeld.

2) Die parmische Mühle ist noch vorhanden, die Stackgische, die vermuthlich Rackogische heissen soll, ist noch jetzo wüste.

3) Suanepul, jetzo Christianenhof, welchen Namen der gegenwärtige Besitzer der Schönermarkschen Güter, der Graf von Schlippenbach, diesem bisher wüste gewesenen, und von ihm wieder hergestellten Vorwerke, nach dem Namen seiner Gemahlin gegeben.

4) Schonermarke, jetzt Schönermark. Dieses wichtige Gut nebst Zubehör, als Racko, Arentse, Schwanepul, hat eine Linie derer von Winterfeld besessen. Da sie aber zu Anfange des sechszehenten Jahrhunderts ausstarb, so erhielt der Landvogt Achim von Arnim die sämmtlichen Schönermarkschen Güter im Jahre 1527. zum Angefälle. Sie kamen zu Ende des dreißigjährigen Krieges in Concurs, und wurden endlich als verfallene Lehne, dem Staatsminister, Freiherrn von Knyphausen, verliehen. Dieser verkaufte sein Lehnrecht an den General Grafen von Schlippenbach, dessen Nachkommen diese Güter noch jetzo besitzen.

Vkermark.

in precariam II libras cere Iste pactus et precaria pertinet Sancte Ecclesie ibidem in villa predicta Costenworde XXXII Quelibet dat I solidum Ex his areis sunt in possessione XII In hac villa dantur pulli fumigales per totum Nota quod superiori anno IIII mansi facti sunt desolati

Parmen [1] XL mansi quilibet dat in pactum XV solidos Precaria IIII solidi I½ modius siliginis I½ modius auene Ad dotem iacent IIII mansi Lodewich de *Parmen* [2] habet super VIII mansis pactum et precariam Betheke de *Parmen* cum fratribus suis habet super III mansis pactum et precariam Pul de *Dochow* [3] habet precariam super VII½ mansis Hartman de *Dewitz* habet V mansos liberos ad curiam sub cultura Petrus Sledorn et Henricus Warborch habent pactum et precariam super XI mansis *Eghard de Dewitz* habet pactum super V mansis Taberna dat VII½ solidos et est desolata *Costenworde* sunt XV quelibet area dat XII pullos *Nota in hac villa sunt XIII mansi in possessione habentes libertatem ad triennium et II aree sunt in possessione habentes libertatem ad triennium* [4]

Werbende [5] XII mansi quilibet dat in pactum ex antiquo II talenta nunc autem XVI solidos et non plus *Henning Winterueld* habet pactum super mansis et super III areis Residuos redditus habet Claus et Hartman de *Dewitz* Costenworde sunt IIII Ex his I area dat VII solidos demptis IIII denariis Alie III dant per VI solidos Brandeburgenses Prope villam iacet stagnum nomine *Brisen* super quo sunt III tractiones sagene Item stagnum nomine *Wolffee* vnius tractionis sagene Ista villa iacet totaliter desolata

Weggun [6] XXXVIII mansi Quilibet dat in pactum XII solidos ½ modium siliginis ½ modium ordei ½ modium auene ½ quartale siliginis ½ quartale ordei et quartale auene Istam annonam ex antiquo dederunt nunc autem ½ modium siliginis ½ modium ordei ½ modium auene Ad dotem iacent II mansi Stephanus de Stendal ciuis in Premslaw habet pactum et precariam super VI½ mansis dempto vno manso Henrick Warborch et Petrus Sledorn habent pactum super VI mansis et precariam super XVII mansis Henrych Muschen habet pactum super VII mansis *Wernher Kerkow* cum fratre habet pactum super I manso et super VIII mansis precariam Iidem fratres habent V talenta et VI solidos in dominio Sanctimonialium in Boytzenborgh In eadem villa Wernher Wulf habet pactum et precariam super III mansis cum omni iure et precariam super I manso Wernher Wulf habet precariam super IIII mansis super prefectura *Borkow de Kerkow* habet I talentum super equum pheudalem Ex istis mansis sunt omnes alii in possessione demptis VIII qui sunt in libertate ad II annos Taberna dat V solidos in pactum et XVIII denarios in precariam Costenworde sunt XIIII De his sunt III in possessione quarum II per XIII pullos Tertia dat XVIII pullos In hac villa dant pullos fumigales per totum Prope villam iacet stagnum vnius tractionis sagene

Vorstenowe

1) Parmen, gehöret unter gleichem Namen, der Familie von Aschersleben, vorhin den von Raven und von Kerkow.

2) Es erhellet hieraus, daß damals ein adeliches Geschlecht von Parmen in der Ukermark gewesen, das aber nicht mehr vorhanden ist. Man wird bemerken, daß die meisten Geschlechte ihren Namen von dem Dorfe, das sie bewohnt, gehabt.

3) Von Dochow ist ein dergleichen ausgegangenes Geschlecht. Das von Dewitz blühet noch in Pommern.

4) Aus diesen und aus vielen andern ähnlichen Stellen des Landbuchs muß man schließen, daß die Ukermark durch einen vorhergegangenen Krieg viel gelitten, daß einige Dörfer ganz wüste geworden, daß man einige Höfe wieder angebauet und ihnen drey Freyjahre verliehen.

5) Werbende, heißt noch so, und ist ein denen von Raven zugehöriges Vorwerk.

6) Weggun führet noch den Namen, und gehöret dem Geheimen Rath von Arnim auf Boitzenburg.

Vkermark.

Vorstenowe [1] LXIIII mansi quilibet dat in pactum ex antiquo I talentum nunc autem XVI solidos Precaria sunt IIII solidi I modius siliginis I modius ordei I modius auene Ad dotem iacent III mansi Heideke Beuer habet pactum super IIII mansis Hans Snytlinge cum fratre habet XX talenta Hinrich Muschen habet precariam super X mansis Hinrich Warborch habet pactum et precariam super VII mansis Rule Ethwat cum fratre ciues in Premslaw habent pactum et precariam super II mansis ad vnam curiam Residuos pactus et precarias habet Nicolaus de *Dewitz* cum suo patruo Ex his mansis sunt II in possessione Alii iacent desolati Taberna dat XVI solidos et est in libertate ad triennium Costenworde sunt VIII Quelibet area dat XIII solidos quorum IIII sunt in possessione Prope villam iacet molendinum dans in pactum I chorum annone et est in possessione

Crewitz [2] LVI mansi quilibet dat in pactum *ex antiquo* XV solidos VII modios siliginis VII modios auene nunc autem XI solidos et XVII modios annone et non plus [3] Ad dotem iacent II mansi Iohannes Trampe cum patruo suo habet VI mansos cum omni iure Czabel Crewitz habet IIII mansos cum omni iure *Erwyn de Crewitz* [4] habet pactum super II manso Item VI mansi iacent ad I altare in Lychen cum omni proprietate Eghard Melmeker in Premslaw habet II mansos cum omni proprietate Item filii Michael *Kratz* habent III mansos cum omni iure Residuum pactum et precariam habet Dominus Marchio Ex his mansis sunt X in possessione et sunt in libertate ad biennium Costenworde XXIV quelibet area dat XII pullos I solidum nomine *Snydeschyllinghe* et in censu III modios auene quorum II sunt in possessione et sunt in libertate ad biennium Item Henricus Muschein habet II mansos liberos cum omni iure

Petzenik [5] prope *Boytzenborg* XLII mansi quilibet dat X solidos in pactum Precaria III solidos ½ modium siliginis ½ modium ordei ½ modium auene Ad dotem iacent II mansi Rubenow habet pactum super VIII mansis et precariam *Czabel de Crewitz* cum suis *patruis* habet pactum super IX mansis Residuum pactum mansorum habet Borkow cum suis patruis Henrich Warborch habet precariam super omnes exceptis VIII liberis Taberna dat V solidos Costenworde I dans I solidum et I pullum Prope eandem villam iacent II stagna I vocatur *Lutke Petzeke* super quo sunt II tractiones sagene aliud vocatur *Grote Petzeke* habens IIII tractiones sagene Ista stagna habent *famuli* supradicti Ista villa tota iacet desolata

Ceruelyn [6] XXX mansi quilibet dat in pactum VI modios siliginis VI modios auene precaria I solidum De his mansis sunt XIIII in possessione et II in libertate ad biennium Ista villa pertinet ad *Castrum Boytzenborg* Prope villam iacet stagnum super quo sunt II tractiones sagene

Kretzendorp [7] LX mansi quilibet dabit I talentum in pactum Precaria VIII solidi III quartalia siliginis III ordei Alterum dimidium auene Ad dotem iacent IIII mansi In hac villa iacent

1) Jetzo Fürstenau, gehöret demselben Geheimen Rath von Arnim.
2) Crewitz gehöret gleichfalls denen von Arnim auf Boitzenburg.
3) Diese oft vorkommende Stelle bedeutet: Daß in diesem Dorff so viel gegeben worden, nun aber nur so viel —
4) Also ist damals auch ein Geschlecht von Crewitz in der Ukermark gewesen, das nun nicht mehr vorhanden ist.
5) Petzenick ist jetzo ein Vorwerk, das zu des Geh. Rath von Arnim Boitzenburgischen Gütern gehöret.
6) Serwelin, gehöret eben demselben. Die von Rerkow haben es 1311. dem Kloster Boitzenburg abgetreten.
7) Jetzo Kröchlendorf gehöret dem Landrath von Arnim, dessen Vorfahren es 1430. von denen von Rerkow gekauft.

Vkermark.

iacent IX mansi in proprietate Sanctimonialium Boytzenburg Kune *Wichmanstorp* tollit pactum ex his de V mansis Henning *Sperenwalde* [1] de IIII Conrad *Wichmanstorp* habet pactum et precariam super XVII mansis Idem Conrad habet precariam super prefectum de I manso Item prope eandem villam iacent XIII mansi super nouum campum quos habet Henning Sperenwolde liberos sub cultura ad curiam Item *Henning Sperenwolde* habet pactum et precariam super XI mansis Claus Schone habet pactum et precariam super XIII mansis Henrik Musheym habet pactum et precariam super VI mansis Item Claus Schone habet III mansos ibidem in nouo campo Taberna dat vnum talentum quod tollit Kune *Wichmanstorp* et est desolata De his mansis sunt XXVII in possessione de quibus sunt III in libertate ad biennium Costenworde XVIII sunt in possessione Quelibet dat vnum solidum In hac villa dant pullum fumigalem Prope villam iacuit I molendinum dans in pactum IIII choros annone et iacet desolatum Sanctimoniales in Boytzenborg habeat super hoc molendinum proprietatem Nota quod Claus Schone habet VIII mansos liberos in his XIII mansis predictis et illos VIII mansos hereditauit ad alias curias et potest hos ponere ad curiam suam liberos Nota quod omnes mansi qui sunt in possessione supradicta dant nunc in pactum I talentum Brandeburgense et II solidos in precariam demptis IIII mansis qui dant XXX solidos in pactum et precariam Nota superiori anno IIII mansi sunt deserti

Wychmanstorp [2] LXIIII mansi quilibet dat in pactum XVI solidos ex antiquo nunc autem X solidos Precaria VIII solidi III quartalia siliginis III quartalia ordei I½ modii auene Ad dotem iacent IIII mansi *Bertram de Wichmanstorp* cum fratre habet pactum et precariam super XVI mansos et super omnes alios mansos habent pactum et Dominus Marchio habet precariam super residuos mansos De his mansis sunt VIII in possessione Taberna nichil dat Costenworde sunt XXII quelibet dat II solidos et X pullos et sunt omnes deserte Prope villam iacet stagnum nomine Wichmanstorp super quod sunt III tractiones sagene et I stagnum vnius tractionis sagene

Claushagen [3] LXXX mansi quilibet dat in pactum VI modios siliginis VI modios auene Precaria V solidi I½ modius auene III½ quartalia ordei III½ quartalia siliginis Census II solidi Ad dotem iacent IIII mansi sub cultura Ghercke Welsow habet pactum et censum super VII mansis et stat litigio Heydeke Bewer habet pactum et censum super VI mansos et stat litigio Residuum pactum et precariam habet Reynbolt de *Grisenberg* et censum de his mansis sunt VIII in possessione et VI mansi in libertate ad triennium Taberna dat XXI solidos in pactum et VI solidos in precariam est desolata Costenworde sunt XX Quelibet dat XII pullos ac III solidos quarum VI sunt in possessione et IIII in libertate ad triennium Nota quod quelibet area dat *Snydepennyghe* per solidum et I modium auene pactus et census I solidum

Jacobeshagen [4] LIIII mansi quilibet dat in pactum XIIII solidos Precaria VII solidi II modius siliginis I½ modius auene Ex his mansis sunt XVIII mansi quorum quilibet dat in pactum X solidos in precariam VI solidos et non plus Ad dotem iacent IIII mansi Heydeke Beuyr

1) Die von Sperrenwalde und von Wichmansdorf sind ausgegangene adeliche Familien.
2) Wichmansdorf hat ehemals der Familie dieses Namens, die 1680. ausgegangen ist, gehöret, nun aber denen von Arnim, die es schon 1453 erhalten.
3) Claushagen gehöret gleichfalls denen von Arnim auf Boitzenburg.
4) Jacobshagen gehöret denen von Arnim von der Gerswaldischen Linie.

Vkermark.

Beuyr habet IIII mansos cum omni iure ad curiam sub cultura Czabel de *Crewitz* habet pactum super IX mansis Henning Malchow habet pactum super II mansis Pul *Dochow* super Iƚ mansis Betheke *Parmen* habet VI talenta Huius successores sunt Dominus Bartholdus *Luckstede* [1] Presbyter cum suis patruis Taberna dat XV solidos Predictus Luckstede Presbyter cum suis patruis habet supremum ville De his mansis sunt Vƚ in possessione et sunt in libertate ad triennium Costenworde sunt IX dantes per solidum Ista villa iacet desolata

Musseltyn [2] XL mansi quilibet dat in pactum IX solidos et non plus quorum V sunt in possessione et sunt in libertate ad triennium Taberna dat X solidos et est desolata Costenworde sunt IIII quelibet dat solidum et sunt desolate Prope villam iacet stagnum nomine Musseltyn super quod sunt III tractiones Item I stagnum super quod sunt II tractiones sagene Ista villa est quasi desolata et pertinet Ludeke *Cratz*

Closterwolde [3] LVIII mansi quilibet dat in pactum III modios siliginis III modios ordei IIII modios auene Precaria sunt III solidi et IIII denarii census II solidi Ad dotem iacent IIII mansi In hac villa XXXIII mansi sunt in possessione Sanctimoniales in Czedenik habent omnes reditus dempta precaria quam tollit Harveyt Romer Taberna dat V solidos Costenworde sunt IX dantes per vnum solidum VI sunt in possessione Prope villam iacet molendinum desolatum dans in pactum Iƚ chorum auene quum est in possessione Nota in hac villa sunt XXXVIII mansi in possessione Nota superiori anno VI mansi facti suntdesolati

Hertzuelde [4] LXIIII mansi quilibet dat in pactum I talentum et non plus Ad dotem iacent IIII mansi Rychbrecht *Berlyn* habet pactum super V mansis Dominus *Hennyngus de Berlyn* [5] *miles* hanc villam habet cum omni iure De his mansis sunt XVI in possessione et sunt in libertate ad triennium Taberna dat I talentum et est deserta Costenworde sunt XXI Quelibet dat XV pullos et sunt omnes desolate In hac iacet molendinum dans in pactum II choros annone et I talentum et est desolatum In hac villa dant pullos fumigales per totum

Blankense [6] LX mansi quilibet dat I talentum in pactum et non plus Ad dotem iacent IIII mansi Henryg *Sueryng* [7] habet VI mansos liberos ad curiam sub cultura Rudgert de *Rode* V mansos Wedego de *Bentz* VII mansos Henning *Kratz* III mansos Iurghen *Kule* IIII mansos Hi omnes habent hos mansos liberos ad curias sub cultura Henning de *Stegelitz* habet pactum super VIII mansis *Rudgart* predictus super II mansis Wedego de *Bentz* super IIII mansis Claus Luschow cum suis patruis super X mansis Muscheym habet II mansos *Ex his mansis VI sunt in possessione alii sunt desolati demptis liberis* [8]

Taber-

1) Dieser Luckstet gehöret vermuthlich zu der noch vorhandenen Familie von Lockstet.
2) Musseltyn, jetzo Mutzelthin, dieses ohnweit Tremplin belegene Rittervorwerk besitzen die von Berg seit langer Zeit; zur Zeit des Landbuchs besassen es die von Cratz.
3) Klosterwalde gehöret zu dem Königl. Amte Zehdenick.
4) Herzfelde besitzen die von Berg schon seit dem 14ten Jahrhundert.
5) Also ist ein adeliches Geschlecht von Berlin gewesen, das aber schon längst ausgegangen.
6) Blankensee gehöret denen von Arnim, die es 1456. von denen von Holzendorf gekauft.
7) Dieser Heinrich Svering ist vielleicht von der alten und ansehnlichen pommerschen Familie von Schwerin.
8) Hier zeigt sich, daß alle dergleichen Stellen so viel sagen als: So viel Hufen sind besetzt, so viel aber wüste.

Vkermark.

Taberna dat vnum talentum quod Ebel Swanebeke *tollit* [1] Costenworde XXX Quelibet area dat I solidum *In hac villa dant pullos fumigales demptis qui colunt mansos* [2] Ex his areis sunt XXV in possessione alie sunt desolate Prope villam iacet vnum stagnum nomine Blankense super quod sunt IIII tractiones sagene et pertinet Henningo *Sueryngе* Prope villam iacet ager in II locis qui dicuntur *Campe* dantes XL pullos Item sunt V Costenlande in possessione de quibus dant LIIII pullos VIII solidos Nota quod in superiori anno II mansi sunt facti desolati

Opidum Boytzenborgh [3] cum aquis pertinentibus dat pro *exactione* [4] VI talenta Brandeb. In hoc opido dedit Dominus Marchio I curiam liberam [5] Hinrico et Iohanni fratribus dictis Musheym iacentem prope *valuam* que dicitur *Haghendor* gratia cuius remisit ciuibus predicti opidi I talentum in exactione et sic remanent V que dant ad festum Sancti Martini Episcopi gloriosi et ad festum Walpurgis Ibi sunt IX *macelle* que dant simul IX libras cere IX libras piperis Ad festum natiuitatis virginis Marie et *IX scapulas carnium* [6] Quelibet scapula valens VI denarios Brandeburgenses in vigilia Pasche De his macellis sunt II in possessione In eodem opido habet Dominus Marchio de iure de quolibet vase medio aliene cereuisie que propinatur IIII denarios Ante opidum iacet molendinum dans in pactum XV choros annone Prope Boytzenborg iacet stagnum *Tytzen* continens castrum predictum super quod sunt XXIIII tractiones sagene Item sunt II stagna nomine *Subow* super que sunt V tractiones sagene Item prope Hertzuelde I stagnum nomine *Creble* super quod sunt VIII tractiones sagene Item prope villam Placht iacet stagnum nomine *Placht* vnius tractionis sagene Item stagnum prope villam Closterwolde nomine *Trebenyke* super quod sunt IIII tractiones Item stagnum nomine *Glanbeke* vnius tractionis sagene Item prope villam Costeryn apud ciuitatem Lychen iacet stagnum nomine *Costeryn* [7] super quod sunt XX tractiones sagene Item prope *Tylstorp* iacet stagnum vnius tractionis sagene nomine *Swantike* Item circa *Rubetum Madendorp* iacet stagnum nomine *Bokerow* et minor *Bokerow* ibidem super quo sunt III tractiones sagene et apud illud stagnum iacet aliud stagnum nomine *Stoytzen* super quo sunt IIII tractiones sagene Item I stagnum nomine *Lassentyn* prope villam *Warte* super quo sunt III tractiones sagene Item prope *Crewitz* iacet stagnum nomine eiusdem super quo sunt V tractiones sagene Item prope villam *Bisterueld* iacet stagnum nomine *Mellen* super quod sunt VI tractionee sagene [8]

Boy-

1) Hier siehet man, daß das so oft vorkommende Wort *tollit*, das noch jetzo bey Abgaben gewöhnliche Wort heben, in dem Landbuche bedeutet.

2) Also wurden die Rauchhüner eigentlich nur von den Kossätenhöfen und Wohnungen, aber nicht von den Hufen gegeben; von diesen aber die Pacht, der Zinß und die Bede.

3) Das Schloß und Städtgen Bötzenburg, das ehemals dem Churfürsten, aber seit 1528. denen von Arnim, und jetzo dem Geh. Justitzrath dieses Namens, mit vielen dabey belegenen Gütern, gehöret. S. oben S. 27. Vor Alters ist auch eine Familie von Boitzenburg gewesen, die aber diesen Ort schon 1271. nicht mehr ganz besessen.

4) Dieses war die Orbede, welche Boitzenburg als eine Stadt gab, und nicht die Landbede.

5) Der Markgraf hatte den Gebrüdern Mußheim einen Hof ritterfrey von Abgaben gemacht.

6) Es sind 9. Fleischscharren gewesen, die 9. Fleischseiten oder Schinken an die Herrschaft geben müssen, davon jede zu 6 Pfennige gerechnet wird.

7) Das Dorf Costrin ist also schon zur Zeit des Landbuchs vorhanden gewesen, ob es gleich darin nicht aufgeführet ist. Eben das gilt von den nachhero folgenden Dörfern, Mahlendorf und Disterfelde.

8) Diese viele Seen haben größtentheils zu dem Kloster Boitzenburg gehöret.

Vkermark.

Boytzenborg [1] LVI manſi quilibet manſus qui iacet in nouo campo dat in pactum VIII modios ſiliginis VIII ordei VIII auene Cenſus ſunt XXVI denarii Brandeburgenſes et manſi qui iacent in antiquo campo quilibet dat in pactum IIII modios ſiliginis V modios ordei V modios auene Ad cenſum XXVI denarios Brandeburgenſes *Ad caſtrum iacent XVIII manſi liberi ſub cultura Ad clauſtrum Sanctimonialium* iacent XXIIII manſi liberi ſub cultura [2] Musheim habet pactum et precariam ſuper XIII manſis Otto Quitz habet III manſos liberos ad curiam ſub cultura *Prefectus* habet II manſos liberos Hartwich cum fratribus filii Willekini *Petyrſtorp* habet IIII manſos liberos ad curiam ſub cultura Grubitz habet V manſos liberos ad curiam ſub cultura Ex his manſis ſunt XVI in poſſeſſione in antiquo campo In nouo campo ſunt IX in poſſeſſione Alii X iacent deſolati demptis liberis Coſtenworde ſunt LXXI dantes *Snydeſchillinge* per I ſolidum Summa IIII talenta cum II ſolidis De his areis ſunt XXXVI in poſſeſſione dantes VII ſexagenas pullorum et XII pullos Pro qualibet area dantur XII pulli Ibidem dant pullos fumigales de quibus tollit prefectus IIII Remanent Domino Marchioni XXXVIII Nota ſuperiori anno II manſi in nouo campo et IIII in antiquo ſunt facti deſolati

Langenhagen [3] LXXXIIII manſi quilibet dabit ex antiquo I talentum in pactum nunc autem X ſolidos Precaria dat VII ſolidos I modium ſiliginis I modium ordei I modium auene Ex his manſis iacent IIII ad dotem Ebel Swanebeke habet VI manſos liberos ad curiam ſub cultura Super I manſum iſtorum iacet precaria videlicet V ſolidi quos Henricus Muſheym tollit Petyr Collene habet IIII manſos liberos ad curiam ſub cultura *Ctander Ghyrswolde* [4] habet IIII manſos liberos ad curiam ſub cultura *Ludeke Kratz* habet IX manſos liberos ad II curias ſub cultura Iaſpar *Lucſtede* [5] cum fratre habet IIII manſos liberos ad curiam ſub cultura Henning de *Holtzendorp* habet IIII manſos liberos ad curiam ſub cultura Hennyk Sticke habet VI manſos liberos ad curiam ſub cultura *Heine Ylow* habet III manſos liberos ad curiam ſub cultura Poppen de Holtzendorp habet IIII manſos liberos ad curiam ſub cultura *Iaſpar Lucſtede* habet IIII manſos ad curiam Mentze Schulte habet pactum ſuper II manſos Muſheym habet pactum ſuper II manſos Reſiduum pactum et precariam habent famuli ſupradicti In his manſis ſunt IX in poſſeſſione dantes per X ſolidos Taberna dat I talentum in pactum et V ſolidos in precariam In hac villa ſunt LII Coſtenwörde Quelibet area dat I ſolidum in cenſum et I pullum Ex his omnibus ſunt XXII in poſſeſſione alie iacent deſerte Coſtenlant habet XXIIII iugera in *tribus campis* ſemper in tantum pro XXIIII dantur vno anno et de ſingulis ſemper quum ſeminantur Alii manſi quilibet iuger dabit IX denarios et iacent deſolati In hac villa dant pullos fumigales demtis liberis manſis per totum Prope villam iacet I ſtagnum nomine Styder ſuper quod ſunt X tractiones ſagene Nota ſuperiori anno IIII manſi facti ſunt deſolati

Byſſcho-

1) Das Dorf Boitzenburg hat ehedem Marienvlieth geheiſſen und dicht an der Stadt gelegen, mit welcher es nun vereiniget iſt. Das Kloſter bey Boitzenburg, ſo den Namen Marienthür gehabt, wurde 1536. ſekulariſiret, und denen von Arnim mit den dazu gehörigen Gütern zu Lehen gegeben. Man ſiehet daſelbſt noch die Ruinen dieſes Kloſters.

2) Die Hufen des Schloſſes oder Rittersitzes und des Kloſters waren, wie gewöhnlich, frey von Abgaben.

3) Langenhagen, dieſes Dorf iſt nicht mehr vorhanden, hat aber bey Gerswalde gelegen.

4) Alſo ſcheinet auch ein adliches Geſchlecht von Gerswalde geweſen zu ſeyn.

5) Die von Lockſtet und von Jlow ſind bekannte noch vorhandene adliche Familien.

Vkermark.

Byschopeshagen [1] XL mansi quilibet dat in pactum XV solidos Precaria sunt V solidi I modius siliginis I modius ordei I modius auene Ad dotem iacent IIII mansi Richbrecht de *Holtzendorp* habet IIII mansos cum omni iure Fredericus de *Stegelitz* habet pactum super VIII mansos Residuos redditus huius ville habet Richard de Holtzendorp In hac villa sunt X mansi in possessione habentes libertatem ad triennium Taberna dat I talentum et est in libertate ad triennium Costenworde sunt XXXIIII Quelibet dat XIIII denarios in pactum et VI denarios in censum quorum due sunt in possessione et sunt in libertate ad triennium omnes alie sunt deserte Ista villa iacet desolata

Opidum Giriswalde [2] LV mansi Quilibet dat in censum VI solidos Brandeburgenses Ad dotem iacent IIII mansi Item ad I altare iacent IIII mansi liberi cum omni iure Henricus *Musheim* habet XIIII mansos liberos ad curiam sub cultura De his mansis XX sunt in possessione alii iacent desolati Predictum opidum dat Henrico et Iohanni *Musheym* et filiis Henrici Stendalis *XVI marcas argenti annuatim in exactione* de quibus propter desolationem pro nunc dantur IIII marce argenti Item *Wortyns* [3] VI talenta de quibus est I talentum in possessione Item apud opidum predictum iacent II molendina que dederunt XVIII choros annone et de his est I in possessione quod pro nunc dat in pactum III choros annone Aliud est desolatum Item iacet I molendinum prope molendina predicta nomine *Buchmole* dans in pactum II choros annone V solidos in precariam quos tollit Ebel Swanebeke cum fratre et prouisores Gyriswolde ecclesie Apud opidum predictum iacet stagnum nomine Molendyk super quod sunt IIII tractiones sagene *In hoc opido dantur Byrpennighe seu pro medio vase aliene cereuisie que propinatur VIII denarii Brandeburgenses pro quartali IIII denarii et pro tunna aliene cereuisie II denarii* [4] Prope villam iacent II mansi liberi ad ecclesiam restaurandam

Kocstede [5] LV mansi quilibet dat in pactum XV solidos Precaria sunt V solidi II modii ordei II modii auene Ad dotem iacent II mansi Czabel de *Holtzendorp* habet VIII mansos liberos ad curiam sub cultura Arnoldus Colene habet VI mansos liberos ad curiam sub cultura Czabel Scadebak cum fratribus habet precariam super VII mansos Voltzeke Colene habet III mansos liberos ad curiam sub cultura Henning Yeger habet pactum super VIII mansos Peter Colene habet XIX solidos super mansos Iacob Wistok habet pactum super VII mansos Residuos redditus habet Czabel de *Holtzendorp* cum fratribus suis De his sunt in possessione XII et II in libertate ad triennium Taberna dat VIII solidos Costenworde sunt XXVII Quelibet dat I solidum et I pullum quarum XIX sunt in possessione Prope villam iacet molendinum dans in pactum IIII choros annone Precaria dat X solidos et I chorum humuli Czander *Gyriswalde* habet pactum super III mansos Cossatorum Bertram de *Netzow* habet pactum super I mansum

Buck-

1) Byschopeshagen ist das jetzige Berkenlatten dem von Arnim auf Böckenberg gehörig.
2) *Opidum* Giriswalde, jetzo Gerswalde, ein Schloß und Flecken, denen von Arnim seit 1463. ganz zuständig. Das Geschlecht von Gerswalde ist schon verlängst ausgestorben. Heinrich Muscheym oder Muschem, der zu Carl 4. Zeiten mit so vielen Gütern in der Ukermark angesessen gewesen, ist vielleicht von der Familie dieses Namens in dem Reich, und mit den Bayerischen Markgrafen in das Land gekommen. In der Ukermark kommt dieses Geschlecht nicht mehr vor.
3) Ohne Zweifel Wurthenzinß von den Wurthen der Cossäten.
4) Dieses Gut hat noch jetzo die Braugerechtigkeit.
5) Kocstede, jetzo Kockstedt, denen von Arnim gehörig. Es ist ehedem ein Geschlechte von Kockstädt in der Ukermark und dem Anhältischen ansäßig gewesen.

Vkermark.

Bucholt XL mansi quilibet dat in pactum X solidos: Precaria II solidi I modius siliginis et I modius auene Census dat I solidum Ad dotem iacent III mansi Heydenrich *de Bentz* cum fratribus habet precariam super omnes mansos demptis VIII mansis Ista villa iacet desolata

Hyndenborch [1] LXIIII mansi quilibet dabit in pactum XVI solidos Precaria VIII solidi I modius siliginis I modius ordei II modii auene De his mansis habet Heydenrich de *Bentz* cum patruo suo XVI mansos liberos ad curiam sub cultura Ad dotem iacent IIIɫ mansi Henning Dvense ciuis in Premslaw habet pactum et precariam super XVI mansos Et Eghard Melmeker ciuis ibidem habet pactum et precariam super IX mansos Henrich Cernekow ciuis in Premslaw habet pactum et precariam super VII mansos et de his mansis sunt XXXIII in possessione Alii iacent desolati Nota quod V sunt mansi in his XXXIII mansis habentes libertatem ad biennium demptis XVI liberis supradictis Taberna dat XXI libras cepi et XL pullos et II libras piperis Remanent XVIII aree que Costenworde dicuntur De quibus dantur III sexagene pullorum cum XXIII pullis Relique aree iacent desolate que sunt III in numero Apud eandem villam iacet molendinum de quo datur IIIɫ chori annone quod modo iacet desolatum Prope eandem villam iacet stagnum super quod sunt XXIII tractiones sagene Nota quod superiori anno III mansi sunt desolati

Bentze [2] XL mansi quilibet dat in pactum X solidos Precaria sunt V solidi ɫ modius siliginis ɫ modius ordei ɫ modius auene Census II solidi Ad dotem III mansi Sanctimoniales in Boytzenborch habent pactum et censum super III mansos in libertate quem pactum tollit Heydenrick de *Bentz* cum patruo Czabel de *Holtzendorp* cum suis fratribus habet pactum precariam et censum super XIII mansos Arnoldus Koc ciuis in Premslaw habet pactum super II mansos Hennink Valke ciuis ibidem habet pactum super III mansos Henricus *Manduuel* cum suis fratribus habet pactum precariam et censum super XIII mansos Ex his mansis XVII sunt in possessione et VII in libertate ad I annum et IIII de quibus susceperunt fructum annone alii iacent desolati Claus Schulte habet II mansos liberos Residuum pactum et precariam tollunt Czabel de *Holtzendorp* cum fratribus et Hinricus *Manduuel* cum filiis fratribus Taberna dat X solidos quos tollunt Henricus et Czabel supradicti Costenworde sunt IX quelibet dat ɫ sexagenam pullorum et XV denarios quorum ɫ est in possessione Prope villam sunt II aree spectantes ad ecclesiam desolatam Nota retro anno XIIII mansi sunt desolati

Sperenwolt [3] LX mansi quilibet dat XVI solidos in pactum Precaria sunt IIII solidi I modius siliginis ɫ modius ordei I modius auene Ad dotem iacent IIII mansi *Eghard Sperenwolde* cum suis fratribus habet XII mansos ad curiam suam sub cultura Henning Hoppe

A a 2 ciuis

1) Hyndenborch, jetzo Hindenburg, gehöret dem Magistrat zu Prenzlow. Die von Hindenburg sind ehemals in der Uckermark sehr begütert gewesen, und es ist noch ein Geschlecht dieses Namens in Pommern vorhanden.

2) Bentze, jetzo Benz. Dieses Gut hat nebst dem vorhergehenden Churfürst Friderich 2. nach Abgang Benedikts von Benz der Stadt Prenzlow im J. 1465. käuflich überlassen. Es ist noch ein Gut dieses Namens in der Uckermark, das nach Boitzenburg gehöret.

3) Sperenwolt, jetzo Sparrenwalde. Das ansehnliche Geschlecht dieses Namens in der Uckermark ist zu Anfange des 16ten Jahrhunderts ausgestorben. In der Folge sind auf dieser Feldmark drey besondere Rittergüter erbauet worden, nemlich Groß Mittel- und Klein-Sparrenwalde. Groß Sparrenwalde gehöret seit 1439 halb der Familie von Arnim, und halb dem Magistrat zu Prenzlow. Mittel und Klein-Sparrenwalde besitzen die von Oertz.

Vkermark.

ciuis in Premslaw habet pactum et precariam super VI mansos Henning Drenke ciuis ibidem habet pactum et precariam super III mansos Eghard Melmeker ciuis ibidem habet pactum et precariam super III mansos et super II mansos I talentum Isti V stant ad redimendum Residuum pactum et precariam tollit Eghard Sperenwolde cum suis fratribus Taberna XVI½ solidos et iacet desolata De his mansis sunt IIII qui dant IIII talenta et non plus et XIII qui sunt in possessione dant pactum et precariam Ibidem II mansi sunt in libertate ad I annum Costenworde sunt XV½ Quelibet dat VI denarios et I pullum quarum I est in possessione In hac dant II sexagenas pullorum de Costenlande iacent desolate dempta I dans solum X pullos et VIII solidos In hac villa dantur pulli fumigales Henning Hoppe ciuis in Premslaw habet II Costenworde

Styrnhaghen [1] LIII mansi quilibet dat in pactum XXX solidos et non plus Ad dotem iacent III mansi quorum I mansus hereditauit ad curiam II reliquos habet sub cultura Henrik *Blankenborch* cum fratre habet X mansos liberos ad curiam *Vicke Ketelhake* cum patruis habet XII mansos liberos ad curiam sub cultura Ludeke Kratz habet redditus super IX mansos Isti redditus stant in pignus Gereken Vetten ciui in Premslaw Bysprow de *Scadebak* habet IIII mansos liberos cum omni iure Sanctimoniales in Sehusen habent IIII mansos cum omni iure Item II mansi iacent ad I altare in predicta villa Item II mansi stant in pignore Henning Hoppen Tydeke Nechelyn ciuis in Premslaw habet I mansum in pignore XXIIII mansi sunt in possessione Ex his mansis sunt VIII qui dederunt pactum hoc anno Taberne sunt due dantes XV libras piperis I iacet desolata alia dat VII½ libras piperis Costenworde sunt XXX quarum XVIII sunt in possessione dantes V½ sexagenas pullorum et I area dat VI denarios I pullum Prope hanc villam iacet ager quum colitur dat XVII pullos et est desolatus Prope villam iacet stagnum nomine Radessee vnius tractionis Item stagnum nomine Ossenpul I tractionis sagene Ibidem iacet insula dans I modium tritici Prope villam iacent III stagna nomine Rodemer habentes III tractiones Insula predicta iacet infra III stagna predicta Nota quod IX mansi sunt in libertate ad triennium Nota Lucifer ciuis in Premslaw habet III sexagenas pullorum de areis que sunt in possessione Nota quod Henning Hoppe ciuis in Premslaw habet II mansos de mansis qui sunt in possessione Hoc anno retro II mansi facti sunt desolati

Strele [2] LII mansi quilibet dat in pactum XXV solidos Precaria sunt X solidi I modius siliginis I modius ordei II modii auene Ad dotem iacent III mansi sub cultura plebani Iorder Bonir habet VI mansos liberos ad curiam sub cultura Claus Bonir habet VII mansos liberos sub cultura Cune Bonir habet VI mansos ad curiam sub cultura Hans Bonir habet V mansos liberos ad curiam sub cultura Petyr *Peterstorp* habet VII mansos liberos ad curiam sub cultura Henning de *Schwechten* [3] habet pactum et precariam super V mansos Dominus Theodoricus Plebanus ibidem habet pactum super II mansos Claus Bonir habet preca-

1) Styrnhaghen, jetzt Sternhagen, hat ehedem zu dem adelichen Jungfrauenkloster zu Prenzlow gehört. Jetzt besitzen es die von Arnim.

2) Strele, jetzo Strehlen. Das Geschlecht dieses Namens ist sehr früh in der Ukermark ausgegangen. Das Gut Strehlen haben die von Arnim 1463. an die von Ketelhake vertauschet, und als diese letztere Familie vor etwa 20. Jahren ausgegangen, ist das Gut an ihre nächste Erben, die von der Osten in Pommern gekommen.

3) Die von Peterdorf sind eine bekannte noch vorhandene Familie, die von Schwechten aber sind ausgegangen sowohl als die von Scadebak.

Vkermark.

precariam et pactum ſuper II manſos Petrus Peterſtorp habet pactum et precariam ſuper III manſos Ex his manſis ſunt in poſſeſſione XII demtis liberis Taberna dat XV ſolidos et iacet deſolata Coſtenworde ſunt X Quelibet dat III ſolidos et II pullos et nulla eſt in poſſeſſione Prope villam iacet molendinum dans in pactum II½ choros annone pertinens ad Sanctimoniales in Zehuſen Hoc anno retro III manſi ſunt deſolati

Ruperſtorpe [1]) LXIII manſi quilibet dat in pactum XXII ſolidos Precaria VI ſolidi II modii auene I modius ſiliginis Ad dotem iacent III manſi Wedege *Ruperſtorp* ciuis in Premſlaw cum patruis ſuis habet pactum ſuper IIII manſos Gereke Roggow ciuis in Poſewalk habet pactum ſuper V manſos Reſiduum pactum et precariam habent Sanctimoniales in Premptzlow et Hoſpitale Sancti Spiritus cum omni iure Ex his manſis ſunt II manſi dantes VI ſexagenas pullorum et non plus Alii dant prout predictum eſt De his manſis ſunt XLV in poſſeſſione Alii ſunt deſolati Taberna dat X ſolidos in pactum Coſtenworde ſunt XIX Ex his areis ſunt III deſolate alie ſunt in poſſeſſione Quelibet area dat ſolidum In hac villa dant pullos fumigales per totum Nota quod retro anno III manſi facti ſunt deſolati In molendino in Premslaw XXI chori annone In villa Guſtuw X manſi et II talenta In Poſewolk XXIIII talenta In villa Bomgarde VI manſi In villa Grunow IIII manſi In Vorſtenwerder II talenta In theloneo in ciuitate IIII in cenſu manſorum in ciuitate V talenta minus I ſolido Item omnes Eccleſias in Premslaw.

Czolchow [2]) XL manſi quilibet dat in pactum XXX ſolidos ex antiquo nunc autem XXV ſolidos Precaria X ſolidi II modii ſiliginis II modii auene Ad dotem iacent III manſi ad curiam ſub cultura Henning Hoppe ciuis in Premslaw habet pactum et precariam ſuper III manſos et ſtant ad redimendum Poppe de Holtzendorp habet reſiduum pactum et precariam Iurden *Vredewolde* habet VIII manſos liberos ad curiam ſub cultura In his manſis ſunt XXII in poſſeſſione demptis liberis Taberna dedit XV ſolidos ex antiquo nunc autem X Coſtenworde ſunt XV quorum XI ſunt in poſſeſſione et dant per ſolidum et per pullum In hac villa dant pullos fumigales per totum Nota retro anno II manſi deſolati

Opidum Potzelow [3]) LXXIIII manſi quilibet dat in pactum I talentum In cenſum III ſolidos Ad dotem iacent IIII manſi Sanctimoniales in Zehuſen habent XVI manſos cum omni proprietate ad curiam ſub cultura *Claus Luſcow* habet IIII manſos liberos ad curiam ſub cultura Claus Luſcow morans in Strele cum fratribus ſuis habet pactum et cenſum ſuper XIIII manſos Lambrecht Luſcow cum ſua matre habet pactum et cenſum ſuper VI manſos Dominus Michel Strele et Dominus Hinrich Strele fratres habent pactum et cenſum ſuper II manſos Ianeke Luſcow habet pactum et cenſum ſuper VI manſos Hennynk Hoppe ciuis in Premslaw habet pactum et cenſum ſuper XXIII manſos et VIII Brandeb ſuper alios

1) Ruperſtorpe, jetzo Röpersdorf, gehöret jetzo halb dem Grafen von Schlippenbach auf Schönermark, als ein altes Pertinenzſtück von dem ehemaligen Jungfrauenkloſter zu Prenzlow, welches mit den übrigen Schönermarkſchen Gütern an dieſe Familie gekommen, und halb dem heiligen Geiſthoſpital zu Prenzlow, als welches Hoſpital und Kloſter dieſes Gut zur Zeit des Caroliniſchen Landbuchs beſeſſen. Es ſcheinet auch, daß eben dieſelbe die Mühlen-Korn-Zoll- und Geldgefälle beſeſſen haben, die am Ende dieſes Artikels von dem Worte *in molendino* an ꝛc. verzeichnet ſind, weil ſelbige dem Dorfe nicht gehören können.

2) Czolchow, jetzt Zolchow, gehöret jetzo denen von Arnim, ehemals denen von Kerkow und vor dieſem denen von Rieben.

3) Potzelow, jetzt Pozlow, war ehemals ein Flecken und Gerichtsort, wovon auch noch eine Rolandsſäule dort ſtehet. Jetzo iſt es nur ein großes Dorf zum Königl. Amte Gramzow belegen.

Vkermark.

alios mansos predictos demptis istis XXIII mansis De his mansis sunt X in possessione dantes hoc anno medium pactum In hoc opido dant XII talenta in *exactionem* III talenta in censum et dicitur *Rudentzins* De his XV talentis Sanctimoniales in Sehusen III talenta et IIII solidos Henning Hoppe ciuis in Premslaw habet VI talenta minus V solidis De his XV talentis predictis residua VI talenta tollunt *famuli dicti Luschouen* [1] Prope opidum iacet *insula* dans in pactum VIII choros tritici VI choros auene Istos redditus habent Sanctimoniales in Sehusen cum omni proprietate Item prope opidum iacet ager nomine *Hagen* dans in pactum XXX solidos famulis de Luscow et IIII solidos Henningo Hoppen predicto Item iacet ager nomine *Wyll* dans ciuibus huius opidi in pactum IIII solidos quando colitur Item prope opidum iacet molendinum dans in pactum Sanctimonialibus in Zebusen VI choros annone et I chorum annone famulis de Luscow Prope opidum iacet stagnum Nota quod omnes isti VI mansi qui sunt in possessione spectant ad Henningum Hoppen excepto molendino

Pynnow [2] XL mansi quilibet dat in pactum X solidos Precaria V solidi I modius siliginis I modios auene Ad dotem iacent IIII mansi Henricus iunior *Sydow* cum fratribus suis et matre habent VIII mansos liberos ad curiam sub cultura Bertram *Grabow* habet IX mansos liberos ad curiam sub cultura Henricus Sydow iunior cum fratribus habet III partes redditus huius ville Bertram Grabow habet quartam partem huius ville De his mansis sunt V in possessione Taberna dat I talentum et iacet desolata. Prope villam iacet stagnum nomine Grotensee super quod sunt VI tractiones sagene pertinet fratribus de *Sydow* et Bertram *Grabow* Item stagnum I nomine Lutckensee super quod sunt III tractiones sagene et pertinet ecclesie Costenworde sunt IX dantes I sexagenam pullorum minus I pullo

Verbetze [3] LIII mansi quilibet dat in pactum I talentum et non plus Ad *dotem* iacent III mansi et ad *edificium* ecclesie II mansi iacent [4] Poppe de *Holtzendorp* habet VIII mansos liberos ad curiam sub cultura Ricbrecht de *Holtzendorp* habet VIII mansos liberos ad curiam sub cultura Betheke de *Holtzendorp* habet IIII mansos liberos ad curiam sub cultura Dominus Betheke de *Holtzendorp* habet X talenta super mansis Residuos redditus huius ville habet Poppe de Holtzendorp cum Betheken Ex his mansis sunt XII in possessione demptis liberis mansis Taberna dat X solidos L pullos et est in possessione Costenworde sunt XXIIII XVII sunt in possessione dantes III sexagenas pullorum et XX pullos In villa iacet molendinum dans in pactum II choros annone et est desolatum Prope villam iacet molendinum nomine *Meyngroſs mole* dans in pactum II choros annone et est in possessione Prope villam iacet stagnum nomine Britze super quod sunt III tractiones sagene et molendinarius huius mole Meynkrest est in libertate ad biennium

Vlyte [5] LXII mansi quilibet dat XXX solidos ex antiquo nunc autem I talentum in pactum Precaria X solidos I modios tritici I modios siliginis I modium auene Ex istis mansis iacent

1) Aus dieser Benennung von *famulis* erscheinet, daß diese Luschow eine adeliche Familie gewesen, die aber ausgegangen oder jetzo nicht mehr bekannt ist.
2) Pynnow, jetzo Pinno, gehöret halb denen von Arnim und halb denen von Holzendorf.
3) Verbetze, jetzo Vergitz, ein altes Lehn derer von Holzendorf, welches sie zu Anfange des jetzigen Jahrhunderts an die von Arnim verkauft; gehöret jetzt zum Arnimschen Familien-Majorat Sukow.
4) *Ad dotem* sind die Predigerhufen, *ad edificium ecclesie* sind die Kirchenhufen.
5) Vlyte, jetzo Flieth. Das Geschlecht dieses Namens, das zur Zeit des Landbuchs einen Theil dieses Dorfs besessen, ist im vorigen Jahrhundert ausgestorben; anjetzo gehöret das Dorf zu dem Sukowischen Majorat.

Vkermark.

iacent III ad dotem Duo ad altare ibidem in ecclesia Ghereke *Welsow* cum fratre habet V mansos liberos ad curiam sub cultura Iacob Wistock cum suis fratribus et patruis habet XVI mansos liberos ad curiam tres sub cultura Czander Lysche habet III mansos liberos ad curiam sub cultura Ghereke Tirien cum suis patruelibus habet IIII mansos liberos ad curiam sub cultura *Henricus de Vlitte* habet IIII mansos liberos ad curiam suam sub cultura Ex istis omnibus mansis exceptis liberis sunt XII in possessione alii sunt deserti Famuli supradicti tollunt pactum et precariam exceptis V mansis de quibus tollit Fredericus de *Stegelitz* pactum et precariam Quilibet mansus dat in censum II solidos Taberna dat XXX solidos Brandeburgenses et I sexagenam pullorum Pactum illum tollit Henning de *Stegelitz* In hac villa iacent XXX Costenworde dant III talenta Brandeburgensia Ex istis areis iacent III deserte Prope villam iacet Costenlant IX iugera cum I danta IX solidos Brandeburgenses dempto VI nummo et est desertum Alius ager qui dicitur Costenlant spectat ad liberos mansos In hac villa est I area super quam sedet Heyne Sconermarke dans XXIIII pullos In hac villa dantur pulli fumigales per totum demtis liberis mansis Illud molendinum spectat ad villam Verbetz Nota quod retro anno II mansi facti sunt desolati

Stegelitz [1] LXXV mansi quilibet dat in pactum I talentum Precaria dat VII solidos In censum dat II solidos Ad dotem iacent VIII mansi ad II missas Conradus Brussow cum fratribus et patruo suo Domino Walthero ciue in Premslaw habet pactum et precariam et censum super VI mansos cum omni iure Otto Kruger habet V talenta super VI mansos Reslaw habet II mansos liberos ad curiam sub cultura Peter Slepkow habet II talenta super II mansos Ghereke Welsow cum fratre habet X talenta super VII mansos et tabernam Residuum pactum precariam et censum habet *Frrdericus de Stegelitz* dempto prefecto qui habet precariam et censum super VI mansos De his mansis sunt in possessione XXI Insuper in his desolatis sunt XV in libertate ad triennium Taberna dat II talenta Costenworde sunt XXXII dantes III talenta per totum De his sunt XVII in possessione Cossati dant pullos fumigales et sunt II aree dantes per X pullos Prope villam iacet molendinum dans in pactum IIII choros annone Prope villam iacet stagnum nomine *Malgast* vnius tractionis sagene Item I stagnum nomine *Hechtisse* I tractionis sagene Ista stagna spectant ad villanos

Opidum Vredeuolde [2] LVI mansi quilibet dat in pactum VI solidos et non plus Ad dotem iacent VIII mansi ad II missas In hoc opido dant XX talenta pro *exactione Byrpennighe* pro medio vase quum propinantur aliene cereuisie VI denarii pro quartali III denarii pro tunna nihil datur In hoc opido sunt XX mansi in libertate ad triennium alii iacent desolati Prope opidum iacet stagnum nomine *Berndesse* super quod sunt II tractiones sagene Item I stagnum nomine *Pluckenagel* vnius tractionis sagene pertinens Wernero et Frederico de *Stegelitz*

Hessen-

1) Stegelitz hat diesen Namen unverändert beybehalten, und gehöret zu dem Suckoischen Majorat derer von Arnim. Das Geschlecht von Stegelitz, ehemals eines der ausgebreitesten und ansehnlichsten in der Mark, ist schon längstens ausgegangen.

2) Opidum Vredenwolde, jetzo Fredenwalde, ist von dem schon zu Ende des 14ten Jahrhundert ausgestorbenen Geschlecht dieses Namens noch vor Carl 4. Zeiten an die von Stegelitz, und von diesen durch Kauf an die von Arnim gekommen, denen es noch gehöret.

Vkermark.

Heſſenhaghen [1] LIIII manſi Quilibet dat X ſolidos in pactum et quilibet manſus dat I pullum fumigalem et ibi non datur precaria De his iacent IIII manſi ad dotem XII manſi in poſſeſſione Ludeke de *Elynghe* habet pactum ſuper IIII manſos Reſiduum pactum habet Claus Malchow et Henninghus cum ſuis fratribus Taberna dat V ſolidos et III pullos et eſt deſolata Coſtenworde ſunt XVI dantes XXIX ſolidos Brandeburgenſes X aree ſunt in poſſeſſione dantes XVII ſolidos et VI ſunt deſolate Quilibet Coſſatus dat II pullos Manſi dant XII ſolidos et XII pullos Nota retro anno III deſerti

Curia Sukow [2] X manſi Hanc habent Frentze et Liuius ciues in Premſlaw filii Coppen Czobelſtorff ſub cultura cum omni iure que curia nunc iacet deſerta Prope curiam iacet ſtagnum nomine Kutzenik ſuper quod ſunt IIII tractiones ſagene Prope curiam iacet molendinum deſolatum

Leuenuelde [3] XXXIII manſi Quilibet dat in pactum V modios ſiliginis V modios ordei VI modios auene et non plus Ad dotem iacent III manſi Taberna dat VI ſolidos Coſtenworde XVI Quelibet dat I ſolidum Prope villam iacet I ſtagnum ſuper quod III tractiones ſagene Tota deſolata

Hoghenwalde [4]

Ryngkenwolde [5] LXIIII manſi Quilibet dat in pactum XV ſolidos Precaria dat V ſolidos ½ modium ſiliginis ½ modium ordei I modium auene Ad dotem iacent IIII manſi Coppe Gegher habet pactum ſuper VIII manſos Henning Lytzik habet pactum ſuper VII manſos Henning Valkenberg habet pactum ſuper IX manſos Henning Malchow cum fratre ſuo habet pactum ſuper XII manſos et precariam ſuper II Uxor Jacobi Briſt habet pactum ſuper IIII manſos Henning de *Wenden* habet X talenta in precaria Claus habet II talenta in precaria Senior Holtebothel habet precariam ſuper V manſos Buſſe de *Dolle* habet pactum ſuper IIII½ manſos ex parte filiorum Czacharie Sex ſunt taberne quarum IIII dant per I talentum et I taberna dat XVI ſolidos et I dat XI ſolidos Omnes manſi ſunt deſolati Coſtenworde ſunt XLVIII Quelibet area dat in pactum I ſolidum et I pullum et in cenſum dat V denarios quarum XIX ſunt in poſſeſſione Prope villam iacet molendinum quod voluitur per ventum quod nunc deſertum ſtat quod dedit IIII chorios annone Item ſtagnum nomine Ponerſken ſuper quod eſt I tractio ſagene Herman Mechow ciuis in Templyn habet X ſolidos ſuper areas et Cetztzel ciuis in Templyn habet pactum ſuper I tabernam

Tempus [6] XX manſi Quilibet dat in pactum VII ſolidos et non plus Wernerus et Fridericus de *Stegelitz* habent omnes iſtos redditus liberos ad curiam ſub cultura Coſtenworde ſunt XII Quelibet area dat VI ſolidos et VI denarios et I pullum Taberna dat VI ſolidos et XV pullos Prope villam iacet ſtagnum ſuper quod ſunt L tractiones quo pertinent famulis predictis

Cryn-

1) Heſſenhagen, ein kleines Rittervorwerk, zum Arnimſchen Majorat Sukow gehörig.

2) Sukow iſt noch jetzo unter dem Namen ein Rittergut und der Sitz des im Jahr 1730. von dem Generalfeldmarſchall von Arnim geſtifteten Familien Majorats. *Curia* bedeutet ein Rittergut, einen Hoff.

3) Leuenvelde iſt das jetzo zu Sukow gehörige Vorwerk Charlottenhof.

4) Hoghenwolde hat vor dieſem denen von Stegelitz gehöret. Gegenwärtig ſind dort zwey Vorwerker, nemlich Alt und Neu-Hohenwalde. Erſteres gehöret denen v. Arnim, letzteres denen v. Holtzendorf.

5) Ryngbenwolde, jetzo Ringenwalde, gehöret denen von Alim, welche ſchon 1379. daſelbſt gewohnet haben, und vor 30. Jahren ein Majorat davon gemacht.

6) Tempus iſt das jetzige denen von Arnim zuſtehende Rittergut Alt-Temmen, welches die von Stegelitz ſchon 1473. verkauft.

Vkermark.

Crynckow [1] XL mansi Quilibet dat VII solidos in pactum et non plus Ad dotem iacent IIII mansi De his XV sunt in possessione Taberna dat VI solidos Costenworde sunt VII quarum II sunt in possessione dantes per I pullum et VI denarios Ista villa pertinet famulis de *Stegelitz* prius motis

Cotzykendorp LX mansi Quilibet dat in pactum V solidos et non plus Taberna dat VI solidos Costenworde sunt X dantes per I pullum et VI denarios Ista villa est tota deserta et pertinet famulis de Stegelitz - - - Prope villam iacet I stagnum vnius tractionis sagene pertinens ecclesie Nota quod prope Tempue iacet I molendinum desolatum quod dedit III choros annone Item I molendinum iacet prope molendinum predictum et est desolatum quod solebat dare IIII choros annone

Poratz [2] *Gherstorp* [3] *Glambeke* [4] *Woletzke*

Iordendorp [5] XXXVIII mansi Quilibet dat in pactum VI solidos et non plus et sunt in possessione omnes Taberna dat VI solidos et est in libertate ad biennium Costenworde sunt VIII Quelibet dat II solidos Brandeburgenses quarum V sunt in possessione Prope villam iacet stagnum nomine Lanke super quod sunt II tractiones sagene Item I stagnum nomine Kubyl super quod sunt II tractiones sagene

Gandenitze [6] LII mansi Quilibet dat in pactum XII solidos Precaria III solidi I modius siliginis I modius ordei II modii auene Ad dotem iacent IIII mansi quos Plebanus habet sub cultura Filii Martini Tuneman habent pactum super IIII mansos Tydeke Hyndenborge civis in Templyn habet pactum super IIII mansos Herman Borstorp habet pactum super IX mansos Peter Colene cum patruis suis habet pactum super VI mansos Czacheus Redelstorp habet pactum super IIII mansos Residuos pactus et precarias habet Henricus Slepckow cum fratribus suis De his sunt XVI in possessione habentes libertatem ad triennium Alii iacent deserti Taberna dat XXIIII solidos et est desolata Costenworde XIIII Quelibet dat VI denarios et I pullum et iacent desolate Prope villam iacet molendinum dans in pactum II choros annone et est desertum pertinens ad Sanctum Spiritum in Templyn Prope hanc villam iacet *Kaltbrade* de quo datur I talentum Item stagnum super quod II tractiones sagene spectantes ad Sanctum Spiritum in Templyn

Netzzow [7] XLII mansi Quilibet dat X solidos et non plus Ad dotem iacent II mansi *Claus Swanebeke* habet pactum super VIII mansos *Bertram Swanebeke* habet cum patruo suo pactum super XVI mansos *Henning Kratz* cum Domino *Iohanne Swanebeke* swagero suo habet pactum super XI mansos de quibus habet liberos ad curiam sub cultura Arnoldus *Swanebeke* cum fratre suo Nicolao habet pactum super IIII mansis Costenworde sunt IX Quelibet area dat VI pullos Villa est totaliter deserta

Plachte

1) Crynckow und Cotzykendorp sind jetzo unbebauet. Der See Crynckow liegt noch jetzo unter diesem Namen bey Alt-Temmen, und die von Arnim sind mit der Feldmark Crynckow beliehen. Cotzykendorp hat da, wo jetzt Neu-Temmen ist, gestanden.

2) Poratz, ein Rittervorwerk derer von Arnim.

3) Ghierstorp und Woletzke kommen unten nochmal vor.

4) Glambeck gehöret einem von Köhler.

5) Jordendorp ist ganz unbekannt, und muß da gestanden haben, wo anjetzo das Templinische Magistratsvorwerk Knehden stehet, als wobey ein See, Namens Lanke belegen.

6) Gandenitze, jetzo Gandenitz, ein Cämmereydorf der Stadt Templin.

7) Netzzow, jetzo Netzow, gehöret dem Geheimen Rath von Arnim auf Boitzenburg.

Vkermark.

Plucht [1] *Wubechar* [2]

Densow [3] XL mansi Quilibet dat VI solidos et non plus Hans Groten ciuis in Templyn habet pactum super II mansis De his IIII sunt in possessione habentes libertatem ad triennium Ista villa totaliter est deserta et pertinet Coppeken Barstorp et suo patruo Prope villam iacet stagnum nomine Densow super quod sunt III tractiones sagene

Beytel [4] XX mansi Quilibet dat XII solidos et non plus De his mansis sunt VI in possessione et sunt in libertate ad triennium Taberna dat X solidos et est deserta Costenworde sunt III Quelibet dat XVIII denarios et II pullos et sunt deserte Coppe Barstorff cum patruo suo habet hanc villam Prope villam iacet stagnum nomine Lutighe Beytel super quod sunt II tractiones sagene

Kramtz [5] *Tangherstorp* [6] *Rudow* *Bredereyke* [7]

Rodelyn [8] XLIII mansi Quilibet dat IX modios siliginis IX modios auene Precaria sunt V solidi I modius siliginis et I modius auene Census II solidi Ad dotem iacent IIII mansi Lutteke Busse habet pactum super IIII mansos Hyndenborch ciuis in Templyn habet pactum super VIII mansos Iurgen *Ylow* habet pactum super V mansos Gheuert *Sperenwolt* cum fratribus suis habet residuum pactum Consules ciuitatis Templyn habent precariam in hac villa et supremum iuditium Taberna dat X solidos Costenworde quelibet dat VI denarios et I pullum Ista villa est deserta

Theskendorp [9]

Milmerstorp [10] L mansi Quilibet dat in pactum IIII solidos Precaria I solidus De his mansis sunt XXVI in possessione Hennink Trypkendorp habet XII mansos liberos ad curiam sub cultura Taberna dat X solidos et est in possessione Costenworde sunt XVIII Quelibet dat I solidum et III pullos quarum III sunt in possessione Prope villam iacet ager nomine Nyenland dans in pactum I sexagenam pullorum et est desertus Nota quod retro anno VI mansi sunt deserti

Lubberske [11]

Curia Kolpyn [12] XX mansi quilibet dat V solidos iacet deserta

Ghotze-

1) Plachè, es sind jeht zwey Vorwerker Alt- und Neu-Placht. Alt Placht besitzt einer von Herzberg, und Neu-Placht der Commissarius Rathmann.
2) Wubechar heißt jetzo Wubgarten, und ist ein kleines Rittervorwerk, so dem von Arnim auf Boitzenburg gehöret.
3) Densow, jetzt ein Colonistendorf, zum Königl. Amte Badingen belegen.
4) Beytel, gleichfalls. Ehemals war eine adeliche Familie dieses Namens in der Ukermark.
5) Kramz ist jetzo unbekannt, so wie auch Rudow.
6) Tangherstorp, jetzo Tangersdorf, ein Colonistendorf, nach Badingen gehörig.
7) Bredereyke ist jetzo ein Badingisches Amtsdorf.
8) Rodelyn, jetzo Rödlin, desgleichen. Sämmtliche Badingsche Amtsdörfer gehörten ehemals dem Kloster Himmelpott, welches, nachdem es secularisiret worden, nebst Badingen, die von Trotte im Jahre 1557. erhalten. Da der letzte der Ukermärkischen Linie im J. 1730. starb, ward aus diesen Gütern das Königl. Amt Badingen gemacht.
9) Theskendorp ist das jetzige Arendsnest bey Templin.
10) Milmerstorf ein der Famile von Arnim seit langen Jahren zugehöriges Gut.
11) Lubberske, jetzo Lebeske, ein kleines Vorwerk derer von Holzendorf.
12) Curia Kolpyn. Jetzo sind drey Vorwerker dieses Namens: Alt- Neu- und Klein-Kölpien, denen von Arnim gehörig.

Vkermark.

Ghotzekendorp [1] *Reynyhdorp* [2]

Ghollin [3] XLVI mansi quilibet dat in pactum V solidos Precaria VI denarios et quelibet domus dat II pullos *Grypheke de Gryffenberg* Rembolt et Bertram fratres habent redditus huius ville De his mansis sunt XXVI in possessione et V sunt in libertate ad triennium Taberna dat XVIII solidos Costenworde sunt VI quelibet dat VI denarios et II pullos quarum II sunt in possessione Prope villam iacet stagnum quod pertinet ciuitati Templyn super quod sunt VII tractiones sagene Retro anno facti sunt VI mansi deserti

Witmanstorp [4] XLI mansi quilibet dat in pactum V solidos Precaria I solidus Ad dotem iacent IIII mansi *Heyne Ylow* cum patruo suo habet pactum super VIII mansos Idem Ylow habet pactum super XXIIII mansos Coppe Meys ciuis in Templyn habet I talentum super tabernam et mansos Grifeke Rembolt et Bertram fratres de *Grifenberg* cum suis patruis videlicet Ianeman cum fratribus habent precariam huius ville De his mansis sunt IIII in possessione XI in libertate ad biennium Taberna dat I talentum in pactum et V solidos in precariam et est in possessione et super hoc IIII solidos nomine *Heydentins* Costenworde sunt XXX Quelibet dat VI denarios et VI pullos quarum VIII sunt in possessione Prope villam iacet molendinum dans in pactum XXVII choros annone et est desolatum Prope villam iacet stagnum nomine Poltzen super quod sunt VI tractiones sagene Item I stagnum nomine Ragoyse super quod sunt II tractiones sagene et ista stagna pertinent Grifeken cum fratribus suis de Grisenberg In hac villa est I taberna dans ut prius et est tota desolata Nota L sunt aree dantes censum de qualibet area dantes VI denarios De his dantes censum sunt XXIIII In hac villa dant pullos fumigales per totum

Schonenbeke [5]

Petyrstorp [6] LIIII mansi quilibet dat in pactum V solidos et non plus Ad dotem iacent IIII mansi De his mansis sunt XLIII in possessione Taberna dat X solidos et est in possessione Costenworde sunt XVI Quelibet dat I solidum et II pullos quarum II sunt in possessione Prope villam iacet molendinum dans in pactum II choros annone est desertum Haruyt Romer habet hanc villam cum omni iure Nota quod inter mansos qui sunt in possessione sunt VIII mansi qui sunt in libertate ad triennium Nota quod in hac villa de qualibet domo huius ville dantur I solidus et II pulli nomine *Husschillinge* Nota quod in hac villa retro anno IIII mansi deserti

Durgysdorp [7] *Arnsdorp* [8] *Hauelspryng* [9] *Storkow* [10] *Weseldorp* [11] *Bartildorp* [12]

Bb 2 *Hyn-*

1) Ghetzekendorp, jetzo Götzkendorf, ein altes Rittergut derer von Arnim.
2) Reynyhdorp, jetzo Reyersdorf.
3) Ghollin gehöret denen von Holzendorf.
4) Witmanstorp, jetzo Vietmansdorf, ebenfalls.
5) Schönebeke, ist wahrscheinlich das jetzige Stemnitz zur Templinschen Cämmerey gehörig.
6) Petyrstorp, jetzo Petersdorf, denen von Holzendorf gehörig. Die hier angeführte benachbarte Mühle heißt jetzo Alimsmühle, und ist wegen der starken Passage nach Berlin, mit drey Wirths- und andern Häusern bebauet.
7) Dargysdorp, jetzo Dargersdorf, ein Holzendorfisches Gut.
8) Arnsdorp, das jetzige Holzendorfische Vorwerk Basdorf.
9) Havelspryng, jetzt Hammelspring, zum Amte Zehdenik gehörig.
10) Storkow, ein ehedem Trottisches, jetzt Badingsches Amtsdorf.
11) Weseldorp, jetzo Wesendorf, zum Amte Zehdenik gehörig.
12) Bartildorp ist die jetzige zum Amte Zehdenik gehörige Meyerey Vogelsang. Von allen diesen Oertern stehen blos die Namen im Landbuche.

Vkermark.

Hyndenborch [1] XLVI mansi Quilibet dat in pactum X solidos et non plus Ad dotem iacent IIII mansi De illis mansis sunt III desolati et II in possessione Costenworde sunt XIII Quelibet dat VI denarios in censum et I pullum quarum VIII in possessione

Poltzen [2] LXIX mansi quilibet dat in pactum XXIIII solidos Precaria VIII solidi I modius siliginis I modius ordei II modii auene Ad dotem iacent IIII mansi Ex his I mansum hereditauit ad aliam curiam *Petyr de Poltzen* habet III mansos liberos ad curiam sub cultura *Claus de Poltzen* habet II mansum liberum ad curiam sub cultura Grifeke *de Grisenberg* habet IIII mansos liberos ad curiam sub cultura Ebel Drense ciuis in Premslaw habet V mansos cum omni iure Item super tabernam habet XXIII solidus Hoensten habet pactum et precariam super III mansos et super II pactum Henning Lutzelow habet V mansos liberos ad curiam sub cultura Filius Ghysen Mowen habet pactum super II mansos Coppeke Croger habet pactum super II mansos Residuos redditus habet Gripheke de *Grisenberg* cum patruis suis Ex his mansis sunt VIII in possessione Sanctimoniales in Sehusen habent pactum super II mansos Item XV mansi sunt in libertate ad biennium Taberna dat XXX solidos et est in possessione Costenworde sunt XXVIII Quelibet dat XVIII denarios et I pullum quorum II sunt in possessione Prope villam iacet stagnum I tractionis sagene Nota quod de II possessis areis datur I sexagena pullorum et I deserta dat ½ sexagenam quando possidetur

Smedeberg [3] LXIIII mansi quilibet dat in pactum I taleatum VI modios ordei VI modios auene et I quartale pisorum Ad dotem iacent IIII mansi Thideke Bleck habet VIII mansos liberos ad curiam sub cultura Arnolt Colene habet II mansos cum omni iure Heyne Czernekow ciuis in Premslaw habet redditus super V mansos dempto I choro annone Grifeke de *Grisenberg* cum patruis suis habet redditus residuos huius ville De his mansis sunt XIII in possessione et habent libertatem ad biennium Taberna dat III talenta et est deserta Item dat XXI libras cepi et I libram piperis Costenworde sunt XXI Quelibet dat I solidum et II pullos et sunt omnes deserte demptis III habentes libertatem ad biennium Prope villam iacet molendinum dans in pactum II chorum annone est in possessione Prope villam iacet stagnum nomine Kowil super quod sunt III tractiones sagene Item I stagnum nomine Ghenyk vnius tractionis sagene

Ghuntersberge [4] LXIIII mansi quilibet dat in pactum II talenta ex antiquo nunc autem I chorum siliginis VIII modios tritici ½ chorum ordei VIII modios auene Precaria dat IIII solidos Census I quartale pisi II nummi qui dicuntur *Vlaspennighe* Ad dotem iacent IIII mansi sub cultura plebani Sculte de *Moryn* habet pactum et precariam super III mansos Tuneman prefectus habet II mansos liberos Hennink Brist habet II mansos liberos ad curiam sub cultura Henning *Sack* habet II mansos liberos Claus Tampine ciuis in Angermunde habet pactum et precariam super III mansos Claus Alerd habet II mansos de quibus dat precariam et *tenet Dominis suis equum pheudalem* Residuum pactum et precariam

1) Hindenborch, zum Amte Schönenick belegen.
2) Poltzen, jetzo Polsen. Hier hat ein Geschlechte dieses Namens gewohnet, so aber nicht mehr vorhanden. Von denen von Greifenberg ist dieses Gut an die von Buch, an die von Aschersleben, und von diesen an den von Vernezobre verkaufet.
3) Smedeberg, jetzo Schmiedeberg, ein altes Greifenbergisches Lehn, welches an die von Hagen gekommen.
4) Ghuntersberge, jetzo Günterberg, ein Pertinenz von Greifenberg und alte Besitzung derer von Sparre.

Vkermark.

riam habet Grifeke Bertram Reinbolt fratres dicti *Griſenberg* et Ianeman patruus eorum habet in tantum vti fratres predicti Monachi de Choryn habent pactum ſuper II manſos Taberna dat V libras piperis et I talentum Dominis de Griſenberg et dat medium pactum hoc anno In hac villa ſunt III manſi in poſſeſſione Alii in libertate ad biennium Coſtenworde ſunt XL dantes in cenſum IIII talenta demptis III ſolidis De iſtis areis ſunt XVII in poſſeſſione et ſunt in libertate VII aree ad I annum Alie X dant XIX ſolidos In hac dantur pulli fumigales per totum demptis liberis manſis Prope villam iacet molendinum dans in pactum VI choros annone et ½ ſexagenam pullorum dans hoc illis de Griſenberg prius motis Prope villam iacet ager nomine *Hylgeland* ſpectans ad eccleſiam, quum colitur dans VIII ſolidos in pactum et iacet hoc anno deſolatus

Opidum Griſenberg 1) LIIII manſi quilibet dat in pactum X ſolidos Ad dotem iacent IIII manſi Rembolt *Griſenberg* habet VI manſos liberos ad curiam ſub cultura Czander Lyſten cum fratribus habet VI manſos liberos ad curiam ſub cultura Bertholt Schatte habet II manſos liberos ad curiam ſuam ſub cultura Cune Helmekens habet III manſos liberos ad curiam Henning Wulkenſtyn habet III manſos liberos ad curiam ſuam ſub cultura De his manſis ſunt VI in poſſeſſione alii iacent deſolati In hoc opido dant ciues pro *exactione* XVI talenta ex antiquo nunc autem dant VI talenta De *hac exactione* Ehel Drenſe habet tertiam partem *Rudentyns* III talenta II talenta iacent ad primam miſſam Ibidem prefectus tollit tertium talentum De his Rudentyns eſt media pars poſſeſſa *Achterſtyns* I talentum iacet deſolatum Conſules oppidi tollunt Ante opidum iacent *II orti* vnus ortus dat I talentum plebano et plebanus colit eum Alius dat X ſolidos Ante opidum iacet molendinum omnino deſertum quod dedit VI choros annone Item molendinum dans IIII choros annone eſt in poſſeſſione Item I molendinum nomine Woldenbeke dans in pactum II choros annone et eſt in poſſeſſione ſpectans ad primam miſſam Iſtud opidum *pertinet famulis de Griſenberg* Item ante opidum iacet ortus dans ½ ſexagenam pullorum

Bruchoue 2) XL manſi quilibet dat in pactum I talentum et non plus Ad dotem iacent IIII manſi ſub cultura Henning Walmow habet VI manſos liberos ad curiam ſub cultura Gereke Boſewille habet V manſos liberos ad curiam ſub cultura Stentzeke habet V manſos ad curiam ſub cultura Buſſe Wikberge habet III manſos liberos ad curiam ſub cultura *Iagow* habet III manſos liberos ad curiam ſub cultura Tideke Roſow habet V manſos liberos ad curiam ſub cultura Henning *Griſenberg* habet VII manſos liberos ad curiam ſub cultura Reſiduum pactum et precariam habet Henning de Griſenberg In hac villa ſunt IIII manſi deſerti Taberna dat X ſolidos et I libram piperis et eſt in poſſeſſione Coſtenworde ſunt XV Quelibet dat VI denarios dempta I area que dat I ſolidum Quarum V ſunt in poſſeſſione Alie ſunt deſerte Prope villam iacet molendinum dans in pactum III choros annone Bertram *Griſenberg* cum patruo tollit pactum Prope villam iacet ſtagnum nomine Pletze vnius tractionis ſagene *Nota quod in hac villa decuriones colunt agrum et non ſunt villani*

Kuwey-

1) Opidum Griſenberg, jetzo Greiſenberg, das alte Stammhaus dieſes ehedem in der Ukermark ſehr begüterten Geſchlechts von Greiſenberg, das nun nichts mehr darin beſitzet. Das Sch.oß und Städtchen Greiſenberg iſt ſchon im 15ten Jahrhundert von dieſer Familie ab- und an die Herren, nachmalige Grafen von Sparre, gekommen.

2) Bruchowe, jetzo Bruchhagen. Dieſes Gut hat nach denen von Greiſenberg, das in der Ukermark nicht mehr vorhandene Geſchlecht von Hohenſtein noch im 16ten Jahrhundert beſeſſen. Von denſelben iſt es an die von Holzendorf, die es noch haben, gekommen.

Vkermark.

Kuweyde [1] X mansi ad curiam iacentes quam possident Bertram et Henning *patrui dicti de Grifsenberg* Taberna dat I talentum et est in libertate ad I annum Costenworde sunt VIII quarum II dantes per XX pullos et I per XVIII pullos et alie sunt desolate et sunt in libertate ad I annum Prope villam iacet molendinum nomine *Westmole* dans in pactum II choros annone Item I molendinum nomine *Bredendyk* dans III choros annone et sunt in possessione ad I annum

Vruwenhagen

Wilmerstorp [2] L mansi quilibet dat in pactum I talentum Precaria VI solidi I modius siliginis I modius ordei I modius auene Ad dotem iacent IIII mansi Claus Stenhouel habet IIII mansorum pactum Heine Tuneman habet IIII mansos liberos ad curiam suam sub cultura Tewes Stenteller habet pactum super II mansos Residuum pactum et precariam habet Reinbolt cum Ianeman patruo et fratribus suis et Grifeke de Stenhouel De his mansis sunt in possessione XXVI mansi et VIII mansi habentes libertatem ad biennium Taberna dat I talentum XLI libras cepi ex antiquo nunc autem X solidos est in possessione Costenworde XVIII Quelibet area VI denarios Censum VI denarios precariam I pullum De his sunt VIII in possessione habentes ad I annum libertatem

Steynhouel [3] LIIII mansi Quilibet dat in pactum X solidos Precaria XV denarios Ad dotem iacent III mansi et sunt deserti Grifeke de *Grifenberg* morans in Steynhouel habet VIII mansos liberos ad curiam sub cultura Hentze *Hoghensteyn* habet II mansos liberos ad curiam Arnoldus Blandelow habet II mansos liberos ad curiam Hermannus Eichorst habet IIII mansos liberos ad curiam sub cultura Hans Holtheke habet II mansos Ghereke Schulte ciuis in Premslaw habet pactum super X mansos ex his mansis sunt XVI in possessione Taberna dat I talentum et est in possessione. Costenworde sunt XX Quelibet dat VI denarios et I pullum quarum X sunt in possessione et hec villa in libertate est ad biennium

Woletzcke [4] LIIII mansi quilibet dat in pactum VI solidos Precaria II solidi et non plus Ad dotem iacent IIII mansi Bertram de *Greifsenberg* habet XVI mansos liberos ad curiam sub cultura De his mansis sunt X in possessione et sunt in libertate ad I annum sed in hoc anno nihil resecauerunt de mansis Taberna dat XVI solidos de quibus Dominus Marchio sumit VIII et habet eandem libertatem predictam Costenworde sunt XIII Quelibet dat I solidum et I pullum et VII sunt in libertate vt mansi Prope villam iacet stagnum nomine Wolletzcke super quod sunt XII tractiones sagene

Kuny-

1) Kuweyde und Vruwenhagen, jetzo Frauenhagen, sind zwey wichtige Güter und alte Besitzungen derer von Greifenberg, von denen sie der General Graf von Hacke gekauft; seine Erben haben sie an die von der Osten gegen das Städtchen Pencun in Vorpommern vertauschet, und diese haben sie wieder an den Grafen von Lepel als gegenwärtigen Besitzer verkaufet.

2) Wilmerstorp, ein beträchtliches Rittergut, ehemals denen von Greifenberg, jetzo dem Geheimen Rath von Buch gehörig.

3) Steynhouel, jetzo Steinhöfel, ist größtentheils mit der Herrschaft Greifenberg an die von Sparr gekommen, die es an die von Reder verkauft.

4) Woletzcke, jetzo Wolletz, ist von denen von Greifenberg an die von Arnsdorff, von diesen an die von Ironhöfer, von diesen an die von Happe, und von diesen an die von Linger gekommen.

Vkermark.

Kunykendorp [1] [illegible]

Gherſtorp [2] LIIII manſi quilibet dat in pactum IIII ſolidos Precaria I ſolidus et non plus Ad dotem iacent IIII manſi Bertram de Griſenberg morans in Kuweyde habet hanc villam cum omni iure De his manſis ſunt VIII in poſſeſſione et ſunt in libertate ad quadriennium Taberna dat XV ſolidos de quibus Dominus Marchio ſumit VIII et eſt deſerta Coſtenworde ſunt III quelibet dat VI denarios et I pullum et ſunt deſerte Prope villam iacet ſtagnum nomine Gherſtorp ſuper quod ſunt VI tractiones ſagene

Lywenberge Bobidindorff [3] [illegible]

Sconenberge [4] LXIIII manſi Quilibet dat X ſolidos in pactum Precaria IIII ſolidi Ad dotem iacent IIII manſi Herman Schulte habet III manſos ad curiam ſub cultura Henning Hoppe habet II manſos liberos ad curiam ſub cultura De his ſunt XVI in poſſeſſione habentes libertatem ad biennium Taberna dat XII ſolidos XLII libras cepi et eſt in libertate ad biennium Coſtenworde ſunt XIIII Quelibet dat VI denarios De his ſunt IIII in poſſeſſione habentes libertatem ad biennium Prope villam iacet ſtagnum nomine Warnitz habens III tractiones ſagene Item I ſtagnum nomine Schonenberge habens II tractiones Item I ſtagnum nomine Motze I tractionis ſagene Hic dantur pulli fumigales per totum

Hardenbeke [5] LX manſi Dos habet IIII manſos Prefectus habet III de quibus remanent LIII quorum nomine dant in pactum V modios ſiliginis V modios ordei et VIII modios auene et VI ſolidos Item ſunt X manſi dantes VII modios ſiliginis VII modios ordei VIII modios auene et II ſolidos cenſus ſed *quando ſeminantur ſuper V virgas* tunc dantur XX modii auene et non plus Alii XXXIII manſi dant VII modios ſiliginis VII modios ordei et VII auene et IX ſolidos De his manſis ſunt IIII deſolati et VI in libertate ad I annum Taberna dat XIX ſolidos Item X ſolidos ſuper areas ante villam Item Coſtenworde ſunt XXX de quibus XVI ſunt in poſſeſſione et dant per III ſolidos In hac villa habet Henning Hoppe ciuis in Premslaw V talenta redditum et ſtant ad redimendum

Bradyn [6] XL manſi Prefectus habet IIII Quilibet dat X ſolidos et non plus Taberna dat X ſolidos Coſtenworde ſpectant ad manſos In hac iacent VII manſi deſolati IIII ad libertatem ad II annos

Warthe [7] habet LX manſos Ad dotem iacent IIII manſi Prefectus habet IIII In hac villa ſunt XII manſi qui iacent ad altare in Templin Taberna dat XVI ſolidos Quilibet manſus dat X ſolidos Coſtenworde X dantes per ſolidum Prope villam iacet molendinum dans in pactum V choros ſiliginis VIII manſi ſunt deſerti et VI in libertate ad II annos

Kutz

1) Kunykendorp, jetzo Alt-Kunickendorf, zum Unterschiede von dem weiter nach der Oder zu belegenem Gute Neu-Kunickendorf, ist schon 1449. ein Lehn derer von Arnsdorf gewesen, welche es zu Anfange dieses Jahrhunderts an den General von Linger verkauft.

2) Ghersiorp, jetzo Gö[illegible]sdorf. Die Familie von der Reder aus der Altmark hat im abgewichenen Jahrhundert, dieses alte Greifenbergsche Gut, nebst Remkow und Steinhöfel, von den Grafen von Sparre erkauft.

3) Lywenberge und Bobibendorff, sind wahrscheinlich die bey Zehdenick liegende Dörfer, Liebenberg und Bergendorf.

4) Sconenberghe, jetzo Schöneberg, denen von Buch gehörig.

5) Hardenbeke, jetzo Harnebeck, ein altes Arnimsches nach Boitzenburg gehöriges Gut.

6) Bradyn, jetzo Bröddin, gehöret eben dahin.

7) Warthe desgleichen Das Boitzenburgsche Kloster hat es schon 1295. gehabt.

Vkermark.

Kutz [1] LIIII mansi Ad dotem iacent III mansi Prefectus habet III Quilibet mansus dat talentum exceptis VI mansis qui dant per XVI solidos in pactum Precaria sunt I modius siliginis I modius ordei II modii auene et VI solidi De his mansis sunt XXII in possessione Taberna dat XVI solidos In hac villa sunt Cossati XXX dantes VII sexagenas pullorum De his iacent VI desolati Apud villam iacet stagnum dans in pactum VI talenta hoc anno sed prius dedit VII talenta Wedego ciuis in Premslaw habet pactum et precariam in hac villa et stat ad redimendum

Herstleue [2] habet LX mansos Ad dotem iacent IIII Prefectus habet IIII Quilibet mansus dat per talentum exceptis IIII qui dant per XVI solidos De his mansis sunt XVI deserti et III in libertate ad I annum In hac villa iacent II taberne Vna dat talentum Alia dat XV solidos Cossati dant pro III mansis et dant pro III iugeris XX pullos De his sunt VI desolati

Berckholt [3] LIII mansi quilibet dat in pactum VI modios siliginis VI modios auene XII modios ordei In censum et precariam VII solidos De his iacent ad dotem III De his mansis IIII iacent desolati Taberna dat I talentum Costenworde sunt XXVIII Quelibet area dat II solidos quarum XVI sunt in possessione De his areis spectant III ad ecclesiam In hac villa dederunt hoc anno ½ pactum et precariam Hic dant pullos fumigales per totum

Zehusen [4] LXIIII mansi quilibet dat in pactum VI modios siliginis VI modios auene ½ chorum ordei Precaria X solidi De his mansis iacent XVIII mansi ad villam et III ad Cossatos Quelibet Costenhuue dat XXVI solidos minus IIII nummis Sanctimoniales ibidem habent XLIII mansos sub cultura ibi et in noua curia Taberna dat XXXII solidos in pactum Costenworde sunt XXXII de quibus VIII aree dant per XX pullos et alie aree per I solidum Ex his supradictis mansis pertinentibus ad villam sunt omnes in possessione demptis II Item II aree sunt desolate Alie sunt in possessione Prope villam iacet I molendinum dans in pactum II choros annone Prope monasterium Sehusen stagnum iacet magnum nomine Melneparte ex vna et ex altera nomine Verkets dat in pactum ex antiquo XV talenta nunc autem XIII talenta Item prope nouam curiam iacet stagnum nomine Dollyn II tractionum sagene Item prope Stegelitze iacet I stagnum nomine Iacobstorp V tractionum sagene Item prope Zehusen iacet molendinum nomine - - - desertum quod dedit in pactum II choros annone Item iacet ager prope Zehusen vna pars vocatur Haluehume altera pars vocatur Steybeberg continentes XLIIII iugera que sunt *Twey keympe* Nota quod Stephanus Stendal ciuis in Premslaw habet III talenta super aquas Sanctimonialium in Zehusen et stant ad redimendum et habet IIII talenta ad vitam suam super aquas ibidem Nota retro anno II mansi sunt facti deserti

Grentz [5] XXXVI mansi quilibet dat in pactum ex antiquo XXX solidos nunc autem I talentum In precariam VI modios auene In censum IIII solidos Ad dotem III mansi Henning Drense ciuis in Premslaw habet pactum super IIII mansos Claus Houemester ciuis in Posewalk habet pactum super II mansos Sanctimoniales in Zehusen habent residuum quorum dominus

1) Kutz, ein Bauerndorf, so die von Bentz 1363. an das Kloster Boitzenburg verkauft, mit welchem es an die von Arnim gekommen.
2) Herstleve, jetzo Haßleben, ein altes Arnimsches Gut nach Boitzenburg gehörig.
3) Berckholt, jetzo Birckholz, ebenfalls. Ein Gut gleiches Namens liegt bey Schwedt.
4) Zehusen, jetzo Seehausen, ist 1664. vom Amte Gramzow abgenommen, und zum Joachimsthalischen Gymnasio geleget worden.
5) Grentz, ein zum Amte Gramzow gehöriges Dorf.

Vkermark.

dominus est Ex his mansis sunt VII deserti Nota quod duo mansi sunt in predictis non dantes censum Taberna dat X solidos in pactum Costenworde sunt XVIII quarum XI sunt in possessione Quelibet area dat I solidum in pactum In hac villa dant pullos fumigales per totum Prope villam iacet stagnum nomine Wirtenze vnius tractionis sagene In hac villa moratur *Scabinus terre* nomine Peter Loywe habens II mansos dantes vt mansi predicti

Drense [1]) LIIII mansi quilibet dat in pactum ex antiquo XXX solidos nunc autem I talentum Precaria sunt VI modii auene In censum IIII solidi Ad dotem iacent IIII mansi Ianeke Mowe habet V mansos liberos ad curiam suam sub cultura Menkyn ciuis in Posewalk habet pactum precariam et censum super III mansos Item Ghereke Brumen habet IIII mansos liberos ad curiam sub cultura dans Sanctimonialibus in Zehusen IIII talenta et non plus Prefectus dat XXX solidos et I chorum auene pro equo pheudali Claus Houemeister ciuis in Posewalk habet pactum super II mansos Residuum habent Sanctimoniales in Zehusen quarum dominium est Omnes isti mansi sunt in possessione dederunt medium pactum Taberna dat I solidum Costenworde sunt XXV spectantes ad mansos Quelibet area dat VI nummos De his areis sunt X in possessione In hac villa dant pullos fumigales per totum Prope villam iacet stagnum vnius tractionis sagene nomine Aelse In hac villa iacet area Kytz dans in pactum XL pullos et est in libertate ad triennium

Grunow [2]) LXVIII mansi quilibet dat in pactum I talentum VI modios tritici VI modios siliginis VI modios ordei VI modios auene Precaria sunt VI modii auene Census IIII solidi Ad dotem iacent IIII mansi Sanctimoniales in Zehusen habent VIII mansos liberos ad curiam sub cultura Otto *Brunow* habet IIII mansos liberos ad curiam sub cultura *Iacob Insleyue habet IIII mansos ad curiam sub cultura de quibus seruit Domino Marchioni* Tydeke Lange habet IIII mansos ad curiam sub cultura de quibus Sanctimonialibus in Premtzlow IIII talenta et IIII choros annone videlicet I chorum siliginis I chorum tritici I chorum ordei I chorum auene Herman Creuytz prefectus habet II mansos liberos et II de quibus dat pactum precariam ac censum Hennig Wyman ciuis in Premslaw habet pactum precariam et censum super VI mansos Rudolf Nyenuelt ciuis in Premslaw habet V talenta super mansos in diuersis locis Residuum pactum precariam et censum habent Sanctimoniales in Zehusen quarum dominium Omnes isti mansi sunt in possessione sed non dederunt per totum in multis annis propter discordantiam Dominorum Taberna dat X solidos in pactum Costenworde sunt XL quarum XXVI sunt in possessione Quelibet area dat I solidum Cossati dant pullos fumigales et non alii Prope villam iacet molendinum quod per ventum trahitur dans in pactum II choros annone Sanctimoniales in Zehusen tollunt pactum Prope villam iacet stagnum nomine Grunoweschese habens IIII tractiones sagene pertinens ad villanos ibidem Item iacet I stagnum prope villam nomine Kuwal II tractionum I pars spectat ad villam predictam alia pars ad villam Bomgarden. Nota Henning Hoppe ciuis in Premslaw habet II talenta super mansos Henning Hoppe ciuis in Premslaw habet II talenta super prefecturam

Selibbe

1) Drenst zum Amte Gramzow. In alten Zeiten war eine Familie dieses Namens in der Ukermark.
2) Granow, jetzo Grünow. Das Geschlecht von Grünow ist längst ausgestorben. Dieses Dorf Grünow hat vielen Familien nacheinander, und zulezt denen von Arnim gehöret, die es neuerlich an den König vertauscht, und gehöret es nunmehro zu dem Amte Gramzow. Es ist noch ein anderes Dorf dieses Namens in der Ukermark.

Vkermark.

Selibbe [1] LIIII mansi quilibet dat in pactum XXX solidos Precaria sunt X solidi I modius tritici I modius siliginis II modii auene Ad dotem sunt IIII mansi de quibus I mansus possidetur a villano dans in precariam II talenta et non plus Plebanus habet colonum ad III mansos Henning Hoppe ciuis in Premslaw habet pactum super VIII mansos et idem Henning habet VI talenta in II locis super mansos Frentze filius Henning Franken cum nouerca habet annonam precarie per totum demtis XVI modiis Matthias Theolonarius et Frentz predictus tollunt precariam denariorum per totum Henning Gherolt ciuis in Premslaw habet pactum super III mansos Prefectus habet II talenta reddituum libera ad prefecturam Residuum pactum et precariam habent Sanctimoniales in Sehusen quarum dominium est Insuper Hospitale Sancti Spiritus in Premslaw habet pactum super II mansos De his omnibus mansis est vnus mansus desertus Alii sunt in possessione Taberna dat X solidos Sanctimoniales predicte tollunt Costenworde sunt XXX. De his XXIIII sunt in possessione Iste aree spectant ad mansos nec dant nisi de mansis Nota quod vna area harum dat XII pullos in pactum In hac villa dant omnes pullos fumigales Prope villam iacet stagnum nomine Selubbe pertinens Sanctimonialibus in Zehusen habens V tractiones sagene Nota quod retro anno IIII mansi facti sunt deserti In hac villa moratur *Scabinus terre*. Hans Koppern habens IIII mansos qui hoc anno non dederunt

Warsitz [2] XXVI mansi quilibet dat in pactum XII solidos et non precariam Sanctimoniales in Zehusen tollunt pactum quarum dominium est Taberna dat XII solidos In hac villa sunt XII mansi in possessione Alii IIII sunt deserti Costenworde sunt V dantes per I solidum I area est desolata Prope villam iacet stagnum nomine Dolghen vnius tractionis sagene In hac villa dant de quolibet manso II pullos sed de areis I pullum In superiori anno IIII est factus desolatus

Middewolde [3] XLVI mansi quilibet dat in pactum ex antiquo I talentum nunc autem XVI solidos Precaria sunt VIII solidi III quartalia siliginis III quartalia ordei III quartalia auene Ad dotem iacent III mansi. Henning *Migdewolde* habet IX mansos liberos ad curiam sub cultura Claus *Migdewolde* cum Hinrico patruo suo habet IIII mansos liberos ad curiam sub cultura Henning Bebering cum fratre habet IIII mansos liberos ad curiam sub cultura dempta precaria quam Dominus Marchio habet Idem Henning habet pactum et precariam super I mansum et XXII solidos super aliam curiam Heine Migdewolde habet pactum super II mansum Henning Migdewolde habet residuum pactum et precariam huius ville demptis XVI mansis super quos Dominus Marchio habet precariam De his mansis sunt X in possessione habentes libertatem ad biennium Taberna dat I talentum in pactum Henning Migdewolde et VIII solidos in precariam ecclesie et est in possessione Super hos sunt XIIII in possessione dantes III sexagenas pullorum et XIIII pullos

Petzenik [4] prope Templyn XXXVI mansi quilibet dat in pactum VIII solidos In precariam I solidum Ad ecclesiam iacent IIII mansi De his sunt XV in possessione dantes in hoc anno medium pactum Alii iacent deserti Taberna dat XVI solidos in pactum et est deserta Costenworde sunt III dantes per I solidum et I pullum Ista villa pertinet Henningo Grubetzen ciui in Premslaw

Altmark

1) Selitbe, jetzo Seelübbe, hat das Joachimsthalische Gymnasium, sowie Seehausen, vom Amte Gramzow 1664 erhalten.

2) Warsitz, jetzo Warnitz, zum Amte Gramzow belegen.

3) Middewolde, jetzo Mittenwalde. Nachdem das Geschlecht von Mittenwalde 1440. ausgegangen, erhielt es Heinrich von Berg auf Herzfelde, Hofrichter im Ukerlande, zu Lehn, und es ist noch bey der Familie von Berg.

4) Petznick ein jetzt der Familie von Arnim, Gerswaldischer Linie, zugehöriger Rittersitz.

Altemark.

Molendina Ciuitatis Soltwedel [1]

Molendinum in Soltwedel foris castrum [2] pertinet Hermanno et Arnd dictis Molner ciuibus ibidem et habent inde II talenta denariorum Brandeburgensium pro precaria a Domino Marchione Prepositus in Soltwedel ad Sanctum Spiritum habet in dicto molendino VII choros sunt ad altare Sancte Catharine ibidem appropriati I chorum ad aliud altare ibidem Item ad aliud altare in ecclesia Sancte Catharine I chorum

In molendino noue ciuitatis Soltwedel [3] habet Gheuehard *Bodenstede* vasallus II choros siliginis a Marchione Item Ghyse Turitz ciuis habet inde II choros et precariam de IIII frustis Item Arnd Klitzeke ciuis in Soltwedel habet inde III choros siliginis minus VI modiis ab *illis* de *Bodenstede* vasallis qui habent molendinum a Marchione

Molendinum foris portam Perwer [4] dat XII choros siliginis annuatim infra scriptis Henningo *Bodendik* vasallo VI choros Preposito ad Sanctum Spiritum II choros siliginis Fratribus Kalendariis in Soltwedel II choros siliginis *Gulde Exulum* in Soltwedel II choros siliginis Tenetur ad precariam Domino Marchioni de XII frustis et molendinum pertinet ad collationem prepositi ad Spiritum Sanctum quando vacat

Molendinum Ludolphi in antiqua ciuitate Soltwedel [5] dat Iohanni Chuden ciui ibidem III choros siliginis quos habet ab illis de *Bertinsleuen* Item dat ad altare trium Regum in Soltwedel VII choros siliginis

Molendinum foris portam Buchorninge [6] et suburbium ibidem pertinet ciuitati Soltwedel Dominus Thidericus *Gotschalk* habet inde II choros ad altare suum Item Monasterium in Isenhagen III choros siliginis [7] Altare diuisionis Apostolorum in Soltwedel pertinet ad presentationem Marchionis Altare Domini Ludolphi in Tangemunde pertinet ad presentationem Domini Marchionis Altare Domini Hermanni Gotschalk in Soltwedel pertinet ad presentationem Domini Marchionis Altare Domini Thiderici Gotschalk in Soltwedel pertinet ad presentationem Domini Marchionis

Registrum terre Soltwedel ante Portam Perwer [8]

Wendischen Chuden [9] pertinet preposito ad Sanctum Spiritum extra muros ciuitatis Soltwedel et habet ibi XVII marcas denariorum leuium cum VII pullis VII plaustris ligni VII saccis LXX ouis et habet ibidem iudicium supremum cum omni appropriatum monasterio et non dant precariam

1) Hier fängt die Beschreibung der Altemark an, welche aber nicht vollständig ist, noch auf die ganze Provinz gehet. Ich habe nicht viel Nachrichten davon zur Erläuterung bekommen können.
2) Jetzo die Burgmühle, so in der alten Stadt Salzwedel, nahe an der Burg, als dem ehemaligen Castro, lieget. Sie giebt noch ihre meiste Pächte an das Amt Salzwedel, welches aus dem Kloster zum Heiligen Geist entstanden.
3) Wird jetzo von dem Namen eines ehemaligen Besitzers, die Steintmühle genannt.
4) Diese Mühle heißt noch die Perwer-Mühle.
5) Heißt anjetzo die Neudorfsche Mühle.
6) Diese Mühle heißt anjetzo die Damm-Mühle.
7) Diese drey Winspel Kornpächte sind 1382. vom Kloster Isenhagen an den Rath zu Salzwedel verkauft. Gerken Diplomatarium veteris Marchiae P. I. p. 382.
8) Ist eigentlich die Arendseische Landreuterey.
9) Wendischen Chuden heißt jetzt Klein Chuden, gehört zum Amte Salzwedel.

Altemark.

Vischun [1] dimidia pertinet preposito ad Sanctum Spiritum extra muros Soltwedel et alia dimidia dictis *Chuden* [2] ciuibus in Soltwedel Hoger habet de dimidia parte IX frusta a Domino Marchione Prepositus habet IX frusta de parte altera *Dant precariam pro XI frustis Domino Marchioni* [3] Plebanus in Gartz habet ibi II marcas denariorum leuium Prefectus habet ½ chori libertatem

Ridze [4] pertinet ciuibus in Soltwedel et Dominus Marchio habet ibi supremum seruitium et *precariam* pro XVIII frustis Gyse Turitz in Soltwedel habet ibidem XIIII modios siliginis ab illis de *Iagowe* Tydeke et Iohannes Gartz in Soltwedel VI choros siliginis XXI modios auene XVI½ solidos denariorum leuium XV pullos et seruitium curruum et iuditium de V curiis cum decima minuta a Marchione Dominus Barboldus Ciniz et Stephanus frater eius VI modios siliginis ab illis de Iagow Prefectus dat Gysoni Wedekens X modios et Marchioni I marcam argenti pro equo pro quolibet I½ frusto et Heyne Diderici habet XVIII modiorum libertatem a monasterio in Dambeke Nota Vick Bruker ciuis habet ibidem I curiam de qua dantur XXX modii ad altare Conradi de Arnfelde Prepositus in Dambeke habet ibi ½ chorum et iterum ½ chorum et I solidum et I pullum Dominus Conradus Cleynow ad altare I chorum siliginis Ad altare beati Nicolai in Soltwedel habet idem IIII½ choros et III½ modios siliginis Coppen Brunow ciuis habet ibi I frustum ab illis de *Aluensleue* et VII quartalia ab illis de *Wustrowe* [5] Ad altare Domini Iohannis de Kuselde III chori et ½ marca argenti Ad altare exulum in Soltwedel XVIII modii siliginis et XVIII denarii Dicti de *Dekweden* [6] habent ibi I curiam cum I frusto desertam Tenetur ad precariam Domino Marchioni pro XV frustis et IX modiis sed sunt plane deserta

Makstorp [7] pertinet *monialibus in Dambeke* et habet X mansos de quolibet manso I marcam denariorum leuium et II pullos Item dabunt precariam de IIII frustis illis de *Bertinsleue*

Lukstede [8] habet XII mansos quorum VI sunt deserti De quolibet manso I chorus siliginis Filiis Henrici de *Rossow* IIII choros Hoyer *Chuden* II choros siliginis et VII solidos denariorum leuium ab illis de Schulenburg et sunt deserti Relicta Blekedes ciuis II choros siliginis desolatos ab illis de Muggenberg Dant precariam pro XVI frustis Frederico de *Schartow*

Woldenberghe [9] habet XIIII mansos absque *mansis dotalibus* et pertinet illis de *Schulenburg* et VI mansi sunt deserti De quolibet manso I chorum siliginis de aliis possessis videlicet de VIII mansis De premissis Vrike Bruker habet I½ choros desertos Hans *Walstoue* vasallus

1) Vischun, jetzo Vissen, auch zum Amte Salzwedel gehörig.
2) Die Familie der Chüden ist noch vorhanden, und besitzt auch noch die Hälfte dieses Guts.
3) Hier zeiget sich, daß die Bede eigentlich und ursprünglich dem Landesherrn gegeben wurde nach *frustis* oder Stücken Geldes.
4) Ridtze, jetzo Ritze, gehöret noch zum Amte Salzwedel. Die vielen angeführten Pächte werden noch von verschiedenen Privatpersonen in Salzwedel besessen
5) *De Wustrow*, ist das zu Ende des 16ten Jahrhunderts ausgestorbene Geschlecht der Herren von Wustrow, welches viele Güter in der Altmark besessen.
6) Dekwede, diese gehören zu der noch vorhandenen Familie von Dequede.
7) Makstorp, jetzo Mardorf, gehört zum Schulamte Dambek, nachdem das Kloster Dambek sekularisiret worden.
8) Lukstede, jetzo Luckstädt, gehörte ehemals den Herren von Rossow, jetzo aber zum Königl. Amte Arendsee.
9) Woldenberghe, jetzt Wohlenberg, denen Herren von Bißmark gehörig.

Altemark.

sessus III choros a Domino Marchione deserti Illi de *Schulenburg* habent ibi I talentum et I solidum et XXXII pullos Dant precariam de VII frustis illis de Schulenburg Nouem frusta sunt possessa in ista villa et non plus

Maltstorp [1] dicti *Stresowen* in Soltwedel habent XIII frusta et V marcas *denariorum leuium* cum XL pullis et III libris piperis cum seruitio et supremo totius ville a monasterio in Distorp a monasterio in Dambeke et ab illis de *Iagow* Item Arnd Klitzeke in Soltwedel habet ibi IIII choros siliginis V solidos denariorum Soltwedelensium de taberna ibidem VII solidos leuium denariorum ab illis de *Bertensleue* Monasterium in Dambeke habet ibi IIII frusta cum XIII solidis denariorum leuium et ½ chori libertatem Item fratres Kalendarii in Soltwedel habent ibi III chorum et ½ chori libertatem Item Perwer ciuis habet ibi I chorum ab illis de *Kniesebeke* Plebanus ibidem ½ chorum Dant precariam pro XXV frustis illis de Bettensleuen

Intzelfelde [2] Henning *Bodendik* et Hoger *Chuden* habent supremum et precariam Prefectus dat Wilken rustico ½ chorum Henningo Bodendik II modios siliginis et Hoger Chuden II modios siliginis Hans Horneman dabit XXXIII modios siliginis ad altare in noua Soltwedel IIII solidos denariorum et I modium Bodendik Hans Dreuens dabit XXX modios siliginis ad predictum altare in Soltwedel cum V solidis denariorum et I pullum Item Gerke Schomaker dat IX modios siliginis ad predictum altare Henneke dat I½ chorum siliginis ad altare in Soltwedel cum V solidis denariorum et I pullum Ebelke dat I½ chorum siliginis ad predictum altare cum V solidis denariorum et I pullum Henneke Mertin dat Wilkino rustico in Brewitz I chorum siliginis et Thiden Schuning ciui ½ chorum a Marchione Hoger Chuden VII solidos denariorum et I pullum Gereke Puggeman dabit VI solidos denariorum et III modios siliginis fratribus Kalendariis in Soltwedel et VI pullos Claus dat ad monasterium Sancti Spiritus XX denarios et I pullum Ghereke Heynekens XX denarios et I pullum Hogero Chuden Ebel Scroder dat Hogero Chuden XX denarios et I pullum Thideke Wegener dat ad altare XX denarios et I pullum Stephan Tzimmerman dat monasterio Sancti Spiritus XV modios siliginis et XX denarios Hogher Chuden et I pullum Henningo Bodendik Ludeke dat XX denarios et I pullum ad predictum altare Ludeke Wupeke dat XV modios ad Sanctum Spiritum et XX denarios et VI pullos et II modios ordei Grunneker dat XL denarios et II pullos Hoger Chuden Gerke Puggeman dat XX denarios Hogero Chuden et I pullum Henneke Langenbeke dat Hoger Chuden III solidos Henningo Bodendik V solidos et IIII pullos Henning Bodendik habet ibi I curiam censualem desolatam Tydeke Gudeman dat Spiritui Sancto XX denarios et I pullum Matthias dat I chorum siliginis filio Schermers et Hogero Chuden IX modios et V solidos denariorum et I pullum Gherke Schomaker dat Schyninghe in Soltwedel XVIII modios siliginis et I pullum et III solidos denariorum a Marchione Hogero Chuden Heyne Wernstede dat I chorum Tidekino Gartz in Soltwedel et V solidos minus III denariis Heneke dat II choros minus IIII modiis Tideke Gartz et VI solidos minus III denariis et I pullum Dant precariam pro XI frustis Henningo Bodendik et Hogero Chuden

1) Malestorp, jetzo Malsdorf, denen Herren von Jagow gehörig.

2) Intzelfelde, dieser Name ist unbekannt; aus den vielen Abgaben für die Altäre und die Bürger zu Salzwedel, scheinet es das Dorf Saalfeld zu seyn, als woraus solche noch erfolgen. Es kommt aber dieses Dorf noch einmal unter der gewöhnlichen Benennung, Zelfelde, vor.

Altemark.

Winterfelde [1] habet XXXI *mansos censuales* preter plebanum qui habet II mansos De quolibet manso XVIII modii siliginis Supremum pertinet dictis de *Bodenstede* super ƚ partem ville illis de *Schulenburg* super quartam partem ville et Hermanno *Ronsteden* super quartam partem ville Albrecht Vicko et fratres sui in Soltwedel habent ibidem II curias cum V choris siliginis et precariam de predictis curiis ab illis de Schulenburg Herman Burmeister ciuis habet ibi Iƚ chorum siliginis cum precaria ab illis de Schulenburg Hoger Chuden habet ibi IX quartalia frumenti ab illis de Schulenburg Hermannus Molner ciuis habet ibi IX quartalia frumenti cum II pullis a Domino Marchione Gheuehardus *Bodenstede* vasallus habet ibi IX choros siliginis a Domino Marchione et XXXV pullos et VI solidos denariorum leuium et I libram piperis de taberna Herman *Ronstede* habet de taberna I libram piperis et in tantum illi de Schulenburg Drusdow habet ibi III mansos censuales de quibus moniales in Dambeke Iƚ chorum Herman Ronstede habet ibi I curiam cum V mansis liberis quos per se colit Fraternitas Exulum in Soltwedel habet ibi XVIII modios siliginis et de vno Cossato VIII solidos et XVI pullos Dant precariam pro VIII frustis minus I quartali Domino Marchioni

Benekendorp [2] dat XXIƚ frusta minus II modiis infra scriptis Iohanni Calwen ciui II choros a Frederico de *Gartow* Ihordeke Mechowe ciui IIII frusta et IIII pullos a Frederico Gartowe Perwero ciui IIII frusta et XI pullos et XI solidos denariorum leuium et Iohanni de *Kniesebeke* Thideken Fridakh ciui III choros siliginis et II pullos Ad altare Exulum XXX modios siliginis Domino Henrico Bernhardi I chorum siliginis et II pullos Ad altare in Gartow Iƚ chorum siliginis Arnd Klitzeken IIII choros siliginis appropriatos vt dicit Dant precariam pro XVI frustis domino Gumperto de Wantsleue

In *Walstoue* [3] sunt mansi — Iohannes de *Walstoue* habet ibi I frustum cum X pullis et IIII solidis denariorum Dederunt quatuor grossos Item molendinum ibidem pertinet sibi dimidium cum ƚ choro siliginis et aliud ƚ pertinet Hemponi *Kniesebeke* Iohannes de Kniesebeke habet ibi V choros siliginis dedit totum cum precaria Cratteke habet ibi I chorum per se colit illum mansum Illi de *Bertensleue* habent ibi I chorum dedit Iƚ grossos residuum mortuum Dominus Didebus *Walstoue* habet ibi VII quartalia et XVIII pullos ad altare dedit totum Albertus Vicke habet ibi XXIIII pullos et III solidos denariorum Tenentur ad precariam predictis dominis et dant pro precaria XXX solidos denariorum leuium et non frumentum

In *Nipaue* [4] iuditium pertinet Iohanni Walstoue dimidium et *Iohanni de Kniesebeke* ƚ Item Iohannes Walstoue habet ibi Iƚ frustum et I cossatum cum XII pullis Iohannes de Kniesebeke ciuis II talenta et VI modios siliginis et IIII solidos denariorum leuium Hoger de Medenbeke ciuis Iƚ choros ab illis de *Schulenburg Kniesebeke Walstoue* et *Bodenstede* *Heyne Wynninghe* ciuis Iƚ chorum siliginis ab Iohanne de Schulenburg milite Dicti Perwer ciues ƚ chorum a Iohanne de Kniesebeke Tenentur ad precariam pro II frustis sed tantum pro I frusto Domino Marchioni

Quaden

1) Winterfelde, jetzo Winterfeld, gehört noch denen von der Schulenburg.
2) Benekendorp, jetzo Benkendorf, gehöret gleichfalls denen von der Schulenburg.
3) Walstowe, jetzo Walstawe, gehörte ehemals dem Geschlechte derer von Walstave, jetzo denen von der Schulenburg.
4) Nipave, Neupage, ist jetzo ein blosses Vorwerk, denen von Knesebeck gehörig.

Altemark.

Quaden Dambeke [1] habet XIII mansos quos villani ibidem habent liberos cum XI frustis redditunm Monasterium in Dambeke habet ibi ½ chorum filiginis et III talenta et vnus rusticus I quartale et X solidos denariorum leuium Dant precariam pro VI½ frustis dictis Stargarden ciuibus in Soltwedel videlicet II frusta ab illis de Schulenburg Isti de *Schulenburg* habent ibi supremum et *ius impheudandi rusticos.*

Sollentin [2] habet mansos — Prefectus habet II frustorum libertatem ab illis *de Schulenburg* Illi de Schulenburg habent ibi supremum et precariam de parte ville Coppen Brunow ciuis habet ibi IIII frusta et I quartale II choros et I pullum et III modios filiginis et iuditium de I curia ab illis de *Bertensleue* Hoger Chuden ciuis I½ chorum et III pullos et iuditium de I curia ab illis de Bertensleue Tydeke Curitz ciuis habet II choros et I pullum et III modios et iuditium de vna curia ab illis de Bertensleue Iohannes Latekote ciuis I frustum ab illis de Schulenburg Prepositus ad Sanctum Spiritum habet ibi III choros filiginis minus I quartali appropriatos Dant precariam pro IIII frustis et I quartali illis de Schulenburg

Barsten [3] pertinet illis de *Kniesebeke* Prefectus habet III mansos cum II frustis liberis et dat Iohanni predicto I frustum Monasterium in Dambeke habet ibi II choros filiginis Vidua Turitz habet ibi ½ chorum ab illis de Kniesebeke Ad altare beati Nicolai in Soltwedel I chorus *Iohannes de Kniesebeke* V quartalia redditunm *Hempo de Kniesebeke* ½ chorum filiginis Vxor Iohannis Witten ciuis habet ibi IX quartalia ab Aldewino de Kniesebeke Vxor magistri Thiderici in Soltwedel ½ chorum filiginis et I pullum Heyne Scroder in Soltwedel I½ chorum *Drusdow* vasallus ½ frustum Cossati dant XV pullos Dant precariam Domino Marchioni pro V½ frustis

Bussen [4] pertinet ciuibus in Soltwedel infrascriptis Gherke Brunow in Soltwedel habet ibi II choros filiginis ab illis de *Schartowe* Dominus Henricus Bernhardi I½ chorum filiginis Vxor Magistri Thiderici et filius ipsius I½ chorum cum VIII modiis Ad altare in Chatowe XVI modii filiginis et sunt deserti Vxor et filii Thyle Woltheri et Thideke Mechowe II choros Prefectus ibidem habet II frusti libertatem a dictis ciuibus Dant precariam Domino Marchioni pro IIII frustis

Chrichelndorp [5] habet XVI mansos censuales dantes de quolibet manso I chorum filiginis Prepositus in Soltwedel habet ibi II choros filiginis et XX pullos et I cossatum XII pullos Prepositus ad Sanctum Spiritum habet ibi II choros filiginis et de I Cossato IIII solidos denariorum et II pullos Illi de *Schulenburg* habent ibi V choros filiginis et VII solidos denariorum leuium et VI modios ordei fratribus minoribus in Soltwedel Illi de Schulenburg habent ibi IIII marcas denariorum de aquis Item Hermannus et Arnd Molner in Soltwedel habent ibi VI choros filiginis et VII solidos denariorum XII pullos et IIII marcas denariorum leuium de piscatura ab illis de Schulenburg Item Fritz Chrichelndorp ciuis habet ibi IIII solidos denariorum et II pullos de I Cossato Dant precariam pro XII frustis videlicet ½ chorum filiginis ½ chorum auene cum V talentis denariorum leuium Dimidiam illis de Schulenburg et ½ precariam predictis ciuibus Molner

Calene

1) Quaden Dambeke, gehöret noch denen von der Schulenburg.
2) Sallentin gehöret noch denen von Schulenburg.
3) Barsten, jetzo Bars, gehöret noch denen von Knesebeck.
4) Bussen ist anjetzo ein Gut ohne Dorfschaft, denen von Roven gehörig.
5) Kröchelndorf, denen von der Schulenburg gehörig.

Altemark.

Calene et *Velegowe* [1] pertinent Domino Gumberto de *Wansleue* cum supremo et seruicio et habet ibi XVIII frusta et II modios quorum IIII frusta sunt deserta a Domino Marchione Altare corporis Christi in Soltwedel habet ibi V choros siliginis minus I quartali quorum II chori sunt deserti Fridericus de *Wustrow* habet III curias quarum II sunt deserte et de tertia habet II chorus Isti de *Aluensleuen* habent V quartalia siliginis et precariam ad hoc Hans Witte ciuis habet ibi III choros in II curiis ab illis de *Luderitz* Hans Latekote ciuis I curiam cum II choris siliginis ab illis de *Wustroue* cum III solidis denariorum leuium et I pullum Filii Magistri Thiderici cum II curiis vna deserta de alia XXI modii Witte Rademyn ciuis habet ibi III curias cum III fratribus sunt deserte Henneke Sander ciuis habet ibi I chorum siliginis ab istis de Wustrowe Lemmeke et Henning Wupeke ciues habent ibi in Velgowe II choros siliginis et III solidos denariorum leuium et decimam minutam et I chorum siliginis in Calene ab illis de *Bertensleue* Hermannus Brewitz ciuis habet inde II choros siliginis a Iohanne de *Kniesebeke* Illi de *Velegow* tenentur ad precariam de XII frustis istis de Aluensleuen in Calue Item isti de Calene tenentur ad precariam istis Aluensleuen pro XVII frustis De premissis redditibus dimisit cuidam pauperi VIII grossos qui nihil habuit

Cleinow [2] pertinet domino Gumperto de *Wansleue* cum supremo et seruicio et habet ibidem VIII frusta in precaria minus I quartali a Marchione et de alia curia II frusta cum I quartali Hermannus et Andreas Molner habent ibi III frusta cum VI modiis ab *Schulenburg* Coppe Vindeman rusticus habet VI modiorum libertatem Ad altare beate Virginis in Soltwedel III chori siliginis Dominus Bartholdus Vicken habet Fritz Chrichelndorp ciuis habet ibi ab illis de Schulenburg III choros siliginis minus V modiis Prefectus ibidem II chorum cum IIII modiis siliginis Claus Gotschalk in Soltwedel habet ibi IIII frusta cum II modiis siliginis a Frederico de *Schartowe* sed triticum habet a Domino Marchione Dicti Stesowe in Soltwedel habent ibi III frusta a Domino Marchione Vicke Brucker ciuis habet ibi II modios siliginis Altare filii Wisteden IIII choros minus I quartali Dominus Henricus de *Luchowe* I chorum siliginis ad altare Prepositus ad Sanctum Spiritum IIII modios siliginis Plebanus in Cleinow VIII modios siliginis Dant precariam domino Gumperto et computata et scripta est superius

Cossun [3] habet XII mansos et pertinet illis de *Yetze* cum supremo et illi de *Schulenburg* habent ibi tertiam partem cum supremo de quolibet manso I chorum siliginis Dant precariam istis de Schulenburg pro VIII frustis et tota villa est deserta

Kufelde [4] habet mansos — Prepositus in Bardewik habet ibi VI choros et X solidos denariorum VI modios auene X pullos et decimam minutam Vxor Drusten habet ibi supremum Precariam de VIII frustis et alia omnia siue VII frusta et de molendino XV modios siliginis dotalitium ab illis de *Plote* (*Plotho*)

Perchow [5] pertinet monasterio in Dambeke cum supremo et precaria et habet ibi IIII marcas denariorum leuium Alii redditus sunt deserti Prepositus ad Sanctum Spiritum habet ibi II mar-

1) Calehn und Velgau sind zwey zusammenliegende Güter, denen von der Schulenburg gehörig.
2) Kleinau gehöret denen von der Schulenburg, vorhin dem Geschlechte derer von Wanzleben, welches ausgestorben ist, so wie auch das von Schartow.
3) Cassuhn gehöret gleichfalls denen von der Schulenburg, ehemals denen von Jeze.
4) Kuhfeld gehöret zum Amte Dambeck.
5) Percbau ist jetzo wüste, das darauf befindliche Holz, so noch diesen Namen führet, gehöret zum Amte Dambeck.

Altemark.

II marcas denariorum Reſidui ſunt deſerti Iacob Arnsbergen ciuis habet ibi IIII marcas denariorum leuium a Gerkino de *Walſtoue* deſerte ſunt

Luge [1] pertinet illis de Schulenburg cum ſupremo et obligauerunt eam monaſterio in Dambeke Dant precariam pro Vł fruſtis illis de Schulenburg I fruſtum et IX modios Altare quoddam eccleſie beate Virginis in Solkwedel habet ibi XVI modios Hans Chūden ciuis habet ibi III quartalia a Domino Marchione Soror Iohannis Stargarde habet ibi III choros cum IX modiis ſiliginis Hans Mörynge ciuis habet ibi I chorum et ruſticus habet I chori libertatem ab illis de Schulenburg Bartholdus Curitz ſacerdos cum fratribus ſuis in Soltwedel habet ibi III quartalia ſiliginis a Marchione Monaſterium in Dambeke habet ibi V modios ſiliginis et I chorum ſiliginis et XX pullos Prefectus ibidem habet II fruſtorum libertatem Hans Lüge ciuis habet ibi I chorum ſiliginis Eccleſia in Lüge habet ibi ł chorum ſiliginis Portularius Caſtri in Soltwedel habet XVIII ſolidos denariorum leuium

Syrow [2] habet XXIIII *manſos cenſuales*, quorum XIX dant VIIIIł choros ſiliginis et V manſi de quolibet manſo VIII modios ſiliginis Dant precariam pro XII fruſtis Domino Marchioni pro XI et Nicolao Gotſchalk pro I fruſto Structura beate Virginis in Soltwedel I chorum ſiliginis Claus Gotſchalk ciuis habet ibi IIł choros ſiliginis cum precaria in iisdem curiis a Domino Marchione Prefectus ibidem habet I chori libertatem ab illis de Schulenburg Tydeke Bolke ciuis IIII choros ſiliginis quorum IX modii deſerti III choros ab illis de *Wuſtrowe* et I ab illis de Schulenburg Dominus Iohannes Conradi habet ad altare II choros ſiliginis Generhard de *Bodenſtede* I chorum ſiliginis Gyſe Curitz ciuis ł chorum ſiliginis Dominus Iohannes Niborn ſacerdos ad altare ł chorum ſiliginis Quedam Clauſtralis in Arnſee ł chorum ſiliginis

Dyepkolk [3] habet XXI manſos cenſuales ſupremum pertinet Domino Marchioni et precaria de IIIł fruſtis Prepoſitus ad Sanctum Spiritum habet ibi ł chorum ſiliginis Herman Brewitz ciuis habet ibi II choros ſiliginis a Iohanne de *Kniſebeke* Woſſe Schroder ciuis ł chorum ſiliginis ab Aldewino de *Kniſebeke* Arnd Molner XXX modios ſiliginis ab illis de Schulenburg Hans Chuden XVIII modios ab illis de Schulenburg Hans Witten et Ditter Valk ciuis ł chorum a Domino Marchione Prefectus dat III quartalia Domino Marchioni pro equo pheudi Tydeke Volk I chorum ſiliginis ab Hunhero de *Kniſebek* Tenentur ad precariam Domino Marchioni de IIIł fruſtis

Lan [4] pertinet Domino Gumperto de *Wansleue* cum ſupremo et ſeruitio curruum Monales in Kreuelſe habent ibi V choros minus I quartali Henning Bodendik III quartalia ſiliginis Prepoſitus ad Sanctum Spiritum ł chorum ſiliginis Longus Fritz in Soltwedel III choros ſiliginis ab illis de Schulenburg Quedam *Beguina* [5] nomine Mechtilde de *Karſtede* II choros ab illis de Schulenburg Dominus Gumpertus I chorum de curia prefecti Dant precariam Domino Gumperto V quartalia et V talenta denariorum leuium

Zeke-

1) Lüge gehöret noch jetzo denen von der Schulenburg.
2) Syrow jetzo Zieran, gehöret gleichsfalls denen von der Schulenburg. Die von Wustrow und von Bodenstädt, die hier vorkommen, sind ausgestorben.
3) Dipkolk gehöret zum Amte Salzwedel. Die hier vorkommende viele von Knisebeck, sind von dem alten noch blühenden Geschlechte derer von Knesebeck.
4) Lon jetzo Lohne, gehöret denen von der Schulenburg.
5) Die Beginen waren eine Art Nonnen.

Altemark.

Zekeleue [1] habet mansos — et illi de *Schulenburg* habent ibi iuditium et I curiam Prefectus ibidem habet III frustorum libertatem ab illis de Schulenburg Henneke Buse dat I chorum siliginis ad altare beati Iohannis Baptiste in Soltwedel Heyne Kongestede I frustum Thideke Volken in Soltwedel Lemme dat I frustum Thideken Volken Georius I chorum siliginis vxori Alberti Brewitz et ɫ chorum Betkino Hardwiges ciui ab illis de Schulenburg. Cossebu Iɫ choros Thidekino Volken Arnd I chorum Domino Iohanni Niber Presbytero et ɫ chorum Betken Hartwiges ciui Heneke dat I chorum siliginis preposito ad Sanctum Spiritum Dant precariam pro VIIɫ frustis Domino Marchioni videlicet II frusta et IIII modios Nota Tideke Bolke habet in summa V choros in hac villa II choros ab illis de *Schulenburg* II choros a Frederico de *Wustrow* et I chorum a Conrado *Rossowe*

Chuden [2] habet mansos — Coppen habet III mansos de quibus dat XVIII modios siliginis ad ecclesiam ibidem Conrad Henninge Iɫ choros siliginis Tydeke dat Conrad Henning Iɫ chorum siliginis Hans Lozze dat XVIII modios siliginis Conrad Henning et ad altare Iɫ chorum siliginis Curia prefecti est deserta dat I marcam argenti pro equo pheudali Conrado Henning Petrus dat Guntero Schutten Iɫ chorum siliginis Henneke dat Conrado Henning I chorum auene Ludeke dat XXVII modios siliginis Conrado Henning et IX ecclesie ibidem Tydeke Weskin dat plebano in Lenigow Iɫ chorum siliginis Henneke Lozze de tribus mansis dat de quolibet manso XVIII modios siliginis Guntero Schutten et pertinet ad pheudum castrense in Soltwedel De Cossatis IX solidi denariorum et IX pulli Hans Chuden habet ibi I curiam cum Iɫ choro siliginis et III modiis et VI solidis pro precaria Dant precariam pro V frustis predictis Conrado Henningen et Gunthero

Bukofisse [3] habet XXII mansos censuales De quolibet manso ɫ chorum siliginis Prefectus habet ibi Iɫ frustorum libertatem a fratribus *Kalendariis* et dat IIII pullos de preterito Bolden *Knesebeke* Ebel dat Iɫ chorum fratribus Kalendariis in Soltwedel et ɫ chorum domino Iohanni Niber et III solidos preposito ad Sanctum Spiritum Ghereke I chorum fratribus Kalendariis et I pullum et III solidos prefecto et Iohanni de Knisebeke Hans Melinge I chorum siliginis et I pullum dicto Perwer ciui et II solidos vxori Magistri Thiderici Henneke Heyne I chorum preposito ad Sanctum Spiritum et I pullum et III solidos prefecto et preposito Fosekin I chorum siliginis Iohanni de *Knisebeke* et ɫ chorum Hemponi de *Knisebeke* XII solidos predictis de Knisebeke et IIII solidos Perwer ciui Heyne Hennekens XVIII modios Vickoni Bracke et XVIII modios domino Martino Arnstede et I pullum et III solidos Heyne Wistede De I Cossato VIIɫ solidos et III pullos prefecto Heyne Wisteden et Bolden Knisebeke Dat precariam pro V frustis Domino Marchioni

Stappenbeke [4] habet XXVIII mansos censuales De quolibet manso I chorum siliginis infrascriptis Primo prefectus dat illis de Schulenburg pro equo pheudali I marcam et habet III chororum libertatem ab eis et dat XIIII modios ordei illis de Schulenburg et XXVIII denarios Brandenburgenses Claus dat II choros siliginis scilicet I chorum Hegero ciui ɫ chorum illis de Schulenburg et ɫ chorum monialibus in Dambeke et VI modios ordei Magistro Henrico Boden et XXXII denarios Conwelitze II choros Iohanni de Knisebeke et

ɫ modium

1) Zekeleve ist wahrscheinlich das Dorf Jeggeleben, so denen von der Schulenburg gehöret, und woraus noch viele Pächte nach Salzwedel kommen.
2) Groß-Chuden ist gleichfalls Schulenburgisch, und kommen davon noch viele Pächte nach Salzwedel.
3) Bukfitz gehöret noch jetzo denen von Knesebeck.
4) Stappenbeck gehöret denen von der Schulenburg.

Altemark.

½ modium ordei Tideken Garden Arnd Barst II choros siliginis et XIII½ modios ordei illis de Schulenburg VIII solidos denariorum et I pullum Heyne Sternekow II choros siliginis scilicet I chorum illis de Schulenburg et I chorum preposito ad Sanctum Spiritum et XVIII modios ordei illis de Schulenburg et IX solidos Iunge Claus II choros siliginis scilicet Iohanni Stappenbeke ciui I chorum filiis Thydeke Turitz ½ chorum Magistro Henrico Boden VI modios et illis de Schulenburg VI modios et X modios ordei predictis Turitz et IIII modios Magistro Henrico et XXVIII denarios Brandeburgenses Tideke Turitz Hennike Culose II choros siliginis Harneke Mechow ciui et V modios ordei Tideke Garden ciui et IIII½ Magistro Henrico Boden et XVIII denarios Gerke Fritzen II choros siliginis scilicet I chorum Iohanni Knisebeke et I chorum Tideke Turitz et XXI modios ordei et IIII½ solidos denariorum Gerke Kunekins dat I chorum Heyne Wisteden ciui a Iohanne Kniesebeke Claus Gotschalk in Soltwedel XVIII modios et vidue Magistri Thiderici VI modios et VI modios ordei Thiderico Garden ciui et I solidum denariorum Hans Kerkun II choros siliginis Thideke Garden et XIIII modios ordei et XXVIII modios Herman Bukofisse II choros siliginis fratribus Kalendariis in Soltwedel et XVI modios ordei Magistro Henrico Boden et VI solidos denariorum pro censu Wernher Bukofisse I chorum siliginis Woltero Ritzleuen ciui Iohann Chuden I chorum siliginis et preposito ad Sanctum Spiritum I chorum XII modios ordei Magistro Henrico Boden et V solidos Tydeke Schernekow ½ chorum Woltero Ritzleue ciui I chorum Thideken Fridage ciui et preposito ad Sanctum Spiritum ½ chorum siliginis XV modios ordei Magistro Henrico Boden et VI solidos. Ludeke I chorum Domino Iohanni Buk sacerdoti VIII½ modios ciuibus dictis Garden et XIIII denarios de tota villa L pullos Dat precariam de XXVIII frustis illis de Schulenburg scilicet VIII frusta et IIII modios Dimidia precaria pertinet Schoniuge ciui in Soltwedel Cossati in Stappenbeke primo Henneke Smedt XV½ modios ordei filiis Thiderici Curitz ciuibus et IIII solidos denariorum Hans Paschedach ½ chorum ordei Magistro Henrico Boden et II solidos denariorum Henning VII modios ordei illis de Schulenburg et XIIII denarios Heyse Kroger IIII modios ordei Tideke Garrien et VIII denarios Henneke Wydebrol V modios ordei et X denarios Ludeke XI modios ordei et XXII denarios illis de Schulenburg Geomus XVI modios ordei et XXXII denarios Thideke Gardze ciui Hans Papen V modios ordei et X denarios illis de Schulenburg Gherke Weuer VI denarios et I pullum Harleke Mechow Nota dicti Turitz ciues habent bona ipsorum prescripta a Marchione preter decimam de II curiis quas habent ab illis de Knisebeke

Zannen [1] dimidia pertinet monasterio in Arnsee et habet ibi XIIII mansos censuales De quolibet manso ½ chorum siliginis Prefectus ibidem habet IIII mansos cum II frustorum libertate a monasterio Item monasterium habet ibi XXIII modios auene et XI½ solidos denariorum Brandeburgensium et XXXII pullos ab illis de *Iagowe* Item aliam dimidiam villam habent ciues Primo habet Vicke Brucker XVIII modios et XVI denarios Brandeburgenses Consules in Soltwedel I frustum et XX denarios Tideke Gartz ciuis III½ frusta et III solidos et II denarios et III pullos cum decima minuta Hinrik Schyninghen II½ choros et II½ solidos ab illis de Ietz *Tenentur ad precariam Domino Marchioni pro XV½ frustis*

Listen [2] pertinet monasterio in Arnsee et habet ibi VII frusta Tenentur ad precariam Domino Marchioni pro XI frustis Altare in Gartowe habet ibi XL modios siliginis Hans Latekote

1) Sanne gehöret zum Amte Arendsee.

2) Lihsten gehöret eben dahin.

Altemark.

kote ciuis II chorum filiginis ab illis de Wuſtrówe Heyer de Medebeke ciuis II choros ſiliginis a monaſterio in Arnſee Filii Henneke Debinde ciues II chorum ſiliginis ab illis de *Luderitz* Harteke Mechow ciuis III choros et III modios ſiliginis Hermannus Brewis ciuis I talentum denariorum a *Iohanne Kniſebeke*.

Sumendorp [1] pertinet monaſterio predicto et habet ibi VIII fruſta omnibus computatis et I quartale Tenentur ad precariam Domino Marchioni pro III fruſtis et computata eſt ſuperius

Clöden [2] pertinet monaſterio Arnſee et habet ibi XII choros frumenti duri minus VIII modiis et IIII talenta denariorum minus III ſolidis et XXIII pullos Item ad altare in Soltwedel IIII fruſta et II talenta III fruſta deſerta de predictis IIII fruſtis Tenentur ad precariam Domino Marchioni pro XI fruſtis minus III modiis

Guſtin [3] pertinet monaſterio premiſſo et habet ibi XVI manſos de quibus habet XXXVIII modios ordei et VI talenta denariorum et II ſolidos et VI pullos Tenentur ad precariam Domino Marchioni pro IIII fruſtis

Cratz [4] pertinet monaſterio ſupradicto et habet ibi VI choros ſiliginis cum VI modiis et IX ſolidis denariorum et III denarios et XXIIII pullos Tenentur ad precariam Domino Marchioni pro VI fruſtis minus I quartali

Czanwol [5] pertinet monaſterio predicto et habet ibi XVIII manſos de quibus habet IX choros ſiliginis minus III modiis II choros auene et VI modios ordei et XVIII ſolidos denariorum leuium et II talenta denariorum et XL pullos IX *aucas* et II marcas denariorum Prefectus habet II chororum libertatem et habet IIII ſolidos et XVI pullos Hermanus Gotſcalk ad altare VI fruſta Prepoſitus ad Sanctum Spiritum habet ibi II choros ſiliginis Tenentur ad precariam Domino Marchioni pro VIIII fruſtis

Czitzow [6] pertinet monaſterio et habet ibi VIII talenta denariorum et XVI ſolidos denariorum et VIII pullos Prefectus I fruſti libertatem Tenentur ad precariam Domino Marchioni de V fruſtis

Molendinum in *Strampe* [7] pertinet ad monaſterium abſolute non habet inde pecuniam ſed habet ibi ſeruitium pro vtilitate monaſterii Item ibi eſt vna curia cum Coſſato pertinente monaſterio et habet inde IIII ſexagenas pullorum et III talenta denariorum Ad huc tenentur dare

Iarſowe [8] pertinet illis de Schulenburg et habent ibi I talentum denariorum leuium a Marchione Monaſterium in Diſtorp II talenta Henricus Dannenberghe I talentum a Marchione Tenentur ad precariam Domino Marchioni pro VII quartalibus reddituum

Kerkune [9] habet manſos XXI pertinet prepoſito in Soltwedel De quolibet manſo I chorus ſiliginis quorum Dominus *Bernhardus de Schulenburg* X choros ad altare Dominus prepoſitus in Soltwedel XI fruſta cum iuditio et ſeruitio et omni iure et III ſexagenis pullorum Prefectus habet II chororum libertatem Ad altare in Soltwedel II chori ſiliginis Tenentur ad precariam Domino Marchioni pro XVII fruſtis

Gartz

1) Sümendorf gehöret gleichfalls zum Amte Arendsee.
2) Clöden desgleichen zum Amte Arendsee.
3) Güstin eben so.
4) Kraatze desgleichen.
5) Czanwol ist ganz unbekannt und muß eine wüste Feldmark seyn.
6) Ziessau unter dem Amte Arendsee.
7) Die Mühle bey Schrampe gehöret mit dem Dorfe dieses Namens dem Amte Arendsee.
8) Jahrsau gehöret noch itzo den von der Schulenburg.
9) Kerkuhn, gehöret desgleichen noch denen von der Schulenburg.

Altemark.

Gartz[1] habet XXVIII mansos censuales quorum II sunt deserti De quolibet manso I chorum siliginis infrascriptis Primo Iohanni Chuden ł chorum et II solidos et I solidum Domino Lamperto Iohannes Chuden habet ab illis de Bertensleuen Cabutz IIł frustorum libertatem Altare diuisionis Apostolorum habet II choros et precariam II solidos et I pullum et iterum XVI pullos de fabro Dat precariam ad dictum altare videlicet XI talenta denariorum et III choros minus II modiis quorum VI modii deserti pertinent ad Stipam in Soltwedel Heyne Wisteden II choros et nunc est vitalitium Domini Martini et II solidos ab Hempone Knisebeke et XII pullos de Cossatis Prepositus ad Sanctum Spiritum II choros Iohannes Kongestede ciuis Ił choros ad altare Domini Martini I chorum siliginis Consules in Soltwedel ł chorum De curia deserta II chori consulibus in Soltwedel Prefectus habet IIł frustorum libertatem de quibus dat marcam pro equo Hans Kongestede ciuis ł chorum siliginis Herman Bormester Ił choros et Wyneke habet inde ł chori libertatem Herman Bormester habet I chorum ab illis de *Knisebeke* et ł chorum ab illis de *Schulenburg* Dominus Lampertus habet II choros ad vitam ab illis de Knesebeke et I pullum Tydeke Gartz ciuis II choros et I pullum Cune Tzirowe habet ł chori libertatem Wernike de Gartz ciuis ł chorum et Herman Kongestede ciuis ł chorum et XVIII denarios et I pullum Domino Iohanni Nibur ad altare I chorum Boldewin de Knisebek I chorum Wernherus Bertensleue I chorum siliginis Iohannes Gartz ciuis ł chorum desertum Dominus Lampertus II solidos et I pullum Hans Knisebek III pullos et III solidos Tenentur ad precariam ad altare Apostolorum prescriptum

Turitz[2] habet XXI mansos De quolibet manso ł chorum siliginis infrascriptis Altare Corporis Christi I chorum Dominus Arnoldus I chorum ab illis de *Luderitz* ad vitam Prefectus habet IX quartalium libertatem Herman et Brune *Nitzenplitz* et Drummelingh habent ibi XXI solidos denariorum et II modios frumenti Ad altare quoddam ł chorus Heyne Mertin II chororum minus VI modiis libertatem Reineke Cawelitz I chori libertatem Herman Nitzenplitze XVIII modios Domino Alberto Rorberge VI modios Ad Sanctum Georgium I chorum Ad altare in Eikstede I chorum Iohannes Luge ciuis I chorum ab illis de Luderitz Non tenentur ad precariam Herman Nitzenplitz moratur ibi et III mansi quos ipse colit

Kerkowe[3] habet XX mansos possessos et IIII desertos De quolibet manso I chorum siliginis infrascriptis Prefectus habet V quartalium libertatem et dat censum I fertonem Fratres Kalendarii habent ibi IIł choros siliginis ł chorum desertum Tideke Bolke ciuis I chorum de Wustroue et VI modios siliginis et VIII pullos et IIII solidos denariorum leuium Boneke Dorreheide ciuis I chorum ab illis de Knisebeke Ad altare in Redegestorp I chorum siliginis Ad altare Domini Arnoldi II choros et I quartale Iohannes de *Horst* VI modios et pro precaria III modios Henneke Tichoue II chororum libertatem inde dat ł marcam dictis Perwer ciuibus in Soltwedel et XXVII denariorum leuium et II pullos a Iohanne de Knisebeke Tenentur ad precariam Domino Marchioni pro VI frustis

Rekelinge[4] pertinet istis de Schulenburg et habent ibi XII frusta omnibus computatis a Marchione Item Heyne Witingen in Soltwedel habet II choros minus I quartali et XX pullos

1) Klein-Gärtze gehöret denen von Knesebeck.
2) Thüritz gehöret denen von der Schulenburg.
3) Kerkau gehöret denen von Knesebeck.
4) Reckeling gehöret noch itzo denen von der Schulenburg.

Altemark.

los a Gerekino Walstone Item molendinum pertinet illis de Schulenburg et habent inde . . . Prefectus habet ibi III frustorum libertatem a de Schulenburg et dat eis IX solidos denariorum III pullos et II modios siliginis Tenentur ad precariam istis de Schulenburg pro VIII frustis

Rademyn 1) habet XXXIII mansos De quolibet manso II - - Prefectus habet II chori libertatem de quibus I marcam pro equo pheudi Tiloni *Nitzenplitz* Portenario in Castro Soltwedel I chorum siliginis Vxori Magistri Tiderici et filiis suis XXX modios et portulario VI modios a Henkino Arndes Kune Dewtz dat vxori Magistri Tiderici XVIII modios Preposito in Dambeke I chorum Vidue in Soltwedel VI modios Vxori Houemannes VI modios Makewitte II modios Gherke Horman dat Domino Arnoldo de *Iagow* IX modios siliginis ab illis de *Iagowe* Gherke Kruger dabit Domino Iohanni Buk I chorum ad altare Filiis Iohannis Turitz IX modios Makewitten II modios Preposito ad Sanctum Spiritum IX modios Illis de Iagow IX modios Heyne Bethekens dabit vxori Houemannes XXX modios Filiis Magistri Tiderici VI modios Vidue Berneri VI modios a de Luderitz Makewitte portulario IX modios Curia Domini Iohannis Caluen dat Hartke Mechone ciui XI modios Tiloni Nitzenplitz VIII modios Hakewitte IIII modios Heyne Pritzer dabit Magistro Henrico Boden XXXII modios Ad Sanctum Spiritum IX modios Illis de Iagow IX modios Herman Lemen dabit vxori Beueri I chorum siliginis a de Luderitz Hans Witten III modios filiis Magistri Tiderici VI modios Vxori Houemannes I chorum siliginis Hans Luge dabit preposito in Arnsee XVI modios Vxori Bernhard I chorum de *Luderitz* Gherke Drudow I chorum Makewitte V modios Filiis Magistri Tiderici IIII modios Tideke Gerd dat Gherke Drusedow I chorum Arnd Klizzeke XXX modios ab illis de Iagow Iohan Witte ciuis habet ibi III marcas denariorum leuium Vidua Berneri habet hic in summa III choros ab illis de *Luderitz* Tenentur ad precariam Gherkino Drusdow illis de Schulenburg et filiis Magistri Thiderici pro XV frustis Item Henricus filius Schernekow ciuis habet II choros ab illis de *Luderitz*

Storbeke 2) habet mansos — et pertinet dictis Hardewiges ciuibus et habent a de *Luderitz* Geuerhardus Bodenstede habet ibi II choros a Marchione Walter Hardewiges ciuis habet ibi II frusta iuditium et seruitium et decimam minutam ab illis de Luderitz Conradus Dikwede habet ibi XXX modios siliginis et X solidos denariorum Plebanus in Sannen VIII modios et I solidum Non tenentur ad precariam Domino

Molwitz 3) habet mansos — De quolibet manso VIII modios Gherke Bodel habet I frustum de prefecto Boden dat Bodel I chorum et Portze I chorum Herman dat Bodel I chorum Heyne dat Bodel XXII modios Gherke Bodel colit mansos rusticales Willeke X modios prefecto in Latekote Alius Wilke I chorum Gerke Bodel Tenentur ad precariam dicto Gerke Bodel pro VI frustis

Heiligenfelde 4) habet XL mansos *censuales* Dominus Arnoldus de *Iagow* habet ibi III frusta et XI pullos quorum I frustum desertum Monasterium in Arnsee IIII curias cum V frusto Monasterium in Dambeke habet ibi VI frusta et II modios et I libram piperis et X pullos Prefectus habet II frustorum libertatem a monasterio Dambeke et ab illis de Iagow Heyno Bukow

1) Rademin, denen von der Schulenburg zugehörig.
2) Störpke gehöret denen von der Schulenburg.
3) Molwitz, itzo Molitz, gleichfalls.
4) Heiligenfelde gehöret zum Amte Arendsee.

Altemark.

Bukow habet ibi II½ frustorum libertatem a monasterio Dambeke Ad altare II½ chori siliginis in Soltwedel Ad aliud altare in Soltwedel III chori cum VIII modiis siliginis Tenentur ad precariam monasterio in Dambeke pro XX frustis quorum III sunt deserta

Rokentin [1] habet mansos — Dominus Gumpertus de *Wantsleuen* habet ibi VI talenta denariorum X solidos et V solidos Hoger Chuden habet ibi VII talenta cum V solidis Vxor Blekedes in Soltwedel habet ibi III marcas denariorum leuium

Bodewald [2] habet XIX mansos De quolibet manso VI modios siliginis quorum XVI mansi pertinent istis de *Aluensleuen* in Calue cum supremo et seruitio Etiam III mansi pertinent vidue Goden in Soltwedel ad vitam Item dant XXXII pullos et VII solidos denariorum minus IIII denariis pro censu illis de Aluensleue De vendimola VI modios siliginis illis de Aluensleue Tenentur ad precariam Domino Marchioni de II frustis

Lubas [3] habet XIII mansos De quolibet manso I frustum Herman Burmeister habet ibi II choros siliginis et IIII modios auene et VIII solidos denariorum ab illis de Knisebek Mr Burmeister II choros et IIII modios auene et VIII solidos Boldenuin de Knisebek IIII frusta et VI modios auene III solidos et I pullum et III solidos *Swinpennighe* [4] Hempo de *Knisebeke* I chorum et VII modios auene et III½ solidos et V pullos Prefectus in Ilenhagen I chorum Filii Perwer ciuis I frustum et XIII modios auene et VIII solidos pro *decima porcorum* et I marcam argenti a de Knisebeken Prefectus habet II frustorum libertatem de quibus dat I marcam filiis Perweri et VI modios auene Tenentur ad precariam Domino Marchioni pro XIII frustis

Hogewisse [5] habet XIII mansos censuales De quolibet manso I chorum siliginis Illi de *Iagow* habent ibi IX frusta quorum I desertum Betke Perwer ciuis II choros siliginis V modios ordei VI modios auene II½ solidos denariorum Brandeburgensium et VII pullos a Iohanne de Knisebeke Henneke Ierghow ciuis I½ choros Herman Burmeister ½ frustum desertum Ad altare in Arnsee I chorus Filius Matthei in Soltwedel II½ choros siliginis a Boldewino de Knisebeke Tenentur ad precariam Domino Marchioni pro VIII frustis

Gladegow [6] pertinet monasterio in *Creuese* et habet ibi XXV½ frusta et V solidos Brandeburgenses omnibus computatis cum supremo et omnibus in tota villa sunt XXIX mansi censuales Heyne Calue ciuis habet inde II choros siliginis a monasterio in Creuese

Rasbene [7] pertinet monasterio in Creuese et habet ibi de XI mansis De quolibet manso X solidos denariorum Brandeburgensium quorum ½ mansus desertus Item habent ibi III sexagenas ouorum et XVIII pullos

Binde [8] habet XLI mansos quorum III mansi deserti Dabunt de quolibet XVIII modios siliginis VI denarios et ½ pullum infrascriptis *Pardim paruus* de *Knesebeke* habet ibi III choros siliginis a Marchione Prefectus habet III mansos liberos cum II choris siliginis et VI modiis

1) Rokentin gehöret denen von der Schulenburg.
2) Bodewald ist vermuthlich Reibenwohl, so nahe bey Rockentin lieget, ist itzo ein einzelner Hof und Krug ohne Land.
3) Lubaars gehöret itzo denen von Knesebeck.
4) Ohne Zweifel Schweinezehend.
5) Höwisch gehöret itzo denen von Jagow.
6) Gladegau gehöret denen von Bismark.
7) Rasbene ist ganz unbekannt. Vermuthlich ist es verschrieben, soll es Raalsven heißen, und das denen von Bismark in dieser Gegend gehörige Gut Ranzleben seyn.
8) Binde gehöret zum Amte Arendsee.

Altemark.

modiis de quibus dat dicto Pardim I½ marcam pro equo pheudi Dominus Wernherus de Mechowe IIII½ choros cum VI modiis Boldewinus de Knisebeke VII choros siliginis Dominus Albertus Rorbeke III½ choros Prepositus in Soltwedel II½ choros Prepositus in Isenhagen XVIII modios siliginis Lange Fritz ciuis habet ibi I chorum siliginis ab illis de Schulenburg Herman Burmeister I½ chorum ab illis de Schulenburg cum III solidis denariorum Soltwedelensium Hartke Mechow ciuis I chorum Vxor Bindemannes ciuis I chorum ab Hempone de Knisebeke Illi de Schulenburg XVIII modios Prefectus ibidem habet I½ chorum siliginis de alio rustico Tenentur ad precariam pro XX frustis Boldewino de Knisebeke et est sibi obligata a Marchione et habet eam nomine *pignoris et non pheudi* et est de IIII mansis deserta

Tylebe [1] habet XXX mansos quorum XVII sunt omnino deserti Fridericus Gartowe habet ibi iuditium Claus Gotschalk ciuis habet ibi II choros minus II modiis a Frederico de Chartowe Fredericus de *Chartowe* I chorum possessum et XVI modii deserti et VI½ solidos denariorum Brandeburgensium et XX pullos Illi de *Dannenberghe* habent ibi IIII½ choros desertos preter XVI modios Ad altare beate Marie Virginis in Gartow XVI modii siliginis Monasterium in Arnsee XXI modios desertos Hoyer de Distorp ciuis habet ibi III frusta ab illis de Bertensleuen Ad altare in Soltwedel habet ibi redditus desertos Hans Chuden ciuis habet ibi II½ choros et IIII modios siliginis ab illis de Bertinsleuen Prefectus habet II chororum libertatem a Frederico de *Gartowe* quos redemit cum I½ marca pro equo pheudi Tenentur ad precariam Domino Marchioni pro XIII frustis quorum VIIII½ frusta minus quartali deserta et adhuc dant pro IIII frustis minus I quartali

Buckow [2] habet XXXV mansos censuales quorum XVI possessi et XX deserti Ibi morantur tantum duo villani qui colunt VIII mansos Item duo villani de *Sanen* colunt VII mansos Item duo residentes dant de istis VIII mansis III choros siliginis minus VI modiis infrascriptis Preposito in Dambeke I½ chorum Ad Sanctum Spiritum in Soltwedel I½ chorum Hermanno Bekendorp ciui in Soltwedel I chorum et vxori Heyneke Brunowes ciuis XVIII modios a de Walstoue Albrecht Vicken VI modios Item Vicke Brucker Tenentur ad precariam Domino Marchioni pro VII frustis quorum III sunt deserta ergo nunc dabit pro III frustis

Latekote [3] habet XXVIII mansos censuales et Henrik Barsewis in Sehusen habet ibi supremum et seruitium. Prefectus habet IIII mansorum libertatem cum VI frustis et I quartali quos redimere cum I marca argenti tenetur Henrik Barsewis ciuis in Sehusen Illi de *Bertensleuen* habent ibi I½ choros siliginis Ad altare Domini Eghardi II½ chori cum III modiis Hans Witte ciuis in Soltwedel habet ibi I½ chorum siliginis Prepositus ad Sanctum Spiritum in Soltwedel XIX modios siliginis Claus Gotscalk in Soltwedel habet XX modios et I pullum de Chartowe Frederico Ad altare in Soltwedel I chorus siliginis Hans Hardwiges in Soltwedel XXXII modios siliginis et II chorum siliginis a Domino Marchione cum VIII solidis et VIII pullis *Conradus Dikwede* XXX modios siliginis Fratres Kalendarii in Soltwedel habent VI½ marcas denariorum leuium Tenentur ad precariam Barsewis ciui in Sehusen pro XII frustis et I quartali et nescitur vtrum habeat pro pignore vel pheodo

Mechowe

1) Tielpe oder Tilebehr, gehöret eben zum Amte Arendsee.

2) Buckow ist vermuthlich das denen von der Schulenburg gehörende Dorf *Böck*, weil das Dorf Sanne nahe daben liegt

3) Ladekate gehöret denen von der Schulenburg.

Altemark.

Mechôwe [1] habet XXII mansos censuales De quolibet manso I chorum siliginis et pertinet illis de *Iagow* cum supremo et seruitio et omni et habent illi X choros siliginis et VI modios et XXX pullos et V marcas denariorum Iohannes Chuden et filii eius habent ibi VIII choros et IIII modios XXIIII solidos denariorum et XXXII pullos ab illis de Iagow *Sanctus Georgius* in Soltwedel habet ibi II frusta et I solidum et I pullum Tenentur ad precariam Domino Gumperto de *Wansleue* de XXII frustis

Dewitz [2] habet mansos XII De quolibet manso XVIII modios siliginis infrascriptis Primo Dominus Wernherus Mechow habet ad altare suum IIII mansos de quibus habet IIII choros minus VI modiis frumenti duri et X pullos Prefectus habet II frustorum cum VI modiis libertatem ab illis de *Brizzeke* quos ille redemit cum I marca argenti Prepositus ad Sanctum Spiritum habet ibi V choros siliginis Gherke Witinge ciuis habet ibi II mansos cum Ił choris et III solidis denariorum ab illis de Brizzeke Ad altare in Arndsee I chorus siliginis sed desertus Illi de Brizzeke Ił chorum siliginis desertum et VIII modios desertos Monasterium in Arnsee VIII desertos Winberghe de Schulenburg ciuis VIII modios desertos Tenentur ad precariam Domino Marchioni pro VI frustis

Rybowe [3] pertinet illis de Schulenburg et sunt ibi XXIł mansi censuales De quolibet manso XVIII modii siliginis Ad Sanctum Georgium II curias cum III choris et VIII modiis siliginis Prepositus in Dambeke I curiam cum II choris siliginis Hans Hoyer I chorum siliginis in IIII curiis ab illis de *Schulenburg* Hoiger Chuden I chorum in II curiis ab illis de *Bertinsleue* Foltze de Scheme rusticus habet ibi II choros siliginis a Wernhero de Bertinsleuen Prepositus ad Sanctum Spiritum ł chorum siliginis et ł chorum siliginis de alia curia Ad altare noue ciuitatis Soltwedel Ił chori siliginis et iterum Ił chori siliginis de alia curia Ad altare Domini Gotscalki Thiderici III chori siliginis Cossati dant XV modios auene illis de Schulenburg et V pullos Vicke Brucker de Soltwedel habet ibi I Cossatum cum VI modiis auene Tenentur ad precariam illis de Schulenburg de XXIIII frustis Prefectus ibidem habet II chororum et VI modiorum siliginis libertatem ab illis de Schulenburg quos redimet cum I marca argenti Brandeburgensi De tota villa XXXł solidos denariorum pro censu illis de Schulenburg XXX pullos

Perwer [4] suburbium foris Soltwedel versus Stendal exeundo ciuitatem Latus sinistrum pertinet preposito Sancte Marie in Soltwedel et habet ibi VI marcas denariorum minus III denariis et de qualibet domo I pullum et est appropriatum Item prepositus ad Sanctum Spiritum ibidem habet in alio latere V marcas denariorum leuium et non plus

Kossebu [5] pertinet illis de *Iagow* et habet XXI mansos censuales De quolibet manso I chorum siliginis dictis de Iagow XVł chori siliginis minus IIII modiis a Domino Marchione et III sexagene pullorum Vidua Caritz in Soltwedel habet ibi XVI modios siliginis ab illis de Iagow Hans de Mols ciuis in Osterburg habet inde I chorum siliginis ab illis de Iagow Heyne Cossebu ciuis in Osterburg I chorum siliginis ab illis de Iagow habet inde Prefe-

ctus

1) Mechau gehöret denen von Jagow.
2) Dewitz gehöret denen von der Schulenburg.
3) Ribau gehöret gleichfalls denen von der Schulenburg.
4) Perwir, ein Dorf, ganz nahe vor Salzwedel.
5) Kassebu gehöret noch itzo denen von Jagow.

Altemark.

ctus ibidem habet III mansorum cum III choris siliginis libertatem pro equo pheudi Gherke de *Hagen* habet inde IIł choros siliginis Henneke Beye habet II mansorum cum II choris libertatem Tenentur ad precariam pro XXVIII frustis

Arnsee [1] villa habet XIII mansos et pertinet monasterio in Arnsee cum omni iure et habet inde XIII modios siliginis Tenentur ad precariam Domino Marchioni pro VIIIł frustis et III modiis

Cauwelitz [2] habet mansos — et pertinet monasterio in Arnsee cum omni iure et habet inde XXXIIII frusta in pacto et precariam et omnibus computatis

Nyelinghe [3] pertinet monasterio in Arnsee et habet inde XXIII frusta et VI modios siliginis Illi de Iagow habent inde II frusta cum VI modiis Henning Bödendik VI modios siliginis Claus Gotscalk ciuis in Soltwedel I chorum siliginis Tenentur ad precariam Domino Marchioni de XXIIII frustis et IX modiis

Leppin [4] pertinet monasterio in Arnsee et habet XV mansos de quibus habet XV choros siliginis quorum IIII chori sunt deserti Tenentur ad precariam Domino Marchioni de VIII frustis

Gentzin [5] pertinet monasterio in Arnsee et habet inde XIł frusta quorum III deserta Tenentur ad precariam Domino Marchioni pro VII frustis

Tzulen [6] pertinet monasterio in Arnsee cum omni iure et habet inde VIII choros siliginis. Tenentur ad precariam Domino Marchioni de IIIł frusto et IIII modiis

Bodenstede [7] cum molendino pertinet ciuitati antique Soltwedel cum omnibus iuribus et quantum inde habet nescio De molendino in Bodenstede habet IIII choros siliginis.

Prischier [8] habet XXXII mansos et I quartale mansi censuales De quolibet manso ł chorum siliginis et pro maiori parte est deserta et habet libertatem. Item prefectus habet IIII mansos vltra prescriptos de quibus tenetur seruare *equum expedialem* de I marca dictis de *Jetze* vasallis Item prefectus dat dicto Brunswik ciui in Solwedel I chorum siliginis de aliis II mansis Altare exulum in Soltwedel habet ibi II choros siliginis minus III modiis Heyne Wiringe ciuis habet inde IIł choros siliginis minus III modiis ab illis de *Jetze* habet libertatem Prepositus beate Virginis in Soltwedel habet ibi Ił chorum siliginis et est deserta Herman Bormeister ciuis habet inde VI modios siliginis ab illis de *Knisebeke* Illi de *Schulenburg* habent inde VI modios siliginis a Marchione Wernherus de *Bertensleue* habet inde II choros siliginis I desolatum et I libertatem a Marchione Altare beati Iohannis Baptiste in Soltwedel habet inde ł chorum appropriatum et desertum Prepositus ad Sanctum Spiritum in Soltwedel habet ibi I chorum siliginis desolatum Dominus Henricus Bere habet ibi III choros siliginis de bonis paternis desertos preter XVIII modios Henneke Ierchow ciuis habet inde I chorum ab illis de Knisebeke Herman Belitz dictis Curitz ciuibus tenetur ad equum expedialem pro I frusto Item Brunsvik ciuis habet inde IIł choros siliginis desertos ab illis de Schulenburg Tenentur ad precariam Domino Marchioni de X frustis Olim dederunt de XIIII frustis et I quartali

Equi-

1) Arendsee ist itzo ein Flecken unter dem Königl. Amte dieses Namens.
2) Kaulitz ist ein Arendseeisches Amtsdorf.
3) Neilingen gehöret gleichfalls zum Amte Arendsee.
4) 5) Leppin und Genzien, zwey Dörfer des Amtes Arendsee.
6) Zühlen ist eben so ein Dorf des Amtes Arendsee.
7) Boddenstädte, ein Dorf nicht weit von Salzwedel, dem Magistrat daselbst gehörig.
8) Prezier gehöret denen von Knesebeck.

Altemark.

Equitatura Terre Soltwedel foris portam Buchorninghe [1]

Darsekow [2] pertinet Ianoni vasallo et habet VII mansos censuales de quibus I est desertus De residuis VI mansis de quolibet manso I talentum denariorum Soltwedelensium que faciunt III frusta et habet in pheudum ab illis de *Wustroue* dederunt XIII gr Tenentur ad precariam Domino Marchioni de VI frustis et I quartali quorum I frustum desertum Prefectus ibidem habet I frusti libertatem

Mosentin [3] pertinet vidue dicte Curissin in Soltwedel et habet mansos et habet ibi XIƚ choros frumenti cum VIII talentis denariorum Soltwedelensium cum decima minuta supremo et infimo ad vitam suam de quibus IIƚ frusta sunt deserta ab illis de *Bertinsleuen.*

Schernekow [4] habet XXIIII mansos censuales Schernekow pertinet vidue Curissin et habet ibi XIII choros frumenti minus IIII modiis et XXXIIƚ solidos denariorum Soltwedelensium cum decima minuta et supremo ab illis de *Knisebeke* preter II choros quos habet de Frederico *Wustroue* et preter IIII choros quos habet ab illis de *Kerkow* et VIII modios ab illis de Iagow Item Herman Burmeister ciuis habet ibi I chorum siliginis ab illis de Knisebeke Et prefectus ibidem habet ab eo in pheudum II chororum libertatem et I chori a Boldewino Knisebek Claus Gotscalk ciuis habet ibi II choros siliginis et XIIII pullos a Frederico Wustroue et III solidos denariorum Bernhard Biesendal ciuis II choros siliginis et III modios ordei Dant precariam pro XXIIIƚ frustis Domino Marchioni Consules in Soltwedel ƚ chorum Quidam sacerdos ad altare IIII choros

Selfelde [5] pertinet Hoigero Chuden in Soltwedel cum patruis suis et habet ibi V frusta cum VI modiis siliginis et ƚ partem supremi de villa ab illis de Schulenburg Item Tideke et Iohannes de Gartz in Soltwedel habent ibi III choros siliginis minus IIII modiis Xƚ solidos denariorum Soltwedelensium II pullos cum decima et seruitio et iuditio in ceteris curiis ab illis de Schulenburg Item Henrik Schiningen ciuis habet ibidem XXX modios siliginis a Domino Marchione

Zebeo [6] pertinet dictis Hardwigen ciuibus in Soltwedel et habent ibi V frusta cum I quartali et XVI modios auene et supremum totius ville cum IIII *plaustris carbonum* a Domino Marchione cum precaria Item ad altare beate Elisabeth in Soltwedel VI frusta appropriata siliginis Iƚ frustum est desertum Prefectus habet Iƚ frustum

Hestede [7] pertinet dictis Hardwigen ciuibus in Soltwedel cum supremo et seruitio curruum et habent ibidem VIIIIƚ talenta denariorum Soltwedelensium et I chorum siliginis a Domino Marchione Item VIII talenta denariorum Soltwedelensium cum ƚ choro siliginis et XXXVI pullis VIII sexagenis lini IIII solidis denariorum Soltwedelensium et LXXX ouis ab illis de Schulenburg a Domino Marchione Dant precariam de IIII frustis predictis Hardwigen

1) Dieses ist die noch itzt sogenannte Salzwedelsche Landreuterey.
2) Darskau gehöret itzt denen von Alvensleben, vormals dem ausgegangenen Geschlechte derer von Wustrow.
3) Mösentin gehöret denen von der Schulenburg.
4) Schernekau gehöret denen von Knesebeck.
5) Salfeld gehöret denen von der Schulenburg.
6) Zebeo ist gänzlich unbekannt.
7) Hestädt ist gleichfalls Schulenburgisch.

Altemark.

Inrichleue [1] Hermannus Burmeisterus in Soltwedel habet VIIII frusta ab illis de Knisebeke et quidam rusticus ibidem habet ab eo II frustum Item prefectus habet ab eo II frustorum libertatem Item Hermannus predictus habet ibidem supremum et decimam minutam Prepositus in Soltwedel habet ibi molendinum desertum a XXX annis Tenentur ad precariam Domino Marchioni pro VI frustis et I quartali Quidam rusticus habet ibi XVIII modios siliginis

Seben [2] pertinet Cunoni Brewitz in Soltwedel et patruis suis Tidekino et Alberto et habent ibidem XXXIII marcas denariorum leuium a Frederico Wustrowe in pheudum Item vxor dicti Lubas ciuis VII marcas denariorum a Frederico Wustrowe Non tenentur ad precariam

Zuber [3] pertinet monasterio in Isenhagen et habet XXII mansos quorum XIIII sunt deserti de residuis VIII mansis de quolibet manso III modios siliginis et III modios auene Pro precaria I modium siliginis I modium ordei et I modium auene et V solidos denariorum leuium de tota villa

Dreuenstede [4] pertinet monasterio in Isenhagen et sunt ibi X mansi de quibus plebanus ibidem habet II mansos De aliis VIII mansis dabunt IIII choros siliginis predicto monasterio Item habent ibidem de vna curia XII solidos denariorum leuium Ad precariam Domino Marchioni II modios et I quartale siliginis in tantum ordei et in tantum auene et X solidos denariorum

Langen Appeldorn [5] pertinet vidue dicti *Crucemannes* vasalli et habet XV mansos quorum V mansi deserti et habet ibidem II choros siliginis et IIII marcas denariorum leuium et XLIIII pullos cum supremo a Domino Marchione et deuoluentur ad Marchionem Item plebanus in Berge habet ibi I chorum siliginis et VI solidos denariorum leuium Item plebanus in Ostirwalde habet ibidem I chorum et XVIII modios siliginis et VI solidos denariorum Item plebanus in Holdenstede habet ibidem VIII modios siliginis et XVI denarios et I chorum cum III solidis Item Henricus Schiningen in Soltwedel habet ibidem in molendino II chorum siliginis et XVI solidos et est desertum, Dant Soltwedel et debet habere Marchio sed dicit se habere a *Longo Pardim* de *Knisebeke* Item Dominus Marchio habet XII solidos denariorum de molendino ratione precarie Item de villa dant Domino Marchioni de precaria pro XII frustis

Gudelitz pertinet Cunen Brewitz ciui in Soltwedel et habet ibidem VIII talenta denariorum leuium a Wernhero de *Bertinsleben* cum supremo Tenetur ad precariam Domino Marchioni

Bobentin [6] pertinet dimidia dictis *Chuden* in Soltwedel et habent ibidem VIIII marcas denariorum Soltwedelensium a de Schulenburg cum IIII pullis cum seruitio et supremo dimidie ville alia dimidietas pertinet Domino Gumperto de *Wansleuen* militi

Wen-

1) Jurichsleve ist vermuthlich das von Knesebeckische Dorf Ripsleben.
2) Seben gehöret noch den Brewitzen, einem Patrizengeschlechte zu Salzwedel.
3) Züber, ist vermuthlich das zum Amte Diesdorf gehörige Zuber.
4) Drewenstede gehöret zum Amte Diesdorf.
5) Langen-Appel gehöret denen von Knesebeck.
6) Bobentin ist vermuthlich falsch abgeschrieben, wie viele andere Oerter, und soll heissen Rockentin. Das gehöret denen von der Schulenburg. Die Familie derer Chüden hat noch fünf Unterthanen darin.

Altemark.

Wendischen Bierstede [1] habet XVIII mansos quorum IIII pertinent dictis *Gropen* vasallis de quibus habent VIII marcas denariorum leuium quarum dimidia pars est deserta ad Marchionem Item prepositus in Dambeke habet ibidem XII marcas denariorum leuium de VI mansis dimidia pars deserta Item Buman ciuis in Soltwedel habet ibidem VI marcas denariorum leuium desertas a Gherardo *Walsleue* Item prepositus in Distorp habet ibi VI marcas denariorum leuium Item Hans *Walstoue* habet ibi I curiam desertam cum II marcis denariorum desertis a Marchione Item dant precariam Domino pro I½ frusto videlicet dabunt XXIIII gr. de VI frustis alia sunt deserta

Annendorp [2] habet mansos XV et pertinet Domino Marchioni cum supremo et precaria et seruitio Dant precariam pro III frustis Item Dominus Marchio habet ibi III mansos desertos Prepositus in Distorp habet ibi IIII½ choros siliginis tenetur ad precariam pro IIII½ frustis illis de *Bertinsleuen* I½ frustum desertum Item Wolter Hardwiges in Soltwedel II choros siliginis et II talenta denariorum leuium et II pullos cum seruitio et decima minuta Hempo de *Knisebek* non venit Vxor Ricsleuen in Sotwedel habet ibi II choros et dant precariam Domino Marchioni pro II frustis

Walstoue [3] habet XXX mansos De quolibet manso ½ chorum siliginis et I pullum De tota villa dant precariam pro IX frustis Marchioni et est registratum in libro terre Soltwedel foris portam Perwer

Bodenstede [4] pertinet ciuitati Soltwedel cum omni iure

Grauenstede [5] habet mansos — Prepositus in Isenhagen habet ibi VII quartalia reddituum de I curia Item prepositus ad Sanctum Spiritum habet ibi VII quartalia reddituum de vna curia Item Fredericus *Wustroue* habet ibi III curias cum I½ frustis a Marchione Dominus Ludolphus de *Knisebeke* habet ibi I curiam cum I choro siliginis Tenetur adhuc dare Item dant precariam Domino Marchioni pro VII frustis et I quartali reddituum Molendinum ibidem tenetur dare I frustum illis de *Wustroue* et precariam dant Marchioni pro I frusto

Wupelte [6] habet X mansos De quolibet manso I chorum siliginis et III solidos et ½ modium ordei Prefectus ibidem habet II frustorum libertatem ab illis de *Schulenburg* et Hermannus ½ chori libertatem Vicke Rademyn ciuis habet ibi III choros siliginis ab illis de Schulenburg Heger Chuden habet ibi III choros siliginis ab illis de Schulenburg Iohannes Boden ciuis habet I½ chorum et XXIIII pullos de tota villa Ludeke Czenik ciuis habet ibi I chorum in precaria Monasterium in Dambek habet ibi III talenta denariorum leuium in precaria Illi de Schulenburg habent supremum ibidem et totum villam a Marchione Lemmeke et Henning Wupelte ciues habent III choros siliginis a de Schulenburg

Bernebeke [7] habet mansos XV De quolibet manso IX modios siliginis Isti de *Wustroue* habent ibi II½ frusta et I½ modios ½ frustum desertum a Domino Marchione Ludolphus de *Knisebek* miles habet ibi VI curias Tenentur ad precariam Domino Marchioni pro III frustis de tota villa

1) Heisset itzo Klein-Bierstädt, und gehöret theils dem Amte Dambeck, theils denen von der Schulenburg.
2) Anndorf gehöret zum Amte Diesdorf.
3) Walstave gehöret denen von der Schulenburg, und ist schon einst vorgekommen. Es war ehemals ein Geschlechte dieses Namens, das ausgestorben ist
4) Bödenstädt gehöret dem Magistrat zu Salzwedel. Kommt hier öfters vor.
5) Groß oder teutsch Grawenstedt, worin die v. Knesebeck die Straffengerichte und das Pfarrlehn haben
6) Wöpel gehöret denen von der Schulenburg.
7) Barnebeck, denen von Knesebeck gehörig.

Altemark.

Schiben [1] pertinet monasterio in Dambeke et habet ibidem V choros siliginis IIł chorum auene Prefectus dat monasterio IX modios siliginis et X solidos denariorum Nicolas VII modios siliginis Non dant precariam

Brist pertinet monasterio in Dambeke et habet ibi X talenta denariorum leuium Tenentur ad precariam illis de *Bertensleuen* pro II frustis

Cheine [2] dimidia pertinet monasterio in Dambeke et habet ibi XII talenta Isti de *Schulenburg* II curias cum II talentis denariorum leuium Latekote ciuis in Soltwedel habet III curias cum VIł marcis denariorum leuium a monasterio Dambek Kerstianus Tolner habet V talenta denariorum leuium de V curiis Tenentur ad precariam illis de *Bertinsleue* de I frusto a Domino Marchione de I frusto

Antiqua Soltwedel [3] pertinet monasterio in Dambeke cum precaria et omni iure et habent ibi omnibus computatis XXXIIIł frusta cum X libris cere et Ił modium siliginis

Hogen [4] pertinet monasterio in Dambeke et habet ibi VIIIł frusta III modios et II solidos denariorum leuium quorum Ił frustum est desertum Dant precariam illis de *Bertensleuen* pro IIII frustis et est ł deserta

Wendeschen Gischow [5] pertinet monasterio in Dambeke et habet V frusta V modios siliginis et VI solidos Dant precariam illis de Bertensleuen pro Ił frustis

Czistow [6] pertinet monasterio predicto et habet ibi XXI frusta et Ił modium Dant precariam illis de *Bertensleue* pro VIIIł frustis

Velfische [7] pertinet monasterio predicto cum XVł frustis et X modiis Dant precariam dicto monasterio pro XIIII frustis minus I quartali

Brewische [8] pertinet monasterio Dambeke cum XIX frustis et XV solidis Dant precariam dicto monasterio pro XVIIł frustis

Dambeke [9] pertinet monasterio ibidem cum XVI frustis V modiis VI solidis quorum III frusta sunt deserta Dant precariam illis de *Bertensleuen* pro XVIIIł frustis sed III frusta sunt deserta

Stapen [10] pertinet monasterio cum VIIł frustis et I quartali Non tenentur dare precariam Hans *Drusdow* vasallus habet ibi XIIII modios Kune Brewis ciuis habet ibidem et Iohannes Ghiseke ciuis II choros siliginis a dicto monasterio Dambeke Dicti Hardwiges in Solrwedel IIII talenta minus VI solidis denariorum leuium cum XVIII modiis et I libra piperis a monasterio Dambeke

Fische [11] pertinet monasterio in Dambeke cum XIł frustis et IX solidis denariorum leuium sed II frusta sunt deserta Dant precariam illis de *Bertensleuen* pro XIł frustis

Langen-

1) Schieben, zum Amte Dambeck.
2) Chein gehöret zum Amte Dambeck.
3) Alt-Salzwedel, desgleichen zum Amte Dambeck.
4) Hogen, itzo Hagen, zum Amte Dambeck.
5) Itzo Klein-Giskow, zum Amte Dambeck.
6) Czistow ist wahrscheinlich Groß-Giskau, so gleichfalls dem Amte Dambeck gehöret.
7) Velfisch, itzo Vaffiz, gehöret dem Amt Dambeck.
8) Brewitz gehöret zum Amte Dambeck.
9) Dombecke ist das Dorf Dambeck, welches dem ehemaligen Kloster, und nach der Reformation Schulamt Dambeck gehöret.
10) Stapen gehöret denen von der Schulenburg.
11) Viezke oder Vickfche zum Amte Dambeck gehörig.

Altemark.

Langebeke [1] dimidia pertinet monasterio in Dambeke cum XIIII frustis in pactum et precariam Alia dimidia pertinet vasallo Gropen cum IX frustis et IIɨ modiis in pacto et precaria Grope habet I curiam ibi liberam in qua residet et colit mansos per se

Wendeschen Langebeke [2] pertinet monasterio predicto cum precaria et est quasi omnino deserta Dant precariam de V frustis sed est deserta Hempo de *Knisebeke* habet ibi IIII curias due deserte et alie due idem habet Isti de Schulenburg habent ibi IIII curias desolatas Dicti Stesowe habent III quartalia redditaum ab illis de *Knisebeke*

Letze [3] pertinet monasterio predicto cum precaria et pacto et pro paupertate nondum dederunt monasterio Ibi sunt XVIII mansi

Vpbeses [4] pertinet monasterio in Dambeke cum precaria et cum VIII mansis quorum II sunt deserti et habent ibi II frusta

Meseritze [5] pertinet monasterio in Dambeke cum supremo et habet ibi VIɨ frusta Dant precariam illis de Bertensleue pro IIɨ frustis

Kongestede [6] pertinet monasterio in Dambek cum supremo et VIɨ frustis Vxor Bernd Brensadals ciuis habet ibi III choros cum IIII modiis a de Luderitz Dant precariam pro V frustis Domino Marchioni Prepositus ad Sanctum Spiritum habet ibi ɨ chorum siliginis Nota illi de *Bertensleuen* habent ibi ɨ chorum siliginis Illi de *Letze* habent ibi IIIɨ choros siliginis cum I quartali Hans Chuden ciuis habet ibi ɨ chorum siliginis ab illis de Letze

Gryben [7] pertinet illis de *Schulenburg* et habet XVIII mansos censuales de quibus dabunt XIX talenta cum IIII solidis denariorum leuium illis de Schulenburg Non tenentur ad precariam

Geben [8] pertinet illis de *Schulenburg* et habet XX mansos censuales De quolibet manso I frustum Cossati dant II frusta illis de Schulenburg De molendino Iɨ frusta illis de Schulenburg Conradus *Dikwede* vasallus habet ibi I curiam cum II choris siliginis Cossati Dikweden dant XXX solidos cum VI denariis Dant precariam illis de Schulenburg et Dikweden scilicet XVI modios frumenti

Poppowe [9] pertinet illis de Schulenburg cum supremo et cum XII marcis denariorum leuium Altare ecclesie Niendorp habet ibi VIII marcas denariorum leuium Non tenentur ad precariam

Henningen [10] pertinet dicto monasterio et habet XXII mansos De quolibet manso ɨ chorum siliginis VII sunt deserti de quibus Bruker ciuis ɨ frustum et Hermann Flucke habet ɨ chorum siliginis Prefectus habet I frusti libertatem a monasterio Bernhard Tüsel ciuis XVIII modios siliginis a Marchione Tenentur ad precariam monasterio pro III frustis

Vmbfelde [11] pertinet monasterio predicto cum VII marcis denariorum leuium quarum I deserta Tenentur ad precariam illis de Bertinsleuen pro IIII frustis Molendinum ibidem pertinet Monasterio et inde I marcam denariorum leuium *Wül-*

1) Sieden, oder Teutsch-Langenbeck, gehöret denen von der Schulenburg.
2) Wendisch- oder Hohen-Langenbeck, gehöret denen von der Schulenburg.
3) Letze gehöret zum Amte Dambeck.
4) Ubesitz ist eine wüste Feldmark, so zum Amte Dambeck gehöret.
5) Meseritz ist unbekannt. Vielleicht soll es Gieseritz seyn so in dieser Gegend liegt, und zum Amte Dambeck gehöret.
6) Königstädt, gehöret zum Amte Dambeck.
7) Grieben gehöret denen von der Schulenburg.
8) Jeben gehöret denselben.
9) Pappau, gehöret desgleichen denen von der Schulenburg.
10) Henningen bey Klötzen gehöret zum Amte Dambeck.
11) Umfelde ist wüste, und gehöret zum Amte Diesdorf.

Altemark.

Wülmerschenn [1] pertinet monasterio in Distorp et habet XVIII mansos censuales de quolibet manso ½ chorum siliginis sed dimidietas est deserta Dant precariam Domino Marchioni pro II½ frustis

Bornsen [2] pertinet monasterio predicto et non habet mansos et habet ibi II½ frusta quorum ½ pars deserta Non tenentur ad precariam

Farndorp [3] pertinet dicto monasterio cum XIII mansis De quolibet manso I marcam denariorum leuium quorum IIII mansi sunt deserti Tenentur ad precariam Domino Marchioni pro III½ frustis

Appendorp [4] pertinet predicto monasterio et habet ibi XII½ frusta quorum II frustorum habet libertatem ad I annum Molendinum ibidem pertinet monasterio Dant precariam pro X frustis

Danktzen [5] pertinet predicto monasterio et habet ibi frusta VII quorum II deserta cum molendino Molendinum tenetur ad precariam Domino Marchioni pro ½ frusto Dant precariam Domino Marchioni pro II½ frustis

Rustenbeke pertinet dicto monasterio cum VI frustis quorum III deserta Tenentur ad precariam Domino pro IIII frustis

Smölöwe pertinet predicto monasterio et habet ibi V marcas denariorum leuium Tota est deserta Dant precariam Domino Marchioni pro ½ frusto

Moldenbeke pertinet predicto monasterio cum VI talentis denariorum leuium cum molendino Tenentur ad precariam *equitatoribus terre* pro ½ frusto

Hoddelsen pertinet predicto monasterio et habet ibi III frusta dimidia pars desolata Tenentur ad precariam predicto monasterio pro ½ frusto De molendino ibidem ½ chorum siliginis monasterio Item quidam vasallus habet ibi VI modios siliginis

Redigow pertinet dicto monasterio cum IIII½ marcis denariorum et est deserta Non tenentur ad precariam

Hegen Gryben pertinet monasterio cum III choris siliginis et est omnino deserta Tenentur ad precariam Domino Marchioni pro V frustis

Eykhorst pertinet dicto monasterio cum VIII frustis quorum II sunt deserta Molendinum ibidem computatum est Tenentur ad precariam Domino Marchioni pro VIII frustis [6]

Hildesheim pertinet predicto monasterio et habet ibi VIII frusta quorum III sunt deserta, Tenetur ad precariam Domino Marchioni pro IX frustis

Widerstorp pertinet predicto monasterio et habet ibi VIII frusta quorum III sunt deserta Tenentur ad precariam Domino Marchioni pro IIII½ frustis

Winkel-

1) Wülmersen gehöret gleichfalls zum Amte Diesdorf.
2) Dornsen gehöret eben so zum Amte Diesdorf.
3) Jahrendorf gehöret eben dahin.
4) Abbendorf gehöret ebenfalls zum Amte Diesdorf.
5) Danksen gehöret eben dahin.
6) Rustenbeck, Schmölau, Molmke, Höddelsen, Reddingau, Hohen-Grieben, Eichhorst; dieses sind die wenig veränderten Namen der oben stehen Dörfer. Sie gehörten zur Zeit des Landbuches, alle dem damaligen Kloster Diesdorf, und nachdem solches durch die Reformation zum Vortheil des Landesherrn secularisiret worden, zu dem itzigen Königlichen Amte gleiches Namens. Man siehet hier, daß der Churfürst oder Markgraf in jedem dieser Dörfer die *precariam*, Bede, oder Landes-Contribution gehabt, und daß sie hier nicht, so wie in der Mittelmark, an Privatleute versetzt gewesen.

Altemark.

Winkelstede pertinet monasterio cum VIII frustis quorum deserta sunt — Tenentur ad precariam Domino Marchioni pro IIII frustis

Hasselhorst pertinet monasterio predicto cum VII marcis denariorum leuium quarum II sunt deserte Non tenentur ad precariam predicto monasterio

Ellenberghe pertinet predicto monasterio cum VI frustis. Tenentur ad precariam Domino Marchioni pro IIII frustis

Hanym pertinet monasterio predicto cum V frustis quorum deserta sunt II frusta Non tenentur ad precariam Ibi est quedam area molendini deserta [1]

Berkmer [2] pertinet monasterio cum V marcis denariorum leuium Non tenentur ad precariam

Medebeke [3] pertinet Guntzelino de *Bertensleuen* et obligauit monasterio in Distorp Inde deriuantur III quartalia scilicet tertiam partem monasterio tertiam partem alii monasterio et tertiam partem Guntzelino Tenentur ad precariam monasterio II frusta sunt deserta

Wendeschen Bodenstede pertinet monasterio cum II½ frustis Non tenentur ad precariam sed ad seruitium monasterio

Wendischen Grauenstede pertinet monasterio cum XVI talentis denariorum leuium quorum VIII sunt desolata Non tenentur ad precariam

Mollyn [4] pertinet monasterio in Distorp et est deserta cum IIII frustis Item dictum monasterium habet molendinum in Bernebeke cum ½ choro et est desertum

Gerstede magna habet X mansos censuales molendinum ibidem pertinet monasterio in Distorp et habet inde II choros I desertum et XV solidos denariorum pro precaria siue frumento Domino Marchioni Gherke Walstoue habet ibi II½ frusta cum VI modiis siliginis a Marchione et ½ frustum pro tritico Heyne Wikstede habet ibi II½ frusta et X modios tritici cum XVIII pullis a *Pardim de Knisebeke milite* Tenentur ad precariam Domino Marchioni pro II½ frustis

Lutken Gerstede [5] habet X mansos censuales *Gherke Walstoue* habet ibi II½ talenta cum VII solidis denariorum leuium Vidua Cristiani Blekedis in Soltwedel habet ibi V marcas denariorum leuium ad vitam a Domino Marchione Albrecht Brewitz ciuis habet ibi III talenta denariorum leuium minus I solido a *Pardim de Knisebek* Prefectus habet XXIIII solidorum libertatem Tenentur ad precariam Domino Marchioni pro II frustis

Pekensen [6] habet IX mansos censuales *Gherke Walstoue* habet ibi X marcas denariorum leuium faciunt IIII frusta a Marchione et I frustum in alia curia *Hempe de Knisebeke* habet VI marcas denariorum leuium a Marchione Molendinum pertinet Gheuerhardo *Bodenstede*

1) Hilmsen, Wierstorf, Winkelstädt, Haselhorst, Ellenberg, Hanum oder Hanen, sind gleichfalls Dörfer des ehemaligen Klosters und itzigen Amts Diesdorf, deren ehemalige Namen, wie vorstehet, wenig verändert sind.

2) Berkmer, eine auch zum Amte Diesdorf gehörige wüste Feldmark, wird vom Dorfe Schadenwohl genutzet, und kommt schon in einer Urkunde von 1161. vor. Gerken Fragmenta March. P. I. p. 1.

3) Mehmke gehöret zum Amte Diesdorf.

4) Wendisch- oder Hohen-Buddenstädt, Wendisch- oder Kleinen-Gravenstädt und Möllm, so heißen itzo diese Dörfer, die vorhin zum Kloster, und itzo zum Amte Diesdorf gehören.

5) Großen-Gerstädt und Kleinen Gerstädt gehören denen von der Schulenberg.

6) Peckensen gehöret dem Amte Diesdorf.

Altemark.

Slide cum I choro a Marchione Tenetur ad precariam Domino Marchioni et dat pro precaria IIII solidos minus III denariis Tenentur ad precariam domino Gherkino de *Walstoue* pro I frusto

Dütschen Bierstede [1] pertinet Gherke *Walstoue* et habet ibi V choros filiginis a Marchione Tenentur ad precariam Gherkino Walstoue pro I frusto

Dreueke [2] pertinet illis de Schulenburg et habent ibi X marcas denariorum leuium et III solidos denariorum pro precaria

Lütken Wibelitz [3] habet XI mansos De quolibet manso XXIIII solidos denariorum leuium infrascriptis *Hempo de Knisebek* IIII mansos Ad altare Iohannis Nibur II mansi Gherke *Walstoue* I mansum *Pardim Longus Knisebeke* II mansos nunc habet vxor Knisebek Blekedis in Soltwedel et est de bonis Crucemanes scilicet III marce denariorum leuium Prepositus ad Sanctum Spiritum I mansum Tenentur ad precariam pro II frustis scilicet pro I Marchioni et pro I Hemponi

Robentyn [4] pertinet Domino Gumperto et Hogero *Chuden* cum iuditio et seruitio Dominus Gumpertus habet ibi VII talenta cum V solidis Hoger Chuden habet ibi VII talenta cum V solidis Vxor Blekedis in Soltwedel III marcas denariorum leuium a Marchione Non tenentur ad precariam Domino Marchioni

Pertz [5] habet VII mansos censuales minus vno quartali De quolibet manso I chorum illis de *Schulenburg* et tota villa pertinet eis et LXXII pulli de cossatis et de I cossato VI solidos denariorum leuium Sancto Iohanni desertos De molendino ibidem I chorum siliginis istis de Schulenburg Non tenentur ad precariam *Conradus de Henningen* [6] habet ibi I curiam cum III mansis liberis quos per se colit *Henricus Monehel* vasallus habet ibi I curiam cum II mansis liberis quos per se colit *Hempo* vasallus habet ibi curiam cum III mansis liberis quos per se colit

Tilsen [7] pertinet Iohanni et Hemponi de *Knisebeke* et habent ibi VIIII choros siliginis minus I quartali de X mansis censualibus et X pullos et habent ibi precariam pro II frusto De tribus Cossatis XII solidos denariorum Iohannes de *Knisebeke* habet ibi I curiam cum II mansis liberis quos per se colit Iohannes Chuden habet ibi XVIII modios ab illis de Knisebeke Non tenentur ad precariam

Immekote [8] habet XV mansos et pertinet illis de *Schulenburg* cum supremo et omnibus computatis sunt ibi X frusta a Marchione Duo molendina sunt ibidem ad premissa X frusta computata Tenentur ad precariam dicto *Flucgen* [9] XI modios et VII solidos Ibi morantur II vasalli Dromeling et Otto Flucge et habent curias suas ab illis de Schulenburg Nihil potest dare propter inopiam villanorum quibus dederunt libertatem *Groten*

1) Deutsch- oder Grossen Bierstäde, gehöret denen von der Schulenburg und dem Amte Dambeck.
2) Dreveke ist itzt nicht bekannt und vermuthlich wüste.
3) Kleinen Wiebelitz gehöret denen von Knesebeck.
4) Robentin, itzo Rockentin, gehöret denen von der Schulenburg. Die Chüden haben noch verschiedene Unterthanen in diesem Dorfe; es ist schon oben unter dem Namen Bobentin mit weniger Veränderung vorgekommen.
5) Pertz, dieses gehöret gleichfalls denen von der Schulenburg.
6) Conradus de Henning ist vermuthlich einer von denen von Schulenburg aus Henningen.
7) Tilsen gehöret noch itzo denen von Knesebeck.
8) Immekath gehöret denen von Alvensleben.
9) Das Geschlecht derer von Flöggen hat nach dem Catastro von 1593. ein Schulenburgisch Afterlehn in diesem Dorfe bewohnet.

Altemark.

Groten Wibelitze [1] habet XII mansos De quolibet manso II marcas denariorum leuium infrascriptis Filii Ludekini Seltzinges ciuis in Soltwedel habent ibi VII marcas denariorum III pullos et cum supremo et seruitio a *Longo Pardim* Heyne Went ciuis in Soltwedel habet ibi X marcas denariorum leuium cum supremo et seruitio V pullos *Prefectus* ibidem habet I marce denariorum libertatem a dicto Heinone Went ciue Hans Larekote ciuis habet ibi VI marcas denariorum leuium a *Longo Pardim de Knisebek* Heyne Witnige ciuis X solidos denariorum et VIII denarios Soltwedelenses a Pardim de *Knisebek* Hoyger Medebeke ciuis habet ibi VII marcas denariorum leuium Tenentur ad precariam Domino Marchioni de III frustis

Putken [2] pertinet *Iohanni de Knisebeke* et habet ibi VII choros siliginis quorum IIII chori deserti et habet totam villam a Marchione Albertus Vicko et frater suus in Soltwedel habent ibi III choros et ½ frustum ab illis de Knisebek Boldewin de Knisebeke I chorum siliginis a Marchione Betheke Perwer ciuis II choros siliginis cum I modio et I modium auene et V solidos denariorum leuium III modios humuli et I libram piperis ab illis de Knisebeke Tenentur ad precariam Iohanni de Knisebek pro V frustis

Tuchow [3] habet VIII mansos dantes VIII talenta Iohannes de *Knisebek* habet ibi IIII talenta denariorum leuium Gherk *Walstoue* habet ibi II talenta denariorum leuium Hoiger Medebeke habet ibi I talentum a Gherkino *Walstoue* Hans *Walstoue* I talentum desertum Tenentur ad precariam Dominis ville premissis pro I frusto

Wistede [4] habet VII mansos quorum IIII sunt deserti et pertinent Hemponi de *Knisebek* Hempo de Knisebek habet ibi XVIII modios et prepositus ad Sanctum Spiritum decimam frumenti de curiis Hemponis Monasterium in Distorp habet ibi I curiam cum II frustis Herman Leye ciuis habet ibi I frustum ab illis de Schulenburg Tenentur ad precariam Domino Marchioni pro XV frustis quorum IX frusta deserta omnino

Prilopp [5] pertinet Iohanni de *Knisebek* cum supremo Non potui perscrutari de pacto et aliis

Kemnitz [6] pertinet preposito Soltwedelensi ad beatam Virginem cum omni iure excepta vna curia que pertinet preposito de Sancto Spiritu et fuit deuastata ante duos annos et adhuc est pro parte deserta Dominus prepositus beate Virginis habet ibi IX choros siliginis minus VI modiis et X pullos Prepositus de Sancto Spiritu habet de curia sua II chorum siliginis et IIII modios Tenentur ad precariam Domino Marchioni pro IIII frustis

Bonnibeke [7] pertinet Hemponi de *Knisebek* cum IIII mansis et habet de quolibet manso VI modios siliginis quorum I mansus desolatus ut dixit et de tota villa XVI denarios pro precaria a Domino Marchione in pheudum Vidua Curitz in Soltwedel habet ibi XXIX modios siliginis ab illis de *Knisebek* de redditibus ville

1) Grosten-Wiebelitz gehöret denen von Knesebeck.
2) Putken, soll vermuthlich Püggen seyn, ein Dorf, so denen von Knesebeck und von Schulenburg gehöret.
3) Tuchau, ist eine wüste Feldmark, eben denselben gehörig.
4) Wistädt gehöret zum Amte Diesdorf.
5) Prilopp gehöret denen von Knesebeck, ist aber wüste, und war es schon im Jahr 1403. nach Gerkens Diplom Vet. March. P. II. p. 406.
6) Kemnitz gehöret denen von der Schulenburg.
7) Bonibecke, itzo Bombeck, gehöret noch itzo denen von Knesebeck.

Altemark.

Wense [1] habet mansos — *Kreutz* vasallus habet ibi curiam cum III choris siliginis ab illis de *Schulenburg* Kuneke de *Werte* vasallus habet XVIII modios in curia sua de *Schulenburg* Prepositus in Distorp habet inde III quartalia reddituum Vicke Bruker in Soltwedel habet ibi I villanum cum III quartalibus frumenti Vidua Crucemannes habet ibi bona desolata Item Vicke Brucker habet de *mola* ibidem XXXII solidos denariorum leuium Nota ibi sunt II frusta et VI modii deserti Villa tenetur ad precariam illis de *Schulenburg* et dant pro precaria VIII solidos denariorum leuium

Nyendorp magna [2] habet mansos quorum Heine Wistede ciuis habet VI mansos de quibus habet III talenta denariorum leuium minus VI solidis denariorum et XVIII modios siliginis et XVIII pullos et III modios auene et habet in pheudum II partes a Hunero *Knisebek* et tertiam partem ab Ludolpho de *Knisebek* Adhuc sunt ibi due curie non scripte Tenentur ad precariam de duobus frustis Domino Marchioni

Parua Nyendorp [3] pertinet ad altare Iohannis Baptiste et habet inde I chorum siliginis et VI marcas denariorum Lubecensium Tenentur ad precariam Domino Marchioni de II frustis et VI modiis

Horst [4] alio nomine dicta *Steynlaghe* pertinet Iohanni de *Danne* [5] et Henrico de *Tynne* vasallis et habent XIII mansos quorum III colunt rustici Residuos colunt per se et inhabitant et habent ibi curias liberas et habent ½ partem a Domino Marchione et ½ partem a Longo Paridamo de *Knisebeke* De quolibet manso datur ½ chorus siliginis et decima frumenti Monasterium in Distorp habet inde I chorum siliginis Prepositus in Dore habet inde IX modios siliginis Nota tota villa est deserta preter curias vasallorum

Osterwalde [6] sunt IIII curie libere quarum I pertinet Wernhero de *Bertensleuen* secunda Iohanni de *Knisebek* tertia illis de *Bodenstede* vasallis quarta Heinoni Wysteden ciui in Soltwedel Nota dicunt eas fore liberas sed dicitur alias quod quondam villa fuit censualis

Dore [7] habet mansos — et pertinet cum iuditio Ludolph et Pardim de *Knisebeke* et *quantum habent ibi de redditibus nolunt dare in scriptum* Monasterium in Distorp habet ibi IX frusta reddituum et XXI Cossati de quolibet I pullus Vxor dicti Lubas ciuis habet ibi X choros siliginis a Hunero de *Knisebeke* Item Iohannes Wytte ciuis habet ibi II choros siliginis ab illis de Knisebeke Tenentur ad precariam de VIII½ quartalibus

Bodenstede [8] pertinet ex toto ciuitati antique Soltwedel cum omnibus pertinentiis et iacet ad iura et statuta ciuitatis Molendinum ibidem pertinet ciuibus siue gulde et habent inde IIII choros siliginis Non tenentur ad precariam

Amen

Hi

1) Wenz gehöret denen von Alvensleben und von der Schulenburg.
2) Groß-Neuendorf ist wahrscheinlich das bey dem Flecken Apenburg gelegene, denen von der Schulenburg gehörige Dorf Neuendorf.
3) Klein-Neuendorf ist das im Lüneburgschen nahe bey Warpke gelegene Dorf Neuendorf. Gerke Dipl. Vet. March P. I. p. 334
4) Horst, itzt Teutschen-Horst, so anitzo denen von Meding, einem Lüneburgischen Geschlechte, gehöret.
5) Dieser ist vermuthlich von dem ausgestorbenen Geschlechte derer von Danne gewesen.
6) Osterwohl, gehöret denen von der Schulenburg.
7) Dore, itzo Dähre, gehöret zum Amte Diesdorf, die von Knesebeck haben noch ein Gut darin.
8) Böddenstädt bey Salzwedel, gehöret noch itzo dem Salzwedelschen Magistrat.

Altemark.

Hi sunt redditus in villis Domicellorum de Bertensleue [1]

Ime in villa *Mestorp* [2] Canonicis de Stendal IIII talenta que non debent computari quia illi de *Bertensleue* dant Gherke Dibbolt dabit Wernero de *Bertensleue* III frusta Rudolpho de *Bismark* Iƚ frusta Claus Brunnow tenetur Wernero de Bertensleue IIII frusta I quartali minus Item Iƚ modios auene et VI denarios *de IIƚ iugeris ad usum ecclesie* Henneke Simon tenetur Wernero de Bertensleue III frusta I quartali minus Rudolpho de Bismark Iƚ frusta Heine Lemme tenetur Wernero de Bertensleue II frusta et I quartale Rudolpho de Bismark IX modios dure annone et VII de *Beke de Mestorp* [3] bastura VI II modios siliginis Cuno *Ergsleue* tenetur Wernero de Bertensleue II frusta et IX modios Rudolpho de Bismark I chorum et IX modios dure annone Claus Crugher tenetur Wernero de Bertensleue III frusta et ƚ modium Rudolpho de Bismark II frusta Iƚ modium dure annone Tideke Storbeke tenetur Wernero de Bertenleue IIƚ frusta et III quartalia annone *Beke de Mestorp* VII denarios Tydeke Berndes tenetur Wernero de Bertensleue IIIƚ frusta et IIIƚ modios auene Rudolph de Bismark I chorum filiginis et VIII modios ordei Heneke de molendino tenetur Wernero de Bertensleue II frusta et I quartale Rudolpho de Bismark I frustum et ƚ modium et ƚ modium ad usum ecclesie Tideke Birstede tenetur Wernero de Bertensleue II frusta I quartali minus Rudolpho de Bismark I chorum Beke de Mestorp VI denarios Hans Karstede tenetur Wernero de Bertensleue IIƚ frusta et III modios Prefectus tenetur Wernero de Bertensleue Iƚ frusta et V modios dure annone Item I marcam *pro equo pheudali ein Leinperth* Ghyso Reinkens tenetur Wernhero de Bertensleue X modios dure annone Rudolpho de Bismark Iƚ modios auene Hans Sutor tenetur Wernero de Bertensleue VII modios dure annone Heine Conrades tenetur Wernero de Bertensleue II modios auene Gherke Scarto tenetur Wernero de Bertensleue IIII modios dure annone Rudolpho Bismark I modium dure annone Gerke Tiden tenetur Wernero de Bertensleue I frustum et III modios dure Rudolpho de Bismark I modium auene Gerke Sartor tenetur Wernero de Bertensleue ƚ frustum et IIƚ modios dure annone Arnt Cossin tenetur Wernero de Bertensleue I quartale et II modios dure Rudolpho de Bismark II modios auene Heine Losse tenetur Wernero de Bertensleue ƚ frustum et IIII modios dure Arnd Nyendorp tenetur Wernero de Bertensleue ƚ frustum et ƚ modium dure annone Rudolpho de Bismark IIII modios auene et I quartale auene Tideke Ludekens tenetur Wernero de Bertensleue ƚ frustum et V choros dure annone Rudolpho de Bismark VIII modios auene et I modium auene et IIII denarios ad usum ecclesie Heyne de Scynne tenetur Wernero de Bertensleue I quartale et I modium Item III modios auene et I quartale minus et XVIII denarios

ad

1) Dieser Abschnitt des Landbuchs enthält eigentlich die jetzige Stendalische Landreuterey und besonders viele Dörfer, wo die ehemalige Herren von Bartensleben ihre Güter und Hebungen gehabt. Dieses uralte und mächtige Geschlecht derer von Bartensleben ist im gegenwärtigen Jahrhundert ausgegangen, und dessen Güter sind durch die Heyrath der letzten Erbtochter auf den General-Lieutenant Grafen von Schulenburg und nachhero auf dessen Sohn, den itzigen Staatsminister, Grafen von der Schulenburg zu Wolfsburg, gekommen.

2) Mestorp itzo Metzdorf, gehöret itzo denen von der Schulenburg. Dieses Dorf gab ehemals einer eigenen Voigtey den Namen, und wird noch itzo das alte Voigteyding durch die Schulenburgsche Gerichtsverwalter darin gehalten. S. Walthers Singularia Magdeb. P. 7. p. 88.

3) Das Geschlecht derer von Metzdorf ist in der Mitte des itzigen Jahrhunderts ausgestorben.

Altemark.

ad usum ecclesie Tideke Sartor tenetur Wernero de Bertensleue I quartale et I modium Rudolpho de Bismark I modium auene Martinus tenetur Wernero de Bertensleue IIII modios dure annone et I solidum ad usum ecclesie Ludeke Rorberghe tenetur Wernero de Bertensleue I quartale et IIII modios Henneke de Heyde tenetur Wernero de Bertensleue I frustum et II modios Rudolpho de Bismark II modios auene Ebel Czulisse tenetur Wernero de Bertensleue XII modios dure annone Claus Faber tenetur Wernero de Bertensleue I quartale et II modium dure annone Rudolpho de Bismark II modios auene Hans Grassow tenetur Wernero de Bertensleue I frustum Rudolpho de Bismark II modios auene

Hi sunt redditus in *Spenyghe*[1] Primo Hans Cunen tenetur Wernero de Bertensleuen II frusta et IIII modios dure annone Bernt Cunen tenetur Werner de Bertensleuen IIII frusta et V modios dure annone Ebel Ballerstede tenetur Wernero de Bertensleue III frusta et III modios dure Lemmeke Rotze de Stendal I frustum Peter Hagheno tenetur Ebelung de Stendel III frusta et Wernero de Bertensleuen I frustum et III modios dure Heine Bunow tenetur Wernero de Bertensleuen II frustum et I solido minus Rudolpho Bismark I frustum Henning Bust tenetur Wernero de Bertensleue XVIII solidos Brandeburgenses Lemmeke Rotze de Stendal II frusta Heyne Hagheno tenetur Wernero de Bertensleuen II frusta III modiis minus Rudolpho de Bismark II frusta Arnd Cunen tenetur Wernero de Bertensleuen I frustum et VII modios dure annone Rudolpho de Bismark I frustum Bernd de Smerso tenetur Wernero de Bertensleuen IIII frusta et IIII modios dure Rudolpho de Bismark I frustum Henneke Smerso tenetur Wernero de Bertensleuen I frustum III solidos Heyne Smerso tenetur Wernero de Bertensleuen I frustum et I solidum Lemmeke Rotze de Stendel II frustum Prefectus tenetur Wernero de Berteusleuen III frusta et I quartale Tabernator tenetur Wernero de Bertinsleuen I frustum et IIII modios dure annone et I talentum piperis *Cossati* proprie *de Kotseter*[2] in summa I frustum Hans Hukeman tenetur Wernero de Bertensleue I frustum et II modium dure annone Vna domus scilicet domus molendinarii tenetur Eszel Düser de Stendal cum omni iure scilicet XIII pullis et I solido

Hi sunt redditus in villa *Ballerstede*[3] Primo prefectus tenetur Wernero de *Bertensleue* II frusta et I solidum Iohanni de *Rochow* I chorum auene pro officio prefecture Herme Tyden tenetur Wernero de Bertensleuen II frusta et I solidum Peter Guntheri III frusta a Domino Domino Rudolpho Baken I chorum Ploceman tenetur Wernero de Bertensleuen I frustum et V modios annone Petro Gunteri III frusta et III solidos Brandeburgenses a Marchione Stegheman tenetur Wernero de Bertensleuen I frustum et V modios annone dure Domino Rudolph Baken in Stendal I chorum Item I solidum census Petro Guntheri III solidos census Item habet remissius in sua curia III choros Huprecht tenetur Wernero de Bertensleuen I frustum et V modios dure annone Item Iohanni Storm in Stendal dabit I chorum auene a Domino pro sua libertate quam habet in sua curia scilicet II frusta Gherke

1) Späningen gehöret itzo denen von der Schulenburg.

2) Diese Stelle ist deshalb merkwürdig, weil hier in einer so alten Urkunde ausdrücklich gesagt wird, daß die Cossathen so viel als Cothsaten heißen, und also die von einigen Gelehrten schon gemachte Anmerkung richtig ist, daß selbige so viel bedeutet, als ein Besitzer eines von Leim gemachten kleinen Hauses oder Kothes. S. *du Fresne* und Haltaus Glossaria medii aevi.

3) Grossene Ballenstädt gehöret denen von der Schulenburg.

Altemark.

Gherke Molendinarius cum Petro Guntheri I solidum et II solidos de curia in suo agro et pullos II. Henning Molendinarius tenetur Anthonio in Ballerstede XXII denarios et I solidum pro decima in sua area Poser tenetur Anthonio ibidem I solidum pro censu et decimam de area I solidum pro decima. Anthonius tenetur Wernero de Bertensleuen I½ frustum et I solidum Peter Guntheri XXIII modios dure annone et III solidos II denariis minus a Domino Preposito de Tangermunde VI modios siliginis. Alberto Ballerstede in Osthern III modios ordei a Marchione Henricus Rochow tenetur ½ chorum auene Hans Hermens tenetur Wernero de Bertensleuen I frustum et V modios dure annone Canonicis in Stendal I chorum Peter Guntheri tenetur I frustum et I solidum a Marchione Preposito in Creuese I frustum Cune Wernekens ciuis in Osterburg tenetur Wernero de Bertensleuen I frustum et V modios Item habet II frusta *remissius*[1] in sua curia Preposito in Tangermunde XI modios siliginis Petro Guntheri I chorum siliginis et VII solidos a Domino Henneke Simon tenetur Wernero de Bertensleue I frustum et V modios Canonicis in Stendal I chorum II solidos Domino Rudolpho Baken I chorum in Stendal et II solidos ad altare Petro Guntheri in Stendal I chorum Item III solidos a Marchione Werneke Kunen tenetur Wernero de Bertensleuen I frustum et V modios Domino Rudolpho Baken in Stendal ½ chorum I solidum ad altare Petro Guntheri ½ frustum et habet in sua curia *remissius* II frusta Heine Steffens tenetur Wernero de Bertensleuen I frustum et V modios Canonicis in Stendal III choros annone et V solidos censuales Petro Guntheri III solidos census a Marchione Iunior Hermes tenetur Wernero de Bertensleuen I½ frusta et I solidum Petro Guntheri tenetur II choros annone et I solidum a Marchione Domino Iohanni Baken ½ chorum annone habet *remissius* in sua curia Hans Mestorp tenetur Wernero de Bertensleue I½ frusta et solidum I Plebano in Moringen II choros annone et noppowe Henningo de Libto in Stendal XXII modios annone - - Woldenberg tenetur Wernero de Bertensleuen ½ frustum et V modios Preposito de Tangermunde II½ choros et I modium Claus Hermes tenetur Wernero de Bertensleuen I½ frustum et I solidum Claustralibus in Creuetze I chorum annone Canonicis in Stendal I chorum et I solidum censualem et habet *remissius* in sua curia I½ chorum et III modios Peter Iegel tenetur Wernero de Bertensleuen I frustum et V modios Domino Rudolpho Baken I chorum et II solidos censuales Summa Ballerstede LXVII frusta quorum ciuibus pertinent XXIIII Dedit pro residuis III solidos et XV grossos Ad hoc tenetur VIII grossos

Hi sunt redditus in villa *Ergsleue*[2] Primo prefectus tenetur Wernero de Bertensleue I frustum Item ½ marcam pro libertate sue curie Gherke Sternekow tenetur Wernero de Bertensleuen ½ frustum Item Iohannes Dolmse XX modios Conrado *Dekwede* in Maryn VIII modios Item tenetur Pilstoter in Tangermunde *vnam scopam vini annuatim* pro II choris quos habet in sua curia *remissius* a Domino Marchione Claus Hasewike tenetur Wernero de Bertensleuen ½ frustum Preposito in Creuetze XXX modios Item Altariste in Rochow XV½ modios et I solidum Item Henrik Vranken in Stendal IIII modios Item Koppe Storbeke in Stendal II solidos censuales a Marchione Item Ghyso Wynekens in Stendal II solidos a Marchione Item plebano in Osterburg VII solidos IIII denariis minus Hans Drewes tenetur Wernero de Bertensleuen ½ frustum VIII modios Item Domino Iohanni Pinno in Stendel I chorum annone Iohannes Storm IX modios in Stendal a Domino Marchione

1) Das unverständliche Wort *remissius* kommt oft in dem Original vor. Es soll wohl eine Erlassung bedeuten.
2) Erxleben gehöret ebenfalls denen von der Schulenburg.

Altemark.

chione Item Coppekino Berger IX modios Item a Domino Marchione Ghyso Wyncke XVII modios a Marchione Preposito in Creuetze II modios siliginis Coppekino Storbeke in Stendal V choros census a Marchione Tideke Ballerstede tenetur Wernero de Bertensleuen I talentum et VI modios Preposito in Creuese VIƚ modios Plebano in Osterburg VIII modios et XX denarios Hinrico Dobberto in Osterburg III modios siliginis Domino Hinrico Paris II modios Petro Pletz in Osterburg Iƚ chorum a Domino Marchione Henrico Dobbelin V solidos Altariste in Rochow IIII solidos Domino Iohanni de *Walsleue* V solidos Reineke Reineri in Stendal IIII modios Ghyse Winekens in Stendal II modios et IIII denarios a Marchione Tideke Gergel IIIƚ modios in Tangermunde a Marchione Hinrik Vranken V modios a Marchione Prefectus de Stenuelde IIƚ choros Filiis Iohannis Iungen XV modios et IIII pullos a Marchione Item Tiderico Starco Iƚ chorum a Marchione Henrik Vranken VIIƚ medium a Marchione Domino *Hinrico Paris* [1] VIIƚ modios Hans Molendinarius tenetur Wernero de Bertensleuen I talentum et VI modios Preposito in Creuetze XXVI modios et II solidos census Coppeken Storbek in Stendal VI solidos a Marchione Domino Iohanni Mollenbeke in Stendal VII modios Eszel Duser in Stendal XI modios a Marchione Giso Winekens XXX modios a Domino Marchione Pilstoter in Tangermunde I chorum a Domino Marchione *Conrad de Quede* in Meryn VIII modios Item VI modios habet *remissius* in sua curia Conradus Ballerstede IIƚ frusta et I solidum Wernero de Bertensleuen Coppekino Storbeke III choros et III modios a Marchione Ad Capellam Sancti Iohannis in Stendal VI modios Gunthero Werben XVI modios Item habet XVI modios *remissius* in sua curia de filio H Rosso Coppe Mollenbeke tenetur Wernero de Bertensleuen IIƚ frusta et I solidum Preposito in Creueze IIIƚ choros et VIƚ modios Ad altare in Rochow VIII modios Item Coppe Storbeke I solidum a Marchione Hinrik Vranken in Stendal II modios a Marchione Domino Hinrico Paris II modios Thideke Dusdow tenetur Wernero de Bertensleuen I frustum et II modios Coppeke Storbeke IIƚ chorum et III modios minus a Marchione Henrik Vranken in Stendal VIIƚ modios Iohann Storm V modios Gertrud Dorringe in Creuetze VIIƚ modios Altare in Rochow XV modios Vxori Hinrik Rossow XVI modios Arnoldo Mokeren in Osterburg IIIƚ solidos Jutte Berghers Domina monialis in Creuetze IIII solidos Henning Albrecht tenetur Wernero de Bertensleuen II frusta et I solidum Plebano in Breske Domino *Hampo* IIƚ chorum Preposito in Creuetze II choros et IIII modios Conrado de Meryn XIIII modios Coppekino Storbeke I chorum a Domino Marchione Coppekino Bernger II solidos censuales a Marchione Coppe Insel tenetur Wernero de Bertensleuen III frusta et VI solidos Hinrik Vranken VI modios a Marchione Preposito in Creuese VI modios Dimidium chorum habet remissius in sua curia Cune Orbenstorpe tenetur Wernero de Bertensleuen II frusta et VIII modios Ad altare in Rochow II chori VI modiis minus Preposito in Creuetze XXXII modios Coppekino Storbeke in Stendal I solidum a Marchione Hinrico Dobbelyn IX quartalia Herman Meseberge tenetur Wernero de Bertensleuen I talentum et VIII modios Filiis Iohannis Iungen XV modios a Marchione Ghyse Wineke III choros in Stendal a Marchione et habet in sua curia remissius XV modios a pueris Betreken de Rochow Claus Mens tenetur Werne-

1) Die von Paris sind ein altes aber ausgegangenes adeliches Geschlecht, das in den Urkunden vorkommt, noch itzo heißt davon ein Gut in der Wische Paris-Wendemark.

Altemark.

Wernero de Bertensleuen I frustum et IIIł modios Coppekino Storbeke II choros et II a Marchione solidos censuales Ghyso Wineke II solidos censuales a Marchione Coppe Mollenbeke XXI denarios Hinrik Vranke IIIł modios a Marchione Domino Hinrico Paris IIIł modios ad altare Domino Bernardo Ballerstede II modios Hans Schernekow tenetur Wernero de Bertensleuen I frustum Coppekino Storbeke XXIX modios et II solidos censuales a Marchione Cune Gunther I chorum a Marchione et habet remissius I chorum in sua curia ab eodem Cune Gunther Gyso Wineke II solidos censuales a Marchione Coppekino Brugher I solidum censualem Heine Osterburg tenetur Wernero de Bertensleuen ł frustum et III modios Iohanni Storm I chorum a Marchione Domino Hinrico Paris VI modios siliginis ad altare Domino plebano in Osterburg ł chorum Vna Virgo Monialis in Creuetze nomine Dobbte VI modios Item plebano in Osterburg VII solidos IIII minus Hans Wintmoller tenetur Wernero de Bertensleuen I talentum Preposito in Creuetze I chorum II modios et II solidos censuales Domino Hinrico Paris ł chorum ad altare Christiana Dobbto in Creuetze ł chorum Iohanni Storm I chorum a Marchione Alberto Ballerstede in Osterburg VI modios de molendino De alio molendino VI modios Peter Plotz a Marchione Heyne Petersmarke tenetur Wernero de Bertensleuen I talentum Iohanni Dolnisse in Stendal XX modios Henrico Vranken in Stendal V modios a Marchione *Conrado de Queden* in Meryn XIIII modios Nicolao Sculten in Osterburg VIII modios Iohanni Sculten in Osterburg VIII modios Gertrude Doringes in Creueze V modios Thyderico Schernekow in Stendal IIII modios Domino Iohanni Rossow IIII solidos ad altare Gyso Winekens II solidos a Marchione Ad altare in Rochow II solidos et habet remissius in sua curia VI modios ex parte Sancti Godehardi Coeliste tenetur Iohanni Storm I talentum piperis Ad capellam Sancti Iohannis in Stendal I chorum Heine Cremer tenetur Wernero de Bertensleuen I talentum Filiis Iohannis Iungen in Stendal I chorum a Marchione Prefecto in Scerneke ł chorum Coppekino Storbek VI modios a Marchione Plebano in Osterburg XIIII modios a Marchione Preposito in Creuetze V modios Alberto Ballerstede in Osterburg IIIł modios Domino Iohanni Mollenbeke in Stendal IIII modios Ad altare Sancti Iohannis in Rochow XXI modios et II solidos Domino Iohanni Rossow III solidos ad altare Tideke Polkow tenetur Wernero de Bertensleuen ł frustum et III modios Tylo Gherchel XXVIł modios in Tangermunde a Marchione Gyse Winekens XI modios et I solidum a Marchione Henrico Vranke II modios a Marchione Plebano in Osterburg VIII modios ad altare Domino Hinrico *Paris* II modios ad altare Domino Iohanni *Rossow* II solidos Ad altare Sancti Iohannis in Rochow I solidum Henning Bernds tenetur Wernero de Bertensleuen I talentum et XVIII denarios Prefecto in Hergsleue XV modios et I solidum Domino Iohanni Rossow II solidos ad altare Preposito in Creveze IIII modios et I solidum ad altare Sancti Iohannis in Rochow ł chorum et IIII solidos Canonicis in Stendal XIIII modios Hermanno Cremer I solidum Heine Otten tenetur Wernero de Bertensleuen VII solidos Ad altare Sancti Iohannis in Rochow XXI modios et I solidum Preposito in Creueze II modios Domino Iohanni Mollenbeke IIII modios Domino Iohanni Rossow XVIII denarios ad altare Domino Bernardo Ballerstede IIIł modios Prefecto in Ergsleue I solidum Iohanni Storm I talentum piperis a Marchione Herme Puelinge tenetur Wernero de Bertensleuen I frustum et IIII modios Henrico de *Dobbelyn* II choros Iutte Bernges in Creueze I solidum Domino Hinrico Wichard plebano in Osterburg I chorum Ad capellam Sancti Iohannis in Stendal II choros et VI modiis minus et habet I chorum remissius in sua curia ex parte Iohannis Rochow in Berko

Altemark.

Hi ſunt redditus in villa *Vleſſo* [1] Primo Anhauer tenetur Wernero de Bertensleuen II fruſta et VI modios Hermanno Kemerer VI modios et VI ſolidos et III denarios Petro Pleze in Oſterburg VI modios a Marchione Heine Dernevitze tenetur Wernero de Bertensleuen II fruſta III ſolidis minus Hermanno Kemerer IIIɨ ſolidos Buko tenetur Wernero de Bertensleuen II fruſta et I quartali minus Iohanni Bernget I ſolidum Nicolaus Gladoghe tenetur Wernero de Bertensleuen I fruſtum et XVIIɨ denarios Hermanno Kemerer ɨ chorum et II ſolidos cenſuales Iohanni Bernghet ciui ɨ chorum ſiliginis Sancto Petro VII talenta cere Hans Cleino tenetur Wernero de Bertensleuen I fruſtum et VIII ſolidos Hermanno Kemerer V ſolidos II denariis minus Petro Pletze VI modios ſiliginis a Marchione Hans Ruſt tenetur Wernero de Bertensleuen II fruſta I ſolido minus Hermanno Vleſſo XVIII modios Hermanno Kemerer VI modios et IIIɨ ſolidos Sancto Petro VI modios ſiliginis et II ſolidos Heine Helche tenetur Wernero de Bertensleuen IIɨ fruſta I ſolido minus Hermanno Kemerer X ſolidos et II denarios Rudolpho Biſmark ciuis I chorum ſiliginis a Marchione Iohanni Bernger ciuis ɨ chorum ſiliginis a Marchione Petro Plez ciuis ɨ chorum ſiliginis a Marchione Plebanus tenetur Wernero de Bertensleuen III modios auene Hermanno Kemerer Xɨ denarios Giſo retro eccleſiam tenetur Wernero de Bertensleuen Iɨ fruſtum Iohanni Berger I chorum ſiliginis Hermanno Kremer V et IIII obulas Koppekinus tenetur Hermanno Kemerer VI denarios Wernero de Bertensleuen XV denarios et Buko VI denarios Hans Spegel tenetur Wernero de Bertensleuen XXI denarios et II modios auene Hermanno Kemerer VI denarios Claus Mollenbeke tenetur Wernero de Bertensleuen V denarios Hermanno Kemerer VI denarios Gert Crumrey tenetur Wernero de Bertensleue VI denarios Hermanno Kemerer VI denarios Kune tenetur Wernero de Bertensleuen VI denarios et Buko I ſolidum Wulf Weuer tenetur Wernero de Bertensleue XVIɨ denarios II modios Hermanno Kemerer IX denarios Iunior Gyſo tenetur Wernero de Bertensleue VII denarios Hermanno Kemerer IX denarios Claus Vpterbeke Wernero de Bertensleuen Xɨ denarios Hermanno Kemerer VI denarios Beteke Scroder tenetur Wernero de Bertensleuen VIIɨ denarios et Iɨ modios Antiqua Bouweſſe tenetur Wernero de Bertensleue VII denarios et I modium auene Kemerer IX denarios Hans Polkow tenetur Wernero de Bertensleue XIIII denarios et VI modios auene Hermanno Kemerer II ſolidos et II modios auene Rule in Biſmark vnum chorum auene Heneke Witte tenetur Wernero de Bertensleuen V denarios et II modios auene Hermanno Kemerer VI denarios Claus Achterman tenetur Wernero de Bertensleuen XIIII denarios Hermannus Kemerer XVIII denarios Ermbrecht tenetur Wernero de Bertensleuen VI choros dure anone Sancto Petro I talentum cere Hermanno Kemerer IIIɨ ſolidos Heine Hamel tenetur Wernero de Bertensleuen XIIII denarios et IIII modios auene Herman Kemerer I ſolidum Herman Meyer tenetur Wernero de Bertensleuen VI denarios Nicolao Blawe I ſolidum Tideke Meyer tenetur Wernero de Bertensleuen V modios dure annone et II ſolidos Hermanno Kemerer II ſolidos Iohanni Segrm VI modios ordei Iohannes Scenebart tenetur de vna area Wernero de Bertensleuen V denarios

Hi ſunt redditus in villa *Bellinghe* [2] Primo *Prefectus* tenetur Wernero de Bertensleuen III talenta et II ſolidos et VII modios et habet remiſſius in ſua curia III fruſta de famulis de Luderiſſe Claus Hullen tenetur Wernero de Bertensleuen XVI ſolidos Bastold Hoghen in

Stendal

1) Jetzo Fleſſau, gehöret denen von Jeetze.
2) Bellingen, gehöret denen von der Schulenburg.

Altemark.

Stendal Ił chorum a Domino Marchione Heneke Viſcheribbe tenetur Wernero de Bertensleuę XV ſolidos et III denarios Item habet remiſſius in ſua curia II fruſta a Wernero de Bertensleuen Henneke Bornisſe tenetur Wernero de Bertensleuen I talentum et I ſolidum Sancto Spiritui in Stendal I chorum et Domino Iohanni Pynno ł chorum Iacobo Weer in Stendal ł chorum Helewig Donckens Betwyna VI modios Ottoni *Kannenberge* famulo VI modios Arnt Schonenualde tenetur Wernero de Bertensleuen XV ſolidos Decano in Stendal II choros Iſta curia eſt deſerta Arnt Rabbe tenetur Wernero de Bertensleuen I ſolidum Vxor Santuordes antiqua I ſolidum Heine Santuorde I talentum et II ſolidos Tenetur Wernero de Bertensleuen IIII denarios et III modios tritici Angelo Karſtyl I chorum a Domino Plebano in Slotze XXVII modios ad parochiam et habet remiſſius in ſua curia I fruſtum a Wernero de Bertensleuen Lemme tenetur Wernero de Bertensleuen Ił fruſta et Vł ſolidos et II denarios et IIIł modios tritici Thiderico Ghertel Ił modios in Tangermunde a Domino Marchione Kolk in Tangermunde ł chorum et Ił modium Vni Domine moniali in Wolmerſtede XIIIł modios Decano in Stendal I chorum et habet remiſſius in ſua curia I chorum a Decano in Stendal Gherke Britz iunior I talentum et II ſolidos et IIII denarios et III modios tritici Menceſe de Tangermunde VIII modios Heneke Kunekens in Tangermunde XVI modios et habet remiſſius in ſua curia XVIII modios a Wernero de Bertensleuen Item habet remiſſius XXII modios a Grope de Griben Merten Plume tenetur Wernero de Bertensleuen XVI denarios Tyde Santuorde tenetur Wernero de Bertensleuen XXVIII ſolidos et Ił modios tritici Henrik Bellinghe in Stendal II choros Angelo Karſtil in Stendal Ił chorum a Marchione Hans Eynbeke tenetur Wernero de Bertensleuen XXVIII ſolidos et habet remiſſius VI modios tritici a Wernero de Bertensleuen Domino Conrado Steyninghe IIII choros Coppe Slotze tenetur Wernero de Bertensleuen XIIII ſolidos Schermbreke de Buk II choros et I modium Hans Melner Sancto Stephano in Tangermunde V ſolidos Arnd Kerkow tenetur Wernero de Bertensleuen XXI ſolidos et I modium tritici Arnoldo Ghiſen in Tangermunde I chorum ſiliginis ab illis de Bertensleuen et habet remiſſius I chorum a Ghyſo Wyneke quem habet a Marchione Item ab Angelo Karſtyl I chorum Henneke Lemmen tenetur Wernero de Bertensleuen XXVIII ſolidos Ian Borſtel Xł modios ſiliginis a Marchione Iohan Gerchel in Tangermunde XVIII modios ordei a de Bertensleuen *Weſſo de Luderitz* IIIł modios et habet remiſſius I chorum a Tyde Ghertel in Tangermunde et chorum a Henningo Schernebeke de Buck Coppe Moring tenetur Wernero de Bertensleuen XVI denarios Item XX modios I quartali minus Domino Iohanni Pinno in Stendal ł chorum a Domino Monta in Tangermunde VIII modios ſiliginis a Marchione et habet remiſſius a Wernero de Bertensleuen ł chorum. Item a Ghiſone Wineke II choros et VIII modiis minus Gherke *Briſt* antiquus tenetur Wernero de Bertensleuen XXI ſolidos et VI modios ſiliginis Hans Grope de Griben IX modios Item habet remiſſius a Wernero de Bertensleuen II choros Heyne Britz tenetur Wernero de Bertensleuen XXVIII ſolidos et habet remiſſius a Wernero de Bertensleuen VI modios Henning Scernebeke II choros I habet remiſſius ab illis de Luderitze Richardo de Arneburg de Tangermunde I chorum et habet remiſſius a Iohanne de Iagow I chorum Gherke Smidt XV ſolidos et IIII denarios et habet remiſſius a Wernero de Bertensleuen II choros Vxor Wilden VIII denarios Vxor Dalniſſe vnus manſus Heneke Segher tenetur Wernero de Bertensleuen XXIX ſolidos et IIII denarios et habet remiſſius III fruſta a Henningo Scernebeke de Buk

Altemark.

Merten Blume tenetur Wernero de Bertensleuen XXVIII solidos Domino Iohanni Pinno in Stendal II choros Vxori Norstede I½ chorum a Domino Marchione Mattheus tenetur Wernero de Bertensleuen XVII½ solidos et II denarios Bartholde Hoghen I½ choros a Domino Marchione Heyne Wusso tenetur Wernero de Bertensleuen II denarios et prefecto I solidum Henrik Segher tenetur Wernero de Bertensleuen XI denarios Coppe Sartor iunior XV denarios Antiquus Lemme VIII denarios Heine Vngelinghe tenetur Wernero de Bertensleuen XXVIII solidos et IIII½ modios tritici et habet remissius a Wernero de Bertensleuen I½ choros Nicolao Bismarke I½ choros et Ghyso Wyneke ½ chorum Henneke Scerneko in Stendal ½ chorum a de Bertensleuen Hans Bere XXI solidos et XVIII modios Wernero de Bertensleuen Tyde Gerchel in Tangermunde I chorum Richardo de Arneborg in Tangermunde I chorum Hinrik Stephen Wernero de Bertensleuen XXVIII solidos et ½ chorum Kremko in Tangermunde I chorum et Henneke Segher ½ chorum a de *Luderitz* et habet *remissius* in sua curia ½ chorum Item I chorum ad vnum altare in ecclesia Sancti Petri in Stendal Heyne Otten tenetur Wernero de Bertensleuen XIIII solidos et IIII denarios Ghyso Wynekens in Stendal II choros a Marchione Tabernator tenetur a taberna I talentum illis de Bertensleuen De petitione Cossatorum X solidos illis de Bertensleben Denarii proprie *VercLenpennighe* IX solidos Mauritius tenetur Wernero de Bertensleuen XIIII solidos Stephan Elsebuth de Tangermunde VIII modios a Marchione Angelo Karstyl in Stendal XVI modios a Marchione Omnes *Burgenses de Bellingen* [1] tenentur Nicolao de Bismarke *de sylua Tanger* XVII solidos

Hi sunt redditus *ville Scerneko* [2] Primo Hans Moringe tenetur Wernero de Bertensleuen I talentum et VIII½ modios Item Vde de Dobbelyn in Stendal ½ chorum Item Canonicis in Stendal XII½ solidos Item Gherardo *Hoghen* [3] et Bartholdo II choros a Domino Marchione Prefectus tenetur Wernero de Bertensleuen V frusta et VI modios Tydeke Coppelaken tenetur Wernero de Bertensleuen I frustum IIII modios dure annone Item Bartholdo *Hoghen* in Stendal II choros a Domino Marchione Item Canonicis in Stendal XII solidos Vritz Bust tenetur Wernero de Bertensleue VIII solidos Item Rudolpho Bismark XX modios a Marchione Item Christiano Plonyes in Stendal V modios a Marchione Item Thideke Bust in Stendal IX modios Item filio Gherardi Bust in Stendal XV modios Item habet *remissius* XV modios Item Canonicis in Stendal X solidos et IIII modios dure annone Ludeke Dalym tenetur Wernero de Bertensleuen I talentum et VIII modios Item Bartholdo *Hoghen* et Gherard II choros a Marchione Item Canonicis in Stendal XII½ solidos Item Domino Eghardo in Stendal plebano Sancti Nicolai ½ chorum Belko tenetur Wernero de Bertensleuen I talentum et VIII modios Item Canonicis in Stendal XII½ solidos Item Vde de Dobbelyn in Stendal ½ chorum Item Bartholdo Hoghen et Gerardo II choros a Marchione Heine Werner tenetur Wernero de Bertensleuen XVI solidos et XVII½ modios Item Canonicis in Stendal II choros et X solidos censuales Heine Arndes tenetur Wernero de Bertensleuen XXII½ solidos et VIII½ modios dure annone Item habet remissius a Rudolpho Bismarke XX modios Item Cano-

1) Die Bauern zu Bellingen, so wie dagegen in alten Urkunden die Bürgerschaft in den Städten oft Burschop genannt werden.

2) Scherneckau gehöret denen von der Schulenburg.

3) Dieses alte Geschlecht der Hogen ist im 17ten Jahrhundert ausgestorben. Ihre Lehngüter sind an die von Alvensleben gekommen. Gerke Dipl. Vet. March. P. I. p. 530.

Altemark.

Canonicis in Stendal II talenta et V solidos Hans Bust tenetur Wernero de Bertensleuen XVI solidos et VI modios dure annone Item Hinrik Moringe in Stendal I chorum et XIII solidos a Marchione Item prefecto de Scerneke in Stendal I chorum Item Canonicis in Stendal V solidos Tidеke Strepeko tenetur Wernero de Bertensleuen I talentum et VIII modios dure annone Item Boltze Noppe in Stendal et suis fratribus II choros et V solidos Item Canonicis in Stendal I chorum et VIII solidos Hans *Kannenberghe* tenetur Wernero de Bertensleuen XVI solidos et VI modios Item *Bartholdo* et *Gherardo Hoghen* II choros et III solidos a Domino Marchione Item Canonicis in Stendal VIII solidos Sommer tenetur Wernero de Bertensleuen VII solidos Item *prefecto de Scerneko* in Stendal XXIX modios et XV solidos Item Bartholdo et Gherardo Hoghen I chorum a Domino Marchione Item Domino Egberto plebano Sancti Nicolai in Stendal I chorum Item Canonicis in Stendal XIII solidos Item Tabernator tenetur IIII talenta piperis Item omnes villani tenentur Domino Egberto I chorum Item de *Casis* proprio die *Corster* [1] tenentur Canonicis V solidos Item Martinus habet II mansos desertos cum IIII frustis desertis

Villa *Copbelake* [2] habet XV mansos Pertinet prefecto in Stendal scilicet Arnoldo *Vlasmenger* Ad precariam dat eidem prefecto XXXV solidos et VII modios siliginis cum XI modiis auene in precaria Item quoddam altare in ecclesia beate virginis in Stendal habet ibi V frusta et census minus IIII modiis Item Claus Karsteil ciuis in Stendal habet I chorum auene cum II solidis de censu Sanctus Spiritus in Stendal habet I frustum in pacto Isti de *Cloden* vasalli habent XVIII modios duri frumenti cum VI solidis et IIII denarios a Marchione Item plebanus de Dernitze habet XVIII modios duri frumenti cum II solidis denariorum Item *Ida de Scepelitz Beguina* in Stendal habet XVI modios duri frumenti Item Petrus de Borstel presbyter habet XXXII modios duri frumenti in pacto Etiam tenentur ad *decimam minutam* que computatur V solidos eidem prefecto cum III pullis Ibidem est I Cossatus qui dat I solidum prefecto ibidem Item prefectus dat V solidos Kerko Item prefectus in Stendal habet supremum iudicium

In *Biesdal* [3] illi de *Bertensleuen* habent XIII choros duri frumenti et X modios in precaria et pacto a Domino Marchione Item Johannes Ebelink et fratres sui ciues in Stendal habent ibi XXV frusta et VII solidos denariorum *Decimam carnium* ad V solidos et supremum iudicium et seruitium curruum a Domino Marchione

Sconenuelde [4] habet XXV mansus de quibus plebanus habet III mansos *Prefectus* habet V mansos in *pheudum* a Ezzer Duser ciue Nota XIIII mansi de predictis dat quilibet mansus in pacto I chorum siliginis et IIII mansi dat quilibet XV modios siliginis Item dant de prescripto pacto Beringher V choros siliginis Ezzel Duser dant I chorum siliginis Belten Scenen XXX modios siliginis dotalitium et post obitum pertinet Canonicis in Stendal Borchardus Sweder presbyter habet II chorum cum VI modiis siliginis pertinet ad Hospitale nouum foris ciuitatem in Stendal Item XXIII mansi dant precariam quorum quilibet mansus dat I solidum ad festum Walpurgis in tantum I Martini Item dat quilibet mansus pro censu sex denarios ad festum Walpurgis et in tantum ad Martini Item quilibet

1) S. oben S. 230. die 2te Note.
2) Copbelak ist itzo wüste, und kommt schon in einer Urkunde von 1503. als ein wüstes Dorf vor. Gerke Dipl. Vet. March. P. II. p. 151.
3) Biesenthal gehöret denen von Schulenburg.
4) Schönfeld gehöret denen von Raustede.

Altemark.

bet mansus dat I modium auene pro precaria ad festum Martini Nota prescripta precaria et census datur Ezzel Duser cum VII pullis Ibidem sunt VII Cossati qui dant XV denarios coniunctim Ezzel Duser ad Martini et Walpurgis XV denarios eidem Supremum iudicium habet *Ezzel Duser et totam fere villam a Marchione in pheudum*

Smersow [1] habet Rule *Bismark* et Petrus Gunther in Stendal ab illis de *Bertensleuen* VIII choros duri frumenti IIII talenta et V solidos pro censu Item V choros duri et I talentum Item I talentum de *equo expedial*i (vom Lehnpferde) et XXVIII pullos Item illi de *Bertensleuen* habent ibi VIII talenta de precaria et XL modios duri frumenti et XL modios auene de XX mansis Item V choros duri et II talenta et I solidum pro censu

Rissow [2] habet XIII mansos et pertinet Frederico Rogitze in Stendal cum supremo et seruitio curruum Primo prefectus habet in pheodum a Fritzkone Rogetz IIII frusta et I quartale de quibus dabit I marcam sibi pro *equo pheodali* et dat XI denarios de I *area* et XVI denarios de alia area Item de tota villa dabunt Domino Marchioni racione precarie XXX solidos denariorum X modios duri frumenti et X modios auene Item infrascripti habent ibi pactum Primo relicta Frederici de Rogetze in Stendal habet ibi III talenta III solidos minus et ½ marcam argenti et II choros auene et V solidos denariorum et ½ partem *decime minute* habet a Domino in pheudum Item Heileke de Rogetz habet ibi ½ marcam et V solidos Item Luder in Stendal habet ibi XVIII modios siliginis Item relicta L. Bakmestere habet ibi ½ chorum siliginis Item quedam relicta in Ostenburg IX modios siliginis Item Johannes Calne in Stendal habet ibi XVIII modios siliginis a Domino Imperatore Item vxor Falkes in Tangermunde habet XXX modios siliginis Item Begita Metta Natterheide I chorum siliginis Item Hans Storm et Coppe Beringer in Stendal habet ibi IIII solidos denariorum a Domino Marchione Item Henke Wilde in Stendal habet VI modios siliginis Item *Grope* de Kongede *vasallus* habet ibi ½ chorum siliginis a Marchione Item Iohannes de Detze IX modios siliginis Item illi de *Lüderitz* habent ibi ½ chorum siliginis II choros auene II modios auene et I talentum et XVI denarios Brandeburgenses et IIII½ pullos Item Dominus Iohannes Mollenbeke sacerdos habet ½ chorum siliginis Item Canonici in Stendal XV solidos Item *equitatores* I solidum Item Ecclesia ibidem I chorum siliginis Item Tydeke de *Scynnen vasallus* ibidem habet in pheodum ½ chorum siliginis a filio Iohannis de Insel ciuis in Stendal Ibi non est mola neque taberna

Wardenberg [3] habet XV mansos de quibus plebanus habet I mansum et *Voltzkowe* [4] vasallus Dominus ville habet II mansos quos per se colit et inhabitat liberos ad seruitium Item Voltzkow habet ibi in precaria III talenta et XIII modios duri frumenti et XIII modios auene a Domino et supremum iudicium et seruitium curruum et *decimam carnium* per totam villam excepta I curia cum XIIII pullis et II sexagenis ouorum et agnum in Pascha a Domino Marchione Primo Prefectus habet II mansos de quibus dat Nicolao *Bismark* IX modios *duri frumenti* [5] soli et sibi cum Rulone fratre et Petro Gunther ciuibus IX modios et

1) Schmersau gehöret denen von der Schulenburg.

2) Rißau ist wüste, und wurde schon 1484 als eine wüste Dorfstädte von denen von Alvensleben an das Closter Neuendorf verkauft. Gerke Dipl. Vet. March. P. II. p. 206.

3) Wartenberg gehöret denen von Alvensleben.

4) Das Geschlechte derer von Woigke ist ausgegangen. Im Jahr 1623 hat es bey der Musterung noch ein Lehnpferd gestellet.

5) *Durum frumentum*, hart Korn. Diese Benennung von Weitzen, Roggen x. ist noch heutiges Tages gebräuchlich.

Altemark.

et VII modios auene et VI denariorum solidos pro censu soli Nicolao Bismark minus III denariis a Domino Marchione Item dat Martino *Maurin* [1] vasallo VII modios auene minus quartali a Domino Marchione Item eidem ciui in Gardeleue XIII½ modios auene et eidem ciui in Gardeleue XIIII modios siliginis et IIII modios ordei et dictus ciuis habet ibi X pullos Item Nicolaus *Bismark* habet ibidem X pullos Item Heineke Moringen habet II½ mansos de quibus dat Nicolao Bismark IX modios duri frumenti et Nicolao cum Rulone et Petro Gunther VI modios duri frumenti Item dat Iohanni Nyendorp sacerdoti IX modios siliginis Item cuidam sartori in Gardeleuen IX modios duri frumenti Item Domino Heisoni sacerdoti et alio sacerdoti IIII modios duri Item illis de *Aluensleuen* II½ solidos de agris Item *Berkow* vasallo III modios ordei et I quartale et X denarios Item Henneke Runghe habet II mansos de quibus dat Tydeke Wultzke in Stendal XIII modios duri frumenti et XIIII½ auene Item dat Maurin vasallo XII½ modios siliginis et IX modios ordei et XIIII½ modios auene Item dat Willken Engersbu in Gardeleuen VI solidos denariorum minus III denariis Item Sanctimonialibus in Nyendorp V modios siliginis Item Claus Selichow habet II mansos minus quartali de quibus dat Nicolao Bismark X modios duri et eidem cum fratre XI modios duri frumenti et VIII modios auene et IIII solidos minus III denariis Item dat Tideke Wultzke in Stendal XVII denarios Item dat duobus sacerdotibus VIII modios siliginis et V modios ordei Item dat monialibus in Niendorp VI modios siliginis Item Martino *Maurin* VIII modios auene Item ½ modium illis de *Rochow* Item Willken Engersbu in Gardeleue XVII½ modios auene minus I quartali et VII denariis pro censu Item Cune Arnsberg habet II mansos dat Nicolao Bismark IX modios siliginis et III modios ordei et decimas tribus scilicet III modios ordei et I modium siliginis et XXIII denarios et IX modios auene Item Iohanni Niendorp sacerdoti XV modios duri Item duobus aliis sacerdotibus III solidos et Martin Maurin IX modios auene et Willekino Schulten XVIII modios auene et VI solidos minus III denariis et monasterio in Niendorp VI modios siliginis et habet prosc. ½ chorum siliginis in pheodum ab illis de *Rochow* Item Seleke habet II mansos de quibus dat Martino Maurin XL modios siliginis et ½ chorum ordei et XXXVI modios auene et VIII solidos minus IIII denariis pro censu Item Hans Woldenhagen habet II mansos et I quartale de quibus dat Tideke Wultzke in Stendal XIIII modios duri et XX modios auene Item Maurin XIII½ modios duri et XX modios auene Item Monasterio in Niendorp XXXI modios siliginis Item dat Maurin et Thideke Wultzke VIII½ solidos minus III denariis Item ibi non est taberna neque mola Item de Cossatis XVI solidos denariorum minus denario vno Wultzkoni domino ville Item de vno Cossato IX denarios Maurin Item de tota villa plebano ibidem XXVIII modios duri frumenti Item plebano ibidem XXX modios de manso suo

Holthusen [2] habet XII½ mansos Plebanus habet ½ mansum Henricus de *Ronstede* habet II mansos quos colit per se et inhabitat liberos Item Wichardus de *Rochow* habet II mansos quos inhabitat et colit per se tenentur ad seruitium *dextrarii* De residuis VII½ mansis villanorum Hermannus *Schonenbeke* vasallus habet tres choros duri frumenti et V solidos denariorum minus I denario et I pullum Item Eryk de *Lynstede* vasallus habet ibi XV modios duri frumenti et XI pullos et XI solidos denariorum Item Busso de Menwinkel vasallus

1) Maurin. Dieses Geschlecht, das in den Urkunden des 14ten Jahrhundert oft vorkommt, ist schon längst ausgestorben

2) Holzhausen gehöret denen von Schulenburg.

Altemark.

sallus II chorum siliginis et VI modios tritici et XVIII solidos denariorum et X pullos Item eidem XIII solidos et IIII denarios et XVII modios duri Item Martin *Maurin* vasallus ibidem habet ibi II chorum et III modios duri frumenti et XXI modios auene et I libram piperis et XII solidos denariorum pro precaria de vna curia et I libram piperis de taberna Ian de *Eimbek* habet ibi XIII modios duri et IIII modios auene Item Dominus Berdeleuen sacerdos habet ibi III modios tritici Item dictus Maurin habet ibi I chorum siliginis Item Maurin habet ibi II chorum et III modios duri frumenti et XXII solidos de Cossatis et aliis et XXXV pullos Item IIII solidos denariorum Item Dominus Marchio habet ibi XXIIII solidos denariorum de precaria et VI modios duri frumenti et VI modios auene Mola ibidem est desolata Item Equitatores habent ibi VIII solidos denariorum

Berkow 1) habet XXXIII mansos de quibus plebanus habet III mansos *Berkowe* vasallus colit per se III mansos Ketitze vasallus IIII mansos Iohannes de *Rochow* VIII mansos Dicti de *Steinberghe* habent II mansos Henning *Wultzke* vasallus habet II mansos sed de vno manso dat XII solidos illis de Bertensleuen Hi vasalli tenentur ad seruicium *dextrarii* 2) Item villani habent ibidem XIII mansos quorum duo sunt deserti de quibus Dominus Marchio habet ibi V modios duri frumenti in precaria et V modios auene VII pullos in carnisprivio et habet ibi supremum iudicium. Ad seruicium curruum dicunt se non esse adstrictos Item illi de *Aluensleuen* in Calue habent III talenta in precaria Item Bertold habet ibi VI talenta de censu XLII pullos et VII modios siliginis et VII modios ordei et decimam carnium super VI ad III solidos Item Kerstian Ridder in Osterburg habet ibi II chorum duri frumenti minus III modiis . Item illi de *Bertensleuen* habent ibi I talentum de censu Item Iohannes de *Rochow* habet ibi I chorum siliginis et X solidos denariorum sed V solidi sunt deserti Item *Gherke Bismark* villanus habet ibi VII solidos denariorum pro censu Item Henneke *Wultzke* de Waldenberge habet ibi XXVI modios duri frumenti Item Kune Krenkow ciuis in Stendal habet ibidem de mola XIIII modios siliginis Item Henning Wultzke habet ibi XL modios ordei Item Fritz Rogetz ciuis in Stendal habet ibidem de mola III frusta et Thyle Gerghel habet ibi V frusta sed II sunt deserta et Storbeke I frustum a Domino Item *Wilke de Engersbu* 3) in Gardelege ciuis habet ibi XIII solidos pro censu Item due taberne dant II libras piperis Cossati omnes sunt superius computati

Nyendorp 4) sunt XV mansi. Ex illis habet prefectus III liberos de quibus seruit *equum expedialem* 2) pro quo dabit Domino suo I marcam Mersen et Pokebutz ciuibus in Stendal et reliqui mansi XII quilibet dabit I chorum tritici Dominis eorum predictis videlicet Mersen et Pokebutz VI choros et Portzen VI choros Merse et Pokebus habent partem suam ab Imperatore et Portzen partem suam ab illis de *Aluensleue* morantibus in Klotzen Omnes villani dabunt de XV mansis plebano in Cremkow XXX modios siliginis et XXX modios ordei Omnes villani dabunt VI choros auene et VIII modios de eorum lignis Mersen et Pokebus et II sexagenas pullorum minus II pullis dabunt Mersen et Pokebus Cossati dabunt X modios ordei et V solidos denariorum Mersen et Pokebus *Nathe-*

1) Berkau gehöret ebenfalls denen von Schulenburg, ehemals dem Geschlechte von Berkau, das aber in der Mark nicht mehr vorhanden ist.

2) Das Lehnpferd heißt im Latein des mittlern Zeitalters, bald *dextrarius*, bald *equus pheudalis*, oder *equus expedialis*, wovon die glossaria medii evi den Ursprung und die Bedeutung anzeigen.

3) Ist ein Gardelegensches Geschlecht. S. Gerke Dipl. Vet. March. P. II. p. 447.

4) Neuendorf am Damm gehöret denen von Treskow.

Altemark.

Nathehyde [1] sunt XXVI mansi de quibus habet plebanus II sed rustici colunt II Prefecti habent V mansos de quibus vnus dabit I marcam Alberto de *Redern* pro *equo expediali* et alius III *fertones* pro equo expediali etiam Alberto de Redern Et isti XIX mansi quilibet dabit ½ chorum siliginis et spectant ad illum militem Arnoldum de *Redern* et omnes villani dabunt pro censu V talenta et III solidos denariorum eorum Domino Alberto de Redern in festo Martini et dabunt ad precariam frumenti ½ chorum siliginis et ½ chorum ordei et I chorum auene illis de Bertensleuen Wernero militi et V talenta et III½ solidos in precaria dabunt Wernero de Bertensleuen militi et villani dabunt VI pullos Domino Alberto de Redern Molendinum dabit I libram cere ecclesie Octo Cossati Alberto pro seruitio quamdiu vult Decima carnium IIII solidi Etiam Albertus habet supremum iuditium et seruitium curruum Nota Hans de Mollen et Hans Decaw ciues in Osterburg habent de predictis redditibus IIII frusta in pheodum ab Alberto de Redern predicto

Querstede [2] habet XIX mansos et spectat ad moniales de Nyendorpe de quibus prefectus habet II mansos et dabit ½ marcam pro *equo expediali* et quilibet de aliis XVII mansis dabit I chorum siliginis pro pacto et quilibet mansus dabit IIII modios siliginis IIII modios ordei et VIII modios auene Et XVII mansi dabunt quilibet mansus ½ solidum in die Walpurgis dabit et XIX mansi quilibet dabit I solidum in die Martini et tantum in festo Andree et quilibet mansus dabit II pullos Et VI Cossati quilibet dabit XXIIII pullos Item IIII mansi minoris valoris quilibet dabit duos choros auene

Vintzkow [3] habet XIII mansos de quibus plebanus habet I mansum et tota villa pertinet Betke Woldekyn ciui in Stendal qui habet ibi II talenta et VIII solidos in precaria a Marchione et XVIII modios duri frumenti in precaria supremum iuditium Nota tenentur ad seruitium curruum Item prefectus dat de III mansis I talentum et ½ chorum duri frumenti Item Hermen *Schepelitz* habet II mansos de quibus datur I talentum et IIII solidi pro censu Item alii VII mansi dant III½ choros duri et XVIII½ solidos denariorum pro censu et VI pullos et decimam carnium ad III solidos denariorum Item I cossatus solus dat I solidum denariorum Item de agris IIII modios siliginis et XVI denarios Nota de premissis redditibus habet Beteke Woldekins VII½ frusta a Marchione Item Heyne Went in Stendal habet ibidem III frusta minus V solidis a Marchione Item paruus Spiritus Sanctus ½ frustum Plebanus in Grazzow VI modios Item Hans Storm ½ chorum siliginis a Marchione

Klinkow [4] habet IX mansos de quolibet manso I chorum duri Item sunt ibi V mansi deserti Betheke Woldekins habet ibi V frusta minus IIII½ modiis et decimam carnium de IIII curiis a Domino Marchione in pheodum Item Heine Scepelitz in Stendal habet ibi XVI modios duri ab illis de Rochow Item Engel - - in Stendal habet ibi XIII modios frumenti duri ab illis de Rochow Item quedam Beguta ½ chorum siliginis Item Hans Mollenbek VII modios siliginis de Rochow Item quidam villani habent ibi II choros ab illis de Cloden Item Ian Vorstal habet ibi ½ chorum Item Heyne Ieger in Tangermunde habet ibi I chorum duri Hans Bucholt in Stendal habet ibi VI modios duri a Marchione Non tenetur ad seruitium curruum Item Nicolaus et Rule Bysmark I chorum auene

Stein-

1) Naterheyde gehöret denen von Kanneberg.
2) Querstede gehöret zum Amte Neuendorf, und ist schon 1325. dem ehemaligen Kloster dieses Namens, von H. Otto und seiner Gemahlin Agnes zugeeignet. Gerke Fragm. March. P. III p. 132.
3) Vinzkow ist wohl eine wüste Feldmark. Sie kommt schon 1343. vor in Ludewig Reliq. MS. P. VII. p. 94.
4) Klinko gehöret zum Amte Burgstall.

Altemark.

Steinuelde [1] habet XL mansos quorum quilibet mansus dat pro *pachta* XVIII modios duri et dabunt simul III talenta cum III solidis cum XIII pullis et tenentur ad *decimam minutam* computatur ad X solidos Etiam communiter dant VI talenta Ottoni de *Nyenkerke* ratione precarie XXX modios duri frumenti et XXX modios auene eidem Ottoni Item de Cossatis XXV denarios Item prefectus habet IIII mansos in pheodum a Ottone de *Nyenkerke milite* pro quibus dat I marcam pro *equo pheodi* Item est taberna pro qua dantur II libre piperis prefecto huius ville Item est molendinum pro quo dantur VI denarii Sancto Iohanni cum ł choro duri siliginis Heyne Morink in Stendal Supremum iuditium cum seruitio currum pertinet Ottoni de Nyenkerke militi de quibus redditibus prescriptis percipiunt Hans Storm VI frusta quorum scilicet I habet a Marchione et V a de *Luderitz* Heyne Vranke V frusta Coppe Brunswik III frusta et I quartale a Marchione Canonici in Stendal Ił frusta Ad Capellam Sancti Iohannis in Stendal III frusta Coppe Storbeke habet ł chorum duri frumenti a Domino Marchione Cune Dornstede et Heine habent IIII frusta a Marchione in pheodum Sanctus Georgius V frusta in Stendal Arnt Wulfsteker ł frustum et XVI modios siliginis a Marchione in pheodum quod quondam de *Hindekomen* habuit Moniales in Creueze I chorum duri frumenti cum XV modiis auene Moniales in Nyendorp Ił frusta Plebanus in Cremkow XVIII modios siliginis Hans de *Rochow* vasallus I frustum et I pullum Item Fritze Stendal ciuis habet ibi VIIł solidos Brandeburgenses a Marchione in pheudum

Mollendorp [2] habet XIX mansos de quibus plebanus habet I mansum et rustici XVIIł et datur de quolibet manso IIł solidi et II denarii et IX modii duri frumenti et IX modii auene Item dant octo mansi VIII modios auene specialiter Item quilibet mansus dat VI modios pro pacto et IIII solidos pro censu Item dant Ił sexag pullorum et XX pullos Item in Pascha II sexagenas ouorum et agnum Item prepositus in Creuetze habet ibi de Cossatis XXX modios duri frumenti Item Hans Beringer habet ibi decimam frumenti super VI mansos Item Nicolaus habet X frumenti super VI mansis Item vasalli ibidem super mansis II habet Xmam frumenti et X *minutam* [3] per totam villam ad decimam solidos Item Hardekop ciuis ibi super VII frustis et I libram piperis Item Hans Vinzelberg habet ibi II choros minus III quartalibus Item plebanus in Dobberko habet ibi II choros minus III quartalibus Item Hogher in Stendal XXIIII solidos Item prepositus in Creuetze habet ibi IIIł frusta

Rennebeke [4] habet XIł mansos de quibus plebanus habet I mansum De residuis illi de *Bertensleuen* habent precariam videlicet III talenta et X modios duri frumenti et X modios auene a Marchione Item dant Fritzkoni et Bussoni et Henningo *Ronnebeken* IX chores duri frumenti et V modios duri pro pacto et IIII talenta et IIII solidos denariorum pro censu preter mansum plebani et XXXVIII pullos de mansis et Cossati pullum pro II denariis a Domino Marchione Item dant plebano II choros et VI modios duri IX modios auene et X solidos denariorum Nota Supremum iuditium ibidem habet Dominus Imperator Item seruitium curruum pertinet predictis de *Rennebeke* Item de mola ibidem IIII pullos prius com-

1) Steinfeld gehöret itzo denen von Lüderitz. Das Geschlechte derer von Neukirchen, das es zur Zeit des Landbuches gehabt, und das vermuthlich seinen Namen von dem in der Wische belegenen Dorfe Neukirchen gehabt, ist längst ausgestorben. Gercke Dipl. Vet. March. P. II. p. 24.

2) Möllendorf gehöret denen von Görne.

3) Den Kornzehend und den kleinen Zehend.

4) Rönnebeck gehörte zur Zeit des Landbuchs, und noch im vorigen Jahrhundert denen von Rönnebeck, nachhero denen von Rintorf, itzo aber dem Kriegsrath Dietrich.

Altemark.

computatos et II libras cere beate virgini Item ibi non est taberna Ius patronatus pertinet de *Bertensleuen* a Domino Item illi de *Rennebeke* habent ibi decimam carnium ad V solidos denariorum Item illi de Rennebeke habent ibi decimam in agris in valore ad XXIII solidos et XIX solidos de eisdem pro censu Item illi de Bertensleuen habent ibi V pullos

Parua Walsleue [1] habet XII mansos quorum quilibet dat XV modios duri frumenti et III auene pro pacto Item quilibet mansus dat in precaria ad festum Walpurgis IIII solidos ad Martini III solidos Non tenentur ad precariam frumenti Item tenentur ad *decimam minutam* III solidis computatam Item sunt XV iugera pro quibus dantur sex solidi ad Martini monialibus in Creuetze et communiter dantur XVIII pulli de quibus dantur plebano in Arneburg IX Gherke de *Luderitz* vasallus VI Plebanus in Walsleue III habet Supremum iuditium et infimum pertinet filiis Henrici Sculten in Tangermonde et habent in pheodum a *Gherke Luderitz* Non est molendinum neque taberna nec tenentur ad seruitium curruum

Borstal [2] habet XIIII mansos quorum quilibet dat pro precaria VI solidos Item quilibet mansus dat II modios duri frumenti et II modios auene De quolibet manso datur I chorus siliginis in pacto et III solidos in censu quilibet mansus Nota tota villa pertinet Ian Borstel et Lemke Rokcze cum supremo iuditio et habent in pheodum a preposito in Hauelberghe De molendino ½ chorus siliginis datur

Dusdow [3] habet XXIII mansos de quibus plebanus habet I½ mansum Nota quilibet mansus dat pro pacto ½ chorum siliginis in tantum ordei V modios tritici et I modium auene exceptis IIII mansis quorum quilibet dat I chorum duri et X solidos Item XVIII½ mansi quorum quilibet dat pro censu VI solidos cum IIII denariis Item tenentur ad decimam minutam quam computant X solidos Item communiter dant L pullos cum Cossatis Item sunt XII Cossati quorum quilibet dat II½ solidos annuatim in censum cum I modio annone quilibet Nota Iohannes de *Schulenburg* habet supremum iuditium et est appropriata altari Sancti Martini Idem habet ius patronatus De prescriptis redditibus percipiunt Nicolaus *Bismark* ½ chorum duri frumenti Coppe Storbeke ciuis in Stendal XXI modios duri cum XXI solidis denariorum XXXVIII pullos a Domino Marchione et alii sunt appropriati altari Item dant de iugeris V choros duri frumenti altari Sancti Martini

Zcedow [4] habet XIIII mansos et pertinet ecclesie parochiali in Osterburg cum omni iure et propriate et sunt ibidem in censu pacto et decima VIIII½ frusta et non plus

Grothe Schwechten [5] Heine Wege dabit Wineken de *Schudewachten* in Stendal II choros frumenti et II solidos Item dabit Tyle Roxen II choros a Domino VI modiis minus et II solidos Item Henrico Roxen VI modios a Domino Item IIII solidos relicte Scludens Item dabit V solidos Ian Borstel et I solidum Fritzen de *Schwechten* Item dabit Viuians de Stendal XII solidos et VIII modios et I pullum Hoppesak dabit XII pullos Iohanni Bocholt in Stendal Item dabit V pullos Iohanni Schadewachten in Tangermunde Item Borchardo Swederi V pullos Item Coppe Brunsuik III pullos Item V denarios in Creuetze Item VII denarios Viuians de Stendal Claus Smedt dabit II choros frumenti a Domino

1) Walsleben gehöret denen von Schulenburg, die es schon zu Anfange des vorigen Jahrhunderts von denen von Lüderitz gekauft.
2) Borstel gehöret noch itzo denen von Borstel.
3) Düsedow gehöret anitzo der Universität Frankfurth.
4) Zedau gehöret zum Inspectorat der Stadt Osterburg.
4) Grossen Schwechten gehöret denen von Jagow.

Altemark.

mino Betteke *Woldekens* in Stendal. Item dabit ½ chorum Canonicis in Stendal Item dabit XVIII modios a Domino Gherke *Biſmark* in Stendal Item Coppe Nucker IX modios Item VI modios relicte Smoldeſchen in Oſterburg Item VI modios in Creueze et III ſolidos Item III ſolidos ſorori Willeman Bruſten Item VI denarios Iohanni Ebelinge in Stendal Item IIII ſolidos relicta Nicolai Scludens Item XII ſolidos et VIII modios et I pullum Vivians de Stendal Item Hans Storm XV pullos Rule Vthenrore dabit XIX denarios in Clauſtro Creueze Item XVIII denarios ad precariam Viuians de Stendal Item VIII pullos Hardekop Item Betheke Woldekern II pullos Item Hans Bucholte II½ pullos Item *Cune de Schwechten* [1] I pullum Item Meyneke de *Rocho* I pullum Item Burchardus Swedern ½ pullum et Iohannes Schadewachten ½ pullum Item vxor Kerſtian Bruſen ½ pullum Hans Dalem dabit Wineken de Schadewachten XII½ pullos et XII½ oua Item dabit XII½ pullos et XII½ oues Henrico de Roxen Item dabit X denarios in precariam et V denarios ad Clauſtrum in Creuetze Hans Molner dabit ½ chorum ſiliginis Iohanni Hardekope in Stendal de mola Item V denarios in Clauſtro Creuetze Item dabit X denarios Viuians ad precariam Item X pullos Hardekop Item dabit VI pullos et VI oues Cune Moll Lemme Buſt dabit I chorum Iohanni Bucholt et II ſolidos Item dabit Iohanni Schadewachten IX modios et IX denarios Item Borchard Swedern IX modios et IX denarios Item Coppe Brunſen in Stendal VI modios Item I ſolidum Fritze de Swechten Item dabit I ſolidum filiis Henrici prefecti de Tangermunde Item dabit II ſolidos relicte Scludens Item dabit Vibians de Stendal VI ſolidos et IIII modios frumenti Item dabit Hardekop XXIIII pullos Item dabit X denarios Vibians ad precariam Item V denarios in Creueze Heyne Godekens dabit IIII choros frumenti et I talentum minus III denariis Nicolao Herman Item dabit IIII ſolidos relicte Nicolai Scludens Item dabit II ſolidos in Creuetze Item dabit XXI denarios Fritze de Swechten Item Iohanni Storm XII½ pullos dabit Heine Vngeliche dabit XII½ pullos Hans Storm et I denarium ad precariam Item dabit II½ denarios in Kreueze Item Polkow dabit II choros in Clauſtro Niendorp Item ½ chorum dabit relicte Henrici Norſtede Item dabit III modios Coppe Miltert Item III modios relicte Iohannis Miltert Item dabit III modios Henrico Ropen Item dabit Wineken de Schadenwachten III modios Item Ian Borſtel V ſolidos Relicte Nicolai Scludens III ſolidos et relicte Henrici Norſtedes IIII ſolidos Item Ebeling XVIII denarios In Kreueze dabit II½ denarios Item dabit XII½ pullos et XII½ oues Iohanni de Schwechten Primo dabit prefectus de magna Schwechten Beteke Hidden et fratribus ſuis II talenta piperis Item dabit Hans de Schwechten XVIII modios frumenti Coppe Miltert III modios Rugeman II ſolidos Ebelink VI denarios Vxor Nicolai Scludens I ſolidum Hans Storm X pullos Sorori Willeken Buſt - - - X pullos Ruleke de Perleberghe dabit Domino Iohanni Schynen IIII choros frumenti et VIII modios Item dabit XVI ſolidos nummorum Item relicte Hans Norſtede IIII ſolidos Arnold Sartor dabit X denarios ad precariam Item

1) Das Geschlecht von Schwechten ist schon vor Anfang des 17ten Jahrhunderts ausgestorben. Von den vielen Familien, welche hier als Bürger in Stendal vorkommen, und sowohl in diesem Dorfe als in den umliegenden Orten eine so große Menge Hebungen besessen, sind wohl die meisten Adeliche gewesen, die wegen der von den beständigen Fehden herrührenden Unsicherheit vom Lande in die Stadt gezogen und nach dem alten Rechte der Städte, das Bürgerrecht gewinnen müssen. Die mehresten derselben kommen in den Stendalischen Briefen schon in der letzten Hälfte des 13ten Jahrhunderts als Rathspersonen vor.

Altemark.

Item Hans Storm tres pullos Hans Hardekop XII pullos *Cone de Schwechten*. IX pullos Item V denarios in Clauſtro Creueze Tydeke Wulff dabit XXXII modios Henning Swyn in Tangermunde VIII ſolidos Item dabit Rogeman XXXII modios a Domino Item dabit Coppe Miltert XX modios a Domino et III talenta Item dabit Cune Gunther ł chorum frumenti et III ſolidos Item relicte Sludens IIII ſolidos Item dabit Vibians de Stendal XII ſolidos et VIII modios frumenti et I pullum Gryte Arnt Melle dabit a Domino XX pullos Hardekop Item dabit X pullos Fritze de *Schwechten* Item dabit Vibian de Stendal V denarios ad precariam Tydeke Hornikman dabit XII a Domino pullos Hans Bucholt in Stendal Item Hans Schadewachten V pullos a Domino Item dabit Burchard Swederi V pullos et Coppe Brunſwik III pullos Item V denarios in Clauſtro Creueze Item II denarios Vibians de Stendal Item dabit Heine Schulten in Tangermunde XIIł a Domino pullos Item XIIł pullos Fritze de Schwechten Item V denarios Vibian de Stendal ad precariam Item V denarios in Clauſtro Creueze Premiſſa bona Tideke Hornikmans ſunt deſerta Hans Steyn dabit XXV pullos Beteke *Woldekens* et XXV oues Item V denarios in Creueze Item dabit V denarios Vibians de Stendal Item de parua dote III pullos Meynard de *Rocho* Heyne Kolk dabit ł chorum frumenti et XVIII ſolidos et I pullum Vibians de Stendal Item VI ſolidos relicta Sludens Item Pilſtoter et frater ſuus habet in curia iſtius VIł fruſta Non habet a Domino ſed ab illis de *Rochow* Heyne Fleſſo dabit in Clauſtro Niendorp II choros frumenti et I ſolidum Item Wineken de Schadewachten a Domino I chorum frumenti et I ſolidum Item dabit Henrico de *Roxen* I a Domino chorum et I ſolidum et dabit relicte Sludens IIII ſolidos Item dabit filiis Henrici prefecti in Tangermunde XVIII denarios Item dabit Fritz de *Schwechten* XVIII denarios Item dabit in Clauſtro Creueze I ſolidum Item VI denarios Ebeling in Stendal Item dabit Vibians de Stendal XII ſolidos et VIII modios frumenti et I pullum Cone Ebels dabit XXXIł modios a Domino Coppe Miltert Item Beteke Hidden ł chorum a Domino Item filii Iohannis Iungen IX modios Item dabit Rugeman VI modios Item dabit Hans de Schwechten ł chorum Item dabit Henning Segher in Tangermunde ł chorum Item relicte Henrici Rorſtedes ł chorum Item Ian Borſtal dabit X ſolidos Item relicta Nicolai Scludens IIII ſolidos Item Cune Mellen I chorum tritici Item dabit Vibians de Stendal XII ſolidos et VIII modios frumenti et I pullum Arnd Ghoden dabit II choros a Domino Iohanne Bocholt in Stendal et IIII ſolidos Item XVIII modios et XVIIł denarios Iohanni Schadewachten in Tangermunde Item dabit XVIII modios et XVIII denarios Borchardo Suederi Item Coppe Brunſwik ł chorum a Domino in Stendal Item dabit Vibians de Stendal XII ſolidos et VIII modios frumenti et I pullum item dabit IIII ſolidos relicte Nicolai Sludens Engel Kolk dabit IIII choros frumenti Beteke Woldekens et IX ſolidos et dabit Ian Borſtal III ſolidos Item Ebelink II ſolidos Item dabit IIII ſolidos relicte Sludens Item dabit XIIł pullos et XIIł oues ſorori Willeman Buſt Item dabit XII ſolidos ad precariam et VIII modios frumenti et I pullum Ghode Polkow dabit IIł choros Rugeman et dabit XXł modios Enghel Koskens Item XXł modios Coppe Miltert Item dabit filiis Iohannis Iunghen XV modios Item dabit XV modios relicte Smoldeſchen in Oſterburg Item dabit Ian Borſtel VII ſolidos cenſum Item IIł ſolidos Ebeling Item IIł ſolidos Beteke Woldekens Item relicte Norſtede II ſolidos Item dabit V ſolidos relicta [illegible] Nicolai Scludens Item dabit VI denarios in Kreueze Item dabit XV ſolidos ad precariam et X modios et I pullum Vibians de Stendal Claus Schulten dabit

Altemark.

bit IIII choros frumenti in Clauſtro Nyendorp Item dabit IIII ſolidos cenſum Rugeman et dabit I ſolidum ſorori Willemanni Buſten Item XVIII denarios in Kreueze Item IIII ſolidos dabit relicte Nicolai Scludens et II ſolidos Ebeling in Stendal Item dabit III ſolidos filiis Iohannis Iunghen Item dabit XII ſolidos precariam et VIII modios et I pullum Vibians de Stendal Arnt Graffo dabit VI choros frumenti in Clauſtro Nyendorp Item III ſolidos in Kreueze Item V ſolidos Ebeling Item II ſolidos relicte Nicolai Sludens Item XVIII ſolidos precariam et I chorum et I pullum Vibians de Stendal Ghereke Sluther II choros frumenti in Clauſtro Nyendorp et I ſolidum et dabit XVIII modios *Iohanni de Schwechten* Item III modios Coppe Miltert in Stendal Item dabit I ſolidum in Kreueze Item XVIII denarios Fritze de Swechten Item Ebeling I ſolidum Item Cune Mellen VI denarios Item III ſolidos relicte Nicolai Sludens Item dabit VIII pullos Fritze de Swechten Item VIII pullos Beteken Woldekens Item dabit Iohann Storm III pullos Item XVIII denarios filiis Hinrici prefecti de Tangermunde Item dabit I talentum piperis Iohanni de Schwechten Item dabit IX ſolidos precariam et VI ſolidos et VI modios et I pullum Vibians de Stendal et V denarios Relicta Redinghes XXV pullos et VIII denarios ſorori Willeman Buſten Cune Meller I chorum frumenti Canonicis in Stendal Item dabit ad precariam VI ſolidos et IIII modios Vibians Item dabit II ſolidos relicte Nicolai Sludens cenſum Heine Beſendal dabit V choros frumenti Domino Theoderico Allarden ad altare Item dabit II choros frumenti Domino Czabello Item XV ſolidos dabit Canonicis in Stendal Item relicte Nicolai Scludens V ſolidos cenſum Item dabit XVIII ſolidos precarie et I chorum frumenti et I pullum Vibians de Stendal Iunior Ebel dabit II chorum frumenti Heyne Seygher in Tangermunde Item dabit II chorum frumenti a Domino Conrado Ghunter Item dabit XX modios Coppe Miltert Item dabit Betheke *Woldekens* IIII modios Item IIII ſolidos relicte Norſtede Item Ebeling II ſolidos Item II ſolidos in Creueze Item IIII ſolidos relicte Nicolai Scludens Item II ſolidos ſorori Willeman Buſt et XIII pullos et XIII oues Item dabit XII ſolidos precariam et VIII modios et I pullum Vibians de Stendal Iohannes Faber dabit XXV pullos et XXV oues Betheke *Woldekens* et II pullos Conrado de *Schwechten* et X denarios ad precariam Vibians de Stendal Hans Viltenberghe dabit II ſolidos in Clauſtro Nyendorp Item V denarios precarie Vibians de Stendal Item III denarios in Creueze Claus Duuel dabit II chorum frumenti Rugeman et IIII ſolidos Item Coppe Miltert VI modios Item II ſolidos relicte Nicolai Sludens Item I ſolidum Ebeling Item I ſolidum Cune de Schwechten Item dabit X denarios et V ſolidos et IIII modios Vibians precariam Item in Clauſtro Nyendorp II ſolidos et XII pullos et XII oues Bethekens Woldekens Lemme Oſſemore dabit XII pullos et XII oues Iohanni de Schwechten Item V denarios ad precariam et III denarios in Creueze Fritze Kuſen dabit VI denarios ad precariam Item XI pullos Hardekop Item dabit XIII pullos filio Henrici Prefecti in Tangermunde Item dabit XII oues Fritze de Schwechten Coppe Vppenbrugge dabit XII pullos et XII oues Betheke Woldekens Item dabit VII denarios ad precariam Item III denarios in Creueze Tele Ammen dabit II ſolidos in Clauſtro Nyendorp Item X denarios in Creueze Item dabit XV denarios ad precariam Item dabit XIII pullos Iohanni Bucholt Item VII pullos Borchardo Swederi Item VI pullos Hans Schadewachten *illa eſt nimis miſera et bone voluntatis et nihil dedit* Heyne Wilkeman dabit IIII ſolidos in Clauſtro Nyendorp Item V denarios in Creueze Item VII denarios ad precariam Item dabit III pullos Iohanni de Schwechten Hans

Bern-

Altemark.

Berndes dabit XXV pullos Beteke Woldekens Item VII denarios ad precariam Item V denarios in Creueze et VI modios auene Fritze de Schwechten Item eyne Wuste stede dabit XV pullos Hardekop et XV pullos Iohanni de Schwechten et V denarios Vibians de Stendal Illud est desertum Mas dabit X pullos et X oues Beteken Woldekens Item X pullos Claus de *Cloden* Item X pullos Hermanno Schonebeke Item III pullos Fritze de Schwechten Item VII denarios ad precariam Coppe Herwis dabit Betheken Hydden in Stendal XXV pullos Item V denarios in Creueze et VII denarios ad precariam Henneke Mesekerot dabit XXV pullos et XXV oues Iohanni de Schwechten Item V denarios in Creueze Item VII denarios ad precariam Vibians Henneke der Bouen dabit XVIII modios Gherke Bismark in Stendal Item Coppe Miltert IX modios Item dabit relicte Smoldeschen in Osterburg VI modios Item VI modios in Claustro Creueze Item VIII modios Iohanni de Schwechten Item I modium dabit Rugeman Item dabit III solidos in Creueze censum Item dabit III solidos sorori Willeman Bust Item VI denarios Ebeling Item II solidos relicte Nicolai Sludens Item VI solidos et IIII modios frumenti Item II solidos precarie Item dabit XVIII pullos Hardekop Item Cune Ghunther XII pullos Item XXX oues Fritze Swechten Heineke Ebels dabit a Domino II choros et VI modios frumenti Rugeman Item Coppe Miltert VI modios Domino Item dabit ½ chorum Cune Gunther Item dabit ½ chorum in Claustro Creueze Item ½ chorum relicte Schmoldeschen Item IIII solidos dabit relicte Henric Norstede in Stendal Item I solidum Ebeling Item XVIII denarios Fritze de Swechten Item dabit XVIII denarios filii Henrici prefecti in Tangermunde Item XII solidos et VIII modios et I pullum Vibians de Stendal precariam Kalene dabit I½ chorum Domino Thiderico Allardi Item dabit ½ chorum Czabello Domino Item V solidos Canonicis Sancti Nicolai in Stendal Item II solidos relicte Nicolai Sludens Item I solidum Ebeling Item XV pullos Nicolao de Cloden Item XV pullos Hermanno Schonebeke Item dabit VI solidos et IIII modios frumenti et I pullum Vibians de Stendal precariam Item ½ talentum piperis Hermanno Schonenbeke Plebanus habet II mansos Item Otto de *Nyenkerke* habet ibi curiam cum IIII mansis Item Iohannes *Swechten* habet ibi curiam cum IIII mansis Item *Cune Swechten* habet IIII mansos cum curia sua Item Fritze *Swechten* habet IIII mansos cum curia sua Villani in Swechten habent XLIIII mansos censuales Item de vno prato ½ chorum filiginis non tenentur ad decimam minutam nec ad seruitium curruum et *obediunt libenter Domino* Vibians de Stendal habet ibi supremum a Domino Marchione Nota de premissis redditibus Henningus Demeker in Stendal habet II frusta a Marchione et Rugeman ciuis VI frusta a Marchione et Betheke Kirstyl IIII frusta et Betheke Woldekyn VIII frusta a Marchione Ebeling ciuis I talentum Betheke Hidde ciuis habet ibi ½ frustum a Domino et I frustum Filii Iohannis Iungen XXVII modios a Domino Et Coppe Milterd ciuis habet VI frusta minus I quartali a Marchione Engel Koske ciuis XX½ modios a Marchione Iohannes Schadewachten ciuis habet XXVII modios tritici ordei et siliginis et XXXVII denarios et XX pullos a Domino et ab aliis dedit V½ sexagenas et XX grossos pro LXXII frustis Residuum pertinet ciuibus

Garlip 1) sunt XLIII mansi qui pertinent ad dominos Canonicos in Stendal quorum quilibet soluit I chorum siliginis et V solidos denariorum Brandeburgensium in censum et inter istos mansos

1) Garlipp gehöret zum Amte Tangermünde und der Universität Frankfurt. Es ist das erste Dorf, so dem Dohm zu Stendal gleich nach der Stiftung 1188. beygeleget worden. S. Lenz Brandenb. Urkunden S. 6.

Altemark.

manſos predictos ſunt III manſi cum dimidio manſo penitus deſerti ita quod in viginti IIII annis dictis Dominis nihil dederunt et adhuc deſerti ſunt die hodierna Et etiam tota villa duobus annis elapſis *per inimicos terre fuit omnino deſolata et combuſta* ita quod Dominis Canonicis adhuc ſoluere non poſſunt pactum Item in eadem villa ſunt XIX manſi cum vno quartali qui vulgariter dicitur dy *Wuſteſtede* quorum quilibet ſoluit XVII modios ſiliginis Etiam inter iſtos manſos eſt vnus manſus qui nihil ſoluit nunc poſt tres annos et iſtum manſum habet Heyne Bocholt Item prefectus habet II manſos de predictis quos habet in *pheodum* a Dominis Canonicis pro quibus dabit annuatim I talentum denariorum Brandeburgenſium quod vulgariter dicitur *vor eyn Leynperth* Item plebanus ibidem habet II manſos de predictis manſis qui pertinent ad eccleſiam et ſunt dotales Item Domini Canonici habent ibi de iugeribus que vulgariter dicuntur *Morgenlant* II choros ordei cum I modio et XI modiis ſiliginis Item quilibet manſus dabit I modium auene Cellerario Dominorum Canonicorum exceptis manſis plebani Item Domini Canonici in Stendal habent ibi tres ſexagenas pullorum cum V pullis Item habent ibi II ſexagenas ouorum Item Fritz Buſt famulus habet ibi precariam Michaelis XVII modios ſiliginis minus I quartali Etiam in feſto Walpurgis tria talenta cum VII ſolidis denariorum Brandeburgenſium

Byſtwede [1] ſunt XV manſi de quibus prefectus ibidem habet II manſos in pheudum a Dominis Canonicis in Stendal de quibus dabit XXX modios auene parue menſure et cum hoc dictus prefectus dabit Conrado *Haken* de Welle [2] VI modios auene parue menſure Item quidam dictus Steynuelde ciuis in Stendal habet in eadem villa II manſos qui ſoluunt ſibi II choros ſiliginis et I chorum ordei a Domino Marchione Item eccleſia in villa Cloden habet ibi XVII modios ſiliginis Item cuſtos eccleſie in Cloden habet ibi VI modios ſiliginis Item Cune Hake de Welle habet ibi XXII modios ſiliginis et XI ordei et in feſto Martini XI denarios Brandeburgenſes et I quartale papaueris et XXV pullos Item Vicarius Sancti Laurentii in eccleſia Sancti Nicolai in Stendal habet ibi I chorum ſiliginis ad vicariatum Item plebanus eccleſie predicte ville habet ibi XVII modios ſiliginis Item Domini Canonici in Stendal habent ibi VII choros ſiliginis cum VI modiis Item dicti Domini Canonici habent ibi IIII choros ordei cum VI modiis et V ſolidos cum I denario Brandeb in cenſu Martini et III modios papaueris minus I quartali et IIII ſexagenas pullorum cum XXV pullis Item habent ibi II choros auene cum X modiis minus I quartali Item de dictis manſis eſt vnus manſus cum dimidio qui nihil poteſt dare dictis Canonicis ad preſens et poſſeſſor huius vocatur Meyeris Item Domini Canonici habent ibi *decimam minutam agnorum que annuatim interdiu valet quinque agnos vel ſex* Item Fritz Buſt famulus habet in precariam in feſto Michaelis XX modios auene et X modios ſiliginis et X modios ordei et II talenta denariorum Brandeburgenſium et in feſto Walpurgis duo talenta denariorum Brandeburgenſium Item Hake de Welle habet ibi in eadem villa de precaria predicta X modios auene et V modios ſiliginis et V modios ordei et I talentum denariorum Brandeburgenſium Michaelis et in feſto Walpurgis vnum talentum denariorum Brandeburgenſium

Nyendorp [3] ſunt XXVII manſi de quibus Dominus plebanus habet ibi I manſum dotalem qui pertinet ad eccleſiam ſuam Item *Schultetus* habet III manſos in pheodum a Dominis Canoni-

1) Byſtwede, itzo Beſewege, gehöret zum Amte Tangermünde.
2) Das Geſchlecht der von Welle, das ſchon 1199. in Gerken Cod. Dipl. Brand. P. I. p. 15. vorkommt, iſt ausgeſtorben. Hier iſt aber von einem Haken zu Welle die Rede.
3) Neuendorf am Speck, von einem kleinen Fluße dieſes Namens alſo benennet, gehöret dem Amte Tangermünde und der Univerſität Frankfurt.

Altemark.

nonicis de quibus dabit Domino Scholastico I talentum denariorum Brandeburgensium et idem talentum dabit Canonicis in festo conceptionis Marie pro presentia Item dabit Henrico de *Rokitz* de precaria X solidos denariorum Brandeburgensium Martini et Walpurgis Item Dominis Canonicis in censum VI solidos denariorum Brandeburgensium in duobus terminis scilicet Andree et Walpurgis Item dat Dominis Canonicis III modios siliginis et III modios ordei et VI modios auene ad precariam Item dat ad Vicariatum trium Regum in ecclesia Sancte Marie in Stendal III choros siliginis et ordei Item predictus Vicarius habet ibi de predictis mansis I chorum siliginis et ordei et custos ecclesie beate Marie in Stendal VIII modios siliginis Item ad Vicariatum in Tangermunde quidam dictus Euerhardus Vicarius habet de dictis mansis in villa I chorum siliginis et I chorum ordei Item ad Vicariatum beatorum Apostolorum Petri et Pauli in ecclesia Sancti Nicolai in Stendal Vicarius etiam habet de dictis mansis in villa III choros siliginis et ordei Item ad Vicariatum beate Agnetis in ecclesia Sancti Petri Vicarius in Stendal etiam habet de dictis mansis in villa I chorum siliginis et I chorum ordei Item Franke habet I mansum de predictis mansis qui non dat precariam nec censum nec *Bedekorn* sicut alios mansos quos habet in curia sua Habet a Dominis Canonicis in pheodum liberos et extendunt se ad duo frusta Item Heyne Swechten habet in curia sua a Dominis Canonicis in pheodum II frusta Item Natheheyde habet a Dominis Canonicis curiam suam cum III mansis in pheodum pro quibus dabit singulis annis Dominis Canonicis II choros siliginis et ordei Item Nicolaus Bismark Rudolphus frater eius Hogerus Valke Mater Heysekini Brendekens in Stendal Iohannes Dusedow Iohannes Nyendorp quidam pistor in Stendal habent de dictis mansis in villa VII choros siliginis cum VII modio et IIII choro ordei quilibet predictorum potest computare suam partem Item Nicolaus Bismark Rudolphus frater eius Ludouicus Borstel Henricus Vranken habent ibi de dictis mansis in villa V choros auene cum XI modiis auene Item Dominus Iohannes Rokitz et Henricus frater eius quedam Beguina Klempowes habent ibi de precaria VIIII talenta denariorum Brandeburgensium Item Domini Canonici habent ibi de dictis mansis IIII choros siliginis minus VI modiis et V choros ordei minus VI modiis Item habent ibi V choros auene cum VI modiis Item Canonici habent ibi de dictis mansis III talenta cum I solido denariorum Brandeburgensium Item Cellerarius Canonicorum habet ibi quod spectat ad officium suum XXVII modios siliginis et XXVII modios ordei Item Domini Canonici habent ibi vnam sexagenam pullorum Item habent ibi III talenta piperis Item perpetui Vicarii Sancti Nicolai in Stendal habent ibi XXXVI modios auene et III tritici Item Vicarius Sancte Marie in ecclesia Sancti Nicolai in Stendal habet ibi I talentum denariorum Brandeburgensium ad vicariam suam de predictis mansis et illud dat Dominis Canonicis presentibus in choro in festo Trinitatis ad presentiam Item Nicolaus Bismark et Rudolphus eius frater habent ibi II sexagenas pullorum Item Canonici habent ibi III libras piperis Item de istis mansis predictis qui pertinent ad Dominos Canonicos sunt II mansi cum I manso deserto quos habuit Heine *Linstede* de quibus predicti Canonici in tribus annis proxime futuris nihil poterunt precipere nec habere

Polkow [1] habet XXXIX mansos de quibus habet plebanus I mansum liberum in precaria sed dat plebano I chorum siliginis Prefectus habet III mansos liberos ad precariam Item Coppe

1) Polkau gehöret zum Amte Tangermünde.

Altemark.

Coppe Alebrecht habet Iƚ mansos liberos ad precariam et hos quidem mansos conferunt illi de *Rochow* Item Ebel Stapelman habet III mansos de illis dat I chorum et alii XXX dabunt quilibet ƚ chorum siliginis et VI modios ordei pro pacto et quilibet dabit ad precariam ƚ modium siliginis ƚ modium ordei et I modium auene et II solidos denariorum in festo Walpurgis et II solidos denariorum in festo Michaelis et ille Stapelmann dat precariam et frumenta precarie de quibus redditibus filii et vxor Betheken de Rochow habent IX choros frumenti duri minus I quartali et IIII talenta denariorum pro censu Item prepositus in Creueze habet ibi XVII solidos denariorum de censu Item Canonici in Stendal IIIƚ choros duri et dominorum et IIƚ solidos denariorum Item Claus *Vintzelberghe* Iƚ chorum frumenti et I modium Item Heyne *Erxleue* Heine Frentze et Wetzel Guldenbard ciues in Stendal habent ibi III choros duri frumenti et vna begura X solidos denariorum Item ad altare in Groten Swechten II chori duri frumenti Item Monasterium Nyendorp I chorum duri frumenti Item ciues in Osterburg habent ibi Ɏ choros duri frumenti quorum Heyne Dobberkow ciuis in Osterburg habet XXI modios in pheudum a Domino Marchione Item ad ecclesiam parochialem ibidem I chorum et VIII modios et IIII modios de vna curia Item Betheke *Woldekens* habet ibi VII talenta et II solidos de precaria et II choros frumenti cum Iƚ modiis Nota illi de *Schulenburg* et de *Rochow* habent ibi supremum et l libram de taberna piperis et I sexagenam pullorum

Dernewitz [1] habet XX mansos de quibus plebanus habet I mansum et I mansus est desertus De residuis XVIII mansis Betheke Hitten habet ibi IIII frusta a Marchione et IIII frusta ab illis de *Jagow* Item Cune Gunther habet a Domino Marchione IIIƚ frusta Item Fritz de Stendal habet ibi XXVII modios a Marchione Item prefectus dat I chorum auene pro seruitio pro quibus retinet IIII frusta ab illis de *Schulenburg* Et isti de Schulenburg habent ibi supremum et precariam frumenti et denariorum ad III frusta et IIIƚ solidos Et illi de *Cloden* habent ibi Iƚ frusta et *Grope* de *Kongede* I quartale Item Henneke Belkow retinet ƚ frustum ab ciuibus dictis Hitten in pheodum Item Lentzen et Thideken Wultze ciues habent ibi ƚ frustum et sunt ibi XLIIII pulli

Warborch [2] habet XXV mansos pertinet Barthold *Hoghen* et fratri suo et habent ibidem XIƚ choros duri a Marchione *in pachto* [3] Item Canonici habent ibi I chorum siliginis de II mansis in pacto Item Barthold Hoge habet ibi precariam Iƚ choros siliginis et Iƚ modium Item Iƚ chorum auene et Iƚ modium et Vƚ talenta et IIIƚ solidos et decimam frumenti ad X talenta de omnibus mansis a Marchione Item habet ibi de censu V talenta a Marchione Item habet ibi de agris superfluis VII choros duri a Marchione De mola IIII modios IIƚ sexagenas pullorum et XVIII pullos cum decima minuta

Rochow [4] habet XXV mansos de quibus plebanus habet vnum et de illis quilibet mansus dabit ƚ chorum siliginis pro pacto et VIII solidos denariorum pro censu in die Martini quilibet et pro precaria omnes mansi dabunt XXVIII *solidos denariorum* in festo Michaelis et XXVIII solidos denariorum in die Walpurgis et dabunt VII modios siliginis et VII modios ordei et

XIIII

1) Dernewitz ein Vorwerk und Schäferey der Generalin von Jeetze zugehörig.
2) Warburg gehöret itzo denen von Rinau, ehemals denen Hoghen, von denen oben S. 236. Note 3. nachzusehen ist.
3) Hier zeiget sich deutlich, daß das im Landbuche so oft gebrauchte Wort, *pactum*, von dem deutschen Worte, Pacht, herkomme.
4) Rochau gehöret noch itzo denen von Vinzelberg, die es schon zur Zeit des Landbuchs zum Theil gehabt.

Altemark.

XIIII modios filiginis et VII modios ordei et XIIII modios auene pro precaria qum non sunt deserti Et ibi sunt XVII Cossati qui dabunt pro censu XIII solidos qum non sunt deserti De pullis ignorant Vna taberna dabit I talentum piperis et molendinum dabit VI modios siliginis vxori Meynardi de *Rochow* Item ibi sunt *duo seruitia equorum* de illis habet Hans *Vlasmenger* I½ chorum filiginis et XII solidus denariorum ab Imperatore Supremum iuditium pertinet ad illos de Rochow *Nicolaus Vintzelberghe* et Bernard de *Schulenburg* habet ius patronatus Item filii Iohannis Iunghen habent ibi I½ choros siliginis et XVI solidos denariorum et iuditium in eadem curia Item Nicolaus Vintzelbergh habent ibi I½ sexagenam pullorum et VI pullos

Schwartenhagen [1] Heine Vranken ciuis in Stendal habet iuditium in duabus curiis que habent VIII mansos qui dabunt VIII choros filiginis et ordei de quibus habent III½ choros a Henrico Vranken quos ipse habet ab *Imperatore* [2] Item *villani* habent IX mansos de quibus dabunt V frusta pro pacto Brunswig et Rugeman et habent a Marchione in pheodum Etiam equitatoribus IX solidos denariorum pro precaria Ista V frusta Koppe Branswik et Heine Rugeman habent a Domino in pheodum Item XIII solidos minus IIII denariis ad Hospitale in Stendal pro signo pheodi et non sunt computati Item Henneke Bollen habet ibi II frusta in pheodum a Borchardo Sweder

Scharstete [3] habet LI mansos *rusticales* [4] de quibus omnibus simul dant XXXV½ frusta et III libras piperis de taberna De mola VI modios duri et quartale Tota villa pertinet Iohanni Rynowe et Hardecop ciuibus in Stendal et habent in *pheodum ab illis de Aluensleuen in Calue* prout Thilo equitator dixit Item ibi morantur II vasalli habentes VII mansos *liberos* videlicet Albertus Bredin et Iohannes Dorstede Item plebanus III mansos

Schardtow habet XVIII mansos de quibus dabunt XXVIII frusta et IIII solidos et XXXII pullos et pertinet Iohanni Rynow et Hardecop ciuibus in Stendal et habent ab illis de Aluensleue in Calue

Woldenrode [5] habet V mansos *rusticales* qui dant XIII frusta infrascriptis Ryanebeken Iohanni *Vintzelberghen* Ian Borstal Meynezcopf Item Petrus Henrich in Tangermunde habet ibi V frusta a Domino in pheodum Item Cune *Barsewisch* habet II mansos pertinet Canonicis in Stendal Item Rule *Bismark* ½ frustum et Hoiger in Stendal ½ frustum a Marchione Vasalli infrascripti morantur Meynezcopf cum III mansis *Wollenschir* habet IIII mansos Cune vth den Busch habet III mansos Claus et Lude Roden habet III mansos Gherke vth den Busche habet I mansum Tenentur Domino ad seruitium *dextrarii* Nota quod predicti vasalli dant pactum de aliquibus mansis qui adhuc non est computatus

1) Schwarzenhagen gehöret zum Amte Tangermünde.

2) Hier zeiget sich, wie an vielen Orten des Landbuchs, daß K. Carl 4. die Mark Brandenburg mit seinen Söhnen zusammen besessen.

3) Scharstede und Schartau besitzen die von Rinau noch itzo, so wie zu Zeiten des Landbuchs, und haben sie von denen von Alvensleben zum Afterleben.

4) *Mansi rusticales*, sind Bauer- oder steuerpflichtige Hufen, im Gegensatz der *liberorum*, oder Ritterhufen, die steuerfrey waren.

5) Wollenrade besitzet itzo einer von Frosch. Die hier vorkommende Familien von Vasallen, sind itzo nicht mehr bekannt, außer die von Bißmark und von Vinzelberg; die Wollenschier sind im vorigen Jahrhundert ausgegangen.

Altemark.

Schernekow [1] habet XXXIII mansos de quibus plebanus habet II mansos et II mansi habent libertatem ad III annos Summa precarie XI½ talenta et II solidi et III chori et XV modii duri frumenti illis de *Bertensleuen* Item dicti *Hoghen* habent ibi XI frusta et III solidos Item ad Sanctum Nicolaum in Stendal II chori duri Item Henricus de *Doblin* habet ibi I chorum duri Item dicti Noppowen habent ibi II choros duri et V solidos Item Claus Bismark habet ibi XX modios siliginis et seruitium et decimam ad V solidos De taberna IIII libras piperis de Bertensleuen Item prefectus habet in pheodum III choros duri ab illis de Bertensleuen Item de mola IIII modios et I libram cere Item prefectus antiquus ciuis in Stendal habet ibi XXIII modios Item Tideke Screpkow habet ibi ½ frustum in pheodum a *Bertinsleuen* in decima seruitium et pullos Item cal *Kannenberghe* habet in pheodum ab illis Hogen ad V solidos Item Fritz Bust habet ad ½ frustum in pheodum ab illis de *Bertinsleuen* in decima et seruitio Item dat Nicolao *Bismark* et Rulen *Bismark* XX modios duri Item Heine Arndes habet ad ½ frustum a Nicolao Bismark Item Heineke Moringen in Stendal habet ibi I chorum et XIII solidos Idem dat I chorum prefecto de Schernekow de Stendal Item illi de *Bertensleben* habent ibi decimam carnium ad X solidos et XXVII pullos de tota villa Item prefectus Schernekow habet II solidos in decima minuta Item Fritz Bust dat de mansis suis XXXV duri modios

Lütken Wultzkow [2] habet XXIIII½ mansos de quibus dantur XVIII frusta et V pulli et II solidi denariorum et I libra piperis et tota villa pertinet Frederico *Drekweden* etiam illis de *Kloden* Residuum est desertum et habent a Domino Marchione

Büditz [3] habet XIII mansos de quibus plebanus habet I mansum De aliis XII mansis dabunt XI½ choros duri frumenti Faltzoni Noppow et fratri suo et Domino Alberto Mersen et eisdem XXXVI solidos et habet in pheodum ab illis de *Mansuelt* [4] cum supremo et seruitio curruum Item dant II talenta denariorum et XV modios duri frumenti Domino Marchioni ratione precarie Item dant predictis Woltzoni Noppow V sexagenas pullorum minus V pullis Item decimam carnium ad II½ solidos denariorum Nota de premissis redditibus prefectus habet II½ frusta ab illis Dominis in pheodum de quibus dat I libram piperis in signum Nota isti de *Manuelt* non receperunt adhuc a Domino in pheodum

Hoghen Wultzkow [5] *Villani* [6] habent VI mansos de quibus decimantur VIII frusta plebano ville Tidekino *Wultzkow* et Ian *Ronstede vasallis* in precaria et pacto et habent ibi supremum iuditium et non tenentur ad seruitium Thideke Wulzkow habet ibi curiam cum IIII½ mansis liberis Item Ian de *Ronstede* habet I curiam cum VII mansis quorum IIII fuerunt quondam vnius villani qui vendidit Item Arnt Grassow habet I curiam cum III mansis liberis Item Kuneke Wultzke habet ibi cum IIII mansis Tenentur ad seruitium *dextrarii* et per se colunt et inhabitant

Lutken Balrestede [7] habet XI mansos de quibus habent Betheken Hidde et patrui sui XII frusta a Domino Marchione in pacto censu et precaria cum supremo et seruitio curruum Item prepositus in Creueze I frustum Item plebano in Storbeke VII solidos

Kar-

1) Schernekau gehöret zum Amte Tangermünde.
2) Izo Grünen-Wulsch, gehöret denen von Jeetz.
3) Büdiz, jetzo Bulitz, gehöret denen von der Schulenburg.
4) Dieses sind vermuthlich die Grafen von Mansfeld, die dieses Dorf vom Marggrafen zu Lehen gehabt.
5) Hohen Wulsch gehöret denen von Jeetz.
6) *Villani* sind hier die Bauren, die an andern Orten des Landbuchs *rustici*, *agricole*, auch *buriste* heißen.
7) Klein-Ballerstedt gehöret denen von Schulenburg.

Altemark.

Karwitz [1] habet XIIII mansos quos colunt rustici quorum quilibet mansus dabit pro pacto X solidos Brandeburgenses Reynero et Mersin et Pokebusch et Vritz *Bust* de I manso et rustici communiter dant Fritzoni de *Bust* III talenta minus VI solidis qui quondam pertinebat *equitatoribus terre* Item dant communiter Mersen Reiner Caluen et Pakebusch XXVI modios *humuli* I modium *nucum* XI pullos II sexagenas ouorum Item dant plebano in Kerko de quolibet I quartale siliginis Non tenentur ad decimam Nec est taberna nec mola Supremum iudicium seruitium curruum et tota villa cum omni iure pertinet Mersen Reiner et Pokebusch et habent in pheodum a Domino Marchione Item dabunt pro iugeris II talenta predictis Mersen Reyner et Pakebusch

Puwelinghe [2] habet XXVI mansos quorum VI mansi sunt deserti De istis XX mansis dabunt Domino Marchioni IIII talenta denariorum ratione precarie et XX modios duri et XX modios auene Item Betheke Karstil et Salkul habent ibi XXIII frusta et pertinet eis cum supremo

Greuenitze [3] habet XXI mansos de quibus plebanus habet I mansum et de aliis XXVIIł mansis liberis de quibus dantur IIIł marce cum ł *fertone* pro *equo pheodi* Alii XIł mansi dant pro pacto XXI choros duri frumenti Item dant pro precaria II choros Item dant pro precaria VII talenta monialibus in Niendorp Item communiter dant XIIII solidos cum V denariis pro censu et XIIII pullis Item II rustici tenentur ad decimam minutam Item sunt III Cossati quorum I est desertus dat ad predictum censum Nota de predictis redditibus accipiunt moniales VII talenta et IIł marcam cum ł fertone et VIII choros frumenti Wernerus de *Bertensleue* habet II choros Rule *Bismark* in Stendal IIII frusta ab illis de Bertensleuen Omnia alia habent ciues in Stendal et plebanus in Scharstede ł chorum Supremum et ius patronatus pertinet monialibus in Nyendorp Non tenentur ad seruitium curruum nec est taberna nec mola Item dicti Maur ciues in Osterburg habent ibidem IIIł choros a dictis Noppow de istis redditibus Nota filii Hogeri habent ibidem VIIł frusta a Marchione Tidericus et Nicolaus Mertasan habent ł frustum a Marchione

Kremkow [4] habet XXII mansos de quibus Gherken Ierchow et Heise Brendeke in Stendal habent XXVł frusta et II modios a Domino in pheodum et Kuno Dornstede Item Dominus Marchio habet ibi XIII modios siliginis et XXX modios auene de precaria et XIII ordei Item Henning Bodendik habet ibi VIIIł talenta et II solidos denariorum de precaria et XV modios duri a Marchione in pheodum De residuis dedit Ił sexagenam minus II grossis residuum tenet adhuc Item relicta Gotscalk de *Ierichow* habet ibi IIII frusta in dotalitium

Cloden [5] habet XXIł mansos de quibus sunt V mansi deserti et Ił quartale in possessis mansis Luden de *Cloden* habet XXIII frusta et I quartale de quibus V frusta et I quartale sunt deserta Item Claus de *Cloden* habet ibidem VIII frusta quorum vxor Lude Cloden habet VI ad vitam et deuoluentur ad Nicolaum Cloden de quibus sunt Ił frusta deserta a Domino Marchione Item Iohannes Bucholt habet ibi III frusta in curia Henrici Albi et idem Henricus Albus habet IIł frusta ab eo in pheudum Item Dominus Iohannes et Rudolphus de Ronstede Presbyteri

1) Carritz gehöret denen von Treskow
2) Peulingen gehöret denen von Jeetz.
3) Grevenitz gehöret itzo denen von Bißmark.
4) Kremkau gehöret denen von Alvensleben.
5) Klöden gehörete ehemals dem Geschlechte von Clöden, itzo aber dem Amte Tangermünde und denen von Jeetz.

Altemark.

habent ibi I½ frusta ex villa Item Iohannes Caluen in Stendal habet ibi XVIII modios duri Item moniales in Creueze habent ibi I frustum in precaria Item Henneke Bismark ciuis in Gardelegen habet ibi IIII frusta minus I quartali et XVI modios duri Iohanni Cloden ciui, Item Ghise Wineken habet ibi XXVI modios duri Item Iohan Miltede XIII modios duri, Item Dominus Heiso habet ibi III modios cum I quartali Item Lude Claus et Paschedach de *Kloden* habent ibi supremum et morantur ibidem Item Coppe Storbeke habet I frustum a Marchione

Orbenstorp [1] habet XII mansos de quibus ½ est desertus et plebanus habet I mansum dant V frusta et III solidos diuersis vasallis Item I½ frustum est ibi desertum Item Nicolaus Bismark habet ibi *seruitium de feminis* de tribus curiis Predicti redditus pertinent infrascriptis Monasterio in Kreueze dictis *Vintzelberghe* et cuidam sacerdoti in Stendal ad altare et dictis Rynnebeken et *Luden Cloden*

Lucken Schwechten [2] habet XXV mansos *villanorum* pro quibus dantur primo II chori tritici et IX modii *Pincerne* [3] et III chori siliginis cum ½ choro Item VII½ talenta cum XIX solidis *Pincerne* Item VI sexagene pullorum quos dant Cossati Item XI solidi pro area et XXII modii auene et I½ chorus auene Pincerne Item I½ chorus duri et I½ chorus auene Domino Marchioni ratione precarie et VII½ talenta minus I solido, sed nunc habent isti de *Schulenburg* Item Cossati dant II talenta *equitatoribus terre* Item Hogerus Ralke habet ibi III choros duri minus VI modiis Item de mansis dat ecclesie in Egstede I talentum Item ad altare Sancti Nicolai in Stendal I talentum Item X solidos pro decima carnium Item pro decima Cossati I fertonem Nota dicti *Vintzelberghe vasalli* habent ibi curiam cum IIII mansis a Domino Claus *Cloden* habet ibi curiam cum IIII mansis quos per se colit a Domino *Petrus Schenke* habet ibi curiam cum IIII mansis per se colit a Domino Item sunt ibidem II mansi vltra alios dantes pro precaria Domino Marchioni III modios duri frumenti et III modios auene et XI solidos denariorum Nota Petrus Pincerna habet bona sua a Domino Marchione

Wittehagen [4] habet XX mansos de quibus plebanus habet II mansos Item Coppe Milterde ciuis in Stendal habet de dictis mansis VII mansos de quibus habet V frusta et de vno Cossato a Domino Marchione in pheudum Item Claus Michaels habet IIII mansos de quibus dat XXVI modios duri et XXVIII modios auene videlicet Hinrico de *Rochow* XI modios siliginis et VI½ auene et cuidam relicte cuiusdam de Rochow XX modios auene Item Cunae Buk habet IIII mansos de quibus dat II choros duri frumenti minus VI modiis et I chorum auene et VI modios et II pullos Item Herman Wulf habet III mansos de quibus dat I½ chorum duri frumenti et X modios auene et II modios siliginis

Ossemor [5] habet XXV mansos absque plebani Plebanus habet I mansum Fridericus et Ian de Bust habent ibi VII frusta minus I quartali et supremum iuditium et infimum et seruitium curruum a Domino Marchione Item quedam mulier dicta Amensleuen habet ibi VI½ fructa et deuoluentur post mortem eius ad predictum de Bust Item Eczel Duser et Iohannes Paul in Stendal habent ibi I½ frustum et IIII solidos Ibi non est decima carnium nec mola nec taberna et nota quod nihil plus deriuatur ab ista villa quia mansi sunt modici valoris

Mollen-

1) Orpensdorf gehöret dem Kriegsrath Dietrich.
2) Klein-Schwechten gehöret denen von Bülow.
3) Hier ist die Rede von einem von der alten Familie von Schenk.
4) Weissenhagen ist eine wüste Feldmark.
5) Ossemer ist gleichfalls wüste und itzo unbekannt. S. Küsters Antiq. Tangermund. p. 164.

Altemark.

Mollenbeke [1] habet XXIX mansos de quibus plebanus I mansum et III mansi sunt deserti De possessis Fridericus Bust et frater suus habent ibi XII frusta et II½ solidos et supremum iuditium et seruitium curruum et ius patronatus a Domino Marchione *Pactus* de mola computatus est Nota Moniales in Nyendorp et Creueze habent ibi sed adhuc non est computatum Item Hans Bismark Dominus Iohannes Mollenbeke et Dominus Petrus Borstal ciues habent ibi bona in pheodum a Marchione Iohann et Tydeke Mollenbeke ciues habent ibi XXVI modios siliginis I chorum ordei et II modios auene cum supremo et infimo iuditio - - - et seruitio et II pullis a Domino Marchione Item I½ choros ordei ab illis de Rochow

Tornow [2] pertinet Gisoni Schadewachten in Stendal cum supremo iuditio et habet ibi XXXVIII frusta annuorum reddituum a Domino Marchione de quibus reditibus Canonici in Stendal habent IX solidos denariorum Brandeburgensium

Dölnitz [3] habet XXVII mansos de quibus plebanus habet II½ mansos Item prefectus in Dölnitz habet III frusta libera in pheodum pro equo pheudi ab illis de *Bust* Item Lipman habet I frustum in pheudum ab illis de Bust Item Gherke Ossemor ½ frustum ab illis de Bust Nota Ghans Bismark habet ibi bona adhuc non computata videlicet III curias a Marchione Item illi de Bust habent ibi supremum et seruitium curruum Non credo quod plures ciues habent ibi bona adhuc non scripta

Portz [3] habet XVI mansos de quibus plebanus habet I et Iohannes Bust III mansos quos per se colit De residuis habent illi de *Bust* IX frusta a Domino Marchione Item taberna II libras piperis De mola ibidem computatum est Nota ciues habent ibi bona adhuc non computata Item prefectus in Portz habet II frusta ab illis de Bust in pheodum Illi de Bust habent ibi supremum iuditium et seruitium curruum Arnd Portz ciuis habet ibi II curias cum iuditio et I½ frusto quorum II habent quidam villani ab eo in pheodum Hinrik Vranke in Stendal habet XXX modios duri ab illis de Bust in curia Iohannis Klynkowes et dictus Klinkow habet I chorum liberum ab eodem Franken quem habet a Marchione et habet XXX modios duri a Iohanne de Bust Item prefectus ibidem habet I½ chorum liberum a Hinrico Franken quos habet a Marchione Item filii Lemmen Volksedes habent a predicto Vranken XXI modios duri quos habet a Iohanne de Bust Item predictus Vranke habet XXVI solidos denariorum et XIIII pullos cum decima minuta in curia Iohannis Klinkow et in curia Klemkowes ½ parue decime et ½ in curia Arnoldi Scartow

Bust [4] habet XXVII mansos de quibus plebanus habet I mansum et pertinet tota villa illis de *Bust* Frederico et Iohanni fratribus cum omnibus redditibus supremo iuditio et seruitio curruum et isti de *Bust* habent ibi L frusta et III solidos denariorum cum istis que *villani* ab ipsis in pheodum et habent a Marchione Item Tideke Bust Godeschalk et Flasmengher ciues in Stendal habent ab illis de Bust VIII frusta in pheodum Nota quod omnia ibi sunt computata videlicet decima minuta pulli taberna mola Cossati

Arns-

1) Mollenbeck gehöret zum Amte Tangermünde.
2) Tornau gehöret auch zum Amte Tangermünde.
3) Dölnitz und Peritz gehören denen von Jeetze.
4) Buste gehöret itzo denen von Jeetze, ehemals dem Geschlechte derer von Bust, das nicht mehr vorhanden ist.

Altemark.

Arnsberge [1] pertinet *Nicolao* et *Rule Biſmark* fratribus et Petro Gunther ciuibus in Stendal cum ſupremo et predictus Nicolaus Biſmark Petrus Gunther et Rule Biſmark ſimul XXV fruſta et V ſolidos et ſunt ibi XVII manſi quorum pertinent Nicolao Biſmark X fruſta cum quinque modiis de quibus ſunt II½ fruſta deſerta in curia Lentzen Et predictus Nicolaus Biſmark habet ibidem X fruſta a Marchione

Sconenbeke [2] pertinet Nicolao *Biſmark* Rule fratri ſuo et Gunther cum ſupremo et habent ibi XXXV fruſta a Domino Marchione in pheudum quorum XXII pertinent Nicolao Biſmark et Ruloni et Petro predicto XIII fruſta Item plebanus ibidem Dominus Petrus habet ibi XI fruſta

Parua Moringen [3] habet manſos et pertinet Hinrico Doblin cum ſupremo et ſeruitio curruum et infimo et decima carnium et habet a Domino Item Prefectus dabit annuatim de curia ſua III fruſta reddituum minus I quartali Item Arnd Bethekens II½ fruſta minus III½ modiis Item Hinrich Berkow II fruſta et XXVIII denarios Item Cluke III fruſta cum III½ modiis Item Rule III fruſta cum VIII denariis Item Hinrik Scroder II½ fruſtum V quartalia et II denarios Item Hennike Rogghe V½ fruſta Item de taberna III quartalia reddituum Item Arnd Huſelitz IX quartalia cum III ſolidis denariorum Item Claus Hemſtede XIX denarios et III pullos Item Heine Smet XX denarios et IIII pullos Item vxor Arnoldi Scludens VIII denarios et III pullos Item Arnd Bockholt I ſolidum et I pullum Item vxor Bethekens I pullum Item Claus Dolniſſe I ſolidum et I pullum Item Walter Ritzow IIII fruſta et habet libera in curia ſua de quibus dabit I marcam III ſolidos III denarios I pullum et I libram cere Hardecop in Stendal qui habet in pheodum a Hinrico Doblin Cetera quoque omnia pertinent Hinrico Doblin etiam habet a Domino

Groten Moringe [4] habet XXXVI manſos de quibus plebanus habet II manſos et illi dicti Noppow videlicet Gherke Reyner et Foltze ciues in Stendal habent ibidem XIIII fruſta et ſupremum iudicium ſuper quartam partem ville a Marchione Tyle Rogitz ciuis habet ibi V fruſta a Marchione cum ſupremo ſuper quartam partem villa Lemmeke Rogitz habet ibi VII choros cum III modiis duri et V ſolidis denariorum et XXIII pullos et ſupremum iudicium ſuper ½ partem ville a Marchione Porditz habet ibidem XI½ talenta et I ſolidum denariorum Brandeburgenſium XXX½ modios ſiliginis et totidem ordei et LXI modios auene a Domino Marchione Item Claus Stenuelde in Stendal III fruſta et I½ fruſta duri a Marchione Item *Gherke Linſtede* vaſallus habet ibi II choros tritici a Marchione Item *Buſſe de Gor* [5] VI ſolidos denariorum Item Nicol Biſmark VI denarios Item Canonici in Stendal XXXVII ſolidos cum III denariis Item moniales in Creueze III talenta denariorum Brandeburgenſium Item ad altare in Stendal IIII chori duri frumenti Item ad eccleſiam parochialem ibidem II½ chori duri cum III modiis Item Hans Moringhe de Stendal habet ibi VIII modios frumenti Item Prefectus ½ chorum habet de mola ibidem et III libras piperis de taberna et IX ſolidos denariorum Brandeburgenſium de tota villa et V ſolidos et XI pullos et iterum V ſolidos denariorum Item Gherke *Noppow* vaſallus habet ibi I fruſtum cum XV pullis Item prefectus

1) Arnsberg gehöret zum Amte Burgstall.
2) Schönbeck gehöret noch itzo denen von Bißmark, so wie zu Zeiten des Landbuchs.
3) Klein-Möringen gehöret denen von der Schulenburg.
4) Grossen-Möringen gehöret dem von Reinhardt.
5) Das Geschlecht derer von Gore ist ausgestorben. Im Jahr 1609. kam es noch in dem Verzeichniß der Vasallen vor.

Altemark.

fectus habet ibidem III frusta et toto a dictis Noppow et Rogitz ciuibus Item Hans Koppen habet III frusta a dictis Noppow in pheudum et de Rogetz Item Ebel Arndes habet III frusta a dictis Noppow et Rogetz Item Henneke Belkow habet II frusta minus I quartali a dictis Noppow et Rogetz Item Hans *Gherkens* habet ibi XXX modios in pheudum a monialibus in Creueze Item Hans Biesondal et Hans Huselitz habent XV solidos liberos a dictis monialibus in Creueze

Kongede[1] habet V *mansos rusticales* Item plebanus I mansum liberum De predictis mansis illi de *Bertensleuen* IIIł frusta minus III modiis in *precaria denariorum et frumenti* cum supremo iuditio Item Claus Bismark IIIł frusta minus III modiis Item *Tzander de Kongede* vxor et filii habent ibi VI frusta de Cossatis et mansis ibidem Item Hans Wittink ciuis in Stendal habet ibi chorum frumenti puri Item *Grope* vasallus habet ibi XXX pullos Item Heyneke *Kongede* VI pullos In dicta villa resident infrascripti vasalli primo *Otto Grope* cum III mansis quos per se colit libere Hermenhusen cum III mansis *Heineke de Kongede* cum IIIł mansis

Scepelitz[2] habet XXXIIII mansos quorum Cune Gunther in Stendal cum fratribus suis habet XXII mansos de quibus habent XXXIIII frusta cum I quartali et habent ibi XXXIIII *frusta inpheodata* cum I quartali a Domino Marchione Item vasalli *Otto de Gor* Eghard de *Cloden* et Arnd de *Moring* habent ibi quilibet I curiam liberam et habent ibi XI mansos liberos de predictis XXXIIII mansis Item plebanus habet I mansum Item predicti ciues habent ibi supremum et infimum in campis et per totam villam cum iure patronatus Predictos redditus habent a Marchione Item Meyne habet ab Ottone de *Gor* decimam frumenti de tribus mansis in valore ad II frusta redditeum Item Otto de Gor habet ibi VI solidos de I Cossato Alii sunt prius computati

Hesewik[3] pertinet monialibus in Creueze et sunt ibi XXVII mansi quorum prefectus habet VI liberos excepto ł choro siliginis quem dat Priorisse in Creueze cum VII solidis denariorum Brandeburgensium minus IIII denariis Item Herman Meyer habet II mansos dat ł chorum siliginis Berengero Storm in Stendal cum V solidis denariorum Brandeburgensium et habet a Marchione Ellinge habet III mansos de quibus dat monialibus XVII modios et matri Ianonis de *Borstal* IIII modios siliginis et IIII solidos denariorum cum IIII denariis Koppen Beken habet III mansos dat Priorisse ł chorum siliginis et IX denarios Peter Swechten habet IIII mansos dat Priorisse XIX modios siliginis et matri Ianonis Borstal IIII modios et X solidos cum IIII denariis Brandeburgensibus *Winterselde* habet II mansos Dat IIII modios siliginis Canonicis in Stendal cum III solidis denariorum Item Hans Deeote ciuis in Osterburg habet ibi I talentum in censu a Domino Marchione Duo sacerdotes XIII solidos Item Hans Dolnisse ciuis in Stendal VIIł solidos a Domino Marchione

Zeegenhagen habet XIIII mansos Quilibet mansus dat Preposito in Creuese VII modios siliginis et II solidos denariorum pro censu Item prefectus ł marcam pro equo pheodi Item duo Cossati III solidos et XII pullos et I solidum

Stor-

1) Könnigde gehöret itzo denen von Treffenfeld. Das Geschlechte von Kongede ist nicht mehr vorhanden.
2) Schepelitz gehöret denen von Jeetze.
3) Hesewig gehöret itzo denen von Bißmark.

Altemark.

Storbeke pertinet monialibus in Creueze et habet XXV mansos rusticales et plebanus II mansos de mansis rusticorum De possessis deriuantur annuatim XXIX frusta cum V modiis de quibus moniales habent maiorem partem Dederunt pro XXIX frustis II sexagenas minus IIII grossis

Parua Rossow [1] pertinet monialibus in Creueze et sunt ibi XXVII mansi rusticorum et plebanus habet II mansos De mansis rusticorum deriuantur annuatim XVI frusta cum II solidis Cetera sunt et fuerunt diu deserta

Borstal [2] habet XIIII *mansos rusticales* de quibus dantur pro precaria XIIII modii siliginis et XIIII modii ordei et XXVIII modii auene Dominis Marchionibus Item in precaria duri II talenta cum IIII solidis denariorum Dominis Marchionibus Item II talenta ad altare in Magdeburg de precaria Item dant VI solidos *Jan Borstal* Item Henrik Rogitzen VII solidos et Iohanni ciuibus Rogitzen VII solidos et filie Lamberti Rogitzen VII solidos Item Domino Iohanni Rogitzen VII solidos et *antique vetule* VII solidos denariorum Brandeburgensium Item prefectus habet I mansum inde dabit I chorum siliginis Domino Borchardo Swederi et est vitalitium Item Heine Slichman habet II mansos inde dabit Alheide Begute I chorum siliginis Item Hinric Rogitzen I chorum siliginis Lamperto Rogitzen XI modios siliginis Item Heneke Slichman habet I mansum inde dabit Catharine Schadewachten I chorum et Iohanni Borkstal et Henrico Rogitzen I chorum siliginis et Iohanni Wittingen ciui in Stendal I chorum Item Gherkino Noppow I chorum siliginis Item Heine Soil habet I mansum inde dabit I chorum preposito Hauelbergensi Item Hans *Ergsleuen* II mansos inde dat plebano in Osthern I chorum siliginis Borchard Swederi I chorum et Lamperto Rogitzen I chorum siliginis Item Heine Zense habet I mansum inde dabit Borchardo Swederi I chorum siliginis preposito in Hauelberg VI modios siliginis et Iohanni ciui Witting VI modios siliginis Item Henricus Ierghelman I mansum inde dabit Capitulo Hauelbergensi I chorum siliginis Item Heine Gartow I mansum inde dabit Borchardo Swederi I chorum siliginis Lamperto Rogitzen I chorum siliginis Heine Klutow I mansum inde dabit filio Nicolai Bocholt I chorum et Catharine Schadewachten I chorum Werneke habet I mansum et dat dictis Swederi fratribus I chorum siliginis et est vitalitium Wolter habet II mansos dat relicte Henningi Borstal XXIII modios siliginis et ecclesie I modium Filio Nicolai Bocholt VI modios siliginis Item Henrico Rogitzen VI modios siliginis Heine Mindorp habet I mansum inde dat predictis Swederi I chorum siliginis et est vitalitium Item dant de agris dictis *Hauerland* plebano in Osthern XI modios siliginis et ville Borstal plebano II modios Item plebano IX quartalia Preposito Hauelbergensi III modios et plebano VI modios minus I quartali Lamperto Rogitzen II modios et plebano I modium Iohann Ergsleuen I modium Item VIII modios plebano et relicte Henningi Borstal VI modios Alheide filie eius II modios Henrico Rogitzen III modios siliginis et Nicolao Bucholt VI modios et Heino Gartow VII modios Plebano et Iohanni Wittingen ciui VI modios Filio Nicolai Bucholt I chorum siliginis Item plebano VII modios Item plebano IX modios et preposito in Hauelberg VI modios et relicte Henningi

1) Ziegenhagen, Storbeck und Klein-Roßau gehören itzo alle denen von Bißmark.

2) Borstel ist das oben S. 243. schon angeführte, denen von Börstel schon damals, wie noch itzo, gehörige Dorf Borstel. Die übereinstimmende Zahl der Hufen und davon zu leistende Pächte zeiget es; nur sind hier die übrigen Abgaben ausführlicher angezeiget.

Altemark.

Henningi Borstal V½ modios Ecclesie in Borstal II½ modios Item plebano II½ modios Item tabernator dat plebano IX modios Hans Meynekens ½ modium plebano Heine *de Hoge* dat relicte Henningi Borstal VIII modios siliginis Item Borneke VI modios filio Nicolai Bucholt Item Wolter dat VII modios plebano et preposito in Hauelberg IX modios siliginis ½ modium ecclesie Item Heine Genze dat ½ modium plebano et Heine Iergkelman ½ modium plebano et Coppe Slichman VI modios siliginis relicte Henningi Borstal Item Walter II modios siliginis Lamperto Rogitzen Item plebanus habet ibi XI½ modios siliginis de curia Henningi Borstal Item de iugeribus diuersis a duobus mansis Cossati et Coloni qui eos habent dabunt LX modios siliginis relicte Henningi *Borstal* et XXX solidos denariorum Brandeburgensium Item Henneke Vos et Hans Buk dant VIII talenta de precaria Lamperto Rogitzen Item filii Nicolai Bocholt in Stendal et filii prefecti de Scernekow VII solidos denariorum Lamperto Rogitzen Item prefectus de Steinfelde I solidum et Hans Meynekens II solidos Item Coloni dant IX solidos de precaria Lamperto Rogitzen Item de mola VI modios siliginis filio Nicolai Bucholt et VI modios relicte Henningi Borstal Lampertus Rogitz habet ibi XVI denarios Item dantur de villa IIII sexagene pullorum minus VIII pullis Ian Borstal Henrico et Lamperto Rogitz Item Henneke Slichman et Herman Otten &c dant IIII solidos denariorum de domibus relicte Borstal

Belkow 1) pertinet ciuitati in Stendal cum XXXIIII mansis quorum I mansus pertinet plebano ibidem et dabunt de quolibet manso omnibus computatis III½ frusta De premissis redditibus habent villani ibidem III frusta cum VIII modiis libera a consulibus in Stendal et habent cum supremo et infimo et est ciuitati dotata et appropriata a principibus cum precaria et omnibus pertinentiis Isti de *Luderitz* habent de premissis redditibus IIII frusta Consules habent XIII frusta in precaria frumenti et denariorum Pactum habent singuli ciues a Domino in pheodum

Grazzowe 2) habet XXVII½ mansos censuales et I mansum plebani De quibuslibet II mansis omnibus computatis dabunt IIII½ frusta et I quartale redditũum preter vnum mansum qui dat II½ frusta cum III modiis De premissis redditibus Arnd Portz cum fratribus suis habet V½ frusta a Domino Marchione Vibianz de Stendal habet ibi VII frusta a Domino Marchione Ad altare ad Sanctum Nicolaum in Stendal VIII½ frusta et procedunt a Domino in pheodum Arnd *Waltzke* vasallus moratur ibi et habet ibi IIII mansos liberos de quibus tenetur Domino ad ½ seruitium Henning *Kreutz* vasallus habet ibi V frusta Otto *Grope* habet ibi I½ frusta Cunrad *Dekwede* vasallus habet ibi VIII modios siliginis IIII modios ordei et IIII modios auene et V solidos denariorum Brandeburgensium Heine Vintzko villanus habet V quartalia libera ab Otkino Hitten Residuos redditus habent ciues in Stendal a Domino Marchione in pheodum Greger Claus ibidem habet III½ frusta libera a Nicolao *Kloden* Arnd Portz habet ibi supremum et seruitium a Domino Mola in Grasso dat I quartale siliginis Nicolao Cloden

1) Belkau besitzet noch itzo der Magistrat zu Stendal. Die Stadt erhielt dieses Dorf von M. Ludewig dem Römer im J. 1360. Gerke Dipl. Vet. March. P. I. p. 136.

2) Grassau gehöret denen von Jeetze, welche dieses Dorf nach Abgang der von Hodendorpe erhalten haben. Gerke Dipl. Vet. March. P. I. p. 511.

Altemark.

Vngelinghe [1] habet XXV mansos censuales quorum tres sunt deserti et plebanus habet II mansos Henricus de *Doblin* habet ibi III frusta a Domino Hardecop ciuis V frusta et I quartale a Nicolao *Bismark* Heine Norstede ciuis III frusta minus I quartali a Marchione Ad altare Domini Iacobi Reyneri II frusta Gherekin Noppow II frusta a Marchione Betheke Karstil ciuis II frusta a Marchione Rule *Bismark* III frusta minus I quartali a Marchione Ad altare Domini Petri Schernekow II chori et I quartale Quidam villanus habet ½ chorum ab illis de *Kloden* Ebeling ciuis habet II frusta minus I quartali a Marchione Hans Dippolt ciuis VI½ modios a Marchione Filii Franken Borstal ciuis VI modios Coppe Brunswik III frusta a Marchione quorum I est liberum cuiusdam villani Matthias Insel ciuis ½ frustum Hesewik villanus habet ½ frusti libertatem Mater Iohannis Borstal I½ frustum Prefectus habet IIII frusta libera a Nicolao Karstil et dictis Rogetz Gherke Wischer villanus V quartalia libera a predictis Arnd Garlip habet II frusta libera Plebanus ibidem II frusta Engel Karstil IIII frusta a Marchione Arnd Poritz habet ibi I curiam cum III mansis quos per se colit a Domino Marchione Claus Karstil habet ibi IIII mansos quos per se colit a Marchione Tile Rogetze habet ibi IIII mansos quos per se colit a Marchione Predicti Nicolaus Karstil et Tyle Rogetz habent ibi iuditium &c et XII frusta minus I quartali preter curias premissas a Domino Marchione

Dobberkow [2] habet mansos - - pertinet quatuor ciuibus infrascriptis cuilibet quarta pars ville Claus Karstil habet XVIII frusta et II fertones liberos ab illis de *Regenstein* [3] Dicti Noppow ciues habent XVIII frusta et II fertones liberos ab illis de *Regenstein* Prefectus in Stendal et filii Winekini habent XVIII frustorum et II fertonum libertatem a de Regenstein Dicti *Chuden* in Soltwedel habent ibi XVIII frustorum et II fertonum libertatem a Geuerhardo de *Aluensleuen*. Precaria computata est sed habent eam in pheodum ab illis de *Schulenburg* Nota illi de *Regenstein* habent istam villam a Domino Marchione in pheodum vt credo

Bodinghe [4] habet XLV½ mansos de quibus deriuantur singulis annis L frusta minus I fertone et V solidis omnibus computatis de mansis et Cossatis : Fredericus *Dekwede* moratur ibi et habet ibi I curiam cum VIII mansis liberam a Domino Marchione Item plebanus II mansos Monasterium in Nyendorp IIII mansos quos per se colit Item illi de *Ronsleden* III½ mansos quos per se colunt Nota Arnd Poritz, filii Hidden et Cosseke in Stendal habent ibi IX frusta a Domino Marchione et credo quod habeant nomine pignoris

Schinne [5] habet LX mansos quorum plebanus habet II mansos et *Dikwede* V mansos liberos pro ½ *seruitio dextrarii* De residuis LIII mansis ut dicunt omnibus computatis deriuantur III frusta redditus de quolibet Schinne pertinet cum iudicio in parte Ian de Borstal et in parte Ghisoni Winekens ciui in Stendal In parte Ghisonis Winekens ciuis Ebel Mouwers dabit Domino Ianoni *Mollenbeke* et fratribus suis V frusta et Engel Guldenbarde ciui XVI½ modios et habet ab illis de *Rochow* Item Hardecop ciui VII½ modios a Fritzen Rogetze XVI½ modios a Marchione Item Heine Tiden dat predictis *de Mollenbeke* ciuibus XXII modios

1) Ungelingen gehöret noch itzo denen von Bißmark.
2) Dobberkau gehöret denen von Treffenfeld. Das hier angeführte Geschlecht der Chuden zu Salzwedel besitzet noch in diesem Dorfe ansehnliche Einkünfte.
3) Die von Regenstein sind vermuthlich die schon längst ausgestorbene Grafen von Reinstein.
4) Badingen gehöret denen von Klöden.
5) Schinne liegt bey Stendal, und gehöret noch itzo denen von Borstel.

Altemark.

modios quos habent ab illis de *Rochow* et dat Woltzoni Noppow ciui ɫ frustum a Domino Marchione habet et Gherkino *Bismark* ɫ frustum a Domino Marchione habet et Hardecop ciui Ꝟ frusta a Domino Marchione Hans Ebelinghe ciui Iɫ frusta a Domino Marchione et Nicolao de - - Ꝟ modios Geuehard Coppe dabit patri suo II frusta cum I quartali et habet in pheodum a Friderico Plonitz et a Ianone Borstal et dat prefecto in Stendal I frustum quod habet a Marchione Et Nicolao Steinwelle Ꝟ modios a Domino Marchione Item filiis Iohannis Iungen ciuis XII denarios Brandeburgenses ab illis de Rochow habent Item dat Iohanni Rynow ciui ɫ frustum et habet a Marchione Item ad altare in Bust XV modios siliginis Item Nicolao Steinwelle III pullos a Marchione Item Franconi Borstal ciui et filiis eius ɫ frustum et habent a Domino Marchione Item Gheuerhard dat filiis Nicolai Geusen ciuis ɫ frustum et habet a Eghard de *Cloden* Item Iohanni Calnen ciui III modios a Marchione Item Heinsoni Brendekins ciui Iɫ modium a Domino Marchione Item Fritzkoni Plonitz et fratribus suis III modios a Domino Marchione Item filiis Heine Sculten in Tangermunde XV solidos denariorum a Domino Marchione Heino Borstal dat Etsel Duser in Stendal ɫ frustum et habet a Marchione Item Fritzkoni Rogetze ciui IX modios a Domino Marchione Item Nicolao Steinuelde ɫ frustum a Domino Marchione Item Heinoni Gussenuelde VI modios a Domino Marchione Item Iohanni Mollenbeke et fratri suo ciuibus VI modios ab illis de *Rochow* Item *Aluensleuen* VI modios Item Wernhero *Dikweden* II modios a Domino Marchione Item filiis Frankonis Borstal ciuis VI modios a Domino Marchione Item Heinoni Franken Ꝟ solidos denariorum Brandeburgensium Item filiis Iohannis Iunghen ciuis XXVIII denarios Brandeburgenses Item Nicolao Kastil ciui IX modios a Domino Marchione Henneke Tyde dat Gerkino Bismark ciui IX solidos denariorum a Domino Marchione Otto Bethekens dat Fritzkoni Plonis I frustum a Domino Marchione Nicolaus Steinuelde VI modios et X solidos denariorum a Domino Marchione Item Domino Henrico et sorori sue der Marweldichen VI modios et V solidos a filiis Hinrich Sculten in Tangermunde Item Wernero Dikweden VI modios et ɫ quartale vnius modii Item Domino Tzabello IIIɫ modios siliginis Item Gerkino Ierchel ciui III modios a Domino Marchione Item Thidekino Starchow Iɫ modios a Domino Marchione Item Iohanni Caluen ciui Iɫ modios a Domino Marchione Item Iohanni Iunghen ciui VIII solidos denariorum ab illis de *Rochow* Item filiis Frankonis *Borstal* III modios a Domino Marchione Item Hinrico Doblin II solidos denariorum a Domino Marchione Item *Fratribus Kalendarum* IX solidos denariorum Brandeburgensium Ebel Mauwers dat Heinoni ciui IIɫ solidos denariorum Grete Clinq dat IX pullos Nicolao Kastil ciui et habet a Domino Marchione Item Wineke pro se et fratribus suis habet XVII frusta ibidem cum VI modiis a Marchione in parte Ianonis Borstal Otte Vngelinghe dabit Henneke *Welle* IIII denarios Iohanni *Cloden* I pullum cum Ꝟ denariis Martino Maurin II obulos Nicolao Cloden III obulos Heine Vranken VI denarios Cune Gunther III quartalia ordei Ian Borstal III denarios cum ɫ quadrante Ebel Bodinghe dat Domino Tzabello II modios siliginis cum quartali Canonicis in Stendal III quartalia tritici Cune Gunther ciui Ꝟ modios ordei Gerken Ierchow III modios ordei Ad ecclesiam in Schinne VII denarios Heinoni Gusseuelde XVIII denarios Heinoni Vranken ciui Vɫ denarios Henneke Krenkowe dabit Gherken Ierchow II modios ordei

Altemark.

Schynne [1] dith is dat Gud dat *Ian Borſtal* heffit in deme dorpe to *Schyne* dat hogeſte *Richte* halff vnd dath ſydeſte in Velde und in Marke Dith is dath Gud dat *Ian Borſtal ledich* [2] heffit to *ſchynne* XVIII ſtucke vnd IX ſcepel Dit is dat *vorleghen Gud* von *Ians Borſtal* to *ſchyne* XIIł ſtuk vnd ł ſcepel Dit hoveth ok *Ian Borſtal* to *Tangermunde* I ſtucke vnd IIII ſcepel vnd dy visherige vp der *Tanger* to *Oſtren* VII ſtucke to *Dalyn* I ſtuck IIII ſcepel minus I virdenae IX ſcepel habern tho *Bellinghe* XI ſcepel tho *Belkow* I ſtuck tho *groten ſchwechten* IX ſtuck to *Klikow* ł ſtuck to *Weldenrode* Ił ſtuck Dyt is *vorlegen Guth* vnd *angevel* dat *Ian Borſtal* heffit to *Milterde* I ſtucke to *lutken ſwarteloſe* VIł ſtucke vnd dat halbe kercklen to *Doblin* Ił ſtucke vnd VI ſcepel to *Belckow* VIII ſcepel to *luten Walsleue* V ſchillinge to *Inſel Winterberg* heffit Dat heffit *Ian Borſtal* hogeſte vn ſydeſte over vnd dat in *vorleghen* IIII ſtucke vnd VI ſcepel

Schynne habet LX manſos quorum plebanus habet II manſos et *Dikwede* V manſos liberos pro ł ſeruitio De reſiduis LIII manſis vt dicitur de quolibet manſo decimantur III fertones omnibus computatis *Claus Rochow villanus* in Schine dat ciuibus in Stendal V fertones minus II ſolidis quos ciues habent a Marchione et dat aliis IIIł fruſta cum vno quartali de quibus dedit XVł groſſos Henke Kremko dabit Gherke Ierchow II modios ordei filiis Ebelmeyer V moidos Thideken Ierchel V modios Werner de *Queden* II modios ordei minus quartali Canonicis in Stendal V quartalia tritici Heyne Vranken Xł modios ordei Etzele Duſz XVIII modios ſiliginis et ordei Hanſe Calven VIł modios ſiliginis et ordei ł modium auene cum I ſolido Domino Trabelib III modios ordei Domino Hinrico dicto Priswalk IIł ſolidos De Wendeſchen XXII pullos II ſexagenas ouorum Claus Caſtele XXIIII pullos Hanſe Caluen II ſexagenas ouorum Heyne Vranken V pullos ł ſexagenam ouorum II ſolidos *Greuenitzen* XXVI denarios Hans Caluen XVII denarios Ad eccleſiam I denarium Heyne Franken XVIII denarios Hermen de *Queden* I modium auene Iohann Borſtel XI denarios Brant Faber dabit Hanſe Borſtal III modios ordei Buſſo Roketzen Ił modios ordei Hardecoppe II pullos ſuo vicino I pullum Heyne Vranken VII denarios

Storbeke [3] dabit Hanſe *Borſtal* VIIł modios ordei Hans Caluen XXI denarios XIII modios ordei IIII modios ſiliginis *Gherken Biſmark* VI denarios Lemeke Rogetzen I chorum ordei XXI modios ſiliginis Hanſe Rinow ł chorum ſiliginis ł chorum Gyſeá Winekens XVIII modios ſiliginis ordei Clawese Steinuelde V modios ſiliginis Peter Briſekens in Gardeleue VI modios ſiliginis *De Queden* IIII modios ſiliginis et ordei Plebano in Biſmarke XIIII modios ſiliginis et ordei Clawese Caſtele IIII pullos Heinrich Franken VII denarios Hans Molner dabit Cune Dornſtede ł chorum ſiliginis et ordei Hans Kaluen VI modios ordei ł ſexagenam ouorum Domino Iohan Mollenbeke ł chorum ordei Clauſe Caſtele VIII pullos Hardecoppe VI modios ſiliginis Heine *Guſſenuelde* IIł modios auene

1) Dieſe Stellen von den Dörfern Schyne und Storbek, folgen im Original des Landbuchs nicht hier, ſondern ſtehen am Ende deſſelben; man hat ſie aber der Verbindung halber hieher ſetzen wollen. Es ſcheinet, daß der Sammler hier alle Güter des Jan Borſtal, der ein Einwohner von Tangermünde geweſen, zuſammennehmen wollen.

2) Ledig, iſt Allodialvermögen oder Erbe; Vorleghen aber iſt Lehngut.

3) Storbek, ohnweit Oſterburg, gehöret denen von der Schulenburg. Ein Ort dieſes Namens iſt ſchon oben S. 214. und 258. vorgekommen, wo nur eine kurze Nachricht davon ſtehet, hier aber viel weitläuftiger und ausführlicher.

Altemark.

auene Etzele Duser VIII modios ordei Wellen Sutor VI modios ordei Wyneken II modios ordei Canonicis in Stendal VI modios tritici cum quartali Bartoldo Hogen I chorum siliginis I modium ordei I modium siliginis II modios auene II solidos IIIł denarios Hinric de Deblin III solidos Heine Vranken III solidos Hans Iunge III solidos Thideke Buste IX modios duri frumenti Ecclesie IIIł denarios Item Hans Ianes dabit Cune Donstede ł chorum siliginis et ordei Hardecoppe X modios ordei Ghisen Winekens X modios siliginis et ordei III modios auene Ierichow XXI modios ordei VI modios ordei Coppen Ierchow XXI modios ordei VI modios siliginis Beteken Rogitzen XXI modios ordei VI modios siliginis Hanse Ellinge XXI modios ordei VI modios siliginis D Iacobo Ryneo VI modios ordei Villeken des Godeschen VI modios siliginis et ordei et habet in pheudum a Iohanne Borstal Ad altare in Rochow ł chorum ordei Hanse Iunge XVIII solidos Etzele Duss X pullos I sexagenam ouorum Clause Castel V pullos Heinen Vranken III obulos Wyneken III quadrantes Peter Papen dabit Tilen Gerghel XIIIł modios ordei Hans Ebelinge XIIIł modios ordei Heine Vranken XXVIł modios ordei cum quartali Cune Dornstede ł chorum siliginis et ordei Domino Iacobo Reyn III modios ordei Ad altare in Magno Swechten III modios ordei minus Ił quartali Gherken Ierchow III modios ordei minus quartali Cunen Ghunter V modios ordei cum quartali Fritzen van Rogitzen III modios ordei Hanse Caluen Ił modium auene Ił modium siliginis et ordei VII solidos III denarios V pullos I sexagenam ouorum Ghisen Winekens Ił solidos Heyne Vranken XIII denarios Kosterstet Heineke Heinen dabit Tile Gerslebe XVII modios siliginis et ordei Ebelinge XVII modios ordei Claus Steinuelde XXVIII modios siliginis Canonicis in Stendal II modios tritici cum quartali Hanse Caluen I modium cum quartali Heinen Vranken VI solidos *Kune de Egstede* XXVII modios siliginis et ordei Heinen Vranken V denarios Wineken III Ghereke Ianes dabit filiis Greuenitzes II choros ordei Domino Iohanni Mollenbeke VI modios ordei Herman Berende Berendes ł chorum ordei Domino Conrado in Arnsberghe IIII modios ordei Herman de *Quede* II modios ordei Willeken von Eghorste IX modios ordei Canonicis in Stendal V modios tritici Heinen Gusseuelde IX solidos Herman Hinrik Buntfelde X solidos Ghereke Ianes et filius eius habent in eadem curia III choros duri frumenti a Iohanne Borstal in pheudum IX modios Reliqua pheudum a Rogemanno Claus Rolones Domino Iohanni de Rogitz III frusta et habet ibidem cum fratribus suis Claus Rolones XXVII modios et prescripta bona tenet Ian Borstal in pheudum Hermo Claus dat Etzel Duser Ił chorum minus II modiis duri frumenti Thideke Kuetz VI modios duri frumenti Wineken II modios duri frumenti Canonici Ił modium tritici sexagenam ouorum Dabit Hardecoppe fratribus Kalendariis IX pullos Heine Franken III solidos Claus Bigher dabit Wineken I modium duri frumenti II modios auene Filiis Franken Borstal I modium duri frumenti II modios auene Filio Franken Borstal I modium duri frumenti II modios auene Tideke Vpperbeke dabit Canonicis in Stendal I chorum ordei V modios tritici Heinen Franken ł chorum ordei Hanse Borstal et suis patruis ł chorum siliginis Wineken VI modios siliginis Der Vrenkesken III modios ordei Iohan Dibbolt XV modios ordei Der Vrenkesken I modium siliginis et ordei I modium auene Wineken I modinm siliginis et ordei I modium auene Hinrich de Doblin III solidos De Wendeschen IIł solidos Claus Bote dabit filiis Friderici Rogitzen XX modios siliginis et III choros ordei Der Vrenkeschen XX modios siliginis ł chorum

Altemark.

rum ordei Domino Tzabello IX modios ordei Villeken de Godeschen in Gardelegen IX modios ordei pheodata a Iohanne Borstal Iohannes Kaluen VI modios ordei Gherken Verchow ł chorum ordei Hans Rinow ł chorum siliginis Wyneken IIł modios siliginis Domino Hinrico Prisßewalk et sue sorori XVIII solidos Filiis Iohannis Iunge VIIł solidos Wineke I obulum Heinen Franken I denarium ad ecclesiam Sanctis I denarium Seniori Meynardo de *Rochow* XX oua Richardo de *Rochow* XX oua Wyneken XLV oua Fratribus Kalendariis V pullos Gherke Kremkow dabit Domino Tzabello II modios minus quartali I siliginis Canonicis minus quartali tritici Elseben de Dobberkow ł chorum duri frumenti Thideke Starchow Xł modios siliginis Wyneke IIII modios auene minus quartali XII pullos IIIł denarios minus quartali Heine Vranken XXXIII denarios II modios ordei VIIł denarios filiis Grevenitz VII denarios Etzello Duss IIII sexagenas ouorum minus XVIII ouis Otto Bergekens Dy Eykelmansche dabit Wyneken Ił sexagenam ouorum cum pullis Heyne Molner dabit Heinen Gusseuelden III modios siliginis Ecclesie V solidos VII denarios *Kostenschos* Claus Wolters dabit Gherke Wynekens ł chorum duri frumenti Canonicis III modios tritici Hermanno de *Quede* VII quartalia ordei Friderico de *Quede* VII quartalia siliginis Filiis Iohannis de *Cloden* IIIł quartalia siliginis Henriken Gussenuelden VI solidos Claus Castele VII pullos Hanse Caluen XXIIIł oua Der Museschen XXIII oua ad altare Domino Hinrico Buntfelde V solidos Henne Welleman dabit Hennig de *Ditze* XXVII modios duri frumenti Mertens Mowerier ł chorum ordei Ebelinghe IX modios ordei Iohanni Kaluen I chorum ordei XVIII modios duri frumenti III modios auene III modies duri frumenti VI solidos I pullum VIII oua Der Vmseschen I pullum VIIł oua Vxori Petri de *Ergsleue* XXVII modios duri frumenti Hanse Kaluen XVIII denarios Etzelle Duss IIIł denarios Demusesche dabit plebano in Shyne IX pullos Ił sexagenam ouorum Ad ecclesiam Sanctis II denarios Hanse Kaluen XVII modios duri frumenti Wineke I chorum ordei Canonicis in Stendal I modium tritici Hinrike Vranken XVIII denarios Gherken *Bismarke* VI denarios Illa mulier per se habet in illa curia XXX modios duri frumenti et eadem mulier habet ibi I modium siliginis II modios ordei Ił modium auene VI solidos III obulos horum bonorum habet eadem mulier IX modios et sunt pheodata a Meynardo de *Rochow* et suis patruis Henning Tyden dabit plebano in Schynne IIII pullos et ł sexagenam ouorum Hinrico Vranken XX denarios cum obulo Claus Iunghen dabit de Wendeschen XXV pullos Hardeke I sexagenam ouorum Henrik Vranken IX denarios Wyneken IIII denarios cum quadranti Henrik Vranken Ił modios ordei Ezele Scheppers dabit filiis Iohannis Iunghen XII pullos Henrik Vranken IIII pullos ł sexagenam ouorum IX denarios Wyneken IIII denarios cum quadranti Nota Hospitale prope oppidum Stendal habet in eadem villa Xł frusta in villa Schynne Gherke Schernekow dabit Hanse Rynow I chorum siliginis et ordei Cone Dornstede Ił chorum siliginis et ordei Werner de *Quede* ł chorum siliginis Herme de *Quede* ł siliginis et ordei Domino Conrado in Arneburg V modios siliginis et ordei Filio Iohannis de *Cloden* V modios siliginis et ordei Claus Ludowiches de *Clode* IX quartalia siliginis et ordei Claus Kastel XV pullos Plebano in Schyne IIII pullos Tideke Ierchol X denarios Heinen Gusseuelden IX solidos Claus von Cloden VI denarios &c &c Amen 1)

Norstede

1) Das Wort, Amen, stehet hier, weil hier das Landbuch aufhöret.

Altemark.

Norstede [1] habet XXII mansos quorum II pertinent plebano et II Betkin Kastil ciui quos per se colit Residuos XVIII habent villani et deriuantur de quolibet manso VIII solidi denariorum Brandeburgensium pro precaria que pertinet Domino Marchioni exceptis XVIII solidis quos percipit Betko Kastil super Martini Item de quolibet manso I modius siliginis I modius ordei et II modii auene ratione precarie frumenti que pertinet Domino Marchioni Supremum et infimum et seruitium curruum pertinet Betkino Kastil et Engel et filiis Engel Hitten ciuibus et habent ibidem in pactu et in censu et in omnibus deriuantibus cum taberna et molendinis ad XXX frusta sed nunc non percipiunt in tantum Item de premissis redditibus Elsebus ciuis in Tangermunde habet II talenta de censu Item Ghiso Schadewachten ciuis habet ibidem XVII½ modios tritici Item moniales in Nyendorp habent ibi XXX modios siliginis minus ½ modio Item Canonici in Stendal XIII choros duri frumenti et I modium et V talenta denariorum et IIII½ solidos Taberna dat predictis ciuibus X pullos Item duo molendina Superius dat XV solidos denariorum et inferius ½ chorum siliginis

Huselitz [2] habet XXI mansos censuales de quibus dabunt VI talenta denariorum illis de *Luderitz* ratione precarie XXI modios duri frumenti et XXI modios auene ratione precarie frumenti Item VI modios in pactum auene et X modios pisorum et I chorum tritici et I½ chorum duri frumenti et X modios ordei De prefecto I marcam argenti pro equo pheodali XVI modios siliginis et quintam partem vnius marce argenti et XXXVIII pullos cum supremo et seruitio curruum et decima carnium Prefectus habet II mansos de vno non dat pactum sed dat ½ marcam pro *equo expediali* et habet in pheodum XXVIII½ solidos de villa et II pullos ab illis de *Luderitz* Item Iohannes Bucholt ciuis habet ibi VIII choros duri frumenti a Marchione Item dicti Mertzan ciues in Stendal III choros duri frumenti Item Gherke Bismark in Stendal XL modios duri frumenti et I modium pisorum Item filii Rogetz ciues in Stendal I½ chorum duri frumenti et XXIII½ denarios Item Arnd Portz ciuis in Stendal I½ chorum duri frumenti et II solidos denariorum Brandeburgensium Heine Kokede habet ibidem II choros duri frumenti et I modium et IIII solidos minus III denariis Ebel Goltsmed ciuis I chorum duri frumenti Equitatores terre habent ibi II talenta census Illi de *Luderitz* habent ibi II modios fabarum et I modium papaueris Deneke Mewels filie ciuis in Stendal I chorum duri frumenti Item filii Iohannis Iungen in Stendal III modios duri frumenti Mentze prefectus in Tangermunde II choros tritici Hennig Hake ciuis in Tangermunde II choros ordei Thidericus habet ½ partem et XVIII solidos denariorum cum pactu Thile Ierchel I chorum siliginis Fritze in Stendal ½ marcam argenti a prefecto pro equo ½ et talentum de precaria et XV modios tritici et I modium pisorum et XXI modios auene et XVI½ modios ordei Quidam rusticus in Dalem habet ibidem XXX solidos pro censu Illi de *Luderitz* II frusta et X pullos Hein Drukstede habet ibidem ab illis de Luderitz X solidos denariorum in precaria et XIIII modios duri frumenti Item dant Nicolao Bismark XXI solidos denariorum pro *lignalibus* De taberna I libram piperis illis de Luderitz Tideke Huselitz XV solidos denariorum in precaria Henning Dene habet V solidos in precaria ab illis de *Iagow* et V solidos a de *Luderitz* Heine Pakebuchs in Stendal I chorum frumenti

Luderitz

1) Nahrstedt gehöret denen von Bersseł. Hier fängt die Tangermündische Landreuterey an.
2) Hüselitz gehöret noch itzo denen von Lüderitz.

Altemark.

Luderitz [1] habet XXII mansos et plebanus I mansum Arnd *Luderitz* habet ibi I curiam cum VI mansis quos per se colit tenetur ad seruitium *dextrarii* Henning de *Luderitz* habet ad curiam VI mansos quos per se colit Tenetur ad seruitium dextrarii Residuos XI mansos colunt villani quorum II sunt deserti et dicunt se non teneri ad precariam Supremum et seruitium curruum pertinet prescripto de *Luderitz* Henning de *Luderitz* habet de V mansis villanorum omnibus computatis XII frusta et VII modios duri frumenti Arnoldus de *Luderitz* habet de aliis V mansis cum censu molendini X frusta cum VI solidis denariorum et habent a Domino Marchione

Eluersdorp [2] Hans *Luderitz* habet II mansos de quibus dat decimam frumenti ad VIII modios pro pacto Stephano Elsebus et dat II modium ordei et II modium auene illis de *Kerkow* et dat II modium siliginis Henningo *Haken* Coppe Suppelinge habet II mansos dat I mansus decimam frumenti ad VIII modios siliginis pro pacto Stephano Elsebuch et de alio dat XVI modios duri frumenti Gherke Bercholt in Tangermunde Item dat I modium ordei et I modium auene illis de *Kerkow* et I modium siliginis I modium ordei et I modium auene plebano ibidem et dat I modium siliginis Henningo Haken Item Tideke Wustermarke habet II mansos de quibus dat Heine Sutemynne I chorum siliginis Item idem habet in pheodum ab illis de Kerkow II modios auene et VI denarios Item Gerbrecht habet II mansos dat II modios siliginis II modios ordei et II modios auene plebano ibidem et dat I talentum Henningo Haken a Domino Marchione Item Iacob habet II mansos de quibus dat Ian *Demeker vasallo* IX modios ordei et XIII modios auene et I mansus dat X modios frumenti Item Kune Suppelinge habet III mansos de quibus dat illis de *Kerkow* [3] XXVII modios siliginis XIIII modios ordei XIIII modios auene et habet VIII modios in pheodum ab illis de *Kerkow* Franke habet II mansos de quibus dat videlicet de I manso decimam frumenti Schulteto ibidem et VII modios auene dat Sutemynne et V modios siliginis V modios ordei a Marchione et plebano ibidem I modium siliginis I modium ordei I modium auene Item Lemme habet I mansum de quo dat aliquibus villanis V modios auene IIII modios siliginis et IIII modios ordei

Mitzelwerde [4] habet XVIII mansos de quibus plebanus habet I mansum et Claus *Kunen* vasallus habet IIII mansos in pheodum a Domino Marchione Prefectus habet III mansos in pheudum a Henningo de *Nitzenplitz* [5] de quibus dat eidem Henningo V modios duri frumenti et V auene et de quolibet manso dat V solidos denariorum pro precaria Item dat I solidum pro censu cum I modio siliginis et I solidum *pro lignalibus* eidem Henningo Item dat XXII denarios plebano in Vintzelberghe in tantum dat plebano in Egstede appropriata Tile habet III mansos de quibus habet I fertonem in pheodum a Henningo de *Nitzenplitz* vel in tantum vt alii Item XI mansi quilibet dat pro pacto XIX modios duri frumenti minus I quartali et V modios tritici et I modium auene Item quilibet mansus pro precaria II modium duri et II modium auene Henningo Nitzenplitz et V solidos pro precaria Item quilibet mansus dat III solidos pro censu Henningo et XVIII denarios pro censu plebano in Vintzelberg Item tenentur ad decimam carnium Item sunt V Cossati qui dant III so-

1) Lüderiz gehöret noch itzo denen von Lüderiz.
2) Elversdorf gehöret zum Amt Tangermünde.
3) Das hier und in den Urkunden öfters vorkommende Geschlecht derer von Kerkow blühet noch.
4) Mitzelwerder ist itzo eine wüste Feldmark, und lieget nahe bey Insel.
5) Dieser von Nitzenpliz ist vermuthlich von dem noch itzt blühenden Geschlechte von Itzenpliz.

Altemark.

III solidos Nicolao Bismark et Henningo Nitzenplitz Item communiter dant VII solidos pro lignalibus Henningo Nitzenplitz cum prefecto Item communiter dant XI pullos Nicolao *Bismark* et Claus Kunen et prefecto ibidem Supremum iudicium pertinet Henningo Nitzenplitz et ius patronatus Claus *Kunen* vasallo et habet a Domino Marchione De predictis redditibus Nicolaus de *Bismark* habet IIII frusta minus I modio cum VI solidis et Reyneke Kalue habet III frusta cum III modiis duri a Domino Marchione

Elmstorp [1] habet XX mansos Plebanus habet II mansos Item de precaria frumenti dabunt de quibuslibet duobus mansis VI modios frumenti videlicet III modios siliginis III modios ordei III modios auene dant illis de *Kerkow* Censum dant dictis Chelcer in Stendal a Domino Marchione et precariam dant Domino de Kerkow videlicet VI talenta et I solidum XII sunt ibi Cossati possessi et III deserti possessorum census computatus est ad mansos De Taberna I libram piperis Dominus de *Kerkow* De molendino ibidem III solidos pertinet beate Marie Magdalene Item dabunt de tota villa X solidos denariorum *ciuisse* in Tangermunde dicto Kolkow Item Henning Hokle in Tangermunde habet ibidem XXVII solidos denariorum Brandeburgensium ex censu a Kerke et isti reddites fuerunt quondam dicti *Enkow* vasalli Item Iohann Buchok in Stendal habet in eadem villa LX pullos a Domino Marchione Dominus de *Kerkow* habet supremum iudicium et seruitium curruum in eadem et ius patronatus ecclesie cum filiis suis a Domino Marchione Schultetus habuit in pheodum III frusta ab illis de Kerkow pro equo pheodi quos liberauit ab eis et habet II mansos ad hoc Item habet I frustum in pheodum ab Heine *Kokede* et Ottone Gropen Item Claus Ian tenet III frusta ab illis de Kerkow ad quos habet III mansos Item *Dusdow* habet ibi de tota villa XV modios siliginis et XVI solidos denariorum preter censum prescriptum Item dant XII solidos denariorum pro lignalibus illis de Kerkow et X solidos Nicolao de Bismark Item illi de Kerkow habent de tota villa VIII solidos minus denariis IIII pro *Swaluenpenninge* et VII solidos pro *Meygenpenninge* et XXVI denarios et XX denarios Residuam partem istius ville quere in proximo folio versus sinistram

Gropeleben [2] habet XII mansos possessos de quorum quolibet manso XIIII modii siliginis XIII ordei modii V modii tritici IIII modii auene I modius pisorum pro pacto Item de censu de quolibet manso IIII solidos denariorum Brandeburgensium minus II denario Item in *precaria denariorum* [3] de quolibet manso VIII solidos denariorum Brandeburgensium Item in *precaria frumenti* de quolibet manso vnum modium siliginis I modium ordei II modios auene Item ibi VII Cossati quilibet dat II solidos denariorum Brandeburgensium pro censu et dabunt simul LX pullos et VII pullos et II solidos denariorum vltra predicta Item Heine Susemynne ciuis in Tangermunde habet ibi supremum iudicium pactum et censum ad VI frusta a Domino Marchione Item de quolibet manso dantur II sexagene ouorum et VIII pulli Ibi non est taberna nec molendinum Item Nicolaus Bismark habet ibidem I frustum in precaria cum Ghisone Wineken Item ab omnibus mansis dantur X solidi pro *lignalibus dicti Holtpennighe* [4] Item vxor Frederici Stendal ciuis Tangermunde percipit partem de precaria scilicet I frustum Item dicunt se non teneri ad seruitium

1) Elmsdorf ist itzt unbekannt, und findet sich auch nicht auf den besten Karten.
2) Grobleben gehöret zum Amte Tangermünde.
3) Also ist hier eine Geldbede und eine Kornbede gegeben worden.
4) Holzpfennige, eine Abgabe vor das freye Holz, die hier oft vorkommt.

Altemark.

currum. Item Sobuketus ibidem tenetur dare I talentum ratione *equi pheodi*. *Demeker* ciui in Stendal a Marchione Item ibidem est decima minuta de pecudibus que datur eidem Susemynne Item de premissis bonis *Wineke* vasallus Item *Demeker* in Stendal habet ibi VIII frusta Item Hans Bucholt II choros a Marchione Item Ghise Wineke I frustum a Marchione

Demeker [1] habet XXVIII mansos quorum Ił est desertus Item *Iohann Arnestete vasallus* colit IIIł mansos de curia sua quos quondam comparauit a rusticis *De seruitio dextrali nescimus respondere* Item octo Cossati possessi ibi qui dant XVI denarios et VIII pullos Item *Iano de Arnstete Heine de Kokte* et Nicolao Kastil supremum iudicium et semitium curruum quilibet super eos a Domino Marchione Item de quolibet XX mansorum datur IIII solidi denariorum et II denarii *Ianoni Arnstete* et Engel Kastil pro precaria Primo Thideke Polt habet Ił mansos de quibus dat Claus Castil VIII modios siliginis XIII modios auene II sexagenas ouorum III pullos Item dat Domino Iohanni Lubeke XVI modios duri frumenti ad I altare Item dat ad unum altare VII modios frumenti duri Item Ian de *Arnstete* XV denarios super Walpurgis Item solidum denariorum super assumptionis Marie et XV denarios in festo Andree et VI modios ordei minus I quartali Item de tota villa dantur II talenta pro seruitio curruum videlicet Engel Kastil XIII solidos denariorum Iohan Lubek XIIII solidos ad I altare et Ian de *Arnstete* XIII solidos Item Engel Kastil habet ibi I talentum redditus nomine *frankenpennighe* Thideke Klinkowe habet Ił mansos de quibus dat Arenstede XIII modios frumenti duri XIII modios auene III pullos II sexagenas ouorum XV denarios super Walpurgis XV denarios super Andree solidum denariorum super assumptione Marie Item dat Claus Kastil XVII modios siliginis minus I quartali VII quartalia ordei Item dat Tiloni Ierchel VII modios duri frumenti ad I altare Item Dusdow in Welle II solidos Cule habet III mansos de quibus dat Ian de *Arnstede* XIX modios siliginis minus I quartali XV modios ordei minus I quartali XV modios ordei minus I quartali XXIII modios auene Item Claus Kastil ciui XIII modios siliginis cum I quartali IIII modios ordei minus I quartali Item Tiloni Ierchel dat XV modios duri frumenti ad I altare Item dat Ian de *Arnstede* III solidos super Walpurgis IIł solidos super assumptionis et IIł solidos super Andree Item dat Dusdow IIł solidos pro censu super Martini Item dat paruo Gherken IIII solidos denariorum XXIII pullos V sexagenas ouorum et XX pullos Zacharias habet II mansos de quibus dat Claus Castil X modios siliginis II modios ordei minus I quartali XIII modios auene Item dat Ian de *Arnstede* X modios siliginis et II modios ordei minus I quartali Item Tiloni Ierchel VII modios duri frumenti ad altare Item Iohanni Lubik sacerdoti IIII modios ordei Item Ianoni *Arnstede* XV denarios Walpurgis I solidum denariorum super assumptionis XV denarios super Andree Item dat Dusdow II solidos denariorum Item dat Claus Castil II sexagenas ouorum et II pullos Thideke *Vintzelberghe* habet IIIł mansos de quibus dat Ian Arnstete VIIł modios duri frumenti Item dat Claus Kastil Xł modios duri Item dat Vintzelberge in Welle XXIX modios duri frumenti Item habet XXIX modios duri frumenti in pheodum a Henrico Kokde Item dat Ian Arnstete XXV denarios super Walpurgis XXV super Andree Arnd Eluerstorp habet Ił mansos de quibus dat Ian de Arnstede ł chorum duri XIII modios auene Item Claus Kastil XXI modios siliginis IIII modios

1) Demker bey Tangermünde, gehöret noch itzt denen von Arnstede.

Altemark.

dios ordei Thiloni Ierchel VII modios duri frumenti Ad altare II ſexagenas ouorum et III pullos Ian Arnſtede Item dat eidem III ſolidos pro cenſu II terminis I ſolidum denariorum ſuper aſſumtionis Item Bucholt habet II manſos de quibus dat Claus Caſtil XXII modios ſiliginis XVII modios ordei XV modios auene II ſexagenas ouorum et II oua Ian de *Arnſtete* dat IX modios ſiliginis minus I quartali IX modios ordei minus I quartali IIII modios auene V ſolidos et IIII denarios tribus terminis preſcriptis Item dat VI ſolidos Engel Kaſtil Item Claus Ians ruſtico V ſolidos ſuper Martini Simon habet II manſos de quibus dat Claus Kaſtil XI modios ſiliginis et I quartale V modios auene II ſexagenas ouorum et XL oua et V pullos Item dat Ian de *Arnſtede* VI modios ſiliginis et I quartale X modios ordei et I quartale XIII modios auene minus I quartali V ſolidos minus IIII denariis tribus terminis Item dat ad I altare IX modios duri frumenti et I quartale Item dat Claus Iane ruſtico X modios ſiliginis Lemme Vranke habet III manſos de quibus dat Nicolao Kaſtil XX modios ſiliginis XX modios auene et I quartale Item dat altari in Tangermunde de XIꝉ modiis duri frumenti Item dat Claus Iane ruſtico III ſolidos denariorum et V modios ſiliginis Item dat Ian Arnſtede VI ſolidos minus II denariis in terminis preſcriptis Item Domino Iohanni Lubik IIII modios ordei Item paruo Gherken II ſolidos denariorum et dat Claus Kaſtil II ſexagenas ouorum et XX oua et IIII pullos Gherke Molner habet II manſos de quibus dat Domino Iohanni Lubik IIII modios ordei ad altare Item ad aliud altare IX modios duri frumenti Item Claus Iane ruſtico in Elueſtorp II modios ſiliginis Item dat Ian de Arnſtede VI modios ſiliginis et I quartale et IIII modios ordei et V ſolidos cum IIII denariis pro cenſu tribus terminis Item dat Nicolao Kaſtil XIII modios ſiliginis cum I quartali et XIIIꝉ modios auene et III ſexagenas ouorum et V pullos Item de tota villa datur I talentum pro *lignalibus* Nicolao de *Biſmark* Ibi non eſt taberna

Lutken Swartelose [1] habet XXVI manſos Plebanus habet Iꝉ Werner *Swartelose* habet II manſos in pheodum a Domino quos per ſe colit de quibus nihil dat Item idem Wernerus habet ꝉ manſum de quo dat IX modios ſiliginis et IX auene Item Henneke Voltze habet II manſos de quibus non tenentur ad precariam neque frumenti neque denariorum ſed dat pro pacto Iꝉ chorum ſiliginis Iꝉ chorum auene V pullos Hinrik et Boldewino de *Rogitze* et Cune Dornſtede ciuibus in Stendal Item de XIX manſis cum ꝉ datur precaria videlicet de quolibet manſo ꝉ modium ſiliginis ꝉ modium ordei cum I modio auene et IIII ſolidos denariorum II terminis Nicolao de *Biſmark* Ibidem ſunt V Coſſati qui dant VI ſolidos et V pullos Item Nicolaus de Biſmark habet ſupremum iuditium cum ſeruitio curruum quondam fuit Marchionis Item de quolibet manſo dictorum XIX manſorum cum ꝉ datur pro pacto XVIII modios ſiliginis cum XVIII modiis auene et II ſolidis denariorum excepto I manſo qui Domino dat cenſum Henrik Rogitz cum fratre Cune Dornſtede Dominus Bucholt Iohan Brengenen et Albertus frater eius Filius Arnoldi Kune Filii Iohannis Iungen in Stendal Mankop in Tangermunde percipiunt illum pactum exceptis ſequentibus Videlicet Canonici in Stendal percipiunt XVI ſolidos de cenſu et plebanus ville predicte I talentum et Ian de *Arnſtede* percipit III choros auene minus III modiis

1) Klein-Schwarzlosen ohnweit Tangermünde, gehöret denen von Bißmark. Von dem nahe dabey liegenden Dorfe Groß-Schwarzelosen, stehet nichts in diesem Landbuche. Das Geschlecht von Schwarzlosen ist nicht mehr vorhanden.

Altemark.

Kongede *Konigsmark* II choros siliginis Henning *Nitzenplitz* ½ chorum siliginis Molendinum ibidem pertinet prefecto ibidem cui dat VI denarios De omnibus mansis dantur LXII pulli prescriptis ciuibus exceptis XV qui dantur prefecto ville Item prefectus dat V pullos preposito in Tangermunde pro area Ius patronatus ecclesie habet Ian de *Borstal* et Arnoldus de *Luderitz*.

Buntfelde [1] habet - mansos et pertinet Nicolao et Ruloni *Bismark* cum supremo et seruitio curruum et Nicolaus cum predictis habet ibi VIII frusta a Domino Marchione quorum sibi pertinent II½ frusta et Nicolao Bismark habet ibi diuisim IX frusta.

Wintberghe [2] Heine Vngelinghe habet I½ mansos de quibus dat VII½ modios tritici Woltze Noppow et dat XVII modios siliginis Heine Ellinge et II½ modios siliginis Hermen *Burmeister* in Soltwedel et V quartalia ordei et V quartalia auene eidem Burmeister et dat Tideke Steinuelde in Stendal III modios ordei et XVIII modios auene et dat Koppe Heimsteden in Stendal V modios ordei Peter Bucholte II mansos de quibus dat Woltze Noppow in Stendal II½ modios tritici III modios siliginis II½ modios ordei cum VII modiis auene et dat relicte Arnoldi Noppow III modios siliginis II½ modios ordei cum VII modiis auene et dat Coppe Heimstede VIII modios siliginis X½ modios ordei et dat Tideke de Steinuelde in Stendal ½ chorum auene et dat Hermen Burmeister in Soltwedel VII½ modios tritici II½ modios siliginis V quartalia ordei V quartalia auene et dat Matheo de Insel in Stendal VI modios siliginis Henning Roden habet II mansos de quibus dat Woltze Noppow in Stendal et fratri suo V modios tritici V modios siliginis IIII modios ordei et V modios auene et totidem dat relicte Arnoldi Noppow pro tritico et dat Herme *Burmester* in Soltwedel III modios siliginis I½ modium ordei cum I½ modio auene et dat Heine Ellinge in Stendal II modios siliginis et dat Tideke Steinfelde in Stendal II modios ordei cum VIII modiis auene et dat Arnd Portz III modios tritici cum I modio siliginis cum solido Brandeburgensi Arnt Brunko habet II mansos de quibus dat Woltze Noppe in Stendal II½ modios tritici III modios siliginis II½ modios ordei cum III modiis auene Totidem dat relicte Arnoldi Noppow excepto tritico et dat Gherke Iungen in Tangermunde V modios tritici ½ chorum siliginis VIII modios ordei cum ½ choro auene Item Hans Scroder dat de I area III modios ordei Thiderico Steinfelde in Stendal Item *prefectissa antiqua* dat de I area III modios ordei iidem Steinuelde Item relicta Rulen dat de I area III quartalia ordei Voltze Noppow Item Rende et vxor Ryben dat relicte Arnoldi Noppow quilibet III quartalia ordei Hans Schnmeker dat de I area I modium ordei Woltze Noppow Item Schumeke dat vxori Arnoldi Noppow I modium ordei Item omnes villani dant XXVIII solidos pro censu de mansis de quibus dant Woltze Noppow VII solidos et vxori Arnoldi VII solidos Brandeburgensium denariorum Item dat Coppe Hemstede XIIII solidos denariorum Brandeburgensium Item omnes villani dant Iohanni Kutze in Stendal XXX solidos denariorum Brandeburgensium minus III de censu Item omnes villani dant Herman Burmester in Soltwedel XXIII solidos denariorum Brandeburgensium pro censu Item dant eidem Burmester XL *pullos fumigales* cum XX sexagenis ouorum Item Arnt Brunko dat Gherke Iungen II pullos cum II sexagenis ouorum et dat idem Arnd iidem Iungen VI solidos denariorum Brandeburgensium pro censu denariorum Item Henning Renden dat Arnoldo Portzen I pullum cum I sexagena ouorum Nota quicquid est in ista villa procedit in pheudum ab illis de *Aluensleuen*

Roytze

1) Bundfeld bey Tangermünde, gehöret annoch itzt denen von Bismark.
2) Windberge gleichfalls bey Tangermünde, besitzen die von Borstel.

Altemark.

Roytze [1] sunt XVI mansi quorum prefectus ibidem habet II mansos in pheodum pro quibus dabit Dominis Canonicis in Stendal I marcam argenti annuatim pro equo pheudi Item Vicaria beate Marie Magdalene habet ibi III mansos Item IIII mansi pertinent ad Vicariaturam ecclesie Sancti Nicolai in Stendal Item Domini Canonici habent ibidem VII mansos quorum quilibet soluit ł chorum siliginis et tantundem ordei et V modios tritici excepto Sculteto Item Cossati dabunt ad Vicariaturam predictam III solidos denariorum Brandeburgensium in censum et XI pullos Item *Nicolaus Bismark* tollit prius de omnibus mansis decimam frumenti per totum campum et cum hoc habet XIII pullos et dicunt Canonici quod in XXVI annis et vltra ł partem reddituum predictorum numquam perceperunt propter paupertatem villanorum Item Dominus Marchio habet in precariam festo Michaelis X modios siliginis X modios ordei et XX modios auene et II talenta denariorum Brandeburgensium Item in festo Walburgis ad precariam II talenta denariorum Brandeburgensium

Hemerde [2] Iohannes *Bucholt* habet ibi XXV frusta a Domino Marchione et ł supremum ius patronatus et seruitium curruum Item filii Nicolai de Sludens habent ibi XXIł frusta a Domino Marchione ł supremum iuditium ł seruitium et ł ius patronatus et ambo habent ibi V frusta inpheudata Item ecclesia ibidem et ecclesia Sancti Iohannis habent XXIIII solidos denariorum Brandeburgensium

Slewts [3] habet IX mansos rusticales I mansum plebani et spectat ad Canonicos Stendalienses qui habent ibi istos IX mansos De quolibet manso XIIII modios siliginis XIII modios ordei et V modios tritici excepto I manso quem Sculterus habet a Canonicis in pheodum pro quo dabit annuatim I talentum denariorum pro equo pheudi Item dicti Canonici habent ibi de Cossatis IX solidos cum III denariis Martini et IIII solidos cum II denariis Walburgis Item habent ibi super Michaelis Martini et Nicolai et Walburgis pro censu dictorum mansorum V talenta cum V et II denariis Brandeburgensibus Item in festo Andree IIII solidos ad luminaria Ecclesia in Luderitz habet V solidos denariorum Item dicti Canonici habent ibi IX modios auene Item prefectus ibi habet *minutam agnorum decimam* que se aliquando extendit ad V vel VI agnos Item Dominus Marchio habet ibi ratione precarie XIIIł modios auene et XXVII solidos denariorum super Michaelis et XXVII solidos super Walpurgis Nota prefectus et quidam dictus Lentze qui habet I mansum cum ł II annis elapsis fuerunt totaliter deuastati et curie ipsorum combuste per inimicos terre qui adhuc Canonicis nihil dederunt propter ipsorum paupertatem

Wintberge [4] habet XIII mansos cum ł quorum I habet plebanus Item Arnd Portz ciuis in Stendal habet precariam et supremum de tota villa et seruitium curruum et decimam carnium de quolibet manso I modium siliginis I modium ordei et II auene et IIII solidos denariorum Michaelis et IIII solidos denariorum Walburgis Item sunt VI Cossati dantes simul III solidos denariorum pro precaria Arnd Portz et habet ibi decimam minutam

Item

1) Roxe nahe bey Stendal, gehöret zum Amte Tangermünde.
2) Hemerten, zwischen Stendal und Tangermünde, gehöret dem Magistrat zu Stendal. Das adeliche Geschlecht derer von Buchholz, hat dieses Gut noch 1623. gemeinschaftlich mit dem Rath von Stendal besessen, muß aber seit dem abgegangen seyn.
3) Schleuß, gehöret zum Amte Tangermünde.
4) Windberg ist das kurz vorhero S. 270. angeführte Dorf dieses Namens, wovon hier nur mehr Umstände und Hebungen angeführet sind.

Altemark.

Item prefectus ibidem habet II mansos de quibus dat VII quartalia auene et III modios ordei minus I quartali Woltze Noppow in Stendal et totidem vxori Arnoldi Noppow Item dat Herman Burmester in Soltwedel I talentum pro equo pheodali ex parte cuius habet III frusta redditum ad prefecturam pertinentia in sua curia Item Stephanus Belingen II mansos dat Woltzoni Noppow X modios tritici XI modios siliginis VII modios ordei minus I quartali XI modios auene minus I quartali et totidem vxori Arnoldi Noppow preter triticum Item III modios siliginis Hermanno Burmester et I½ modios ordei et I½ modios auene Henneke Koppen habet II mansos de quibus dat IIII modios siliginis Heine Ellinge Item dat Woltzen Noppow I½ modios siliginis II½ modios ordei et V quartalia auene et totidem vxori Arnoldi Noppow Item dat Thideke Steinfelde in Stendal III modios ordei et VIII modios auene et Foltzen Noppow V modios tritici Item Herman Burmester II½ modios siliginis V quartalia ordei et V quartalia auene Henneke Bucholt habet II mansos de quibus dat Voltze Noppow X modios tritici et IX modios siliginis et I quartale IX modios ordei ½ chorum auene et totidem vxori Arnoldi Noppow excepto tritico Item Gherken Noppow ½ chorum auene Item Coppe Heinstede I½ modios et Herman Burmester III modios siliginis et I½ modios ordei et I½ modios auene

Vinselberge [1] habet XIII mansos rusticales et plebanus II mansum Fredericus de *Engersbu* vasallus habet V mansos Item Hinrich de *Valkfelde* habet V mansos Predicti II vasalli tenentur Domino ad seruitium *dextrarii* Item predicti habent supremum et seruitium curruum ibidem Item de dictis XIII mansis dantur XXVI solidi denariorum V pro precaria denariorum in festo Martini et totidem super Walbergis que dicunt pertinere Cratken Item de quolibet manso ½ modius siliginis ½ modius ordei et I modius auene pro precaria frumenti Non tenentur ad *lignales* sed ad decimam minutam quàm dant dictis vasallis Item XI de predictis mansis rusticorum quilibet dat IX modios siliginis V modios ordei et V modios tritici VIII modios auene et VIII½ solidos denariorum pro pacto de quibus redditibus pro decima I dant Iohannis V frusta Item Fridericus de *Engersbu* Hinrich *Falkfelde* habent VI frusta a Domino Marchione Betke Kastil de Stendal habet XXXV modios tritici Claus Ghunter cum fratre habet ½ chorum duri frumenti Item plebanus ibidem habet VIII solidos et II talenta Item ecclesia parochialis in Tangermunde I chorum duri frumenti Item Monasterium Sanctimonialium in Nyendorp XXII solidos denariorum Item Iohannes Witte in Stendal habet de eisdem II choros duri Item XIII Cossati de quibus tantum XI sunt possessi Isti simul ratione precarie denariorum dant III solidos denariorum minus I denario qui etiam spectant ad precariam proxime scriptam de quibus soluitur etiam personis predictis Item quilibet Cossatus dat I pullum excepto vno qui dat XXII pullos Dominis ville Item sunt II mansi vltra predictos XI qui seruant I equum pheudi quilibet etiam in subsidium Item quilibet *mansionarius* dat I pullum dictis vasallis Item II mansi de predictis sunt deserti Ibi non est molendinum nec taberna Hans Staken in Gardelegen habet de predictis IIII frusta cum I quartali et XVIII denarios a Marchione

Gor [2] habet XXXV mansos Plebanus I de predictis Vxor siue relicta *Iohannis de Gor* habet III mansos liberos, quos per se colit Item Tile Ierchel de Tangermunde habet III mansos

appro-

1) Vinzelberg, gehöret itzt den Schraderschen Erben.

2) Gor, itzt Göhre, gehöret zum Amte Tangermünde. Das Geschlecht von Gor ist nicht mehr vorhanden.

Altemark.

appropriatus ad I altare Residuos colunt incole predicte ville Precaria pertinet ad Wernherum de *Bertensleuen militem* I molendinum ibidem dat VI modios siliginis pro censu dicte relicte Gor Ibidem non est Sculteтus nec taberna Item Dominus Marchio habet supremum *in plateis ibidem et in campis in curiis non* [1] Ad seruitium curruum dicunt se non esse adstrictos Primo Stephan Bertoldus habet III mansos de quibus dat Henrich Doblin XVIII modios tritici I½ modium pisorum Item dat ad I altare in Tangermunde II choros duri quod habet Eberhard Item dat ad I altare in Stendal XXIIII modios duri et VI modios tritici Dominus Nicolaus Cruse habet illud altare Item dat Coppen Koten Notario ciui XXIIII modios a Marchione et VI modios tritici Et nota quod ille Scolasticus non habet filium neque fratres Item Coppe Milterden in Stendal VI modios siliginis et VI modios ordei et III modios tritici a Domino Marchione Item dat Iohanni Milterde in Stendal etiam totidem videlicet ½ chorum duri et III modios a Marchione Item dat Luder in Stendal ½ chorum ordei et ½ chorum siliginis a Marchione Item dat pro precaria Wernhero de Bertensleuen VI modios duri et VI modios auene et XXIIII solidos denariorum Brandeburgensium II terminis Item dat ½ modium pisorum cuidam ciui in Stendal nomine Milterde a Marchione tenetur etiam ad decimam minutam dimidiam et dat Hinrico de *Doblin* IX denarios pro censu Item Claus Goden habet IIII mansos de quibus dat Foltzoni Noppow in Stendal et fratribus suis VII choros duri frumenti et IX modios et XVI solidos denariorum pro precaria a Marchione Item IX denarios Hinrico Doblin pro censu Item idem dat illis de *Greuenitz* [2] ciuibus in Stendal IIII choros duri frumenti et VI modios pro pacto et XVI solidos denariorum pro precaria habent in pheudum ab illis de *Luderitz* et Foltzone Noppow Item Heine Mertens habet III mansos de quibus dat Monasterio Sanctimonialium in Wolmerstede III choros minus III modiis Item dat ad I altare in Stendal ½ chorum siliginis et ½ chorum ordei Item dat ad aliud altare Sancti Nicolai in Stendal ½ chorum siliginis et ½ chorum ordei et VI modios tritici Item Domino Nicolao Krusen sacerdoti IX modios tritici Item Foltzoni Noppow III modios a Marchione Item dat Oune *Haken* vasallo residenti in Welle I½ chorum siliginis et ordei et pro precaria I modium ordei et I modium siliginis et II modios auene et VIII solidos denariorum pro precaria II terminis a Marchione Item dat Gherke *Bismark* in Stendal [2] II modios siliginis Item VI modios dat Domino Eberhardo ad altare in Tangermunde Item dat XVIII denarios de I agro cuidam rustico in eadem villa Item Heine Kutz habet III mansos de quibus dat Henrico Doblin X½ modios tritici XXX modios duri frumenti et I chorum auene et X solidos Walburgis et X solidos super Michaelis Item habet a dicto Hinrico in pheudum XXX modios duri frumenti et VII½ modios tritici Item dat Nicolao Krusen sacerdoti in Stendal II choros duri et ½ chorum tritici Item Iohanni Bucholt ciui VI modios duri frumenti et I½ modios tritici Item dat cuidam Bagute in Stendal VI modios duri et I½ modium tritici Item dat *Rulen Bismark* in Stendal IIII modios duri frumenti et I modium tritici Item dat Petro Gunther IIII modios duri frumenti et I modium tritici Item Henrik Doblin habet ibi II Cossatos de quibus habet VI denarios et III pullos

1) Es ist sonderbar, daß der Marggraf die Gerichtsbarkeit auf den Straßen und in den Feldern, aber nicht auf den Höfen, gehabt

2) Aus dieser und vielen andern Stellen des Landbuchs erhellet, daß viele Edelleute in den Städten gewohnet und dort Bürger gewesen, vermuthlich wegen der Fehden und der Unsicherheit auf dem platten Lande.

Altemark.

pullos et seruitium Item dat Henrico Doblin V modios duri et V modios auene ratione precarie Item Heine Bickow habet II mansos de quibus dat Betkin *Woldekins* in Stendal IIII choros duri a Marchione et I chorum tritici et XVI solidos denariorum pro precaria II terminis IIII modios duri et IIII modios auene pro precaria Item Claus Normede habet IIII½ mansos de quibus dat relicte *Goltbekes* in Stendal II choros siliginis a Bussone *Gor* et I chorum ordei Item dat plebano ibidem II choros duri frumenti et ½ chorum tritici et I modium pisorum Item dat monasterio in Wolmerstede VI modios tritici Item dat Canonicis in Stendal ½ chorum siliginis ½ chorum ordei Item dat Iohanni Hogen in Berlin I chorum tritici a Marchione Item dat pro precaria X solidos denariorum Walburgis et X solidos Michaelis Domino Marchioni et V modios duri et V modios auene pro precaria Item dat relicte *Goltbekes* V pullos Item dictis Ghunter VIII pullos de agris et III pullos cuidam villano ibidem Coppen Milterde ½ chorum et filiis Iohannis Milterde ½ chorum habent a Marchione Item Arnd Meynekens habet II mansos de quibus dat dictis Ghunter in Stendal III choros duri frumenti et I chorum tritici et habet I chorum duri in pheudum ab eis Item dat illis de *Bertensleue* XVI solidos ratione precarie et IIII modios duri et IIII modios auene Item dat Ghunteris ½ libram piperis Item dat de I area II pullos et IIII denarios cuidam ciui in Stendal Item Thilo Ierchel in Tangermunde habet III mansos appropriatos ad I altare quos colit Heine Meyer de quibus dantur dicto altari VIIII½ frusta omnibus computatis et pertinet dicto altari apud Sanctum Nicolaum in Stendal cum supremo iuditio et aliis omnibus iuribus nec tenentur dare precariam Item Claus Meynekins habet III mansos de quorum II mansis dat Heine Vrienstein in Stendal III choros duri frumenti a Marchione Item dat cuidam *Bagute* in Stendal I chorum siliginis Item dat Hans Storm I chorum tritici a Marchione Item dat illis de *Bertensleuen* XVI solidos denariorum IIII modios duri et IIII modios auene ratione precarie Item de tertio manso est sibi data libertas quod nunc ½ partem pactus debeat de ipso dare II annis videlicet Kune *Haken* IX modios duri et totidem plebano in Dalem et sunt bona paterna Item dat Nicolao Krusen sacerdoti in Stendal V modios tritici et Woltzo Noppow ciui I½ modios tritici a Marchione Gherke *Bismark* dat III modios siliginis a Marchione et Eberhardo sacerdoti III modios ordei Item dat pro precaria IIII solidos I modium duri et I modium auene Kune *Haken* et plebano in Dalem Item Meyneke Scroder dat de I Cossato II pullos plebano in Dalem et Kune *Haken* II pullos et dictis Ghunteris in Stendal VI pullos et IIII pullos Herman Bitkow rustico Item vnus dat de area molendini I pullum Item sunt ibidem XVI solidi pro *lignalibus* Nicolaus Bismark percipit Item Claus Otten habet III½ mansos de quibus dat monasterio in Wolmerstede de I choro siliginis et I choro ordei Canonicis in Stendal VI modios siliginis XV modios tritici et V quartalia pisorum et Foltzoni Noppow in Stendal I chorum ordei XXX modios siliginis et V quartalia pisorum XV modios tritici Item dat illis de *Bertensleuen* ratione precarie I talentum denariorum duobus terminis V modios duri frumenti et V modios auene et XXI denarios dat Noppow predicto Item Hans Wilde habet II mansos de quibus dat Canonicis in Stendal XVIII modios tritici et II choros duri frumenti et dat *infirmis extra muros* in Stendal I chorum duri frumenti et dat Vickow rustico ½ modium pisorum et III denarios et ecclesie in Gor VII denarios Item dat Nicolao Bismark et Ruloni I chorum duri frumenti et VI modios tritici et dat Wernhero de Bertensleue IIII solidos denariorum pro precaria I modium duri frumenti et I modium auene Nota Walcherus Waldelin habet in predicta villa VI frusta cum I quartali vltra priores Summas.

Welle

Altemark.

Welle [1] habet XVI manſos cum ł de quibus plebanus habet II. *Duſdow* IIł Tideke *Vintzelberghe* III Claus Hake IIIł manſos de quibus tenentur duo ad ſeruitium dextrarii Reſiduos VI habent *Kune Hake* IIII et Scultetus II de quibus Dominus Marchio habet precariam frumenti et denariorum Supremum iudicium in plateis et in campis pertinet Domino Item de dictis VI manſis dantur XXIIII ſolidi denariorum Brandeburgenſium ratione precarie in feſto Martini et totidem Walpurgis pertinet Domino Item II curie dant IIII ſolidos pro lignalibus reſidui nihil Item de quolibet manſo datur I modius ſiliginis I modius ordei et II auene pro precaria pertinet Domino Marchioni ſuper Michaelis Nota *Kune Hake* habet IIII manſos de predictis VI manſis de quibus non dat pactum ſed colit eos per ſe Reſiduos II manſos habet Scultetus de quibus dantur pro pacto ł chorus ſiliginis et ł chorus ordei Nicolao Hacken in Tangermunde et IIII pulli Kune Haken Ibi eſt Coſſatus dans XVI pullos V ſolidos denariorum et I denarium Kune Hake percipit

Weſtinſel [2] habet XXI manſos de quibus plebanus habet ł manſum Item Scultetus habet Ił manſos de quibus dat XXł modios ſiliginis et ordei pro pacto et II modios auene pro cenſu Item I modium cum I quartali piſorum Item XXVII denarios ratione precarie in feſto Sancti Michaelis et XXVII denarios Brandeburgenſes in feſto Walburgis Etzel Duſer in Stendal tollit Item de dictis manſis V ſolidos denariorum ſuper Michaelis et V ſolidos ſuper Walburgis ratione precarie Henricus Doblin tollit Item de dictis manſis Ił modii duri frumenti et Ił modium auene Item Hinricus tollit Item de dictis manſis VIIIIł modios duri dat Heger in Stendal et Canonicis ibidem IIł modios tritici Item Ebelingeskinder de Stendal percipiunt ab eodem IIł modios duri Item Iohannes Becker in Tangermunde XXXI modios duri frumenti Idem dat VIIł denarios Domino Friderico plebano in Arnburg Item VIIł denarios Nicolao Haken in Tangermunde Item dat VI denarios Arnoldo Wolſtede in Stendal Item XII denarios Arnd Stegilitz in Stendal Item dat II pullos et tenetur ad decimam minutam Item V ſolidos minus III denariis Regelitz in Stendal Item Claus Winkels habet I Coſſatum de quo dat VIIł ſolidos denariorum et III aſſes Etzel Duſer in Stendal et XV pullos et decimam tenetur de frumento in agro que eſtimatur ad VI modios frumenti et XLV oua que omnia Etzel Duſer tollit Item Wilke Wilkins habet II manſos de quibus dat Ił chorum duri frumenti Hakoni dicto Becker in Tangermunde Item dat II modios auene et VI ſolidos ratione precarie et I modium ſiliginis I modium ordei quem Etzel Duſer percipit Item dat I modium ordei I modium auene Hinrico Doblin Item I modium ordei et I modium auene Hinrico Bockitz in Stendal et III ſolidos denariorum eidem Hinrico Item dat XIIII modios cum ł fruſto pro pacto Hoger in Stendal Item IX modios frumenti Iohanni Eblinge de Stendal Item dat IIII ſolidos denariorum Arnd Stegelitz in Stendal pro cenſu Item II ſolidos Arnd Wolſteker in Stendal Item IIł ſolidos plebano in Arnborch Item dat IX ſolidos Nicolao Hoke in Tangermunde Item dat IIII pullos Item I ſexagenam ouorum Etzel Duſer Item dat I talentum Woltzkoni Noppow in Stendal pro *denſtpenninghe* Item Iohan Dalim habet II manſos de quibus dat XXX modios duri frumenti Iohanni Becker in Tangermunde Item XIII modios frumenti duri Etzel Duſer et IIII modios auene Item XVIII modios duri Hoger in Stendal a Marchione Item Canoni-

1) Welle zwiſchen Tangermünde und Stendal, gehöret itzt denen von Roth, zur Zeit des Landbuchs denen von Duſedow und von Hake.

2) Weſt-Inſel, ohnweit Stendal, gehöret itzt denen von Scharden.

Altemark.

nonicis X modios duri frumenti Item II modios duri et II modios auene Henrico Hogero Doblin Item XVI solidos pro precaria et dinstpennige Erzel Duser Item dat XII solidos ratione precarie eidem Hinrico Item dat Claus Castigil Xł solidos denariorum Item Arnd Stegelitz VIII solidos denariorum Item dat II solidos Gherke *Bismark* in Stendal Item IIł solidos plebano in Arnburg a Marchione Item IIł solidos denariorum Claus in Tangermunde et IIII pullos Gherke Bismark et II sexagenas ouorum Item Herman Huger habet II mansos de quibus dat XXX modios frumenti duri Iohanni Becker Item XVIII modios Eblingskindern in Stendal Item Canonicis X modios duri in Stendal Item XIII modios duri et IIII modios auene Erzel Duser in Stendal Item II modios duri et II modios auene Hinrico Doblin Item ratione precarie II solidos Erzel Duser Item Claus Castigil de Stendal XI solidos denariorum Item dat Xł solidos filiis Friderici Rogitz in Stendal Item VIII solidos dicto Stegelitz IIII solidos denariorum in duobus terminis Item II solidos Arnd Wulfsteker de Stendal Item I sexagenam ouorum Item I chorum Bismark VI pullos et I pullum famigalem Item decimam minutam Schwechtel habet IIł mansos de quibus dat XXVI modios frumenti duri IIł modios pisorum et Ił modium auene Erzel Duser Item I chorum siliginis I chorum ordei pro pacto ad altare in Stendal Item Canonicis in Stendal XVIIł modios siliginis et VIIł modios tritici Item Iohan Hake de Tangermunde XXIIł denarios Item plebano in Arnburg XXIIł denarios Item Stegelitz IIł solidos super Andree et totidem Walpurgis Item Wulfsteker IIł solidos denariorum Item IIII solidos et III denarios Fritzen de *Rogitz* Item Erzel Duser XIII solidos IIII pullos et I sexagenam ouorum Item *decimam minutam* Hans Tilkens habet Ił mansos dat XIIII mansos duri frumenti Becker Item VIł modios Erzel Duser de Stendal et I modium pisorum IIł modios auene Item Canonicis V modios tritici Item Hoger II modios siliginis et III modios ordei Item Eblinge V modios duri Item plebano ibidem in Insel IIł modios tritici Hinrico de Doblin Ił modium auene et Ił modium ordei ratione pactus et precarie frumenti Item ratione precarie dat V solidos denariorum super Michaelis et totidem Walpurgis Hinrico Doblin Item plebanus ibidem V solidos pro censu Item Erzel Duser V solidos in duobus terminis ratione precarie Item Arnd Stegelitz XVIII denarios in censum Item Arnd Wulfsteker I solidum et XV denarios Claus Hoke et XV solidos plebano in Arnburg Item plebano ibidem dat decimam frumenti in agris de ł manso quam estimat ad VIII solidos Item plebano I pullum fumalem et filiis Rogetz I pullum Item XIł solidos minus I denario filiis Fritzen Rogitzen de Stendal Engel habet II mansos de quibus dat IIł choros duri cum III modiis Erzel Duser ratione pactus et precarie Item eidem dat XXIII solidos denariorum et V denarios ratione precarie dinstpennige et census Item eidem I sexagenam ouorum et III pullos Item Canonicis in Stendal X modios tritici Item Claus Castigil XI solidos pro *dienstpennighe* Item Arnd Wulfsteker II solidos Item Hinrich Doblin XII solidos denariorum et III modios duri frumenti ratione precarie Item plebano ibidem IIII solidos et I pullum et Claus Hoke IIł solidos denariorum etiam Domino Plebano in Arnburg IIł solidos Item decimam minutam Henningus Pynnow habet II mansos de quibus dat Ił chorum duri frumenti filiis N de Sluden in Stendal Item III modios duri frumenti filiis Iohannis Iungen in Stendal Item ł chorum duri frumenti dat filiis de Luderitz Item Presbyteris tribus in Stendal XIIII modios duri frumenti quos iidem in pignus habent ab his de *Luderitz* Item plebano in Luderitz XIIII modios duri et I quartale Item XV modios duri frumenti Paulo Vogeler

in

Altemark.

in Stendal ratione pactus Item IIII modios duri et IIII modios auene pro precaria Item Ił modium dat Ottoni Polnik residenti in villa Item dat Etzel Duser XII solidos denariorum ratione precarie in duobus terminis Item IIII solidos Arnd Stegelitz Langefritzen kinder VI denarios Item Gherke *Bismark I pullum fumigalem* Item tenetur ad decimam minutam Mens Stegelitz habet II mansos de quibus dat in frumento et denariis III frusta Gerkino Bismark et filiis Fritzonis Rogetz in Stendal Item II choros duri frumenti et I solidum denariorum Arnd Wulfteker in Stendal Item dat I solidum denariorum Kune Haken in Tangermunde Item IIII solidos denariorum Arnd Stegelitz in Stendal Item VI modios duri frumenti dat Etzel Duser in Stendal Claus Wilkens habet Ił mansos de quibus dabit Etzel Duser XVIII modios siliginis XIX modios ordei IIII modios auene et Ił modium pisorum Item dat filiis Fritzen Rogetz III modios siliginis III modios ordei III pullos Item I sexagenam ouorum eidem Etzel Duser Item IX solidos denariorum Etzel Duser pro precaria Item Claus Castigel V solidos pro precaria Item plebano in Arneburg II solidos minus III assibus et Claus II solidos minus III assibus Item XVIII denarios Wulfteker in Stendal Item VIIł modios tritici Etzel Duser predicto Item dicit se dare aliquos denarios Etzel Duser sed nescit quot tenetur ad X minutam Item sunt ibi IIII Cossati Ił dant XVII pullos et V solidos denariorum filiis Fritz Rogetz Item vnus de eisdem dat II sexagenas ouorum Item Otto Veltins habet Ił mansos de quibus dat II choros minus VI modiis frumenti duri beate Virgini in Stendal Item Canonicis in Stendal IIIł tritici vnum modium cum quartali tritici Hoger et Ebeling V quartalia tritici Item dat VI solidos minus IIł denariis et Ił modium pisorum et I modium auene et Ił sexagenam ouorum Etzel Duser Item III solidos Arnd Stegelitz et Arnd Wulfteker XVIII denarios Item IIIł denariorum solidos Fritz filiis et Gerkino Bismark Item eisdem II pullos Item II solidos denariorum cuidam rustico in Coppelak Item IIII solidos cuidam Iohanni Girkens rustico in Insel pro *dinstpennighe* Item plebano in Arnburg II solidos minus III assibus et Claus Hake in Tangermunde II solidos minus IIII assibus Item tenetur ad decimam minutam Nota quisquid ciues habent in predicta villa habent a Marchione in pheudum Nota Ian *Borstal* et Henning *Nitzenplitz* habent ibi II curias de quibus percipiunt pactum de quibus Ian Borstel habet IIII frusta cum VI modiis quorum vnum Baguta habet XXX modios de residuis tribus frustis dederunt XII grossos

Ostinsel [1] habet XXX mansos dantes LX frusta in pacto et XXIII talenta in censu et precaria et prefectus dicit quod isti redditus qui omnes pertinent ciuibus in Stendal videlicet Woltzoni Noppow Hogero et Ebelinge exceptis XII talentis in precaria IIł choris siliginis et ordei et IIł choris auene pertinentibus Slottoni de *Ostirholte* et II choris tritici cum V quartalibus et I talentum pertinet Kuneman in Stendal Item sunt VIII Cossati possessi qui dant XXX solidos denariorum plebano in Arnburg et XLII pullos dictis ciuibus in Stendal Scultetus ibidem habet II mansos de quibus dat filiis Iohannis Iungen ł chorum siliginis ł chorum ordei Hoger XIIII modios siliginis X modios tritici X modios auene Item dat I chorum frumenti duri plebano in Arnburg a Marchione Item dat IIIł modios tritici et VII modios auene Hennig Hoke Item dat XVI solidos et IIII modios frumenti duri et IIII modios auene Slottoni de Ostirholt Item dat I solidum de area ibidem Item de duabus areis aliis dat plebano II solidos Item V pullos Woltzoni Noppow Hans Rokitz habet II mansos de quibus dat Hoger in Stendal XVII modios duri frumenti cum XIII modiis auene

1) Ost-Insel, nicht weit von Stendal, gehöret gleichfalls denen von Schardem.

Altemark.

pro pacto et X solidos denariorum Brandeburgensium pro seruicio XLV oua cum I pullo Item habet a Domino Hogero VIIł modios tritici in pheudum Item dat Nicolao Kastede in Stendal I chorum duri frumenti Item dat Iohanni Iungen in Stendal ł chorum duri frumenti cum I pullo et VII oua cum IIIł solidis denariorum Item dat Canonicis in Stendal III modios tritici Item dat Henning Haken in Tangermunde VII modios auene IIIł modios tritici et IIII pullos Item dat Sloten de Osterholte IIII modios auene IIII modios duri frumenti et XVI solidos denariorum pro precaria Nota quod quilibet mansus per totam villam dat VIII solidos denariorum et I modium filiginis I modium ordei cum II modiis auene pro precaria Tabernator ibidem dat Woltze Noppow in Stendal II libras piperis et VI pullos et II solidos denariorum de vno molendino pro censu Aliud molendinum dat beate Marie Virgini II libras cere Nota de omnibus mansis totius ville dantur LXXVI pulli scilicet Wulczoni Noppow Hoger Ebeling Iohanni Iungen ciuibus in Stendal et Henningo Haken ciui in Tangermunde et XI sexagene ouorum prenominatis et tenentur ad decimam curruum. Supremum iudicium ibidem pertinet predictis ciuibus in Stendal Item Henneke de Rogitze habet talentum denariorum in pheodum de Woltze Noppow Item sunt ibi III villani dantes decimam frumenti plebano ibidem in estimatione I frustum Ius patronatus ecclesie in Ostinsel pertinet Domino Marchioni Nota bona ciuium ibidem procedunt a Domino Marchioni in pheodum

Longa Soltwedel [1] sunt XVII mansi minus ł quartali mansi vnius de quibus plebanus habet I et Ił mansi deserti et ista villa pertinet Rulen *Bismark* et Petro Ghunter ciuibus in Stendal cum supremo et seruitio curruum et decima carnium et XIIII solidis dictis *dickpenninge* Primo Scultetus habet I mansum de quo dat predictis ciuibus III fertones pro equo pheudi Item ibidem habet I quartale mansi de quo dat predictis ciuibus XVIII modios auene et Xł denarios Heine Tidekens habet Ił mansos et I quartale de quibus dat Heger in Tangermunde V choros auene minus III modiis et idem non habet filios nec est ciuis in Stendal Item dat Ił medium auene Ruloni Bismark Item de tota villa dantur Ruloni Bismark II talenta minus II solidis ratione precarie et de quolibet manso I modius auene Item dant pro *lignalibus Nicolao Bismark* VII solidos denariorum Brandeburgensium Heine Hunemorder habet V quartalia de quibus dat XV modios auene Clementi in Tangermunde et dat Hardecop et Heine Muringhe Ił choros auene minus V quartalibus Item dat Dominis ville IX modios auene Item dat Canonicis in Stendal XI solidos et III denarios et II pullos Iohanni Bucholt Item Hans Tide habet I mansum de quo dat III choros auene Kremkow in Tangermunde et Vł modios auene Schadewachten et IIł modios auene dicto *Brunswik* in Stendal et V quartalia dicto Rugeman ciui in Stendal Heine Relitz habet I mansum de quo dat Kremko Ił choros auene Rulen *Bismark* VI modios auene et Petro Ghunter VI modios auene Hans Schadewachten XI modios et I quartale Koppen Brunswik V modios auene Rugeman XI quartalia auene Item Claus Gartzow habet III quartalia de quibus dat XX pullos Bucholt et ł chorum auene Petro Ghunter et Ruloni *Bismark* et II denarios Brandeburgenses dicti *Meypennighe* [2] et V solidos denariorum Henrico Vranken in Stendal et XVIII modios auene Iacob Hunenmorder habet III quartalia de quibus dat Ił choros auene Schadewachten Koppen Bismark et Rugemen in Stendal ł chorum auene Gunther et Ruloni Bismark et II solidos denariorum pro Meyenpennighe

1) Langen-Salzwedel, nicht weit von Tangermünde, gehöret denen von Roth.
2) Die Maypfennige haben vielleicht davon den Namen, daß diese Abgabe im Maymonat entrichtet worden.

Altemärk.

penninghe et XX pullos Iohanni Buchok Tide Ebels habet III quartalia de quibus dat Kremkow XVIII modios auene et III modios siliginis et totidem Petro Ghunter et VI modios auene vxori Flasmeygers Item Canonicis in Stendal IIII solidos denariorum minus III denariis super Martini et tantundem super Walpurgis Heine Lose habet I quartale de quo dat ½ chorum auene Dominis ville predictis et II solidos dictos *Meygepenninghe* et XX pullos Iohanni Buchok Peter Polke habet III quartalia de quibus dat XV solidos minus II denariis Canonicis in Stendal et Kremkow ½ chorum auene et dictis Dominis ville IIII modios auene Tideke Haselman habet I quartale de quo dat VIII modios siliginis Beteke Woldekin Claus Horthman habet I mansum de quo dat dictis Dominis ville II½ choros minus III modiis et dat Iohanni Schadewachten VI½ mansos auene et ½ quartale et Coppen *Brunswik* [1] VIII modios auene et ½ quartale V quartalia Rugeman Lemmeke Belitz habet ½ quartale de quo dat Canonicis in Stendal IIII solidos minus IIII denariis Reineke habet ½ mansum de quo XIIII modios siliginis Kremko et Schadewachten Tide Wusterhusen habet V quartalia de quo dat ½ chorum siliginis plebano Heine Morunge in Stendal I chorum auene et VI modios auene Beteke Woldekins Vxori Flasmeygers XVIII modios auene Hardekop IX modios auene minus quartali Hans Thidekens habet ½ mansum de quo dat Hardekop XVIII½ modios auene Hinrik Vranken XV modios minus I quartali Tideke Flugger habet I mansum de quo dat I chorum siliginis III modios auene Ruloni Bismark et tantum Petro Ghunther et Hardekop XVIII½ modios Claus Paschedach ½ quartale de quo dat Hardekop IX modios auene minus quartali Tideke Rosentredel habet I quartale de quo dat dicto Hardekop IX modios minus quartali auene Item Hans Bucholt in Stendal habet ibi de agris III choros auene Arnd habet ½ quartale de quo dat IX modios auene Iohanni Schadewachten et dat II modios auene dictis dominis ville Item Heine Tidekens dat dictis Dominis I modium auene Ibi non est molendinum neque taberna Item Iohannes Schadewachten ciuis in Tangermunde habet ibi II talenta denariorum de II curiis quas inhabitant Matthias et Nicolaus de *Brist* et de qualibet curia XVIII denarios Ruloni *Bismark*.

Fischeribbe [2] XXIIII mansos possessos et IIII desertos pertinet illis de *Luderitz* et Iohanni et Hermanno de *Hostirholte* cum supremo et seruitio curruum et cum decima carnium De dictis mansis dant XVIII mansi precariam de quolibet manso II solidos et non tenentur dare decimam frumenti illis de Luderitz Item de XIIII mansis de quolibet manso VIII modios siliginis pro pacto Item XVIII mansi dant censum de quolibet manso XVIII denarios Pertinet illis de Luderitz medietas et alia medietas pertinet Hardekop Item de qualibet curia I pullus de XVIII curiis illis de Luderitz Nota de dictis XXIIII mansis Tile Ierchel habet pactum de II mansis et Henning Ierchow de tribus mansis et Hardekop de IIII Plebanus in Arnburg de II mansis Nicolaus Bismark de I manso et prefectus de Schwartelosen de ½ manso Residuum pertinet illis de Luderitz et Olterholtz Item Arnd Vischeribbe in Stendal habet de I manso Molendinum dat I libram piperis illis de Luderitz Taberna est deserta Item Hardekop habet ibi XXXII solidos de areis cultis Item Nicolaus de Bismark habet ibi VIII solidos de IIII areis cultis Item dant VIII½ solidos pro lignalibus Nicolao Bismark

Buck

1) In Colberg ist noch ein Geschlecht von Braunschweig, aber nicht in der Altenmark.

2) Vischeribbe ist itzt wüste und unbekannt, dafern es nicht das Dorf Fischbeck bey Tangermünde, disseits der Elbe, ist.

Altemark.

Buck [1] habet XLIX mansos de quibus plebanus habet II mansos Item dictus Sternebeke habet II mansos Item dictus *Sternebeke* habet II mansos liberos in pheodum a Domino et residet in eis Item Fritz de *Buss* habet Iɫ mansos liberos quos comparauit a Domino Nicolao de *Buck* Item idem habet VI mansos in pheudum a dicto prius sunt illorum de Buck et de dictis mansis sunt V mansi deserti Item de aliis mansis habet Friko Buss LXX frusta in precariam in censum et in pactum et sunt sibi obligata a Domino Marchione sed non percipit totum propter paupertatem rusticorum vt dicunt villani Item vxor dicti Sterkers habet ibi XVI frusta in dotalitium et credo quod deuoluentur ad Dominum post cuius mortem et habet ea in pacto in censu et in precaria Item relicta *Rammyns* habet ibi XIII frusta ad vitam suam in pactum censum et precariam Item Philstoter habet ibi IIIɫ frusta in pacto censu et precaria a Domino in pheudum vt credo de Iɫ mansis Nota quod de predictis XXXVI mansis de quolibet manso deriuantur IIɫ frusta minus IIɫ modiis de quibus singulis habent vt premissum est De molendino I chorus siliginis

Dalem [2] habet XLIII mansos Plebanus habet de illis Iɫ mansum Item illi de *Luderitz* habent IIɫ mansos et pactum de ipsis quos colit Coppe Wolterus Item de XXXIX mansis de quolibet manso I modium siliginis I modium ordei II modios auene et VI solidos denariorum II terminis ratione precarie Viuianz Item pro *lignalibus* XXX solidos denariorum *Nicolao Bismark* Primo prefectus habet III mansos de quibus dat Kastil III solidos pro censu et habet eos in pheudum Nicolaus Haken et IIII pullos et I libram cere dedit XXIIII grossos Item Betheke van Gor habet III mansos de quibus dat Begute Grite in Tangermunde I chorum duri et I chorum Nicolao Pulbouel in Stendal duri frumenti Rulen Bismark Nicolao Bismark et Petro Gunther I chorum duri frumenti Iohanni Pauli in Stendal ɫ chorum duri frumenti Item Begute Griten Insele ɫ chorum duri Item Betheke Kastil XV modios duri Item Hans Storm V modios duri et II modios ordei minus quartali Sancto Georgio Item Mertsan Iɫ modios et I quartale Iohanni Wurstmeker VI modios auene Item ɫ modium pisorum vxori Brunswik et VIII denarios Brandeburgenses Item Betkin Karstil VI solidos et II solidos denariorum Thiden Sacerdoti Item monialibus in Nyendorp III solidos denariorum Koppen Milterde in Stendal II solidos Item Betheke Hitten II pullos et monasterio in Nyendorp Iɫ sexagenas ouorum Item Dreus Fetermas habet IIɫ mansos Primo dat Wurstemeker XXVI modios ordei Iohanni Schadewachten IIII modios duri I quartale pisorum et IIII denarios Item dat Sancto Spiritui XXVI modios duri Item ad Sanctum Georgium XIII modios duri frumenti Item Borcherd Sweder Iɫ modios duri Item filiis Engel Hitten VIIɫ modios auene IIII pullos Item Christiano Brunswik VI modios siliginis IIII auene minus quartali ɫ modium pisorum et VIII denarios Filio Mertsan in Stendal V modios duri Item Betkino Karstil VIɫ solidos et II pullos Item Coppen Milterde IIII solidos denariorum duri Item cuidam sacerdoti VI solidos denariorum Item IIII sollidos denariorum pro *Bersengeld* Item Monasterio in Creueze IIII sexagenas ouorum et decimam carnium Gerbrecht II mansos de quibus dat Betken Karstil XL modios duri frumenti IIII solidos denariorum et II pullos Filiis Mertsan V modios duri Item vxori Koppen Wendes VII modios duri minus quartali Item vxori Brunswik VIII modios auene ɫ modium pisorum et VIII denarios Item modios

1) Buch bey Tangermünde, gehöret itzt zum Amte Tangermünde, und ist vermuthlich das Stammhaus des alten und noch in der Altmark blühenden Geschlechts von Buch.

2) Dalen bey Stendal, gehöret denen von Borstel.

Altemark.

Koppe Milterde in Stendal V solidos Item Betheke Hidden IIII sexagenas ouorum et IIII pullos et Nicolaus Karstil habet super illos decimam carnium Hans Schadewachten VIII modios auene ł modium pisorum VIII denarios Domino Thiderico Haken IIII solidos denariorum minus IIII denariis Domino Tzabello VI solidos denariorum *dinstpenhighe* Item II modios pisorum Kune *Haken* in Welle I modium siliginis Koppen Walther ł modium siliginis Thideke Moringhe habet III mansos de quibus dat filio Martzans XXIII modios ordei et XXI modios siliginis et XI modios auene Betke Hidden et IIII pullos et V sexagenas ouorum Item Koppen Brunswik V quartalia pisorum et XX denarios Sancto Georgio III modios ordei Betheke Karstil XV modios duri et II pullos et V solidos minus II denariis Vxor Koppe Wendes XVIł modios duri Item Hinrico Doblin VI modios auene Wurstmeker III modios ordei Coppen Wolchers II modios siliginis et I pullum prefecto et III denarios Domino Tzabello VIIł solidos denariorum Nicolao Karstil VII solidos denariorum Engel Karstil X modios duri Heine Tzimerman habet II mansos de quibus dat Betken Karstil XX modios duri Item Sancto Spiritui IIII modios duri Vxori Koppen Wendes XIIII modios duri Vxori Rogetz ł chorum duri a Domino in pheudum Filio Mertzan III modios duri IX quartalia prefecto ibidem Jan Borstal Ił modium duri Prefecto ł modium pisorum VIII denarios II sexagenas ouorum et II pullos Engel Hitten XXI modios auene et IIII sexagenas ouorum et IIII pullos Vxori Brunswik ł modium pisorum et VIII denarios Monasterio Kreuese II solidos Domino Thiderico *Haken* II solidos Karstil prefecto III solidos denariorum Monasterio in Nyendorp VI solidos denariorum Bethke Karstil X solidos Koppe Milterde III solidos Hinrik Doblin III modios auene Canonicis in Stendal VIIIIł modios tritici Borchardo Sweder VI modios duri frumenti Tide Kodder habet IIł mansos de quibus dat IIIł choros duri et II modios et IX modios auene et XVIł solidos denariorum et II denarios et III sexagenas ouorum et IIII pullos et decimam minutam Ludeke de *Stazze* habet III mansos de quibus dat IIIł choros duri et IIł modios frumenti et XXVI solidos denariorum et IIII denarios et VI pullos et IIII sexagenas ouorum et Ił modium piperis Henning Sander habet III mansos de quibus dat VIł frusta et VII modios duri et IIII sexagenas ouorum et IIII pullos Claus Ludeke habet III mansos de quibus dat V frusta et II solidos Gherke Moner habet Ił mansos de quibus dat III frusta et II solidos denariorum videlicet Fritzen Rogetz ł chorum a Domino Marchione Item Hans Wurstmeker ł chorum ordei a Marchione Hans Beringer XV modios duri frumenti Item IX quartalia filiis Mertzan a Domino Koppen Milterde II solidos a Domino Betke Hitten VIII modios auene a Domino Koppen Brunswik ł chorum Monasterio Nyendorp III solidos et II sexagenas ouorum Thideke Huselitz habet IIł mansos de quibus dat V frusta omnibus computatis Item de Cossatis tribus possessis VIIIł solidos denariorum De mola I libram cere beate Virgini non computaui De taberna V solidos pro seruitio curruum dant Domino seruitii Supremum iuditium habet Viuiantz de Stendal et ius patronatus Tideke Belkow villanus habet V mansos de quibus habet VIII frusta et IIIł modios siliginis Koppe Wolcher habet IIł mansos de quibus habet IIII frusta in pheudum ab illis de *Luderitz* Item dant Wurstmeker ciui VII modios ordei et Betke Hidden VIII modios auene a Domino Betke Kastil X solidos Sancto Georgio III modios siliginis

Altemark.

Côten [1] habet X mansos de quibus plebanus habet I mansum IX rustici de quibus *Busso de* Gor et frater suus habent ibi Xƚ frusta supremum seruicium decimam minutam a Domino Item Monasterium in Nyendorp habet XV solidos denariorum Sanctus Spiritus in Stendal XXX modios siliginis Item Cune Dornstede XXX modios auene a Domino Marchione Item vxor Franconis de Steinfelde ciuis IIII modios siliginis et IIII solidos denariorum Item Dominus Marchio habet ibi precariam frumenti videlicet Xƚ modios duri et Xƚ modios auene et IX solidos ad precariam Domini equitatores terre percipiunt Item Nicolaus Bismark XXI solidos denariorum in precaria Item illi de *Gor* colunt per se in curiis et Heine *Hake* VIIƚ mansos quos habent a Domino

Schermbeke [2] habet XX mansos de quibus plebanus habet I mansum quem colunt nunc rustici et dant pro eo ƚ chorum siliginis Prefectus habet II mansos liberos de predictis a Wernero de *Eynbeke* et Iohanne de *Luderitz* et habet iugera et ligna que valent ƚ frustum Nota alii XVII mansi dat quilibet ƚ chorum siliginis Non dant ordeum nec auenam Item quilibet mansus dat II solidos denariorum pro censu Martini Non tenentur ad precariam nec ad decimam Item communiter dant Iƚ chorum auene pro seruitio Item communiter dant XXXIII pullos Ibidem sunt II molendina quorum I dat ƚ chorum siliginis Aliud molendinum dat II solidos Non est taberna Item sunt XXV iugera quorum quilibet dat VI denarios Item sunt XVIII Cossati quorum quilibet dat I solidum pro censu Item supremum et ius patronatus pertinet Wernero de *Eynbeke* et Iohanni de *Luderitz* et omnia habent in pheudum a Domino Abbate de *Scheninghen*

Milterde [3] habet Xƚ mansos de quibus prepositus in Tangermunde habet II mansos et XXIƚ mansi spectant ad seruitium Marchionis quorum Iƚ mansi frustum pro pacto et censu et Iƚ mansi dant II sexagenas ouorum cum XV ouis cum III pullis de quibus Hennig Demeker Iƚ chorum VI et I quartale duri ciuis et V de Doblin ƚ chorum Mentze XXVI solidos *Ballistifex* IIIƚ choros minus II modiis H Sutemynne XIIII modios Hans *Sluter* XXV modios cum VI pullis et V sexagenis ouorum Vlasmengher et Brunswick ciues in Stendal IIƚ solidos in Soltwedel Item sunt XIƚ mansi quorum quilibet dat IIII solidos pro precaria absque frumenti duri Marchioni Alard habet II mansos de quibus dat ad altare Sancte Elisabeth in Tangermunde appropriatos V choros duri frumenti cum VI modiis pro pacto Item dat VI modios auene preposito Tangermundensi in tantum Mentze eidem Claus habet Iƚ mansos de quibus dat XIIIƚ modios duri Mentze in Tangermunde Henning Demker habet I chorum auene Wust habet II mansos de quibus dat H Bucholt in Stendal ƚ chorum duri a Marchione Henningho *Scermbeke* XXX modios duri cum XX modiis auene vasallo Dalem habet ƚ mansum de quibus dat Elsebuch ƚ chorum auene in Tangermunde Ellingen habet ƚ mansum de quibus dat Vden Doblin IX modios siliginis Arnt *Wellen* vasallo III modios auene Henning Demker ciui in Stendal VI modios auene Prefectus habet II mansos cum II frustis in pheudum a Domino Marchione de quibus dat I talentum pro equo pheudi Domino Marchioni Engel Sculten habet II mansos de quibus dat Mentzen in Tangermunde Iƚ chorum auene Grite Rorbekes XVIII modios siliginis et habet XVIII modios in pheudum a Mentzen et IX pullos Heine Vlrikes habet IIƚ mansos de quibus dat

1) Köthen, gehöret denen von Stephani.
2) Schernebek bey Tangermünde, gehöret noch itzt, so wie zu Zeiten des Landbuchs, denen von Lüderitz.
3) Miltern, nahe bey Tangermünde, gehöret zum Amte dieses Namens.

Altemark.

dat Otto Winekens ł chorum siliginis Reyner et Ebellinge in Stendal IX modios duri a Domino Marchione Vlasmeyer IIII modios siliginis et habet ł chorum siliginis in pheudum a Wernhero de Bertinsleuen Kerstian Brunswik XVII denarios pro censu Pelca habet IIł mansos de quibus dat Mentzen in Tangermunde I chorum duri frumenti cum ł modio Ebelinge in Stendal VIIł modios siliginis Reynero Caluen in tantum Vlasmeyer IIII modios siliginis *Ballistifici* [1] in Tangermunde IIII modios siliginis a Marchione Hans Ebelingen IIł solidos et XVII denarios Kerstiano Brunswik pro censu a Marchione Heyse habet ł mansum de quo dat ad altare beate Elizabeth in Tangermunde XIIIł modios duri Item communiter dant preposito Tangermundensi I talentum Item Nicolao Bismark XXIII solidos pro lignalibus Item dant de agro qui vocatur *Elsebuche* IIIł choros auene cum VI modiis Mentzen ciui Item preposito Tangermundensi XVIII modios auene Item tenentur ad decimam carnium que dat X solidos Subscripti habent redditus de XXIł mansis que spectant ad seruitium Dominorum Dominus Marchio habet XIX duri Heine Buext X solidos minus I denario Ghise Beguina in Stendal I chorum *Equitatores terre* (Landreuter) X modios auene Reyner Caluen et Ebelinghe ł chorum Item sunt IX Cossati qui spectant ad seruitium Dominorum Marchionum qui dant IX pullos Marchioni cum VIII denariis equitatoribus terre Item vnus dat I solidum et alii Cossati dant prefecto IIII solidos in tantum beate Virgini Item dant de agro qui vocatur *Papenlant* (Pfaffenland) Domino preposito in Tangermunde II choros minus II modiis siliginis cum XXIII modiis auene Nota de premissis redditibus Henning Demeker habet II frusta a Domino Marchione et I frustum deuolutionis Item Mentze in Tangermunde habet ibi VII frusta et VIII modios a Marchione quorum Ił frusta quidam villanus retinet ab eodem in pheudum Ius patronatus et supremum cum seruitio quorundam pertinet Domino Marchioni

Dornstede [2] pertinet *Gherke Bismark ciui* [3] cum suis *patruis* cum supremo et infimo et seruicio XVI mansorum et decima minuta lateris occidentalis Item habet cum Iohanne Schadewachten decimam Xł mansorum cum decima minuta lateris orientalis et VII pullos fumales et habet in eadem villa VIII choros frumenti cum X modiis et I quartali et V talenta denariorum et VI denarios et VIII pullos et XXX pullos Item Kune Hake et Claus ciues habent ibi I talentum et VIII denarios Dusedowe XIIł modios tritici et VI denarios Hans Bucholt ciuis IX modios Prefectus de Schernekow ciuis I talentum denariorum Heine Moringhe et patrui eius ciues VIIł modios tritici Kune *Dorenstede* et frater eius ciues I chorum frumenti Iohannes *Dornstede* ciuis XXVI modios cum X solidis denariorum Otte Sconenwalde ciuis XXII modios cum XVIII solidis Ad altare Domini Rudolphi Baken XXV modios frumenti Ad altare Thiderici Borstal I chorum Sanctus Georgius in Stendal II choros siliginis Sancti in Dalem VIII modios Lucke Gherkens ciuis XXII modios cum XII solidis Prefectus in Dornstede Ił choros siliginis Henneke Iacobi XXVII modios Arnd Ghisen ł chorum siliginis

1) Dieses muß der Mann zu Tangermünde gewesen seyn, der damals die *balistas*, die bekannte Kriegesgeschoße der damaligen Zeit gemacht.

2) Dorenstedt, gehöret denen von Reinhardt.

3) Dieses hier so oft vorkommende Wort, *ciuis*, zeiget, daß die von Bismark damals in einer Stadt gewohnet, und davon Bürger geworden, ohne Zweifel wegen der Unsicherheit auf dem Lande.

Altemark.

Sconenwalde [1] sunt XII mansi de quibus plebanus habet I mansum et Sanctus Spiritus habet IIII mansos cum omni iure de predictis et prefectus ibidem habet II mansos de predictis qui sunt liberi pro quibus dat I talentum Brandeburgensium denariorum pro equo pheudi et precaria media Dat de II mansis Engel Karstil et IIII villani dant Engel Karstil ciui in Stendal I talentum denariorum Brandeburgensium pro I prato Heine Bercholt habet II mansos de quibus dat XXI modios siliginis de quibus plebanus in Arnburg accipit XV modios siliginis et prefectus de eadem villa VI modios de quibus mansis pro I dat ½ precariam et ½ mansus non dat precariam Hans Heysen habet ½ mansum de quo dat IX modios siliginis pro pacto de quibus dat plebano in Arnburg VI modios et prefectus in Sconewald III modios et dat I quartale siliginis et I quartale ordei et ½ modium auene pro precaria et I solidum denariorum Brandeburgensium pro precaria in festo Michaelis et I solidum in festo Walburgis pro precaria Claus Parnemolner habet ½ mansum de quo dat IX modios siliginis Sancto Spiritui in Stendal pro pacto et dat Engel Karstil ad festum Michaelis I solidum Brandeburgensium denariorum et I quartale ordei et ½ modium auene pro precaria ad festum Walpurgis I solidum Brandeburgensium denariorum Hans Truden habet I mansum de quo dat IX modios siliginis Sancto Spiritui in Stendal in pacto et I quartale siliginis I quartale ordei et ½ modium auene ad festum Michaelis pro precaria ad festum Walpurgis II solidos Brandeburgensium denariorum pro precaria spectat Sancto Spiritui Claus Soye habet ½ mansum pro quo dat IX modios siliginis pro pacto Domino Frederico in Arnburg VI modios et prefecto in Sconenwalde III modios siliginis et non dant precariam Peter Tzabels habet ½ mansum pro quo dat VI modios siliginis pro pacto de quibus dat *Domino* [2] *Frederico in Arnburg* III modios et prefecto in predicta villa III modios siliginis et dat Engel Karstil in Stendal I solidum denariorum Brandeburgensium I quartale siliginis I quartale ordei ad festum Michaelis pro precaria et I solidum Brandeburgensium denariorum ad festum Walpurgis pro precaria Henning Winkelman habet ½ mansum de quo dat IX modios siliginis Sancto Spiritui in Stendal et dat Engel Karstil in Stendal I solidum denariorum Brandeburgensium I quartale siliginis I quartale ordei ½ modium auene pro precaria ad festum Michaelis et I solidum ad festum Walpurgis Taberna ibidem pertinet ad prefecturam Sconenwalde sunt XX Cossati qui dant Engel Karstel XL pullos et prefecto in eadem villa dant VI pullos In eadem villa sunt XXXVI iugera proprie *Morgenlant* de quibus dabunt equitatoribus terre VI modios frumenti cum VI modiis ordei et Kune Haken dabunt de eodem agro IX solidos denariorum Brandeburgensium minus III denariis Sancto Stephano in Groten Swartlose X solidos de iugeris et domibus Prefecto ibidem I solidum denariorum Brandeburgensium de duabus domibus Item Cossati dant Engel Karstel et fratri suo IIII solidos denariorum Brandeburgensium pro precaria Item habent supremum et infimum iuditium ibidem et seruitium curruum Item Sanctus Nicolaus ibidem habet ibi II solidos de lignalibus Nicolaus Bismark habet X solidos Item Sanctus Nicolaus habet ibi VI modios humuli Ibi non est decima minuta

Wittemor [3] XXXIII mansi de quibus plebanus habet II mansos et prefectus II et VIII mansi sunt deserti et illis data est libertas ad III annos Quilibet mansus dat XVIII modios siliginis pro pacto et quilibet mansus dat I modium siliginis pro frumento Presbyteri et quilibet

1) Schönwalde bey Tangermünde, gehöret denen von Lüderitz.
2) Das Beywort, *Dominus*, zeiget gemeiniglich einen Geistlichen an.
3) Wittemohr besitzet itzt der Kriegscommissarius Linde.

Altemark.

bet dat I solidum pro censu ad festum assumtionis Marie Quilibet mansus dat pro precaria Ɨ modium siliginis Ɨ modium ordei et I modium auene et II solidos precarie ad festum Sancti Michaelis et II solidos de quolibet manso dabunt ad festum Walburgis et fuerunt VI Cossati qui sunt deserti Prescripta bona et villa sunt Hinrici et Boldewin fratribus dictis de *Rogitz*[1] cum omni iure exceptis III choris siliginis quos habet Vritzo de Stendal in Tangermunde Nullum est seruitium curruum et ibidem sunt XXIII iugera quod dicitur *Morgenlant* de quolibet agro dantur VI denarii Brandeburgenses quos dabunt vxori Iohannis Hoghen in Colne ad tempus vite sue Predicti de *Rogitz* habent predicta bona in pheudum a Domino preposito in Hauelberghe.

Stegelitz[2] sunt XV mansi de quibus prefectus ibidem habet II mansos liberos de quibus dat Ɨ chorum auene pro equo pheudi et de quolibet manso dat Ɨ modium siliginis et Ɨ modium ordei et I modium auene et de quolibet manso ad festum Walburgis XXXII denarios Brandeburgenses Ad festum Andree dabunt XXXII denarios Brandeburgenses pro precaria et de quolibet manso VI denarios Brandeburgenses pro censu ad festum Andree et alii XIII mansi Quilibet dabit pro pacto XVIII modios siliginis et pro precaria quilibet mansus dabit Ɨ modium siliginis Ɨ modium ordei I modium auene et quilibet mansus dabit XXXII denarios Brandeburgenses ad festum Walburgis in tantum ad festum Andree et quilibet mansus VI denarios Brandeburgenses pro censu ad festum Andree et dabunt per totam villam pro denariis lignorum VIII solidos cum III denariis Brandeburgensibus quos dabunt Pawel et Henning Vogeler et Heyneke de Kotte et sui Ibidem sunt X Cossati et dabunt predictis Vogeler XXXII denarios Brandeburgenses pro precaria et sunt III prata pro quibus dabunt suprascriptis et premissis IX denarios Brandeburgenses Ibidem habet *Heyne de Rochow* dimidietam iuditii supremum et infimum et predicti Vogeler residuam partem Henning *Nitzenplitz* habet ibidem IƗ chorum siliginis et de predicto censu Henning de *Wultzke* habet dotalitium VI frusta Kune *Hake* Ɨ chorum siliginis de prescriptis redditibus et Heyne de *Kotte* habet ibi precarie partem et villani dabunt VII pullos prefecto et V Cossati dant prefecto decimam carnium que habent ibi sunt a Domino I curia dat I solidum patruis de *Luderitz* cum I pullo et Henning de Luderitz habet in vna curia XXVI modios siliginis iuditium de quibus mansis - - colunt Ɨ mansum predictorum Non [illegible] molendinum neque taberna

Bucholt[3] sunt XLV mansi de quibus plebanus habet II mansos Prefectus habet III mansos de quibus dabit Canonicis in Stendal XXX modios siliginis XXX modios ordei et I talentum denariorum Brandeburgensium Tideke Insel habet III mansos in pheudum a Canonicis de quibus dat eis Ɨ chorum siliginis Ɨ chorum ordei VII solidos denariorum pro censu et I talentum denariorum pro equo pheudi Item Ɨ chorum siliginis IIƗ choros ordei ad altare Sancti Nicolai in Stendal Item dat Monialibus in Nyendorp V solidos Item dat preposito ecclesie Sancti Nicolai in Stendal et plebano in Tangermunde de predictis mansis predicte ville II choros siliginis et II choros ordei Item Dominus Tzabellus habet in eadem villa IIII choros siliginis et ordei minus III modiis et II talenta cum III solidis Brandeburgensibus spectant ad Vicariam in Tangermunde Item ad altare in Anghern spectant I chorus siliginis et I chorus ordei de predictis mansis Notandum quod prescripti habent

1) Dieses Geschlechte von Rogitz ist itzt nicht mehr bekannt.
2) Stegelitz gehöret denen von Borstel.
3) Buchholz gehöret zum Amte Tangermünde.

Altemark.

redditus totius ville de prescriptis mansis Mentze in Tangermunde habet II solidos denariorum Moniales in Nyendorp habent V solidos Brandeburgensium denariorum Ad Vicarium Sancti Petri in Stendal III chori siliginis et ordei Item ad Vicarium Sancti Laurentii in Stendal III chori siliginis et ordei Item ad altare Sancti Michaelis XV solidi Brandeburgensium denariorum scilicet Vicarium Item perpetui vicarii habent ½ chorum siliginis et ordei Item Scolasticus in Stendal habet III½ choros siliginis et ordei cum V modiis et II½ talentis cum V solidis Brandeburgensium denariorum ad officium suum et tenet subdiaconum in choro Item Canonici in Stendal habent VIII choros siliginis et XIII choros ordei I½ choros tritici cum VI½ modiis auene et V modios auene et habent dicti Canonici in censu de dictis mansis XVI talenta cum VI½ solidis denariorum Brandeburgensium et decimam carnium habent ibidem valore I frusti Item est ibi I talentum denariorum Brandeburgensium ad II stipas pauperibus singulis annis erogandas Item Canonici in Stendal habent ibi sexagenam pullorum cum X pullis Item perpetui Vicarii habent XX pullos Item Dominus Verchlant Presbyter habet ibi XX pullos Plebanus in dicta villa habet XIII modios duri frumenti et VII solidos denariorum Brandeburgensium Item Sanctus Stephanus patronus in eadem villa habet X½ solidos Brandeburgensium denariorum ad diuinum officium ordinandum Item prefectus huius ville habet in pheudum a dictis Canonicis de dictis mansis et Cossatis XVII solidos et III denarios ad prefecturam Item Nicolaus de *Bismark* habet ibi XXXVI solidos Brandenburgensium *denariorum pro lignalibus pro quibus quondam villani solebant habere ligna ad vtilitatem eorum modo nihil soles eis dare pro denariis.*

Cobbel[1] sunt XXXIIII½ mansi de quibus habet plebanus I½ mansum Item prefectus habet II½ mansos in pheudum ab Alberto Arnoldo et Wessone de *Luderitz* de quibus pro II dat predictis de Luderitz X solidos denariorum Brandeburgensium pro ½ manso dat in quantum alii de denariis et non dat de frumentis Nota quilibet mansus dat pro pacto XIII½ modios siliginis absque ordeo et auena Item quilibet mansus dat pro censu II solidos Brandeburgenses exceptis II mansis quorum quilibet dat IIII solidos grossorum Item dat quilibet mansus pro precaria XV denarios in die Walburgis ad Marchionem XV denarios quos dant Ludolph de *Griben* militi Item dant per totam villam XVII modios auene pro precaria quam dant Ludolph de *Griben militi* Ibidem sunt VII Cossati quorum VI sunt deserti et iste I dat I pullum Ludolph de Griben Item dant per totam villam VI pullos Ludolph de *Griben* militi et dant pro lignalibus V solidos Nicolao de *Bismark* Item est taberna pro qua datur I solidus Ludolph de Griben militi Item decimam minutam istis de *Luderitz* computatam ad V solidos Nota subscripti suscipiunt pactum et censum Prepositus et Moniales in Wolmerstede Mentze filii Hinrici Scultens Sephin et Tile Ierghel ciues in Tangermunde Prepositus et Moniales habent I chorum siliginis et I talentum denariorum de censu Ludolph de Griben miles ½ chorum siliginis Herman de Griben habet de censu VII solidos denariorum Brandeburgensium Kune de *Angheren* XII solidos ciuis Gherke et Betke ciues in Tangermunde Pistoter VII solidos de censu Mentze habet II choros siliginis Filii Heine Sculten habent III choros siliginis Seppin habet II choros siliginis Tile Ierghel I chorum siliginis ciuis in Tangermunde Equitatores terre habent VI modios siliginis Nota supremum iudicium et ius patronatus habet Ludolphus de Griben miles a Domino

Santforde

1) Cobbel ist das itzt im Magdeburgischen, nahe an der Altmärkischen Gränze belegene Dorf Kobbel.

Altemark.

Santförde 1) sunt XXIIII mansi de quibus plebanus habet II mansos et de aliis VIII sunt deserti Prefectus habet II mansos de quibus dat XXX modios auene cum IIII solidis denariorum Brandeburgensium Ludolph de Griben Item prefectus habet tabernam pro qua dabit I libram piperis *Ludolph de Griben* Nota quilibet mansus dabit pro pacto ½ chorum siliginis cum VI modiis auene absque II mansis qui dant ordeum pro auena et dant Ludolph de Griben Item quilibet mansus dat pro censu II solidos Brandeburgenses absque precaria predicto de Griben Item quilibet mansus dat ½ modium siliginis et ½ modium auene quod dicitur *Hundekorn* Hans *Vogesak* Non tenentur ad decimam carnium Taberna dat I libram piperis Ludolpho de Griben Molendinum in *Albea* ibidem dat I libram piperis Ludolph de Griben Nota Ludolphus de *Griben* habet supremum iudicium et seruitium curruum et ius patronatus et totam villam a Domino in pheudum Item quilibet mansus exceptis plebani et prefecti dat I pullum Ludolph de Griben Ibi sunt VII Cossati dantes VII pullos Boselsacke Non tenentur ad lignales

Volentscher 2) sunt XXXVI mansi de quibus plebanus habet II mansos et XII mansi sunt deserti et tota villa fuit totaliter deserta et de nouo incipiunt reconuertere et sunt V villani qui habent XII mansos et aliquibus est data libertas ad I annum aliquibus ad II annos et aliquibus ad triennium et quando non est deserta tunc dabunt de quolibet manso VI modios siliginis cum X solidis denariorum Brandeburgensium pro pacto et de quolibet manso dant pro precaria XXXII denarios Brandeburgenses scilicet ad festum Walpurgis XVI denarios Ad festum Michaelis de XV mansis cum ½ modio siliginis et ½ modio ordei et I modio auene Etiam dabunt decimam carnium aliqui Aliqui non Iohannes Ebeling et fratres eius habent ½ partem iudicii et residuam partem habet prepositus in Nyendorp et de Linstede habent iudicium in II curiis Ibidem sunt LX iugera quos colunt villani in Osterborch et de Withemor et de Statze et decimam pactum precariam dant predictis Ebeling et preposito in Nyendorp

Poltke 3) habet XIX mansos et est illorum de *Luderitz* fuit deserta sed nunc dimidia possessa sed habet libertatem a censu ad III annos futuros prout Arnoldus Luderitz dicit

Birkowe 4) est illorum de *Luderitz* et nullus est ibi villanus nisi vnus qui nunc habet et ipsi tenentur ad seruitium dextrarii Item de curia Welmischen ibidem seruitium dextrarii

Bintforde 5) habet XXI mansos de quibus plebanus I Scultetus II Residui XVIII mansi pertinent Gherken Dhuster et Leschard ciuibus in Tangermunde cum omni iure Ibi sunt tamen VI mansi possessi quibus dederunt libertatem ad II annum Item Scultetus habet ab eis in pheudum in suis mansis ½ chorum siliginis et VI modios auene Gherkin Duster et Leschard habent istam villam a Domino Marchione

Boldenhaghen 6) habet XXXV mansos absque II mansis plebani et absque vno manso quem habet *Ronnebeke vasallus* et colit illum et ibi sunt VI mansi deserti Et non tenentur ad seruitium curruum nec ad precariam pro lignalibus dant IX solidos denariorum *Kune Bardeleue*

1) Santford ist itzt unbekannt.
2) Vollenschier, liegt zwischen Garleben und Tangermünde, es ist itzo ein Gut derer von Bornstedt.
3) Polte, ist itzt ein Vorwerk derer von Borstel.
4) Berkau, gehöret auch denen von Borstel.
5) Bintford ist vielleicht übel abgeschrieben, und das nicht weit von Lüskau belegene und gleichfalls denen von Borstel gehörige Vorwerk Ringford.
6) Boldenhagen ist itzt unbekannt.

Altemark.

Aclene vaſallus habet ibi I talentum denariorum Brandeburgenſium IIII ſolidos et IX pullos et XVI modios ſiliginis Item Henning *Nitzenplitz* habet ibi LXII modios ſiliginis Item Ronnebeke habet ibi ł chorum ſiliginis et XXX ſolidos denariorum et XII pullos Item Kune Bardeleuen et Ronnebeke habent ibi ſupremum iudicium Item Hinrich Elſebuſch et Kolk ciues in Tangermunde habent ibi XXXIIII modios ſiliginis *Nota iſta villa iacet in Marchia attamen iſti de Anghern aggrauant eam cum ſeruitio* per aliquam conſuetudinem antiquam

Oſterhen [1] ſunt XXXII manſi minus I quartali de quibus habet plebanus I manſum Sanctus Spiritus habet in magna curia V manſos liberos cum omni iure quos colit per ſe Prefectus habet IIIł manſos De iſtis IIł ſunt liberi et habent in pheudum a Marchione et pro ł dat XVIII modios duri frumenti ſcilicet Thile Ierchel et Bartoldo in Tangermunde pro pacto ſine cenſu et precaria et ſpectant ad altare IX modii quos Euerhart accipit moratur in Tangermunde et non vult dare prefectus Kune habet II manſos de quibus dat Domino Trabello Altariſte in Stendal IIII choros duri frumenti de pacto ſine cenſu et precaria Arnd Demker habet II manſos de quibus dat III choros duri frumenti vxori Betke Rogitz XVIII modios ordei prefecto Mentzen in Tangermunde XVIII modios ordei pro pacto a Marchione Item Ian Borſtal IIł choros ſiliginis et ordei quod quondam pertinebat ad Caſtrum Tangermunde proprie *Borchlehn* (Burglehn) Hermen habet II manſos de quibus dat pro pacto IIł choros duri frumenti quod dat Ian de Karſtil quod quondam ſpectabat ad Caſtrum proprie *Borchlen* in Tangermunde et dat Rule *Biſmark ciui* in Stendal VI modios ſiliginis et Claus Biſmark III modios ſiliginis Domino Thiderico Haken I chorum ordei ſpectant ad altare in Tangermunde Hans Vlriches habet II manſos de quibus dat pro pacto IIł choros duri frumenti quod quondam ſpectabat ad caſtrum Tangermunde proprie *en Borchlen* et dat Bartoldo plebano in Swartenloſe ł chorum ſiliginis quod pertinet ad altare in eo et dat prefecto in Tangermunde VI modios ſiliginis a Marchione et dat vxori Betken Boektzes in Stendal VI modios ordei et dat Hans Storm in Stendal ł chorum ordei a Marchione et dat Sancto Georgio in Oſteren VI denarios Hans Tanger habet III manſos minus I quartali de quibus dat prefecto III choros duri frumenti et I talentum denariorum Brandeburgenſium Domino Bartholdo de *Wultzke* ad altare Coppe Soltwedel habet II manſos de quibus dat pro pacto III choros duri frumenti a Marchione Coppen Brunſwik in Stendal et dat II modios ſiliginis Domino Nicolao de *Buch* ad altare in Buk et dat Koppe Brunſwik I modium piſorum cum III pullis a Marchione Heine Sten habet II manſos de quibus dat pro pacto Domino plebano Bartoldo in Swartenloſe ad altare III choros duri frumenti Heine Milterde habet II manſos de quibus pro pacto II choros duri frumenti Hardekop in Stendal et IIII pullos et dat vxori Norſtedes in Stendal I chorum duri frumenti cum II pullis Hans Peters habet III manſos de quibus dat pro pacto Sancto Spiritui in Stendal II choros duri frumenti et dat Sancto Georgio in Stendal II choros duri frumenti et dat Tylen Ierchel IX modios ordei a Marchione et Bartoldo in Tangermunde III modios ſiliginis et Arnd Wurſtmeker in Tangermunde I chorum duri frumenti et Arnt Gyſen IIł modium piſorum et Bernd de *Buk* I modium piſorum et iſte modius piſorum quondam fuit antiqui Bernardi et dat Arnd Wurſtmaker decimam carnium Lutke Arnd habet I manſum de quo dat pro pacto in Stendal Bucholte IIł choros duri frumenti a Marchione et dat Sancto Spiritui XV denarios cum I pullo Gherke Sten habet II manſos de quibus dat

[1] Oſtheren, lieget nahe bey Tangermünde, und gehöret zu dem Gute dieſes Namens.

Altemark.

dat pro pacto XVIII modios duri frumenti Ian de Borstal quod quondam spectabat ad Castrum Tangermunde et dat Domino Nicolao de *Buk* Canonico in Stendal XXII siliginis et dat Sancto Spiritui in Stendal II choros duri frumenti et dat Bernardo de *Buk* I modium pisorum I pullum et decimam carnium quod fuit quondam antiqui *Bernardi de Buk* et dat Engel et Arnde Gysen IIII modios duri frumenti ab illis de *Kerkow* Vritz habet I mansum de quo dat pro pacto XVIII modios duri frumenti Ian de Borstal quod quondam spectabat ad castrum Nota XI mansi de prescriptis dant integram precariam frumentorum Dant Domino Marchioni et precariam denariorum dant Ludolph Smedeken de X mansis spectant ad altare et dant Domino Marchioni precariam denariorum de I manso videlicet de quolibet manso VIII solidos Nota omnes villani huius ville dant I talentum Brandeburgensium denariorum pro lignalibus Nicolao Bismark Dominus Marchio habet iudicium supremum et dicunt se non teneri ad seruitium curruum Item sunt ibi VII Cossati de quibus sunt II deserti Knop dat II denarios prefecto et Arnd Demker in eadem villa IIII denarios et dat equitatoribus terre annuatim III denarios Brandeburgenses et dat Bernd de Buk decimam carnium et I pullum

Lentzen [1] est deserta et dat VI denarios plebano ibidem et III denarios pro precaria equitatoribus terre *Pastor* est desertus et dat VI denarios plebano cum I pullo et III denarios annuatim pro precaria equitatoribus Item *pastor* dat Hans Tangher VI denarios cum I pullo et III denarios pro precaria equitatoribus Peter *Vigilator* dat XVIII denarios cum I pullo Sancto Spiritui et III denarios pro precaria equitatoribus terre *Faber* dat Bernardo de Buk decimam carnium et III denarios pro precaria equitatoribus terre Lutke Arnd dat IX denarios pro precaria equitatoribus terre Heine Steinfelde dat plebano ibidem VI denarios et I pullum et Sancto Spiritui in Stendal XVIII denarios et I pullum et equitatoribus I solidum denariorum

Malepul [2] pertinet Nicolao Bismark et habet ibi supremum et seruitium curruum et V frusta reddituum et nihil est ibi plus

Vehdorp [3] pertinet Nicolao Bismark cum supremo et seruitio curruum et habet ibi VIIII frusta de quibus I frustum est desertum

Nytmeke [4] pertinet Nicolao *Bismark* cum supremo &c et habet ibi II frusta cum III solidis denariorum alias ex toto est deserta

Brisen pertinet Nicolao *Bismark* et Henningo *Luderitz* cum supremo et habent ibi III frusta cum I quartali ex toto et nihil plus est ibi Item Nicolaus Bismark habet ibi molam diuisim cum I frusto

Mixstorp [5] pertinet Nicolao *Bismark* et est omnino deserta

Nymene pertinet Nicolao *Bismark* et est omnino deserta Nota Villani residentes ante Borstal non habent mansos neque agros et ergo nihil dederunt

Wustermarke [6] habet XIIII mansos et pertinet Nicolao *Bismark* cum supremo &c et habet ibi VIIII

1) Dieses Lenzen, ein Dorf, ist itzt unbekannt.
2) Mahlpfahl, gehöret zum Amte Burgstall.
3) Uchtdorf, gehöret gleichfalls zum Amte Burgstall.
4) Niemeke, ist ganz unbekannt.
5) Mixdorf oder Pleez, ist ein Vorwerk und Schäferey.
6) Brisen, Nymene und Wustermark, diese Dörfer sind itzt ganz unbekannt, sie haben nicht weit von Burgstall, in der Gardelegischen Heyde gelegen, und sind vermuthlich wegen der Unfruchtbarkeit des Bodens wüste geworden.

Altemark.

VIIIł frusta cum IIII solidis Illi de Bertensleuen habent ibi IIII choros de quibus IIchori sunt deserti Item Schone Hannen Son habet ibi XXII modios auene et ł chorum siliginis

Veten [1] habet XV mansos et plebanus II mansos et pertinet Nicolao et Rulen Bismark Petro Ghunter et Eghardo Borst de quibus Nicolaus habet VII frusta cum Ił quartali et alii habent V frusta cum Ił quartali a Domino Marchione Item Nicolaus habet ibi diuisim V frusta

Doblin [2] habet XIIII mansos et pertinet Nicolao Bismark cum supremo et seruitio et precaria per totam villam videlicet VII frusta IIł solidis minus a Marchione Item Hospitale nouum ante Stendal VI frusta et III solidos Item Hinricus Doblin habet ibi IIII frusta cum I modio minus I quartali Item filii Hinrici Norstede habent Ił frusta a Domino Marchione Item Wyneke de Elrese habet ibi X modios tritici Item Heine Bust in Stendal habet ibi X modios tritici Item Hogher in Stendal habet ibi I frustum a Domino Marchione Item Canonici in Stendal habent ibi ł frustum Item Cristianus Plonis ciuis habet ibi VII quartalia reddituum cum XX denariis a Marchione Item Iohannes de *Schwechten* habet ibi I frustum minus VI denariis Item prefectus habet ibi IIII frusta libera a Nicolao Bismark Item Ian *Borstal* VII quartalia reddituum Item Ludeke Borst in Stendal VII quartalia reddituum a Domino Marchione Nota ibi non est mola nec taberna

Brist [3] habet XXXVI mansos de quibus plebanus II mansos et prefectus IIII mansos de quibus dat Nicolao Bismark I talentum pro equo pheudi Et tota villa pertinet sibi cum supremo iuditio et ibi non est seruitium curruum et ante ipsum pertinuit Ebel Fritzen Item Dominus Ludeke de *Griben* habet ibi de precaria I marcam Item dant V solidos denariorum pro lignalibus Nota in ista villa sunt tantum XVI mansi possessi quibus data est libertas ad III annos et alii sunt deserti Item pro decima minuta posui IIII solidos et pro censu I talentum Residuum est desertum Item quando villa esset possessa hinc quilibet mansus daret pro censu II solidos Nicolao Bismark et V modios siliginis Item de predictis mansis Tile Ierchel et Iohannes Ierchel habent V frusta a Marchione Nicolaus Bismark habet illam villam a Marchione

Ierchel [4] habet mansos rusticales XII Item plebanus I Item *Kule* vasallus habet II mansos cum curia libera a Domino Marchione Item Henninghus *Nitzenplitz* habet alios XIII mansos liberos cum curia libera a Domino Item Henningus Nitzenplitz cum fratribus suis habet ibi supremum et infimum iuditium et seruitium curruum decimam minutam et molendinum et XIł frusta cum I quartali cum liberis bonis prefecti a Domino Marchione

Griben [5] habet mansos In eadem villa Henningus et Merten *Nitzenplitz* fratres habent XI frusta et prefectus ibidem habet curiam suam in pheudum a predictis et habent ibi supremum et infimum iuditium a Domino Marchione Item infrascripti habent redditus predicte ville Tile Ierchel II solidos et Mentze I solidum Ił modium auene de curia Heyne Drewesses Herman de Griben IIII denarios Heynek de *Kotte* I pullum a custode Gherke Cruger dat Heyneke de *Kotte* VI modios siliginis VI modios ordei et III modios auene cum II solidis Daleman IX denarios Gropken et IIII pullos Vritze Stendal Gherke Sutor

1) Väten, gehöret noch itzt denen von Bißmark.
2) Döbbelin, gehöret auch noch denen von Bißmark.
3) Briest, ohnweit Tangermünde, gehöret gleichfalls annoch denen von Bißmark.
4) Jerchel gehöret noch itzt denen von Itzenplitz, welche in diesem Landbuche, aus unbekannten Ursachen, Nitzenplitze genannt werden.
5) Grieben, ohnweit Tangermünde, gehöret gleichfalls noch denen von Itzenplitz.

Altemark.

Sutor I solidum IIł modium auene Mentze in Tangermunde et I pullum Henrico Heine Weuer I pullum Hans Tileken Tzabel Kruger I pullum Tile Gherken Heine Hege IIII solidos I modium ordei I modium auene prefecto et VI modios siliginis VI modios ordei Hans Tileke relicte Kerkow dat II solidos III modios auene Idem Heideke II solidos III modios auene H Kotte et II solidos et III modios auene Hans Bendelen et ł chorum duri et VI denarios Andres II solidos Hans Tileke et VI denarios Iohanni Bendelin Ludeke Molner II solidos Iohanni Tileken Heine Olsleger III modios auene et II solidos Arnd Ilebuk VIIIIł modios duri XI solidos Iohanni de Arnstede et VI modios et IIII solidos istis de Luderitz et II Iohanni Ghergel et II pullos Hans Laurentii ł chorum ordei et siliginis relicte Kerkow et IIII solidos I modium ordei et I modium auene prefecto ibidem Heine Laurentii III modios auene VI modios duri et VI denarios VI modios duri Henrico de *Griben* et I modium frumenti Iohanni Thileken Koppe Grutmeker XXIIł denarios Henrico de *Griben* et IIII solidos Tile Ghergel et V solidos relicte Vritzen in Borch et XXVI modios duri II modios auene V solidos Iohanni Thilekens Arnd Laurentz VII modios auene relicte Vritz Henricus prefectus XVIII denarios Tile Gerghel et XVIII modios duri Domino Egberto et VIII solidos ł chorum auene Lentzke Sudenbek et habet in pheudum a Henrico *Nitzenplitz* et vxori Vritzen VI modios auene IIII solidos Arnd Sipeling ł chorum duri I pullum Iohanni Tileken et VII modios auene relicte Vritzen Prefectus de Schorn I chorum duri VIII solidos Hinrico de Griben et Xł denarios plebano in Ierghel et IIII denarios I pullum Henrico de Griben Heine Insel VI modios duri Heine Thileken et II solidos plebano in Gergel et I solidum Laurentii Heine Griben I pullum Gropken Herman Pott II modios duri Iohanni Thiliken et VI modios duri Domino Egberto et VI modios duri et VI denarios Domino Hermanno et VI modios duri Iohanni Bendelin et VI modios auene Mentzen et IIII Gropens pullos et VI denarios Hinrico Ierghel plebano in Ghegel I solidum Iutte Boldenkens I solidum Tile Ierghel Hans Mose IIII denarios plebano in Ghergel Hans Morebom IIł denarios plebano predicto Wineke I pullum plebano in Gerben et VI denarios Henrico de Griben et Mentzen III modios auene Grote Claus II solidos ł chorum duri I modium ordei I modium auene Iohanni Tileken et VI denarios plebano in Griben Thideke Dichard V denarios Henrico de Griben et XV denarios Thile Ierghel et IIII denarios plebano in Griben Claus Smet II modios auene Henrico de Kotte et VI modios auene Mentzen et IIII denarios plebano in Griben Ex parte Iohannis Tilekens Polteman II modios I chorum duri frumenti XIIII modios auene et XVIII solidos et III denarios plebano in Griben Hans Vogel XIII modios duri frumenti et V solidos cum I modio auene Hans Becker pullum

Bolkstorpe [1] sunt XXII mansi de quibus habet plebanus II mansos Prefectus habet II mansos de quibus dat XIIII modios auene et I marcam argenti pro equo pheudi vxori Kerkow et VIł solidos denariorum Brandeburgensium Nota quilibet mansus dat pro precaria V quartalia duri frumenti cum V quartalibus auene cum prefectis Item pro precaria dat quilibet mansus I solidum Brandeburgensium denariorum bis annuatim cum mansis prefecti et I manso plebani ad festum Walpurgis et Martini Stephen Elsebusch I talentum et vxori Kerkow I talentum Notandum quod etiam datur decima carnium accepto prefecto quem computauit VIII solidos relicte Kerkow Item est taberna et alii non est taberna que dat

 I li-

1) Bölsdorf, nahe bey Tangermünde, gehöret zum Amte dieses Namens.

Altemark.

I libram piperis relicte Kerkow Item quilibet manſus dat pro pacto ł chorum ſiliginis cum XVII modiis auene acceptis prefecti manſis de quibus dat relicte Kerkow VIł choros ſiliginis et Bocholte I chorum ſiliginis et Cune Dornſtede I chorum ſiliginis ciues in Stendal et omnes auenam dant relicte Kerkow Item villani communiter dant relicte Kerkow ł chorum ordei Item dant communiter ad feſtum natiuitatis Marie XXII ſolidos relicte Kerkow Item communiter dant pro cenſu ad feſtum Walpurgis XIIł Ad feſtum Andree XIIł ſolidos Ad feſtum Palmarum X ſolidos relicte Kerkow et Heine Buzt X ſolidos Item dant pro lignalibus XXIIII ſolidos relicte Kerkow ad feſtum Walburgis Item dant ad feſtum Martini XIIIł ſolidos pro cenſu relicte Kerkow Item dant LIł pullos relicte cum VII Coſſatis Item ſunt VII Coſſati de quibus II ſunt deſerti qui dant XXXII pullos ad feſtum Iohannis dat quilibet I denarium *Nota quando Albea exit tunc nihil dabunt iſto anno* Supremum iuditium et ius patronatus pertinet predicte vidue et tota villa eſt ipſorum puerorum et habent a Marchione in pheudum

Scherne [1]) habet XX manſos de quibus plebanus habet Ił manſos et VIł manſi ſunt deſerti Prefectus habet II manſos in pheudum a *Stendelke* vaſallis de quibus dat VI modios ſiliginis Stendelke Nota X manſi dant pactum quilibet manſus dat IIII modios ſiliginis Item X manſi dant quilibet VI denarios pro cenſu Hans *Tilekens* vaſallo ad feſtum Martini Item quilibet manſus dat III denarios pro cenſu Hermanno de *Griben* vaſallo ad Martini Item quilibet manſus dat III denarios Pilltoter in Tangermunde ad Martini in cenſum Item IX manſi dant III modios auene que precaria pertinet Domino Marchioni de obitu Bernardi de *Buk* Item IX manſi quilibet dat I pullum *Stendelken* vaſallis Nota ſupremum iuditium et ius patronatus ſpectat Stendelken ſed non tenentur ad decimam minutam Ibi non eſt mola neque taberna Item dant VIII ſolidos pro *lignalibus Nicolao Biſmark*

Valkſelde [2]) habet XXXII manſos quorum plebanus ibidem habet IIIł manſos et XVIII manſi cum manſis plebani ſunt deſerti et pertinent Achim et Hinrich *Valkſelde* cum ſupremo Precaria iſtius ville pertinet Domino Marchioni XXX ſolidos denariorum Stendal et X modios duri et X modios auene de poſſeſſis manſis dant preſcripto Wilkino Schulten ciui Item de mola Ił chorum ſiliginis cuidam in Gardelegen I fruſtum habet a Marchione Item Tiden Seger et Foltzoni Noppow Ił fruſta Item quidam ciuis in Gardelegen habet ibi ł fruſtum et Monaſterium in Nyendorp ł fruſtum Item vous ciuis in Gardelegen ł fruſtum nomine Hans Kongede Item Heine Gundenlegen in Gardelegen habet ł fruſtum Item Fritz Koten habet ibi ł fruſtum Item filii Falkſelde in Gardelegen I fruſtum Item Fritz Koten ab alio ł fruſtum et Hinrich Doblin I fruſtum ł fruſtum Herman XIIł Sconenbeke villano Item Gudenslengen in Gardelegen Ił fruſtum Item Monaſterium Nyendorp VI modios et illi de Luderitz VI modios

In *Weſthern* [3]) Dominus Marchio habet annuatim III talenta denariorum Brandeburgenſium Item Nicolaus *Biſmark* habet ibi XXVIII ſolidos denariorum Brandeburgenſium dictos *Holtzpenninge* [4]) Prefectus dabit Domino Petro de Borſtal plebano ł chorum ſiliginis appropriatum altari Gherardo *Biſmark* ł choram ſiliginis Gherardo Koppe V modios ſiliginis

1) Scheren iſt anitzo ein Vorwerk, ſo denen von Itzenplitz gehöret.
2) Volgfelde liegt zwiſchen Gardeleben und Tangermünde, und gehöret zu dem Amte Neuendorf.
3) Weſtheren gehöret zu dem Amte Tangermünde.
4) Dieſer von Biſmark muß ſtarke Waldungen gehabt haben, indem viele Dörfer ihm *denarios lignales* oder Holzgeld bezahlen müſſen.

Altemark.

ginis Domino Tzabello plebano XIII modios ordei appropriatos altari Anſem dabit ibidem VƗ modios duri VƗ modios auene Ɨ modium piſorum XVIƗ ſolidos et VI pullos plebano in Nyendorp Ɨ modium ſiliginis appropriatum Coppe Getlinge dabit Iohanni et Tideken de *Griben* I chorum ſiliginis quem habet a Domino Lodewich *Briſt* VI modios ſiliginis relicte Gerke *Kerkow* II modios ſiliginis Hinrico *Doblin* IX quartalia ſiliginis Domino Petro de *Borſtal* plebano et IƗ ſiliginis appropriatos Wernhero Caluen Ɨ chorum ordei Hans Storm IX modios ordei cum I quartali relicte Betken de *Rotze* VIII modios ordei Anſem II modios ordei Anſem II modios ſiliginis II modios ordei IIII auene XII ſolidos denariorum XVII pullos et V quartalia piſorum Claus Volebrot dabit filio Henneke Swin in Tangermunde I chorum cum Ɨ modio ſiliginis appropriatum Et relicte Betken Rogize VI modios ordei Eliſabeth de Kotze et idem de Sanne XXII modios ſiliginis Anſam III modios duri et III modios auene I modium piſorum IX ſolidos cum XIII pullis Hans Winkelman dabit Petro de Borſtal Presbytero IƗ chorum duri minus II modiis appropriatos Iohanni Storm X modios ordei cum quartali relicte Kerkow XIƗ modios ordei Plebano in Nyendorp I modium ſiliginis Anſem I modium piſorum III modios duri III modios auene IX ſolidos cum XIII pullis Wolther dat Matthie et Wernero Simonis III choros duri Arnoldo et Engelberto Ghyſen I chorum duri cum XII ſolidis Heine Peter dat Anſam XII ſolidos IIII modios duri IIII auene plebano in Oſteren decimam omnium ſuorum X modios tritici IIII modios duri II modios auene et VIII ſolidos Richardus dat relicte Kerkow XXII modios ſiliginis Domino Nicolao de Buk Canonico in Stendal appropriatos Plebano in Nyendorp XIX modios duri Iohanni Storm VI modios cum I quartali ordei Eggardo de *Buk* VI modios ordei Anſam VƗ modios duri IIII modios auene II quartalia piſorum XII ſolidos cum XVIII pullis Claus Simon dabit plebano in Puwelinge Ɨ chorum ordei appropriatum Hans Storm XIIII modios ordei relicte Vlaſmeyer XƗ modios ordei Arnoldo Iordens XƗ modios ſiliginis Anſam IIII modios duri modium auene et I modium piſorum IX ſolidos cum XIII pullis Heine Richard dat Petro de Gardelegen Presbytero II choros duri appropriatos Hegero II choros duri a Domino Anſam IIII duri modios et IIII modios auene XII ſolidos Kune Ellinge dat Iohanni Storm XIIII modios ordei Hans Pauwels Ɨ chorum ſiliginis relicte Koppe Sutoris IX modios ſiliginis plebano in Puwelinge VI modios ſiliginis et I quartale appropriatos Anſam XXIII - - XXV modios duri IIII modios auene V quartalia piſorum XII ſolidos et XVII pullos Hans Koppen dat Hinrico de Doblin XXI modios ſiliginis Plebano in Niendorp I modium ſiliginis appropriatum Domino Tzabello XXIII modios ordei appropriatos Lucke Gherken III modios ordei Eghardo Buk VI modios ordei Anſam III modios duri III auene IX ſolidos XIII pullos cum II modiis piſorum Hans Wolrgir dat relicte Betkini Rogze Ɨ chorum ordei Gherke Noppow Ɨ chorum ordei Lodewich Borſt Ɨ chorum ordei III modios ſiliginis a Domino Relicte Gherke Kerkow IIIƗ modios ſiliginis Plebano in Nyendorp et Puwelinge III quartalia ſiliginis Domino Borchardo Sweder XIIIƗ modios ſiliginis Anſam I modium duri IIƗ modios auene III quartalia piſorum VIIƗ ſolidos cum X pullis Hans Groppeleue dat relicte Werneri Kaluen I chorum duri Ɨ chorum auene a Domino Hans Storm XV modios ordei a Domino Domino Petro Borſtal XƗ modios ſiliginis appropriatos Plebano in Puwelinge Ɨ modium ſiliginis appropriatum Anſam III modios duri III modios auene Ɨ modium piſorum IX ſolidos cum VII pullis Heyne Stein dat relicte Werneri Caluen I chorum duri Ɨ chorum auene Hegero in Stendal

Altemark.

dal I chorum ordei Mankop XXI modios siliginis relicte Betkini Rogetz VI modios ordei Plebano in Nyendorp I modium siliginis appropriatum Ansam V modios duri V modios auene I modium pisorum XIII solidos et III denarios cum XIII pullis Heine Holthusen dat relicte Caluen I chorum ordei Relicte Rogetzen X modios ordei Gherke Noppow VII modios siliginis Hans Storm IIII modios ordei a Domino Plebano in Nighendorp V modios siliginis minus I quartali Ottoni Starco III modios siliginis a Domino Alheide in Tangermunde III modios siliginis Ansam IIII modios duri IIII modios auene III quartalia pisorum VIII solidos cum X pullis Heyneke Querstede dat Domino Petro Borstal II chorum duri cum IIII modiis appropriatis Elisabeth de *Kotte* III modios siliginis minus I quartali Hinrich Doblin I modium siliginis Mankop III modios siliginis Lutke *Gerken* VI modios ordei a Domino Ansam III modios duri III modios auene IX solidos I modium pisorum et XIII pullos Gherke Milterde dabit filio Henneke Swin XXIII modios ordei appropriatos Ottoni Starco XXI modios siliginis Domino plebano in Nyendorp I modium siliginis appropriatum Lutke Gerken III modios ordei a Domino Claus Haken VI modios ordei a Domino Ansam III modios duri III modios auend I modium pisorum IX solidos et XII pullos Item XXI mansi dabunt I chorum auene Eghardo de *Buk in Stendal* Tabernator dat I libram piperis cum XI pullis Item Schillink dat I pullum Heine Warborch dat I pullum et I solidum Hans Moller et Kersten dant II pullos Thideke Woltgir dat I pullum Heine Smet III pullos Koppe Bellinge I pullum Swarte Arnd XII pullos Item ibi sunt II molendina dantes ecclesie II libras cere Item prefectus habet ibi II frustum liberum Item Arnsheim habet ibi supremum et curiam cum V mansis liberis et quicquid ibi habet a Marchione habet

Magna Swartelose [1] habet XXXIII mansos censuales quorum XXXI pertinent cum supremo Ian *Borstal* et quibus mansis omnibus computatis in pactum censum et precariam dat XXXIII frusta reddituum quorum reddituum Ian Borstal habet XXIIII frusta cum VI modiis minus I quartali Item ciuitates habent cetera XII frusta et etiam residuos II mansos habet Ian Bocholt in Stendal de quibus habet I marcam pro *equo pheudi* de residuis LI frustis dederunt Istam totam villam Ian *Borstal* habet a Marchione

Suppelinghe [2] habet XXIIII mansos de quibus plebanus habet I mansum Prefectus habet III mansos in pheudum a ciuibus et de I manso dat VII modios duri frumenti et VII modios auene Flasmenger Item alii XX mansi quilibet dat X modios duri et VIII modios auene Item de XX mansis dat quilibet II solidos pro precaria ad festum Walburgis Non tenentur ad precariam frumenti Item quilibet XX mansorum dat ad festum Natiuitatis Marie XVIII denarios ad Michaelis in tantum Ad festum Martini dat quilibet mansus II solidos pro censu Ad festum Andree quilibet mansus VI denarios Item communiter dant de quolibet domo dans I pullum Summa XXX pulli Taberna que est dabit I talentum denariorum Supremum et ius patronatus spectant Arnd Flasmenger ciui et Boldewen de *Queden* vasallis Item quilibet mansus dat VI denarios ad festum Natiuitatis Marie vno rustico in eadem villa Etiam tenentur ad decimam carnium que modo valet IIII solidos Non tenentur ad seruitium Etiam soluunt precariam Item pro quolibet XX mansorum dant III solidos denariorum

Sceldorp

1) Grossen-Schwarzlosen, bey Tangermünde, gehöret noch itzt denen von Borstel.
2) Süplingen ist schon Jahrhunderte wüste, und lieget zwischen Grobleben und Däthen.

Altemark.

Sceldorp [1] pertinet Domino Marchioni et non habet mansos et nutriunt se de piscatura Dominus Marchio habet ibi quolibet mense VIII solidos denariorum Brandeburgensium qui faciunt XII solidos preter Augustum in quo mense non dant et tempore hyemali quando aqua est congelata et habet ibi LXXII pullos et de tota villa dant I talentum denariorum Brandeburgensium illis de *Bredowen* dicti *Weydepenninge* Item Dominus poterit ibi piscari in stagno ad placitum cum magno reti Item ibi est I pratum quod pertinet Marchioni Item villani sunt astricti ad secandum ligna et denarii approproriati pro censu ibidem Item Mentz prefectus in Tangermunde habet ibi ½ chorum auene Item Pilstoter habet ibi XI modios auene Prefectus habet ½ chori libertatem auene Item Herman Gciben habet ibidem VI modios auene

Kokede [2] habet XXIIII mansos censuales De quolibet manso deriuantur X modii siliginis et III solidi denariorum Brandeburgensium pro censu et de quolibet manso XX denarii pro precaria et de tota villa VII modii siliginis et VII modii auene Item XV solidi denariorum de Cossatis et II solidi de mansis pro *Versengelt* et XXV pulli Nota Heine *Kokede* habet ibi iuditium pactum et censum de XX mansis preter ½ frustum a Marchione quod pertinet Dudenstěten ciui in Stendal Item Leyfhard ciuis in Tangermunde habet censum de IIII mansis residuis et pactum ab illis de *Wertensleuen* Nota de premissis XXIIII mansis sunt XIII½ mansi deserti in parte Heinonis Kokede

Osterburg [3] habet mansos XXIIII censuales et plebanus II et pertinet dimidia illis de *Luderitz* cum supremo &c et alia pars dimidia filiis Iohannis Iungen in Stendal et habent a Domino Marchione Tenentur ad precariam Domino Marchioni de XIX mansis de quolibet manso II solidos super Michaelis et II solidos super Walburgis et ½ modium siliginis et ½ modium ordei et I modium auene de residuis V mansis non tenentur ad precariam Item dabunt de predictis XIX mansis de quolibet manso XV modios pro pacto et II solidos denariorum pro censu sed II mansi de predictis sunt deserti Item de residuis V mansis de quolibet manso I frustum duri frumenti Nota de pacto et censu premissis filii Iohannis Iungen cives in Stendal habent IX frusta a Domino Marchione Item isti de *Luderitz* habent ibi I chorum siliginis et XV modios auene et XXX pullos sed non percipiunt quia aree sunt deserte de quibus percipere debent et habent a Marchione Item Fritz Stendal in Tangermunde habet ibi IIII½ frusta minus IIII½ modiis ab illis de *Rochow* Item dictus Smedeke habet ibi I talentum denariorum Brandeburgensium in censu Item Monasterium in Nyendorp X solidos denariorum Brandeburgensium Item Heine Pakebus ciuis habet ibi II choros et VI modios Item Iohan Luderitz habet ibi ½ frustum et V solidos Item relicta Nicolai Sluden habet ibi XXX solidos in censu Item quidam rusticus in Norstede habet ibi ½ chorum siliginis Item Ebel Luderitz habet ibi X solidos denariorum

1) Schelldorf gehöret zum Amte Tangermünde.

2) Kökte gehöret denen von Roth.

3) Osterburg ist itzt wüste und unbekannt. Nach der im Landbuche bey dem Dorfe Voldenschier befindlichen Nachricht, hat es nahe bey Wittemor und Stazze gelegen. Von der altmärkischen Stadt Osterburg ist hier nicht die Rede. Das alte adeliche Geschlechte von Osterburg, das in den Urkunden des 12. 13. und 14ten Jahrhunderts, oft vorkommt, muß um die Zeit des Landbuchs bereits erloschen gewesen seyn.

Altemark.

Colbu [1] prope Tangermunde pertinet Marchioni Ibi non sunt mansi sed *Slaui* [2] morantur ibidem et nutriuntur de piscatura ratione cuius tenentur Domino Marchioni in vigilia Christi Natiuitatis quilibet ipsorum presentare XV *nouoculos* (Neunaugen) et totidem in die cinerum et in vigilia Pasche quilibet pisces pro II denariis presentabit ad Castrum Tenentur Domino etiam ad seruitium videlicet ipsum cum familia per Albeam transuehendo quotiescunque opportuuum fuerit et ligna ad coquinam in Castro transuehendo per Albeam et quum sunt in seruitio Domini tunc de Castro ministrantur eis cibaria et potus

Borckhorst [3] est villa deserta et pertinet Arnoldo de *Luderitz ceco* et fratribus suis et habet a Marchione

Mollinghe etiam est deserta et pertinet Hunero de Knisebeke a Marchione

Kunre est et fuit deserta ad XXX annis et vltra et nescitur Dominus

Vsas est et fuit deserta a XXX annis et vltra et nescitur Dominus

Borkholte est deserta et pertinet Monasterio Sanctimonialium in Wolmerstede

Podbul pertinet illis de Luderitz et omnino deserta procedit a Marchione

Dekstede pertinet illis de Luderitz et est deserta a Domino Marchione

Geit pertinet Henningo de Luderitz et est deserta procedit a Marchione in pheudum

Olden Wudik fuit desolata a centum annis et nescitur Dominus

Brunkowe [4] est deserta sed non fuit diu deserta et pertinet Ebel Brunkow a Marchione

Wudik est deserta et pertinet filio Iohannis de Swartelose a Domino

Seppin est deserta et pertinet Heinekino de Rochow a Domino

Kurze est deserta et pertinet Bussoni de Gor a Domino Marchione

Petersmark est deserta et pertinet Petro Huselitze ciui in Osterburg

Swartelosze [5] dyth is dath gude dat Ian Borstal hefft tho *groten Swartenlose* synen hoff mich ver huuen vnd dath hogeste richte vnd dath sydeste im velde in Marke vnd dat Kerklen to lyende Dyth is dath Ledighe gudt dat Ian Borstal hefft in dem dorpe to groten Swartelosze XXIIII stocke vnd VI scepel minus I Virdenath Dich is vorleghen gudt in deme dorpe tu Swartelose VIIII stuke vnd III scyllinghen

Milterde [6] dyth is vorlegen gudt vnd angeuel dat Ian Borstal hefft to Mikerde I Stuke To Lutken Swartelose VI stuke vnd dat halue Kerklen To Dohlin II Stuke vnd VI Scepel Tho Betko VIII Scepel Tho lutken Walsleue V schillinge Tho Insel Wittenberge hefft dar hefft Ian Borstal hogeste vnd sydeste ouer vnd dar in vorleten IIII Stucke vnd VI Schepel [7]

1) Calbau, das insgemein, aber falsch, Carlbau genannt wird, gehöret zum Amte Tangermünde.

2) Hier zeiget sich, daß dieses Dorf damals noch von Wenden oder Slaven bewohnt gewesen, und daß die sich mehr mit Fischerey, als Ackerbau, abgegeben.

3) Die Oerter Borkorst, Mollinghen, Kunren, Usas, Borkholz, Podbul, Deckstede, Geit, Olden Wudik, Wudik, Seppin, Kurze, Petersmark, die schon zur Zeit des Landbuchs wüste gewesen, sind itzt ganz unbekannt. Sie haben vermuthlich in der Gardelebischen Heyde gelegen, und sind wegen Unfruchtbarkeit des Bodens mit Holz bewachsen. Indessen erhellet hieraus, daß die Mark Brandenburg im 13ten Jahrhunderte viel stärker, als nachhero, bewohnt gewesen.

4) Brunkau ist itzt ein Vorwerk bey Grossen-Schwarzlosen, denen von Borstel gehörend.

5) Grossen-Schwarzlosen, das noch itzt denen von Borstel zugehöret.

6) Milterde gehöret zum Amte Tangermünde, und ist schon einmal vorgekommen oben S. 282. Hierauf folgen im Original des Landbuchs, die Dörfer Schinne und Storbeke, welche ich schon oben S. 262. gesetzt habe, um sie mit andern Stellen von diesen Dörfern zu verbinden.

7) Hier endiget sich in dem Original das Carolinische Landbuch, und durch das Stück desselben, welches die Altemark betrifft. Nur habe ich die Artikul, welche die Dörfer Schyne und Storbeck betreffen,

Altemark.

und damit das Original schliessen, von dem Ende an eine andere Stelle, so auch von dem Dorfe Schynne handelt, auf die Seiten 262. 263. und 264. versetzt. Dieses Carolinische Dorfregister enthält nur eigentlich den Salzwedelischen, Tangermündischen und Arendseeischen Creiß oder Landreuterey, und einen Theil des Stendalischen. Es fehlen aber gänzlich der Arneburgische und Seehausische, Creiß. Die Ursache dieser Auslassung ist ohne Zweifel, weil diese Distrikte der Altmark und auch die Priegnitz damals zum Leibgedinge der verwittweten Gemahlin des Margrafen Ludwig des Römers, nachhero vermählten Gräfin von Holstein, angewiesen waren, und also zu den Churfürstlichen Einkünften nichts beytrugen. S. eben dieses Landbuch oben S. 35.

Unter jedem Dorfe habe ich bemerket, wie es itzt genennet wird, und welcher Familie es gehöret. Diese Anmerkungen habe ich größtentheils dem geschickten und der Geschichte seines Vaterlandes sehr kundigen Herrn Oberziesemeister, Hoppe, zu Salzwedel, zu danken. Vielleicht werden einige Bewohner der Altenmark, wenn sie diese alte Beschreibung ihres Vaterlandes durchlesen, mir noch einige mehrere Nachrichten und Erleuterungen an die Hand geben, weshalb ich sie hierdurch dienstlich ersuche. Ich will sie am Ende dieses Werkes anhängen. Besonders wünschte ich solche von denen vielen in diesem Landbuche aufgeführten Dörfern, zu haben, deren jetzige Lage und Namen mir unbekannt geblieben, und die vermuthlich itzt in wüsten Feldmarken und Holzrevieren bestehen, als da sind: Ingelfelde, Jeckelswen, Sanwoll, Rasbene, Backow, Jebeo, Zäber, Cyzstow, Meseritz, Drevecke, Patcken, Vietzkow, Ossemer, Elmisdorff, Zisterribbe, Lenzen, Miemcke, Driesten, Niemene, Wustermark, Osterburg, Borkhorst, Mollingen, Runten, Usas, Borkholt, Podbul, Deckstede, Geit, Olden Wudik, Wudik, Seppin, Ruge, Petersmark.

Sonderbar und auffallend ist es, daß in dieser einigen großentheils fruchtbaren Provinz, so viele Dörfer sind wüste geworden und gleichsam verschwunden, so daß man von den meisten nicht einmal die Namen und Spuren wieder finden kann. Solches wird nachdenkenden und einsehenden Einwohnern der Altenmark Gelegenheit und Anlaß geben, weiter nachzuforschen, wo diese Dörfer gelegen, und aus welchen Ursachen sie wüste geworden und eingegangen sind. Der dreyßigjährige Krieg, und noch mehr die alten Kriege, Fehden, oder vielmehr Raubereyen des 13. 14. und 15ten Jahrhunderts, und die in denselben öfters eingefallene Pesten, auch der zum Theil unfruchtbare Boden nach der Magdeburgischen Seite, sind wohl die Hauptursachen davon. Der Verfasser des Landbuchs bemerkt selbst an vielen Orten, daß dieses und jenes Dorf, diese und jene Bauernstelle und Hufe durch die Verwüstungen der Feinde des Landes wüste und unbesetzt geworden. Indessen erhellet doch hieraus, daß die Mark Brandenburg in den alten Zeiten mehr Dörfer, angesessene Bauern und Cossäten und vielleicht auch mehr Einwohner, als in den neuern, gehabt, und es wäre noch zu untersuchen, ob die Anzahl der eingegangenen Dörfer durch die neuangelegten ersetzet ist.

In dieser Provinz findet sich sonst mehr als in andern, daß die alten und ansehnlichen adelichen Familien von Schulenburg, v. Alvensleben, v. Bismark, v. Lüderitz, v. Jeetze, v. Itzenblitz, v. Jagow, v. Knesebek, v. Dequede, v. Börstel, v. Vintzelberg, v. Buch, v. Arnstädt, u. s. w. schon zur Zeit des Landbuchs, zum Theil eben die Güter in der Altenmark besessen haben, welche sie noch jetzt besitzen, welches aus diesem alten glaubwürdigen Buche zu ersehen, ihnen ohne Zweifel nicht unangenehm seyn wird. Es finden sich darin auch viele noch in den Städten der Altenmark blühende bürgerliche Familien, als die Chüden, Bauermeister, Gerike, u. s. w.

Ein jeder Besitzer eines jeden Dorfs wird daraus ersehen können, was die Bauern, Cossäten und Einwohner seines Dorfes, damals an Bede, Zinß, Pacht, Diensten und andern Abgaben und Pflichten entrichtet, und an welche Herrschaften, Klöster, Altäre, oder andere Eigenthümer, welches alles freylich von der gegenwärtigen Zeit sehr unterschieden ist. Man findet darunter viele besondere Abgaben, als May- Holz- Dienst- Schwein- Pfennige. Dieses sind Benennungen, deren Ursprung und Bedeutung theils zu errathen sind, theils auch noch in dieser Landschaft bekannt seyn werden.

Prignitz [1]

Fredenstorp [2] villa XLII mansi quorum plebanus habet III Prefectus V Remanent XXXIIII mansi soluentes Quilibet mansus soluit in festo beati Martini IIII modios siliginis et I solidum denariorum Brandeburgensium Item Cossati sunt VIII dantes simul VIII solidos denariorum Brandeburgensium Taberna II *lapides cepi* Item quelibet domus que sunt XV dat I pullum Item molendinum locatum est pro VƗ choris siliginis Item *conductum theoloneum*

Hertzprung [3] XXIIƗ mansi soluentes Domino precariam et seruitium Quilibet mansus dat in festo beati Martini XVIII denarios et in festo Walburgis IX denarios Brandeburgenses Item ad Martini IƗ quartale siliginis et IƗ quartale ordei et IƗ quartale auene Item sunt ibi XII mansi de predictis quos *Dominus Imperator* emebat de Thilone *Krichledorff* cum omni iure excepto Ɨ manso super quo *Krege* habet precariam et censum Quilibet mansus dedit olim XVI modios siliginis sed hodie VIII modios ad *pactum* Item solidum denariorum ad *censum* Cossati sunt quinque dantes simul quinque solidos Et nota soluentes Domino pactum et Cossati predicti dant pullos fumigales de qualibet domo I pullum Item Dominus habet in Hertzprung tertiam partem iuditii Residuum habet Krege et mansi dantes pactum IX sunt possessi Item inclusis predictis IX sunt XIII possessi dantes precariam

Tytze [4] XL mansi quorum plebanus habet II Prefectus VIII Remanent XXXV soluentes precariam Quilibet mansus ad Michaelis II solidos et Walpurgis X denarios et IƗ quartale siliginis IƗ quartale ordei et III quartalia auene De predictis XVIIIƗ dant *Domino* [5] pactum et censum Quilibet mansus VI modios siliginis et VI modios auene et II solidos denariorum Super Martini prefectus V solidos denariorum Tabernator V solidos denariorum *Dominus* habet ibidem iuditium supremum seruitium et ius patronatus Et nota XVI mansi sunt possessi dantes precariam quorum VII dant Domino et etiam pactum et censum

Dosse [6] parua villa est tota deserta

Wolkow

1) Von den Dörfern der Prigniz findet sich nur dieses einige Blatt in dem einen Exemplar des Landbuchs, wovon die Ursache ohne Zweifel ist, daß damals die Prigniz mit einem Theil der Altmark zum Leibgedinge der Wittwe des Marggraf Ludwig des Römers, nachhero vermählten Gräfin von Holstein, angewiesen war. S. oben S. 35. Sonst gehörte damals die Prigniz zu der Mark, wie daraus erhellet, daß oben S. 28. die Schlösser und Städte der Prigniz stehen. Eben daselbst findet sich schon ein Auszug von eben den hier nachstehenden Dörfern. Es stehet übrigens diese Stelle nicht am Ende des Landbuchs, sondern ganz vorne an, vor dem Hauptstücke, als ein abgerissenes Blatt.

2) Jetzt Freydorf, liegt zwischen Witstock und Ruppin an der Dosse, die durch das Dorf fließt. Es gehöret anitzo einem von Karstedt, vordem dem General von Stille, und im 16ten Jahrhundert war es von denen von Warnstedt besessen.

3) Herzsprung liegt zwischen Kiritz und Witstock, gehöret itzo einem von Kanfung, vor diesem denen von Warnstedt.

4) Itzo Teetz, liegt an der Dosse, und ist Königlich.

5) *Dominus*, bedeutet hier vermuthlich den Marggrafen.

6) Ist das gegenwärtige Dorf oder Städtlein Dosse bey Witstock, das dem Könige und zum Amte Goldbeck gehöret.

Prignitz.

Wulkow [1] XLII mansi quorum plebanus II Item Claus *Gnebeko* habet VI liberos Henningus *Blydemigel* cum fratribus habet VI mansos Prefectus IIII Reliqui XX soluentes Domino precariam et seruitium Quilibet mansus X denarios Brandeburgenses ad Michaelis et IIII ad Walburgis et I quartale siliginis I quartale ordei *equatum* et I½ quartale auene Prefectus V solidos denariorum Brandeburgensium Dominus habet ibi supremum iuditium seruitium et ius patronatus quorum quartam partem predicti de *Gnebeko* [2] dicunt ad se pertinere quia ab antiquo possederunt et X mansi sunt possessi

Lelchow [3] XVII mansi super quibus *Dominus* habet precariam et seruitium Quilibet mansus XVI½ denarios Brandeburgenses et I quartale *equatum* siliginis et I quartale ordei equatum et I½ quartale auene vsuale et XI mansi sunt possessi

Borke [4] Dominus habet precariam super V½ mansis et seruitium super tota villa sed vasalli ceterorum mansorum Domini dicunt quod *Dominus* de iure seruitium non debeat habere nisi super V½ mansis predictis Quilibet mansus dat ad Michaelis XX denarios Brandeburgenses et Walpurgis VIII denarios et similiter I½ modium siliginis I½ modium ordei et III modios auene

Borentyn noua [5] XXIIII mansi soluentes *Domino* precariam et seruitium Quilibet mansus soluit XII denarios Brandeburgenses ad Michaelis et VI denarios ad Walburgis et I quartale auene et XVI mansi sunt possessi

Wodik [6] habet Dominus super XIX mansis precariam et seruitium Quilibet mansus soluit Domino II solidos denariorum super Michaelis et I solidum denariorum super Walpurgis Item I quartale siliginis I quartale ordei et ½ modium auene Eo saluo quod adhuc vlteriorem precariam soluunt quibusdam aliis Item Manuel pie memorie qui hoc anno decessit cum filio habuit ibidem II mansos a Domino in pheodum qui sunt deuoluti ad Dominum cum omni iure excepto I choro siliginis quem H et A *Grabo* dicitur habere Nota quod Dominus super predictis II mansis habet precariam videlicet IX solidos denariorum et ½ modium siliginis ½ modium ordei et I modium auene Item modios VI ordei et XVIII modios auene ad pactum et I modium pisorum IIII solidos denariorum ad censum Item super alio manso qui dicitur *Closterhuue* habet Dominus IX modios auene Nota quod prefatus Manuel habuit II partes de equo pheudali super prefecturam sed primam partem non Molendinum est ibi desertum quod olim soluere consueuit II choros siliginis et XXII solidos denariorum quod etiam fuit predicti Manuel cum iuditio supremo et V mansi sunt possessi quorum I habet libertatem hoc anno Item quoddam *molendinum prope Kyritz* dictum *Steynuorde* [7] soluens ad castrum Frederstorp VI solidos denariorum ad Michaelis et

1) Wulkow an der Dosse, gehöret itzo einem von Kalbo, vorhero haben es die von Saldern, von Gühlen und von Warnstedt besessen.

2) Das Geschlecht von Gnebekow ist ausgegangen.

3) Lelchow hat vermuthlich da gelegen, wo itzo die Colonie Lelchow seit zwey Jahren auf einer wüsten Feldmark dieses Namens, zwischen Kiritz und Wittstock angeleget ist.

4) Borke ohnweit Kiritz, gehöret einem von Klitzing.

5) Ist vermuthlich Wüsten-Borentin, eine Colonie, welche von dem Herrn von Platen zu Wödike, auf einer wüsten Feldmark angeleget ist.

6) Wutike an dem Flusse Jägelitz, gehöret denen von Platen und von Quitzow.

7) Ist die itzige Rudowische Mühle, ¼ Meile von Kiritz.

Prignitz.

IIII solidos ad Walpurgis Summa filiginis XI chori excluso molendino ante Fredenstorp Summa ordei XXII modii Summa auene III chori cum III modiis Summa denariorum de toto anno XIIł talenta et IX solidi de qua Summa falcantur hoc anno totus pactus in villa Frederstorp et XVII modii filiginis in villa Tytze

Borentyn antiqua [1] computauit ad XXVIII mansos seu XL frusta Item Cossati I frustum que faciunt III sexagene minus VIII grossis vel IIIł marcas minus II grossis

Landesberg [2] sunt VIII mansi *Buuelt* quilibet dat ad censum X solidos Viuianz Item Peter Verbitz habet II mansos *Buuelt* habet eos liberos Item Werderhuuen VI quilibet III solidos Item IIII *Iabelhuuen* quilibet V solidos Item molendinum Blumberg X solidos quolibet quartali anni IIł solidos [3]

1) Heißt noch Alt-Barantin, liegt auf der Straße von Kiritz nach Wilsnack, und gehöret einem von Winterfeld und von Platen.

2) Landsberg ist itzo unbekannt.

3) Das Carolinische Landbuch endiget sich im Original nicht mit dieser, sondern mit der oben S. 262. 263. 264. stehenden Stelle, von den Dörfern Schinne und Sterbek, (die ich wegen der Verbindung mit einer andern dort stehenden Stelle von eben diesen Dörfern, dorthin versetzet habe) und dem Worte Amen, womit also der Sammler das Ende des Werkes anzeigen wollen.

Ich werde noch verschiedene Anmerkungen und Erläuterungen über das Carolinische Landbuch, in einem Anhange beyfügen; ich will aber das gleichfalls alte Schoßbuch der Mark Brandenburg von 1451. vorhergehen laßen, weil das eine zur Erklärung des anderen dienet.

Register des Lantschotz [1]

das wir Henrick Schullenboltz Vlrich Kuchemeyster Petrus Pletz Scribere [2] von vnsers gnedigen Herrn wegen Margreue Friderich der alde von Brandenborch [3] berechnet beseriben vnde ingenommen haben von den or-

Anmerkungen.

1) Da ich in der Königl. Bibliothek zu Berlin, zwey alte Register des Märkischen Landschosses von 1450. und von 1451. gefunden, so glaube ich, den Liebhabern der vaterländischen Alterthümer, durch die Bekanntmachung des letzteren, das mit dem ersten fast gleich, doch etwas vollständiger ist, um so mehr einen angenehmen Dienst zu leisten, als selbiges mit dem Carolinischen Landbuche größtentheils übereinstimmet, und sowohl zur Erleuterung desselben, als auch der heutigen Landesverfaßung dienet. In der That sind das Carolinische Landbuch und dieses Schoß-Register von 1451. die noch vorhandene älteste Landes-Catastra, auf deren Grund die neuern nach und nach, und das neueste von 1624. errichtet sind. Man findet darin verzeichnet, wie viel Hufen in jedem Dorfe, wie viel frey oder steuerbar, wie viel Coßäten, Krüge und Mühlen gewesen, was von allen und jeden dem Gutsbesitzer zu entrichten, und was von solchen Einkünften an Landschoß dem Landesherrn zu bezahlen sey.

Dieser Landschoß war nicht die Beede, noch der Zinß, als die gewöhnliche Ackersteuern, die immer in dem Carolinischen Landbuche vorkommen, noch auch der anitzt in der Mark noch übliche Personenschoß, sondern eine allgemeine Landsteuer oder Landbede, die außerordentlich im Lande ausgeschrieben wurde, wie die im Jahr 1377. auf der 14ten Seite des Landbuchs verzeichnet ist, und die so nachher durch die Landtagsrecesse von 1472. und 1534. den Churfürsten Albert und Joachim zwar nur auf eine gewisse Anzahl Jahre und zur Bezahlung der landesherrlichen Schulden bewilliget, nachhero aber nach und nach fortgesetzet und zu einer beständigen Landsteuer, unter dem Namen des Hufen- und Giebel-Schosses geworden ist

Der Landschoß wurde in den alten Zeiten, nach den klaren Worten der oben stehenden Innschrift des Landschoß-Registers von 1451. dergestalt ausgeschrieben, daß die Einkünfte eines jeden Guts nach *frustis* oder Stücken Geldes, deren Bedeutung oben bey dem Carolinischen Landbuche S. 7. ausgeführt ist, angenommen, von jeden solcher Stücken Geldes, der Schoß zu 10 gr., für diesesmal aber im Jahr 1451. nur zur Hälfte gefordert und angenommen worden. Diese Art der Berechnung der Landsteuer nach frustis oder Stücken Geldes, war in dem oben S. 11. angeführten Brandenburgischen Landesvergleich von 1281. ein für allemal eingeführt und angenommen, und scheinet bey den nachfolgenden Landsteuern im 13. 14. und 15ten Jahrhundert immer beybehalten worden zu seyn. Da nun die Landessteuer von den Stücken Geldes zu 10 Gr., die Groschen aber, wenn sie bis zur Zahl von 60. gestiegen, zu Schocken berechnet wurden, so entstand daraus die hier in dem Schoßregister von 1451. bey jedem Dorfe stehende Berechnung des Landschosses zu Schocken und Groschen; daher ist ohne Zweifel nachher die Gewohnheit entstanden, daß man die Berechnung von Stücken Geldes verlassen, und die neuen Anlagen zu Pfennigen und Groschen auf die schon bekannte Anzahl Schocke, die ein jedes Dorf zu erlegen hatte, gemacht. Der berühmte und der Märkischen Landesverfassung vorzüglich kundige Herr Geheime Kriegsrath, von Thiele, hat in seinem lehrreichen und ungemein nützlichen Werke, von der Churmärkischen Contribution und Schoßeinrichtung, im ersten Abschnitte S. 85 und im 25ten Abschnitte S. 561. u. s. f. von dem Ursprunge und der Beschaffenheit des Churmärkischen Schoßes, gute Nachricht gegeben, die aus dem Carolinischen Landbuche und dem gegenwärtigen Schoßregister von 1451. in Zusammenhaltung mit den folgenden, von jemanden, der Zeit und Kenntniße hätte, gar sehr erweitert und erläutert werden könnte. Ich habe nicht nötig das Wort Schoß zu erklären; aus den Wörterbüchern und sonst ist bekannt genug, daß Schoß eine der ältesten und allgemeinsten Benennungen der öffentlichen Landesanlagen und Steuern in Teutschland ist.

2) Dieses sind die Namen der Schreiber und Secretarien, welche den Landschoß für den Churfürst berechnet und eingenommen.

3) Hier wird Churfürst Friderich der Zweite verstanden, der öfters in den Urkunden der damaligen Zeit, Marggraf Friderich der alte genennet wird, ohne Zweifel zum Unterscheide seines Bruders, des jüngern Marggrafen Friderichs, der die Altemark absindungsweise besaß.

den Landes [2] hirnach gescriben y von eyme Stuck Geldes [3] X ggr. [4] von Cristi unsers Herrn Thusent virhundert unde in deme eyn unde funczigsten Jaren [5] alzeme scribet

Districtus [5] Theltow

Opidum Theltow [6] horet dem Bischopp von Brandenburg alze vormals gerechent haben unde geben VIII schogk unde haben darin eynen Lantschepen [7] der behelt II stuck frey Haben geben dy helfft III schogk L ggr

Thempelhove [8] haben dy beyde stede Berlin und Colln von meym Hern czu lehne Uff der feltmarck syn LII huben das gotzhus I So syn IIII huben czinsen unser liben frawen Dy anderen geben iglich VIII gr. III ₰ Der cruck gibt I pfunt pepers III Cosseten geben insamen III gr Und haben gerechent uff XXI stuck geben dy helfft I sch XLIII gr IIII ₰

Margen-

1) Dieses Schoßregister gehet nur auf die Creiser Telcow, Barnim, Zauche, Havelland und Glin; alle übrigen stehen nicht darin.

2) Ein Stücke Geldes, Lateinisch, *frustum*, war eine Quantität von Korn oder Gelde, wornach alle Einkünfte in dem mittlern Zeitalter berechnet wurden, als 1 Winspel Roggen oder Gerste, 16 Scheffel Weitzen, 1 Pfund Silbers, u. s. w. welches umständlich und deutlich ausgeführet ist in und bey dem Carolinischen Landbuche, oben S. 7.

3) Von dem Werthe der Groschen ist nachzusehen, was oben in und bey dem Carolinischen Landbuch S. 2. 3. 4 und 5. gesagt ist.

4) Ich habe, wie schon oben erwehnet, hier nur das Register des Landschoßes von 1451. abdrucken lassen, solches aber mit dem weniger vollständigen von 1450. welches in demselben Codice stehet, verglichen. Der Unterscheid beyder Register bestehet vornemlich darin, daß in dem ersten der Schoß für voll zu 10. Groschen, in dem jüngern von 1451. aber nur zur Hälfte gerechnet ist.

5) Die Benennung von Districtus, kommt sowohl hier im Schoßregister von 1451. als im Carolinischen Landbuche vor. In den neuern und itzigen Zeiten wird billig dafür das teutsche Wort, Creiß, gebraucht. Ich habe die Dörfer nicht in der Ordnung, wie sie in dem Original des Schoßregisters stehen, sondern nach der Ordnung des Carolinischen Landbuchs, gesetzt, damit man auf dasselbe desto leichter zurückgehen könne

6) Das Städtchen Telcow, welches bis zur Reformation dem Bischof von Brandenburg gehöret, und nicht unmittelbar war, wird hier mit dem Landschoß zu den Dörfern, und nicht zu den Städten, gerechnet. In dem Carolinischen Landbuche stehet es S. 128. unter den Dörfern des Bischofs aufgeführet, ohne Zweifel, weil es zu des Bischofs von Brandenburg Tafelgütern gehöret und von Landes-Abgaben frey war. Zu dem Landschoß aber hat es beytragen müssen, wie sich hier zeiget.

7) Ein Lanschepe, oder *Scabinus terre*, war ein Bauer, der in dem Landgerichte mit saß, und Recht sprach, s. oben S. 37. N. 4. wofür sie gewisse Hufen in ihrem Dorfe besaßen, die frey von Abgaben waren.

8) Der Artikel von Tempelhof, stehet im Carolinischen Landbuche S. 49. Hier wird gesagt, daß es vom Churfürsten zu Lehen gehe; es ist aber auch ein Afterlehen vom Johanniterorden. Im Jahr 1451. sind 52. Hufen angegeben, zur Zeit des Carolinischen Landbuchs aber nur 50., jetzo hat es 46. S. des Herrn von Thiele Verfassung der Churmark S. 542. Der Unterscheid rühret bey mehreren Dörfern daher, daß im Carolinischen Landbuche und in dem Schoßregister von 1451. alle Hufen eines jeden Dorfes, in dem neuern Catastro aber von 1624. nur die steuerbaren verzeichnet sind. Dieses Dorf besitzet anitzt die Familie von Reinhardt.

Teltow.

Margendorff [1] haben dy beyde stede Coln vnd Berlin von meym Hern Uff der feltmarck seyn XLVIII huben Von den hat der Pfarer III das gotzhuß I Dy andern geben czu Bee VIII czu czinse ½ schock I virt roggen I virt gersten ½ schepel haberen Der cruck VI gr. I pfunt pepers III Coseten geben XVIII ₰ Dy Lantschesse dy behalt in II stuck Als gerechent vff XXXIII stuck XXX½ gr III ₰ Geben dy helfft II sch XLVIII gr VII ₰

Glincke [2] hat Mußlow von meym Hern czu lehne Uff der feltmarck seyn XLIII huben Von den hat der Pfar IIII Mußlow XXVII frey dar horen II coseten czu So syn IIII besatz Gibe iglich VI schepel roggen VI schepel haberen Der cruck gibt VIII gr. yst wust Dy Coseten geben czusamen an gelde vnde an huner II½ stuck dar syn II vff wust gerechent vff III stuck geben dy helfft XIII gr

Bonstorff [3] hat Berckholz von meym Hern czu Lehne [4] Uff der feltmark seyn XXV huben Darvon hat der Pfar I das gotzhuß I so czinsen XXI huben iglich VIII schepel rogen VIII schepel haber vnd VI gr [5] II Coseten geben XVIII honre Als [6] gerechent vff XIII stuck XXXV gr Haben geben das halbe schoß I sch IX gr

Schultendorff [7] hat stoffen Storckow von meym Hern czu lehne Uff der feltmarck syn LV huben Von den hat der Pfarer IIII so syn XVIII huben besatz Gibe iglich czinset iglich III schepel rogen III schepel haber III ₰ Dy andern triben dy Hern vnde syn wust Der cruck gibe VIII½ gr II Coseten geben VI gr Als gerechent vff V stuck IIII gr Geben dy helffte XXV½ gr

Rikebusch [8] hat Mußlow vnd Hake von meym Hern Uff der feltmarck syn XLIII hufen Davon hat der Pfar III Vnd dar ist ock I Lantschep dy hat II stuck fry Dy andern geben iglich V schepel roggen V schepel habern VI gr Der cruck gibt XV gr III coseten geben XV gr Dy molen XVI schepel roggen Haben au geben von XVIII stuck Geben die helfft I sch XXXI gr

Glasow

1) Von Mariendorf, siehe das Carolinische Landbuch S. 49. woselbst sich eben dieselbe Anzahl der 48. Hufen findet, die auch noch itzt vorhanden ist. Die Dörfer, Mariendorf, Marienfelde, Tempelhof und Richardsdorf, gehörten damals dem Johanniterorden, der sie 1435. an die Städte Berlin und Cölln verkauft. Diese besitzen diese Dörfer auch noch itzt, außer Tempelhof. Hinter Mariendorf folget in dem Carolinischen Landbuche, Klein-Machenow, welches aber in dem Schoßregister von 1451. gar nicht stehet, wovon die Ursache mir unbekannt ist.

2) Glinke stehet im Carolinischen Landbuche S. 50. mit 49. Hufen, hier nur mit 43. im neuesten Catastro nur 4. weil die übrigen nach Carl 4. Landbuche ritterfrey geworden. Der Mußlow, der Glinik 1451. besessen, ist ohne Zweifel der Muslolf des Carolinischen Landbuchs. Es gehöret anitzt zum Königlichen Amte Cöpenick.

3) Bonstorf stehet unter dem Namen, Benestorp, in dem Carolinischen Landbuche S. 50. mit 25. Hufen, so wie hier.

4) In dem Schoßregister stehet bey allen Dörfern, daß sie von meym Herrn zu Leben geben, das ist: vom Marggrafen oder Churfürsten. Im Carolinischen Landbuche stehet dieses nicht.

5) Es ist sonderbar und merkwürdig, daß in dem Carolinischen Landbuche nicht allein der Zinß, so gemeiniglich in Korn bestanden, sondern auch die Bede angeführet stehet; in dem Schoßregister aber stehet selten die Bede. Der Zinß gehörete dem Gutsherrn, die Bede aber gemeiniglich dem Landesherrn, der sie aber sehr oft an Privatleute veräussert.

6) Das Wort Als, welches im Schoßbuche bey jedem Dorfe vorkommt, bedeutet so viel als alles, nemlich daß alle Einkünfte des Dorfs auf so viele frusta oder Stücken Geldes gerechnet sind.

7) Schultendorf stehet in Carolinischen Landbuche S. 50. mit 47. Hufen, hier mit 55. Es gehöret anitzt zum Königl. Amte Zossen.

8) Rikebusch stehet im Carolinischen Landbuche S. 51. hatte damals 42 Hufen, und gehöret anitzt zum Königlichen Amte Rotzis.

Teltow.

Glasow [1] hat Mylow von meym Hern czu lehne Uff der feltmarck seyn XLIII huben Von den hat der Pfar IIII So syn V huben geben im sammen XXX schepel roggen XXX schepel habern ½ sck IX huben gibt iglich IIII schepel roggen IIII schepel habern II gr Dy ander geben V schepel roggen V schepel habern V gr Geben czu Bet I virt roggen I virt gersten I schepel habern III gr VI ₰ Dy mol czinst XV gr Dy coseten geben im sammen XX gr Der cruck gibt XI gr II ₰ Alß gerechent vff XXI stuck Geben dy helft I sck XLVI gr VII ₰

Dalewitz [2] hat Wilmerstorff von meym Hern czu lehn Uff der feltmarck seyn L huben darvon hat der Pfar IIII fridrich Wilmerstorff VI So syn II wust Dy andern geben iglich VI schepel roggen VI schepel habern III gr Der cruck XV gr Drey Coseten geben czusamen XIII gr. Dy Mol X gr. II schepel roggen Als gerechent vff XVIII stuck XVII gr Geben die helft I sck XXXII gr IIII

Stanstorff [3] haben dy Haken von meym Hern czu lehne Uff der feltmarck seyn XXXIII huben Darvon hat der Pfar II So syn II wust Dy andern gibt iglich VI schepel rogen VI schepel habern IIII gr Der cruck gibt XXII gr Dy coseten geben im summen XVIII gr Als gerechent vff XV stuck Geben dy helfft I sck XX gr I ₰

Rudow [4] haben dy Dyrecken von meym Hern czu lehne Uff der feltmarck syn LXIIII huben Darvon hat der Pfar III das goßhuß I Haben dy Mußlow XIX frye Dy schultze VI huben IIII geben XI schepel rogen XI schepel habern II geben VI schepel rogen VI schepel habern XVIII gr Peter Smet IIII huben gibt XI schepel rogen XI schepel habern Andres Smet IIII huben Gibt XI schepel rogen XI schepel Habern Dy Gruger II huben Gibt XI schepel Hanß Wilken II huben gibt auch czu XI Jacob Großkog III huben gibt czu IX vnd czu IX Bruge Kalp II huben czu IX vnd czu IX vnd VIII gr Jacob Wilken III huben Gibt XVIII schepel rogen XVI schepel habern XVIII gr Dyselve man gibt den lantschepen ½ sck Speche V huben Geben czu IX vnd czu IX vnd XX gr. Mertin Lomen V huben Gibt to IX vnd czu IX auch XX gr Jacob Tidecken III huben Gibt czu VI vnd czu V Item dy Coseten geben an gelde vnd an honeren vor II stuck IX gr Als gerechent vff XXIX stuck Geben dy helft II sck XXV gr

Brusendorff [5] hat Otterstede vnd Wilmerstorff von meym Hern czu lehne Uff der feltmarck syn LI huben Von den hat der Pfar III das goßhuß I So yst I hube wuste Czinsen XLVII huben Czinset iglich VI schepel rogen VI schepel haber II schepel gersten XII gr Der cruck gibt XV gr VII Coseten gibt iglich IIII½ schilling ₰ III Coseten III schilling ₰ Als gerechent vff XXXVI stuck III gr VI ₰ Geben dy helfft III sck III ₰

Rogeo

1) Glasow stehet im Carolinischen Landbuche S. 51. und gehöret itzt zum Amte Potsdam.

2) Dalewitz stehet im Carolinischen Landbuche S. 51. hat in beyden gleich viel Hufen, und gehöret itzt denen von Otterstede.

3) Stansdorf stehet im Carolinischen Landbuche S. 52. hatte damals 36 Hufen, und gehöret noch itzt denen von Hake.

4) Rudow stehet im Carolinischen Landbuche S. 52. hat damals, so wie im Schoßbuche, 64. Hufen gehabt; und gehöret anitzt dem Könige zum Amte Cöpenick.

5) Brusendorff stehet im Carolinischen Landbuche S. 52. hatte damals 51 Hufen, und gehöret noch itzt, so wie zu Zeiten des Landschoßregisters von 1451. denen von Otterstede.

Teltow.

Rotzes [1] ist meyns Hern des Marggraven Uff der feltmarck syn XL huben Von den hat der Pfarr III Dy andern gibt iglich V schepel rogen II schepel gersten VI schepel haber VI gr Geben czur Bet iglich ½ schepel rogen ½ schepel gerste I schepel haber Die Coseten geben XV groschen Dy molen gibt dem gotzhuse Als gerechent uff XXV stuck XXVII gr IIII ₰ Haben zu geben das halbe schoß II sck VIII gr IIII ₰

Margenfelde [2] haben beyde stede Berlin und Colln Unde gent von meym Hern czu lehne Uff der feltmarck syn XLII huben Von den hat der Pfarr III das gotzhus I Die andern geben iglich ½ sck I virt rogen I virt gersten ½ schepel haber Der cruck gibt I pfund pepers Sune huben seyn IIII wust Als gerechent uff XXVII stuck Geben dy helffte II sck XV gr

Schenkendorff [3] gent czu lehne von meym Hern Das hat Slaberndorff und die von Bare Uff der feltmarck seyn XXV huben Davon hat der Pfarr II So seyn III wust Hat die Slaberndorffinne czu sich genommen Dy andern gibt iglich III schepel rogken III schepel haber I½ gr Der cruck XXIIII gr Die Coseten geben im samen XXXIIII gr VI ₰ Geben gen Buten vor holtz und graß ½ wispel roggen ½ wispel haber XII schillinge ₰ Als gerechent uff VI½ stuck Geben dy helfft XXXI gr III ₰

Lutken Czieten [4] hat Otto Wichuß von meym Hern czu lehne Uff der feltmarck seyn XLII huben Von den hat der Pfarr III und das gotzhuß I Wichuß V frey Dy andern geben iglich VI schepel roggen VI schepel haber IX gr Der cruck gibt XV gr. V Coseten gibt iglich XVIII ₰ und III honre Als gerechent uff XX stuck XXI gr Geben die helfft I sck XLII gr V ₰

Schonfelde [5] hat Mußlow von meym Hern czu lehne Uff der feltmarck seyn LII huben Von den hat der Pfarr II so ist I wust Dy anderen XL huben czinsen iglich VI schepel rogen VI schepel habern III gr Der cruck XXIIII gr Dy coseten V gr Als gerechent XVIII stuck XXVIII gr IIII ₰ Geben dy helfft I sck XXXIII gr V ₰

Rudow [6] hort gen Buten Uff der feltmarck seyn IX huben Davon hat der Pfarr II Dy andern gibt iglich XIIII gr II ₰ Dyselben huben gan gegen Saremund czu Bet Gibt iglich VI schepel rogen VI schepel habern Geben gen Buten VI schepel gersten III schepel habern Der cruck gibt XL gr Der schulte gibt sundberlich II pfunt pepers X coseten gibt iglich XII ₰ Dyselben coseten und huben zeben gegen Saremund und gen Buten XXI hunere Als gerechent uff IX stuck XV gr Haben nu geben dy helft XLVII gr

Britzck [7] haben dy Brincken von meym Hern czu lehne Uff der feltmarck syn LX huben Von den hat der Pfarr III das gotzhuß I So hat Hans und Otto XXIIII fry Dy andern gibt iglich

1) Rotzes, itzo Rotzis, stehet im Carolinischen Landbuche S. 52. unter dem Namen Rodenst, hatte damals schon 40. Hufen, und gehöret itzt dem Prinzen von Preussen.

2) Marienfelde stehet im Car. Landbuche S. 53. und gehöret noch itzt dem Rathe der Stadt Berlin.

3) Schenkendorf stehet im Car. Landbuche S. 53. und gehöret itzt zum Königl. Amte Saarmund.

4) Klein-Zieten stehet im Carolinischen Landbuche S. 53. hatte damals auch 42. Hufen, und gehöret itzt einem von Jlanß.

5) Schönfeld stehet im Carolinischen Landbuche S. 53. und gehöret anitzt dem Dohmcapitul zu Berlin.

6) Rudow stehet im Carolin. Landbuche S. 54. und gehöret noch itzt zum Königl. Amte Saarmund.

7) Britzck, von diesem mir selbst gehörenden Dorfe, findet sich umständlichere Nachricht und Vergleichung in und unter dem Carolinischen Landbuche S. 54.

Teltow.

iglich XII schepel rogen XII schepel habern Der cruck gibt vor Veßlande XLV gr XII cosseten geben czusamen XXVII gr als gerechent vff XXIII stuck Haben nu geben dy helfft I sck LVII gr

Rulstorff[1] ist meyns Hern Vff der feltmarck seyn L huben Darvon hat der Pfarr III So czinsen XLVII huben iglicher VI schepel rogen VI schepel habern III gr Czu Bet IIII½ gr Vnd geben alle czu Bet im sammen XIX schepel rogen XXIII schepel habern Dy Coseten geben dem gotzhuß Als gerechent vff XXVI stuck VII gr II ₰ Geben dy helfft II sck XI gr V ₰

Lutkenberen[2] hat Andreas von Berne vnd gent von den von Toryow czu lehne Vff der feltmarck seyn XLI huben Von den hat der Pfarr II Dy andern czinsen iglich VIII schepel rogen VI schepel habern VI gr Der cruck gibt XI gr II Coseten geben VIII gr Als gerechent vff XXVII stuck XIX gr Geben die helfft II sck XVIII gr

Judenstorf[3] hat Mylow von meynm Hern czu lehne Vff der Feltmark seyn XL huben Von den hat der Pfarr IIII Dy anderen geben iglich III schepel roggen II schepel habern III gr Der Cruk czinset XV gr XII Cosseten geben czusamen XVIII gr Als gerechent vff X stuck Geben dy helfft L gr

Lichterfelde[4] haben dy Briczken von meynm Hern czu lehn Vff der feltmarck seyn LII huben Darvon hat der Pfarr III So czinsen dy andern iglich V schepel rogen V schepel haber III gr vszgenommen III huben Gibt iglich IIII schepel rogen IIII schepel haber III gr Der Cruck gibt IX gr V Coseten geben XX gr Als gerechent vff XX stuck I sck XL gr

Blanckenfelde[5] haben dy Lypen vnd dy Poszel von menm Hern czu lehne Vff der feltmarck syn LIIII huben Von den hat der Pfar IIII Claus von der Lype IX frey Hake XIIII½ Mylo VI½ frey Dy andern gibt iglich V schepel rogen V schepel haber IIII gr Der cruck gibt XLVIII gr Dy cosseten geben XLV gr Dar syn II aff wuste Die mole czinset ½ stuck Als gerechent vff XIIII stuck Geben die helfft I sck VI gr

Wolterstorff[6] haben dy von der Lype von meynm Hern Vff der feltmarck seyn LXXIII huben Von den hat der Pfar II das gotzhuß I So haben dy hern IIII frey Krewitz IIII huben So seyn VIII wuste IIII gibt iglich IIII schepel rogen IIII schepel haber V schilling ₰ Dy hern IIII frey Dy andern geben iglich VIII schepel Rogen XVII schepel haber V schilling ₰ So seyn XVIII huben von den triben dy hern IX Dy andern gibt iglich VI schepel rogen VI schepel haber VI gr Dy mole gibt III schepel rogen I pfunt pepers Der cruck gibt IX schillig ₰ II coseten geben VII gr II ₰ Als gerechent vff XXXV stuck IIII gr Haben geben dy helfft III sck II gr

Hogelo-

1) Rulstorf stehet in Carl 4. Landbuch S. 55. und gehöret itzt dem Herrn von Thiele.

2) Lurkenberen, oder das itzige Klein Beeren, soll nach der Meynung derer, die den Teltowischen Creiß kennen, das Dorf Melvenderp seyn, das im Carolinischen Landbuche S. 55. stehet, aber weder in diesem Schoßbuche, noch sonst anderwärts, vorkommt. Es gehöret, mit Großen-Beer, der alten Märkischen Familie von Beer.

3) Judenstorf, itzt Jünsdorf, stehet im Carolinischen Landbuche S. 55. und gehöret itzt denen von Schlaberndorf.

4) Licherfelde stehet im Carolinischen Landbuche S. 56. gehörte vor diesem denen von Brigke, itzt aber denen von Bülow.

5) Blankenfelde stehet im Carol. Landbuche S. 56. und war damals ein Lehen der alten Familie von Lypen, ist es auch noch itzt.

6) Woltersdorf stehet im Carol. Landbuche S. 56. gehöret itzt dem Prinzen von Preussen.

Teltow.

Hogelomen [1] haben dy Glibener von meym Hern czu lehne Vff der feltmarck seyn XXXVI huben Davon hat der Pfarr VIII So syn X huben besatz Gibt iglich III schepel rogen III schepel haber III gr Dy coseten geben VII½ gr Als gerechent vff III½ stuck VII½ gr Haben nur geben das halbe schoß XII½ gr

Schonberge [2] haben dy Falkenrede von meym Hern czu lehne Vff der Feltmark seyn LII huben Von den hat der Pfar II Das gotshuß I So syn X huben Czinset iglich VIII schepel roggen VIII schepel haber VIII schillingk ₰ So geben noch X huben VI schepel roggen VI schepel haber VIII schilling ₰ XI huben VI schepel roggen VI schepel habern X schillinge ₰ XVIII huben VIII schepel roggen VIII schepel haber vnd X schillingk ₰ Der Cruk gibt XLV gr I Cosete ist wuste VI Coseten geben imsamt XXIIII gr Als gerechent vff XLII stuk Geben die halbe Schoß IIII½ schock.

Lichtenrode [3] ist meyns Hern Vff der Feltmark seyn LXIIII huben Davon hat der Pfar IIII Dy andern gibt iglich VI schepel roggen VI schepel haber IX gr Der Cruk gibt XXIIII gr IIII Cosseten geben IIII gr Als gerechent vff XXXVI stuck XXVIII gr Geben dy helfft III sck IIII½ gr

Wendeschen Stanstorff [4] haben dy Haken von Bischoff von Brandenburg czu lehne Vff der feltmarck seyn XV huben

Nizendorff [5] hort in dy Vogdye czu Potstamp Vff der feltmarck seyn XI huben Gibt iglich ½ sck V Coseten geben XII gr So seyn II Coseten von den V geben ½ schepel mahns VI hunner Als gerechent vff VIII stuck Haben geben die helfft XXXIIII gr

Lutze [6] hort den Junckfrawen von Spandow Vff der feltmarck seyn XIII huben vnd czinsen iglich ½ schock So syn VI Cosseten gibt iglich V gr Als gerechent vff X stuck XVII gr Haben geben halp LII gr I ₰

Wassemestorff [7] hat Müßlow von meym Hern czu lehne Vff der feltmarck seyn L huben Von den hat der Pfarr IIII Vnd seyn III wust XLIII huben czinsen iglich VIII schepel roggen VIII schepel habern III gr Dy Coseten geben imsamen XVIII gr vnd X honer Als gerechent vff XXV½ stuck Geben dy helfft II schock VII½ gr

1) Hogelomen, itzt Hohenlähme, stehet im C. Landb. S. 56. und gehöret zum Prinzlichen Amte Wusterhausen.

2) Schönberg, welches nahe an Berlin liegt, stehet im Carol. Landbuche S. 57. und gehöret itzt zu dem Königl. Amte Mühlenhof.

3) Lichtenrode stehet im Car. Landbuche S. 57. gehöret anitzt der reformirten Dohmkirche zu Berlin.

4) Von Wendisch-Stanstorf, das jetzt unbekannt, ist nachzusehen Carl 4. Landbuch S. 58. Darauf folget in gedachtem Landbuche die sogenannte Hakenmoble, welche die itzige Mühle bey dem Einfluß der Nute in die Havel seyn soll, die aber in dem Schoßregister nicht stehet. Auf Hakemole folget im Carol. Landb. S. 58. Klein Glinike mit 7. Hufen, welches im Schoßregister von 1451. nicht stehet.

5) Neuendorf stehet im C. Landb. S. 58. und gehöret itzo zum Königl. Amte Potsdam.

6) Lutze ist das itzige Dorf Lützen, bey welchem das Schloß und Städtchen Charlottenburg angeleget ist. Es stehet im Carol. Landbuche S. 58. und hat in demselben sowohl, als in dem Schoßregister, 13. Hufen gehabt, und dem Nonnenkloster zu Spandow zugehöret, jetzt aber zum Amte Spandow.

7) Wassemestorff, wird itzt Waßmansdorf, oder Wastorf geschrieben, stehet im Carol. Landbuche S. 58. und gehöret itzt denen von Schlabrendorf. Darauf folget im Carol. Landbuche S. 59. Ostorp, welches damals noch ein Kirchdorf gewesen, in der kurzen Zeit von 1377. bis 1451. aber eine wüste Feldmark geworden seyn muß, wie es itzt noch ist. S. das Carol. Landbuch S. 59.

Teltow.

Gyßmestorff [1] hat Henninck Qwast von meynm Hern czu lehne Vff der feltmarck seyn L huben Darvon hat der Pfar III So czinsen XLVII huben iglich VI schepel roggen VI schepel habern VI gr VII Coseten geben czusamen XII gr Als gerechent vff XXV stuck III½ gr Geben dy helfft II schock V gr II ₰

Dutschenwusterhusen [2] haben dy Slibener von meynm Hern czu Lehne Vff der feltmark seyn XLIII huben Von den hat der Pfar III Das gotzhuß I So seyn VII wuste Dy andern geben iglich X schepel roggen VII schepel habern IIII gr Der Cruck gibt XXIIII gr IX Coseten geben V gr Als gerechent vff XX stuck Geben dy helfft I schock XL gr

Großen Cziten [3] hat Otto Wichuß von meynm Hern czu lehne Vff der feltmarck seyn LIX huben Darvon hat der Pfar V Das gotzhuß I Otte Wichuß VIII fry Dy andern XXXVII huben gibt iglich VIII schepel roggen VIII schepel habern VIII huben iglich ½ schock Der Cruck gibt ½ schock Dy Coseten geben imsamen XVIII gr Als gerechent vff XXV stuck Geben dy helfft II schock IX gr

Großen Rinitz [4] hat Milow von meynm Hern czu lehne Vff der feltmarck seyn XLIIII huben Von den hat der Pfar III Dy Milow haben IIII frye Dy andern geben iglich VI schepel roggen VI schepel habern IIII schepel gersten VI gr Der Cruck gibt ½ schock gr V Coseten gibt iglich XX ₰ Als gerechent vff XXVI stuck Haben geben dy helfft II sck X gr

Lutken Rinitz [5] haben dy Lypen von meynm Hern Vff der Feltmarck seyn XXX huben Davon hat der Pfar II So seyn II huben wust So czinsen XV huben iglich VI schepel habern VI schepel roggen II schepel gersten III gr So geben VIII huben iglich VI schepel roggen VI schepel haber II gr Dy andern geben iglich VI schepel roggen VI schepel habern III gr Dy Coseten geben VIII gr Dy mole czinset ½ stuck Als gerechent uff XV stuck Geben dy helfft I sck XIII½ gr

Selgow [6] haben dy ypener Henrick Stroband Hoppenrode von meynm Hern czu lehne Vff der Feltmark seyn LX huben Davon hat der Pfar II Seyn III wust So seyn X huben gibt iglich VI schepel roggen VI schepel habern VI huben gibt iglich IX schepel roggen VI schepel habern So seyn XV Huben gibt iglich VIII schepel I virt roggen VI schep I virt habern III gr So seyn V huben Geben imsamen II Wispel V schepel roggen XV schepel gerste XXX schepel habern IIII Coseten geben czusamen XXIX gr an hunren vnd an gelde Dy mole gibt V schepel roggen Als gerechent vff XXVIII stuck I virtel Geben die helfft II sck XXII gr II ₰

Lanck.

1) Gyßmestorff, welches itzt Giesensdorf heisset, und denen von der Gröben gehört, scheinet das Dorf Gieselbrechtsdorf zu seyn, das im Carol. Landbuche S. 59. stehet, als welches sonst unter diesem Namen in dem Schoßregister nicht vorkommt. Die Anzahl der Hufen stimmt auch überein; es ist aber nicht wohl zu begreifen, auf welche Art das Gut Gyßmestorff, so im Jahr 1377. ein Tafelgut des Bischofs von Brandenburg gewesen, im Jahr 1451. ein Churfürstl. Lehen eines von Quast geworden seyn soll.

2) Deutsch-Wusterhausen liegt bey Wendisch- oder Königs-Wusterhausen, stehet allein im C. Landb. S. 59. gehörte 1377. und 1451. denen von Schlieben; anitzt gehört es dem Prinzen v. Preussen.

3) Groß-Ziten steht im C. Landb. S. 59. hat darin 59. Hufen, und gehöret anitzt einem von Flanß.

4) Groß-Rinitz stehet im Carol. Landbuche, so wie hier, mit 44. Hufen, und gehöret anitzt dem Prinzen von Preussen.

5) Klein-Rinitz stehet im Carol. Landbuche S. 60. hat damals auch 20 Hufen gehabt, und gehöret itzt dem General von Tauenzien.

6) Selchow stehet eben so im Car. Landbuche S. 60. hat damals 57. Hufen gehabt, und gehöret anitzt dem Prinzen von Preussen.

Teltow.

Lanckwitz [1] hort den Junckfrawen czu Spandow Vff der feltmarck seyn XL huben Darvon hat der Pfar V das gotzhutz I So czinsen dy anderen igliche hube V schepel haber IIII schepel roggen V gr Der Cruck gibt nichts Als gerechent vff VIII stuck XXXI gr Haben nu geben das halbe Schoß I sck IX gr

Gutergotz [2] hort dem Kloster Lehnyn Vff der feltmarck seyn LII huben Von den hat der Pfar II So seyn VI huben Dy anderen geben iglich VI schepel roggen IIII gr Vnd geben alle czu Bet ½ wispel roggen ½ wispel gersten ½ wispel habern und III gr Der Cruck ist wuste II Coseten geben VI Als gerechent vff XXI stuck minus I gr Haben nun geben das halbe schoß I sck XLVI gr

Czelendorff [3] hort den Monchen von Lehnyn Vff der feltmarck seyn L huben Von den hat der Pfar II Dy anderen gibt iglich ½ wispel hartes korn vnd IIII gr Geben gegen Sarmund ½ wispel roggen ½ wispel gerste I wispel haberen III gr Der Cruk czinset I sck Dy Coseten geben XL gr Dy mole czinset XX schepel roggen Als gerechent vff XXIX stuck XX gr Geben dy helfft II sck gr XXVIII gr

Richerstorff [4] hort beyden steden Berlin vnd Coln Vff der feltmarck seyn XXV huben Darvon hat das gotzhuß I So czinsen dy anderen iglich ½ sck Dar seyn XI Coseten Gibt iglich XVIII ₰ Dy Czidelheyde gibt ½ sck So geben sy von lande III stuck Als gerechent XXII stuck XIIII gr VI ₰ Geben dy helfft I sck LI gr VII ₰

Heynrichestorff [5] ist meyns Heren vnd ist altar gut Dar seyn LIII huben Darvon hat der Pfarrer III das gotzhuß I So seyn XI huben wust Clauß Czelken VI huben gibt I½ wispel roggen I½ wisp habern Hans Dorwerder IIII huben Gibt XVI schepel roggen XVI schepel haber XXXVI gr Lucas Junge V huben XX schepel roggen XX schepel habern ½ sck Der Schulte VI huben I wisp roggen I wisp haber XII gr Olde Hans Molner VI huben I wisp roggen ½ wisp. haber XXXVI gr XII honre Jacob Dorwerder VI huben I wisp roggen I wisp habern LIIII gr Junge Hans Molner III huben XII schepel roggen XII schepel habern XXVII gr Als gerechent vff XVI stuck Geben dy helfft I sck XX gr.

Bukow [6] haben dy Britzken von meym Hern czu lehne Vff der feltmarck seyn LII huben Darvon hat der Pfar II Dy Britzken X frey So seyn XIIII huben Dy heißen dy Kruckhuben Czinsen iglich XXIIII gr Dy andren geben iglich XXX gr Der Cruck gibt ½ sck III Cossaten geben V gr Der Molner gibt dem gotzhuß II schepel roggen Den Heren IIII schepel roggen Als gerechent vff XXXIIII stuck Geben dy helfft II sck XLV gr

Gerstorff [7] haben dy Slibener von meym Hern czu lehne Vff der feltmarck seyn XLIII huben Darvon hat der Pfarr III So seyn XV huben besatz Gibt iglich V schepel roggen V schepel habern III gr I Cossate czinset III gr Als gerechent vff II½ stuck XIII½ gr

1) Lankwitz stehet im Carol. Landbuche S. 61. hat zu beyden Zeiten dem Nonnenkloster zu Spandow gehört; anitzt gehört es zum Königlichen Amte Mühlenhof.

2) Gutergotz stehet im Carol. Landbuche S. 61. und gehöret zum Amte Potsdam.

3) Zehlendorf stehet eben daselbst, und gehöret itzt dem Könige zum Amte Mühlenhof.

4) Richerstorf, itzt Richsdorf, stehet im Carol. Landbuche S. 61. und gehöret itzt dem Rath der Stadt Berlin. S. Carl 4. Landb. S. 49. die 2te Anmerkung.

5) Heinrichsdorf ist ohne Zweifel das itzige Dorf Heinersdorf, denen von Hacke gehörig, und stehet im Carol Landb. S. 62.

6) Bukow heißt itzt eben so, gehöret aber nicht mehr denen von Britzke, sondern denen Gebrüdern Lindholz, und stehet im Carol. Landb. S. 62.

7) Gerstorf stehet im C. Landb. S. 63. und gehöret als eine Meyerey zum Prinzl. Amte Woltersdorf.

Teltow.

Spurendorff [1] hat Hennink Strobant von menym Hern czu lehne Uff der feltmarck seyn XXIX huben Von den hat der Pfar II Dy andren gibt iglich VI schepel roggen VI schepel habern VII gr Sunder V huben Gibt iglich I gr myner Der Kruck gibt V schillinge Dy Coseten geben czusammen III schillingk A Als gerechent uff XV stuck Geben dy helffte I sck XIII½ gr

Großen Berne [2] haben dy von Berne von menym Hern czu lehne Uff der feltmarck seyn LII huben So hat der Pfar II So triben dy Berner XII Dy andern gibt iglich VI schepel III virt roggen VI schepel III virt habern VI gr Der Kruck gibt I½ sck V Cossaten geben XXVII gr Als gerechent uff XVI stuck XXXIII gr Geben dy helffte I sck XXIIII gr

Thure [3] hort in dy Vogdie Trebin Uff der feltmarck seyn XLV huben Darvon hat der Pfar IIII

Wendenschen Buten [4] Uff der feltmarck seyn XXXII huben Von den seyn XIIII wuste Dy anderen geben iglich VI schepel roggen VI schepel habern IIII gr IIII Cossaten geben im samen III gr Als gerechent uff X stuck III gr Haben zu geben das halbe schoß XLVII gr

Rangenstorff [5] hat Henrick Strobant von menym Hern czu lehne Uff der feltmarck seyn XXVI huben Gibt iglicher III schepel roggen III schepel habern IIII gr Der Kruck gibt XII gr IIII Coseten geben im samen VII gr Als gerechent uff VII stuck IIII gr Haben geben halb XXXV gr

Prodenstorff [6] hat Mußlow von menym Hern czu lehne Uff der feltmarck seyn XII huben

Didrichstorff [7] haben dy Boten von menym Hern czu lehne Uff der feltmarck seyn LII huben Von den hat der Pfar III So seyn XVIII huben besatz (besetzt) Gibt iglich VI schepel roggen VI schepel habern VI gr Dy andern triben (d. i. nutzen) dy Hern und seyn wust Der Kruck gibt XX gr IX Cosseten gibt iglich III gr III huner Als gerechent uff XI stuck Geben dy helffte LVIII½ gr

Smarggrevendorff [8] ist altars gut Geyt czu lehne von menym Hern Uff der feltmarck seyn XLVI huben Darvon hat der Pfar II Dy Wilmerstorff und Sconeberge VIII frey XIIII wust Dy andern XXII huben gibt iglicher III schepel roggen III schepel habern VIII½ gr Dy Coseten seyn wust Als gerechent uff IX stuck Geben dy helffte XLV gr.

Wil-

1) Spatendorf stehet im Carol. Landb. S. 63. und gehöret itzt zum Königl. Amte Sarmund.

2) Groß-Beeren, ist das Dorf dieses Namens, so noch denen von Beeren gehöret, und im Carol. Landb. S. 63. stehet.

3) Thure, heißt itzt Thirow, stehet im Carol. Landb. S. 63. und gehöret zum Amte Trebbin.

4) Beuten, s. das Carol. Landb. S. 64. und die Note daselbst.

5) Rangenstorff stehet im Carol. Landb. S. 64. und gehöret itzt denen von Otterstädt.

6) Prodenstorff stehet im Carol. Landb. S. 64. und gehörte 1377. und 1451. einem Musolff. Itzt heißt es Pramsdorf, und gehöret als ein Vorwerk zum Prinzlichen Amte Wusterhausen.

7) Didrichstorf, itzt Diedersdorf, gehöret dem Major v. Bandemer. Es stehet im C. Landb. S. 64. Der Name der Besitzer ist im Schoßregister so undeutlich geschrieben, daß man ihn nicht wohl lesen kann. Auf Didrichstorff folget im C. Landbuche, Birkholz, welches sich aber in dem Schoßregister nicht findet, und auch itzt nur ein Vorwerk derer v. Beeren ist.

8) Es zeigt sich hier ganz deutlich, daß das Dorf Smarggrevendorff, welches anitzt Schmargendorf heißt, eben dasjenige ist, des im C. Landbuche S. 65. unter dem Namen Marggreve-dorp stehet, und welches ich damals irrig für Gräbendorf gehalten. Es gehörte zur Zeit dieses Landbuches und des Schoßregisters der Familie von Wilmerstorf, und gehöret auch noch derselben. In dem Landbuche folgen hierauf Diepensey und Malow, die aber beyde im Schoßbuche nicht stehen.

Teltow.

Wilmerstorff [1] haben dy Wilmerstorffer von meym Hern czu lehne Vff der feltmarck seyn LII huben Darvon hat der Pfar II Wolff Wilmerstorff X Hennink VI Arnt hat X Otte Schare XII So seyn IIII huben beraß Gibt iglich ½ wispel roggen ½ wispel habern XV gr I Cosete gibt IX ₰ So yst dar auch eyn Lantscheff hat syn deyl frye Als gerechent vff IIII stuck Geben dy helfft XX gr

Mirenstorff [2] hat Anderlin von meym Hern czu lehne Vff der feltmarck seyn XL huben Darvon hat der Pfar IIII Dy Hern trlben XVII Syn dy andern XIX huben geben iglich III schepel roggen III schepel habern III gr I Cosete gibt II gr Als gerechent vff VI stuck Geben dy helfft ½ sck

Smekewitz [3] hat Berkholtz czu Coln von meym Hern czu lehne Dar synt keyne huben Dar seyn XIII vischer Czinsen iglicher X gr So haben sie acker gerodet vnd gemackt Dar geben sy von XXXIV gr Itzo geben sy XIII kan hechte Gibt der Kruck ½ sck vnd ½ sck honre ½ sck vff ein Wer So geben sy eine tunne honiges Dar geben sy von czu czinse VIII schillinck ₰ Als gerechent vff VIII stuck XXVIII gr Geben dy helfft ane das honich ½ sck

Czuten [4] haben dy Dyrken von meym Heren czu lehne Dar syn kein huben sunder XII erben Gibt iglich erbe X gr Als gerechent vff III stuck Haben geben dy helfft XV gr

Jutkendorff [5] gehort gen Buten Vff der feltmarck seyn XXIII huben Darvon hat der Pfar II Dy anderen geben iglich III schepel roggen III schepel haberen IIII gr Dy huben mit dem Schulten geben IIII gr czu wasser czinse III Coseten gibt iglich czu Wasser czins IIII gr Als gerechent vff X stuck Haben nu geben das halbe Schoß XLI gr

Groben [6] hort czu slosse czu Butten Vff der feltmarck seyn XXXII huben Darvon hat der Pfar IIII Dy anderen gibt iglige hube VI gr Der Cruck gibt ½ sck IIII Coseten geben vor eyne wesen ½ pfunt pfeffers vor waßer czinß XII gr Met den Bawern geben sy im sammen XXIIII huner III gr Als gerechent vff V stuck XXXIIII gr IIII ₰ Haben nu geben das halbe lantschoß XXVIII gr I ₰

Syten [7] hort gen Buten Vff der feltmarck seyn XXXIIII huben Darvon hat der Pfar II So syn nu XV huben wust Dy andern gibt iglich VI schepel roggen VI schepel habern VI gr Der Cruck gibt XV gr III Coseten geben V gr Als gerechent vff XIIII stuck IX gr Haben nu geben das halbe schoß I sck VIII gr

Der

1) Wilmerstorff stehet im C. Landb. S. 65. und gehörte damals, auch zur Zeit des Schoßregisters von 1451. der Familie von Wilmersdorf, itzt aber gehöret es zum Königlichen Amte Mühlenhof.

2) Mirensdorff stehet im C. Landb. S. 66. heißt itzt Miersdorf, und gehöret dem Prinzen v. Preussen.

3) Schmeckwitz stehet im C. Landbuche S. 66. fast auf gleiche Art wie hier, und ist noch ein Fischerdorf, so zum Königl. Amte Cöpenick gehöret Wer, bedeutet ein Fischwehr, und es erhellet daraus, daß das gurgustum im C. Landb. nicht einen Fischkasten, sondern ein Fischwehr, bedeutet.

4) Czuten stehet im C. Landb. S. 66. heißt itzt Zeuthen, und gehöret zum Königl. Amte Cöpenick. Hierauf folget im C. L. S. 67. Groß-Machenow, das aber im Schoßregister von 1451. nicht stehet; hernach Gelt, so auch nicht darin stehet, und auch itzt unbekannt ist.

5) Jutkendorf, welches noch itzo so heißt, und itzt denen von Schlaberndorf und von Görtzke gehöret, stehet im C. Landbuche S. 67.

6) Groben, welches itzt noch so heißet, und denen von Schlaberndorf gehöret, stehet im C. L. S. 67.

7) Siethen gehöret einem von Schlaberndorf, und stehet im C. Landb. S. 67. Die Güter Siethen, Groben, Jutkendorf und viele andere, haben zu Zeiten Carls 4. der alten und noch blühenden Familie v. Gröben gehöret.

Teltow.

Arntstorff [1] hort gen Buten Vff der feltmark seyn XLVIII huben Darvon hat der Pfar IIk So seyn III huben czu IIk gelit Gibt iglich hube VI schepel roggen VI schepel habern III gr Der Cruck gibt k sck VIII Coseten geben czusamen XVI gr Als gerechent vff XXI stuck XXX gr Haben geben dy helfft I sck XXXIX gr IIII ₰

Schonow [2] geyt czu lehne vom Bischopp von Brandenburg sunder (außer) Peter von der Lipe vnd Pletz haben VIII huben von meym Hern Marggreuen Vff der Feltmarck syn XLVI huben Von den hat der Pfarrer II das gotzhuß I Peter von der lipe VI Pletz der Schulte tu Thelrow II So bruen sy in deme stedechen XVIII huben vnde triben im Dorff XXI Dat ys czusamen XXXV Die czinsen iglich VI schepel roygen VI schepel haberm III gr Vnde geben czu Bethe iglich Ik scheffel habern IIIk gr Dy Cossaten gibt IIII hoyer Als gerechnt vff XX stuck IIII pf Dy haben nu geben das halbe lantschoß I sck XL gr

Rogow [3] hort der stat Mittelwalde Vff der feltmarck seyn LII huben Von den hat der Pfar III Dy andern geben iglich k sck XVI Coseten geben czusammen XXXVII gr Als gerechent XXXV stuck Haben man geben das halbe schoß II sck LV gr

Stolpe [4] geyt vom Bischopp von Brandenburg czu lehne Vff der feltmarck seyn XXV huben So seyn II wust XIIII huben gibt iglich XII gr Von der czidelheyde VI gr Vnd eyne heyde vor Postamp gehort gibt Ik stuck Als gerechent vff IX stuck Geben dy helfft XLIIII gr IIII ₰

Dalem [5] haben dy Mylow von meym Hern czu lehne Vff der feltmarck seyn XL huben Darvon hat der Pfar II das gotzhuß I Otte Mylow X frye So seyn III wust Dy anderen geben iglich III schepel roggen III schepel habern VI gr I Cosete gibt IIII gr Als gerechent vff VIII stuck XIIII gr Geben dy helfft XLIII gr VI ₰

Stanstorff [6] haben dy Haken von meym Hern czu lehne Vff der feltmarck seyn XXXIIII huben Darvon hat der Pfar II So seyn II wust Dy anderen gibt iglich VI schepel roggen VI schepel habern IIII gr Der Cruck gibt XXII Dy Coseten geben im sament XVIII gr Als gerechent vff XV stuck Geben dy helfft I sck XX gr I ₰

Stegelitz [7] ist meyms Heren gnaden Vff der feltmarck seyn XLIII huben Darvon hat der Pfar VI das gotzhuß I Dy anderen geben iglich III schepel roggen III schepel habern VI gr Der Cruck gibt XXX gr Dy Coseten geben V gr Als gerechent vff XV stuck Geben dy helfft I sck IX gr

Kerzen=

1) Arnstorff hat noch itzt eben den Namen, und gehöret zum Königl. Amte Saarmund. Es stehet im C. Landbuche S. 68. In demselben folgen darauf Valckerst, jetzo ein Vorwerk des Amts Saarmund, Schenkendorf bey Wusterhausen, Neumühle, Groß- und Klein Beskwyn, itzt Beesten, des Prinzlichen Amts Wusterhausen; Krummensee, Czernesstorff, itzt Zerensdorff, zum Amte Zossen gehörig. Alle diese Dörfer stehen nicht in den beyden Schoßbüchern von 1450. und 1451. aus Ursachen, welche mir unbekannt sind. Hergegen stehen in diesen Schoßbüchern, wie oben zu ersehen, die ansehnlichen itzo noch im Teltowischen Creyse befindlichen Dörfer, Ragow, Dalem, Stegelitz, Kerzendorff, Löwenbruch, Genshagen, und die meisten Dörfer, die zu den Vogteyen Trebbin und Saarmund gehörten, welche Dörfer dagegen wieder nicht in Carl 4. Landbuche stehen.

2) Schönow gehöret anitzt theils zum Königl. Amte Potsdam, und theils einem v. Wilmersdorf.

3) Rogow, itzt Ragow, gehöret noch itzt der Stadt Mittenwalde.

4) Stolpe ist das noch itzt bey Potsdam belegene und zu diesem Amte gehörige Dorf dieses Namens.

5) Dalem gehöret itzt denen von Wilmersdorf.

6) Stanstorff gehöret noch itzt denen von Hacke.

7) Stegelitz, zwischen Berlin und Potsdam, gehöret itzt dem Herrn Grafen von Reuß.

Teltow.

Kerzendorf [1] seyn XLIIII huben Darvon hat der Pfarr II Dy andern geben iglich VI schepel roggen VI schepel habern V gr czu czinse Der Cruck gibt XVIII gr II pfunt pfeffers III Cosseten geben imsamen VII½ gr Als gerechent vff XXI stuck XIX gr Haben nu geben I½ sck VIII gr

Lowenbruke [2] seyn XLII huben Darvon hat der Pfarr IIII Spyl IIII Otterstede VI So seyn XXVII Davon syn XXII Geben ½ wspl roggen VI schepel gersten VII½ schepel habern So ysi XV noch XII geben I½ wspl roggen VI schepel gersten XVIII schepel habern Syn noch I½ huben Gibt iglich IX schepel roggen VI schepel gersten VIII½ schepel habern So geben alle huben iglich X gr Der Cruck gibt III mandel gr I Cosete gibt II schillingk gr Als gerechent vff XXXII stuck Geben III½ sck X gr

Janßhagen [3] seyn XXXI huben Hat Otte Schare VIII fren Dy andern gibt iglich IX schepel roggen IX schepel habern Der Cruck gibt VIII gr VIII Coseten geben VIII gr Als gerechent vff XV stuck Geben I sck XII gr

Der Ryz [4] hat nicht huben Dar syn VIII erben Der schulte gibt XXIIII gr I erbe XV gr Eyne gibt XII gr So syn noch erben Gibt iglich IX gr Gerechent vff II stuck XVI gr Haben nu geben das halbe lantschoß XII gr

Molendine [5]

Dy mole czu Rogow czinset I winspel — V gr Dy mole czu Groten Cziten czinset vor I stucke Dy mole czu Lichterfelde czinset I winspel — V gr Dy mole czu Brusendorff I stucke — V gr Dy mole czu Didrichstorff ½ stucke — XX ₰ Dy mole czu Rudow czinset I stucke — V gr. Dy mole czu Groten Berne czinset ½ winspel — XI gr Dy mole czu Lutken Ryniz czinset ½ stucke Dy mole czu Arnstorff I stucke — V gr Dy mole czu Lowenbruke I stucke — V gr

Opiliones et Pastores [6]

Wilhelms scheper von der Lipe XX gr Dy herde czu Bonstorff Dy herde czu Stegeliz II gr Dy herde vnd scheper czu Schonberg V gr Dy herde czu Rikebusch Dy herde czu Margendorf III gr II ₰ Dy herde czu Margenfelde Dy herde czu Schultendorff Dy scheper czu Stanstorff

1) Kerzendorf heißt noch eben so, und gehört dem Cammerherrn von Dorville.

2) Löwenbruch gehört seit langer Zeit der Familie von der Gröben.

3) Genßhagen gehöret gleichfalls seit langer Zeit denen von Hake.

4) Der Ryz ist ohne Zweifel das Fischerdorf dieses Namens bey Groben, das auch im C. Landb. S. 67. stehet.

5) Es ist merkwürdig, daß hier einige Mühlen besonders aufgeführet stehen mit ihren Pächten oder Zinsen, davon man den Schoß nach Stücken Geldes à 10 gr. das Stück, gerechnet hat. Z. E. die Mühle zu Brusendorf hat dem Gutsherrn an Zinß gegeben 1 Stück, so ist der halbe Schoß davon bezahlt mit 5 gr. Was ein Stücke oder frustum damals bedeutet, ist weiter erkläret oben S. 7.

6) Eben so merkwürdig und sonderbar ist, daß hier die Schäfer und Hirten von einigen, aber nicht von allen Teltowschen Dörfern, besonders aufgeführet sind, und bey einigen ihr Schoß stehet, bey andern nicht, wovon die Ursache in der Entfernung der Zeit nicht so leicht zu errathen ist.

Dystrictus Nedern Barnym vmie Berlyn

Honow [1] hort den Monken von der Tzinne engencum mit dem obersten Vff der feltmarck seyn I^cXVIII huben Darvon hat der Pfarr VI Das gotzhuß I Dy andern czinsen iglich IIII schepel roggen IIII schepel habern III gr Vnd geben czu Bete iglich hube III virt hart korne III virt habern V schillingk Vnd der Cruck gibt XV gr VI Coseten geben insamen XVIII gr Alz gerechent vff LXIII stuck Haben nu geben das halbe schoß V sck XV gr

Stolp [2] haben dy Hoppenrode von meym Hern Vff der feltmarck seyn LV huben Darvon hat der Pfarr IIII Das gotzhuß I Dy Hoppenrode XXVI frey Dy andern XXIIII huben gibt iglich ½ sck Dy Coseten geben insamen XII gr Der Cruck gibt ½ sck gerechent vff XIX stuck II gr Geben dy helfft I sck XXXV gr II ₰

Berkholtz [3] gehort czu lehne von beyden steden Berlin vnd Coln Vff der feltmarck seyn LII huben Davon hat der Pfarr IIII Das gotzhuß I Dy andern geben iglich VI schepel roggen III schepel gersten VI schepel habern X gr I virt erweßen IIII huben geben iglich I winspel habern Der Cruck gibt ½ sck XIII Coseten gibt iglich II gr Dy mole gibt VI schepel roggen VI gr Als gerechent vff XXXVI stuck XXII½ gr Haben geben dy helfft III sck

Wesendael [4] haben dy Krummensee von meym Hern czu lehne Vff der feltmarck seyn LXIIII huben Davon hat der Pfarr IIII So seyn IIII wuste vnd czinsen LVI huben III schepel roggen III schepel gersten VIII schepel haberen V gr Der Cruck XV gr I Cosete III seyn wuste III gr Als gerechent vff XXXI stuck I gr Geben dy helfft II schepel XXXV gr

Hogenschonhusen [5] ist meyns Hern Vff der feltmarck seyn LXII huben Davon hat der Pfarr IIII Das gotzhuß II Hans Glinke hat X frey gehapt So syn XIX huben Gibt igliche VI schepel roggen III gr czu Bet V gr V ₰ Seyn XXVII huben Geben IIII winspel XV schepel roggen XLIX gr Vnd geben czu Bet I sck XLIIII gr Der Cruck gibt I sck II Calantz huben geben XX gr Dy Coseten geben an honern vnd an gelde XXI½ gr Als gerechent vff XIX stuck XVIII gr Haben geben das halbe schoß I sck XXXII gr II ₰

Mere [6] ist meyns Hern Vff der feltmarck seyn LII huben Davon hat der Pfar IIII Das gotzhuß I Dy andern seyn besatz Gibt iglich V schepel roggen V schepel habern VII½ gr IIII Coseten geben insamen XLIX gr II huner Als gerechent vff XXIIII½ stuck VI gr Haben nu geben das halbe schoß II sck IIII gr

Buckholtz [7] hat Arnt von Breydow von meym Heren czu lehne Vff der feltmarck seyn L huben Davon hat der Pfarr IIII Das gotzhuß I Breydow VIII frey So seyn XL besatz Gibt iglich V schepel roggen V schepel habern XI gr II ₰ Der Cruck gibt mit den Coseten vor III stuck Als gerechent vff XXVI stuck Haben geben dy helfft II sck XII gr

Panckow [8] ist meyns Heren vnd der stat Berlin Vff der feltmarck seyn XLII huben Davon hat der Pfarr IIII Dy andern geben iglich V schepel roggen V schepel habern VIII½ schillingk ₰ Der Cruck vnd XV Coseten geben czusamen XL gr Der Cruck gibt ouch I schepel gersten III schepel habern Als gerechent vff XXIII stuck XXXIIII gr Geben dy helfft I sck LIX gr.

Nedern-

1) Honow, welches itzt Heinow genennet wird, stehet im C. Landb. S. 69. fast eben so wie hier.
2) Stolpe stehet im C. Landb. S. 69. eben so wie hier.
3) Berkholz stehet im C. Landb. S. 69. unter fast gleichen Umständen.
4) Wesendal stehet im C. L. S. 70. mit viel mehr Umständen. Hier steht es unter dem Oberbarn. Creise.
5) Hohenschönhaasen stehet im C. Landb. mit einigen veränderten Umständen.
6) Mere, itzt Mehrow, stehet im C. Landbuche S. 71.
7) Buchholz stehet im Carol. Landbuche S. 71.
8) Panko stehet im C. Landbuche S. 71.

Nieder-Barnym.

Nedernschonhusen [1] hat Er Haunß von Waldow von meym Heren czu lehne Vff der feltmarck seyn LII huben Davon hat der Pfarr IIII Das goßhuß II Der Cruck II huben Dy andern geben iglich I schepel roggen I schepel habern III gr Vnd geben czu Bet iglich X ₰ Der Cruck gibt ½ sck XIII Coseten geben insamen I½ stuck V gr Als gerechent vff IX stuck Haben geben das halbe schoß XLII gr IIII ₰

Bukholtz [2] haben dy Kruwmensee von meym Hern czu lehne Vff der feltmark seyn LIX huben Davon hat der Pfarr IIII Das goßhuß I So seyn XLVI huben besatz Gibt iglich III schepel roggen I½ schepel gersten I½ schepel habern III gr Dy molen gibt von III stuck Dy Coseten geben XXXVI gr Der Cruck gibt X gr. Als gerechent vff XVII stuck XXIIII gr Geben dy helfft I sck XXVIII gr I ₰

Schonbeke [3] yst meyns Hern Vff der feltmark seyn LXI huben Davon hat der Pfarr V Das goßhus I So geben XXIIII huben iglich IIII schepel roggen IIII schepel habern XII huben gibt iglich ½ sck VI Coseten geben XXVI gr Als gerechent vff VIII stuck III Vnd haben nu geben das halbe lantschoß XLIIII gr

Breydereyke [4] haben dy Garnekoper von meym Hern Vff der feltmarck seyn XLIIII huben Der Pfar IIII Dy andern geben iglich V schepel roggen V schepel habern V schillingk ₰ Der Cruck gibt XII ₰ IIII Coseten geben czusammen XI½ gr I gibt VIII huner Als gerechent vff XX stuck I verdel Haben geben das halbe schoß I sck XLI gr II ₰

Wedigendorff [5] hat Kaspar von Breydow von meym Hern czu lehne Vff der feltmarck seyn LVI huben Davon hat der Pfarr IIII Das goßhuß I Dy andern gibt iglich XXII gr Der Cruck gibt XX gr VIII Coseten geben insamen XX gr Als gerechent vff XXXV stuck Haben nu dy helfft geben II sck LII½ gr

Lubarß [6] yst der Junkfrawen czu Spandow Vff der feltmarck seyn XLIIII Davon hat der Pfarr IIII So geben XL huben iglich III schepel roggen III schepel habern IIII gr II ₰ Der Cruck VIII gr Dy Coseten geben I½ gr Als gerechent vff XII stuck Haben geben das halbe schoß I sck

Tigel [7] yst der Junkfrawen czu Spandow Vff der feltmarck seyn XXXII huben Davon hat der Pfarr IIII Dy andern geben iglich IIII schillingk ₰ Dy Coseten geben IIII gr Als gerechent vff IIII stuck Vnd haben nu geben das halbe schoß XVIII gr VI ₰

Daldorff [8] hort den Junkfrawen czu Spandow Vff der feltmarck seyn LV huben Davon hat der Pfarr II Das goßhuß I Dy andern gibt iglich II schepel roggen II schepel habern III gr II ₰ Der Cruck gibt XV pfunt waß gerechent vff XLV gr II Coseten geben an gelde vnd an hunern V gr Als gerechent vff XII stuck Haben nu geben halp I sck

1) Nieder-Schönhausen stehet im Carol. Landbuche S. 71.

2) Dieses muß Buchholz bey Landsberg seyn, welches im C. L. S. 72. im Nied. Barn., im Schoßbuche aber im Ober-Barn. Creise stehet, wie wohl die Anzahl der Hufen im Landbuche und im Schoßbuche sehr verschieden ist.

3) Dieses Schönbeck ist ohne Zweifel Klein-Schönbeck, welches im C. Landb. S. 72. stehet, obzwar die Hufenzahl an beyden Orten auch wieder verschieden ist.

4) Breydereyke, welches unter eben dem Namen und Umständen im C. Landb. S. 72 stehet, ist itzo ganz unbekannt, dafern es nicht das im Nieder-Barnimschen Creise belegene Dorf, Eiche, ist. Auf Breydereyke folget im C. L. Lichtenberg, welches aber in diesem Schoßregister von 1451. nirgends zu finden, wovon die Ursache mir unbekannt ist.

5) Wedigendorf stehet im C. Landb. S. 72. 73. und gehöret itzt zum Ober-Barnimschen Creise.

6) Lubars findet sich im C. Landb. S. 73. aber nur mit 28. Huben.

7) Tigel, itzt Tegel, stehet im C. Landb. S. 73.

8) Daldorf stehet auch im C. Landb. S. 73. aber nur mit 39. Huben.

Nieder-Barnym.

Blankenborch [1] yst meyns Hern Uff der feltmarck seyn XLII huben Davon hat der Pfarr IIII Robel VIII frye So czinsen XXX huben iglich VI½ schepel roggen II½ schepel gersten VII schepel habern VII schillingk ₰ VI czinsen iglich I schepel roggen I schepel gersten II schepel habern XV gr Vnd von en allen V schillingk ₰ Der Cruck gibt ½ sck Dy Coseten geben von I stuck Als gerechent vff XXIIII stuck Vnd geben dy helfft I sck LVII gr VI ₰

Schoneyken [2] yst meyns Hern Uff der feltmarck seyn XLVI huben Davon hat der Pfarr IIII Das gotzhuß I Dy andern gibt iglich XVIII gr Seyn III Coseten Gibt dy eyne VI gr eyne V gr eyne IIII gr X huner Der Cruck gibt ½ sck Als gerechent vff XIX stuck Haben nu geben das halbe schoß I sck XXXV gr

Schonerlinde [3] ist der Moncke eygenthum Uff der feltmarck seyn L huben Davon hat der Pfarr IIII Das gotzhuß I So czinsen XLVI Gibt iglich V schepel roggen V schepel habern X gr Der Cruck gibt III sck XII gr Dy Coseten geben von I½ stuck Als gerechent vff XXXII stuck X gr Geben dy helfft II sck XXVII gr III ₰

Vogelstorff [4] hat Rethelitz von meynm Hern czu lehne Uff der feltmarck seyn LII huben Davon hat der Pfarr IIII Das Gotzhuß I Rethelitz XI frey So seyn II wust Dy andern geben iglich XV gr Der Cruck gibt I sck Dy Coseten gibt iglich VI gr vnd IIII huner Als gerechent vff XV stuck XXIIII gr Geben dy helfft Das hat Rethelitz vff gehouen I sck XVIII gr

Fridrichstorff [5] haben dy Jorczck von meynm Hern czu Lehne Uff der feltmarck seyn L huben Darvon hat der Pfarr II Dy Jorrzck XVIII frey Dy andern geben iglich XV gr Der Cruck gibt XVIII gr VIII Coseten I Cosete gibt VI gr Dy andern IIII gr dem gotzhuse Dy andern IIII iglich VII gr Alle Coseten geben ½ sck Als gerechent vff XIII stuck Geben dy helfft I sck III gr VII ₰

Dalewitz [6] hat Schulleboltz von meynm Hern czu lehne Uff der feltmarck seyn L huben Davon hat der Pfarr IIII Das gotzhuß I So czinsen XXI huben iglich XV gr Dy andern tribet Schillebolt Der Cruck gibt ½ sck IIII Coseten geben an gelde vnd an hunern XXVIII gr IIII ₰ Als gerechent vff IX stuck XIII gr III ₰ Haben nu geben dy helfft XLVI gr I ₰

Opidum Blumberg [7] hort dem Bischop von Brandenburg Uff der feltmarck seyn I^c XXIIII huben Davon hat der Pfarr IIII Das gotzhuß I So czinsen dy andern iglich XXI gr Vnd geben czur Orber II gr czu rutenczinß I sck XII gr Als gerechent vff LXX stuck XVII gr Haben nu geben das halbe lantschoß VI sck II ₰

Petershagen [8] haben dy Plow von meynm Hern czu lehne Uff der feltmarck seyn XLIX huben Davon hat der Pfarr IIII Das gotzhuß I So seyn nu VIII wuste Dy andern gibt iglich XV gr Der Cruck gibt XV gr V Coseten geben an gelde vnd an houre von I stuck Als gerechent vff XV stuck Haben nu geben das halbe schoß I sck XIII gr

Schon-

1) Blankenburg, stehet im C. Landb. S. 73.
2) Schöneiche, stehet im C. Landb. S. 73.
3) Schönerlinde stehet im C. Landb. S. 73. Auf Schönerlinde folget in diesem Landbuche Monkehofe und Werspal, die aber im Schoßbuche von 1451. ganz fehlen.
4) Vogelstorff stehet im Car. Landbuche S. 74. und hat sowohl im Jahr 1376. als 1451. denen von Reteliz gehöret.
5) Friedrichstorff stehet im C. Landbuche S. 74. und heißt itzt Fredersdorf.
6) Dalewitz ist in dem Carolin. Landbuche S. 74. befindlich. Es folget darin Weissensee und Helwigsdorf, welche beyde in dem Schoßbuche von 1451. nicht stehen.
7) Blumberg stehet im Carol. Landbuche S. 75. mit einer umständlicheren Nachricht.
8) Petershagen befindet sich, so wie Schönfließ, im Car. Landbuche S. 76.

Nieder-Barnym.

Schonfliß [1] haben dy Krummensee von meym Herrn Uff der feltmarck seyn L huben Davon hat der Pfarr IIII Das gotzhuß I So ist eyn Lantscheffe dar deme aff gelt II stuck Czinsen XLV huben iglich ½ sck Czur Bet iglich ½ schepel roggen I schepel habern ½ schepel gersten Der Cruck gibt ½ sck XX Coseten gibt iglich XII ₰ Als gerechent uff XXXVI stuck X gr Haben nu geben das halbe lantschoß III sck V ₰

Swanbeke [2] hat Hannß von Arnym von meym Hern czu lehne Uff der feltmarck seyn LXII huben Davon hat der Pfarr IIII Das gotzhuß I So czinsen LVII huben XII huben gibt iglich I sck IIII huben gibt iglich XLI gr XLI huben gibt iglich XXXV gr Der Cruck gibt LVII gr VI ₰ De Molen VII schepel roggen II schepel habern So seyn VIII Coseten Di geben iglich III gr Als gerechent uff LI stuck XXII gr VI ₰ Hat Achym von Arnym uffgehoue IIII sck XVIII gr

Arnßfelde [3] hort den Strobanden Uff der feltmarck seyn LXXII huben Davon hat der Pfarr IIII So haben sy von den andern und vom Cruck und von den Coseten gerechet uff XXXIII und V gr Haben nu geben das halbe lantschoß III sck XV gr V ₰

Hermenstorff [4] hat Fridrich Bone von meyn Hern czu lehne Uff der feltmarck seyn XVI huben So seyn II wust Dy andern geben iglich IX gr Als gerechent uff III stuck Geben dy helfft XVI

Hogenirygendorff [5] haben die Bonen von meym Hern czu lehne Uff der feltmarck seyn XXV huben Davon hat der Pfarr II Das gotzhuß I So seyn VIII wust Dy hern haben X frye Dy andern geben iglich XII gr Als gerechent uff I stuck XXXVI gr Geben dy helfft IX gr

Barstorff [6] ist der Moncke von lehnyn Uff der feltmarck seyn XXX huben Davon hat der Pfarr IIII Und ist vorbrant uff dyß gar Und hat geben von IIII stuck dy helfft XX gr

Roßendael [7] haben dy Krummensee von meym Hern czu Lehne Uff der feltmarck seyn LXVIII huben Davon hat der Pfarr IIII Das gotzhuß I So czinsen dy andern XVI igliche IIII schepel roggen III½ schepel gersten Dy andern XLVIII huben czinset iglich VI schepel roggen IIII schepel gersten VI gr Und geben czur Bet iglich ½ virt roggen ½ virt gersten I schepel habern Der Cruck gibt XV gr Dy Coseten geben insamen ½ sck XIX huner Als gerechent uff XXXIX stuck XIX gr Haben geben das halbe schoß III sck XVII gr

Crummensee [8] haben dy Krummensee von meym Hern czu lehne Uff der feltmarck seyn XL huben Davon hat der Pfarr IIII Dy Krummensee XXIIII frey So geben XII huben VI schepel roggen VI schepel gersten III gr II ₰ Der Cruck gibt ½ sck Dy Coseten geben LII gr Als gerechent uff IX stuck IIII ₰ Geben dy helfft XLV gr

 Wenden-

1) Schönflies stehet im C. Landb. S. 76.

2) 3) Schwanebek und Arensfelde, die noch itzt diesen Namen führen, stehen im Car. Landb. S. 76.

4) Hermsdorff, welches itzt noch so heißt, und ist vermuthlich das Hermanstorff, das im C. Landbuche S. 77. stehet.

5) Ich bin nicht gewiß, ob dieses Hogenirygendorff das Nyendorp ist, das im Carol. Landb. S. 77. stehet, und noch itzt unter dem Namen Neuendorf, zum Königl. Amte Betzow gehöret. Es folget darauf im Carolinischen Landbuche, Berkenwerder, welches in dem Schoßbuche nicht stehet.

6) Baßtorff stehet im Carol. Landbuche S. 77.

7) 8) Rosendal und Krummensee stehen im Car. Landbuche S. 77.

Nieder-Barnym.

Wendeschen Buck [1] haben dy Rohel von meym Hern czu lehne Uff der feltmarck seyn XLV huben Davon hat der Pfarr IIII Rohel XII frey So czinsen iglich VIII½ schepel roggen II½ schepel gersten VIII schepel habern XI gr Der Cruck gibt ½ sck Als gerechent uff XXVIII stuck Geben dy helfft II sck XX gr

Falkenbergk [2] ist meyns Hern vnd der stat Berlin vnd Coln Uff der feltmarck seyn LII huben Davon hat der Pfarr III Das gotzhuß I So czinsen XLVIII huben iglich III schepel roggen III schepel habern V gr II ₰ Der Cruck gibt VI gr II huner Dy Coseten geben an hunern vnd an gelde VIII gr II ₰ Als gerechent uff XV stuck XXV gr II ₰ Geben I sck XVIII½ gr

Boldenstorff [3] hat Rudenitz von meym Hern czu lehne Uff der feltmarck seyn LII huben Von den seyn XXIIII besatz Von den syn VIII huben Czinst iglich XX gr Dy andern geben igliche IIII schepel roggen IIII schepel habern IIII Coseten geben an gelde vnd an hunern XX gr Als gerechent uff VII stuck XX gr Geben dy helfft XXXVIII½ gr

Wartzenberg [4] ist meyns Hern Uff der feltmarck seyn LII huben Davon hat der Pfarr III Das gotzhuß I Dy andern gibt iglich VI schepel roggen VI schepel habern IIII schepel gersten XI gr VI huben gibt iglich IIII schepel roggen IIII schepel habern IIII schepel gersten VII gr Der Cruck gibt XX gr Dar ist eyn Lantschepe hat II stuck frey Als gerechent uff XXXV stuck Haben geben dy helfft II sck LV gr

Heylgensee [5] haben dy Breydow von meym Hern Uff der feltmarck seyn LXII huben Davon hat der Pfarr IIII Dy Breydow XVIII frey So seyn VI wust Dy andern gibt iglich III schepel roggen III schepel habern IX huben Geben czu Bet iglich I virt roggen I virt gersten ½ schepel habern II gr igliche hube Der Cruck gibt XL gr XIII Coseten geben vor I stuck Als gerechent uff XII stuck Geben dy helfft I sck.

Bistorff [6] yst meyns Hern Uff der feltmarck seyn LXII huben Davon hat der Pfarr IIII Das gotzhuß I So czinsen LVII huben VIII huben iglich VI schepel roggen VI schepel gersten VI schepel habern III gr XLIX huben iglich V schepel roggen V schepel gersten V schepel habern XIII gr VII ₰ Der Cruck gibt I½ sck Dy Coseten geben XVIII gr Als gerechent uff L stuck XXXIV gr III ₰ Haben nu geben das halbe schoß IIII sck XIIII gr IIII ₰

Cawelstorff [7] yst altar gut Uff der feltmarck seyn XXXVI huben Davon hat der Pfarr IIII Das gotzhuß I So syn XII huben Gibt iglich XXXVI gr So geben XIX huben iglich V schepel roggen V schepel habern V gr Der Cruck gibt XXIIII gr II honre XIII Coseten geben XIII schillingk ₰ Als gerechent uff XX stuck Haben geben dy helfft I sck XLI gr II ₰

Care [8] yst meyns Hern Uff der feltmarck seyn XLII huben Davon hat der Pfarr IIII So geben II huben iglich VI½ schepel roggen ½ schepel gersten VII schepel habern XIII gr Dy andern alle gibt iglich VI½ schepel roggen V schepel gersten VI½ schepel habern vnd XIII gr Der Cruck XL gr XIIII Coseten V syn wust gibt iglich III gr Als gerechent uff XXXVIII½ stuck Geben nu das halbe schoß III sck X gr

Malchow [9] hat Jacob Barfus von meym Hern czu lehne Uff der feltmarck seyn LII huben Davon hat der Pfarr IIII Dy andern geben iglich XLVI gr II ₰ Sunder I hube gibt XXXVI

1) 2) Wendischen Buk und Falkenberg stehen im C. Landbuche S. 78. Es folget darin Heinersdorff, das aber im Schoßbuche von 1451. nicht stehet.

3) 4) Dollenstorff und Wartenberg stehen im Carol. Landbuche S. 78.

5) 6) 7) Heiligensee, Bistorff und Caulsdorff stehen im C. Landb. S. 79.

8) 9) Caro und Malchow stehen im Carol. Landb. S. 80.

Nieder-Barnym.

XXXVI gr Vnd geben czur Bet iglich III virt roggen III virt gersten I½ schepel habern Der Cruck gibt XXXVI gr XI Coseten gibt iglich III gr III ₰ Als gerechent vff LX stuck Haben nu geben das halbe schoß V sck

Malstorff[1] yst meyns Hern Vff der feltmarck seyn L huben Davon hat der Pfarr IIII Das gotzhuß II Falckenberg IX frey So seyn nu XXVIII huben Gibt iglich vor I stuck Der Cruck gibt vor I stuck Dy Coseten geben vor I stuck Als gerechent vff XXXVI stuck Haben nu geben dy helfft III sck

Nigenhoff[2] hat Schullebolt von meym Hern czu lehne Vff der feltmarck seyn LXII huben Davon hat der Pfarr IIII Das gotzhuß I Von den XXXVI huben czinsen iglich ½ wispel roggen III gr Der Cruck gibt XVIII gr II Coseten geben X gr Als gerechent vff XXI stuck X gr Haben nu geben das halbe schoß I sck XLVI gr II ₰

Blanckenfelde[3] yst meyns Hern Vff der feltmarck seyn LXII huben Davon hat der Pfarr IIII Das gotzhuß I Dy andern czinsen iglich IIII schepel roggen IIII schepel habern Vnd geben czur Bet I virt roggen I virt gersten I virt habern VI gr Der Cruck gibt XLII gr XI Coseten XLIIII gr Als gerechent vff XXVIII stuck XII gr Geben dy helfft II sck XXII½ gr

Lindenberg[4] yst der Junkfrawen czu Czedenik eigentum Vff der feltmarck seyn LXXXIIII huben Davon hat der Pfarr IIII Das gotzhuß I So seyn XVIII huben Gibt iglich XXIIII gr Dy andern gibt iglich VI schepel roggen II schepel gersten V schepel habern X gr Der Cruck gibt LIII gr VIII Coseten geben vor I stuck Dar yst auch I Lantscheppe Der hat II stuck frey Als gerechent vff LIII stuck X gr Geben dy helfft IIII sck XXVI gr

Seefelde[5] yst meyns Hern Vff der feltmarck seyn LXIII huben Davon hat der Pfarr IIII Das gotzhuß I Die Krummensee VI frey So czinsen VII huben iglich V schepel roggen V schepel habern So geben XXXIIII huben iglich VI schepel roggen VII schepel habern Vnd czinsen alle V½ schillingk ₰ Geben czur Bet I virt roggen I virt gersten ½ schepel habern Der Cruck gibt ½ sck Dy Coseten geben XII½ gr Als gerechent vff XXX stuck XXIX gr Haben nu geben das halbe schoß II sck XXXIIII gr

Lowen[6] hat Siegel von meym Hern czu lehne Vff der feltmarck seyn LX huben Davon hat der Pfarr IIII Siegel X frey So seyn XII gibt iglich ½ sck Alle Coseten geben czusamen XLI gr I Cosete gibt ½ sck Yst wust Als gerechent vff X stuck Geben dy helfft L gr

Marzane[7] hat Folzke Lindenberg vom meym Hern czu lehne Vff der feltmarck seyn LII huben Davon hat der Pfarr IIII So seyn XXV huben besatz Gibt iglich VI schepel roggen IIII schepel habern III gr Dy andern tribet Folzke Lindenbergk Der Cruck gibt ½ sck So seyn IIII Coseten geben XXXVI gr Als gerechent vff XI½ stuck Geben hat Folzke vff geheuen LVIII½ gr

Eggerstorff[8] yst meyns Hern Vff der feltmarck seyn XXXIX huben Davon hat der Pfarr IIII So geben XXIIII huben iglich VI gr Dy andern seyn wuste XI Cosseten gibt iglich VI gr I Cosete gibt XII ₰ Der Cruck gibt XII gr Trebuß huben geben XX gr Als gerechent vff VII stuck Geben dy helfft XXXV gr.

Castorff

1) 2) 3) Die Dörfer, Malstorff, Neuhoff und Blankenfelde, stehen im Car. Landbuche S. 80. fast eben so, wie im Schoßbuche. Wenn hierin steht: yst meyns Hern, so bedeutet solches so viel, als: gehöret dem Marggrafen oder Landesherrn.

4) Lindenberg stehet im Carol. Landbuche S. 81. Hat 1376. und 1451. dem Kloster Zehdenick gehöret; itzt aber zum Königl. Amte Mühlenbeck.

5) 6) 7) 8) Die Dörfer Seefeld, Lomen, Marzan und Eggerstorff stehen im C. Landb. S. 81.

Nieder-Barnym.

Castorff [1] haben die Krummensee von meym Hern czu lehne Vff der feltmarck seyn LII huben Davon hat der Pfarr IIII So seyn XXV huben besatz Gibt iglich XII gr Der Cruck gibt XXXVI gr Dy Coseten geben V gr Als gerechent vff IX stuck Haben geben die helfft XLII gr V ₰

Czulstorff [2] hat gotze Jeger von meym Hern czu lehne Vff der feltmarck seyn XLII huben XX huben seyn besatz Gibt iglich VIII gr Der Cruck gibt ꝛ sch Als gerechent vff V stuck XII gr Geben dy helfft XXVIꝛ gr

Seberg [3] yst meyns Hern Vff der feltmarck seyn XXX huben Davon hat der Pfarr III Dat gotzhuß I Dy andern geben iglich ꝛ wispel roggen Der Cruck yst wust IIII Coseten geben V gr Als gerechent vff XVI stuck Haben nu geben dy helfft I sch XVI gr

Wolterstorff [4] yst meyns Hern Vff der feltmarck seyn XIII huben Gibt iglich XV gr Dy heyde hat vormals geben I stuck Haben nu dy Brytzken Als gerechent vff V stuck Wnd geben dy helfft XXIIII gr

Rosenfelde [5] gelt czu lehne von beyden steden Berlin vnd Coln Vff der feltmarck seyn I^c IIII huben Davon hat der Pfarr V So ist den steden angestorffen von Henmink Ryken XXXVIꝛ huben Dy andern geben vnd czinsen LXIIꝛ huben gibt iglich VI schepel roggen vnd III gr. Dy andern geben iglich IX gr Der Cruck gibt XLV gr Davon gelt abe V schillingk ₰ Dyselben seyn des Radeß Der Coseten yst XIIII Geben imsamen LIII gr IIII ₰ Als gerechent vff XVI stuck III verndel Haben nu geben das halbe lantschoß I sch XXII gr III ₰

Schildow [6] haben dy Hoppenrode von meym Hern czu lehne Vff der feltmarck seyn XLVI huben Davon hat der Pfarr IIII Der molner IIII Dy andern czinsen iglich VI gr XII huben iglich V gr Der Cruck VII gr VII ₰ Dy Coseten geben V gr Als gerechent vff Vꝛ stuck Geben dy helfft XXVIIIꝛ gr I ₰

Mollenbeke [7] haben dy Moncke von Lehnin Vff der feltmarck seyn LII huben Davon hat der Pfarr IIII Kethelitz XI frey So yst I hoff wuste Dy andern geben iglich III schepel roggen III schepel habern III schillingk ₰ Der Cruck gibt XIIII schillingk ₰ II huner V Coseten geben iglich vor I hube Als gerechent vff XVIII stuck Geben dy helfft Iꝛ sch

Czelendorff [8] hat Jotze Jeger von meym Hern czu lehne Vff der feltmarck seyn LXIIII huben Davon hat der Pfarr IIII Das gotzhuß I Jotze Jeger XVI frey Jotze Hanns XVI frey Dy andern geben iglich III schepel roggen III schepel haber III schepel gersten VIIꝛ gr Der Cruck I sch XVII Coseten geben czusamen XXXIIII gr Als gerechent vff XXVI stuck Geben dy helfft II sch X gr

Borgstorff [9] haben dy Bone von meym Hern Vff der feltmarck seyn XXII huben Yst I wuste Dy andern gibt iglich VI gr Sunder II huben gibt iglich V gr Als gerechent vff III stuck I virtel Haben geben dy helfft XVI gr II ₰

Grap-

1) 2) Castorf und Zublsdorf stehen im C. Landb. S. 82.
3) 4) 5) Die Dörfer Seeberg, Woltersdorf, Rosenfelde stehen im Carol. Landb. S. 82.
6) Schildow, stehet im Carol. Landb. S. 83. und hat 1376. und 1457. denen v. Hoppenrode gehöret.
7) Mühlenbek stehet im Carol. Landb. S. 83.
Bis so weit gehen die Dörfer des Nieder Barnimschen Creises, die zugleich in dem Carolinischen Landbuche und auch in dem Schoßbuche von 1451 stehen. Folgende fehlen ganz in dem erstern und stehen in dem Schoßbuche allein.
8) Zehlendorf liegt noch im Nieder-Barnimschen Creyse, und gehöret zum Königl. Amt Friedrichsthal.
9) Borgstorf liegt itzt noch wirklich im Niederbarnimschen Creise.

Nieder-Barnym.

Grapstorp [1] hort gen Boʒow Vff der feltmarck seyn XXIX huben Davon seyn nu XI besatz Vnd gibt iglige IIII gr V huben iglich II huner Als gerechent vff XI stuck VII½ gr Hat Matthes von Breydow vffgehoue vor synen schaden Dy helfft VI gr

Closterfelde [2] ist der Moncke von lehnyn Vff der feltmarck seyn L huben Davon hat der Pfarr IIII So yst I huben Gibt III schepel roggen I virt IIII schepel haber I virt Dy andern XXX huben gibt igliche hube V schepel roggen V schepel habern VI gr So geben sy czu dienste III sck LIII gr Das yst nicht gerechent Der Cruck gibt V schillingk gr XL Coseten geben vor IIII stuck Als gerechent vff XX stuck II gr Geben dy helfft I½ sck

Wandelitz [3] yst der Moncke czu lehnyn Vff der feltmarck seyn XL huben Davon hat der Pfarr IIII So syn II czu eyner geliger Czinset XXXV igliche II½ schepel roggen II½ schepel habern III gr So gibt iglich ½ virt roggen ½ virt gersten ½ virt habern ½ schillingk ₰ czur Bet Der Cruck gibt vor I stuck VI Coseten geben czusamen XII gr Als gerechent vff XII stuck XXX gr VI ₰ Haben nu geben das halbe schoß I sck III½ gr

Blinkow [4] haben dy Hoppenrode von meym Hern czu lehne Vff der feltmarck seyn XXXII huben Vnd czinset iglich III gr VI ₰ Als gerechent vff III stuck Geben dy helfft XV gr

Schmachtenhagen [5] hort gen Boʒow Vff der feltmarck seyn XXXVIII huben Davon hat der Pfarr VI Dy andern geben III huben VII schepel roggen VIII schepel habern XVI gr Der Cruck gibt XVI gr VIII Coseten geben XX gr Als gerechent vff IX stuck XIIII gr Haben geben olde Matthes von Breydow dy helfft XLVII gr

Lenczk [6] hort gen Boʒow Dar yst eyn Erbe wust Dy andern haben nu verschoßt vnd geben olde Matthes von Breydow dy helfft IX gr

Stoltenhagen [7] yst der Moncke von lehnyn Vff der feltmarck seyn XLII huben Davon seyn XXI hufen besatz Gibt iglich hube II schepel roggen II schepel habern III gr Der Cruck gibt ½ sck III Coseten V gr Als gerechent vff VII½ stuck Geben dy helfft XXXII½ gr

Opidum Boʒow [8] hat XXXIII huben Vnd czinset igliche hube III gr Vnd geben czur Bete X sck Vnd geben czu Ruten czinsse XX gr Als gerechent vff XVIII stuck haber Geben dy helfft Hat olde Matthes von Breydow vffgehoue I½ schock

Radenstorff [9] gehort gen Ropenick Dar seyn kenne huben odder acker Vnd haben nu verschoßt Vnd geben dy helfft von III stuck XXIIII gr XII gr III ₰

Ropenick [9] haben geben vff dyßmal dy helfft V sck

Lanze-

1) Grapstorf ist itzt nicht bekannt, wird aber das itzige Friedrichsthal seyn.

2) 3) Die zwey wichtige Dörfer, Klosterfelde und Wandelitz, stehen nicht im Carol. Landb. sondern nur in diesem Schoßbuche, sind noch unter diesem Namen vorhanden, und gehören zum Nieder-Barnimschen Creise und zum Königl. Amte Mühlenbeck.

4) Blinkow ist mir ganz unbekannt, und finde ich nirgends einige Nachricht davon.

5) Schmachtenhagen gehöret itzt noch zum Nieder-Barnimschen Creise.

6) Lenczk liegt im Nieder-Barnimschen Creise. S. v. Thiele S. 335.

7) Stolzenhagen gehöret zum Königl. Amte Mühlenbeck.

8) Ich weiß nicht, ob hier die itzige Stadt Oranienburg, wovon oben S. 26. nachzusehen, oder das itzige Dorf Bötzow, so itzo zum Glien- und Löwenbergschen Creise gerechnet wird, gemeinet ist.

9) Die Stadt Cöpenick, welche sonst im Teltowschen Creise lieget, hat damals vielleicht einen Theil des Schosses zum Nieder-Barnimschen Creise gegeben.

Nieder-Barnim.

Langeberge [1] Dy von Langeberge hebben geben VI sck   Dy Krummensee habent vffgehouen [2]
Der Herman von Heylgensee gibt XV gr
Der Kruger von Berkenwerder gibt X gr

Molendine

Dy mole czu Tastorff czinset VI wispel roggen vnd von der Vischerie I sck   Gibt XXXV gr
Dy mole von Berkenwerder czinset IIII stuck   Gibt XX gr
Dy mole von Blumberg czinset I stuck — V gr
Dy mole czu Tigel czinset V wispel roggen XVIII scheffel haber vnd XV gr   Gibt XXVIII gr VI ₰
Dy mole czu Schoneyke czinset II stuck   Gibt X gr
Dy mole czu Friedrichsstorff czinset III stuck — XV gr
Dy mole czu Wendeschenbuck czinset II stuck — VIII gr
Dy mole czu Dalewitz czinset III stuck — XV gr
Dy mole czu Schildow czinset . III stuck mit IIII huben   Geben XIII gr
Dy heyde mole czinset, . . . II stuck
Dy mole czu Egbrechtstorff

Opiliones cum Pastoribus [3]

Dy herde czu Honow
Dy herde czu Rosenfelde
Dy scheper czu Arnßfelde — III gr II ₰
Dy scheper czu Bistorff — IIII gr
Dy scheper czu Bonstorff — IIII gr
Dy scheper czu Breydereyke — III gr I ₰
Dy scheper czu Hogenschonhusen
Dy scheper czu Daldorff — III gr VI ₰
Dy scheper czu Seefelde — XII ₰
Dy scheper czu Malgow — III gr
Dy herde czu Malstorff — III gr
Dy herde czu Tygel — XX gr
Dy herde von Schonow — —
Dy herde czu Falkenberg — XVIII ₰
Dy herde czu Wartenberg — XX ₰
Dy herde von Schwanbek — —
Dy herde czu Wenschenbuk — —
Dy herde von Schonerlinde — —
Dy scheper czu Stolpe — X gr
Dy herde czu Helgensee — XII ₰

Per

1) Landsberg, ist die Stadt Neu-Landsberg im Nieder-Barnimschen Creyse gelegen.
2) Das Wort vffgehouen, welches bey vielen Dörfern vorkommt, heißt vermuthlich so viel als eximiret oder ausgezogen, und frey gemacht, wegen eines gehabten Schadens.
3) Hier ist verzeichnet, was die Schäfer und Hirten an Schoß gegeben, zu dessen Erläuterung oben S. 313. die Noten 6. und 7. nachzusehen sind

Per Districtum Hoghen Barnym [1]

Fredelant [2] hort den Junckfrawen von Fredelant Uff der feltmarck seyn XXVIII huben Czinsen iglich VI gr Werczinß XL gr (Wehr-oder Fischzinß) Das stetlein I sck IIII gr Als gerechent vff IX stuck Haben geben dy helfft XLV gr

Slawe [3] hort den Junckfrawen von Fredelant Uff der feltmarck seyn XX huben Czinßt iglich III schepel roggen III schepel habern VII gr Dar ist I wehr czinß I stuck czinßt nichs Als gerechent vff VII stuck I verdel Haben geben dy helfft ½ sck VI gr II ₰

Mertenstorff [4] hort den Junckfrawen von Fredlant Uff der feltmarck seyn XX huben Davon czinset iglich hube III schepel roggen III schepel habern VIII gr IIII ₰ Der Cruck gibt XX gr IIII Cosetten geben XII gr Als gerechent vff VIII stuck XXXII gr Haben geben dy helfft XLV gr

Bisterstorff [5] ist der Junckfrawen von Fredelant Uff der feltmarck seyn LVI huben Davon hat der Pfarr IIII Das gotzhuß I So seyn XXIII huben wust Und syn XXIIII huben Czinset iglich III schepel roggen III schepel haber II schepel gersten IX gr V huben gibt iglich XV gr So geben dy andern iglich czur Bet II schepel roggen II schepel gersten III schepel habern Der Cruck gibt XLII gr Dy Cosetten seyn wuste Als gerechent vff XVI stuck Geben dy helfft I sck XV gr

Ringenwalde [6] hort den Junckfrawen von Fredelant Uff der feltmarck seyn LXII huben Davon hat der Pfarr IIII Dy andern czinsen iglich III schepel roggen III schepel gersten III schepel haber XV gr Von iglicher hube I virt roggen I virt gersten ½ schepel habern czur Bet Der Cruck gibt XL gr. XVI Cosetten geben III½ stuck Als gerechent vff XLV stuck Geben dy helfft III sck XLV gr

Luderstorff [7] ist der Junckfrawen von Fredelant Uff der feltmarck seyn XXVI huben Davon hat der Pfarr II So seyn III wust So czinsen XXI huben gibt iglich IIII schepel roggen IIII schepel habern II schepel gersten IIII gr Der Cruck XX gr IIII Cosetten geben XII gr Als gerechent vff XII stuck Geben dy helfft LVIII gr

Bogelow [8] hat Barfuß von meym Hern czu lehne Uff der feltmarck seyn LX huben Davon hat der Pfarr IIII Das gotzhuß I XVI frey Seyn III wuste So geben XIX huben iglich XL gr Seyn XIII huben Gibt iglich ½ sck Der Cruck gibt VII gr II Cosetten geben vor II stuck Als gerechent vff XXX stuck XXX gr Hat Cone Barffuß vffgehoue vor synen schaden II sck XXXIII gr VI ₰

Ruderstorff [9] ist der Monke von der Czinne Uff der feltmarck seyn LXIIII huben Davon hat der Pfarr IIII Das gotzhuß II So syn XXVI huben besatz Gibt iglich hube IX gr II ₰ czur Bet II gr czur pachte III schepel habern Der Cruck czinset XXXVI gr VII Cosetten gibt iglich III gr Als gerechent vff X stuck XV gr Haben nu geben das halbe schoß LII gr II ₰

 Hers-

1) Hier fängt im Schoßbuche der Hoben-Barnimsche Creiß an, der anitzt der Ober-Barnimsche, im Car. Landb. aber S. 83. *Barnym Districtus Struzberg* genennet wird.

2) Von diesem Fridland ist nachzusehen das Carol. Landb. S. 83. und die Note 5.

3) Slawe stehet im C. Landb. S. 83.; ist aber itzt ganz unbekannt.

4) Mertensdorf stehet auch im Carol. Landb. S. 83. ist aber unter dem Namen itzt unbekannt; vermuthlich ist es das zu Friedland gehörige Dorf Magdorf.

5) 6) 7) 8) 9) Die Dörfer Bisterstorff, Ringenwalde, Luderstorff, Bozlow und Röderstorff stehen im Carol. Landb. S. 84. Das im gedachten Landbuche darauf folgende Dorf Aleena, welches itzt unbekannt ist, stehet auch nicht in dem Schoßbuche.

Ober-Barnym.

Hertßfelde [1] haben dy Krummensee von meym Hern czu lehne Uff dar feltmarck seyn LXX huben Daven hat der Pfarr IIII Das gotzhuß I So seyn XXIIII huben Gibt iglich V schepel roggen V schepel habern VI gr IIII Coseten seyn besatz Geben czusamen XXII gr Als gerechent uff XIIII stuck VI gr Haben geben dy helfft I sck X gr VI ₰

Herzfelde [2] ist der Monke von der Czinnen Uff der feltmarck seyn LXX huben Davon hat der Pfarr IIII Das gotzhuß II Dy Monke VIII So seyn XII czu VI gibt alle das alle huben wulschoffen seyn XLVIII huben Gibt iglich XV gr I virt Erbes Der Cruck gibt XV gr Dy Coseten geben imsamen XII gr Als gerechent uff XIX stuck XII gr Geben dy helffe I sck XXXVI gr

Henckendorff [3] ist der Moncke von der Czinne Uff der feltmarck seyn XXXIIII huben Davon hat der Pfarr IIII Das gotzhuß I So seyn nu XVIII besatz Und czinsen iglich VI gr vnd iglich czu Bet Ik gr Und geben alle I wispel habern Als gerechent uff III stuck III verdel Haben geben dy helfft XVIIIk gr

Werder [4] ist der Moncke von der Czinne Uff der feltmarck seyn LXX huben Davon hat der Pfarr IIII Das gotzhuß I Und seyn III wust Dy andern geben ye IIII huben XV schepel habern I schepel Erwetz Der Cruck czinset XV gr VI Coseten geben XXXV gr Als gerechent uff XXI stuck vnd II ₰ Haben nu geben dy helfft II sck

Reyfelde [5] haben dy Moncke von Lehnin Uff der feltmarck seyn LXXIIII huben Davon hat der Pfarr IIII Das gotzhuß I So seyn VIII wust So geben LX iglich IIII schepel roggen IIII schepel habern V virt gersten I virt erweß Der Cruck gibt XV gr Dy Coseten geben VI gr Als gerechent uff XXIIII stuck Haben nu geben dy helfft I sck LVIIk gr

Czinndorff [6] ist der Moncke von der Czinnen Uff der feltmarck seyn LXIII huben Davon hat der Pfarr IIII Das gotzhuß I So syn IIII wust Czinsen LVII huben iglich IIII schepel habern I virt erweß vnd XVIII huben Gibt iglich darczu XVI gr Dy andern geben iglich VIII gr Der Cruck gibt VII gr Dy Coseten geben V gr So geben sy den Krummensee vor den dienst V sck Als gerechent uff XXVIII stuck I verdel Haben nu geben dy helfft II sck XXI gr II ₰

Rogel [7] ist der Moncke von der Czinnen Uff der feltmarck seyn XXIIII huben Davon hat der Pfarr II Dy andern geben iglich IIII gr Der Cruck XLV gr Dy Coseten geben XV gr Als gerechent uff IIII stuck Geben dy helfft XX gr

Protzhagen [8] hat Rutze von meym Hern czu lehne Uff der feltmarck seyn XXIIII huben Von den hat der Pfarr II Rutze XII freye So geben IIII huben imsamment I wispel roggen I wispel habern VI huben geben II sck Der Cruck gibt XX gr VI Coseten geben imsamment XLIIII gr Als gerechent uff VIIk stuck Geben dy helfft XXXVIIIk gr

Reichen-

1) 2) 3) 4) Die Dörfer Hertßfelde, Herzfelde, Henkendorf, Werder, stehen im C. Landb. S. 85.

5) Reyfelde stehet im Carol. Landb. S. 85. und wird itzt Rehfeld genannt.

6) Zinndorff stehet gleichfalls im Carol. Landb. S. 85. Auf dasselbe folget im C. Landb. Closterstorff, welches auch noch itzt unter dem Namen in dem Amte Landsberg befindlich ist, aber in diesem Schoßbuche nicht stehet.

7) Rogel, itzt Ragel, stehet im Carol. Landb. S. 86.

8) Protzhagen, itzt Pritzhagen, stehet im C. Landb. S. 86. unter dem Namen Probesthagen.

Ober-Barnym.

Richenberg 1) haben dy Eykendorffer von meym Hern Vff der feltmarck seyn LX huben Davon hat der Pfarr IIII Das gotzhuß I Eykendorff XX frey Dy andern czinsen iglich XX gr Der Cruck gibt ½ sck Dy Coseten geben ½ sck Davon yst eyner wust Als gerechent vff XVIII stuck Geben dy helfft I½ sck VI ₰

Schultendorff 2) haben dy Eykendorff von meym Hern czu lehne Vff der feltmarck seyn LX huben Davon hat der Pfarr IIII Das gotzhuß I Eykendorff IX frye So syn VIII wust Syn XXXII huben besatz Gibt iglicher XXIIII gr Der Cruck gibt ½ sck Dy Coseten geben an gelde vnd huner III gr Als gerechent vff XX stuck I gr Geben dy helfft I sck XL gr I ₰

Plow 3) haben dy Plow von meym Hern Vff der feltmarck seyn LXXIIII huben Davon hat der Pfarr IIII Das gotzhuß I Dy andern alle erben dy Hern vnd seyn wuste VI huben geben insammen II sck II Coseten VII houre Als gerechent vff III stuck Geben dy helfft XV gr

Haßelbergk 4) haben dy Plathow von meym Hern Vff der feltmarck seyn LXX huben Davon hat der Pfarr IIII Das gotzhuß I Dyrken VIII frey XXVIII Plathow IIII seyn besatz Gibt iglich XXIIII gr III Coseten geben XIII gr XIII huner I wust Der Cruck gibt I sck Als gerechent vff XV stuck Geben I sck XV gr

Nyderen Predekow 5) haben dy Schaplow von meym Hern czu lehne Vff der feltmarck seyn LIII huben Davon hat der Pfarr III So seyn nu XX huben besatz Czinset iglich XXIIII gr Der Cruck XXIIII gr III Coseten geben IX gr Als gerechent vff XII stuck XXXIII gr Geben dy helfft I sck IIII gr I ₰

Hogen Predekow 6) haben dy Schaplow von meym Hern czu lehne Vff der feltmarck seyn L huben Der Pfarr II So seyn XX besatz Czinset iglich XXIIII gr Der Cruck gibt XLIII gr XIIII Coseten geben XVI gr Als gerechent vff XIII stuck XXIIII gr Geben dy helfft I sck VIII gr

Ranfft 7) hat Heyne Pful von meym Hern czu Lehne Vff der feltmarck seyn XXVI huben Dy hat Heyne Pful frey So seyn XXIII erben Geben czusamen VII sck vnd XVIII gr So seyn V wust Dy scholden geben I sck VIII gr Als gerechent vff X stuck Hat Heyne Pful vffgehoue dy helfft vor seinen schaden L gr

Grunow 8) hat Kone Barffuß von meym Hern czu lehne Vff der feltmarck seyn LXII huben Davon hat der Pfarr IIII So seyn XXV huben besatz Gibt iglich IIII schepel roggen IIII schepel habern V gr VI ₰ Der Cruck gibt XL gr Als gerechent vff XIII½ stuck Hat Cone Barffus vffgehoue vor synen schaden dy helfft I sck III½ gr

1) 2) 3) Reichenberg, Schulzendorf und Ilow stehen im Car. Landb. S. 86. In denselben folgen darin Sterneberk, Gulsdorf und Doberchow, die alle nicht im Schoßbuche stehen.

4) Haselberg stehet im C. Landb. S. 87. und hat damals sowohl, als zur Zeit des Schoßbuches, der alten Familie von Plothow gehöret. Anjetzt hat es der Cammerrath Wolff von dem von Vigny gekauft Auf Haselberg folget im C. Landb. Harnekop, welches im Schoßbuche nicht stehet.

5) 6) Hohen- und Nieder-Predikow stehen im C. Landb. S. 87. machen heutiges Tages nur ein Dorf aus, und gehöret dem Grafen von Ramke. Es folget darauf im Landbuche Bergborn, welches aber im Schoßbuche nicht stehet.

7) Ranft, stehet im C. Landb. S. 87 und hat zur Zeit desselben und des Schoßbuches, denen von Pfuhl gehöret, anitzt gehöret es denen von Marschall. Auf Ranft folget im Car. Landb. Groß-Bensdorff, welches im Schoßbuche nicht stehet, und auch heutiges Tages nicht bekannt ist. Darauf folget das Städtchen Bukow, welches auch im Schoßbuche nicht stehet, aber itzt vorhanden, und wegen seines starken Hopfenbaues bekannt ist.

8) Grunow, stehet im C. Landb. S. 88.

Ober-Barnym.

Frankenfelde [1)] hat Cone Barffuß von meynm Hern czu lehne Vff der feltmarck seyn XV huben Davon hat der Pfarr II Das gotzhuß I So seyn XIIII huben besatz Gibt iglich XX gr Der Cruck gibt XX gr Als gerechent vff VIII stuck Hat Cone Barffuß vff gehoue vor synen schaden dy helfft XXXVIII gr

Cunerstorff [2)] hat Barffuß von meynm Hern Vff der feltmarck seyn LX huben Davon seyn XXXVIII huben besatz Czinset iglich XX gr Der Cruck czinset vor II huben Dy Coseten geben XXII gr Als gerechent vff XXI stuck Hat Cont Barffuß vff gehoue vor synen schaden dy helfft I sck XLIII gr

Boldenstorff [3)] hat Rudenitz von meynm Hern czu lehne Vff der feltmarck seyn LII huben Von den XXIIII besatz Von den syn VIII huben Czinst iglich XX gr Dy andern geben igliche IIII schepel roggen IIII schepel habern IIII Coseten geben an gelde vnd an hunern XX gr Als gerechent vff VII stuck XX gr Geben dy helfft XXXVIII gr

Prezel [4)] haben dy Ploten von meynm Hern czu lehne Vff der feltmarck seyn LXIIII huben Davon hat der Pfarr IIII Plate VI frey Dy andern czinsen iglich XII gr Der Cruck XXIIII gr III Coseten geben VI gr VI honer Als gerechent vff III stuck XXXIII gr Geben dy helfft XIX gr I ₰

Blyßendorff [5)] haben dy Barffften von meynm Hern czu lehne Vff der feltmarck seyn XL huben Davon hat der Pfarr III Barffuß IIII Dy andern huben czinset iglich XII gr Czur Bet III gr So syn XII hubener czu Waßer Czinß I sck LVI gr Coseten gibt II gr Als gerechent vff XIIII stuck dy helfft I sck X gr

Rulstorff [6)] hat Schulleboltz von meynm Hern czu lehne Vff der feltmarck seyn XLII huben Davon hat der Pfar II So geben dy andern iglich VI schepel roggen Dy vischerye hat vormalß geben III stuck Dy hat Schulleboltz nu frey III Coseten geben XII gr Als gerechent vff VII stuck Geben dy helfft XXXV

Hogensteyn [7)] haben dy Krummensee von meynm Hern Vff der feltmarck seyn LXII huben Davon hat der Pfarr IIII Das gotzhuß II So syn IIII wust Dy andern gibt iglich XV gr Der Cruck gibt XXIIII gr III Coseten geben VIII gr Als gerechent vff XX stuck Haben nu geben dy helfft I sck XL gr

Richenow [8)] hat Barffus von meynm Hern czu lehne Vff der feltmarck seyn LIII huben Davon hat der Pfarr III Das gotzhuß I Vnd syn nu XX huben besatz Gibt iglich XVIII gr Dy andern seyn wust Der Cruck gibt VIII gr Als gerechent vff IX stuck VIII gr Hat Cone Barffte vffgehoue vor synen schaden XLVI gr

Gartzin [9)] haben dy Wulkow von meynm Hern czu Lehne Vff der feltmarck seyn LXXII huben Davon hat der Pfarr IIII Das gotzhuß I Dy Wulkow XVI frye XXVI huben Gibt iglich

1) 2) Die Dörfer Frankenfelde und Cunersdorf, stehen im Carol. Landb. S. 88. Darauf folget Blumenthal, so aber im Schoßbuche nicht stehet, und auch itzt nicht mehr vorhanden ist.

3) Boldenstorff, vermuthlich das itzige Bollersdorf, stehet im Carol. Landb. S. 88. unter dem Namen Boldewinstorf.

4) 5) Prezel und Blisendorf stehen im Carol. Landb. S. 88. Darauf folgen Bisow und Wilkendorf, die im Schoßbuche nicht stehen.

6) 7) Rulsdorf und Habenstein stehen im C. Landb. S. 89.

8) Richenow stehet im Car. Landbuche S. 90. Darin folgen Mogelin und Rankendorf, die im Schoßbuche fehlen.

9) Gartzin, stehet im C. Landbuche S. 90.

Ober-Barnym.

iglich VI schepel roggen VI schepel habern VI gr So syn dy andern wuste Der Cruck gibt III mandel honre gerechent vff XXII½ gr I Cosete III gr Als gerechent vff XIIII stuck XXXII gr IIII ₰ Geben dy helfft I sck XIIII gr

Garzowe [1] haben dy Wulkow von meym Hern czu lehne Vff der feltmarck seyn LXII huben Davon hat der Pfarr IIII Das gotzhuß I So seyn VIII Dy andern czinsen iglich XII gr Der Cruck gibt XXIIII gr IIII Cossaten gibt iglich IIII gr Als gerechent vff XVIII½ stuck Haben nu geben dy helfft I sck XXVIII½ gr

Gisselstorff [2] hat Ic IIII huben Davon hat der Pfarr IIII Das gotzhuß I So seyn XLVI huben besatz Gibt iglich XV gr Der Cruck gibt ½ sck Dy Coseten geben vor I stuck Als gerechent vff XIX stuck Haben geben dy helfft I sck XXXVI gr

Haßelholte [3] haben dy Wulkow vnd dy Czachow von meym Hern czu lehne Vff der feltmarck seyn LII huben Davon hat der Pfarr IIII Czachow X frey Dy Wulkow triben dy andern sunder VI huben So syn XII huben Czinsen iglich VI schepel roggen Dy Cruck czinset I stuck Dy mole I½ stuck Als gerechent vff VI½ stuck Geben dy helfft

Lichtenow [4] ist der Junckfrawen czu Spandow Vff der feltmarck seyn XXV huben Davon hat der Pfarr II Dy andern geben iglich X gr VI ₰ vnd II schepel erweßen Der Cruck gibt XXII½ gr Dy Coseten geben insamen VII gr Als gerechent vff XI½ stuck Haben geben das halbe schoß LVIII gr IIII ₰

Cepernick [5] haben dy Hoppenroden von meym Hern czu lehne Vff der feltmarck seyn LII huben Davon hat der Pfarr IIII Dy Hoppenrode VI frey So czinsen XLII huben Gibt iglich VII schepel roggen II schepel gersten V schepel habern IX gr Von den XLII huben hat Hoppenrode IIII vor den roßdinst angenampt Der Cruck gibt XX gr VIII Coseten geben XIIII gr Als gerechent vff XXXIII stuck XI gr Geben dy helfft II sck XLVI gr III ₰

Wylmerstorff [6] ist meyns Hern Vff der feltmarck seyn LXXXIIII huben Davon hat der Pfarr IIII Das gotzhuß II Dy Junckfrawen czu Spandow haben X frey Gibt iglich XII gr Dy andern geben iglich czur czinse vnd czur Bet XXIIII gr II ₰ Czur Bet ½ schepel roggen ½ schepel gerste ½ schepel habern Der Cruck gibt XV schillingk ₰ Dy Coseten geben iglich XII ₰ Als gerechent vff XLVI stuck XXI gr IIII ₰ Geben II½ sck XXII gr

Tempelfelde [7] haben dy von Arnym vnd dy Holtzendorffen von meym Hern czu lehne Vff der feltmarck seyn huben Davon hat der Pfarr IIII Das gotzhuß I So syn II huben wust Dy andern alle geben iglich ½ sck Dy beyde Kruge geben II sck Dy Coseten geben XII gr Als gerechent vff XLIII½ stuck Geben III½ sck III gr

Weße [8] haben dy von Arnym von meym Hern czu lehne Vff der feltmarck seyn LXXIIII huben Davon hat der Pfarr IIII Das Gotzhuß I Vnd syn nu III wuste So geben LXVI huben II huben iglich XII gr Dy andern iglich ½ sck Der Cruck czinßt ½ sck III Coseten gibt iglich III gr Als gerechent vff XLIX stuck XXIII gr Geben IIII sck VIII gr III ₰

Lichten-

1) 2) Garzow und Gielsdorf, stehen im Carol. Landbuche S. 90.

3) 4) Haselholz und Lichtenau stehen im Carolin. Landbuche S. 91.

5) Zepernik stehet im C. Landbuche S. 91. unter dem Oberbarnimschen Creise; gehöret aber nach dem Schoßbuche und anitzt, zum Niederbarnimschen.

6) Wilmersdorf stehet im Car. Landbuche S. 91.

7) 8) Tempelfelde und Weske stehet im C. Landb. S. 92. Darauf folget Grastow, das schon damals wüste gewesen, und dahero auch im Schoßbuche nicht stehet.

Ober-Barnym.

Lichterfelde [1] haben dy Sparren von meym Hern czu lehne Uff der feltmarck seyn LXIIII huben Davon hat der Pfarr III Sparre X frey So seyn nu XVII huben besatz Gibt igliche hube II schepel roggen IIII schepel gersten VI schepel habern XIII gr czu Czinse vnd Bet I Cruck gibt vor I stuck Dy andere yst wust XX Coseten gibt iglich X ₰ Haben geben dy helfft I sck VIIł gr

Thornow [2] haben dy Sparren von meym Hern czu lehne Uff der feltmarck seyn LII huben Davon hat der Pfarr IIII So seyn XXXII huben besatz Czinset iglich VI schepel roggen VI schepel habern vnd geben czur Bet XIIII ₰ Der Cruck mit II huben gibt I sck Dy Coseten geben vor I stuck Als gerechent vff XV stuck IIł gr Haben geben dy helfft I sck XV gr II ₰

Schonow [3] haben dy von Arnym von meym Hern czu lehne Uff der feltmarck seyn XLVII huben Davon hat der Pfarr III Das gotzhuß I So syn XXIIII huben Gibt iglich IIII schepel habern IIII schepel roggen VI gr sunder II huben Geben iglich II schepel roggen II schepel habern VI gr So seyn XIX huben Gibt iglich II schepel roggen II schepel habern III gr Dy Coseten czinsen I stuck Als gerechent vff XIIII stuck I verdel I gr Haben nu geben dy helfft I sck XII gr

Borneken [4] haben dy Dyreken von meym Hern czu lehne Uff der feltmark seyn LXXXIIII Davon hat der Pfarr IIII Das gotzhuß II So czinsen LXI huben iglich XV gr Sunder XVI huben Czinsen y IIII huben VIII schepel roggen VIII schepel gersten VIII schepel habern vnd I sck Der Kruck gibt XV gr Dy Coseten geben IX gr Als gerechent vff XXIIII stuck IX gr Haben nu geben dy helfft II sck I gr III ₰

Scheffforde [5] haben dy von Arnym von meym Hern czu lehne Uff der feltmarck seyn XXIX huben

Prande [6] haben dy Sparren von meym Hern czu lehne Uff der feltmarck seyn XXXIIII huben Davon hat der Pfarr IIII So syn VI huben geben I sck II huben XX gr So seyn huben Gibt iglich III schepel roggen II schepel habern V gr II ₰ vnd czur Bet Der Cruck gibt XXXIII gr Dy Coseten geben an gelde vnd honre XXXVIII gr Dy mole mitingerechent Als gerechent vff XIIIł stuck Haben nu geben dy helfft I sck VIIł gr

Kulstorff [7] haben dy Holtzendorffen von meym Hern czu lehne Uff der feltmarck seyn XXXIIII huben Davon hat der Pfarr IIII Dy andern geben iglich V gr V ₰ Ił schepel roggen Der Cruck gibt XL gr Dy Coseten geben insamen II sck Als gerechent vff X stuck Haben geben dy helfft L gr

Lodeborg [8] gehort dem Probeste von Bernow Uff der feltmarck seyn Iᶜ huben Davon hat der Pfarr IIII Das gotzhuß II So seyn LVI huben besatz Vnd triben eyn teyl dy Borger

Dy

1) Lichterfelde befindet sich im C. Landb. S. 93.
2) Tornow stehet im Carol. Landbuche S. 93. Die in demselben darauf folgende Dörfer: Waldenberg, Tachem, Utzstorff, Smerstorff, Weisckendorff, sind im Schoßbuche nicht befindlich.
3) Schonow stehet im Car. Landbuche S. 94. Das in demselben darauf folgende Dorf Lubenitz, fehlt im Schoßbuche.
4) Dorncken findet sich im Carol. Landb. S. 94. In demselben folget das Dorf Schonholtze, welches im Schoßbuche nicht stehet.
5) Schepforde stehet im C. Landb. S. 95. Das darauf in demselben folgende Dorff Boldekendorff fehlet im Schoßbuche.
6) Prande stehet im Carol. Landbuche S. 95. Auf dasselbe folget das Dorf Typhenske, welches im Schoßbuche nicht zu finden ist.
7) 8) Kulstorff und Lodeburg, stehen im C. Landbuche S. 96.

Ober-Barnym.

Dy LVI czinsen II schepel I virt roggen Ił schepel gersten IIII schepel habern XII ₰ Der Cruck gibt ł sck X Cosseten geben an huner vnd an gelde XXV gr Als gerechent vff XX stuck Haben nu geben das halbe schoß I sck XL gr

Lancke [1] haben dy von Arnym von meynm Hern Vff der feltmarck seyn L huben Davon hat der Pfarr IIII So geben dy andern iglich III schepel roggen III schepel habern IIII gr So seyn IIII wust Der Cruck gibt VIIł gr Dy Coseten geben an huner vnd an gelde IX gr Als gerechent vff X stuck mit der mole hat Achim von Arnym vffgehoue XLVIII gr

Klobick [2] haben dy Tharmow von meynm Hern czu lehne Vff der feltmarck seyn XLVIII huben Davon hat der Pfarr IIII Das gotzhuß I So seyn XII huben besatz Gibt iglich XV gr Der Cruck gibt VIIł schillingk gr Dy Cosseten geben XII gr VIII huner Als gerechent vff VIIł stuck Haben geben dy helfft XXXVIIIł gr

Danberg [3] haben dy Sparren von meynm Hern czu lehne Vff der feltmarck seyn LXIIII huben Davon hat der Pfarr IIII So seyn IIII wust So seyn XXIIII huben besatz Gibt iglich ł schepel Der Cruck gibt XXVI gr Als gerechent vff XX stuck XII gr Haben geben dy helfft I sck XL gr

Steynforde [4] haben dy von Arnym von meynm Hern czu lehn Vff der feltmarck seyn XL huben Davon hat der Pfarr II Das gotzhuß I So geben dy andern iglich XV gr Der Cruck gibt XX gr Dy Cosseten geben XL gr Als gerechent vff XV stuck XV gr Geben I sck XVIł gr III ₰

Rudenitz [5] haben dy von Arnym von meynm Herrn czu lehne Vff der feltmarck seyn LXXXV huben Davon hat der Pfarr IIII Das gotzhuß II

Brunow [6] haben dy Tarmow von meynm Hern czu lehne Vff der feltmarck seyn LXII huben Davon hat der Pfarr IIII Das gotzhuß I Syn nu XXI huben besatz Syn ouch huben wuste Triben dy Tharmow Gibt iglich ł schepel roggen ł schepel habern I schepel gersten XV gr Als gerechent vff XII stuck Geben dy helfft I sck

Danewitz [7] haben dy von Arnym von meynm Hern czu lehne Vff der feltmarck seyn LVI huben Davon hat der Pfarr IIII Das gotzhuß I So czinsen L huben I wust Gibt iglich III schepel roggen III schepel habern Czur Bet I virt roggen I virt gerste ł schepel habern iglich VI gr II ₰ Von den syn XLV Gibt iglich II schepel gerste Der Cruck gibt ł sck IX Coseten geben XV gr XXX huner Als gerechent vff XXIIII stuck XII gr Haben nu geben vor XXIł stuck vnd XXXV gr Geben Ił sck XVIII gr

Grunendal [8] haben dy Holtzendorffern von meynm Hern czu lehne Vff der feltmarck seyn XXXVIII huben Davon hat der Pfarr II Das gotzhuß I

Gerstorff [9] ist der Junckfrawen czu Czedenick Vff der feltmarck seyn LII huben Davon hat der Pfarr IIII Das gotzhuß I So czinsen XLVII huben iglich XXIII gr Der Cruck czinßt XLVIII gr IIII Coseten gibt igliche III gr Als gerechent vff XXIX stuck Haben nu geben das halbe schoß II sck XXV gr

Hekel.

1) 2) 3) Die Dörfer Lanke, Klobick und Damberg, stehen im C. Landbuche S. 96. Darauf folget das Dorf Krange, welches im Schoßbuche nicht zu finden ist.
4) 5) 6) 7) Die Dörfer, Steynforde, Rudenitz, Brunow und Danewitz, stehen im C. L. S. 97.
8) 9) Die Dörfer, Grunendal und Gerstorff, stehen im C. Landbuche S. 98. Darauf folgt in demselben Schönebeck, welches im Schoßbuche nicht befindlich ist.

Ober-Barnym.

Hekelberg[1] haben dy Holtzendorffern von meynm Hern czu Lehne Vff der feltmarck seyn LXXII huben Darvon hat der Pfarr IIII Das gotzhuß I Syn IIII wuste Dy andern geben iglich ł sck czur Orbet vnd Rudenczinß vnd vor I steyn wech VIII sck Yst vff VIII stuck gerechent Als gerechent vff LV stuck Haben geben IIIIł sck V gr

Schonfelt[2] haben dy von Arnym von meynm Herrn czu Lehne Vff der feltmarck seyn I^c IIII huben Davon hat der Pfarr IIII Das gotzhuß I So syn VI huben wust LXIIII huben besatz Gibt iglich XX gr XXIX huben gibt iglich XXIIII gr II huben ł sck XI huben gibt iglich XVIII gr Der Cruck gibt I gr II Coseten geben II gr Als gerechent vff XLVIII stuck Haben geben dy helfft Didrich von Holtzendorff IIII sck

Hetzermole[3] hat Tornow von meynm Hern czu Lehne Vff der feltmarck seyn XXXIII huben Czinst iglich III schepel habern IIII gr Der Cruck gibt XV gr Dy Coseten geben czusamen III gr XVIII honre Als gerechent vff Vł stuck XIIII gr Haben geben das halbe schoß XXV gr

Trampe[4] haben dy Sparren von meynm Hern czu Lehne Vff der feltmarck seyn LIIII huben Davon hat der Pfarr IIII Dy andern geben iglich XVIIII gr Der Kruck ł sck XVI Coseten geben czusamen vor I stuck Als gerechnet vff XXIIII stuck X gr Geben dy helfft II sck

Opidum Wernowe[5] haben dy Schenken von Sydow von meynm Hern czu Lehne Vff der feltmarck seyn I^c IX huben Davon hat der Pfarr IIII Das gotzhuß I Dy andern gibt iglich V schepel roggen V schepel gersten VIII gr Als gerechent vff LXII stuck Geben dy helfft VI sck IIł gr

Sommerfeldt[6] haben dy von Arnym von meynm Hern czu Lehne Vff der feltmarck seyn L huben Davon hat der Pfarr IIII Das gotzhuß I Syn VIII wust Czinsen XXXVII huben Gibt iglich XV gr Der Cruck gibt I stuck Dy Coseten geben nicht Als gerechent vff XV stuck Haben das Achim von Arnym vffgehoue I sck XIIł gr

Byßdal[7] haben dy von Arnym von meynm Hern czu Lehne Vff der feltmarck seyn I^c XX huben Davon hat der Pfarr IIII Das stetlin IIII Syn nu XL huben besatz Gibt iglich III schepel roggen III schepel habern III schillingk ₰ Geben czur Bet II sck Geben dem Pfarrer III sck Czu Ruthen czinß Ił sck Dy andern triben dy herren Als gerechent vff XXVII stuck Geben II sck XV gr

Sydow[8] haben dy von Arnym vnd dy Holtzendorffer von meynm Hern czu Lehne Vff der feltmarck seyn XXXII huben Davon hat der Pfarr II Das gotzhuß I Dy Holtzendorff VIII frey Dy von Arnym VIII So czinsen met dem Cruge XIII huben igliche ł sck Dy Coseten geben IX gr Als gerechent vff IX stuck XXXIX gr Haben nu geben das halbe schoß Hat vffgenomen Didrich von Holtzendorff XLIX gr IIII ₰

Opidum

1) 2) Hekelberg und Schönfeld stehen im C. Landb. S. 99.

3) 4) Hegermole und Trampe stehen im C. Landb. S. 100. Das in demselben darauf folgende Dorf Stenbeke feblt ich Schoßbuche.

5) Warnowe stehet im C. Landb. unter dem Namen, Warnow, S. 100. und ist der itzige Flecken Wernenchen. Darauf folget in demselben Melkow, welches sich im Schoßbuche nicht findet.

6) Sommerfelde, stehet im C. Landb. S. 101.

7) Byßdal, ist das itzige Städtlein und Königl. Amt Biesenthal, das im C. Landb. S. 101. stehet. Die von Arnim haben es besessen bis zum Jahr 1577. da Churfürst Johann George es von ihnen theils gekauft, theils ertauscht. Auf Biesenthal folget im Landbuche, Poratz, welches aber im Schoßbuche v. 1451. nicht stehet, und ohne Zweifel das in der Uckermark belegene Dorf dieses Namens seyn wird.

8) Sydow stehet im C. Landb. S. 101. Hierauf folgen in demselben die drey Mühlen des Biesenthalschen Districts, Namens Pranden, die Rönne und die helle Mühle, welche im Schoßbuche nicht stehen.

Ober-Barnym.

Opidum Beyerstorff [1] haben dy Holtzendorffer von meym Hern czu lehne Vff der feltmarck seyn LXXXIIII huben Davon hat der Pfarr IIII Dy andern geben iglich I schepel weyß I schepel roggen IIII schepel habern XII gr So geben sy czur Orbet VII sck vnd geben czu Ruten czinße XX gr Als gerechent vff LI stuck XVI gr Geben dy helfft Didrich von Holtzendorff IIII sck XV gr

Frewdenberg [2] haben dy von Arnym von meym Hern czu lehne Vff der feltmarck seyn LXIIII huben Davon hat der Pfarr IIII Daß goßhuß I Dy andern geben iglich XII gr Der Cruck XX gr Als gerechent vff XVIII stuck Geben I sck XXVIII gr

Lowenberg [3] hat Doberkow vnd Hentze Gyßmanstorff von meym Hern czu lehne Vff der feltmarck seyn LXIIII huben Davon hat der Pfarr IIII Doberkow X frey Gyßmanstorff IIII So seyn XXII huben besatz Gibt iglich XXIIII gr Dy andern synt wust Der Cruck gibt XXIIII gr Als gerechent vff XIII stuck XXXII gr Geben dy helfft I sck IX gr

Hogen Vinow [4] haben dy Sparren von meym Hern czu lehne Vff der feltmarck seyn LIIII huben Davon hat der Pfarr IIII Dy Sparren X frey Dy andern geben iglich XXIIII gr vnd geben czur Bet II sck czu huben czinsen XII gr Dy Coseten geben IIII huner Als gerechent vff XXVI stuck Haben nu geben das halbe schoß II sck X gr

Falkenberg haben dy von Holtzendorff von meym Hern czu lehne Vff der feltmarck seyn keyne Huben sunder Vischerey Dy mole ist besatz Als gerechent vff IX stuck IIII gr Haben nu geben dy helfft Didrich von Holtzendorff XLIII gr

Coethen hat Kone Plow von meym Hern czu lehne Vff der feltmark seyn XLVIII huben Davon hat der Pfarr IIII Das goßhuß II Plow triben dy andern X Dy andern geben iglich IX gr Der Cruck gibt XV gr VI Coseten geben von I stuck Als gerechent vff IIII stuck Geben dy helfft XX gr

Buckholtz haben dy Krummensee von meym Hern czu lehne Vff der feltmarck seyn LIX huben Davon hat der Pfarr IIII Das goßhuß I So seyn XLVI huben besatz Gibt iglich III schepel roggen II schepel gersten II schepel habern III gr Dy molen gibt von III stuck Dy Coseten geben XXXVI gr Der Cruck gibt X gr Als gerechent vff XVII stuck XXIIII gr Geben dy helfft I sck XXVIII gr I ₰

Brizen an der Odere [5]

Vff dem Bruche an der Oder vme der Bryzen

Vff dem Rytze an der Oder byder Bryzen seyn VIII Erben	Gibt iglich VIII gr	—	I sck	IIII gr
Wustrowe hat XII Erben	Czinst iglich VIII gr	—	—	XLV gr
Roytz hat XXVII Erben	Czinst iglich VIII gr	—	— I sck	XLVIII gr
Medewitz hat XIX Erben	Czinst iglich VIII gr	—	— I sck	XVI gr
Olde Britzen hat XXX Erben	Czinst iglich VIII gr	—	— II sck	

1) Beyerstorff, stehet im Car. Landb. S. 102. Darauf folgen in demselben Berbom, Neu-Ranikendorff und Czyten, welche im Schoßbuche nicht stehen.
2) Frewdenberg, stehet unter dem Namen von Vrondenberg, im C. Landb. S. 103.
3) Löwenberg, stehet im Car. Landbuche S. 103. Darauf folget in gedachtem Landbuche, Freyenwalde, welches im Schoßbuche von 1451. nicht stehet. Hergegen stehen in dem Schoßbuche folgende Dörfer des Ober-Barnimschen Creises, die in dem C. L. gar nicht zu finden sind.
4) Hohen-Finow besitzet anitzt der Hr. v. Vernezobre.
5) Dieses sind lauter Bruchdörfer bey Wriezen an der Oder, die im Car. Landb. nicht stehen, so wenig als die darauf folgende Mühlen und Hirten.

Ober-Barnym.

Lawin hat XIIII Erben Czinßt iglich VIII gr	—	—	XLV gr
Lucken Barnym hat IX Erben Czinßt iglich VIII gr	—	—	XXXVIII gr
Groten Barnym hat VII Erben Czinßt iglich VIII gr	—	—	XXVIII gr
Trebbin hat VIII Erben Czinset iglich —	—	—	XXXII gr
Ortwick vnd Nizzendorff haben XXVIII Erben			

Molendine

Dy mole czu Werder III wsp XV gr
Dy Hegermole III stucken — XV gr
Dy mole czu Bornnek I stuck V gr
Dy mole czu Bozelow V stuck XXV gr Barffuß
Dy mole czu Wernowe czinßt I stuck
Dy andern mole czinßt I stuck
Dy mole czu Gißelstorff III wispel roggen

Opiliones et Pastores

Dy herde czu Prande
Dy herde czu Heggermole
Dy herde czu Ruderstorff
Dy scheper czu Gerstorff — IIII gr
Dy herde czu Beygerstorff — II gr
Dy herde czu Schönfelde
Dy scheper czu Hoggen Winow
Dy herde czu Henkendorff
Dy scheper czu Fredelant
Dy herde czu Dannenberg
Dy herde czu Globbick
Gißelstorff dy herde
Dy scheper czu Prezel — XII gr
Der scheper czu Lichterfelde — X gr
Dy scheper czu Bistorff
Dy herde czu Lowenberk
Dy scheper czu Mogelin — X gr
Dy scheper czu Nieder Predikow
Dy scheper czu Plow — XV gr
Der scheper czu Prozhagen

Daß hort den München von Corin [1]

Golze hat geben vff diß gar vnberechent [2]		—	II sck	IX gr
Corin hat geben vnberechent vff dyßmal		—	—	XXXVIII gr
Grossen Cziten hat geben vff dyßmal yst vorbrant			—	XXII gr
Hertsprinck hat geben	—	—	I sck	II gr
Stoltenhagen hat geben vnberechent		—	—	LVIII gr
Luderstorff hat geben vnberechent		—	—	XXXV gr
Parsteyn hat geben vff dyßmal	—	—	I sck	
Brodewin hat geben vnberechent		—	I sck	XLIII gr
Lypa hat geben vff dyßmal vnberechent		—	—	XXX gr
Nederen Vinow hat geben vnberechent		—	—	I feragenam
				Summa IX sck LV gr

Dar hat der Apt jnbehalden I sck 30 Blipt noch im Kuchenmeyster jn nemen VIII sck LV gr von Claus Perum wegen testament

Di-

1) Die hier folgende Dörfer des ehemaligen Klosters und itzigen Königl. Amtes Chorin, stehen hier hinter dem Hohen Barnim, so wie auch in dem Carol. Landb. S. 104. 105. und 106. Vermuthlich sind sie damals zum Ober-Barnimschen Creise gerechnet worden; itzt gehören sie zur Ukermark.

2) Aus dem Worte, vnberechent, welches hier bey den Dörfern des Klosters Chorin stehet, muß man urtheilen, daß die Klosterdörfer ihren Schoß in Pausch und Bogen verglichen, erleget haben, vermuthlich aus Rücksicht für ihre geistliche Eigenschaft, und daß derselbe nicht so genau von jedem Hofe berechnet worden wie in andern Dörfern.

Districtus Czuch [1] Proprietas Lehnyn [2]

Wachow [3] im Habelande yst des Kloster lehnyn Vff der feltmarck seyn XXX huben Czinst iglich ½ wispel roggen ½ wispel gersten I wispel habern VI gr Der Cruck ½ sck XI Coseten geben czusamen XLV gr III pfunt wachß Der molner gibt sunderlighen IIII schepel roggen IIII schepel gersten vnd I sck II Vischernyen geben I sck Als gerechent vff LVII stuck Haben nu geben IX sck XXXVI gr

Golitz [4] im Habelande yst des Closters lehnyn eygenthum Vff der feltmarck seyn LX huben Gibt iglich VI schepel roggen II schepel gersten V schepel habern I schillingk ₰ Der Cruck gibt ½ sck IIII Coseten gibt iglich III schillingk ₰ vnd III huner So hat das gotzhuß VI½ pfunt wachß czu czinse nu czu geben Als gerechent vff XL½ stuck Haben nu geben V sck VI gr

Trechwitz [5] vff der Czuch hort dem Closter lehnyn Vff der feltmarck seyn XLII huben Davon hat der Pfarr II Dy andern geben iglich VI schepel roggen VI schepel gersten Sunder XII huben gibt iglich VII schepel roggen VII schepel gersten X½ gr X Coseten geben imsamen XXVI gr II ₰ Als gerechent vff XXXII stuck Haben nu geben V sck XX gr

Michilzdorff [6] hort dem Closter lehnyn Vff der feltmarck seyn XXXI huben Davon hat der Pfarr II So syn VIII huben wust Dy andern geben iglich V schepel roggen I½ gr Als gerechent vff V½ stuck geben LII½ gr

Smerghow [7] hort dem Closter lehnyn Vff der feltmarck seyn LII huben Davon hat der Pfarr — huben Czinst iglich VI schepel roggen VI schepel gersten IX schillingk ₰ II huben XVIII schepel hartes korns XVIII schillingk ₰ Dy Coseten geben imsamen XLVIII Trebow hat VI huben Czinst iglich I wispel hartes korns Dar yst eyne Vischerye Gibt III schillingk ₰ II Vischerye gibt I½ sck Als gerechent vff LVII stuck XXXIII gr VI ₰ Haben nu geben VIII sck XLV gr VII ₰

Redel [8] hort dem Closter lehnyn Vff der feltmarck seyn XLI huben Davon hat der Pfarr IIII und der Richter VI Davon gibt XXI gr Von dem Cruck I½ sck So syn II huben Gibt iglich II schillingk ₰ II huben geben czusamen VIII schillingk ₰ IIII huben XII schillingk ₰ II huben IIII schillingk ₰ III huben VI schillingk ₰ X Coseten geben XIX gr Als gerechent vff VI½ stuck Geben I sck V gr

Dampstorff [9] hort dem Closter lehnyn Vff der feltmarck seyn XL huben Czinst iglich XII schepel hartes korns VIII½ gr Dy Coseten geben czusamen IX gr II ₰ Als gerechent vff XXX stuck IX gr Haben nu geben X sck II gr II ₰

Tyecz [10] hort dem Closter lehnyn Vff der feltmarck seyn XXX huben Davon hat der Pfarr IIII Dy andern gibt iglich I wispel gersten X schillingk ₰ Der Cruck vnd I Sehe (See) XXV schillingk ₰ XI Coseten geben vor Werher czinße vnd garten II sck vnd geben von I wehre XXXIII schillingk ₰ Als gerechent vff XLV stuck VI½ sck XVII gr

Buß-

1) Dieses ist der Zauchische Creiß, der im Carol. Landb. S. 133. anfängt, und dort vielmehr Dörfer, als hier im Schoßbuche, enthält. Ich habe diese Artikel nicht aus dem Schoß-Register von 1451. sondern aus dem von 1450. nehmen müssen, weil ersteres vollständiger ist; dahero hier der ganze Schoß angerechnet ist, nicht der halbe, wie in dem Schoßbuche von 1451.

2) *Proprietas Lehnyn*, bedeutet die Dörfer des alten berühmten Klosters Lehnin. Die folgenden Dörfer gehören auch noch itzt meistens zu dem Amte Lehnin, wie in den Noten unter dem C. Landb. bey jedem Dorfe bemerkt ist.

3) 4) Wachow und Golitz stehen nicht im C. Landb. beschrieben, wohl aber in dem daselbst S. 48. stehenden generalen Verzeichniß der Dörfer des Landes Zauche, ich weiß nicht, warum? Jetzt gehören sie zu dem Havellande und zum Amte Nauen, wobey sie auch belegen sind.

5) 6. 7) Trechwitz, Michelsdorf und Smergow stehen im C. Landb. S. 146. 147.

8) Redel stehet im C. Landb. S. 146.

9) 10) Damsdorf und Tyetz, itzt Deetz, stehen im Car. Landb. S. 147.

Zauche.

Bußkow yst eyne wust feltmarck Triben dy von Tytzow Dar syn XII huben Czinße iglich XII schepel roggen Als gerechent vff VI stuck Geben I sck

Groten Damelanck [1] hort dem Closter lehnyn Vff der feltmarck seyn XX huben Czinße iglich IIł schillingk ₰ So syn XVIII huben gibt iglich III ₰ Der Cruck gibt XV gr So triben sy noch I feltmarck dy heyst Tornow syn XXIX huben Als gerechent vff vor VI stuck Geben I sck

Lucken Damelanck [2] hort dem Closter lehnyn Vff der feltmarck seyn XII huben Yst wust

Swynow [3] hort dem Closter lehnyn Vff der feltmarck seyn XXXVI huben Dy andern gibt iglich V schepel roggen XII ₰ V Coseten geben nicht Als gerechent vff IX stuck IIII gr Geben I sck XXXI gr

Bochow [4] hort dem Closter lehnyn Vff der feltmarck seyn LX huben Davon hat der Pfarr III So synt XXIIII huben wust Dy andern geben iglich IIII schepel roggen III schepel gersten III schepel habern III schillingk ₰ Dy Coseten geben III gr Als gerechent vff XII stuck Haben nu geben II sck

Golstorff [5] hort dem Closter Vff der feltmarck seyn XLII huben Davon hat der Pfarr So syn VII huben wust IIII huben Gibt iglich V schepel roggen IIII schepel gersten IIII schepel habern III gr Dy andern gibt iglich IIII schepel roggen IIII schepel gersten IIII schepel habern VII schillingk ł Der Cruck gibt ł sck II Coseten geben czusamen XI gr II ₰ Als gerechent vff XVII stuck IIII gr Haben nu geben II sck LI gr

Netzin [6] hort dem Closter lehnyn Vff der feltmarck seyn XXV huben Davon hat der Pfarr I Dy andern geben iglich VI schepel roggen III schepel habern X schepel gersten VII schillingk ₰ XX huben gibt iglich XII schepel roggen X schepel gersten VII schillingk ₰ II huben VI schillingk ₰ Der Cruck gibt XLV gr Dy Coseten geben czusamen VIII gr II ₰ Als gerechent vff XXX stuck Haben nu geben V sck VI gr

Leyst [7] hort dem Closter Vff der feltmarck seyn X huben Czinsen iglich XVIII schepel roggen II syn wust I weher gibt XXIIII gr vnd geben czu czinse XV honer V Coseten geben czusamen VIIł gr Als gerechent vff VIIł stuck Haben nu geben I sck XIIIł gr

Gottin [8] hort dem Closter Vff der feltmarck seyn keyne huben sunder III werch Dy czinsen czusamen XIII sck XXIIII gr VI Coseten geben imsamen IX gr IX honre Als gerechent vff XXI stuck Geben III sck XXIIII gr

Sebben [9] hort dem Closter lehnyn Vff der feltmarck seyn XXIIII huben Davon hat der Pfarr II Dy andern geben iglich XII schepel hartes korns III schepel habern I schillingk ₰ Der Cruck gibt I sck IX gr VI ₰ Dy Bure geben von garten czinße III sck XVIII gr Dy Coseten III schillingk ₰ I weher gibt X sck II weher geben dem gotshuße VI schillingk ₰ II weher geben III pfunt waß Noch II weher gibt II schillingk ₰ Als gerechent vff XXXVII stuck XI gr II ₰ Geben VI sck XII gr VI ₰

Gro-

1) 2) Groß und Klein Damelang stehen im Carol. Landb. S. 146. Auf der ehemaligen Feldmark Lutken Damelang, ist itzt das Colonistendorf Freyenthal erbauet.

3) Swinow stehet im Carol. Landb. S. 146.

4) Bochow findet sich auch im C. Landb. S. 146.

5) Golstorf stehet im C. Landb. S. 149. unter den Gütern des Wichard von Rochow.

6) Netzin, itzt Netzen, stehet im Carol. Landb. S. 146.

7) Leist stehet im C. Landb. S. 116. unter dem Havelländischen Creyse.

8) Gottin, itzt Göttin, stehet im C. Landb. S. 110. unter dem Havellande bey Leist, gehören aber itzt beyde zum Zauchischen Creise. Weher und Werch, bedeuten hier ohne Zweifel Fischwehre in der Havel.

9) Sebben stehet nicht im C. Landb. liegt an der Havel zwischen Ketzin und Werden.

Zauche.

Stopelitz [1] hort dem Closter lehnyn Vff der feltmark seyn XX huben Davon hat der Pfarr II Dy andern geben iglich IX schepel roggen III schepel gersten III gr Der Cruck XLV gr Dy Coseten geben VIIł gr IIII weher gibt iglich III gr Dy andern iglich I pfunt waß I werderlant gibt VIII pfunt waß Als gerechent vff XIIł stuck IIł gr Geben II sck V gr V ß

Cryele [2] hort dem Closter lehnyn Vff der feltmarck seyn XXXII huben Czinßt iglich VI schepel roggen VI schepel gersten III gr II ß I hoff gibt dem gotzhuß ł sck Dy Coseten III gr Als gerechent vff XVIII stuck XIX gr Haben nu geben III sck V gr II ß

Goz [3] Proprietas lehnyn Vff der feltmarck seyn XXVII huben Der czinßt iglich XII schepel roggen XI schepel gerste Von den syn II czinßt iglich XVIII schepel hartes korns I schepel habern Der Cruck czinßt ł sck ist wust Dy Coseten geben czusamen XX gr Als gerechent vff XLI stuck Geben VIIł sck III gr

Dorwitz [4] Proprietas lehnyn Vff der feltmarck seyn XL huben Davon hat der Pfarr II So seyn XXXIIII huben besatz Gibt iglich VIII schepel roggen IIII schepel gersten V schepel habern VII schillingk ß Der Cruck gibt II schepel maß X schillingk Dy Coster gibt VIII gr Das gotzhuß lant vorschoßt XXXVI gr Gibt I Cosete I pfunt waß Ił gr Als gerechent vff XXX stuck Geben Vł sck Ił gr

Nameticz [5] Proprietas Lehnyn Dar seyn keyne huben Der Cruck gibt I wispel roggen vnd I sck XVIII Coseten geben czusamen XLVIII gr Dar yst vff dyß yar (jahr) uch wust Als gerechent vff IIII stuck Haben nu geben XLIII gr

Jeßerick [6] hat Benstorf von meynn Hern czu lehne XV dorff huben Gibt iglich VI schepel roggen VI schepel gersten czu czinse III gr So syn sust XXVII huben Gibt iglich III schepel roggen III schepel habern So geben sy von II Vischeryen LI gr So seyn IIII Coseten geben VI gr Der Cruck gibt Ił gr So hat Hanns Rock im sulve dorff von dem Rochow czu lehne X huben So syn sy gerechent met alle gerechent vff XIX stuck Geben III sck XVI gr VI ß

Werheder [7] hort dem Closter lehnyn vnde haben vnberechent geben Als sy vormals geben haben III sck XX gr

Molendine

Dy mole czu Creyl czinßt III stuck — ł sck Dy mole czu Toppelitz czinßt II stuck — XX gr

Opiliones

Dy herde czu Goz —	VI gr	Dy herde czu Trechwitz —	VIIł gr
Dy herde czu Smargow —	IIII gr	Dy herde czu Dampstorff —	IIł gr
Dy herde czu Cryle —	IIII gr	Dy herde czu Jeßerick —	XVIII ß
Dy herde czu Deticz —	III gr VI ß		

Vff

1) Stopelitz ist nicht im C. Landbuche befindlich, und ist auch itzt unbekannt. Das Wort Weher, scheinet hier nicht Fischwehre, sondern Warthe-Land, zu bedeuten, weil das Wort Land dabey stehet.
2) Cryele, itzt Krielow, stehet im Carol. Landb. S. 146.
3) Goz, itzt Goritz, ist das im Carol. Landb. S. 147. stehende Dorf Goritz.
4) Dorwitz, itzt Deetzin, stehet im Carol. Landb. S. 147. Es ist merkwürdig, daß hier das Kirchen-Land Schoß gegeben hat.
5) Nameritz, itzt Namitz, stehet im Carol. Landb. S. 146.
6) Jeserick gehöret itzt denen von Rochow, und stehet nicht im Car. Landbuche.
7) Ich weiß nicht gewiß, ob hier unter Werheder, das bey Potsdam belegene Städtchen Werder, verstanden wird.

Zauche.

Vff der Tuch Wicherts von Rochow [1]

Großen Benz [2] hat Wichart von Rochow von meym Hern czu lehne Vff der feltmarck seyn LXXIII huben Davon hat der Pfarr III Templin IIII So seyn V huben wust Dy andern gibt iglich ½ wispel roggen III virt gersten I½ schepel habern vnd X schillingk ₰ Der Cruck gibt ½ sck IIII Coseten geben XI gr Als gerechent vff LXI stuck Geben dy helfft V sck VI ₰ Item zo hat Fritze Bardeleve III huben Geben vff schoß XV gr

Lutken Benz [3] hat Wichert von Rochow von meym Hern czu lehne Vff der feltmarck seyn XXXIIII huben Davon hat der Pfarr III So seyn III huben wust Dy andern gibt iglich XII schepel roggen XII schepel habern XV gr Der Cruck gibt XXX gr Dy Coseten geben I sck XLVIII gr huner II Dy weher (Fischwehre) geben I sck XLVIII gr V mandel ale (Ahle) Als gerechent vff XXXVII stuck V gr Geben dy helfft III sck X gr V ₰

Cammer [4] hat Wichert von Rochow von meym Hern czu lehne Vff der feltmarck seyn XXX huben Davon hat der Pfarr IIII Dy schulte VI frey Dy andern gibt iglich III schepel roggen VI gr XI Coseten geben tzusamen XXI gr IIII ₰ Als gerechent vff V stuck XXXVI gr IIII ₰ Geben dy helfft XXIII gr

Pernitz [5] hat Wichert von Rochow von meym Hern czu lehne Vff der feltmarck seyn XXX huben Davon hat der Pfarr II So seyn XV huben wust XIII huben gibt iglich VI schepel roggen IX schepel habern VII schillingk ₰ Der Cruck I pfunt pepers Dy Coseten seyn frye Als gerechent vff XI stuck XVII gr Geben dy helfft LVII gr

Crane [6] hat Wichert von Rochow von meym Hern czu lehne Vff der feltmarck seyn LXII huben Davon hat der Pfarr II So seyn dar XXX huben besaß So geben y III huben XX schepel roggen IIII schepel gersten an I virt III huben geben XI schepel gersten I virt XX schepel habern XXVII gr Der Cruck gibt XV gr Als gerechent vff XXVII stuck Geben dy helfft II sck VII ₰

Rickan [7] hat Wichert von Rochow von meym Hern czu lehne Vff der feltmarck seyn XXX huben Davon hat der Pfarr I So syn XXV huben Gibt iglicher IIII schepel roggen II schepel habern VIII gr So hat der schulte IIII huben Gibt an virt III schepel roggen an I virt III schepel gersten V½ schepel habern I Cosete gibt XIIII gr Gibt I Cosete VII½ gr Der dritte X gr Dy virde II gr Als gerechent vff X stuck Geben dy helfft XXV½ gr

Gottin [8] hat Wichert von Rochow von meym Hern czu lehne Vff der feltmarck seyn XXX Davon hat der Pfarr I Clavs Monck IIII fry Dy andern gibt iglich VI½ schepel roggen II schepel gersten II½ schepel habern III gr I Cosete gibt III pfunt waß an IX gr Als gerechent vff XII stuck XIIII gr Geben dy helfft I sck VI½ gr

Wilden-

1) Die vielen Güter derer von Rochow, stehen eben so, wie hier im Schoßbuche, oben im C. Landb. S. 148-151. obwohl mit einiger Veränderung. Ich habe hier das Schoßbuch von 1451. wieder zum Grunde nehmen müssen, weil es in diesem Artikel vollständiger, als das von 1450. und daher wird der Schoß hier wieder nur zur Hälfte gerechnet.

2) 3) Groß-Benitz und Klein-Benitz stehen auch im C. Landb. aber nicht, wie hier, unter der Zauche, sondern im Havellande S. 123. Sie gehören anitzt nicht mehr denen von Rochow, sondern denen von Itzenplitz.

4) Cammer, stehet im Carol. Landb. S. 150. Die Hufenzahl ist in beyden Dörfern sehr verschieden.

5) Pernitz, stehet im Car. Landb. S. 148.

6) Crane, stehet im C. Landb. S. 150. unter dem Namen Korane, heißt itzt Krahne, nicht Krohne, wie es daselbst durch einen Druckfehler heißt.

7) Rikan, itzt Rehkan, stehet im C. Landb. S. 150.

8) Gottin, itzt Gettin, noch denen v. Rochow zugehörig, stehet im Car. Landb. S. 150.

Zauche.

Wildenbruch [1] hat Wichert Rochow von meyn Hern czu lehne Vff der feltmarck seyn LX huben Davon hat der Pfarr II So seyn XXX huben besatz Gibt iglich VI schepel roggen ½ schepel gersten IIII schepel habern IIII gr Der Cruck gibt ½ sck II Coseten geben czusamen XII ₰ Als gerechent vff XIIII stuck Geben dy helfft I sck XIX gr I ₰

Zebuch [2] Vff der feltmarck seyn XII½ huben Von den seyn V besatz II huben gibt iglich XVI gr Dy andern II huben czinsen iglich ½ sck Als gerechent vff III stuck Geben dy helfft XIII½ gr

Golwitz [3] Vff der feltmarck seyn XXXII huben Davon hat der Pfarr I Tümen IIII frye Dy andern gibt iglich III schepel roggen III schepel gersten VI schepel habern VII½ gr VII Coseten der seyn IIII besatz Geben IIII honer An gelde XXX gr II ₰ Als gerechent vff XVIII stuck XIIII gr Geben dy helfft I sck XXXI gr II ₰

Cruzwitz [4] Vff der feltmarck seyn XLII huben Davon hat der Pfarr III Baltzer von der Groben V frye Dy andern gibt iglich VI schepel roggen X schepel gersten ½ wispel habern VII½ gr So tribet Baltzer von der Groben vnd der schulte VI huben Der Cruck gibt I pfunt waß XV gr Als gerechent vff XVIII stuck XXXIII gr Geben dy helfft I sck XXXIIII gr

Pletzow [5] Vff der feltmarck seyn XXIIII huben Davon hat der Pfarr I Hanns Brant IIII Claus Brant V Der schulte III Dy andern gibt iglich VIII schepel roggen VIII schepel habern VIII schepel gersten III gr II Coseten geben VI gr Als gerechnet vff X stuck XI gr Geben dy helfft XXXIIII gr

Capputh [6] Vff der feltmarck seyn XI huben vnd czinset iglich XXVII gr Der Cruck XX gr IIII Coseten geben XXIIII gr Seyn II wust So yst I weher czinßet III sck Dy mole yst wust Als gerechent vff VI stuck Geben dy helfft XXIX gr

Blyßendorff [7] Vff der feltmarck seyn XXXIIII huben Davon hat der Pfarr II Der schulte IIII frey Dy andern gibt iglich VIII schepel roggen IIII schepel habern X schillingk ₰ Der schulte gibt Dibrich czu pachte XII schepel roggen X schillingk ₰ Vnd yst nu vorbrant Gerechent vff VI stuck XXXII gr Geben dy helfft ½ sck

Glinde [8] Vff der feltmarck seyn XLVIII huben Davon hat der Pfarr IIII Der schulte IIII frey II huben wust Dy andern gibt iglich VI schepel roggen VI schepel gersten IIII schepel habern Das gotzhuß II Der Cruck gibt I sck Vyt wust Gibt I wispel roggen III Coseten III gr Als gerechent vff XXIIII stuck Geben dy helfft II sck

Grezp [9] Vff der feltmarck seyn LX huben Davon hat der Pfarr I½ huben Der schulte VI frey So seyn XXXIII½ huben besatz Gibt iglich V½ schepel roggen V½ schepel habern VII½ gr I Cossete gibt I½ gr Als gerechent vff XVIII stuck V gr I sck XXX gr VI ₰

Kemnitz [10] Vff der feltmarck seyn XXXII huben Davon hat der Pfarr II VI frey Dy andern gibt iglich V schepel roggen IIII schepel habern Als gerechent vff VI½ stuck Geben dy helfft XXX gr XX ₰

1) Wildenbruch, so noch denen von Rochow gehöret, stehet im C. Landb. S. 151.
2) Zebuch, ist das noch itzt denen von Rochow zugehörige Dorf Verch oder Zerrich, welches unter dem Namen Ober- und Nieder-Verch im C. Landb. S. 149 stehet.
3) Golwitz heißt noch eben so, gehört itzt denen von Görne, und stehet im C. Landb. S. 150.
4) Crutzwitz soll seyn das itzige Grossen-Creutz, denen von Hake gehörig, welches unter gleichem Namen im Car. Landbuche S. 148. stehet.
5) Pletzow, noch denen von Rochow zuständig, stehet im C. Landb. S. 149.
6) Capputh, welches noch itzt den Namen führt, stehet im C. Landb. nur S. 48. in dem generalen Verzeichniß des Zauchischen Creises, aber nicht in der besondern Beschreibung der Dörfer.
7) 8) Bliesendorf und Glinde, oder Glindow, stehen im C. Landb. S. 149.
9) Grezp stehet im Carol. Landb. S. 148. unter dem Namen Grepzick, heißt itzt Greba, und gehöret itzt denen von Brösigke, nicht denen von Rochow.
10) Kemnitz stehet im Carolin. Landb. S. 151. und gehöret itzt denen von Brizke.

Zauche.

Nygendorff [1] Uff der feltmarck seyn XLII huben Davon hat der Pfarr II So seyn nu XII huben besatz Gibt iglich IIII schepel roggen IIII schepel habern VI gr Als gerechent uff IIII stuck XXXVIII gr Geben dy helfft XXIIII gr III ₰

Lytzkendorff [2] Uff der feltmarck seyn XXI huben Davon hat der schulte IIII frey Dy andern gibt iglich VI gr

Der Cruck czu Kannyn [3] — XII gr Hannß Ruck Buwen — XXII gr

Dy Waßer

Das weher czu Grube czinset III sck vnd III sck alle gereuthe vnd gerechent uff XV stuck
Das weher (Fischwehr) czu Bomgart
Das weher czu Capput — XLV gr
Daz weher czu Lutken Bentz — X gr

Molendine

Dy mole czu Großen Bentz czinset II stuck

Opiliones cum Pastoribus

Dy scheper von Pleßow	—	XX ₰	Dy scheper czu Krone	—	XI ₰
Dy scheper von Glinde	—	XVIII ₰	Dy scheper czu Gottin	—	XIII ₰
Dy scheper czu Grewtz	—	XVIII gr	Dy scheper czu Lutken Bentz	—	III ₰
Dy scheper von Crüntwitz	—	XX gr	Dy scheper czu Großen Bentz	—	VI ₰

Dy scheper czu Pernitz — XXIII ₰

Uff der Voigdie Saremunt [4].

Schayas [5] hort gen Saremunt Uff der feltmarck seyn VII huben

Nigen Langerwitz [6] hat Schonnow vom Probeste von Brandenburg Uff der feltmarck seyn XL huben

Fridrichstorff [7] hort gen Saremunt Uff der feltmarck seyn XLIIII huben Davon hat der Pfarr II

Olde Langerwitz [8] hort gen Saremunt Uff der feltmarck seyn XLII huben Davon hat der Pfarr II

Trepstorp [9] hort gen Saremunt Dar syn XIII hufen

Berckholtz [10]) hort gen Saremunt Uff der feltmarck seyn XX huben Davon hat der Pfarr III

Sticken [11]) hort gen Saremunt Uff der feltmarck seyn XLV huben Davon hat der Pfarr II

Michendorff [12]) hort gen Saremunt Uff der felmarck seyn XXXII huben Uff

1) Nygerdorf, scheint das Nyendorf zu seyn, so im C. L. S. 138. stehet, und welches eben dasjenige Newendorf seyn soll, welches der Cammerrath Schmidt itzt besitzt, und das bey dem sächsischen Städtchen Brück lieget; dagegen das S. 136. stehende kleinere Nyendorf nicht dasjenige ist, so dem C. R. Schmidt gehöret, sondern itzt unbekannt ist. Das auf der folgenden Seite stehende scheinet, wegen Gleichheit der Hufenzahl, eben dieses zu seyn.
2) Lytzkendorf, stehet eben so im Carol. Landbuche S. 149. und ist vermuthlich das itzige Löhsdorf.
3) Das Dorf Cannin ist Sächsisch, der dabey gelegene Krug aber ist Brandenburgisch.
4) Dieser Abschnitt stehet im Schoßregister zwischen Teltow und Barnim, die Dörfer gehören aber itzt zum Zauchischen Creise.
5) Schayas, itzt Schias, gehöret zum Königl. Amte Saarmund; stehet aber nicht im Carol. Landb.
6) Neu-Langerwisch gehöret zum Amte Potsdam, und stehet im Carol. Landb. S. 134.
7) Fridrichstorff, ist das itzige Freesdorf, zum Amte Saarmund gehörig, stehet im C. Landb. S. 134.
8) Alt-Langerwisch gehöret noch zum Amte Saarmund, und stehet im Car. Landb. S. 144.
9) Trepstorff, itzt Tremsdorff, zum Amte Saarmund gehörig, stehet im Carol. Landb. S. 145.
10) Bergholz, itzt zum Amte Potsdam gehörig, stehet im C. Landb. S. 145.
11) Stiken gehöret dem von Thümen, und stehet im C. Landb. S. 173.
12) Michendorf gehöret zum Amte Saarmund, und stehet im C. Landb. S. 144.

Uff der Voigdie Trebin

Luderstorff [1] hort gen Belitz Uff der feltmarck seyn XV huben Davon hat der schulte III
Nygel [2] hat Hannß von Noppen von meyn Hern czu lehne Uff der feltmarck seyn XXIX huben Davon hat der Pfarr I
Rywen [3] hort gen Saremunt Uff der feltmarck seyn XLVI huben Davon hat der Pfarr II
Glinckendorff [4] Uff der feltmarck seyn XLIIII huben von den
Retzdorff [5] Uff der feltmarck seyn XVIII huben
Renßdorff [6] Uff der feltmarck seyn XVIII huben
Vendtschenburg [7] Uff der feltmarck seyn XXVI huben
Sedin [8] hort der stat Belitz
Czuchwitz [9] hat XL huben Davon hat der Pfarr II
Nigendorff [10] hat Achim von Zyeßer Uff der feltmarck seyn XLII huben
Schop [11] Uff der feltmarck seyn XX huben
Buckholtz [12] hat Claus von der Groben Uff der feltmarck seyn XLII huben Davon hat der Pfarr II
Brachwitz [13] hat Wolhart von meym Hern czu lehne Uff der feltmarck seyn XXVI huben Davon hat der Pfarr II
Slanlach [14] haben dy von Noppen von meym Hern czu lehne Uff der feltmarck seyn XXXIIII Davon hat der Pfarr II
Dutzschenborch [15] haben dy von Noppen von meym Hern czu lehne Uff der feltmarck seyn XXIIII huben
Nywal [16] Uff der feltmarck seyn XII huben
Elßholtz [17] hat XXXIIII huben

Molendine

Dy molner czu Sticken czinße VI stuck
Dy molner czu Glin czinße III stuck

Opiliones.

Dy herde czu Sticken

1) Luderstorff, stehet im C. Landbuche S. 137.
2) Nygel, itzt Nichel, gehöret zum Amte Saarmund, und stehet im C. L. S. 139. Es ist sonderbar, daß die von Oppen auch vors Alters von Noppen, wie die von Itzenplitz die Nitzenplitze genennt worden.
3) Rywen, itzt Rieben, zum Amte Saarmund gehörig, stehet im C. Landbuche S. 138.
4) Glinkendorff ist itzt unbekannt, wird aber von denen der Gegend kundigen, für das zu Saarmund gehörige Schlunkendorf gehalten.
5) Retzdorff im C. L. S. 134. Redichsdorf ist das itzige Saarmundische Amtsdorf Reesdorf, nicht das der Ziesarschen Kirche gehörige Retzdorf, wie oben S. 134. N. 1. irrig angegeben ist.
6) Renßdorf, itzt Rähnsdorf, zum Amte Saarmund gehörig, stehet im C. Landbuche S. 141.
7) Wendischbork ist das *Bork slavica*, des C. Landb. S. 136. und gehöret denen Brand v. Lindow.
8) Sedin, itzt Seddin, gehöret eigentlich dem Amte Saarmund; der von Kleist hat nur ein Schulzenguth darin, stehet im C. Landb. S. 141.
9) Czuchwitz itzt Zauchwitz, stehet im C. Landb. S. 138. und gehöret zum Amte Saarmund.
10) Nigendorff ist gewiß das Neuendorf bey Brück, so im C. Landb. S. 138. stehet, weil zu beyden Zeiten es der von Ziegeser besessen. Itzt gehört es dem Cammerrath Schmidt.
11) Schop, itzt Schäpe, zum Amt Saarmund gehörig, stehet im C. Landb. S. 141.
12) Buchholz gehöret zum Amte Potsdam, und stehet im Car. Landb. S. 139.
13) Brachwitz gehöret zum Amte Saarmund, und stehet im C. Landb. S. 140.
14) Schlalach, zum Amte Saarmund gehörig, stehet im C. Landb. S. 141.
15) Deutschbork, zum Amte Saarmund gehörig, stehet im Car. Landb. S. 139.
16) Nywal, itzt Nichel, zum Amte Saarmund gehörig, stehet im C. Landb. S. 136.
17) Elßholz gehöret zum Amte Saarmund, und stehet im C. Landb. S. 142.

Dystrictus Habelant vff der Heyde [1]

Dalge [2] hat Achim Hake von meym Hern czu lehne Vff der feltmarck seyn LI huben Davon hat der Pfarr I Achim VI frey Dy andern ubrigen yst I hube gibt ½ wispel roggen ½ wispel habern vnd czur Bet iglicher I½ virt roggen I½ virt gersten III virt habern V gr V ₰ Der Cruck gibt I sck honre Dy Coseten geben XV gr Als gerechnet vff XXXI stuck XII gr Das hat Achim Hake vffgehouen II sck XXXVIII gr

Cladow [3] hort den Junckfrawen czu Spandow Vff der feltmarck seyn XLVIII huben Davon hat der Pfarr VIII Dy andern geben iglich III schepel roggen III schepel habern Als gerechent vff VIII½ stuck Geben dy helfft XXXVII½ gr

Verbitz [4] hort den Junckfrawen Vff der feltmarck seyn XL huben Davon hat der Pfarr II Falkenhagen VIII frey Dy andern gibt iglich V schepel roggen V schepel habern II½ schillingk ₰ I Cosete gibt XII gr Als gerechent vff XII stuck Geben dy helfft vnd yst eyn Roßdinst I sck

Gothow [5] hort den Junckfrawen czu Spandow Vff der feltmarck seyn LXII huben Davon hat der Pfarr IIII Dy andern geben iglich IIII schepel roggen Der Cruck gibt V schillingk ₰ I Cosete yst besatz Als gerechent vff X stuck Geben dy helfft LI gr

Seeberg [6] hort den Junckfrawen von Spandow Vff der feltmarck seyn LIX huben Davon hat der Pfarr III So gibt igliche hube V schepel roggen V schepel habern II schepel gersten Als gerechent vff XXII stuck XXIII gr Geben dy helfft I sck LII gr VII ₰

Großenglinken [7] haben dy Bammen von meym Hern czu lehne Vff der feltmarck seyn LXII huben Davon hat der Pfarr II XXVIII czinset iglich III schepel roggen III schepel habern XXVI huben haben dy Bammen VI Dy andern gibt iglich IIII schepel roggen IIII schepel habern VI huben geben czusamen XX schepel roggen XX schepel habern I Cosete gibt XX honer So geben sy III mandel gr XI gr Als gerechent vff XIIII stuck XXX gr Geben dy helfft I sck XIII gr V ₰

Opidum Vorlande [8] haben dy Stechow von meym Hern czu lehne Vff der feltmarck seyn LX huben So haben dy Stechow XIII frey Dy andern gibt iglich XVIII gr sunder V huben geben imsammeut XVIII schepel roggen vnd czur Bete V½ sck X Vischernyen czinsen iglich X gr czu Ruthenczinße ½ sck Dy Coseten geben XLIIII honer Als gerechent mit der mole vff XLV stuck XXX gr Geben dy helfft IIII sck XVI gr II ₰

Segefelde [9] hat Bornewitz von meym Hern czu lehne Vff der feltmarck seyn XXXIX huben Davon hat der Pfarr II Dy andern czinsen iglich VI schepel roggen VI schepel habern sunder IIII huben czinsen keyne gersten Der Cruck czinset II gr IX Coseten geben czusamen XX gr Als gerechent vff XIIII stuck Haben nu geben das halbe schoß I sck X gr

Duratz

1) Hier fängt der Havelländische Creiß an, und zwar der Distrikt auf der Heyde (*Merica* der waldigte) itzt das hohe Havelland. s. das Car. Landbuch S. 107. N. 1.
2) Dalgow stehet im C. Landb. S. 108. und gehöret dem Rittmeister von Ribbek.
3) Cladow stehet im Carol. Landb. S. 111. und gehöret zum Amt Spandau.
4) Verbitz stehet nicht im C. L. liegt aber bey Döberitz und Spandau, und gehöret dem v. Schätzel.
5) Gothow, itzt Gatow, stehet im Carol. Landb. S. 111. gehöret zum Amt Spandau.
6) Seeberg, itzt Seburg, stehet im C. Landb. S. 110.
7) Groß-Glinike, zwischen Spandau und Potsdam, stehet im Carol. Landb. S. 111.
8) Vorlande, ohne Zweifel das itzige Amt Fahrland, stehet im Car. Landb. aber nicht unter dem havelländischen Creise, sondern unter den Städten S. 25.
9) Segefeld stehet im Car. Landb. S. 107. und gehöret dem Cammerherrn von Ribbek.

Havelland.

Duratz[1] haben dy Stechow von meym Hern czu lehne Vff der feltmarck seyn L huben Davon hat der Pfarr II Stechow IIII frey Dy andern II huben VIII schepel roggen vnd II iglich XVI schepel roggen Dy andern alle geben ½ wispel roggen vnd alle huben ½ schepel roggen ½ schepel gersten I schepel habern V schillingk ₰ czur Bet So geben II Kruge I wispel der dritte Cr[illegible]V gr Dy Coseten geben czusamen vor I stuck Als gerechent vff XXXVIII stuck XV gr Geben dy helfft III sck

Prygart[2] haben dy Stechow von meym Hern czu Lehne Vff der feltmarck seyn XXX huben Stechow X frey Prigarde X So syn noch X huben Gibt iglich IX schepel roggen IX schepel habern I½ schepel gersten Dy Coseten geben XXXIX huner Seyn II wust Als gerechent vff VI stuck XXVI gr Geben dy helfft XXXII gr III ₰

Cartzow[3] hat Huneken von meym Hern czu lehne Vff der feltmarck seyn XL huben Davon hat der Pfarr II Dy Huneken VII frey So czinßen XXXII huben II huben gibt iglich VIII schepel roggen VIII schepel habern Geben czusamen XVIII gr Dy andern gibt iglich X schepel roggen X schepel habern VIII½ gr Der Cruck gibt X gr II Coseten geben czusamen vor huner vnd an gelde IX gr Als gerechent vff XXIIII stuck XXXV gr I ₰ Geben dy helfft II sck V gr III ₰

Falkenhagen[4] hat Hake von meym Hern Vff der feltmarck seyn LX huben Davon hat der Pfarr II So seyn XII huben Gibt iglich V schillingk ₰ So syn noch XII huben gibt iglich VI schepel roggen XXXIIII huben gibt iglich IIII schepel roggen IIII schepel habern Der Cruck gibt XV gr Dy Coseten geben an gelde an huner I sck XVIII gr Dar yst eyn Lantschepe hat II stuck frey Als gerechent vff XVI stuck VII gr Geben dy helfft I sck XVI gr

Rorbeke[5] horr den Junckfrawen czu Spandow Vff der feltmarck seyn XL huben Davon hat der Pfarr IIII Dy andern geben iglich VI schepel roggen III schepel habern V gr V ₰ Der Cruck gibt VIII½ gr V Coseten geben XXVI gr Als gerechent vff XIIII stuck Geben dy helfft I sck X gr

Schorin[6] haben dy Bammen von meym Hern czu lehne Vff der feltmarck seyn XL huben Davon hat der Pfarr II Dy Bammen XII frey Dy andern gibt iglich V schepel roggen V schepel habern II gr Der Cruck czinßt XXIIII gr II Coseten geben von Vischerye XXIII gr I Cosete gibt XXV honer aber I Cosete gibt dem gotzhuß IIII pfunt waß Als gerechent vff XI stuck Geben dy helfft LVI gr

Lutkenparne[7] haben dy Dyreken von meym Hern czu lehne Vff der feltmarck seyn XXX huben Davon hat der Pfarr II Dyreken X frey Dy andern geben iglich VIII schepel roggen VIII schepel habern Der Cruck gibt V½ gr IIII Coseten geben XVIII gr Als gerechent vff IX stuck XXXIII gr IIII ₰ Geben dy helfft XLV gr VI ₰

Carpczow[8] haben dy Haken von meym Hern Vff der feltmarck seyn XXII huben Davon hat der Pfarr II Dy Haken VII Dy andern gibt iglich vor I stuck Dy Coseten geben czusamen I½ sck Dar an gelt ab an der Vischerye XLV honer Als gerechent vff XV stuck VII gr Geben dy helfft Haben dy Haken vffgehoue vor oren schaden I sck XVII½ gr Satz-

1) Duratz, itzt Dyron, stehet im Carol. Landb. S. 111. gehöret dem von Ribbek.
2) Prygart stehet im C. Landb. S. 110 heißt itzt Priort, und gehöret dem von Monsetow.
3) Kartzow heißt noch so, stehet im C. Landb. S. 107 und gehöret dem von Wülkenitz.
4) 5) Falkenhagen und Rohrbek stehen im C. L. S. 108. haben noch denselben Namen, und gehören zum Amte Spandau.
6) Schorin, stehet im C. L. S. 107. und heißt itzt Marquart, von dem ehemaligen Eigenthümer, dem Staatsminister Marquart von Prinzen. Der Präsident v. Wykerslooth hat es kürzlich an den Major v. Münchow verkauft.
7) Klein-Parne stehet im C. L. S. 111. und heißt itzt Pahren an der Wublitz.
8) Carpzow stehet im C. L. S. 108. heißt itzt Buchow-Carpzow, und gehöret denen von Bredo w

Havelland.

Sazkorne [1] hat Bußkow von meym Hern czu Lehne Vff der feltmarck seyn XXXII huben Davon hat der Pfarr I Dy Bardelewen X Stechow VI½ Huneken V Clavs Broscke X Hanß Buschow V½ Dy andern geben insament II wispel VI schepel roggen II wispel VI schepel habern II wispel VI schepel gersten XXXIII½ gr I Cosete gibt [illegible] gr III honre Als gerechent vff XI stuck XXVII gr Hat Kone Huneken vffgehoue vor [illegible] schaden XXXIII gr III ₰

Opiliones

Dy herde czu Carczow — V gr
Dy herde czu Sazkorne
Dy scheper von Duraz
Dy scheper von Prigart — III gr

Vff den Werder Postamp [2]

Bornym [3] haben dy Groben von meym Hern czu Lehne Vff der feltmarck seyn LX huben Davon hat der Pfarr V Dy Grobenern XI Brant IIII Falkenrede XV frey So seyn XXIX huben besaz gibt iglich I stuck Der Stuck XX gr Dy Coseten geben imsament XXXVIII gr Seyn III wust Als gerechent vff XXXIIII stuck V gr Hat inbehalden Albert von der Groben von den II sck vor synen schaden [4] II sck L gr IIII ₰

Lyke [5] hat Clavs von der Groben von meym Hern czu Lehne Vff der feltmarck seyn VIII huben Gibt iglich VI schepel roggen VI schepel gersten ½ wispel habern II Coseten geben vor I stuck II Coseten LII½ gr So gibt I Cosete I schepel Manß Als gerechent vff VIII stuck XII½ gr Geben dy helfft XLII½ gr

Bornstede [6] haben dy Bonen von meym Hern czu Lehne Vff der feltmark seyn XXX huben Davon hat der Pfarr I Dy Grobener vnd Bone IX freye So seyn IIII wuste So seyn XVIII huben besaz Gibt iglich XII schepel roggen IIII schepel habern III Coseten Geben iglich XVIII honre III Coseten geben XXX honre Als gerechent vff X stuck XXXVI gr Geben dy helfft LV gr

Golm

1) Sazkorn, gemeiniglich Sozker, stehet im C. Landb. S. 107.
2) Dieses ist eine Abtheilung des Havellandes, die in dem Schoßbuche allein stehet, sich in dem C. L. nicht findet, aber itzo noch unter dem Namen, vom Potsdamschen Werder, gebräuchlich ist.
3) Bornym welches itzo noch so heisset, gemeiniglich Borne, stehet im C. Landb. S. 110.
4) Hier und an so vielen andern Stellen des Schoßregisters zeiget sich, daß die Gutsbesitzer den schuldigen Schoß für das Jahr wegen eines gehabten Schadens, vermuthlich vom Feinde, oder Brande, vffgehove, d. i. einbehalten, oder abgerechnet haben.
5) Lyke, jetzt, Eichow, Amts Potsdam, stehet im Car. Landb. S. 109. aus dessen Zusammenhaltung mit dem Schoßbuche erhellet, daß das Wort: 1 scheffel Manß, welches hier und an mehrern Orten vorkommt, Mohn (*Papaver*) bedeutet.
6) Bornstede stehet im C. Landb. S. 109. Ich will diese ganze Stelle hier mit einer Erläuterung für diejenigen hersetzen, die an die alte Sprache nicht gewohnt sind: „Bornstede haben dy Bonen von „meym Hern (nemlich dem Marggrafen) czu Lehne Vf der feltmark seyn XXX hufen Da„von hat der Pfarrer I Die Grobener und die Bonen IX frey (Die von Gröben und von Bo„ne hatten 9. als Ritterhufen frey von Schoß) So seyn IIII wuste So seyn XVIII Huben be„saz (besetzt oder bewohnt, im Gegensatz von wüste) Gibt iglich XII schepel roggen IIII schepel „haber III Cosseten geben iglich XVIII honre III Cosseten geben XXX honre (Hüner). Als (Alle „diese Abgaben) gerechent vff X stuck XXXVI gr Geben dy helfft LV gr (nemlich die Hälfte des „Schosses à 10. gr. für das Stück, da sie im Jahr 1450. das ganze Schoß gegeben.)

Havelland.

Golm [1] hat Claus von der Gröben von meym Hern Vff der feltmarck seyn XXI huben Davon hat der Pfarr I Schonow V frey So geben XII huben iglich ½ wispel roggen VI schepel gersten ½ wispel habern So seyn VIII Coseten geben imsamen I sck XV gr XLII honer Als gerechent vff XVII stuck XII gr Geben dy helfft I sck XXVI gr

Vste [2] hat Andreas von der Bone vnd Heninck Hake von meym Hern czu Lehne Vff der feltmarck seyn XXXIIII½ huben Davon hat der Pfarr II Dy andern triben dy hern frey [3] XI Coseten geben II sck IIII huner Der Cruck yst wuste II Coseten geben XV gr Der molner gibt ½ wispel roggen vnd das gotzhuß XVII gr hat nicht geben Als gerechent vff III stuck Geben dy helfft XV gr

Gelt [4] hat Otte Hake von meym Hern czu Lehne Otte Hake tribet XIIII Der Cruck gibt czu czinse II stuck V gr Als gerechent vff IX stuck XXV gr Geben dy helfft XLIII gr

Molendine

Dy mole czu Bornnym czinßt II stuck — X gr
Dy mole czu Golin czinßt I½ stuck — VI½ gr [5]

Opiliones cum Pastoribus

Dy herde czu Dalge Dy scheper czu Bornstede

Habelant umme Nawen vnde Rathenow [6]

Bamme [7] hort dem Bischop von Brandenburg Vff der feltmarck seyn XXXVI huben Davon hat der Pfarr III Dy andern geben iglich III½ schepel roggen III½ schepel gersten I½ schepel habern III½ schillingk ₰ Dy mole czinset XV gr Als gerechent vff XVI stuck Haben geben dy helfft I sck XVIII gr II ₰

Verchevßer [8] hat Lantin von Bischop von Brandenburg Vff der feltmarck seyn XXIIII huben Davon hat der Pfarr II Dy andern gibt iglich IIII schepel roggen IIII schepel habern IIII schepel gersten Dy Cosseten geben XII gr Als gerechent vff IX stuck X gr Haben nu geben das halbe schoß XLVI½ gr

Lizow [9] haben dy Breydow vnd dy Doberitze von meym Hern czu Lehne Vff der feltmarck seyn XXXI huben Davon hat der Pfarr II Doberitz V frey Dy andern geben vnd czinsen

XX

1) Golm, auch itzt des Namens, und des Amtes Potsdam, stehet im C. Landb. S. 109.
2) Uste, itzt Uetz oder Ents, denen von Hake zugehörend, stehet im Car. Landb. S. 115.
3) Dieses heißt so viel, daß die Edelleute die Anzahl Hufen selbst genutzet, und also frey besessen.
4) Gelt stehet nicht im C. L. und wird ohne Zweifel das Dorf seyn, welches itzt Geltow geschrieben wird, zwischen Potsdam und Werder liegt, und dem Potsdamschen Waysenhause gehöret.
5) Dieses bedeutet so viel, daß die Mühle dem Gutsherrn den Zins oder die Pacht mit zwey Stücken (*frustis*) als 1. Wispel Roggen oder Gerste, oder 1. Pfund Silber (S. Seite 7.) entrichtet, und davon den Schoß mit 10. gr. pro Stück, dem Landesherrn bezahlet. Es wird ein jeder bey Zusammenhaltung des C. Landbuchs und des Schoßregisters wohl bemerken, daß das *Pactum* oder die Pacht des erstern eben das, was der Zins des Schoßbuches, nemlich die Pacht, oder Abgabe, für den Gutsherrn ist.
6) Dieses ist eine andere Abtheilung des Havellandes, die auch im Car. Landbuche nicht vorkommt, und auch gegenwärtig nicht sehr üblich ist.
7) Bamme, so itzt eben unter dem Namen denen von Briest gehöret, stehet im C. Landb. S. 126.
8) Verchevßer, itzt Jerchesar bey Rathenow, stehet im C. . S. 126. gehöret denen von Knobloch.
9) Lizow, itzt Liezow, Amts Nauen, stehet im C. Landb. S. 115.

Havelland.

XX schepel hartes Kornß I wispel habern XV gr So seyn VIII huben Gibt iglich I wispel
roggen ł wispel gersten ł wispel habern XV gr XII Coseten gibt iglicher VIł gr I Cosete gibt
III gr II ₰ Als gerechent vff XL stuck XXXII gr Geben dy helfft IIII sck V gr VI ₰

Nenhußen [1] hat Eggert von Lindow von dem Bischop von Brandenburg czu lehne Vff der
feltmarck seyn XXXVII huben Davon hat der Pfarr II Eggert Retzow IIII Meßeberg
IIII Matthias Dameker X freye Dy andern czinsen iglich ł wispel roggen ł wispel gersten
VIII Coseten geben iglicher VIII honre Der Cruck czinßt XV gr Das gotzhuß X schepel roggen frey Als gerechent vff XVIII stuck XII gr Geben dy helfft I sck XXXVI gr II ₰

Stechow [2] hat Claus von Stechow von meym Hern czu lehne Vff der feltmarck seyn XXXIIII
huben Davon hat der Pfarr III Claws Eggert IX So czinsen igliche hube ł wispel gersten Der Cruck gibt XV gr So seyn XXII huben besaß Als gerechent vff XXII stuck
XV gr Geben dy helfft Hat Stechow inbehalden I sck LI gr II ₰

Coßin [3] hat Claus von Stechow von meym Hern Vff der feltmarck seyn XLII huben Davon
hat der Pfarr II Stechow X Retzow IIII So seyn X wuste Dy andern czinsen iglich ł wispel roggen ł wispel gersten Der Cruck gibt XV gr IIII Coseten geben ouch honre
Als gerechent vff XXI stuck Geben dy helfft I sck

Breydow [4] hat Wichert von Breydow von meym Hern czu lehne Vff der feltmarck seyn LVI
huben Davon hat der Pfarr III So triben dy hern X So seyn III huben wuste vnd III
vorbrant (abgebrannt) Dy andern geben iglich XIII schepel roggen XIIII schepel habern VII
schepel gersten XIIII schillingk ₰ Der Cruck gibt an gelde vnd an pfeffer Ił stuck So seyn
XXI Coseten geben I stucke Geben dy gemeyne Bure Cruger vnd dy Coseten VI sck LXV huner sunder dy Rockhonere Dy mole czinset vor III stuck Als gerechent vff LXX stuck hat
Wichert von Breydow im behalden vor synen schaden Geben dy helfft Vł sck XX gr

Roschow [5] haben dy Breydow von meym Hern czu lehne Vff der feltmarck seyn XXXVIII
huben Davon hat der Pfarr I So seyn III wuste Dy andern gibt iglich XV schepel roggen Vł schepel habern XI schillingk ₰ So geben XIII huben iglich XV schepel roggen VIł
schepel habern X schillingk ₰ So seyn II hove schossen vor VIII stuck Der Cruck gibt Ił
wispel habern IX Coseten geben IX schillingk ₰ Dy Hubenern (Hüfener) vnd die Coseten
geben XIX honre Als gerechent vff XLVIII stuck XIII gr Geben dy helfft hat ouch Wichert
vffgehoue IIIł sck XXI gr V ₰

Gartz [6] haben dy Broßeken von meym Hern Vff der feltmarck seyn XXXIIII huben Davon
hat der Pfarr II So hat Claus Broßeke VII frey So czinsen XXV huben igliche ł wispel roggen II Coseten geben an gelde huner VII gr Dy Vischerye vnd Floken hat er sul-
veß Der Cruck czinset XV gr Als gerechent vff XIII stuck XIIII gr Hat Broßck inbehalden I sck VII gr

Rotzure

1) Nenhußen, itzt Nennhausen, denen von Briest zugehörend, stehet im C. Landb. S. 127.
2) 3) Stechow und Coßin, itzt Rotzen, stehen im C. Landb. S. 124. und gehören noch itzt denen von Stechow, so wie damals.
4) Breydow, itzt Bredow, und noch itzt der Familie von Bredow zugehörend, stehet im C. L. S. 56.
5) Roschow, so itzt Roßkow heißt, und die von Katt besitzen, stehet im C. Landb. S. 117.
6) Gartz, itzt Gotz, gehöret denen von Brösigke und von Hagen, und stehet im Carol. Landb. S. 116.

Havelland.

Rogure [1] hat Broßeke von meynm Hern czu lehne Vff der feltmarck seyn XXVI huben Davon hat der Pfarr II Broßeke VIII frey So czinsen XVI huben ½ wispel roggen VII½ gr Alle Coseten vnd I Vischerne geben vor I½ stuck Als gerechent vff XIII½ stuck Geben dy helfft Darabp (davon) hat Broßeke imbehalden I sck VI½ gr I ₰

Doberiz [2] hat Broßeken von meynm Hern Dar syn XIII huben vnd czinsen iglich ½ wispel habern III gr mit der Vischerne Als gerechent vff VI½ stuck Geben dy helfft XXVII gr

Czestow [3] haben dy Broßeken von meynm Hern czu lehne Vff der feltmarck seyn XXIX huben Davon hat der Pfarr I Cone Broßeke VI½ Tile Broßeke VI frey So czinsen XV huben igliche I wispel roggen ½ wispel gersten V Coseten geben I sck III gr Als gerechent vff XXIIII stuck III gr Haben mi geben das halbe lantschoß II sck III ₰

Opiduin Cozin [4] hort dem Bischop von Brandenburg Haben geben vnd vorrechent als formals mit der mole geben dy helfft IIII½ sck

Hoppenrode [5] hat Bardelene vnd Hellenbrecht von meynm hern czu lehne Vff der feltmarck seyn XXVI huben Davon czinsen iglich vor I stuck So seyn XXIII huben heyßen dy Berck huben vnd seyn gerechent vff II stuck Alle czu hoff geben sy vor XIX stuck hat Clauß Bardeleve vffgehouen vor synen schaden I sck XLVII gr V ₰

Danline [6] haben dy von Lindow von meynm Hern Vff der feltmarck seyn XVI½ huben Davon hat der Pfarr I Dy Lindow VII½ frey So geben VIII huben iglich vor I½ stuck II Coseten geben VI honer Dy mole gibt V schepel roggen Als gerechent vff XII stuck I verdel geben dy helfft I sck X ₰

Ribbeke [7] haben dy Ribbeken von meynm Hern czu lehne Vff der feltmarck seyn XXXI huben Davon hat der Pfarr II Peter Ribbeke VII Ronsmark VI I½ Roßdienst Dy andern czinser iglich XIII schepel roggen XIII schepel gersten I½ schepel habern I schepel erbeß XIX schilling ₰ Vnd haben vor igliche hube II stuck Der Cruck gibt XV gr IIII Coseten gibt iglicher XI ₰ II huner Als gerechent vff XXXVI stuck Geben dy helfft II sck LIIII gr

Werniz [8] hat Knobeloch von meynm Hern czu lehne Vff der feltmark seyn XXXI huben Davon hat der Pfarr II So haben dy Bardeleue VII Dy andern geben iglich ½ wispel roggen ½ wispel gersten VIII gr I Cosete gibt XII ₰ XV huner Als gerechent vff XXXII½ stuck Geben dy helfft II sck XVIII gr

Rezow

1) Rozure, welches noch itzt Razüre heißt, und von denen von Brösigke und von Hagen besessen wird, stehet im C. Landb. S. 124.

2) Döberiz bey Brandenburg oder Rathenow, heißt noch so, wird von denen von Plotho besessen, stehet im C. Landb. S. 117. und ist zu unterscheiden von dem Döberiz bey Spandau, welches nicht im Schoßbuche, wohl aber im C. Landbuche S. 113. stehet.

3) Czestow, welches itzt Zestow geschrieben wird, und denen von Bredow und dem Dohm zu Berlin gehöret, stehet im Car. Landb. S. 118.

4) Cozin stehet im C. Landb. S. 126. mit vielen Umständen, und ist der itzige Flecken Rezin, zum Amte Ziesar gehörig.

5) Hoppenrode, itzt Hoppenrade, und denen von Ribbeck zuständig, stehet im C. Landb. S. 119.

6) Damme stehet nicht im C. Landb. ist aber noch vorhanden bey Rathenow, und gehöret itzt dem Dohmkapitel zu Brandenburg.

7) Ribbeck, welches itzt noch eben den Namen führet, und auch noch der sehr alten Familie von Ribbeck gehöret, stehet im C. Landb. S. 115.

8) Werniz, itzt noch eben so genannt, und denen von Bredow zugehörig, stehet im C. Landb. S. 162.

Havelland.

Retzow [1] haben dy Retzow Spil vnd Seln von meym Hern Vff der feltmarck seyn LX huben Davon hat der Pfarr II Seln VI Spil VI Retzow X frey So seyn VII wust Seyn XXXIIII huben besatz Gibt iglich I wispel roggen XXVI schepel habern V schepel gersten I schepel erbeß XIIII schillingk ₰ Der Cruck gibt XV gr VI Coseten IX gr Als gerechent vff LIX stuck XVIII gr Geben dy helfft IIII sck LVIII gr

Buzow [2] hat Lantin von meym Hern Vff der feltmarck seyn XXV huben Davon hat der Pfarr I Dy andern gibt iglich XVIII schepel harteß kornß Geben alle XIII huner Der Cruck gibt XV gr Der Wingarte gibt IX schepel harteß kornß Als gerechent vff XVIII stuck XXXVIII gr Haben nu geben das halbe lantschoß I sck XXXVIII gr

Rywen [3] hat Broßeken von meym Hern czu lehne Vff der feltmarck seyn huben vnd hat geben vnberechent Geben XLIII gr I ₰

Knobeloch [4] hat Hake vom Bischop von Brandenburg czu lehne Vff der feltmarck seyn XLVIII huben Davon hat der Pfarr III So seyn XXV huben besatz Gibt iglich XII schepel roggen XII schepel habern I Cosete gibt VI gr VIII huner Als gerechent vff XIX stuck Geben dy helffe I sck XXXV gr

Paretz [5] hat Dyreken vnd Lodewich von der Grobeit von meym Hern czu lehne Vff der feltmarck seyn XXX huben vnd czinset iglich I wispel roggen vnd eyn deylß huben geben III gr czu czinse So giebt das gotzhußlant I wispel roggen buschlant II wispel roggen Der Cruck gibt VI schillingk ₰ V Coseten seyn wust So seyn noch X Coseten geben vor I weber vnd honer an gelde vor waßerczinse I sck XXI gr V ₰ Als gerechent vff XXXVII stuck Hat imbeholden Domeß Dyrcken dy helffe III sck III gr VI ₰

Selbelanck [6] haben dy Bardeleue von meym Hern czu lehne Vff der feltmarck seyn XXXII huben Davon hat der Pfarrer II Bardeleue X frey So seyn II wust Dy andern geben iglich I wispel roggen VI schepel gersten VI schepel habern XV gr So hat Hannß Bardeleue czugelet von iglicher hube vff der mole vnd daß vormals nicht gewest ist III virt roggen III virt gersten III virt habern II schillingk ₰ Als gerechent vff XXVII stuck II gr Geben II sck XVIII gr

Markede [7] hat Hannß von Breydow vnd Broßeke von meym Hern Vff der feltmarck seyn LIX huben Dor an hat Ribbeke VI frey Dy andern czinsen iglich vor I stuck Der Cruck V schillingk ₰ I pfunt pepers IIII Coseten II geben I sck houre I Cosete gibt XII huner vnd I XX honer vnd noch I XI honer Als gerechent vff LX stuck XIII gr Geben dy helfft V sck

Markowe [8] geyt czu lehne vom meym Hern Marggrauen Vff der feltmarck seyn XLIIII huben Davon hat der Pfarr IIII

Nibede [9] hat Berlin vnd Coln beyde stede Vff der feltmarck seyn XXX huben Davon hat der Pfarr II Dy andern geben iglich vor I stuck Der Cruck mit den Coseten vff III stuck gerechent Als vff XXVIII stuck Geben dy helfft II sck XX gr

Vorde

1) Retzow, heißt noch itzt so, und gehöret auch denen von Retzow zum theil, stehet im C. L. S. 117.
2) Buzow, welches noch itzt so heißt, stehet im Carol. Landb. S. 123. unter dem Namen Bussow.
3) Rywen itzt Riewend, welches noch itzt die von Bröfigke besitzen, stehet im C. Landb. S. 112.
4) Knobloch, itzt zum Amte Ziesar gehörig, stehet im Carol. Landb. S. 128.
5) Paretz, stehet unter dem Namen von Poretz im Carol. Landb. S. 118.
6) Selbelang, heißt noch itzt so, gehöret theils noch eben den Besitzern, und stehet im C. Landb. S. 113.
7) 8) Die beyde ohnweit Nauen nahe aneinander liegende Dörfer Markee und Markau wie sie itzt geschrieben werden, gehören nunmehro denen von Bredow, und stehen im C. Landb. S. 114. und 110.
9) Niebede besitzen itzt die von Bredow, und stehet im Carol. Landb. S. 119.

Havelland.

Vorde [1] hat Lantin von meynn Hern dem Bischop Uff der feltmarck seyn XLII huben Davon hat lantyn IIII Wolhart IIII Dy andern geben iglich III schepel roggen III schepel gersten III schepel habern III gr V Coseten gibt iglich I hon Als gerechent uff XI stuck XXXI gr Haben nu geben das halbe lantschoß I sck VIII½ gr

Etzin [2] hat Merten Michel von meynn Hern czu lehne Uff der feltmarck seyn LX huben Davon hat der Pfarr II So seyn X wust Von den seyn VI huben VIII stuck vnd seyn IIII½ huben geben III stuck III huben geben V stuck IIII huben geben IIII stuck IIII huben V stuck III verdel So geben X huben IIII wispel XV scheffel hartes Korns IIII huben geben IIII stuck I verdel Der Cruck gibt ½ sck Dy Kalentz herrn vnd elentz hoff gibt VI schillingk ₰ Dy Coseten geben II IIII schillingk ₰ So ist I hoff gibt XXVIII gr Dy Coseten geben insammen I¹ VII honre vnd syn nu uff dyß jar VI czu gelt (zugelegt) Dy obern jar wuste waren Als gerechent uff LVII½ stuck Haben nu geben dy helfft IIII sck LVIII gr IIII ₰

Lunow [3] hat Ertmann Kloet von meynn Hern czu lehne Uff der feltmarck seyn XXIIII huben Davon hat der Pfarr II Ertmann VII frey Dy andern geben iglich ½ wispel roggen III schillingk ₰ Geben czur Ber iglich I schepel roggen I schepel gersten I schepel habern Der Cruck gibt XXIIII schillingk ₰ Vischer Coseten waßer czinß haben dy von Brandenburg Als gerechent uff XIIII½ stuck Haben nu geben das halbe schoß I sck VIII½ gr

Berge [4] haben dy Haken von meynn Hern Uff der feltmarck seyn LX huben Davon hat der Pfarr IIII Hake XIIII frey Dy andern gibt iglich vor I stuck Der Cruck gibt II pfunt pfeffers X Coseten geben X schillingk ₰ Als gerechent uff XLV stuck Geben dy helfft III sck XXXV gr

Bochow [5] haben dy Haken von meynn Hern czu lehne Uff der feltmarck seyn XXIIII huben Davon hat Hake IIII frey Dy andern czinsen iglich vor I stuck Als gerechent uff XX stuck Haben dy Haken uffgehoue vor oren schaden I sck XL gr

Methelow [6] hat Peter Holtze von meynn Hern czu lehne Uff der feltmarck seyn XXX huben Davon hat der Pfarr II Dy andern geben iglich XIII schepel roggen XIII schepel gersten II schepel habern XIII schillingk ₰ IIII Coseten geben iglich III gr Der Cruck gibt XV gr Als gerechent uff XLV stuck XXXIII gr Haben nu geben das halbe schoß III sck LI½ gr

Lantin [7] hat Lochow von meynn Hern czu lehne Uff der feltmarck seyn XVI huben Davon hat Lochow V frye IIII wust Dy andern geben iglich XII schepel roggen XII schepel gerste III Coseten seyn II wuste geben iglich XII gr Der dritte XII ₰ Der Cruck XII gr Als gerechent uff XI stuck II½ gr Geben LIII gr II ₰

Possin [8] hat Sygemunt Knobeloch von meynn Hern czu lehne Uff der feltmarck seyn LII huben Davon hat der Pfarr I Sygemunt Knobelock XV frey So seyn X huben wust Seyn XXVI huben besatz Dy andern gibt iglich vor II stuck So seyn IIII vorbrant geben ½ stuck Als gerechent uff LIIII stuck Hat Sygemunt Knobelock uffgehoue vor synen schaden dy helfft V sck

1) Vorde, itzt Johrde, ehemals dem Bischoff von Brandenburg, itzt zum Königl. Amte Ziesar gehörig, stehet im Carol. Landb. S. 127.
2) Etzin gehöret itzt zum Königl. Amte Ziesar, und stehet im Car. Landb. S. 120.
3) Lunow, itzt Lünow, und dem Dohm-Capitul zu Brandenburg zugehörend, stehet im C. L. S. 116.
4) Berge ist der Sitz des Königl. Amtes Nauen, und stehet im Carol. Landb. S. 115.
5) Bochow, itzt Buchow-Carpzow genannt, und denen von Bredow zuständig, stehet im C. L. S. 114.
6) Märcklow stehet im C. Landb. S. 117. hat schon damals denen von Retzow, so wie itzt, gehöret.
7) Lantin, itzt Landin, denen von Bredow zugehörig, stehet im C. Landb. S. 125.
8) Possin, itzt Pessin, besitzen noch zum Theil die von Knobloch, und stehet im Car. Landb. S. 114.

Havelland.

Buschow [1] hat Knobeloch von meynm Hern Vff der feltmarck seyn XVIII huben So hat Kleyßow VI Willmerstorff IIII½ frey Dy andern geben iglich XVIII½ schepel roggen XVIII schepel gersten Der Cruck vnd X Coseten geben czusamen ½ sck Als gerechent vff XIIII stuck Hat Knobelock vffgehowe vor synen schaden dy helfft I sck VIII½ gr

Wustermarck [2] hat XLIIII huben Davon hat der Pfarr IIII Dy Coseten geben nicht dar vmme daß sy in meynß gnedigen Hern dinst seyn vnd ligen vnd haben Als gerechent vff LXII stuck Haben nu geben dy helfft IIII sck XLV gr

Parne [3] hat Ortel von Tzenzen von meynm Hern czu lehne Vff der feltmarck seyn XXV huben Gibt iglich VIII schepel roggen VII schepel gersten I wispel XX schepel habern IIII Coseten geben XII gr I weher vff der Habele gibt I sck Als gerechent vff XXXIX stuck Geben dy helfft III sck XV gr

Meggelin [4] hort gen Rathenow Vff der feltmarck seyn XI huben Dar seyn II huben czu eyner gelit (gelegt) iglich Gibt iglich VI schepel roggen VI schepel habern V schillingk ₰ Der Cruck gibt XII gr Seyn VI weher Gibt iglich XVIII ₰ Als gerechent vff VII stuck II½ gr Haben nu geben das halbe schoß XXXV gr VI ₰

Lutken Wesseram [5] haben Benstorff kinder von meynm Hern Vff der feltmarck seyn XII huben Gibt iglich ½ wispel roggen VIII schepel gersten X gr Dy Coseten vnd der Cruck Vischerye geben XXXV schillingk ₰ Als gerechent vff XI stuck XII gr Geben LVIII gr ½ ₰

Großen Wesseram [6] yst des Bischoff von Brandenburg Vff der feltmarck seyn XXV huben Davon hat der Pfarr II So geben dy andern iglich I wispel habern Der Cruck gibt I sck Dy Coseten geben imsamen XXXII gr Als gerechent vff XIIII stuck Haben nu geben das halbe schoß I sck X gr

Falkenrede [7] haben dy Dyreken vnd Bardeleue von meynm Hern Vff der feltmarck seyn XLVIII huben Davon hat der Pfarr III So hat Peter Dyreke I frey hube gekaufft von meynm Hern Otto Bardeleue triber I hube Dat steyt an meynm gnedigen Hern offt by om dy wil dy frey laßen offte nicht Dy andern czinsen vor I stuck So hebben sy noch eyne sunderliche feltmarck geheyßen Leyst dy hat Dyreken vnd Bardeleue frye Dar seyn XII huben von den seyn II½ huben vorerber gibt iglich I stuck Der Cruck gibt XL gr IIII Coseten geben XXIIII gr Als gerechent vff XLI stuck Hat Domeß Dyreken imbehalden vor synen schaden dy helfft III sck XXIII½ gr

Premtze [8] hat Lantin Vff der feltmarck seyn XXVI huben Davon hat der Pfarr II Brisßt XVIII huben Gibt VI schepel roggen VI schepel gersten VI schepel habern Dy andern geben iglich IIII schepel roggen IIII schepel gersten IIII schepel habern III schillingk ₰ VII Coseten geben X honer Als gerechent vff VIII stuck II gr Haben nu geben das halbe lantschoß XXXIIII gr

Bochow

1) Buschow gehöret denen von Willmersdorf und von Knobloch, und stehet im C. Landb. S. 122.
2) Wustermark, welches noch so heißet, stehet im C. Landb. S. 120.
3) Parne, itzt Pahren an der Havel, oder Guten Pahren, stehet im C. Landb. S. 131.
4) Meggelin, itzt Mögelin, gehöret zum Amt Ziegesar, und stehet im C. Landb. S. 116.
5) Lucken Weseram stehet nicht im C. Landb. ist vermuthlich eine wüste Feldmark bey Groß-Weseram.
6) Groß-Weseram, itzt Weseram, zum Amt Ziesar gehörig, stehet im C. Landb. S. 118.
7) Falkenrede gehöret itzt der Potsdamschen Cämmerey, und stehet im C. Landb. S. 112. so wie auch die hier angeführte Feldmark Leyst oder Leetz, so itzt zum Zauchschen Creise gehöret mit 12. Hufen.
8) Premtze, itzt Premnitz, stehet unter dem Namen Prebenitz im C. Landb. S. 117.

Havelland.

Bochow [1] hat Peter von Kleyße von synem Hern czu lehne Vff der feltmarck seyn XX huben Davon hat der Pfarr I Woldeke VIII Cleyße VI frey ! Dy andern geben IIII wispel hartes Kornes XV gr Der Cruck gibt XXII gr V Coseten geben insammen XX gr IIII ₰ XXI huner I Cosete gibt VI schepel hartes korns Als gerechent vff VI stuck Geben dy helfft I sck

Molendine

Dy mole czu Etzin czinßt I stuck III vamel VIII gr VI ₰
Dy mole czu Rotzure czinßt II stuck
Dy mole czu Buschow czinßt II stuck — X gr
Dy mole czu Nenhußen wust

Opilones cum Pastoribus

Dy scheper czu Bornstede			Dy herde czu Hartz		
Dy herde czu Berch	d°	VII gr	Dy herde czu Rywen	—	V gr
Dy herde czu Roßin	d°	III gr	Dy herde czu Doberitz	—	X gr
Dy herde czu Kantin	—	V½ gr	Dy herde czu Rotzure	—	XVII gr
Dy herde czu Markowe			Dy herde czu Litzow		
Dy scheffer czu Possin	—	IIII gr	Dy herde czu Ribbeck	—	II gr vor XXV schap
Dy scheffer czu Buschow	—	III gr VI ₰	Dy scheffer czu Gerchgeßer		XII gr
Dy scheffer czu Motclow	—	IX gr	Dy scheffer czu Breydow		X gr
Dy herde czu Prigart			Dy herde vnd der scheffer czu Roßow		VI gr
Dy herde czu Dorde			Dy herde czu Markede	—	XIX gr
Dy herde czu Limow			Dy herde czu Rorbeke		
Dy herde czu Retczow	d°	III gr	Dy herde czu Boggow		
Dy kruger czu Kelitz			Dy herde czu Preoenitz		
Dy herde czu Bamme	d°	XV gr	Czestow dy herde	—	III gr VI ₰
Dy herde czu Paretz	—	XIII gr	Dy herde czu Hoppenrode		III gr VI ₰
Der scheffer czu Selueland		IIII gr	Der scheffer czu Nenhußen		IX gr
Der scheffer czu Cotzin	—	XII gr	Der scheffer von Etzin	—	IIII gr
Dy herde czu Wusternarck			Der scheffer czu Nybede		V½ gr
Dy herde czu Cartzow	—	III gr VI ₰	Der scheffer czu Stechow		VII gr VI ₰

Eygenthüm der Burg Brandenburgh [2]

Smertzk [3] hort der Borg Brandenburg Vff der feltmarck seyn XXVII huben Davon hat der Pfarr II Dy andern geben iglich IIII schepel roggen IIII schepel gersten X gr VII ₰ Dy Coseten geben an gelde vnd an honer XX gr Als gerechent vff XIII½ stuck Geben dy helfft I sck VIII gr VI ₰

Bornewitz [4] hort der Borg Brandenburg Vff der feltmarck seyn XXIIII huben Davon hat der Pfarr II Dy andern geben iglich ½ wispel roggen VIII schepel habern XV gr Der Cruck gibt ½ sck Als gerechent vff XXVIII stuck XXVIII gr Geben dy helfft II sck XXIII½ gr

1) Bochow, itzt Bagow, gehöret denen von Ribbek, stehet im C. Landb. S. 122.
2) Der Dohm zu Brandenburg, nehmlich die Dohmkirche, die Curien oder Dohmherrens und andere Häuser liegen auf einer Insul, die den dritten Theil der Stadt Brandenburg ausmacht, und noch itzt die Burg Brandenburg heisset. Hier wird also im Schoßbuche unter der Burg Brandenburg allezeit das Dohmkapitel verstanden.
3) Smertzke, stehet im C. Landb. S. 132. gehöret aber itzt nicht zum Havellande, sondern zur Zauche.
4) Bornewitz, itzt Barnewitz, stehet im C. Landb. S. 130.

Havelland.

Bukow [1] hort der Borg Brandenburg Vff der feltmarck seyn XIIII huben Daven hat der Pfarr II Dy andern gibt iglich VIII schepel roggen VIII schepel habern I schepel erwsen VIII schepel gersten IIł schillingk ₰ III Coseten geben X gr Als gerechent vff X stuck Geben dy helffe XLVIII gr

Garliz [2] hort der Borg Brandenburg Vff der feltmarck seyn XL huben Dy andern gibt iglich IX schepel roggen IX schepel gersten I schepel obes (Obst) IIł schillingk ₰ Der Cruck gibt XLV gr Dy Coseten geben iglich VI ₰ III Coseten geben czusamen XII ₰ Als gerechent vff XXX stuck Geben dy helffe IIł sck

Müzliz [3] hort der Borg Brandenburg Vff der feltmarck seyn XXV huben Czinset iglich IIII schepel roggen IIII schepel gersten IIII schepel habern II schillingk ₰ vnd czu holtzczinse iglich VI ₰ Der Cruck gibt XV gr Dy Coseten geben czusamen ł stuck Als gerechent vff XIII stuck XXX gr VI ₰ Geben dy helffe I sck VIII gr VII ₰

Czachow [4] hort der Probestien Brandenburg Vff der feltmarck seyn XLI huben Von den seyn XXXIII huben Czinset iglich ł wispel habern IX gr IIł ₰ So seyn VIII huben Czinsen dem Pfarr als dy obengeschriebenen Der XII gr Dy Coseten geben czusamen an gelde vnd an honre vnd waßer czinß XXXIII gr II vischer geben czu waßer czinse XI ₰ Als gerechent vff XXXII stuck Geben dy helffe II sck XL gr

Plozin [5] hort der Probsten Brandenburg Vff der feltmarck seyn XLII huben Davon hat der Pfarr III So czinsen XXXIX huben iglich VI schepel roggen Xł gr Der Cruck czinset XLV gr V Coseten gibt iglich III gr III ₰ Dy mole czinset II stuck Als gerechent vff XXIIIł stuck Geben dy helffe Dy gemeyne Buern — XIIł gr I sck XLVIIł gr

Marzan [6] hort der Probsten Brandenburg. Vff der feltmarck seyn XXX huben Daven hat der Pfarr I Dy andern geben iglich ł wispel hartes kornß V schepel habern III gr III ₰ So geben IIII Coseten iglicher I gr Der Cruck gibt XV gr Als gerechent vff XXII stuck VI gr Geben dy helffe I sck XLV gr V ₰

Tremmen [7] hort der Borg Brandenburg Vff der feltmarck seyn LXII huben Davon hat der Pfarr IIII So seyn II wuste Dy andern geben iglich XVIII schepel roggen VII schillingk ₰ Geben czur Bete iglich I schepel roggen I schepel gersten II schepel habern VI schillingk ₰ Dy Coseten geben czusamen IX gr Als gerechent vff LXXIX stuck Geben dy helffe VII sck XIX gr II ₰

Bawerstorff [8] hort der Burg Brandenburg vnd hort gen Tremmen Vff der feltmarck seyn XXIX huben Syn XX huben Gibt iglich VI schepel hartes kornß I wispel habern XV gr III hu-

1) Bukow findet sich nicht im C. Landbuche, gehöret aber noch itzt dem Dohm zu Brandenburg.
2) Garlitz gehöret ebenfalls dem Dohm zu Brandenb. und stehet im C. Landb. S. 129. unter dem Namen von Garselitz.
3) Müzlitz gehöret noch dem Dohmkapital zu Brandenb. und stehet im C. Landb. S. 129.
4) Czachow, itzt Zachow, gehöret noch itzt dem Brandenb. Dohmkapitel, und stehet im C. L. S. 132.
5) Plozin, itzt Plötzin, gehöret itzt zur Jauche und denen von Görne, stehet im C. L. S. 131.
6) Marzan gehöret noch dem Dohmkapitel, und stehet im C. Landb. S. 130.
7) Tremmen gehört auch noch dem Dohmkapitel, und stehet im C. Landb. S. 131.
8) Bawerstorff, gegenwärtig Baustorff genannt, stehet im C. Landb. S. 119. und ist eine bey Tremmen belegene wüste Feldmark. Die Gemeinde zu Tremmen gibt davon dem Dohmkapitel Pächte, welches dieses Bauerstorff bereits 1179 gehabt, nach Gerkens Brandenb. Stiftshistorie S. 366.

Havelland.

den gibt XII schepel roggen X gr III huben hat Claus Hauß gibt iglich VI schepel roggen VI gr So seyn XXI huben czu Tremmen darczu gelic (gelegt) Gibt iglich III schepel roggen XX schepel habern XII gr Als gerechent vff XVIII stuck. Geben dy helfft IX sck

Greningen [1] hort der Borg Brandenburg Vff der feltmarck sein XXV huben Haben berechent vnd vff dyßmal dy helffe geben vor IX stuck XLV gr

Saringen [2] hat geben vnd berechent nu vff dyßmal dy helffe Geben VIII gr V ₰

Czolgow [3] Der hoff hat nu geben XV gr

Der Kytz czu Brandenburg hat geben V gr II ₰

Dy Waßer der Borg

Von dem waßer czu Rotzin	—	II sck	
Von der obersten Habele V pfunt fa	—	II sck	XV gr
Von den Sehen czu Trebow VIIJ pfunt fa	—	III sck	XLV gr
Von dem Bernynischen Waßer czinset	—	—	XIIIJ gr
Von der halben Sehe bey Roytz vnd nidersten Habel	—	XII sck	
Von der Sehe Schmertzk vnd Czolgow czinset	—	V sck	
Von der Sehen czu Greiningen czinset	—	IIII sck	
Item dy vorgeschriben waßer haben vff dyßmal geben	—	III sck	XXXIX gr II ₰

Molendine

Dy mole czu Tremmen czinset III wispel korns	—		XV gr
Dy mole czu Garlitz czinset II stuck yst wust			
Nota Summa der Voigt Brandenburg	—	XX sck	X gr

Opiliones cum Pastoribus

Dy herde czu Mortzan vnd scheffer		—	XIIIJ gr
Dy herde czu Mitzelitz vnd scheffer		—	XVIIJ gr
Dy herde czu Garßlitz vnd scheffer		—	XVII gr
Dy herde czu Barnewitz vnd scheffer		—	XXIIIJ gr
Dy herde czu Smertzk	—	—	VI gr
Dy herde czu Bukow	—	d'	IIII gr
Der scheffer czu Greningen	—	—	XII gr
Der scheffer czu Czachow	—	—	II gr
Der hirte vnd scheffer czu Tremmen		—	VIII gr

Vff

1) Gröningen gehöret noch dem Dohmkapitel, und stehet im C. Landb. S. 127.

2) Saringen stehet nicht im C. Landbuche.

3) Czelgow stehet auch nicht im C. Landb. vermuthlich ist es das Vorwerk Zolchow bey Plessow.

Vff dem Glin [1]

Gerbendorff [2] Ist der Junckfrawen czu Czedenick Vff der feltmarck seyn LII huben Davon hat der Pfarr IIII Dy andern geben iglich VIII½ gr Der Cruck gibt ½ sck Der syn XVIII Coseten Von den seyn III gibt iglicher III gr Als gerechent vff XII stuck XVI gr Geben dy helffte Hat Mattiß von Breydow vffgehouen vor synen schaden I sck II gr

Berenklaw [3]

Swant [4] hat Otte von Redern von meym Hern czu lehne Vff der feltmarck seyn LXIII huben Davon hat der Pfarr III Das gotzhuß I Otte von Redern XII So czinsen XLVI huben iglich III schepel roggen III schepel gersten II schepel habern II gr Der Cruck gibt XX gr Dy Coseten geben vor I stuck Als gerechent vff XVII stuck VIII gr Haben geben dy helffte I sck XXII gr

Perbenitz [5] hat Kalenberge von meym Hern czu lehne Vff der feltmarck seyn XLII huben Davon hat der Pfarr II Kalenberge VII So seyn VI½ huben Dy vff dyß jar nicht geben syn frye III huben czinsen vor I Dy andern czinßen iglich VII schepel roggen VII schepel gersten X schepel habern XVII gr VI ₰ Der Cruck gibt I pfunt pepers Dy Coseten II gr Als gerechent vff XL stuck Geben dy helfft II sck XLVIII gr

Grunfelde [6] haben dy Breydow von meym Hern Vff der feltmarck seyn LIII huben Davon hat der Pfarr II Das gotzhuß I So ist I hube gibt IIII schepel roggen vnd seyn VI huben seyn tu IIII gelet czinßen iglich VI schepel roggen I schepel habern VIII gr Der Cruck gibt XV gr Dy Coseten geben VI gr II ₰ Als gerechent vff XXIII stuck XII gr Geben dy helfft Hat Mattiß von Breydow vffgehouen I sck LVI½ gr

Staffelde [7] haben dy Breydow von meym Hern czu lehne Vff der feltmarck seyn XLVI huben Davon hat der Pfarr III Dy Breydow XVI frey Dy andern geben iglich III schepel III virt roggen II schepel gersten II schepel habern X gr Der Cruck gibt XII gr XIII Coseten gibt iglicher III gr Als gerechent vff X½ stuck Geben dy helfft Haben dy Breydow vffgehoue vor oren schaden LII½ gr

Cossebant [8] haben dy Groben von meym Hern czu lehne Vff der feltmarck seyn LXIIII huben Davon hat der Pfarr III Das gotzhuß I Dy andern geben iglich IIII schepel roggen IIII schepel habern Czu czinse iglich X gr ane III ₰ Der Cruck czinßt I sck X gr XIX Coseten geben vor I stuck Als gerechent vff XXXI stuck Haben nu geben das halbe schoß II sck XXXIII½ gr

Setin

1) Der Glien ist bekanntermaßen ein Distrikt oder Creiß der Mittelmark Brandenburg, der mit dem Löwenbergischen vereiniget, und daher gemeiniglich der Glien- und Löwenbergische Creiß genennet wird. Es stehen hier aber nicht alle, sondern nur einige Dörfer des Gliens. Der Glin und das Land Rhinow stehen allein im Schoßbuche von 1451. aber gar nicht in dem Landbuche Carl 4.

2) Germendorff, auch Gnaden-Germendorff, im Gegensatz des im Rupinischen Creise belegenen Dorfes Guten-Germendorff, gehöret zum Königlichen Amte Oranienburg.

3) Berenklaw gehöret gleichfalls zum Amte Oranienburg.

4) Das Dorf Swante gehöret noch gegenwärtig der uralten Familie von Redern, welche zum Theil nunmehro in den Grafenstand erhoben ist.

5) Perbenitz, itzt Perwenitz, gehöret zum Königl. Amte Bötzow.

6) Grünfelde gehöret theils zum Königl. Amte Zeblefanz, theils auch den Grafen von Redern und von Schlippenbach.

7) Staffelde gehöret theils zum Amt Zeblefanz, theils den Grafen von Redern.

8) Cossebant, auch Cozeband, verkaufte der von Gröben 1694. dem Churfürst Friderich 3. welcher diesem Orte den Namen Bötzow gab, damit dieser Name, den die itzige Stadt Oranienburg bis dahin gehabt hat, nicht auslöschen sollte Es heißt also noch itzt Bötzow, und ist der Sitz eines Königlichen Amts.

Glien.

Feltin [1] haben dy Breydow von meynm Hern czu lehne Vff der feltmarck seyn LX huben Von den seyn XX besatz Czinsen iglich III schepel roggen III schepel habern Der Cruck gibt XII gr I Groben gibt XII gr Dy Coseten geben imsamen XX gr Als gerechent vff Vɫ stuck Geben dy helffte Haben dy Breydow vffgehoue vor oren schaden XXVIIɫ gr

Parne [2] haben dy Breydow von meynn Hern Vff der feltmarck seyn XXXV husen Davon hat der Pfarr II Das gotzhuß I Dy andern geben iglich czu czinße vnd czur Bet VII schepel roggen VIII schepel habern IX gr VII ₰ Der Cruck gibt XX gr II Coseten III ₰ Der dritte III scherff Als gerechent vff XXIIII stuck XII gr Geben dy helffte II sck XII ₰

Marwitz [3] Vff der feltmarck seyn LXVI huben Davon hat der Pfarr II Junge Claus Slaberndorff III Dy Breydow V Hoppenrode V Dy Grobener VII Olde Slaberndorff III Fritze Slaberndorff III frey Seyn II wust Dy andern XXXVIII huben gibt iglicher IIII schepel roggen II schepel gersten V schepel habern VII gr Der Cruck gibt XXIIII gr Dy Coseten seyn wust Als gerechent vff XIX stuck minus IIII gr Geben dy helffte

Pawsin [4] hort gen Botzow Vff der feltmarck seyn LII huben Davon hat der Pfarr II Dy andern geben iglich VIII schepel habern Der Cruck VIII gr Dy Coseten geben vor I stuck ɫ sck honre Als gerechent vff XIX stuck XXXI gr Geben dy helffte Hat olde Mattiß von Breydow vffgehoue vor synen schaden I sck XXXVIII gr

Borneken [5] haben dy Breydow von meynm Hern czu lehne Vff der feltmarck seyn LXIIII huben Davon hat der Pfarr II Das gotzhuß I X huben gibt iglich III schepel roggen II schepel habern Dy andern geben iglich II schepel roggen II schepel habern vnd alle huben geben czu Bet vnd czu Czinse III gr III ₰ Der Cruck gibt vor I stuck Dy Coseten geben XI gr Als gerechent vff XII stuck Geben dy helffte Haben dy Breydow vffgehoue vor oren schaden I sck

Nigendorff [6] haben dy Grobener von meynm Hern Vff der feltmarck seyn XIII huben III wust Dy andern gibt XII ɫ gr IIII Coseten geben XII gr Als gerechent vff Vɫ stuck IIII ₰ Haben dy helffte XXII gr VI ₰

Tyzow [7] haben dy Eykendorffer von meynm Hern czu lehne Vff der feltmarck seyn LII huben Davon hat der Pfarr II Das gotzhuß [illegible] So seyn dy andern wust vnd triben dy Hern So seyn XXXIIIIɫ hube besetz Gibt igliche IIII schepel roggen IIII schepel habern VIII gr Der Cruck gibt vor I stuck Dy Coseten geben XVIII gr vnd vor I hoff geben sy eynen schepel Manß (Mohn) vst wust Als gerechent vff XVI stuck Haben dy Breydow alle vffgehoue vor oren schaden I sck XVIII gr

Schonwalde [8] haben dy Haken von meynm Hern Vff der feltmarck seyn XXXIIII huben gibt iglich VIIɫ gr Der Cruck gibt XV gr vnd XXX honre V Coseten gibt igliger V honre II gr sunder I Cosete czinßt II gr Als gerechent vff VII stuck XXV gr Haben nu geben das halbe schoß XXXIX gr I ₰

1) Feltin, itzt Velten, gehöret theils dem Amte Löwenberg, theils dem Waysenhause zu Oranienburg.
2) Parne, itzt Paaren, gehöret zum Königlichen Amte Königshorst.
3) Marwitz gehöret theils zum Amte Oranienburg, theils denen von Redern.
4) Pausin gehört zum Amte Oranienburg.
5) Börnicke gehöret theils zum Amte Vehlefanz, theils den Grafen von Redern und von Schlippenbach.
6) Nigendorff, ist Nieder Neuendorf, gehört zum Amte [illegible]
7) Tietzow gehöret theils dem Amte Vehlefanz, theils den Grafen von Redern und von Schlippenbach, auch einem von Hake.
8) Schönenwalde gehört itzt dem von Kisselmann.

Glien.

Grossen Czleen [1] hat Matthiß von Breydow von meym Hern Uff der feltmark seyn LII huben Von den seyn VIII besatz Dy andern seyn wust vnd ernben dy Hern Gibt igligehube VI schepel roggen VI schepel habern IX gr Der Cruck gibt IIII gr Dy Cosseten geben XX gr Als gerechent vff VI stuck Haben dy Breydow vffgehoue vor oren schaden XXVIII gr

Wanstorff [2] hat Otte von Breydow von meym Hern czu Lehne Uff der feltmarck seyn LIX huben Davon hat der Pfarr III So czinsen nu XXXIX huben iglich X schepel roggen X schepel habern IX gr Der Cruck gibt XXIIII gr VIII Coseten gibt igliger IIII gr II honre Als gerechent vff XVII stuck XXXV gr Geben dy helffte I sck XXVII gr III ₰

Jselfantz [3] haben dy Breydow von meym Hern Uff der feltmarck seyn LXII huben Davon hat der Pfarr II Cestic vnd Hartwich Sladerndorff X Diplingh III Peter vnd Matiß von Breydow XVIII Benewitz XI Junge Hartwich I Dy andern syn wust So seyn XIIII huben besatz Gibt iglich V schepel roggen III schepel gersten V schepel habern VIII gr So seyn VIII Coseten Geben vor honer vnnd an gelde XV gr Der Cruck ist wust Als gerechent vff IX stuck Haben dy Breydow alle vffgehoue vor oren schaden XLVII gr II ₰

Slotbow [4] haben dy Breydow von meym Hern czu Lehne Uff der feltmarck seyn LXIIII huben Davon hat der Pfarr II Das gotzhuß I Dy Breydow XXXI huben Seyn II wust Dy andern XXVIII gibt iglich IIII schepel roggen II schepel gersten VI schepel habern IIII gr Der Cruck vnd dy Coseten geben vor I stuck Als gerechent vff XV stuck I vertuel Haben dy Breydow alle vffgehoue vor oren schaden I sck XII gr

Opiliones cum Pastoribus [5]

Der herde czu Gerbendorff	—	IIII gr
Der scheffer czu Prebenitz		
Der herde czu Pawsin		
Der herde czu Grunfelt		
Der scheffer czu Fehlfantz		
Der hirte czu Wanstorff	—	VIII gr
Der hirte czu Seltin	—	III gr
Der hirte vnd scheffer czu Borockert	—	XXXIII gr
Dy scheffer czu Schonwalde		
Dy scheffer czu Swant		
Dy scheffer czu Parne	—	II gr
Dy scheffer czu Berge		

1) Groß-Ziethen gehöret theils zum Amte Vehlefanz, theils dem Grafen von Schlippenbach.
2) Wansdorff gehört itzt denen von Redern.
3) Jselfantz, itzt Vehlefanz, ist der Sitz eines Königl. Amts; doch haben der Graf von Schlippenbach und der von Redern Antheile darin. Es ist sonderbar, daß bey Vehlefanz und vielen andern Dörfern der Buchstabe F. sich doppelt im Schoßbuche findet; bey andern aber, als bey dem gleich folgenden Dorfe Flotbow nicht, wovon die Ursache mir unbekannt ist.
4) Flotbow, itzt Flatow, gehöret theils zum Amte Vehlefanz, theils dem Grafen von Schlippenbach und dem von Hake, der da einen Sitz hat. Hier zeiget sich auch abermal, wie an so vielen andern Orten, daß die damaligen Güterbesitzer den landesherrlichen Schoß einbehalten und abgerechnet haben vor einen Schaden, den sie vermuthlich durch einen Krieg und feindlichen Einfall gehabt.
5) Diese Stelle zeiget gleichfalls, daß die Schäfer und Dorfhirten damals so wie itzt, besonders den Schoß erlegen müssen.

Lant czu Rhinow [1]

Witstock [2] hat XVIII huben Dy ander geben iglich VI schepel roggen III schepel gersten VIII schepel habern VI gr II Coseten gibt iglicher V½ schillingk ₰ Als gerechent vff IX stuck Geben dy helffte XLV gr

Watersip [3] hat XIII huben Davon hat Gereken von der Hake VIII Dy andern geben iglich I½ wispel habern So syn V Coseten geben iglich V½ schillingk ₰ Dy andern XVIII huner Als gerechent vff IIII stuck XI gr Geben dy helffte XXI gr II ₰

Bryzen [4] hat Otte von der Hake von meynm Hern czu Lehne Vff der feltmarck seyn XXXIIII huben Davon hat der Pfarr II So seyn XXVI huben II wust Dy andern obrigen gibt iglich IX gr ½ wispel habern So seyn IIII huben Dy reuthen vor II dy sulue vpgeschribene huben geben iglich IX schepel habern V gr Als gerechent vff XII stuck VI gr Geben dy helffte I sck VI

Stredene [5] hat XVII huben Davon hat der Pfarr II So ysi eyne wuste Dy andern haben ungerechent vff XV stuck Haben geben dy helffte I sck XV gr

Czemlin [6] hat Otte von der Hake von meynm Hern czu Lehne Vff der feltmarck seyn XXI huben Davon hat der Pfarr I Dy andern geben iglich V wispel habern Als gerechent vff V stuck Geben dy helffte XXV gr

Spatz [7] haben dy von der Hake von meynm Hern czu Lehne Vff der feltmarck seyn huben vnd ysi gerechent vff XVI stuck IIII gr Geben dy helffte I sck XVIII gr

Hogennowen [8] hat XIX huben vnd ysi gerechent vff X stuck Haben geben dy helffte L gr

Julbe [9] hat geben vnde berechent vff IIII stuck So ysi eyne hube wust Geben dy helffte XXII gr

Parey [10] hat geben vnberechent ½ sck

1) Das Land Rhinow liegt bekanntermaßen zwischen dem Havelländischen und Ruppinischen Creise und in einem Winkel, den oberhalb Rathenow die Havel mit dem kleinen Fluße Rhin macht, und hat ohne Zweifel von diesem Fluße Rhin den Namen. Dieses sogenannte Ländchen Rhinow, nebst dem Städtchen gleiches Namens, hat die uralte Familie von der Hagen, nach Ausweisung der vorhandenen Urkunden seit dem 13ten Jahrhundert besessen, und hat selbiges noch gegenwärtig im Besitz. Die von Hake haben niemals etwas in diesem Ländchen gehabt, und muß es in dem Schoßbuche verschrieben seyn, so daß es anstatt von der Hake, (welche sich auch nicht von der, sondern blos von Hake schreiben) von der Hagen heißen soll. Es kann auch aus Urkunden erwiesen werden, daß die im Schoßbuche namentlich angeführte Besitzer eines jeden Dorfs sämtlich von der Familie von der Hagen gewesen. Das Land Rhinow stehet nicht im C. Landb. so wenig als die Grafschaft Ruppin, vermuthlich weil die alten Marggrafen dasselbe an die Grafen von Ruppin versetzt gehabt, und K. Carl 4. es erst nebst dem Glien von den Grafen von Ruppin gegen Lindow und Möckern wieder eingetauschet, laut der Tauschurkunde von 1376. in Gerkens Cod. Dipl. Brand. T II. p. 624.

2) Witstock, itzt Witzke, gehöret denen von der Hagen und von Ziethen.

3) Watersip, gegenwärtig Waßersuppe, gehöret gleichfalls denen von der Hagen und von Ziethen.

4) Brytzen, itzt Prietzen, ist gleichfalls denen von der Hagen zugehörig.

5) Stredene, itzt Strodehne, gehöret gleichfalls denen von der Hagen.

6) Czemlin, itzt Zemlin oder Semlin, gehöret denen von der Hagen und von Bornstädt.

7) Spatz, itzt Spaatz, ist noch in der Familie von der Hagen.

8) Hogennowen, ehemals auch Hagenane, itzt Hohennauen, ist das Stammhaus derer von der Hagen, gehöret auch itzt dem Herrn Oberconsistorial-Präsidenten von der Hagen, und zum Theil dem Herrn General von Bornstädt. Mehr kann davon nachgesehen werden in Hrn. D. C. R. Büsching Topographie der Mark Brandenburg S. 47.

9) Julbe, itzt Gülpe, denen von der Hagen zuständig.

10) Parey gehöret der Gräfin von Wartensleben.

Rhinow Frysack und Bellin.

Rinow [1] hat berechent vnd geben XLV gr
Stollen [2] hat berechnet vnd geben

Opiliones

Der scheffer czu Sparz — V gr
Der scheffer czu Czemlin — V gr

Im Lant czu Frysick [3]

Hat Hanns von Breydow

Vß Lande Bellin

Dederune [4] vnberechent XVI sk

1) Das Städtchen Rhinow gehöret denen von der Hagen. Nahe dabey liegt ihr altes Schloß Mühlenburg, welches mit einem doppelten Graben umgeben.
2) Stollen, itzt Stöllen, gehöret gleichfalls denen von der Hagen und zum Ländchen Rhinow, nicht zu dem Lande Frisack, wie in dem Schoßbuche von 1450. stehet.
3) Das sogenannte Land Frysick, itzt Frisack, gehöret noch itzt denen von Bredow.
4) Es erhellet hieraus, daß der Schoß von dem Ländchen Bellin unberechnet oder in Pausch und Bogen angesetzet worden. Von diesem Lande Bellin und dem von Frisack finden sich keine Dörfer in dem Schoßbuche, und die von dem Lande Rhinow sind auch nicht alle da, wovon man bey der Entfernung der Zeiten eine zuverläßige Ursach nicht angeben kann, sie aber zu errathen der Mühe nicht werth ist.

Hiemit endiget sich also das Schoßbuch von 1450. und 1451. und findet sich also nur darin der Teltowsche, der Ober- und Nieder-Barnimsche, der Havelländische, und Zauchische Creiß, ein Theil des Glins und das Land Rhinow, hergegen stehet von der Altemark, Prignitz, Ukermark, und Neumark, nichts darin, wovon die Ursache unbekannt ist.

Zusätze

zu den Anmerkungen und Erläuterungen über Kayser Carls 4. Landbuch der Mark Brandenburg, und Verbesserung von Druckfehlern und Auslassungen.

Zur Seite 2. Note 2. und Seite 3. N. 1.

Die Brandenburgische Mark nach ihrem wahren Wehrt zu K. Carls 4ten Zeiten nur einigermaßen zu bestimmen, hält sehr schwer, obgleich häufige Berechnungen und Vergleichungen derselben mit der Böhmischen Gold- und Silber-Münze selbst in diesem Landbuche vorkommen. Dieselben beziehen sich bloß auf das Gewicht oder den äusserlichen Wehrt, nicht aber auf den innerlichen, die Witte oder Feine des Silbers, wovon in dem Landbuche nichts vorkommt. Bey den häufigen Veränderungen, so die Brandenburgische Mark unter den Bayrischen Landesherrn vorher erlitten, ist keine Münzverordnung, die so nahe auf die Zeit des Landbuches sich bezöge, bekannt, als die für die Stendalsche Münze gegebene und in der Anmerkung No. 2. angezogene vom J. 1360. nach der die Mark Silber zu 29. Schill. 4. Pfen. und 12löthig hätte ausgepräget werden sollen. Es ist aber sehr zweifelhaft, ob sie jemahls befolget worden, denn so wohl vorher Ao. 1352. [a] als nachher im J. 1369. [b] wird die Stendalsche Mark Silbers zu 40 Schillinge gerechnet, so viel auch die ganz feine Mark nach der Münzvorschrift von 1360. nicht hätte gelten können. Die beste und genaueste Bestimmung der brandenburgischen Mark gäben wohl die zum Theil noch vorhandene alte brandenburgische Pfennige, wenn einige darunter wären, welche zuverläßig in diese Zeiten gehöreten; allein da sie alle ohne Jahrzahl und selten einmahl mit dem Namen des Regenten, ausser des Otto, welchen Namen jedoch viele Markgrafen geführet, bezeichnet sind, auch fast alle, die ich probiren lassen, in der Feine und Gewicht verschieden ausfallen, so fällt auch dieses Hülfsmittel hinweg.

Man muß also auf die im Landbuche angeführte böhmische Münzen und deren Gehalt zurückkommen, und würden die böhmischen Groschen die nächste Erläuterung geben können, wenn nicht deren Gehalt und Gewicht eben so unsicher wäre. Ausser denen bey der 2ten Anmerkung zum Landbuche angeführten beyden Schriftstellern, hat auch ein Ungenannter in seiner Gründlichen Nachricht von Ankunft, Gepräge und Wehrt der sächsischen Groschen, so zu Wittenberg 1728. herausgekommen, die böhmischen Groschen berühret, und in seiner vorangesetzten Tafel, worin er das Gewicht, den Gehalt und den Wehrt der Groschen von Zeit zu Zeit bestimmet, Kayser Carl 4. Groschen, wie die bereits angeführten zu 10. Loth fein und 78. Stück auf die rauhe Mark angesetzet. Hingegen Hr. A. Voigt in seiner Beschreibung der böhmischen Münzen, so zu Prag im J. 1771. herausgekommen, hat eine Münzverordnung von K. Carl 4. von 1378. eingerücket, [c] nach welcher die Groschen von 14löthigem Silber und 70. Stück auf die Mark gepräget werden sollten. Er hält aber dafür, daß dieser Schlag wegen des bald darauf erfolgten Todes gedachten Kaysers, nicht zum Stande gekommen, und er führet selbst an, daß von den Böhmischen Königen Wenzel III. bis auf Carl IV. die Groschen von 15. 14. 13. 12. bis nur zu 10. Loth fein ausgepräget worden, dahero man den innerlichen Wehrt der damaligen Münze gegen die jetzige unmöglich mit Gewißheit bestimmen kann. Er behauptet zwar, daß er keinen Groschen von Carl 4. angetroffen, welcher unter 13. Loth Feine hielte, [d] doch hat er seine Meynung hernach geändert, und in dem dritten Bande seiner Beschreibung auf der daselbst [e] entworfenen Tabelle, was die böhmischen Groschen von Zeit zu Zeit für Gehalt und Wehrt gehabt, dieses Kaysers Groschen vom J. 1371. nur zu 12löthig an Feine, jedoch noch 64. Stück auf die Mark angegeben, welches letzte aber deshalb kaum glaublich, da beynahe 50. Jahre zuvor, im J. 1325. schon 64. Stück auf die Mark geschlagen worden, daß sie in der kurzen Zeit von 1371. bis 1386. nach eben dieser Tabelle, bis auf 96. Stück hingegen gestiegen und leichter geworden seyn sollen. Wenn man nun 70. Stück als die mittlere Zahl nach der Münzverordnung von 1378. oder 68. Stück nach dem Car. Landbuche, auf die Mark von 10löthigem Silber rechnet, so kämen nahe an 7. Rthlr. 12. Gr. nach dem Leipziger Fuß, auf die brandenburgische Mark von 68. Groschen; wenn die Groschen hingegen 12löthig gewesen, nahe an 9. Rthlr. 8. Gr welchen letztern Satz man am sichersten annehmen kann, weil man glauben muß, daß Carl 4. als ein so grosser Wirth, nicht bessere Münze, als seine Vorfahren, aber auch nicht so ganz schlecht, als die 10löthige, wird haben schlagen lassen.

a) G. Gerkens Dipl. Vet. March. P. I. p. 117. b) Bekmann Histor. Beschreib. der Churmark P. V. L. I. Cap. VIII. p. 42. c) T. II. p. 162. d) ibid. p. 171. e) T. III. p. 71.

Vergleicht man aber die brandenburgische Mark mit dem damahligen Wehrt der böhmischen Goldgulden im Silbergelde, so wurden letztere dem ungarischen Goldgulden oder Dukaten gleich gehalten, und würde die brandenburgische Mark nach dem Verhältniß des Goldes zum Silber, zu der Zeit auf 7 Rthlr. 12. Gr. bis 8. Rthlr. Leipz. Fuß kommen. In der sächsischen Münzordnung von 1444. wird der böhmische und ungarische Goldgulden zu $2\frac{3}{7}$ Loth fein Silbers geschätzet. Nimmt man nun auch an, daß das Verhältniß des Goldes zum Silber, zu K. Carl des 4ten Zeiten schon eben so hoch gewesen, so hält die Mark brandenburgischen Silbers zu 4. Goldgulden $10\frac{7}{8}$ Loth fein Silber, welches 8 Rthlr. nach dem Leipz. Fuß ausmachet. Höher kann man mit dem Golde nicht wohl kommen, denn eben so viel galt auch allem Vermuthen nach der Dukaten noch fast 200. Jahre nachher in der Mark, weil nach der Reichs-Münzordnung von 1559. der Thaler zu 68. Kreuzer, der Dukaten aber zu 102. bis 104. Kreuzer geschätzet, und nicht höher zu nehmen geboten wird, welches ohngefehr $1\frac{1}{2}$ Thaler alte Reichsmünze oder 2 Rthlr. Leipz. auf den Dukaten macht. Es erhellet auch aus Matthäi Pfisters Resolvierbüchlein von aller in der Mark Brandenburg gängiger Münze, welches im J. 1596. herausgekommen, daß der Dukat erst wenig über diesen Wehrt damahls gestiegen war, denn unter den Tabellen, woraus fast das ganze Büchlein bestehet, sind zwey, so sich auf Dukaten beziehen, als eine von Kronen und Dukaten zu 36. Gr. und eine von ungarischen Goldgulden zu 18. Gr. höher geht er nicht. Nach dieser, jedoch nicht ganz sichern Berechnung, könnte man die brandenburgische Mark also nicht höher als auf 8. Rthlr. nach dem Leipziger Fuß, oder auf 9. Thaler Pr. Curant schätzen. Mit dieser Anmerkung und Berechnung, welche Hr. Hoppe mir nach dem Abdrucke des Landbuches mitgetheilet, stimmet die oben angeführte gründliche Nachricht von den Groschen, im Wesentlichen überein, und verdient um so mehr Glauben, als der Verfasser derselben zwar nicht die Märkische, aber die damit größtentheils übereinstimmende böhmische und sächsische Groschen in natura vor sich gehabt, probirt, abgewogen und in Tabellen gebracht. Man wird noch viele neue und merkwürdige Erläuterungen über das brandenb. Münzwesen des mittleren Zeitalters erhalten, wenn das schöne Werk des gelehrten und der Märkischen Geschichte so kundigen Hrn. Hofrath und Leibmedici, Möhsen, von der Geschichte der Wissenschaften in der Mark Brandenburg herauskommt, worinn er §. 8. eine umständliche Abhandlung von diesem Münzwesen in chronologischer Ordnung liefert, auch diese Stelle des Car. Landbuchs sehr wohl genutzet und gründlich erläutert, aber in einigen Stücken von den Berechnungen des Hrn. Hoppe abweicht.

Da ich so wohl meine unter den sieben ersten Seiten des Landbuchs stehende Anmerkungen, als auch die Zusätze S. 357. und 358. dem Königl. General-Münz-Director zu Berlin, Hrn. Genz, gezeiget und zur Prüfung übergeben, so hat dieser geschickte und praktische Münzkenner mir folgende Bemerkungen darüber mitgetheilet, die meine und des Hrn. Hoppe Sätze bestätigen, und welche die Liebhaber der alten Münzkenntnisse hier vielleicht gerne lesen werden.

Den Wehrt der Groschen im 14ten Jahrhunderte genau, oder doch so richtig, als möglich zu bestimmen, muß man 1) die Groschen selbst, und deren mannigfaltige Veränderung von dem Ende des 13ten bis zu Anfang des 15ten Jahrhunderts; 2) den Wehrt der Goldgulden von eben diesem Zwischenraum der Zeit, und der mit denselben vorgegangenen Erhöhung und Verminderung auszumitteln suchen. Die ersten unter Wenceslaus 2. zu Ende des 13ten Jahrhunderts geprägten Groschen haben nach dem Fuß der gros Tournois $11\frac{7}{8}$ Denier oder 15 Loth 6 Grän in der Feine gehalten, davon giengen 58 Stück auf die rauhe Mark, und folglich $60\frac{1}{2}$ St. auf die feine Mark. S. Gründliche Nachricht von dem Münzwesen. Helmst. 1741. S. 89. Von diesen feinen Groschen machten $60\frac{1}{2}$ Stück nicht 4. sondern 8 Goldgulden. Denn nach dem Zeugniß der Schriftsteller, war das damalige Verhältniß des Goldes gegen Silber, wie 1 zu 8, folglich machte 1 Mark fein Silber 2 Loth fein Gold. S. vorangeführtes Buch S. 74. Diese Groschen aber litten in der folgenden Zeit bis zum Jahr 1400. eine so grosse Veränderung in der Feine und Stückzahl, daß selbige nach und nach bis zum 9löthigen Gehalt heruntergebracht, und statt 58 Stück, wie anfänglich die rauhe Mark war, zu 91 Stück gestückelt wurden. S. Gründliche Nachricht von dem Münzwesen S. 92. Daß sich durch diese Veringerung im Gehalt und Gewicht, auch das Verhältniß zwischen Gold und Silber abgeändert habe, lässet sich leicht begreifen, und es bestätiget sich auch, daß etwa um die Zeit, da das Landbuch geschrieben worden, das Verhältniß zwischen Gold und Silber wie 1 zu $10\frac{2}{3}$, und am Ende des Jahrhunderts gar wie 1 zu 12 gewesen. Anfänglich da die Groschen noch fein waren, giengen $7\frac{7}{8}$ Stück auf Einen Goldgulden. Da sie immer mehr Zusatz bekamen, und leichter wurden, kamen 12 und 13 Groschen auf Einen Gulden, welche Erhöhung K. Carl 4. selbst vorgenommen, und sich auf nichts anders gründet, als daß die Groschen nicht mehr den ursprünglichen feinen Gehalt und Gewicht gehabt, wie aus Hoffmanns Sammlung ungedruckter Nachrichten, Th. 2. N. 171. S. 176. zu ersehen. Bey dieser Devalvation ist, wie aus dem Landbuche der Mark Brandenburg erhellet, es nicht einmal verblieben, den, indem um das Jahr 1375. auf einen Goldgulden 15. 16. und 17 Groschen gerechnet wurden, und nimmt man diesen Satz an, so hat eine sogenannte Brandenburgische Mark Silber, die höchstwahrscheinlich 10löthigen Gehalts gewesen, 4 Fl. gegolten. Wäre sie fein gewesen, so hätte die Mark von 68 Stücken noch einmal so viel, nemlich 8 Fl. oder 2 Loth feinen Goldes gelten müssen. Aus der vermehrten Anzahl der Stücke, aus der ursprünglichen Mark Groschen, aus allen Nachrichten, die man davon hat, endlich aus den noch vorhandenen Groschen läßt sich deutlich erweisen, daß die Groschen, wovon in dem Landbuche die Rede ist, nicht eine feine Münze gewesen. Die Goldgulden, welche im Jahr 1252. zu Florenz am ersten geschlagen worden, waren anfangs ebenfalls ganz fein ohne den geringsten Zusatz. S. *Villani Historia Florentina* lib. VII. c. 54. und giengen deren 64 Stück auf eine Mark. Die noch vorhandenen Dukaten von diesem Zeitalter halten auch würklich 24 Karat. Wie es aber zu Zeiten Carls 4. mit den goldenen Münzen beschaffen gewesen, zeiget dessen Diplomatarium mit mehrerem an. Denn darin wird gesagt, daß dieser Kayser zweyerley Art von Gulden schlagen lassen; die Eine moneta regalis, und davon galt ein Stück 13 grossos, war 23¾ Karat Fein, und giengen 63 Stück auf die Mark. Die andere war die gemeine Münze, ebenfalls 23¾ Karat Fein, davon giengen 68½ Stück auf die Mark, und hievon galt das Stück 12 grossos. S. Hoffmanns Samml. ungedr. Nachr. Th. 2. N. 171. S. 176. Hieraus erhellet, daß Carl 4. zweyerley Goldgulden schlagen lassen. Die ersten waren den Florentiner Gulden nur mit Abzug von ¼ Karath, so auf den Abgang und die Prägekosten gerechnet wurde, völlig gleich, die andern aber waren um 5 Stück oder 9¼ pCent schlechter, und es ist wohl sehr wahrscheinlich, daß von der ersten Sorte wenig oder gar nichts, von der andern aber, wobey ein ansehnlicher Schlagschatz herauskam, das meiste, wo nicht alles gemünzet worden. Hieran ist um so weniger Zweifel, da bey Berechnung der Brandenburgischen Groschen der letzt angeführte Münzfuß, nach welchem 68 Goldgulden auf die feine Mark gehen sollen, zur Richtschnur angenommen worden, wenigstens kann man nach diesem Satz mit der Berechnung am leichtesten fertig werden. Beyläufig wird noch angemerkt, daß der Gehalt der Goldgulden in der folgenden Zeit steigend und fallend gewesen, ja bis zur Einrichtung der Reichs-Münzordnung von 1559 bis auf 18 Karat in der Feine heruntergekommen. Nach diesen vorausgesetzten Bemerkungen, deren Richtigkeit erwiesen werden kann, würde nun auf die in dem Landbuche befindlichen Tellen, von der Werth der Marken und Groschen, die Anwendung folgendergestalt zu machen seyn: Aus der ersten Tabelle erhellet ganz deutlich, daß die Brandenb. Mark auf 68 Groschen gerechnet worden. Daß diese einen Zusatz von Kupfer gehabt, ist schon erwiesen, und daß sie nicht fein gewesen seyn können, wird aus der Vergleichung der Brandenb. Mark mit 4 Fl. noch mehr einleuchtend. Die vielfältige Veränderung der Groschen Zahl gegen den Goldgulden, da man 12, bald 13 bis 22 Groschen auf Einen Gulden rechnete, rühret unstreitig von der Verschiedenheit ihres Gehalts und Gewichts her, da solche von 15 Loth 6 Gr. bis zum 9löthigen Gehalt heruntergesetzt, und die Stückzahl noch dazu von Zeit zu Zeit vermehret wurde. Einen Grund dieser Verschiedenheit giebt auch die Verringerung der Goldgulden selbst ab. Nach der dritten Tabelle, de grossis, quid faciunt in argentum, werden 68 Stück auf die rauhe Mark gerechnet, und 17 Stück giengen auf einen Goldgulden, also war die Mark 4 Fl. Wären die 68 Stück von feinem Silber gewesen, so hätten 8 Fl. auf dieselben gerechnet werden müssen. Hieraus folgt also wohl unstreitig, daß diese Brandenb. Mark löthig oder mit Kupfer beschickt gewesen seyn müsse. Wäre sie nun z. E. 14löthig gewesen; so hätten 68 Stück 7 Fl., 12löthig 6 Gulden, 10löthig 5 Gulden, und 8löthig 4 Gulden betragen, wenn nemlich der Goldgulden in seiner völligen ursprünglichen Feine zu 64 Stück gerechnet wird. Da aber die Goldgulden, wie oben angeführet worden sich auch vermindert, auf 68 Stück in der rauhen Mark gestiegen, und um 9¼ pCt. gegen die feine Gulden schlechter geworden, hierdurch auch das Verhältniß zwischen Gold und Silber, welches vormals 8 gewesen, nothwendig auf 10⅝ gestiegen, so ergiebt sich auch hieraus, daß die Mark feinen Silbers, die vormals 8 Fl. galt, durch diese Verminderung nur 6⅞ Fl. werth war. Um nun den Wehrt von 68 Groschen auf 4 Gulden heraus zu bringen, darf man sich nicht lange besinnen, die Brandenb. Mark zu 10 Loth, als den damaligen höchstwahrscheinlichen Gehalt anzunehmen; so hat man das richtige Verhältniß der 68 Groschen zu 4 Goldgulden. Daß die löthige Mark nach Gelegenheit 4, 5, auch 6 Goldgulden geschätzt worden, davon s. Friesens Münzspiegel 7 B. S. 148. it. Alter und neuer Münzschlüssel S. 138. Den innerlichen Wehrt dieser Münzen, und ihr Verhältniß gegen die heutige Währung zu finden, würde so schwer nicht seyn, wenn man das Verhältniß des Silbers gegen das Gold zum beständigen Maaßstab nimmt. Hiernach lassen sich alle Groschen, von welcher Zahl die Mark, und von welchem Gehalt sie auch gewesen seyn mögen, genau abwürdigen. Den würklichen Gehalt und die Stückzahl aber zu bestimmen, müßte man bey Ermangelung schriftlicher Nachrichten, die seit 1296. in Böhmen und andern Gegenden Deutschlands zum Vorschein gekommene Groschen bey der Hand haben, und diese aufzutreiben, würde vielleicht die größte Schwierigkeit ausmachen. Die Worte Witte und Wichte sind das, was man heutiges Tages Korn und Schrot bey den Münzen nennet. Die Veringerung der Münzen ist allerdings daher entstanden, weil die meisten

sten deutschen Fürsten selbst keine Bergwerke hatten, und aus dem verliehenen Münzungsrechte gleichwohl Nutzen ziehen wollten. Wenn die Groschen und Schillinge, wie es doch nicht warscheinlich ist, zu Carls 4 Zeiten 12löthig geblieben; so würde nach dem Leipziger Fuß vom J. 1690. die rauhe Mark solcher Groschen und Schillinge allerdings 9 Rthlr. und der Groschen 3 Gr. $2\frac{2}{17}$ Pf. betragen. Sind aber diese Münzen, wie es in Ansehung der Groschen ziemlich richtig erwiesen, nur 10löthig gewesen, so hat die rauhe Mark davon 7 Rthlr. 12 Gr. Leipz. Geld ausgemacht. Die Legirung des Goldes mit Silber oder Kupfer, und des Silbers mit Kupfer wird gar nicht in Betrachtung gezogen, und kömmt weder das eine noch das andere bey Bestimmung des Wehrts der feinen Metalle in Anschlag. Die Ausrechnung des Hrn. Hoppe, daß, da nach dem Landbuche 4 Fl. auf eine Brandenb. Mark Silbers gerechnet worden, und solche 10 Loth fein gewesen, der Goldgulden $2\frac{1}{2}$ Loth feines Silber zu der Zeit zu schätzen gewesen, ist völlig richtig, wie es denn auch aus vorigem Abschnitt erhellet, daß eine solche 10löthige Mark 7 Rthlr. 12 Gr. wehrt ist. Der Groschen würde demnach in solchem Gelde 2 Gr. $7\frac{13}{17}$ Pf. ausmachen. Da beym Verkauf der Neumark im J. 1402. ein Schock Groschen mit 3 Fl. verglichen worden; so ist dies ein sicherer Beweis, daß zu der Zeit die Groschen nicht höher im Gehalt als 9löthig gewesen.

Zur Seite 4. 1te Note.

Ein alter Brandenb. Groschen 10löthigen Gehalts, beträgt nach dem Leipziger Fuß genau berechnet, 2 Gr. $7\frac{13}{17}$ Pf. und die damalige Markwährung à 7 Rthlr. 12 Gr. berechnet, macht nach dem Schock 6 Rthlr. 14 Gr. 10 Pf. Anmerkung des Hrn. Genze.

Zur Seite 4. Note 2.

68 Brandeb. Groschen und 56 Berliner Groschen sind gleich. Der Brandenb. Groschen wird auf 7 Pfennige gerechnet, und der Berliner nach obiger Tabelle, was machen ꝛc. $8\frac{1}{2}$ Pfennige, macht also die Mark bey einer wie bey der andern Münze, 476 Pfennige. Anmerkung des Hrn. Genze.

Zur Seite 6. von den Finkenaugen.

6 Mark 6 Schillinge Finkenaugen, wenn selbige auf eine Mark Brandenb. 10löthigen Silbers gerechnet werden, betragen nach dem Leipziger Fuß nicht mehr, als 7 Rthlr. 12 Gr. Anmerkung des Hrn. Genze.

Die Finkenaugen werden nach Art der wendischen Ostseestädte die Mark zu 16. Schillinge, als eine bloße Zahlmark gerechnet. Dies macht 192. Pfennige oder Finkenaugen, wie auch aus dem Landbuche erhellet. Achtzehn Stück oder $1\frac{1}{2}$ Schilling dieser kleinen Pfennige werden hier auf einen Böhmischen Groschen gerechnet. Dies macht auf den Goldgulden zu 17. Groschen $25\frac{1}{2}$ Schilling, oder 306. Stück Finkenaugen, und eine brandenburgische Mark zu 68. Groschen macht 102. Schillinge oder 6. Mark 6. Schillinge Finkenaugen, womit das Landbuch übereinstimmet. Wenn man die Mark brandenburgisch auf den Wehrt von 8. Rthlr. Leipz. schätzet, so käme eine Mark Finkenaugen nicht völlig 1. Rthlr. 6 Gr. ein dergleichen Schilling beynahe 2 Gr. und ein dergleichen kleiner Pfennig fast auf 2. Den. zu stehen.

Allein bey der Stadt Königsberg in der Neumark findet sich eine Entscheidung des Bischofs von Havelberg von 1376. daß die Stadt in dreyen Fristen 1000. wichtige Goldgulden, oder 28. Schill. Finkenaugen für den Gulden a) entrichten solle. Diese Verschiedenheit in der Schätzung der Finkenaugen, die in gleiche Zeit zu fallen scheinet, ließe sich einigermaßen begreifen; wenn man annähme, daß dieser Theil des Landbuchs schon im Jahr 1370. oder kurz hernach, verfertiget, da des Bischofs Urtheilsspruch in das Jahr 1376. fällt, in welcher Zeit die Finkenaugen von $25\frac{1}{2}$. bis 26. Schillinge, auf 28. Schillinge gestiegen seyn können. Es ist gewiß, daß diese Münze schleunigen Veringerungen unterworfen gewesen, denn in einer andern Neumärkischen Urkunde vom Jahr 1431. b) findet man schon, daß 12. böhmische Groschen zwey Mark gegolten, ohnerachtet auch die böhmischen Groschen unterdessen eine merkliche Verschlimmerung erlitten. Anmerkung des H. Hoppe.

Zur Seite 6. Note 3.

Ein damaliger Brandenburgischer Groschen gilt in gegenwärtigem Preuß. Courant ganz richtig und genau 3 Groschen. Ein Scheffel Roggen also würde, zu 2 Gr. bezahlt, gegenwärtig 6 Gr. Preußisch Courant kosten. Wenn aber, wie gleich unten stehet, ein Scheffel Roggen oder Gerste gar nur 10 Pfennige gegolten, so würde dies nach jetzigen Preußischen Gelde nur 4 Gr. 3 Pf. ausmachen. Ein Huhn hat nach Preußischem Courant damals $10\frac{1}{2}$ Pf. ein Pfund Wachs 7 Gr. 6 Pf. und ein Pfund Pfeffer 22 Gr. 6 Pf. gegolten. Anmerkung des Hrn. Genze.

S. 7.

a) Augustin Rehrbergs Historie der Stadt Königsberg in der Neumark. 2te Abtheil. S. 30.
b) Lenz Märkische Urkunden. S. 454.

S. 7. N. 1. Nach dieser Stelle des Landbuchs, war damals 1. Pfd. Pfennige ein frustum; da aber ein Pfd. Pf. wegen Verringerung der Münze nicht mehr mit den übrigen Stücken gleichen Wehrt behielt, so wurde die Mark Silbers oder ein Schock böhmische Groschen an die Stelle des Pfundes zum frusto oder Stück Geldes gesetzt, und hiernach nach Schocken die Bede oder Vermögensteuer eingenommen. Dahero kommt der Name Groschenschoß; a) der Name Pfundschoß hat sich aber am längsten erhalten, und ist bis 1543. und nachhero geblieben. b) Anmerkung des H. Hoppe.

S. 17. 18. N. 1. Die ganze Summe der hier berechneten alten und gemeinen Orbede der Städte der Mittel- Uker- und Alt Mark, wie auch Priegnitz, beträgt nicht 1279. Mark, sondern nach einer genauern Zusammenrechnung 1309 Mark. Unter der S. 9. ist bereits bemerket, daß die Orbede im J. 1370. nur 832. Mark und nach S. 16. im J. 1375. nur zu 881. Mark angesetzet worden. Woher der Unterschied komme, daß hier in der besondern Berechnung jeder Stadt S. 17. eine größere Summe, nemlich von 1309 Mark herauskomme, solches ist nicht leicht, aber auch nicht der Mühe wehrt aus dem Grunde zu untersuchen. Ich denke ein gleiches darüber, daß die Orbede, welche die Märkischen Städte heutiges Tages noch dem Landesherrn aus den Cämmereyen bezahlen, anjetzo vielweniger als die alte Orbede zu Zeiten Carl 4. ausmachen. Sie betragen jetzo zusammen von allen Städten der Churmark, mit Ausschluß der Neumark, ohngefähr 2000 Rthlr. Zum Exempel, die Stadt Prenzlow giebt anjetzo 151 Rthlr. 21 Gr., nach dem Landbuch 100 Mark, die nach dem Unterschied der alten Münze gegen die heutige 7 bis 800 Thaler ausmachen würden. Vermuthlich hat man diesen Unterschied nicht genau berechnet, oder es sind in dem langen Zwischenraum uns unbekannte Veränderungen vorgegangen, und man hat, wie billig, darauf gesehen, daß da die Städte in den alten Zeiten nur die eine mäßige Auflage, nemlich die Orbede, zu bezahlen gehabt, sie nachher mit vielen andern und stärkern Lasten beleget worden.

S. 18. bey Berlyn stehet in den Originalien 120 sexag. anstatt 100, welches hier ein Druckfehler ist. Bey Cüstrin soll es eben daselbst heissen 200 sexag. anstatt solidi und bey Mittenwalde auch 12 sex. nicht solidi.

In der Note 1. sind die obenstehende Märkische Zölle zu 3200 Schock Groschen zusammengerechnet; nach näherer Berechnung aber tragen sie nur 2974 Schock.

Zur Note 2. ist zu merken, daß die darin angeführte Nachricht von Schnakenburg nicht S. 29. sondern S. 30. des Landbuchs stehet.

S. 22. N. 5. Die Wendischen Scheffel waren eben so wie die Wendischen Hufen kleiner, als die gemeinen Scheffel und Hufen, wovon der Beweis sich in Dregers Cod. Dipl. Pom findet.

S. 23. Die Worte: De Castris super Teltow, müssen weg, weil sie schon oben p. 22 stehen. it. lies Frederichstorp an statt Friedrichstorp; und in der letzten Reihe XI sexagene an statt solidi.

Bey der Note 2. ist zu merken, daß *Villani* eigentlich die gesamten Einwohner eines Dorfs, Bauern und Cossäten bedeute; eben hieselbst bey Trebinsdorf werden die Bauern *Agricole* und Cossaten, *Cossati* genannt.

S. 24. Reihe 9. und 10. sind wegzulassen die Worte: valet II sexagenas.

Die Potsdamsche Cämmerey giebt anjetzo eine Orbede von 5 Rthlr 12 Gr. Anstatt des Grundzinses ist die Braunziese gekommen. Der Holzzinß wird noch gegeben. Der Kiz, welchen die Fischer bewohnen, ist noch vorhanden. Die Mühlen geben jetzo 4009 Rthlr. Das Dorf Camerode gehöret aber nicht mehr der Stadt Potsdam, sondern einem v. Rochow.

S. 25. Reihe 12. ist nach dem Worte: Erue zu setzen: dat; Reihe 17. nach Doratz I. und Reihe 22. anstatt XIII XIIII Hufen.

Note 2. nach dem Worte: Lehns ist noch zu setzen: sonst bedeutet auch oft das Wort Erbe ein Hauß.

S. 27. Reihe 10. nach modios fehlet: *siliginis*.

S. 28. ist zu lesen nach talento: *theoloneum* anstatt theolonei.

In der Note 3. nach dem Worte Nachricht ist zu setzen: Siehe S. 298. 299. und 300. dieses Landbuchs.

S. 29. beym Dorfe Wotik, nach den. ist noch zu setzen: I quartale siliginis.

S. 30. Reihe 13. ist vor pro zu lesen *post*; Reihe 15. heißt das fehlende Wort: *Sabbatho*.

S. 31. in der 2ten Reihe muß gelesen werden versus *occidentem*, statt orientem.

S. 32. Reihe 13. vor *Strunberg* ist noch zu setzen das Wort: *prope*.

S. 38. Reihe 16. am Ende ist zu lesen: *certis* statt ceteris.

S. 45. N. 1. Daß die Cossäten den Bauern im Teltowschen Creise etwas entrichten müssen, davon finden sich viele Beyspiele, besonders S. 52. 55. Von dem Ursprunge des Namens der Cossäten s. auch S. 230. N. 2. und S. 237. N. 1.

S. 49. *Quilibet mansus dat decimam mandalam in pactum.* Hieraus zeiget sich, daß zu Tempelhoff, die Kornpacht nicht wie bey andern Dörfern, in einer gewissen Anzahl Scheffel, sondern in der zehenten Mandel von jeder Art Korns entrichtet werden. Der Johanniterorden hatte einen Commendator zu Tempelhof, der dieses Guth mit den Dörfern Rixdorf, Mariendorf und Marienfelde als eine Commende regierte und nutzte.

S. 50.

S. 50. N. 2. Am Ende ist die Stelle so zu erklären, daß die adlichen und andere steuerfreye Güther, (s. S. 44. N. 3) eigentlich von der Landbede und allen Landesherrlichen Abgaben befreyet gewesen, weil sie dafür den Lehndienst leisten müssen. Dieses aber hat nicht gehindert, daß sie nicht, obwohl selten, Privatpersonen zuweilen nach besondern Verträgen, was zu entrichten gehabt.

S. 51. N. 1. Die *pulli fumales*, Rauchhüner, sind von den Pachthünern darin unterschieden, daß es alte Hüner sind, die zum Zeichen der Gerichtsbarkeit und der Obrigkeit, den Gerichtsherren gegeben werden. Die Pachthüner hergegen sind junge Hüner von selbigem Jahre, die der Pachtherr, er sey Grund- und Gerichtsherr oder nicht, im Herbst von den Bauern und Cossäten bekommt.

Daselbst unter Daiwitz: *Annona precarie Marchioni ad Castrum Wusterhusen.* Aus dieser und aus vielen andern Stellen des Landbuchs, als S. 53. N. 4. erhellet, daß die Landbede nicht immer in Gelde, sondern oft auch in Korn bestanden. Hergegen ist auch die Pacht nicht immer in Korn, sondern in theils Orten auch in Gelde entrichtet worden, als zu Marienfelde S. 53.

S. 53. unter Klein-Ziethen ist nach den Worten *in precariam* zu setzen: et.

S. 54. unter Schönfeld soll es heissen: *censum de XIV mansis.*

Daselbst unter Mudow ist zu lesen, *plene*, an statt plane.

Daselbst unter Britz, *pactualis*. Die Pachthufen waren nicht sowohl die steuerbare als solche Hufen, welche die Edelleute nicht selbst, sondern ihre Bauern besaßen, die dem Guthsbesitzer, als hier dem von Britzke, die Kornpacht geben musten, und daher auch nachhero die Landbede oder Contribution dem Landesherrn, obgleich es hier heißt, daß der Marggraf zu Britz nichts gehabt.

S. 55. Melwendorf ist nach dem Urtheile derer, die den Teltowischen Creiß am besten kennen, nicht wie ich unten S. 306 angenommen, Klein-Beeren, sondern die jetzige bey Groß-Beeren angelegte neue Colonie Neu-Beeren.

S. 56. bey Woltersdorff liß LXXVIII. mansi statt LXXXVIII. *Beyr* statt *Benyr*.

S. 60. N. 5. ist nach quilibet wegzustreichen I, und in Reihe 6. nach Talentum zu setzen I.

Aus dem Artikel von Groß-Kyniz erhellet, so wie aus vielen andern Stellen, daß viele Privatpersonen damals Korn- und Geldgefälle nicht allein vom Landesherrn, sondern auch von andern Privatpersonen zu Lehn hatten. Ueberhaupt findet man, daß damals wenig Güter waren, welche von einem Guthsherrn allein besessen wurden, ohne daß andere verschiedene Hebungen darin gehabt.

S. 61. Lankwitz — Cossati solvant quilibet I solidum et I pullum *mansis*. Also haben die Koffäten dieses den Hufen zu Hülfe gegeben.

Bey Richardstorp ist in der 2ten Reihe nach dem Worte Colne wegzulassen V.

Rixdorf hat zu Carl 4. Zeiten dem Johanniterorden zugehöret, und dessen Commendator zu Tempelhof hat die Einkünfte davon gehabt. Wie und wenn dieses Dorf an den Magistrat zu Berlin gekommen, s. S. 49. N. 2. und was der Landesherr daraus gehabt, S. 309.

S. 62. bey Bukow Reihe 14. ist vor *quinta* zu setzen die Zahl V; Reihe 18. nach Sandowynne, *habet*.

S. 65 N. 1. Marggrävendorp. Ich habe unten S. 310. N. 8. aus dem Schoßregister von 1451. gezeiget, daß das Marggrävendorf in Carl 4. Landbuche nicht Grävendorf, sondern das jetzige Schmargendorf ist.

S. 66. bey Schmeckwitz. Daß *gurgustum* nicht ein Fischkasten, sondern ein Fischwehr bedeute, habe ich bemerkt und erwiesen unten bey dem Schoßbuche von 1451. S. 311. N. 3.

Buten oder Beuten sind bekannter maßen Löcher in den Kienbäumen, worin die Bienen sich setzten und Honig trugen in den alten Zeiten, da die Heyden noch größer und dicker waren, daraus denn die sogenannten Zeidler den Honig holten; dahero war auch damals der Bienenbau stärker in der Mark als jetzo. S. Grawels Buch vom Märkischen Bienenbau.

S. 67. nach Groben folget in einem Exemplar des Landbuchs *Buten slavica*, wobey aber nichts weiter stehet. S. auch oben S. 64.

S. 68. N. 4. Diese Zahl der 2741. Hufen ist von einer neuern, doch alten Hand, hinzugesetzt. Jetzo sind im Teltowischen Creise 3014 steuerbare Hufen. S. v. Thiele von der Märkischen Contributions-Einrichtung S. 345 woselbst aber auch mehr Dörfer verzeichnet stehen als im Carol. Landbuche.

S. 68. nach N. 4. Marggrevendorff, itzo Schmargendorff. S. hier die Anmerkung zur S. 67. N. 1.

S. 69. Note 4 *Ante tempora Woldemariana* kann auch heissen: Vor der Zeit des letzten Anhaltischen Marggrafen Woldemars.

Daselbst ist zu lesen *Berckholtz* anstatt Berckholitz.

S. 72. unter Lichtenberg Reihe 2. liß *habet* anstatt bahet.

Daselbst unter Wedigendorf Reihe 6. nach Hen. Grobin fehlet im Abdruck und ist aus dem Original hinzuzusetzen: Item relicta Permyntere habet super IIII mansos censum et precariam a Hen. Grobin.

S. 76. Schonenflie liß possessionem vor *possessiones*.

S. 77. bey Berckenwerder liß *Jan* vor Jean.
S. 78. bey Wendschen-Buch am Ende liß *Berkine* vor Beikin.
Bey Boldenstorff liß XV statt XX mansos und *pertinet* vor pertineret.
S. 79. Reihe 1. Liß *Quilibet* vor Quiiber. Reihe 4. nach XIII fehlt solidos.
Apotecarius, also ist dieses Wort schon zur Zeit des Landbuchs gebräuchlich gewesen.
S. 80. unter *Malchow* liß H Blankenvelt anstatt Hi.
S. 82. Reihe 1. liß habet IIII statt III. Bey Rosenfelde Reihe 5. nach XXX ist zuzusetzen: solidos.
S. 84. bey Raderstorff LXVI. mansi anstatt LXII.
Bey Denefeld hinter Walkow ist miles zu setzen.
Bey Czinnendorf ist zu setzen nach quartale, siliginis $\frac{1}{2}$ ordei et I quartale avene.
S. 86. bey Rykenberg ist zu setzen VI solidos anstatt VI modios.
Bey Ilow Reihe 2. liß Hans est anstatt Hans et.
S. 87. Czulstorff soll die wüste Feldmark Zablsdorff oder Ziegelstorf seyn, welche in der dem Grafen von Ramke zugehörigen Blumenthalscheyde mit begriffen, und in seinen Lehnbriefen benennet ist.
N. 2. Dieses Doberchow ist nicht Dobernik, sondern eine zu Pretzel gehörige Feldmark Doberkau.
Bey Prediko liß Baruu statt Barvot, Cossati IX statt XX, Taberna XXX statt XX solidos.
S. 88. *Magna Bendorff* soll die wüste Feldmark Renedorff seyn, die halb dem Könige zum Amte Alten-Landsberg und halb dem Grafen von Ramke gehöret.
S. 89. liß Blyskorp vor Bystorf, Taberna XV *solidos*.
S. 90. Reihe 1. 2. liß *Iacob Haselberg super IX mansis totum jus predictum est.*
Bey Richenow Reihe 4. liß X *solidos et V solidos*, und nach precariam: *alii V soluunt quilibet VIII solidos et IIII solidos ad precariam.*
Bey Gyselstorp Reihe 4. ist zu setzen nach solidos: $\frac{1}{2}$ *quartale siliginis* $\frac{1}{2}$ *quartale ordei*, und nach dat: *I solidum et I pullum Taberna.*
S. 91. Reihe 7. liß *que* anstatt qui.
Sonnenberg ist das in der Freyenwalder Heyde belegene Vorwerk Sonnenberg.
Bey Zepernick Reihe 1. liß IIII. statt III. Reihe 5. liß XVI. statt XIII.
S. 92. Reihe 1. liß Bernow statt Berlin.
Reihe 3. nach Marchionem ist beyzufügen: Pletner super IIII mansos pactum habuit IIII annos a fratre devolutam ad Marchionem.
Bey Tempelfelde liß: *Taberne II* anstatt Taberna.
Bey Grassow und Scabinatum: Also hatten die Schulzen damals einige Hufen für das Schöppenamt.
S. 93. bey Urzdorff Reihe 3. sind wegzulassen die Worte: Cossati IIII Quilibet III modios siliginis III avene non ordeum Ad censum quilibet II solidos Ad precariam II solidos.
S. 95. unter Boldekendorff stehet in den Originalien des Landbuches dreymal der Name Alm, welches ich aber für Alim halte.
S. 96. bey Lodeburg Reihe 1. ist zuzusetzen nach Plebanus IIII. *Ecclesia I Prefectus habet IIII.*
S. 99. Ad *precariam vel orbetam originalem.* Hier bestätiget sich, daß die Orbede die älteste und ursprüngliche Landesauflage der Städte, zugleich aber auch von anderen neuen Beden unterschieden gewesen.
S. 101. Servitium curruum valens annuatim IIII sex. gr. Es ist merkwürdig, daß der Spanndienst hier zu 4 Schock Gr. berechnet ist.
S. 103. Reihe 3. ist nach predicti auszulassen I. Bey Lowenberg Reihe 2. liß *tantum* anstatt totum.
S. 109. Heynbolt ist vermuthlich das auf der Feldmark Fahrland jetzo belegene Hölzchen Heynholz.
S. 110. bey Seborch Reihe 3. fehlt nach pullos: *Taberna solvit ad censum II solidos.*
S. 112. Leyst hat vermuthlich bey Falkenrede gelegen, wo es auch hier stehet, weil noch ein Theil des Ackers bey Falkenrede, der Leest genannt werden soll. S. auch S. 348.
S. 113. N. 2. Dieses soll nicht Strakengerichte, sondern vielmehr Zaungerichte heißen, die in den Gränzen des Gehöftes waren und zur Niederngerichtsbarkeit gehörten.
S. 114. sind unter dem Text die Nummern der Noten verdruckt, die drey letzten sollen heißen 4. 5. 6.
S. 116. bey Uil liß XXXIIII$\frac{1}{2}$ mansi statt XXX. R. 5. Cossati IX statt XI.
S. 117. liß *Huneken* statt Henneken.
S. 119. bey Hopemode liß *Ror* anstatt Ber.
S. 120. Wustermark. In diesem Dorfe haben sehr viele Bauern Pächte auswärts geben müssen. Daher rühret es, daß noch itzt der Bauer Möhle daselbst jährlich 10$\frac{1}{2}$ Schfl. Roggen und 10$\frac{1}{2}$ Schfl. Gerste Kornpacht, und der Cossate Damm 10 Rauchhüner an die Herrschaft des weit davon liegenden Dorfes Britz geben muß.

S. 122. bey Baschow liß XV mansi anstatt XVIII.
S. 123. Planowe soll eine wüste Feldmark seyn, die dem Magistrat der Stadt Brandenburg gehöret, und in der Brandenburgischen Heyde, der Hagen genannt, lieget.
S. 124. bey Smollen liß *plebanus* statt prefectus. Bey Lyz *IX solidos* anstatt V solid.
S. 125. bey Lantyn liß *Syle* statt Tyle. Bey *pheudalis* liß *Kertzyn* statt Kerin. Bey Prizerwe liß *IIII* modios statt III.
S. 126. Cotsin ist der jetzige Flecken Kezin an der Havel ohnweit Werder, welcher dem Bischof von Brandenburg schon im J. 1217. bestätiget wurde. S. Gerkens Brandenb. Stiftshistorie S. 412. 466. u. 661.
Bey Verchieser in der 2ten Reihe nach *avene* fehlt: Alii IIII mansi soluunt quilibet VI modios siliginis VI modios ordei et non auenam.
S. 127. Reihe 3. liß: *Cossati sunt XI* anstatt XV. Bey Neuhausen: *Cossati sunt XVII* statt XVI.
Bey Damme und Neuhausen ist zu bemerken: daß in diesen und andern Dörfern, welche den Bischöfen von Brandenburg zugehöret, die Krüger fast durchgehends das Recht zu mälzen und zu Brauen gehabt haben.
S. 128. R. 6. nach denarios fehlt: *Alius Cossatus soluit IX denarios.*
S. 131. Nota 4. In der Mittelmark war die Kornpacht sehr verschieden, nach der Größe und Güte der Aecker, und kam selten zu 1 Wspl. auf eine Hufe; in der Altmark aber war solches nicht selten, ohne Zweifel, weil das Land dort fruchtbarer ist.
Bey Parne R. 4. liß *XXIII pullos* statt XXXIII; *LXXXIIII pullos* statt LXXXIII. In der letzten Reihe liß *VII mansos.*
S. 132. R. 4. nach censu fehlt: *pacto et aliis uniuersis et singulis.*
S. 133. R. 4. nach descendendo fehlt: *usque.*
In der 9ten Reihe nach utilitate folgt in dem einen Exemplar, und fehlt hier im gedruckten folgende lange Stelle: Item tota Obula superiora Obula que dicitur *dy Corzynsche Hauele* a loco qui dicitur *Rysebuch* usque ad nouam ciuitatem Brandenburg cum proprietate hereditate gurgultis censibus redditibus fructibus prouentibus pratis pascuis insulis paludibus stratis publicis quibusque transitibus viis et inviis quibuscunque piscationibus majoribus et minoribus tractibus superiori et inferiori juditiis aduocatiis limitacionibus ac omnibus pertinentiis omni libertate ad Capitulum Brandeburgense pertinet et quis nullus in eo poterit aliquo genere piscationis piscare palos ponere gurguste struere nisi de prepositi et Capituli Brandeburgensis licentia speciali et expressa et contrarium facientes possunt nomine predictorum Prepositi et Capituli licite impignorari et gurguste dirui.
S. 133. nach R. 3. Oder vielmehr, da die Vasallen in Person mit 2-3 Mann zu Pferde zum Heerzuge erscheinen musten, so gaben sie den Schulzen in ihren Dörfern gewisse Aecker und Hufen, und machten sie lehnbar, dafür diese denn mit ihnen ins Feld reiten musten; daher rühren die Lehnschulzen.
S. 134. R. 4. Dieses Dorf heißt jetzt eigentlich Freesdorf, nicht Frechsdorf.
S. 135. Not. 1. Nach dieser Stelle hat das Dorf Camerode schon zu Carl 4 so wie jetzo, größtentheils denen von Rochow gehöret; nach S. 24. aber hat das Marggräfl. Schloß Potsdam starke Gefälle darin gehabt.
N. 2. Auf der Feldmark von Claustorf ist eine Colonie von 12 reformirten Familien angelegt.
S. 136. bey Conradstorf R. 2. liß *avene* anstatt siliginis. Bey Nywal ist nach Kracht wegzulassen IX.
Nyendorff soll jetzo unbekannt und vielleicht eine nach Golzow gehörige wüste Feldmark seyn, das dem C. Rath Schmidt gehörige Neuendorf aber das seyn, so bey Bruck liegt, und hier S. 138 beschrieben ist.
S. 137. bey Stiken 4 R. vom Ende ist zu setzen: *Otto et Hans* de Henrichstorp.
Freyzow kann nicht das schon oben S. 134. vorgekommene Dorf Freedorf seyn; weil es nahe bey Stiken lieget.
Daselbst R. 4. Nach näherer Erkundigung ist dieses Dorf nicht Lühsdorf, sondern Lüdersdorf bey Trebbin.
S. 138. R. 2. Es liegt noch jetzo ein Neuendorff nahe bey der Sächsis. Stadt Bruck, u. gehöret dem C. R. Schmidt.
R. 9 nach quilibet fehlt II solidos et II pullos alii dant quilibet.
S. 139. bey Buchholt R. 6. liß XXXI anstatt XXI. R. 10. *Cratz* vor Crach. Buchholz gehöret ganz dem Amte Potsdam.
Bey Deutschen Borke R. 5. liß *Totam villam.*
S. 140. in der letzten Reihe nach avene fehlt: Claus Grabow civis in Brisna habet ½ chorum avene.
S. 141. Seddin gehöret eigentlich zum Amte Saarmund, und der von Kleist hat nur ein Schulzengericht darin.
S. 142. bey *Nichil* R. 8. nach Lindow fehlt: Dudendorff civis in Brisna ½ chorum siliginis a Io. de Lindow.
Ober- und Nieder-Nichel (s. S. 139) sind jetzo nur ein Dorf.
S. 144. R. 1. Die Einwohner dieses Kietz oder Fischerdorfes ernähren sich vornehmlich vom Fischfange und hatten daher nicht Hufen, sondern gurgusta, Fischwehre.

S. 144.

S. 144. Bey Berkholz R. 1. liß IIII vor III. Bey Michendorf R. 10. liß XII½ solidos vor XX½.
S. 145. N. 2. Eichholz. Es liegt eine Feldmark Eichholz zwischen Pewesin und Tremmen, welche aber diese nicht wohl seyn kann. Bey Werbik R 3. liß modium an statt ½ chorum.
S. 146. R. 1. Wiest ist ein Druckfehler, und soll heissen Wust.
R. 9. Klein-Damelang, darauf ist das Colonistendorf Freyenthal angeleget.
S. 147. bey Trechwin Reihe 3. nach solidos fehlt: *Ad precariam quilibet V solidos.*
Bey Donnstorp R. 1. nach V fehlt: pullos Ad precariam quilibet V solidos.
Bey Derwitz liß *Domina* statt Domino.
Obstaculum heißt hier Fischwehr, so wie an andern Orten *gurgustium*.
S. 148. N. 3. Das Guth Gräbe gehöret nicht denen von Rochow, sondern einem von Brösigke.
N. 4. Bruk ist ohne Zweifel das von Rochowische Guth Brakermark.
S. 149. Reihe 2. liß *denariorum*, und Reihe 4. und 5. *modios*.
S. 150. Cammer R. 1. liß XXX mansi anstatt XIX.
Note 3. Korane. Dieses Dorf heißt jetzo nicht Krohne, sondern Krahne.
Note 4. Rokitz. Soll das von Rochowsche Vorwerk Retscherlinde seyn.
S. 150. Rykane R. 1. nach solidos fehlt: V modios siliginis et ordei simul et V½ modios avene.
Reihe 2. nach et fehlt II. Camere R. 1. sunt XXX mansi anstatt XIX.
S. 151. Wildenbruk R. 12. XXVII. statt XVII. Reihe 15. nach et VI. solid.
S. 152. R. 2. liß ordei. Daselbst nach R. 3. addatur: und also vielmehr als in der eigentlichen Mittelmark, weil die Ukermark fruchtbarer ist. Besonders werden da viele Pachthüner gegeben.
Note 6. Man will für gewiß annehmen, daß die Mark jetzo mehr Einwohner habe als vor dem dreißigjährigen Kriege. Ich zweifle aber daran, weil dieser Krieg das Land zu sehr verwüstet und entvölkert; weil selbst nach diesem Landbuche in jedem Creyse so viele Dörfer mehr waren, die jetzo wüste Feldmarken und noch nicht alle wieder angebauet sind, wie ich am Ende zusammen berechnen werde, und weil sich hier in der Ukermark, nach vorstehender und vieler anderen Stellen des Landbuches, viel mehrere kleine Cossätenstellen in dieser Provinz finden als jetzo, anderer Gründe zu geschweigen. Die Stadt Perleberg, Stendal rc. haben vielmehr Tuchmacher gehabt. Man kann meinen Satz auch bloß mit Muthmaßungen, nicht mit Rechnungen, bestreiten, weil man die Volkslisten wohl von jetziger, aber nicht von den alten Zeiten hat.
S. 153. N. 1. Dauer gehöret jetzo noch halb denen von Holzendorf.
S. 155. Zerrenthin, R. 1. nach modios fehlt ordei et VI modios tritici. R. 7. nach pactum fehlt et precariam.
S. 156. N. 5. Den wahren Unterscheid der Pacht- und Rauchhüner s. oben S. 362. im Zusatz zu S. 51.
S. 157. Vorenwelde R. 2 nach Brandeburgenses fehlt: in censum dat II solidos R. 6. dat VIII solid. statt III.
S. 158. Cleptow Reihe 2. nach tritici fehlt: *I* modium siliginis.
S. 159. Klokow R. 6. ist wegzulassen VI. Reihe 12. nach pactum fehlt: Gerke Wollyn cum fratribus habet V Talenta pactum super III mansos Iidem fratres habent super III mansos Cossatorum pactum.
S. 160. Schonenfelde Reihe 5. nach liberos fehlt: ad curiam. statt Tarnow liß *Ternow*.
S. 162. Valkenvorde R. 3. liß *hereditavit*. R. 5. *XL talenta* statt X.
Westlitz R. 3. nach tritici fehlt I modios siliginis.
S. 163. Reihe 1. nach solidi fehlt I modius Tritici.
S. 164. Reihe 4. liß triennium anstatt terminum, bey Bertikow R. 9. ist et wegzulassen. R. 15. liß Crevetzsee.
S. 165. quilibet — Es ist zu verwundern, daß 1 Cossätenhof 4 Schock Hüner geben können.
Bey Bandelow Reihe 2 fehlt nach solidi I modius tritici.
S. 167. N 1. bey Selsow. Dieses Dorf wird in dieser Note mit dem jetzigen Milow für einerley gehalten. Seitdem aber habe ich von dem, der Ukermärkischen Alterthümer wohl kundigen Hrn. Hauptmann von Winterfeld auf Nieden, vernommen, daß auf der Feldmark des Dorfes Bandelow sich die Ueberbleibsel eines Dorfes finden, welches Zelzo geheissen, und zweifels ohne dieses Selsow ist.
Werbelow R. 9. liß est vor et; bey Nechelin fehlt nach dem letzten Wort super *VI mansos*.
S. 168. Bryseke heißt jetzo Breetsch nicht Britzke
S. 169. bey Lukow minor R. 9 liß Costenworde sunt XIX anstatt XXI½.
Bey Lukow Reihe 9. liß II area anstatt X.
S. 170. R. 2. liß III mansi anstatt II. Bey Nyensunt R. 3 nach liberos *ad curiam*.
S. 172. bey Dolgen R. 1. liß XXXV mansi anstatt XXX.
S. 173. Reihe 3. liß Costenworde sunt XXVI ex his sunt

S. 173. N. 1. 2. Knegyn soll das bey Templin belegene Vorwerk Kneden seyn, und Hermestorp eine wüste Feldmark auf dem Templinischen Stadtfelde belegen.
S. 175. Note 3. Dazedow heißt gegenwärtig Dasedow, nicht Baselow.
S. 176. Note 4. Ich habe nunmehro vernommen, daß die Familie von Kerkow noch nicht ausgegangen, sondern noch vorhanden ist.
S. 180. bey Parmen Reihe 6. nach mansis fehlt: et habet pactum super III mansos.
S. 181. bey Vorstenowe R. 3. IIII mansi statt III. Bey Crewitz R. 1. nach VII fehlet modios ordei et VII.
S. 183. Mußelyn heißt jetzo Metzelthin, nicht Mutzelthin. Bey Closterwolde R 6. liß annone statt avene.
S. 184. N. 8. Diese Seen bey Boitzenburg heissen jetzo noch Titzen, der Haussee, Sakow, der Cüstrin, der Schwansee, Baberow, Stratzsee, Letzelrinsee.
S. 189. in der letzten Reihe liß nach et: VII solid. Brandeb.
S. 190. N. 1. Dieses ist irrig, indem die von Luschow noch in der Gegend von Anklam wohnen.
In der letzten Reihe liß I modium anstatt modios.
S. 193. Gandenitz heißt jetzo Gandelitz, nicht Gardelitz.
S. 195. Reynvdorf, jetzo Reichersdorf, eine Königl. Försterey.
S. 199. bey Oberstorf R. 6. liß IIII Costenworde statt III. Bey Hardenbeke liß XXXIIII statt XXXIII. und in der Note 2. liß Kerkow vor Kemkow.
Sconenberg ist das jetzige dem Hrn. Geh. Rath von Buch zuständige Rittervorwerk Neuhauß, bey welchem die oben benannten Seen Warnitz und Schöneberg liegen. Das jetzige von Buchische Vorwerk Schöneberg liegt hinter Angermünde und Stolpe, und ist Pommerisch.
S. 202. bey Gelibbe in der letzten Reihe, liß Hoppe vor Koppern.
Bey Warsitz R. 3. XXIII mansi statt XII. Bey Mittewolde R. 3. liß IIII mansi statt III.
S. 204. nach N. 4. Sie haben diese Pächte in den alten Zeiten gemeiniglich vom Marggrafen oder einigen adelichen Familien zu Lehen besessen, wie sich hier so oft zeiget, wenn es heißt: habet a Marchione, oder ab illis de Jogowe.
Bey Lakilede Reihe 5. Schartowe, so stehet im Original. Der gelehrte Herr Gerike aber, der die Altemark, sein Vaterland, so wohl kennt, hält dafür, daß es hier und auch S. 209. bey Büssen verschrieben sey, und es anstatt Scharthow, Garthow, heissen solle, welches Geschlechte das Dorf Büssen besessen, aber im vorigen Jahrhundert ausgestorben. Dieser Frid. de *Gartow* kommt auch vor S. 206. unter Benkendorff.
S. 205. vor *Malestorp* stehet *In Malestorp.*
Inczelfelde, soll heissen In *Czelfelde* Bodendik et Chuden habent precariam — So stehet auch im Original, und sind hier beyde Wörter nur aus Versehen zusammengezogen worden. Nach dem Urtheile der beyden Altmärkischen gelehrten Herren, Gerke und Hoppe, soll es das Dorf Salfeld seyn.
S. 206. bey Walstove R. 4. hinter precariis fehlt: Gunther Schutte habet V choros siliginis dedit totum cum precaria. N. 4 Neupage heißt eigentlich Nirpage.
S. 207. Bussen, N. 4. heißt jetzo Büssen, nicht Busten. N. 5. liß Kricheldorp.
S. 208. bey Kaflide Reihe 4. nach siliginis fehlet das Wort in.
S. 209. bey Lage R. 8 ist zu setzen: Talentum statt I Chorum siliginis.
S. 210. N. 1. liß *Jekeleve* anstatt Zekeleve; *Bolke* vor Volke.
Bey Dukosisse in der letzten Reihe nach Knisebek fehlet: Hans Melis dat II solidos et II pullos prefecto et Bolden Knisebek. Dukosisse heißt jetzo Boekwitz.
S. 212. Reihe 2. liß: filii Hennekini de Rinde. Gustin in der R. heißt itzo Gestin.
Czanwol soll, nach dem Urtheil des Hrn. Gerke, das jetzige Dorf Gagel, Amts Arendsee, seyn.
S. 213. N. 1. Klein-Görtze, heißt eigentlich Klein-Gartz.
S. 215. liß: Kasleve statt Rasbeve. Bey Binde XLII statt XLI.
S. 217. bey Ribowe nach alia curia fehlt: Gunter Schutte habet VI choros siliginis Ad altare D Iohannis I½ chori et iterum I½ siliginis de alia curia. Daselbst R. 4. 5. liß Perwer und Rossebu.
S. 218. Arnsee Reihe 3. liß choros anstatt modios.
Bey Prischier R. 13. Plebanus in Molestorp habet inde ½ modium siliginis desolatum.
N. 6. liß Zülen anstatt Zählen.
S. 219 N. 6. in dem Berlinschen Exemplar stehet Zebeo, in dem Altmärkischen, Jebeo; es soll aber wohl Jebel heissen, unter welchem Namen noch ein Dorf bey Salzwedel liegt. Dieses und andere Beyspiele zeigen, daß die noch vorhandene Exemplaria des Landbuchs Abschriften, und von fremden und unwissenden Leuten gemacht sind.

S. 220. Reihe 1. N. 1. in beyden Originalien stehet Inrichleve. Es wird aber wohl wieder in denselben unrecht geschrieben seyn und heissen sollen: In *Rickleve* Burmeister habet VIII frusta. Dem zufolge wird es das jetzige Dorf Ritzlewen seyn, nicht das Knesebeckische Dorf Ripsleben.

Juber, soll heissen Jüber, wie auch in dem einen Exemplar steht, welches Namens auch ein Dorf im Amte Dießdorf ist.

Bey Langen-Appeldorn N. 8. nach habere liß: *a Marchione* statt Marchio. Der Ort heißt jetzo Langenapel.

Gudelitz, jetzo Chutlitz, gehöret noch den Drewitzen als ein Schulenburgisch Afterlehn.

Robentin stehet auch richtig in dem Altmärkischen Exemplar, und fällt also hier Bobentin gänzlich weg.

Brist ist anjetzo Brietze, und gehört zum Amte Dambeck.

S. 222. Bey Antiqua Soltwedel Reihe 2. liß XXIII½ frusta statt XXXIIII½.

Czistow, in dem Berlinischen Exemplar stehet Cziskow, in dem Altmärkischen Wischow. Es ist ohne Zweifel Groß-Gischkow, zum Amte Dambeck gehörig.

Bey Velfisch N. 7. ist Vassitz ein Druckfehler, das Dorf heißt jetzo Valfitz. N. 11. Vietzke, jetzo Vietsche.

S. 223. N. 1. liß Teutsch-Langenbeck. Meseritze, dafür liß Mezenitz, welches noch jetzo vorhanden, und zum Amte Dambeck gehöret. Poppow heißt jetzo Peppau.

S. 224. bey Jarndorf liß XIIII mansi statt XIII. N. 6. Reddingau ist verdruckt, und heißt jetzo Reddigau.

Vor Hegen Gryben liß Hogen Gryben.

S. 225. bey Medebeke Reihe 2. liß *siliginis* anstatt scilicet.

Bey Mollyn N. 4. heißt jetzo Mellin, nicht Mölln. Hohen Böddenstädt anstatt Buddenstädt.

Bey Lutken Gerslede N. 5. am Ende nach frustis fehlt: Prefectus Walstoue habet XII solidorum libertatem.

S. 226. Anstatt Drevecke, liß Drenecke, welches eine wüste Feldmark, bey dem Dorfe Korbek belegen, ist, und nach Wolfsburg gehöret. N. 8. Immekath gehöret jetzo denen von Schulenburg, nicht denen von Alvensleben. N. 9. liß 1693. statt 1593.

S. 227. N. 5. liß Prilop anstatt Prülopp.

S. 228. bey Horst meint Hr. Gerke, daß man anstatt Henrico de Tynne, *Tune* lesen müsse, welches ein adeliches Geschlecht in der Gegend gewesen, und seine meisten Güter im Lüneburgischen an der Gränze gehabt.

Dore N. 7. Zufolge einer Nachricht des Hrn. Gerke, ist hier vormals eine Probstey gewesen, die im 16ten Jahrhundert weltlich gemacht und als ein Lehn verliehen ist. Jetzo besitzen dieses Guth die Erben des Amtsraths Drans.

S. 229. Reihe 1. bey *Domicellorum*. Diese Benennung war eigentlich nur bey dem hohen Adel gewöhnlich, wo es einen jungen Herrn oder einen solchen, der an der Regierung keinen Antheil hatte, bedeutete. Sie wurde bis auf die Dynasten (die zur letzten Klasse des hohen Adels noch gehörten) gebraucht. Vermuthlich hat der Verfasser des Landbuchs die von Bertensleben wegen ihrer vielen und ansehnlichen Güter, für Dynasten gehalten.

N. 7. nach Mestorp stehet das Wort: *barfura*, in einem Original, und im andern, *barhura*, welches beydes ganz unverständlich ist und verschrieben seyn muß. N. 3. liß: des vorigen Jahrhunderts.

S. 230. in der letzten Reihe, ist vor dem Worte Domino auszulassen *a*. N. 3. liß: Groß-Ballerstedt.

S. 231. N. 22. fehlt nach annone: *et I solidum et I chorum annone*. N. 23. nach annone fehlt: *Heyne Saliger in Osterburg tenetur XXII. modios avene et*. N. 24. liß: *Noppowe*.

Bey Ergaleve N. 4. scopam vini, bedeutet wohl das im Reiche gewöhnliche Wort: Schoppen, das der 4te Theil eines Maaßes Wein ist.

S. 232. Reihe 30. liß Gunthero *de* Werben. N. 40. liß: *Briske* stat Breske.

Vier Reihen vom Ende nach Marchione fehlt: *Henrico Francke unum modium a Marchione*.

S. 234. N. 1. ist irrig, daß das Dorf Flessau denen von Jeetze jetzo gehöret, sondern es gehöret noch denen von Schulenburg zu Wolfsburg, als Nachfolgern derer von Bertensleben.

N. 7. nach censuales fehlt: Cune Meseberg tenetur Wernero de Bertensleben II frusta V solidis minus Hermanno Kemerer ½ chorum et II solidos census.

In der Reihe 11. nach Kemerer fehlt: VI½ solidos ad festum Sancti Martini et IIII ad festum beate virginis Claus Blaue tenetur Wernero de Bertensleue ½ chorum et VII solidos Hermanno Kemerer VI modios et III½ solidos

N. 18. nach Kemerer fehlt: V solidos et III obulos. N. 28. liß: *Blauwesse* statt Bouwesse.

S. 235. N. 35. nach denarios fehlt: Ghiso Lemene tenetur Wernero de Bertensleue XXVIII solidos.

N. 36. nach chorum fehlt: ordei . Vxor Norstede in Stendal ½ chorum a Domino.

S. 236. N. 4. liß: *Resse* statt Wusso. N. 20. nach Tanger, XXVII solidos.

S. 237. bey Schönfeld R. 13. am Ende ist wegzulassen *in*, und R. 2. *I*.

S. 238. bey Smersow, nach pullos fehlt: Item V½ chori II talenta et I solidus pro censu.
Bey Ritzow in der vorletzten Reihe nach Thideke de Scynen stehet in einem Exemplar *vasallus*, und im andern, *villanus*.

S. 239. Reihe 10. liß: *Kerkow* statt Berkow.

S. 241. R. 1. 2. ließ: Prefectus habet. R. 3. Vingkow soll Vinzelberge seyn, das jetzo dem Amtmann Schröder gehöret.

S. 242. bey Steinfeld Reihe 1. pro *pachta*: Hier zeiget sich deutlich, daß *Pactum* und Pacht einerley sind.
Rännebek R. 4. Die Familie dieses Namens ist ausgegangen. Jetzo gehöret dieses Guth nicht dem K. R. Dietrich, sondern zum Theil dem Major v. Kalben, und zum Theil den Erben des Kriegesraths Salke.

S. 245. Reihe 12. liß III pullos statt XIII. R. 9. von unten, nach solidos fehlt: ad precariam.

S. 246. R. 26. liß: XVIII pullos et XVIII oua statt XI½ pullos et XI½ oves.
R. 29. liß *Vinzelberg* statt Viltenberghe.

S. 247. Reihe 8. liß *Messeberg* statt Maseneroi; und XXX oves statt XXV. R. 15. XIII pullos statt XVIII. und R. 18. nach solidos fehlt: relicte Seludens debit IIII solidos.

S. 249. R. 3. von unten, liß: percipere statt precipere. R. 1. plebano statt plebanos.

S. 250. R. 2. nach I chorum fehlt *siliginis*.
R. 1. Dernewitz war lange eine wüste Feldmark, so die in der Nähe belegene Dörfer cultivirten; der Land-Rath von Lattorff aber hat im J. 1752. das Vorwerk daselbst aufgebauet.
R. 4. Nach nähern Nachrichten soll das Geschlecht von Vinzelberg ausgestorben seyn, und nur ein kleines Guth in Rochau besessen haben, da noch acht andere Guthsbesitzere in diesem großen Guthe sind.

S. 251. R. 1. sind die Worte XIIII mod. sil. et VII mod. ordei wegzulassen.
R. 3. liß Schorstädt statt Scharstedt.

S. 252. R. 2. bey L. Wulzkow, liß *Dequeden* anstatt Dreckweden.
R. 3. bey Buliz. Die von der Schulenburg haben dieses Guth von den Grafen von Mansfelt zu Lehn gehabt, so lange, bis diese kürzlich ausgestorben. R. 5. liß: Hohen Wulsch anstatt hohen Wälsch.

S. 254. Reihe 4. liß *Renstede* statt Miltede.
R. 5. Gissemor, ist nach dem Urtheil des Hrn. Gerke, vermuthlich Smor, eine wüste Feldmark mit einem Vorwerke, denen von Calven zugehörig.

S. 255. R. 3. zu Poritz haben auch, ausser denen von Jeetze, die von Koven einen ansehnlichen Rittersitz.

S. 256. R. 5. Man hat mich seitdem versichert, daß das Geschlecht derer von Gore noch nicht ausgestorben sey.

S. 257. R. 5. nach Creveze fehlt: It Cune Schonebeke habet XV modios a monasterio in Creveze.

S. 258. R. 2. Borstel gehöret nicht denen von Börstel, sondern denen von Borstel, welches zwey verschiedene adeliche Familien sind.

S. 259. Reihe 11. liß: *solidos* statt Talenta. R. 13. I solidum statt II.

S. 260. R. 4. In Badingen besitzen die von Klöden nur den geringsten, die von Runstede aber einen viel größeren Antheil. Bey Schinne R. 3. liß *reditmum* anstatt reditus.

S. 262. Reihe 4. liß *hover* statt hovet. R. 6. XXI. statt XI scepel. R. 7. II Stück statt IX.

S. 264. R. 1. Das Landbuch höret im Original bey dem Dorfe Storbek auf, ich habe es aber hieher versetzt, weil Schinne und Storbek einen Herrn, den von Borstel, gehabt.

S. 265. R. 3. von unten nach Luderitz fehlt: *Claus Helms habet ibi VI modios duri ab illis de Luderitz*

S. 266. bey Elverstorp R. 9. nach Kerkow fehlt II modios siliginis II modios ordei.
R. 12. nach Vasallo fehlt: IX modios siliginis. Daselbst decimam frumenti statt X modios frumenti.

S. 270. Bundfeld, dafür liß Bündfeld. Bey Wintberge R. 20. liß Ryben vor Rulen.

S. 271. R. 1. liß Röre anstatt Rore. Bey Slewitz R. 10. nach precaria fehlt XIIII½ modios siliginis et ordei.

S. 272. R. 2. anstatt Göhre, liß Gohre. Das Geschlechte von Gor ist nicht ausgegangen, sondern noch vorhanden.

S. 273. R. 1. nach gehabt, um so mehr, da Gohre ein altes Cammerguth gewesen. Indessen ist es in der Altmark sehr gewöhnlich, daß die Gerichtsbarkeit über die Dörfer, und selbst über die Bauerhöfe getheilt ist.

S. 276. Reihe 5. liß *Canonicis* statt Kuneman.

S. 279 Die Herren, Gerke und Hoppe, halten dafür, daß dieses Fischeribbe nicht das Dorf Fischbek, sondern eine wüste Feldmark, Namens Fischeribbe sey, die im Amte Tangermünde, bey Weissen Warthe liegt, und welche die Einwohner von Buch und Bolstorf in Erbpacht haben.

S. 280. bey Dalem R. 4. von unten liß: Versengeld statt Bersengeld.

S. 281. R. 20. nach *Rassil* fehlt *I solidum*. R. 23. XI mod. pisorum statt IX. R. 27. *pisorum* statt piperis.

S. 282. N. 1. Kothen heißt eigentlich Käthen. Bey Schernebeke N. 8. nach censu fehlt *ad*.

S. 283. bey Milterde N. 6. *Ballistifex* war der Büchsenmeister auf dem Schlosse Tangermünde.
Dornstede heißt jetzo eigentlich Dahrenstedt. Daselbst N. 7. nach modios fehlt: Heyne Franken ciuis IX modios Kerstian Blonitz ciuis I Talentum denariorum.

S. 284. N. 1. Schönwolde, nicht Schönwalde, gehört, nach näherer Nachricht, zum Amte Burgstall, nicht denen von Lüderitz. N. 14. nach denariorum fehlt et I quartale siliginis.
N. 16. nach Pecto et fehlt: Domino Frederico Plebano in Arneburg VI modios siliginis in pecto et der Engel Karstil in Stendal II solidos Brandenb. denariorum.
N. 23. nach Friderico fehlt *plebano*; und N. 32. lis siliginis anstatt frumenti.

S. 258. bey Steegelitz N. 14. lis: Supremi et infimi.

S. 286. N. 1. Cobbel gehöret jetzo dem Staatsminister Freyherrn von der Schulenburg.

S. 287. Sandforth ist ein eben gedachtem Staatsminister von der Schulenburg zugehöriges Vorwerk, anjetzo im Magdeburgischen.
N. 4. Bitkau, nicht Betkau, gehörte ehemals denen von Börstel, nicht Borstel, jetzt denen von Itzenplitz.
N. 5. Bingsord ist das jetzo zum Magdeburgischen, denen von Plotho gehörige, bey Colbel und Sandforth belegene Guth Ringforth.
N. 6. Foldenhagen ist eine wüste mit Holz bewachsene Feldmark, zur Burgstallischen Forst gehörig.

S. 289. N. 1. und 4. Lenzen und Nimecke sind zwey wüste mit Holz bewachsene Feldmarken, so wie auch N. 6. Briesen, Nimene und Wustermark und gehören theils zur Burgstallischen, theils zur Letzlinger Forst.
N. 5. Pleetz ist ein Vorwerk und Colonistendorf, zum Amte Burgstal gehörig.

S. 292. bey Scherne N. 6. nach censum fehlt: it. IX mansi dant precariam quilibet IIII denarios ad Martini et tantum ad Walpurgis.
Nach Note 4. Die Waldungen, so dem Nicolao Bißmark gehöret haben, sind jetzo die Königl. Burgstallische und Mahlpfuhlische Forst. Das Amt Burgstal hat ehemals denen von Bißmark gehöret, und ist von dem Churfürsten gegen Schönhausen eingetauschet.

S. 293. N. 4. lis: *Bers* vor Brist. N. 8. sind die Worte Ansem I modios ordei wegzulassen. it. N. 32. XXIII.

S. 294. N. 12. nach Domino fehlt Claus Hake VI modios ordei à Domino.
Bey Schwartelose N. 2. lis: *quilibet mansus* statt quibus mansis. N. 3. *II frusta* statt XXXIII. N. 5. *II frustis* statt LI.
Bey Süplingen nach pulli fehlt: Item sunt XV Cossati qui dant communiter IX solidos. Item sunt XXXIIII domus quarum quelibet dat ad festum Pentecostes X denarios Molendinum dat I libram piperis et I pullum.
N. 2. Die wüste Feldmark Süplingen gehöret theils dem Könige zum Amte Tangermünde, theils denen von Schulenburg, theils denen von Bißmark.

S. 295. Osterburg ist eine wüste Feldmark, die gegenwärtig einen Theil der sogenannten Lüderitzen Commun-Heyde ausmacht.

S. 296. Borkhorst, im Landbuche Berkhorst, ist wüste, und lieget zwischen den Dörfern Schernebek und Hüselitz. Bey Milterde N. 4. lis *over* statt hest; nach Borstel fehlt *dat*; und lis *vorlaten* statt vorlegen.

S. 297. Ich habe auf dieser Seite in der daselbst befindlichen Anmerkung, zu dem Ende des Carolinischen Landbuches, bereits meine Meinung geäussert, daß zur Zeit desselben, und überhaupt im mittlern Zeitalter mehr Dörfer in der Mark Brandenburg gewesen als jetzo, und daß viele derselben eingegangen und bloße Vorwerker und Mayereyen, oder wüste Feldmarken geworden, die nachhero nicht wieder angebauet, sondern vermuthlich wegen des schlechten und sandigen Grundes mit Holz bewachsen sind, oder von benachbarten Dörfern cultiviret werden. Ich habe die meisten derselben schon in den Anmerkungen bey dem Landbuche selbst, oder am Ende eines jeden Creyses bemerkt; indessen will ich, um sie unter eine Uebersicht zu bringen, ihre Namen hier nochmals in einer Reihe hersetzen, so wie sie sich im Landbuche folgen, woselbst man von einem jeden im Text sowohl, als in den Anmerkungen, einige Nachricht finden wird.

Dörfer, die nach dem Carolinischen Landbuche theils wüste geworden, theils jetzo unbekannt sind.

Im Teltowschen Creise.

1) Melwendorp.
2) Ostorp.
3) Tiefensee.
4) Gelt.
5) Wierichstorp.
6) Gersdorf.

Im Nieder-Barnimschen Creise.

7) Wredereke.
8) Werspul.
9) Helwichstorp.
10) Grapstorp.
11) Glinkow.

12) Im

Im Ober-Barnimschen Creiß:
12) Slawen.
13) Altena.
14) Cpulkstorp.
15) Dobbrechow.
16) Groß-Benstorf oder Kenstorf.
17) Blumenthal.
18) Summenberg.
19) Utzdorf.
20) Labewitz.
21) Tiefensee.
22) Hogerwole.
23) Buchholz.

Im Havellande.
24) Heynholt.
25) Leyst
26) Dalin
27) Bawerstorp
28) Czuchdam.
29) Planowe.
30) Lytzen.
31) Lochow.

In der Zauche.
32) Glienkendorf.
33) Mertinstorp.
34) Clausdorf.
35) Filstorp.
36) Grenzel.
37) Eichholtz.
38) Dankelstorp.
39) Torgow.
40) Tessendorp.
41) Rokitz.
42) Neuendorf.

In der Uckermark.
43) Weselitz.
44) Luthorst.
45) Knegun.
46) Hermenstorp.
47) Petzenick.
48) Crynkow.
49) Cotzikendorf.
50) Jordendorp.
51) Krantz.
52) Rudow.
53) Bartildorp.

In der Altmark.
54) Nipawe.
55) Dassen.
56) Ferchau.
57) Czanwol.
58) Bedewald
59) Ubesitz.
60) Umfelde.
61) Berkemer.
62) Dreweke.
63) Tuchow.
64) Priskop.
65) Copbelake.
66) Ritzow
67) Binzkow.
68) Dernewitz
69) Wittenhagen.
70) Offemor.
71) Mitzelwerder
72) Elmistorp.
73) Fischeribbe.
74) Sandforde.
75) Poltke.
76) Foldenhagen.
77) Lenzen.
78) Rienike.
79) Belsen.
80) Nymene.
81) Wustermark.
82) Säpplingen
83) Osterburg.
84) Berkhorst.
85) Bollinghe.
86) Konre.
87) Usak.
88) Bockholte.
89) Podbull.
90) Deckstede.
91) Gelt.
92) Olden-Wudik.
93) Wudik.
94) Brukowe.
95) Seppin.
96) Rutze.
97) Petersmark.

Wenn man das Carol. Landbuch auch von der Priegnitz und Neumark hätte, so würden sich weit über hundert Dörfer, die nachdem noch eingegangen sind, finden. Der Herr O. C. R. Büsching hat in seiner Topographie der Mark Brandenburg ein Verzeichniß von 37 Feldmarken, die allein in der Grafschaft Ruppin wüste geworden, bekannt gemacht, auch einige Städte und Flecken der Mark verzeichnet, die nachhero Dörfer geworden, als Blumberg, Buch, Jabiland, Freyenstein, Goltzow, Görzke, Hoben-Nauen, Lökenitz, Löwenberg, Manker, Nitzow, Perzlew, Jagow, Tankow, Sandow, Wildberg, denen man aus dem Car. Landbuche noch mehrere hinzufügen könnte. Meine Zeit und Umstände erlauben mir nicht, die Ursache des Verfalls so vieler Städte und Dörfer zu untersuchen. Ich habe einige derselben angezeiget. Indessen sind unter der Regierung des jetzigen Königs, auch sehr viele Colonisten-Dörfer, und viele wüste Feldmarken neu angebauet worden, wovon man in gedachter Topographie des Hrn. Büschings S. 54, und an andern Orten einige Nachricht findet.

S. 298. N. 1 Man könnte muthmaßen, daß hier so wenig von der Prigniz in dem Carol. Landbuche stehet, weil vieles davon an die Herzoge von Mecklenburg abgetreten seyn mochte, da H. Albrecht im J. 1373. damit beliehen worden, nach Gerken Cod. Dipl. Brand. T. 2. p. 593. Diese Belehnung scheinet aber nicht zu stande gekommen zu seyn, da die Städte der Prigniz in diesem Landbuche beschrieben sind. Vielleicht ist ein Theil der Beschreibung des platten Landes verlohren gegangen.

S. 299. bey Berentin Reihe 3. nach quartale fehlt: siliginis I quartale ordei et I quartale.
Bey Wodik Reihe 11. liß: tertiam anstatt primam partem. R. 12. liß: XXVI solid. statt XXII.

S. 302. bey Tempelhove R. 3. liß IIII Cosaten, statt III.
Note 1. Von der Altmark stehet in diesem Schoßregister von 1451. nichts. Ich habe ein sehr vollständiges Schoßregister der Altmark vom Jahr 1541. aus der Creiß-Direktion dieses Landes, zur Einsicht bekommen, habe aber keinen Gebrauch davon allhier machen mögen, weil es zu weitläuftig ist, und sich mehr der Verfassung der neuern, als der ältern Zeiten, nähert, auch mit dem Schoßregister von 1451. gar keine Aehnlichkeit hat.

S. 303 N. 3. Noch sonderbarer ist, daß die Kornpacht, die ein jeder Ackersmann und Einwohner eines Dorfes nach der Hufenzahl dem Guthsherrn geben muste, und die im Carol. Landbuche allezeit *pactum*, Pacht hieß, im Schoßregister von 1451. Zinß genennet wird, wie hier und in allen Artikeln die Worte zeigen: so syn *XVIII* haben besatz czinset iglich *III* schepel rogen *III* schepel habe: rc. rc. die Stelle der alten *precaria* oder Bede vertritt hier im J. 1451. der am Ende eines jeden Dorfes stehende Schoß, der von allen Einkünften zu 10 Gr. vom *frusto* oder Stück Geldes gegeben wurde.
Die hier so oft vorkommende Worte, besatz und waste, bedeuten, wie leicht zu erachten ist, daß in einem Dorfe so viel Hufen besetzt, so viel aber wüste sind. Bey Schulzendorf R. 3. liß III gr. statt III den.

S. 304,

S. 304. N. 1. Glasow gehöret jetzo nicht, wie hier irrig stehet, zum Amte Potsdam, sondern theils dem Land-Rath von der Liepen, theils denen Gebrüdern von der Gröben. Es sind jetzo darin 44 Hufen.
Bey Stansdorff liß XXXIIII Huben statt XXXIII. Bey Rudow N. 6. liß IIII Huben statt III.

S. 305. bey Schwenkendorf N. 1. liß Dere statt Dare. Note 4 Klein Ziethen gehört itzt einem von Lützow. Brietzk N. 11. nach Otto liß XXVIII huben statt XXIIII.

S. 306. Rulsdorff gehöret jetzo dem v. Retzo; Jänsdorff, einem v. Otterstädt, nicht denen v. Schlaberndorf.
N. 2. Klein-Beeren ist nicht das Melwendorff des Landbuchs S. 35. sondern dieses ist Neu-Beeren, und Klein Beeren heißt noch so.
N. 6. Woltersdorff heißt jetzo Waltersdorff. Wenn hier und an vielen andern Orten stehet: von den huben triben dy hern so vil, so bedeutet dieses so viel, als wenn in dem Landbuche stehet: *habens sub cultura*, oder die Edelleute nutzen diese Hufen selbst bey ihren adelichen Höfen, alsdenn sie in der Ordnung von der Landbede oder Contribution frey sind.

S. 307. Lichtenrode, heißt jetzo Lichtenrade.
Wendischen Stansdorff ist vermuthlich das Amt und Dorf Stansdorff im Storkowschen Creise, so wie Nieder-Lohme, das auch in diesem Creise lieget.

S. 308. Groß-Ziethen gehöret jetzo einem von Lützow.
Bey Selgow N. 4. nach Habern fehlt: so seyn XIX huben Gibe iglich VIII schepel roggen VI schepel habern.

S. 311. Groben, jetzt Gröben. Liß immer anstatt Schlabberndorff Schlabrendorff; denn so schreibt sich diese Familie.

S. 312. Arnsdorff, jetzo Arendsdorf. Schonow N. 4. liß XIIII huben statt XVIII.

S. 321. Blinkow, liß Glinkow, so stehet im Original.

S. 330. bey Hekelberg N. 3. liß wachß statt Wech. Bey Wernow liß N. 3. geben statt haben.

S. 332. in der vorletzten Reihe liß so anstatt 30.

S. 333. Trechwitz gehöret jetzo nicht zum Amte Lehnin, sondern einem von Rochow.
Bey Smergow N. 3. liß XXVIII VI den.

S. 343. Vtze heißt anjetzo Uetz, Ketz.

S. 344. bey Cossin N. 4. nach: die helfft I sck ist zuzusetzen LXV gr.

S. 345. zu Doberitz haben auch die von Brosigke und von Hagen Antheil. Czestow wird jetzo gemeiniglich Czestow, nicht mit z. geschrieben
Bey Wernitz N. 3. ist zu lesen XXVIII stuk statt XXXIII.

S. 346. Paretz gehöret jetzo dem Obrist-Lieutenant von Blumenthal.

S. 348. bey Wustermark N. 1. nach Pfar IIII fehlt: der Schulte IIII. Wustermark gehöret zum Amte Spandow.

S. 349. bey Schmetzk N. 1. liß III huben statt XXVII.

S. 350. bey Garlitz N. 2. I schepel obes (Obst) so lese ich im Original; andere lesen Erbes (Erbsen).

S. 351. N. 1. nach gibt, fehlt iglich. N. 16. nach dismal geben, fehlt: die helfte.
N. 1. heißt jetzo Gröningen, nicht Groningen.

S. 352. N. 3. Berenklau ist ein Vorwerk.

Anhang einiger allgemeinen Anmerkungen über das Carolinische Landbuch.

Teltow. 1) Die Hufen in diesem Creise müssen kleiner seyn, als die in der Altmark, weil die Dörfer eine viel grössere Anzahl derselben haben, zu 60. und 70. der Pfarrer zuweilen, als zu Hohenlöhme 8 Hufen, und die Edelleute zu 20. bis 30. Hufen, welches anderwärts ungewöhnlich, gehabt, die Kornpächte von den Hufen der Bauern aber nur geringe gewesen, von 4. bis 12. Scheffel Roggen und Hafer. 2) Muß der Marggraf in diesem Creyse vielmehr Domainen, als in andern, gehabt haben, weil er in so vielen Dörfern die Beeden, die Pacht und den Spanndienst gehabt, die er zu den Schlössern Wusterhausen, Saarmund und Buten geleget, als S. 51. 54. 3) Daß die Landbeede oder Contribution selten in Korn, gemeiniglich an Gelde, von einigen Schillingen mehr und weniger, nach der Güte der Hufen bezahlt worden. Der *Census*, Zinß, ist allezeit in Gelde, und gemeiniglich an den Guthsherrn bezahlt worden.

Barnim. In diesem Creise verhält es sich fast durchgehends so wie in dem Teltowischen, ausser daß der Marggraf darin weniger Beede und Spanndienste, vermuthlich wegen der wenigern Schlösser, gehabt.

Zauche. Der Zauchische Creiß kommt dem Teltowischen in vielen Stücken gleich; nur sind die meisten Dörfer darin kleiner, da verschiedene nur 8. bis 15. Hufen haben, die Pacht ist gemeiniglich auch nur 3. bis 4. Schfl. von der Hufe, weil der Acker schwach ist.

Havelland. 1) Müssen im Havellande die Hufen schon stärker seyn, als in den drey vorhin genannten Creisen, weil bey den Dörfern gemeiniglich nur 20. bis 30. Hufen sind, dieselben auch viel höhere Pächte, zu einem Winspel Roggen, und überdem noch Gerste geben, wie S. 118. 122. Der Marggraf hat hier wenig aus den Dörfern gehabt, keine Spanndienste, dahero auch wenig Domainen. Die meisten Dörfer hat das Bisthum und das Dohmkapitul zu Brandenburg ganz frey von Abgaben gehabt, welche, nemlich die Bischöflichen, aber nicht die Capitulsgüter, nach der Reformation fast alle zu Churfürstlichen Domainen und Aemtern gemacht worden. 2) Die Beede haben hier nur wenige Dörfer gegeben, so auch den Zinß, beydes meistentheils in Gelde.

Ukermark. 1) Hier findet man mehrentheils größere Dörfer, die 50. 60. und mehrere Hufen haben: Besonders ist es, daß der größte Theil derselben kein Korn, sondern Geld, zur Pacht gegeben, mehrentheils von der Hufe 1. Talentum. Hierin unterscheidet sich diese Provinz von denen übrigen, zumal bey ihrem fruchtbaren Acker. 2) Die Beede bestehet hier fast durchgehends in 10. oder 5. Solidis. mit etwas Korn von jeder Hufe; der Zinß allemal in Gelde. 3) Der Markgraf hat sehr wenig in dieser Provinz gehabt, in wenig Dörfern etwas von der Beede, den Spanndienst nirgend, zum Zeichen weniger Domainen. 4) Von dieser Provinz ist das Landbuch am ordentlichsten und am vollständlichsten aufgesetzt. Man siehet wohl, daß in jeder Provinz ein anderer Verfasser gewesen, und daß sie nicht nach einerley Plan ihre Arbeit gemacht.

Altemark. 1) Diese Provinz nimmt sich vor der andern darin aus, daß sehr viel Kornpächte auf den Hufen haften, als S. 210. 221. und 226. giebt jede Hufe 1. Winspel Roggen und noch Gerste und Geld dazu. 2) Die Beede und auch der Zinß sind hier in den meisten Dörfern viel stärker, z. B. S. 243. Von verschiedenen guten Dörfern wird noch eine Menge starker Abgaben an Korn, Geld, Zehend, Schaafen und Hühnern gegeben, als z. B. S. 243. 253. 260. bey dem Dorfe Schinne, wo jede Hufe, alles zusammengerechnet, an Korn und Gelde 3 frusta gegeben, welches so gut als 3 Winspel hart Korn ist. 3) Daß der Marggraf hier in verschiedenen Dörfern die Beede, die Gerichte, den Spanndienst gehabt, rühret wohl daher, weil die beyden Castra oder Schlösser, Salzwedel und Tangermünde darinnen waren, zu welchen die Landesherrliche Vogtey gehöret; in den andern Dörfern fällt dieses weg.

Wenn man dieses alles zusammen nimmt aus allen Provinzen, so hat der Marggraf von Brandenburg als Landesherr, nur wenig Domanialgüter in der Mark, und auch nur geringe Einkünfte aus den Städten und Dörfern der Privatpersonen gehabt, besonders weil die öffentlichen Einkünfte größtentheils an Privatpersonen verkauft oder versetzt waren. Ich habe die ganze Landesherrliche Einnahme Kaysers Carl 4. auf der 162. Seite dieses Landbuches auf 6500. Mark berechnet. Es fehlt aber dabey die ganze Precaria oder Landbeede der Dörfer, welche im ganzen Landbuche nicht berechnet ist, und jetzo auch unmöglich berechnet werden kann. Der Betrag davon kann aber nicht sehr groß gewesen seyn, weil der Marggraf sie nur in wenig Dörfern gehabt.

Erstes Register

über die im Carolinischen Landbuch vom Jahr 1375. und im Schoßregister von 1451. vorkommende Städte, Schlösser, Dörfer und Feldmarken in der Mark Brandenburg.

Nota: a. bedeutet Altmark. n. Neumark. pr. Prignitz. u. Uckermark. t. Teltow. b. Barnim. h. Haveland. z. Zauche. gl. Glin. r. Ruppin.

Die Oerter im Register mit Schwabacherschrift bedeuten Städte, die andern, Dörfer.

Wo die Namen eines Orts sich sehr geändert, stehen die alten vorne, die neuen hinten.

A a a 3

Brigk

Erstes Register.

Jaehme

N.

O.

P.

Q.

R.

Roden.

Erstes Register.

Tankow

Erstes Register.

Zwentes Register

über die Adelichen Geschlechter, welche im Carolinischen Landbuche und im Schoß-Buche vorkommen, die aber zum Theil ausgegangen, und itzt nicht mehr vorhanden sind.

Man hat diejenigen ausgelassen, die nicht bekannt sind, von denen es ungewiß ist, ob sie zu dem Adel- oder Bürgerstande gehöret, wiewohl deren auch einige noch in diesem Register stehen.

Hune

Zweytes Register.

Drittes oder Real-Register

von einigen in dem Carol. Landbuche enthaltenen merkwürdigen Sachen, Dingen, Rechten und Benennungen.

Dieses Register ist nicht sehr vollständig; man hat bey Mangel der Zeit und des Raums nur einige der vornehmsten Artikel, darin zum nähern Aufsuchen verzeichnen und nachweisen wollen.

G.

Drittes oder Real-Register.

www.ingramcontent.com/pod-product-compliance
Lightning Source LLC
Chambersburg PA
CBHW051249300426
44114CB00011B/958
* 9 7 8 3 7 4 3 6 2 9 9 4 3 *